Maja Müller-Bierl
Sprechende Papageien

Maja Müller-Bierl

Sprechende Papageien

Kultur- und Naturgeschichte

24 Farbfotos
30 Schwarzweißabbildungen

E.U.
VERLAG
EUGEN
ULMER

Die Deutsche Bibliothek – CIP-Einheitsaufnahme

Müller-Bierl, Maja:
Sprechende Papageien: Kultur- und Naturgeschichte /
Maja Müller-Bierl. – Stuttgart : Ulmer, 1992
ISBN 3-8001-7176-7

© 1992 Verlag Eugen Ulmer GmbH & Co.,
Wollgrasweg 41, 7000 Stuttgart 70 (Hohenheim)
Printed in Germany
Lektorat: Ulrich Commerell
Herstellung: Jürgen Sprenzel
Umschlagentwurf: A. Krugmann, Freiberg
Satz: Steffen Hahn FotoSatzEtc., Kornwestheim
Druck: Offsetdruckerei K. Grammlich, Pliezhausen
Bindung: Ernst Riethmüller & Co. GmbH, Stuttgart

Dr. Joachim Steinbacher
in Dankbarkeit gewidmet

Vorwort

Einer Würdigung dieses inhaltsreichen Buches, das eine einmalige Zusammenfassung unseres Wissens von der Kultur- wie der Naturgeschichte der Papageien anhand in- und ausländischer Quellen darstellt, muß ein Rückblick auf die Entstehung des Werkes und ein Hinweis auf die Persönlichkeit der Autorin vorangestellt werden. Zehn Jahre intensiver Kontakte in langen Gesprächen auf DOG-Tagungen, ausführliche Briefe und ein fortwährender Gedankenaustausch haben mich mit Maja Müller-Bierl in all dieser Zeit verbunden. Als studierte Germanistin legte sie dabei großen Wert auf klare Ausdrucksformen und deutliche Formulierungen ihrer Ideen. Sie übernahm Buchbesprechungen, bearbeitete Beiträge von Papageienliebhabern für die „Gefiederte Welt" und veröffentlichte in dieser Zeitschrift auch ihren ersten eigenen Bericht über die Gestaltung eines Großkäfigs für Papageien. Bereits damals war ihr großes Engagement zu erkennen, mit dem sie sich aufgrund ihrer umfassenden Beobachtungen und Studien über das Verhalten von Papageien für die Verbreitung dieser Erkenntnisse bei den Vogelliebhabern einsetzte. Dabei sparte sie nicht mit kritischen Äußerungen vielgelesenen Autoren gegenüber, die sich zu ihr in Widerspruch befanden. Das zeigte sich besonders bei einer wissenschaftlichen Untersuchung über die Thematik der Namen Ara und Arara, und es war ihr eine große Genugtuung, daß Prof. Hellmut Sick und auch Prof. Jean Dorst ihren dabei entwickelten Gedanken zustimmten und ihr Anerkennung zollten.

Im Frühjahr 1985 diskutierten wir erstmals über den Plan eines Buches über „Sprechende Papageien". Dies war der Beginn einer sich über Jahre erstreckenden Forschungsarbeit, bei der die Autorin neben der Hilfe von Völkerkundlern in München und São Paulo sowie von verschiedenen Sprachwissenschaftlern vor allem die Unterstützung der Universitätsbibliothek in Konstanz in Anspruch nahm. Das Ziel war zunächst weitgesteckt, es befaßte sich sowohl mit den Indianersprachen Südamerikas, wie mit historischen Quellen von der Antike bis zur Gegenwart. Mit bewundernswertem Einsatz all ihrer fachlichen Fähigkeiten, nie erlahmender Energie, mit erstaunlichem Spürsinn begabt und dabei mit akribischer Sorgfalt sammelte sie eine überwältigende Fülle an Material, deren Umfang mich bei gelegentlichen Zwischenberichten fast erschreckte. Aus unseren Diskussionen ergab sich dabei eine Straffung der Texte, ohne daß die Zielsetzung und Aussage des Buches dadurch eingeschränkt wurde. Durch die ausführliche Zitierung der Berichte und die genauen Quellennachweise ist so ein Nachschlagewerk von großer Bedeutung entstanden. Hunderte von Textbeispielen aus der Kultur- wie Naturgeschichte der Papageien sind darin enthalten, ohne die sonst üblichen subjektiven Deutungen: ein Kompendium von zeitlosem Wert. Ich bin stolz darauf, bei seiner Entstehung und endgültigen Fassung Pate gestanden zu haben. Möge es seinen Weg zu allen Vogelliebhabern finden, besonders zu den vielen Papageienfreunden, denen an einer vertieften Kenntnis ihrer Pfleglinge heute besonders gelegen ist.

Bad Homburg,
im Juni 1992   Dr. Joachim Steinbacher

Inhaltsverzeichnis

9

Einführung

Unter allen Papageienarten können Exemplare vorkommen, die artfremde Laute nachahmen. Die Fähigkeit, menschliche Worte erkennbar nachzuahmen, ist bei den verschiedenen Papageienarten sehr unterschiedlich entwickelt. Papageien, die eine mehr oder weniger große Anzahl von Menschenworten leidlich bis gut nachahmen können, werden als „Sprecher" bezeichnet. Solche „Sprecher" gehören den unterschiedlichsten Papageienarten an, die sich in bezug auf geographische Herkunft, natürlichen Lebensraum, Ernährung u. a. stark unterscheiden.

Grundsätzlich stammen „Sprecher" aus allen Kontinenten und klimatischen Zonen, wo Papageien vorkommen. Die meisten Arten leben in tropischen und subtropischen Ländern. Aber auch die ausgestorbenen Carolinasittiche zählten zu den „Sprechern"; sie wurden in ihrem natürlichen Lebensraum sogar bei Schneetreiben gesehen. Papageien, die als „Sprecher" gelten, leben in ihrer natürlichen Heimat in dichtem wie auch in lichtem Wald oder in Savannen. Sie leben in kleinen bis zu sehr großen Gruppen, brüten als einzelnes Paar oder in der Kolonie; bei den Araras kann man beides finden. Ernährung und Zungenbau sind verschieden: „Sprecher" finden wir unter denen, die sich vorwiegend von fettarmen Körnern (z. B. Wellensittiche), von Früchten und Blüten (Loris), von ölhaltigen Früchten (z. B. Araras) ernähren und solchen, die auch tierische Nahrung zu sich nehmen (Kakadus); die einen haben eine dicke, fleischige Zunge, die Loris dagegen heißen nach dem Bau ihrer Zunge auch „Pinselzüngler". Andere Verhaltensweisen, die für die Taxonomie herangezogen werden, führen uns ebenfalls nicht weiter, wie etwa die Unterscheidung zwischen Vorne- und Hintenherumkratzen: Vorne herum, also unter dem Flügel hindurch, kratzen sich u. a. Araras und Amazonen (z. B. *Ara ararauna, Amazona ochrocephala*), hinten herum, also über den Flügel, z. B. Wellensittiche *(Melopsittacus undulatus)* (Wickler, 1961). Unter langschwänzigen Arten findet man genauso „Sprecher" wie unter kurzschwänzigen.

Die „Sprechbegabung" hängt auch nicht bloß von der Größe des Vogels ab, wenn auch der um vieles größere Vogel selbstverständlich die lautere Stimme hat. „Sprecher" finden wir z. B. unter den großen Araras wie unter den kleinen Wellensittichen, wie bereits erwähnt. Freilich ist das „Sprechen" eines Wellensittichs dem menschlichen Sprechen nicht so ähnlich, daß es mit ihm verwechselt werden könnte. Dagegen konnten Graupapageien und andere besonders begabte „Sprecher" mit ihren getreuen Nachahmungen menschlicher Reden schon Menschen und Hunde täuschen, welche die Kopie für das Original hielten.

Die „Sprecher" findet man hauptsächlich unter solchen Papageienarten, die ganzjährig in engem Sozialkontakt leben, einander also häufig kraulen (z. B. Wellensittich, Graupapagei, Amazone) und sich darum, wenn sie zahm sind, auch von ihren Pflegern gerne kraulen oder streicheln lassen. „Sprechen" können aber auch Angehörige solcher Arten lernen, die das Kraulen bzw. Gekrautwerden viel weniger, oder gar nicht, mögen (z. B. Edelpapagei, Rosella). Andererseits gibt es Papageienarten mit „Kraulbedürfnis", deren „Sprechbegabung" nicht nennenswert ist (z. B. Nymphensittich, Mohrenkopfpapagei). Interessant ist weiterhin, daß ein „sprechender"

11

Papagei nicht notwendigerweise handzahm zu sein braucht, d. h. sich u. U. nicht berühren läßt; das gilt auch für die besonders begabten „Sprecher" (z. B. Graupapagei).

Bei manchen Papageienarten (z. B. Graupapagei, Edelpapagei) können die Weibchen genauso „sprechen" lernen wie die Männchen. Auch unter den Wellensittichen gibt es begabte Weibchen. Wellensittiche „sprechen" freilich im allgemeinen nur bei Einzelhaltung. Angehörige anderer Papageienarten „sprechen" dagegen auch, wenn sie paarweise gehalten werden (z. B. *Diopsittaca nobilis* S. 202f, Graupapageien S. 203, Araras S. 204f, Edelpapageien S. 76, 205).

Der Begabung unserer Papageien zur stimmlichen Nachahmung liegt wohl zugrunde, daß diese Fähigkeit in ihrem natürlichen Sozialleben biologisch notwendig oder nützlich ist. Syrinx und Gehör müßten sich bei den verschiedenen Papageienarten unterscheiden, auf alle Fälle die Resonanzmöglichkeiten. Bisher liegen hierzu erst wenige wissenschaftliche Untersuchungen vor. Man wird wohl vermuten müssen, daß nur ganz bestimmte Kombinationen zu den verschiedenen „Sprechbegabungen" führen. Voraussetzung ist überhaupt, daß ein Papagei, der einer grundsätzlich „sprechbegabten" Art angehört, auch „sprechen" will. Das wiederum hängt nicht nur von den Menschen in seiner Umgebung ab, sondern auch von den individuellen Eigenschaften des Vogels.

Nachgewiesen wurde, daß es auch bei Papageien Dialektbildung gibt. Dialekte werden innerhalb einer Gruppe oder an die nächste Generation weitergegeben. Die Gesangsdialekte der Vögel beruhen weitgehend auf unterschiedlichen Lernerfahrungen. Dabei spielt die Nachahmung eine wichtige Rolle, in diesem Falle die Übernahme gehörter Lautäußerungen in das eigene Lautrepertoire.

Nach unserem Kenntnisstand imitieren wildlebende Papageien, die niemals in Menschenhand waren, keine fremden Vogelstimmen oder sonstige Laute, wie wir dies von anderen „spottenden" Vogelarten (z. B. Starenvögeln) kennen. „Spottende" Singvögel vergrößern durch ihr „Spotten" ihr Repertoire und können damit ihre Chancen bei der Partnersuche verbessern. Papageien zählen jedoch nicht zu den Singvögeln *(Passeres)*, so daß diese Erkenntnis nicht ohne weiteres auch auf das (vielfach so bezeichnete) „Spotten" der Papageien übertragen werden kann.

Wir kennen mehrere glaubwürdige Berichte, wonach „sprechende" Papageien, die aus irgendeinem Grund wieder ohne den Menschen in der Wildnis leben, diese erworbene Fähigkeit des „Sprechens", mindestens für einen längeren Zeitabschnitt, beibehalten. Anhand wissenschaftlicher Untersuchungen wurde außerdem nachgewiesen, daß im Sozialleben von Papageien Duettieren, und, im Zusammenhang damit, Imponierverhalten vorkommt. Bei Duetten handelt es sich um aufeinander bezogene und abgestimmte Lautfolgen. Dressierte „sprechende" Papageien duettieren mit ihrem menschlichen Partner einen menschlichen Dialog, was schon viele Fernsehzuschauer und Zirkusbesucher mitverfolgt haben. Wiederholt wurde von einem „sprechenden" Papagei berichtet, der abwechselnd in schneller Folge zwei verschiedene Stimmen nachahmte, so daß der Eindruck entstand, zwei verschiedene Personen redeten miteinander (z. B. Rotlori S. 227, Kubaamazone S. 225, Königsamazone S. 61).

Zahme Papageien unterhalten oftmals zu mehr als einer Person und manchmal zugleich zu anderen Vögeln, auch einem Partner derselben Artzugehörigkeit, enge Kontakte. Schon seit langem ist den Menschen aufgefallen, daß „sprechende" Papageien dazu neigen, menschliche Äußerungen in der entsprechenden Situation vorwegzunehmen. Diese Vorwegnahme ist nicht grundsätzlich mit Paarbindung (wobei der Mensch Ersatzpartner wäre) in Verbindung zu setzen.

Papageien haben eine hohe Lernfähigkeit und sind in hohem Maße anpassungsfähig. Mehrere Papageienarten sind für ihre Verspieltheit bekannt. Beim Spiel sind Verhaltensweisen frei kombinierbar. Kennzeichnend für das Spielverhalten ist, daß es viel spontanes Verhalten enthält. Spontan kann ein

Papagei auch bei der Wiedergabe erlernter Menschenworte oder Melodien variieren. Andererseits neigen Papageien zur Stereotypie. Früher sagte man dazu, sie seien „Pedanten". Darum lassen sich viele Papageien relativ leicht dressieren.

Papageien sind überwiegend laute Vögel. Was für ihr Leben unter natürlichen Bedingungen notwendig ist, macht sie oft genug im Haus und Garten unangenehm und lästig oder gar unerträglich. Freilich sind es Zivilisationsmenschen, die das laute Papageiengeschrei nicht ertragen können. Naturvölker dagegen, die eine enge Beziehung zu den Papageien

haben, leben harmonisch mit ihnen zusammen. Papageien werden sehr laut, wenn sie erregt sind, wenn sie streiten und besonders, wenn sie alarmiert werden. Vertreter mancher Arten machen auch bei der Futtersuche ein Geschrei. Zahme Exemplare in Menschenhand betteln mitunter sehr laut. Auch bei wildlebenden Papageien kommt nächtliches Toben vor. Also darf es den Heimtierbesitzer nicht wundern, wenn sein Zahmer ihn hin und wieder aus dem Schlaf schreckt. Nachfolgend habe ich besonders auffallende Lautäußerungen und Verhaltensweisen wildlebender denen zahmer Papageien gegenübergestellt.

Wildlebende Papageien	Zahme Papageien
Ansteckende Wirkung von Lautäußerungen	Anregung zu Lautäußerungen, auch zum „Sprechen" durch Geräusche, Stimmen
Mit wachsender Erregung: gesteigerte, vermehrte Lautäußerungen	In großer Erregung verstärkte Bereitschaft, Menschenworte zu erlernen und wiederzugeben
Angstgeschrei lockt Artgenossen herbei, die mit Geschrei gelegentlich sogar angreifen	Es gibt Beispiele dafür, daß in Not geratene Papageien menschliche Reden von sich geben. (Die Ethologie spricht **nicht** von Hilferufen)
Lautes (ohrenbetäubendes) Geschrei bei starker Erregung: z. B. in Angst, Wut, um Alarm zu geben, bei der Balz, auf Stimmfühlungsrufe, in Erwartung von Regen	Neigung der Papageien, bei vielerlei Anlässen in ein lautes (unerträgliches) Geschrei auszubrechen
Warnrufe	Auch zahme Papageien reagieren auf die Annäherung eines fremden Objekts (z. B. Person) mit Warnrufen, sogar mit Angriffen
Laute Stimmfühlungsrufe, Lockrufe	„Sprechende" Papageien gebrauchen hier oftmals Menschenworte; das gilt auch, wenn sie um etwas betteln
Morgendliche und abendliche Flüge mit Geschrei	Morgendliche und abendliche Unruhe mit stimmlicher Betätigung oder auch Geschrei. Neigung zahmer Papageien, gerade zu dieser Zeit vermehrt zu „sprechen"
„Plaudernde" Konversation	Leise Laute, die beim Ruhen geäußert werden oder irgendwie Behagen ausdrücken
Große Aufmerksamkeit, hohe Lernfähigkeit, schnelle Reaktion	Neigung zu „Vorwegnahme"
Rasche Umstellung vieler Arten bei veränderten Lebensbedingungen	Gute Anpassungsfähigkeit vieler Papageien an ein Leben mit Menschen

Papageien, die in einer unversehrten natürlichen Umwelt leben, können es sich leisten, durch ihre laute Stimme aufzufallen. Sie schützt die Tarnung, das Versteck, die große Flughöhe oder Aufmerksamkeit und schnelle Reaktion in einer Welt, deren Gefahren natürlicher Art sind, wozu man durchaus immer noch den Pfeil des menschlichen Jägers rechnen darf.

„Sprechende" Papageien sind, von Natur aus, fast immer auch laute Papageien. Zum Glück für viele Zivilisationsmenschen, die sich einen Papagei als Heimtier wünschen, gibt es eine besonders anpassungsfähige kleine Papageienart, deren Stimme eine, auch im Zimmer, erträgliche Lautstärke hat und deren Vertreter zu den besonders „sprechbegabten" Papageien zählen: es ist der bekannte Wellensittich.

Unser Wissen basiert auf überliefertem Wissen, auch wenn wir uns dessen nicht immer bewußt sind. Manche Meinungen, die heute noch verbreitet sind, lassen sich zurückverfolgen bis in jene frühe Zeiten, wo sie - manchmal leider durch Vorurteile oder mangelnde Kenntnisse - geprägt worden sind. So ist die Rede vom „plappernden" Papagei genauso eine Vermenschlichung wie das Mitleid mit dem Käfigvogel, weil der „hinter Gittern", wie im Gefängnis sitze; letzteres offenbart eine Tendenz zur Vereinfachung.

Natürlich haben den älteren Autoren viele Kenntnisse gefehlt, über die wir heute verfügen. Andererseits finden wir in der älteren Literatur über „sprechende" Papageien Beobachtungen, die auch heute noch interessant sind. Die alten Berichte (vor 1900) sind auch deshalb von besonderem Interesse, weil damals die Zerstörung der Lebensräume weit weniger fortgeschritten war und über solche Arten berichtet werden konnte, die heute selten oder gar ausgestorben sind. In der heutigen Zeit liegt der Schwerpunkt von Berichten mehr bei Zuchterfahrungen. Das späte 19. Jahrhundert war in der Geschichte der Papageienliteratur eine besonders wichtige Zeit, weil sich viele gebildete Menschen damals nicht nur die Zeit nahmen, ihre Vögel zu beobachten, sondern darüber auch bereitwillig und ausführlich berichteten.

Wörtlich zitierte Texte, besonders ältere, entsprechen in ihrem Sprachgebrauch häufig nicht den Forderungen, welche moderne Ethologen an die Wortwahl in Berichten über das Verhalten von Vögeln stellen. Dennoch bin ich mit kritischen Anmerkungen sehr sparsam umgegangen. Es wäre ja auch schade gewesen, die Lebendigkeit mancher Berichte zu zerstören oder Erheiterndes zu zerreden.

Bei der Wiedergabe alter Texte (Zitate) wurden gelegentlich Orthographie und Interpunktion behutsam modernisiert.

Die sprechenden Papageien der Alten Welt und Afrikas

Herkunft und Bedeutung des Namens Papagei

Papagei: ein internationaler Vogelname

Nach Plinius (um 60 n. Chr.) lautete der indische Name für Papagei „Sittace". In Indien, auf dem Alexanderfeldzug, machten die Europäer zum erstenmal Bekanntschaft mit einem Vertreter dieser Vogelordnung.

Im 19. Jahrhundert waren in Europa folgende Namensformen gebräuchlich:

Griechisch:	Psittáke (Aristoteles), Psittakós (Gesner)
Lateinisch:	Psittacus
Deutsch:	Papagei, Sittich; alt: Sittig, Sikust, Papegai
Englisch:	Parrot, Parrakeet; alt (1505): Popyngay
Französisch:	Perroquet, Perruche, Perriche, Perique, Papegai, Perrot
Italienisch:	Papegallo, Parruchetto, Parahetto
Spanisch:	Papagayo, Papagall
Portugiesisch:	Papagaio, Periquito
Holländisch:	Papegaai, Parkiet
Dänisch:	Papegoj
Schwedisch:	Papegoja
Russisch:	Popugai
Polnisch:	Papuga
Böhmisch:	Papaussek
Slawisch:	Papagoo
Ungarisch:	Publikán
Türkisch:	Dudi

Der Name Papagei ist in nur geringen Abweichungen im überwiegenden Teil Europas verbreitet (Finsch, 1867/68; Wagler, 1832).

Das deutsche Wort Sittich bezeichnete ursprünglich den Papagei gemäß seinem Ursprung aus dem griechisch-lateinischen Psittacus (-os), denn – laut Grimms Wörterbuch – „anlautendes griech.-lat. ps ist nicht der deutschen Zunge gemäß und wird in der Regel vereinfacht zu s" (Grimm, 1905).

Der Name Papagei ist in allen Kolonialsprachen von den europäischen Einwanderern in die anderen Erdteile importiert worden. Die Ureinwohner dieser Länder besaßen selbstverständlich eigene Namensbezeichnungen für die Papageienarten, die sie kannten. Durch die neuen Kolonialherren wurden oftmals einheimische Vogelnamen (wie auch andere Tiernamen) als Gattungs- oder Artnamen übernommen, so z. B. der Name Kakadu (vgl. S. 124).

Auf dem südamerikanischen Kontinent verbreiteten die Jesuiten durch die „Lingua geral", die auch als Handelssprache fungierte, die Tupi-Namen Arara (für große *Ara-* und *Anodorhynchus*-Arten), Ajuru (für Amazonen-Arten) u. a., und zwar weitgehend im Sinne jeweils einer Gattung (Müller-Bierl, 1988c). Die indianischen Ureinwohner kannten nicht den europäischen Gattungsbegriff, sondern hatten ursprünglich ein ganz anderes Naturverständnis. Für den Namen Papagei als „Ordnung" (in der „Klasse": Vögel) gibt es aus diesem Grund in den alten amerikanischen Sprachen kein entsprechendes Wort. Die ersten schriftlichen Überlieferungen erfolgten durch Berichterstatter, die für das Neue erstaunlich offen waren.

Zur Herkunft des Namens Papagei

Die Herkunft des Wortes Papagei wurde von den meisten Lexika als ungewiß bezeichnet. Gelegentlich wird angegeben, es leite sich vielleicht vom arabischen ‚babaga' her (Pierer, 1892). Heute nimmt man an, es sei aus dem Altfranzösischen übernommen und stamme vom westafrikanischen „pampakei" und arabischen „babagha" ab (Brockhaus, 1972).

Das Zedlersche Lexikon von 1740 erklärte die Herkunft des französischen Namens folgendermaßen: „Perroquet soll, wie es auch einige erklären, von Perret, oder petit Pierre, Peterchen, herkommen, als ob es so viel heißen sollte, ein Vogel, der wert ist, daß man ihn dem Papste verehre" (Zedler, 1740).

Bis zur Mitte des 15. Jahrhunderts wurde im Französischen der Name Perroquet nur auf die Sittiche (perruches) oder Papageien mit langem Schwanz angewandt, hauptsächlich auf den Alexandersittich (Loisel, 1912). Das englische Wort Parrot ist wahrscheinlich vom Französischen abgeleitet (Oxford Dict., 1961).

Zum Sprachgebrauch von Papagei

Im Französischen bezeichnet man mit Papagei „perroquet" im übertragenen Sinne eine Person, die etwas Gehörtes nachplappert, ohne es verstanden zu haben. „Perruche" wird außerdem eine geschwätzige, flatterhafte Frau ohne Verstand genannt (Hachette, 1980). „Sprechen wie ein Papagei" bedeutet im Französischen: aus dem Gedächtnis reden, ohne wirklich zu wissen, was man sagt (Larousse, 1874).

Im Englischen kann mit „Parrot" eine Person gemeint sein, die „mechanisch" etwas Gesagtes wiederholt oder andere Menschen nachahmt. Das Wort wird dann in geringschätzigem, verächtlichem Sinne gebraucht. Man findet das Wort sogar als Verb in der Bedeutung von mechanisch Gehörtes oder Gelerntes wiederholen, ohne Verstand schwatzen oder einfach nachplappern (Webster, 1981).

Auch im Deutschen wurde ein schwatzhafter Mensch „Papagei" genannt, besonders einer, der nur Vorgesagtes oder Gehörtes nachspricht. Dieser Gebrauch ging auch in die Dichtung ein, wovon uns die Gebrüder Grimm in ihrem Deutschen Wörterbuch ein Beispiel geben:

stets lächelt' er und schwatzte ...
ich, den die kaltgewordnen wunden
schmerzten, nun so geneckt von einem
papegey ...
(Schlegel, Heinrich IV., 1. Teil 1,3.)

Das dazugehörige Verb hieß „papazen" für plappern oder ein bloßes Lippengebet verrichten. Dieses Verb wie auch die Form „papenzen", mit Bezug auf „papa", also den Papst, einer intensiveren Form von „papen", pap sagen, schwätzen, plaudern, stellte eine Gedankenverbindung zum Papagei her. Ein Zitat lautet:

der papagey allfrist auch papt, ob er gleich
gefangen ist.
(Eyering, 1,682)

Die päpstlichen Priester wurden von der reformatorischen Seite „papentzende bannpriester" genannt. (zitiert nach Grimm, 1890?) Mit dem Verb „papen" verwandt sind die alten Wörter „pappeln, pappern", Vorgänger unseres heutigen „plappern"; alle wurden als lautnachahmend empfunden (Grimm, 1890?).

Interessanterweise sind für solche sprachlich-gedanklichen Vergleiche nicht die Raben herangezogen worden, welche dieselbe Fähigkeit haben, die menschliche Sprache nachzuahmen. Von den Päpsten des 15. Jahrhunderts wußte man freilich, daß sie gerne Papageien hielten. Zwar ist im Französischen der Name der Elster „pie" im übertragenen Sinne auch die Bezeichnung für einen Schwätzer (eine Schwätzerin), aber mit anderer Bedeutung, denn „bavarder comme une pie" bedeutet ununterbrochen reden. (Pons)

So kann es nicht überraschen, wenn die menschlich gedachte Schwatzhaftigkeit auf den realen Papagei übertragen wurde. Ein Beispiel:

ein medicus hatt einen papogey. ein rechtes
plaudermaul, das niemals schweigen wollte.
(Stoppe, neue fabeln 1,54; zitiert nach Grimm, 1890?)

16

Noch in heutigen Lexika finden wir den „plappernden Papagei", so im Wörterbuch der deutschen Gegenwartssprache (Berlin, 1974):

er schwatzt, plappert wie ein Papagei –

er redet unaufhörlich ungereimtes Zeug

Im modernen Wörterbuch (Pons) wird „parler comme un perroquet" aufgeführt, was gedankenlos nachplappern bedeute. Nach dem englischen Wörterbuch (Wildhagen) ist der „parrot" im übertragenen Sinne ein Schwätzer, Nachschwätzer, und das Verb „to parrot" bedeutet, (etwas) nachplappern, gedankenlos nachsprechen. Im italienischen Wörterbuch (Sansoni) ist der Papagei auch Nachplapperer oder Nachbeter. Der „papagallo della strada" ist einer, der Frauen auf der Straße belästigt.

Der US-Marineleutnant Herndon erzählte 1854 in seinem Bericht über die Forschungsreise in Amazonien, an der er teilgenommen hatte, von einem Mann namens Don Antonio da Costa Viana, dessen Spitzname „Paraguá" (einheimischer Papageienname) war, weil er unaufhörlich redete (Herndon, 1854).

Zum Ethnologen Theodor Koch-Grünberg, der 1903–1905 Nordwestbrasilien bereiste, sagte ein alter Tukanó-Indianer: „Wenn diese Tapuyos miteinander sprechen, so klingt es wie Papageiengeschnatter." Koch-Grünberg meinte dazu, daß dieser „Inspektor Antonio" sich wegen seiner „europäischen Übertünchung" mehr dünkte als die Söhne der Wildnis. Er sprach notdürftig portugiesisch und schien, laut Koch-Grünberg „kein Geisteslicht" zu sein (Koch-Grünberg, 1909/10).

Ein solcher internationaler Sprachgebrauch durch die Jahrhunderte – wir finden literarische Beispiele seit mindestens dem 16. Jahrhundert – mußte bei den naturkundlich weniger gebildeten Menschen und vor allem bei solchen, die keinen Umgang mit Papageien hatten, die Vorstellung vom „dummen Papagei" von Generation zu Generation manifestieren. Die Rede vom „nachplappernden" Papagei bedeutet eine Beurteilung des Vogels aus Erfahrungen und Maßstäben heraus, die allein im menschlichen Bereich liegen und keinen Bezug haben auf naturwissenschaftlich, z. B. ethologisch, begründete Erkenntnisse über das zoologische Wesen Papagei. Das oben beschriebene Negativbild vom Papagei hat mit seiner massiven Vordergründigkeit und unterschwelligen Wirkung sogar Eingang in das naturwissenschaftlich ausgerichtete populäre Schrifttum genommen.

Übertragung des Namens Papagei auf andere Vogelarten

Der Name Papagei wurde auch auf andere Vögel übertragen, die zum Sprechen oder Pfeifen abgerichtet wurden; nach dem Grimmschen Wörterbuch (1890?) war:

- der deutsche Papagay: die Mandelkrähe *Coracias garrula* (Wolters: *Coracias garrulus*; Blauracke)
- der finnische Papagay: der große Kernbeißer *Loxia enucleator* (Kreuzschnabel?)

Brehm wies darauf hin, daß die Benutzung des Schnabels als Kletterwerkzeug typisch für die Papageien sei und daß darum der Kreuzschnabel analog „Kieferpapagei" genannt worden sei (Brehm, 1866).

Im Französischen wurde mit dem volkstümlichen Namen „deutscher Papagei" (Perroquet d'Allemagne) der Kreuzschnabel, mit „französischer Papagei" (Perroquet de France) der Gimpel (Dompfaff), mit „Papagei des Meeres" (Perroquet de mer) der Papageitaucher und mit „Erdpapagei" (Perroquet de terre) der neotropische Todi (Eisvogelartige, Alcediniformes) bezeichnet (Larousse, 1874).

Sprechende Papageien in der Literatur der Antike und Indiens

Plinius (um 60 n. Chr.) schrieb über den nach Rom importierten Halsbandsittich: „Er grüßt die Fürsten und spricht die vorgetragenen Worte nach, ist besonders mit Wein berauscht ausgelassen ... Beim Abfliegen faßt er mit dem Schnabel zu, stützt sich darauf und macht sich so für die Schwäche seiner Füße leichter" (zitiert nach Killermann, 1921).

Der letzte Satz lautet in der Übersetzung bei Finsch: „Fliegt er nieder, so setzt er sich statt auf die Füße auf den Schnabel, weil seine

Beine schwach sind." Und Finsch erklärt: „Dieser Satz darf nicht wörtlich verstanden werden, ist aber keineswegs so unrichtig, als es den Anschein hat, denn in der Tat stützen sich die Papageien beim Erreichen des Erdbodens auch zugleich auf den Schnabel" (Finsch, 1867/68). Die alten Berichte sind also, wie wir auch im folgenden immer wieder feststellen müssen, nicht so falsch oder unsinnig, wie es vielen auf den ersten Blick erscheinen mag. Die Vorstellung von den „schwachen Beinen" hielt sich lange in der älteren Literatur, wir finden sie auch in Gesners berühmtem Vogelbuch (Gesner, 1669).

Eine „Papageiensuppe" wurde im Französischen in Wein eingeweichtes Brot genannt, wie man es Papageien gab. Kein Wunder, daß ein Papagei gelegentlich „berauscht wie ein Mensch" wurde (Larousse, 1874).

Der Hinweis auf die Weintrunkenheit fand sich übrigens bereits bei Aristoteles, der Papageien zwar nicht selbst gesehen hatte, über sie aber schrieb: „Alle Vögel mit gekrümmten Klauen . . . haben einen kurzen Hals und eine breite Zunge und sind Nachahmer. Ein solcher ist der indische Vogel Psittace, der menschenzungig genannt wird. Er wird betrunken, wenn er Wein genießt" (zitiert nach Finsch, 1867/68).

Frühere Ornithologen lasen bei Aristoteles heraus, daß er zu den „krummklauigen" Vögeln auch Greifvögel ordnete. Nach Stresemann gebrauchte er jedoch solche Bezeichnungen mehr in beschreibendem Sinne. (Stresemann, 1951) Als Beschreibungshilfe finden wir auch später noch häufig Vergleiche mit Greifvögeln.

Die altindische Mythologie behandelte die Papageien als Sinnbilder des Mondes. In der Sanskritsprache wird der Papagei in einer Elegie als dankbar und treu dargestellt: „Da der Baum, der ihm Zeit seines Lebens Nahrung und Obdach gewährt hat, verdorrt und eingeht, so beschließt auch der Vogel zu sterben" (zitiert nach Killermann, 1921). Nach Aelian (um 200 n. Chr.) begleiteten Papageien in Indien den König, sie galten als heilig und wurden niemals gegessen.

18

Eine alte indische Sammlung von Erzählungen in Sanskrit ließ einen Papagei nicht weniger als siebzig Geschichten vortragen, um eine junge Frau davon abzuhalten, ihrem verreisten Ehegemahl die Treue zu brechen (Kaufmann, 1884).

Sprechende Papageien in der Literatur des Mittelalters

Der deutsche Naturkundige Konrad von Megenberg aus dem 14. Jahrhundert berichtete, daß die Papageien meistens auf den Gruß „Ave chere" (sei gegrüßt, Lieber) abgerichtet waren (Killermann, 1921). P. Candidus schrieb in seinem Tierbuch von 1460, sein Vater habe in Venedig einen abgerichteten Papagei gesehen, der „aus dem Gedächtnis" zwei volle Papyrusseiten sprechen konnte und dessen Wert auf 1000 Goldgulden geschätzt wurde. Als Heimat des Vogels nannte er die Nilquellen (Killermann, 1914).

Der Papagei spielte in Erzählungen der mittelalterlichen Minnesänger und ritterlichen Epiker eine Rolle, hauptsächlich wegen seiner Fähigkeit der Nachahmung. In der Troubadour-Dichtung diente er, wie der Star, als Liebesbote und Vermittler zwischen zwei Liebenden. Der Dichter des Wigalois ließ seinen Wundersittich sechs Verse hintereinander hersagen. Im Ritter vom Thurn steht eine Erzählung, wie der Ehebruch einer Frau durch die Elster verraten wird. In einer arabischen Erzählung (Tausend und eine Nacht, 14. Nacht) vertritt ein Papagei die Stelle der Elster. Für besonders interessant hielt man solche Papageien, die Worte aus einer fremden Sprache herzusagen wußten. Von griechisch „redenden" Sittichen hören wir im „Renner" des Hugo von Trimberg. Ein angeblich böhmisch sprechender Papagei trat 1589 bei einem Hoffeste in Stuttgart auf. Im Ritter vom Thurn „spricht" eine Elster hebräisch usw. (Kaufmann, 1884).

Angesichts solcher Berichte über phantastische Fähigkeiten nachahmender Vögel kann es nicht überraschen, daß sich auch Anekdoten bildeten. Papst Leo III. soll einen Sittich zum Geschenk bekommen haben, der ihn, ohne daß er ihn vorher jemals gesehen hätte, sofort namentlich begrüßte („Leo papa, vale!"), „was den Papst so erfreute, daß er sich oft und gerne mit dem klugen Vogel unterhielt", heißt es in der Anekdote.

In seiner Schrift über die „Tierliebhaberei im Mittelalter" schreibt Kaufmann: „Komisch wirkt es, wenn die mittelhochdeutschen Dichter den Papagei unter die Singvögel rechnen und ihn, wie Konrad im Trojanerkrieg, sogar zu einem Frühlingssänger machen ... Demselben Dichter gilt der wilde Papagei als Sinnbild heldenmäßigen Kampfesmutes." Wiederholt finden wir in der mittelalterlichen Dichtung die Vorstellung vom Papagei (Sittich) als Singvogel, so bei Heinrich v. d. Neuenstadt im Apollonius von Tyrland:
„Sitich und galander sungen mit einander ..."
Der Galander ist die Haubenlerche ... Schon vor 936, in der Ecbasis, tritt am Hofe des Löwen der Sittich neben Amsel, Nachtigall und Schwan als Sänger auf (Kaufmann, 1884).

Auch manche älteren Autoren aus der Neuzeit schienen bloß zu fabulieren, so Conrad Gesner in seinem Vogelbuch von 1669: „Der Papagey hat einen sehr guten Verstand, und ist geschwind und listig, dieweil er einen großen Kopff hat, und in India unter dem schönen Himmel gebohren wird, daher er nicht allein reden, sondern auch dichten gelernet hat. Sie dichten allein umb der Ehre willen, dann sie derselbige wie auch der Liebe theilhafftig sind, wie sie dann auch ein gut Gedächtnuß haben, sagt Cardanus" (Gesner, 1669).

Diese Sätze stehen in Widerspruch zu sonstigen, klaren und vernünftigen Aussagen Gesners, wie z. B. der Papagei rede nichts anderes als das, was man ihm beigebracht habe. Daß die Bewunderung etwas verworren klingt, zeigt, mit welcher Ratlosigkeit man dem Phänomen der „sprechenden" Papageien im Grunde gegenüberstand. Mit „dichten" ist jedoch kein Dichten mit menschlichen Worten gemeint. Denn Gesner sagt auch vom Raben: „doch dichtet er ... mancherley Stimmen, wol bey vier und sechtzig", und damit meint er vermutlich das Spotten. Wir haben hier also einen Anklang an die alte Vorstellung von den Vögeln, die zur Ehre Gottes singen. Zu ihnen zählte Gesner auch die Papageien aus „India" (Indien) (Gesner, 1669).

Gesner war beeindruckt von einem zeitgenössischen Bericht: In Rom habe der Kardinal Ascanius einen Papagei für 100 Goldkronen gekauft, „welcher gantz klar und verständlich die zwölff Articel deß Christlichen Glaubens nach einander außgesprochen" habe, „nicht anders als wie ein gelehrter wolberedter Mann" (Gesner, 1669).

Aus der Geschichte der Entdeckung und Haltung der Papageien

Die Entdeckung der Papageien

Der erste Papagei, der in Europa nachweislich bekannt wurde, als sprechender Papagei, war der Halsbandsittich (*Psittacula krameri* Scop.), der das größte Verbreitungsgebiet aller Papageien hat, die im afrikanischen und indischen Raum leben: Er kommt sowohl in Afrika (südliches Mauretanien, Senegal und Guinea bis Äthiopien, Nord-Somalia und West-Uganda) als auch in Indien, Pakistan, Ceylon und bis nach Südostchina vor. In vielen angrenzenden Gebieten wurde er eingebürgert.

Der Schwanz dieses Sittichs ist sehr lang, seine Gestalt wirkt elegant, sein Gefieder ist vorwiegend grün gefärbt. Nur das Männchen trägt einen Halsring. Die indische Form ist etwa 40 cm groß, die afrikanische ist kleiner.

Früher wurde der Halsbandsittich auch Kleiner Alexandersittich genannt, im Gegensatz zum Großen Alexandersittich. Der letztere ist der größte Edelsittich und kommt in mehreren Unterarten in Ceylon, Indien, Pakistan bis Indochina vor. Mindestens die Hälfte seiner Körperlänge entfällt auf den Schwanz. Vom Halsbandsittich unterscheidet er sich auch durch einen dunkelroten Fleck auf den mittleren Flügeldecken.

19

Die Griechen lernten auf dem Alexanderzug nach Indien Papageien kennen, auf alle Fälle den Halsbandsittich *(Psittacula krameri)*, der in Indien und Ceylon häufig gezähmt gehalten wurde. Onesikritos, Steuermann in der Flotte Alexanders, soll die ersten lebenden Exemplare nach Europa gebracht haben (Killermann, 1921).

Ungefähr 50 v. Chr. berichtete Diodorus Siculus von Papageien aus dem „äußersten Syrien" (Wagler, 1832). Nach Plinius (60 n. Chr.) bekamen die Römer ihre Papageien aus Indien, unter der Bezeichnung „Sittace". Zu Plinius' Zeiten wurden aber von den Abgeordneten des Kaisers Nero bei Tergedum am Nil Papageien entdeckt (Finsch, 1867/68). Möglicherweise handelte es sich bei den Papageien, die im römischen Handel waren, ausschließlich um afrikanische Halsbandsittiche, die zwecks Wertsteigerung als indischer Herkunft bezeichnet wurden; wußte man doch, daß es in Indien Halsbandsittiche gibt.

Im Altertum hielt man diese Sittiche aus Liebhaberei, dann verliert sich ihre Spur. Erst im 15. Jahrhundert werden sie wieder nach Italien und sogar nach den germanischen Ländern Europas, wenn auch nur selten, eingeführt (Stresemann, 1951).

Schon Finsch stellte fest, der Große Alexandersittich trage zu Unrecht diesen Namen: „Daß ... dieser Papagei ... in keiner Beziehung zu Alexander dem Großen steht, auch sicherlich zu Zeiten dieses Königs in Europa noch unbekannt war, haben uns die neueren kritischen Untersuchungen Sundevalls über die Tiere des Aristoteles gelehrt. Überhaupt dürften sich die ältesten Beschreibungen von Papageien keineswegs auf diese Art, sondern auf *P. torquatus*" (Wolters: *Psittacula krameri*, Scop.) „beziehen ... Es ist auch um so mehr wahrscheinlich, daß die Papageien, welche zu Zeiten Alexanders des Großen bekannt wurden, zu letzterer Art gehört haben, als dieselbe in Indien am gewöhnlichsten ist und ohne Zweifel schon damals gezähmt wurde" (Finsch, 1867/68). Noch heute ist der Alexandersittich *(Psittacula eupatria)* weniger bekannt als der Halsbandsittich.

Halsbandsittiche als Kulturfolger

Die Halsbandsittiche waren in Indien so vertraut mit dem Menschen, daß sie nicht bloß in den Gärten der Städte, sondern sogar in Höhlungen alter Pagoden nisteten. Natürlich war das nur möglich, weil sie nicht verfolgt wurden.

Seit dem Ende der 60er Jahre gibt es Halsbandsittich-Populationen im Rheinland. Die entflogenen oder freigelassenen Vögel vermehrten sich so gut, daß man Mitte der siebziger Jahre etwa 100 Exemplare zählte und sie in ein Standardwerk über die Vögel des Rheinlandes (Mildenberger, 1984) aufgenommen wurden. Beobachtet wurden sie hauptsächlich in Parkanlagen und auf Friedhöfen der Städte, seltener in Alleen, Obstanlagen und Schrebergärten. Einige Vögel wurden geschossen.

In einem Heft der Zeitschrift „Kosmos" aus dem Jahre 1981 begann ein Bericht folgendermaßen: „Völlig entgeistert starrte Gartenbesitzer S. auf seinen prächtigen Kirschbaum unweit der Kölner Rennbahn. Das konnte einfach nicht wahr sein: Da tobte doch tatsächlich eine Horde grasgrüner, etwa 40 Zentimeter großer Papageien durchs Gezweig und plünderte seine Schattenmorellen. Als er die Räuber empört aufscheuchte, stoben sie kreischend davon, drehten ein paar Runden und besetzten im Sturzflug den nächsten Kirschbaum." Heftige Angriffe gegen die „Faunenverfälschung" sowie Beschwerden über die „Schädlinge" führten nun merkwürdigerweise nicht dazu, daß die Populationen kurzerhand ausgerottet wurden. Die Gründe dafür, daß man diesem „nicht direkt gewollten, aber schon laufenden natürlichen Experiment" (Schürmann, 1981) eine Chance gab, lagen wohl in der historisch gewachsenen tiefen Beziehung zu diesem wahrhaft klassischen Käfigvogel, so daß man die Gefühle der vielen Bürger, die ein lebhaftes Interesse an diesen Populationen hatten, nicht verletzen wollte. Dabei gehört wirkliche Tierliebe dazu, diese Sittiche zu mögen, nicht zuletzt wegen ihrer ausdauernden, schrillen Stimme.

Der Feldbeobachter Griesohn schreibt: „Nach eigenen Beobachtungen ist es vor allem die laute, kreischende Stimme, die zuerst auf diese Vogelart aufmerksam macht, die ansonsten oft ein scheues, ängstlich-nervöses Verhalten zeigt" (Griesohn, 1982).

Papageienhaltung in der Antike

Im alten Ägypten wurden in Käfigen Halsbandsittiche gehalten, aber erst ab der Zeit Alexanders des Großen. Aus dem Griechenland des Altertums wird uns berichtet, daß in den reichen Häusern Sittiche gehalten worden seien, ausdrücklich, um ihnen das Sprechen beizubringen. Im alten Rom wurden dieselben Sittiche gehalten wie in Griechenland, ebenfalls um ihnen das Sprechen zu lehren (Loisel, 1912).

Man wählte hierfür nur junge, bis zweijährige Vögel, weil man überzeugt war, daß die alten „ungelehrig und vergeßlich" seien, wie Apulejus (geb. um 125 n. Chr.) schrieb (Wagler, 1832). Die Sittiche waren in Rom so selten, daß sie teurer als Sklaven gehandelt wurden (Loisel, 1912).

Oft setzte man sie in Käfige aus Silber. Ein solcher Vogel galt als das auserlesenste Geschenk, das ein Römer seiner Dame machen konnte. Zum berühmtesten Papagei wurde der Vogel, den Ovid seiner Corinna schenkte. Ovid besang ihn, nachdem er gestorben war: „Kein Vogel auf Erden sprach so gut wie du!" Corinna hatte ihm beigebracht, ihren Namen zu sagen und, wie das in Rom allgemein praktiziert wurde, den typischen römischen Gruß „vale", der auch mit Adieu übersetzt werden kann. Und mit diesem „Corinna vale" hauchte der Vogel in den Versen Ovids sein Leben aus. Corinna ließ ihn feierlich begraben. Das war in Rom kein Einzelfall (Loisel, 1912).

Die Römer hielten auch andere Vögel, um ihnen das „Sprechen" beizubringen, besonders Raben. Sie wurden in Käfigen über das Eingangstor gestellt, damit sie Besucher mit dem Gruß empfingen, den man ihnen beigebracht hatte. Kaiser Augustus soll eine Schwäche für „sprechende" Raben gehabt haben; anfangs kaufte er alle auf, wenn sie ihm angeboten wurden. Die folgende Geschichte hätte genauso von einem „sprechenden" Papagei handeln können: Eines Tages konnte Augustus keine weiteren Raben mehr gebrauchen. Zu der Zeit bemühte sich ein armer römischer Schuhmacher, seinem Raben einen Gruß beizubringen. Trotz seiner ständigen Wiederholungen blieb der Vogel stumm, und so sagte sein Besitzer resigniert nach jeder fehlgeschlagenen Lektion: „Die Mühe war umsonst." Endlich erreichte er, daß sein Vogel den Gruß leidlich hersagen konnte. Er stellte ihn sofort auf einen Ort, wo Augustus vorbeikommen würde. Und tatsächlich klappte alles: der Kaiser kam, der Vogel sagte seinen Gruß. Der Kaiser hielt aber nur kurz inne. Dann fügte der Vogel den Satz hinzu, den er so oft gehört hatte: „Die Mühe war umsonst." Der Kaiser war überrascht, lachte und kaufte den Vogel. – Ob Anekdote oder wahr: die Geschichte ist realistisch genug.

Die Römer betrieben das Training „sprechbegabter" Vögel mit System: Sie stellten den Vogel jeweils auf einen abgelegenen Platz, wo er keine andere Stimme hören konnte als die des Trainers. Dieser wiederholte jeden Tag denselben Satz, gab dem Vogel manchmal mit einem kleinen Eisenstab leichte Schläge auf den Kopf, streichelte ihn danach, und nur er fütterte ihn. Freilich klingen nicht alle römischen Berichte über „sprechende" Vögel glaubwürdig (Loisel, 1912).

Nach Plutarch soll die Elster eines römischen Barbiers nach mehrtägigem Schweigen die Musik eines vorübergehenden Trauerzuges vollständig und bis in die kleinsten Variationen rezitiert haben. Finsch versah diesen Hinweis mit drei Ausrufezeichen und bemerkte ironisch, diese Elster müsse ein wahres musikalisches Genie gewesen sein (Finsch, 1867/68).

Richtig ist freilich, das bestätigte auch Finsch, daß Elstern zu den besonders nachahmungsbegabten Vögeln gehören. Also ist Plutarchs Geschichte möglicherweise nicht erfunden, sondern bloß übertrieben.

Die Entdeckung der Graupapageien (Psittacinae)

Im frühen 15. Jahrhundert begann Heinrich der Seefahrer (1394–1460), Schiffe nach der bis dahin unerforschten Westküste Afrikas auszusenden. Mitte des 15. Jahrhunderts gelang die Entdeckung des Senegal und die Umrundung von Kap Verde. Noch zu seinen Lebzeiten wurde mit der Gründung von portugiesischen Niederlassungen an der Küste und der wirtschaftlichen Ausbeutung des Hinterlandes begonnen (Pögl, 1986).

Wagler schrieb 1832 in seinem Überblick über die Geschichte der Papageien: „Es war im Jahre 1455, als Aloysius Cada Mosto aus Venedig, ein junger Mann voll Unternehmungsgeist, in den seit fünf Jahren entdeckten Senegal einlief, und darauf, nachdem er seinen Lauf nach dem grünen Vorgebirge gerichtet hatte, auch an die Mündungen des Gambia kam. Nach seiner Erzählung... (1507) wimmelt es am Senegal von einem grünen Papagei mit gelbem Bauche und grauem Kopfe." Es war der Mohrenkopfpapagei *(Poicephalus senegalus)*. Erst 1550 wurde der heute bekannteste afrikanische Papagei und beste „Sprecher", der Graupapagei *(Psittacus erithacus)* durch Gesner einem breiten Publikum bekannt gemacht.

Damit befinden wir uns schon im Zeitalter der Entdeckungen und jenseits der Grenzen der Alten Welt. Von nun an wurden nach und nach weitere Papageienarten entdeckt und nach Europa transportiert.

Finsch schrieb 1868: „Der graue rotschwänzige Papagei wurde schon in sehr frühen Zeiten lebend nach Europa gebracht und sowohl Belon als Aldrovandi kannten ihn." (Belons Vogelbuch erschien 1555).

Freilich war das gar nicht so früh, darum glaubten zu Finschs Zeit manche Autoren, die Römer müßten den Graupapagei schon gekannt haben. Das schien naheliegend zu sein. Nordafrika zählte zur Alten Welt, und man kannte bereits aus den frühen historischen Zeiten Handelswege mit beachtlichen Entfernungen.

Dennoch geht man längst davon aus, daß die Römer den Graupapagei nicht kannten. Auffallend ist: Der Indienfeldzug Alexanders d. Gr. war es, der die Kenntnis vom Halsbandsittich mitbrachte und das Interesse an seiner Haltung weckte. Äthiopien lag geographisch näher.

Papageienhaltung seit der Zeit des Mittelalters

Kaiser Friedrich II. bekam um 1240 von seinem Freund, dem Sultan, aus Babylonien einen weißen Kakadu geschenkt, wahrscheinlich der in Celebes heimischen Art (Stresemann, 1951). Dagegen kannte er den Graupapagei, dessen Verbreitungsgebiete geographisch viel näher lagen, nicht.

Im Mittelalter hielten unsere Vorfahren Elstern und Stare und vergnügten sich damit, ihnen Worte zu lehren. Ein Sittich (Papagei) war als auserlesenste Kostbarkeit der vornehmen und reichen Gesellschaftsschicht vorbehalten. Auch Geistliche, vom einsamen Kloster- oder Waldbruder bis hinauf zum höchsten Prälaten ergötzten sich an gefiederten „Schwätzern" (aves garrulae). Kaufmann stellte in seiner Untersuchung der Tierliebhaberei im Mittelalter 1884 fest: Wohl sei es berechtigt gewesen, wenn 1245 der päpstliche Legat Odo den Kanonikern von Notre-Dame das Halten von Bären, Affen, Hirschen, Raben (vermutlich Kolkraben) u. a. innerhalb des geistlichen Wohnbereichs untersagte. Die Freude an den „aves garrulae" jedoch, gegen die sich der strenge Kardinal Petrus Damiani ereiferte, sei doch eine harmlose gewesen (Kaufmann, 1884).

Auch am päpstlichen Hof waren „sprechende" Vögel beliebt, und dort waren es die wertvollen Papageien. Im Nachrichtenteil einer historischen Zeitschrift aus dem Jahre 1905 wird unter „Curiosa aus dem Vatikanischen Archiv" folgendes berichtet:

„Im Vatikanischen Palast heißt der zwischen dem Cortile di San Damaso, dem Cortile del Maresciallo und dem Cortile della Torre Borgia liegende Hof Cortile dei Papagalli, Hof der Papageien. In einzelnen päpstlichen Schlössern des Kirchenstaates finden wir auch eine Sala dei papagalli oder del papagallo, Bezeichnungen, die ganz unzweifelhaft auf Papageivögel zurückzuführen sind ... Im 14. und 15. Jahrhundert finden wir, genau wie im 19. Jahrhundert unter Leo XIII., gelegentlich am päpstlichen Hofe allerlei seltenes Getier, das entweder von fremden Gesandtschaften oder durch Missionare, in seltenen Fällen auch durch Händler dorthin gekommen war. Als die französischen Edelleute Joannes de Betencourt (Béthancourt) aus Rouen und Gadiferus de Sala aus Saintes (Metropole Bordeaux) gleich zu Beginn des 15. Jahrhunderts die Kanarischen Inseln besetzten und dann am 7. Juli 1404 schon in Rubicon ein Bistum errichtet wurde, sandte Benedikt XIII. den Minoriten Alfonsus de S. Lucar de Barrameda als ersten Missionsbischof hin. Die Eroberer sowohl als auch die Missionare wurden sofort mit den zahlreich dort vorhandenen gezähmten und wilden Papageien bekannt, und besonderes Erstaunen erregte es, daß die Vögel zum Sprechen abgerichtet werden konnten. Was lag näher, als diese Tiere nach Europa zu senden und sie zu verschenken oder mit großem Gewinn zu verkaufen. Auf diese Weise kamen auch regelmäßig Papageien an den päpstlichen Hof ..." Als Papst Martin V. im Frühjahr 1424 in Tivoli gewesen war, hatte man beim Weggehen den Papagei vergessen. Man sandte eigens einen Boten hin, um den Vogel zu holen (Baumgarten, 1905).

Für die so geschätzten und wertvollen Papageien wurden kostspielige Käfige angefertigt. Rudolf von Habsburg, der als sehr sparsam galt, bezahlte für einen Papageienkäfig 30 Pfund Silber. Nach dem Wigalois des Wirnt von Grafenberg soll ein wunderbarer Sittich in einem Gehäuse von Gold „gewohnt" haben. Papageienkäfige wurden besonders gerne vergoldet. Daneben benutzte man für Papageien gläserne Häuser oder Stürze (Kaufmann, 1884).

In Ferrara mußte im 15. Jahrhundert der Hofmaler Ercole Roberti für die aus Neapel stammende Herzogin Eleonora einen Papageienkäfig vergolden. Die Herzogin Renata di Francia ließ um 1563 auf dem Schloß Montargis bei Chartres für ihren Papagei einen Käfig bauen, der 6 Stockwerke hatte. „Sprechende" Papageien wurden auch in Gartenvolieren angetroffen. So berichtete der Humanist Castaldo da Feltre (1503 Doktor in Padua) aus dem Garten der Brüder Priuli in Murano bei Venedig: „Du bemerkst einen ungeheuren Käfig, der mit Eisenruten bedeckt und 300 mal geteilt ist nach Art eines Gitters; von hier grüßt dich oft der Papagei mit menschlicher Stimme." (zitiert nach Killermann, 1921) Auf zwei Kleingemälden holländischer Maler aus dem 17. Jahrhundert (Alte Pinakothek München, Nr. 533 und 1399) ist jeweils ein Graupapagei, Jako, dargestellt, wie er aus dem Käfig genommen, von der Dame gefüttert wird (Killermann, 1921).

Freilich waren „sprechende" Papageien nicht bei jedermann beliebt. Joh. Matthaeus Bechstein schrieb in seiner „Naturgeschichte der Stubenvögel", die 1794 erstmals erschien, über den Halsbandsittich (*Psittacula krameri*): „Er lärmt und schreit beständig, lernt sehr leicht sprechen, pfeifen und die meisten Tier- und Vogelstimmen nachahmen. In einem Käfige eingesperrt, in welchem er sich wenig bewegen kann, spricht und quackelt er immerfort, so daß er oft unerträglich wird." Von einem anderen Halsbandsittich sagte er, er sei ein „allerliebster Papagei", lerne aber selten und nur wenig „sprechen" (Ruß, 1881). Der letztere war wohl ein Weibchen.

Papageienhandel im späten 19. Jahrhundert

Im 19. Jahrhundert waren viele Papageienarten noch im Handel, die heute selten geworden oder längst ausgestorben sind. Generell war das die Blütezeit der Papageienhaltung, vor allem gegen Ende des Jahrhunderts, in Europa. Viele Kenntnisse, auch Meinungen, sind durch die Berichte jener Zeit geprägt worden. Darum seien hier einige Berichte über den Vogelhandel des späteren 19. Jahrhunderts angeführt.

Nicht nur unter den Deutschen befanden sich viele Papageienliebhaber. Alfred Brehm schrieb 1872: „Die Franzosen sind fast ausnahmslos Tierfreunde; es erklärt sich daher, daß man gefangene Vögel ebensowohl in den Schlössern der Reichen wie in den Hütten der Armen findet ... In den Seestädten vernimmt man das Kreischen und Pfeifen der Papageien in allen Straßen, in den Binnenstädten den Schlag des Kanarienvogels noch in der Mansarde" (Brehm, 1872).

„Als Tierfreund steht der Russe dem Franzosen wahrscheinlich nicht im geringsten nach", fuhr Brehm fort: „Unter den ausländischen Vögeln, welche in Rußland eingeführt werden, sind drei Arten besonders beliebt: der Kanarienvogel, die Feldlerche, hier ‚Danziger Lerche' genannt, und der Jako oder graue Papagei. Von ihnen findet man fast in jeder Familie einen oder den anderen ... Der graue Papagei steht unter Seinesgleichen" (den Papageien) „oben an; er ist sogar ein bevorzugter Liebling des Russen. Eine sprechende ‚Popetschka' geht diesem über alles andere, zumal über alle die prachtvoll gefärbten Arten der Ordnung. Die erste Frage, welche ein Kauflustiger beim Anblick eines ihm fremden Papageien an den Händler richtet, lautet: ‚Lernt dieser Vogel auch sprechen?' – und wenn die Antwort nicht entschieden bejahend ausfällt, steht es schlimm um den Handel. Ein vorzüglich sprechender Papagei wird sehr hoch bezahlt: ich weiß, daß man für einen guten Jako 300 Rubel gefordert und erhalten hat" (Brehm, 1872).

Über den asiatischen Vogelhandel bemerkte Brehm weiter: „Ein großes, wenn nicht das hauptsächlichste Hindernis des Aufschwunges eines regelrechten Vogelhandels zwischen Asien und uns ist unzweifelhaft die lange Dauer der Reisen aller Schiffe, welche ihren Weg um das Vorgebirge der guten Hoffnung oder Kap Horn nehmen müssen ... Zum Stande der Liebhaberei in Asien selbst steht die Anzahl der Vögel, welche wir dort erhalten, in keinem Verhältnis. Es ist bekannt, daß Indier, Japanesen und Chinesen leidenschaftliche Tierfreunde sind, daß die dortigen Gro-

ßen oder Reichen Tierparks besitzen, welche an Reichhaltigkeit mit unseren ersten Tiergärten wetteifern können; wir wissen auch, daß in den genannten Reichen, wie in den übrigen südasiatischen Staaten ein regelrechter Handel betrieben wird" (Brehm, 1872).

Die afrikanischen Vögel kamen zu den Zeiten Brehms vor allem aus den „Ländern am Senegal". Brehm schrieb: „Der Vogelfang und Vogelhandel wird in den Ländern des Senegal rein geschäftlich behandelt. ‚Besondere Liebhaberei für Stubenvögel' schreibt mir H. Dohrn, ‚habe ich in den von mir bereisten Gegenden Westafrikas nirgends wahrgenommen. Am häufigsten noch fand ich den grauen Papagei gezähmt und zum Sprechen abgerichtet vor, außerdem ein paar kleine Stumpfschwanzpapageien, sowie einige aus Brasilien herübergebrachte Keilschwanzsittiche ... Um so lebhafter ist die Ausfuhr. Leute, welche das Geschäft kennen, halten sich hauptsächlich an den Jako, kaufen jedoch nur junge Vögel, weil diesen schon auf der Überfahrt einige Redensarten beigebracht werden können, während die alten ziemlich schwer zu zähmen und zum Sprechen zu bringen sind" (Brehm, 1872).

Dohrn berichtete außerdem, daß eine Reise mit einem Schiff, auf dem Vögel transportiert wurden, alles andere als angenehm war und daß daher unbeteiligte Schiffer eine große Abneigung gegen alle Vogelhändler entwickelten. Am lästigsten aber seien die mit Vögeln handelnden Schiffer selbst. Dohrn erzählte: „Hat sich, wie auf allen westafrikanischen Linien die Regel, Jedermann die erschwingliche Menge von Affen, Jakos, Unzertrennlichen, Webervögeln und Senegalisten zusammengekauft, so kann der Aufenthalt auf solchem Schiffe geradezu unerträglich werden, wie ich dies, vom Fieber im höchsten Grade mitgenommen, ‚am eigenen Leibe' erfahren mußte. Einige Dutzend stinkende Käfige mit kleinen Vögeln, einige hundert Unzertrennliche, nicht viel weniger Jakos und mehrere frei herumlaufende Affen machten die Fahrt als blinde Deckreisende mit. Zwischen den eisernen Schiffswänden war es nicht auszuhalten;

oben auf Deck gab es von Sonnenauf- bis Sonnenniedergang nicht eine einzige ruhige Minute. Unangenehm genug für meinen Zustand war das Gezirpe und Gezwitscher der Tausende von kleinen Singvögeln, geradezu unerträglich aber der tägliche Unterricht der Papageien, welche, für England bestimmt, samt und sonders zunächst ‚pretty Polly‘ lernen sollten, Worte, die ihnen von den bezüglichen Eigentümern oder Lehrmeistern stundenlang vorgesagt und von ihnen bald mehr, bald weniger richtig nachgesprochen wurden. Dazwischen kreischten und quiekten sie abscheulich, und wenn die einen sich heiser geschrien, begannen die anderen. Trat wirklich einmal Stillstand ein, und vermochte ich einzuschlummern, so erschien sicherlich einer der Affen und riß mich an den Haaren, biß mich in das Ohr oder nach einem meiner Finger, war, ehe ich mich recht besinnen konnte, wieder oben in den Tafelwerk und grinste von hier aus freundlich mich an, während ich durch das hundertstimmige ‚pretty Polly‘ um den letzten Rest von Gleichmut gebracht wurde. Man muß sechs lange Wochen hindurch glühende Hitze, schlechte Schiffskost, halb verdorbenes Wasser und unleidliche menschliche und tierische Gesellschaft genossen haben und vom Fieber gepeinigt worden sein, um eine Seefahrt von Ginea nach Gebühr würdigen zu können“ (zitiert nach Brehm, 1872).

Der Ornithologe Anton Reichenow berichtete 1874 in der wenige Jahre zuvor von Karl Ruß gegründeten Zeitschrift „Die Gefiederte Welt“ über seine Reise nach Guinea in den Jahren 1872/73: „Die Jakos sind die einzigen Vögel, welche von der Westküste Afrikas als regelmäßige Erscheinungen auf den europäischen Vogelmarkt kommen. Die wenigen anderen Käfigvögel, welche bis jetzt jene an interessanten Formen so reichen Gegenden uns bieten, wie die grauköpfigen Papageien, einige Weber, Finken und Tauben, gelangen nur unregelmäßig in den Besitz der Händler ...“ (Reichenow, 1874). Mit den „Jakos“ meinte er die Graupapageien (Psittacus erithacus), mit den „grauköpfigen Papageien“ die Mohrenkopfpapageien (Poicephalus senegalus). Auch anderen

Reisenden fiel auf, daß bei den Naturvölkern Afrikas – im Gegensatz zu denen Südamerikas – die Haltung zahmer Papageien kaum eine Rolle spielte (vgl. S. 175, 177f).

Reichenow gewann auf seiner Reise offenbar einen besonders negativen Eindruck; er schrieb: „Der Grund für diese Tatsachen liegt in der Teilnahmslosigkeit und Unzugänglichkeit der Eingeborenen jener Gegenden ... Sie selbst, vollständig stumpf gegen die sie umgebende Natur, haben keine Freude an gefiederten Hausgenossen und halten gar keine Vögel in Gefangenschaft. Ich sah solche nur wenige Male bei den intelligenteren Bewohnern der Goldküste, den Gâ-Negern und Aschanti. Die Vogelwelt hat für den Haushalt der Neger nur eine Bedeutung, freilich die höchste, das wichtigste Moment im Leben jener armseligen Menschen; den Wanst zu füllen. Jeder Vogel, welcher zufällig in die Hände der Schwarzen fällt – die Jagd wird von den meisten Küstenstämmen nur wenig und höchst ungeschickt betrieben – wird mit ‚Haut und Haaren‘, ohne vorher die Federn und Eingeweide zu entfernen, in das Feuer gelegt, und wenn er äußerlich vollständig verkohlt ist, mit dem größten Wohlbehagen als Delikatesse verzehrt. Den grauen Papageien würde es ebenso ergehen, wenn nicht die hohen Preise, welche die Europäer für dieselben zahlen, die Neger zu anderer Verwertung der Gefangenen veranlaßten“ (Reichenow, 1874).

Natürlich waren die Schwarzen Afrikas, sofern sie in ihrer angestammten Kultur verwurzelt waren, nicht „stumpf gegen die sie umgebende Natur“. Brehm druckte große Teile dieses Berichts in der 2. Auflage seines „Tierlebens“ 1878 ab.

Auch frühe europäische Reisende waren in Afrika oftmals hauptsächlich am Fleisch der Papageien, besonders der Graupapageien, interessiert, wie wir aus dem Reisebericht von Recueil des Jahres 1702 entnehmen: „Wir lebten auf der Insel Maurice von Schildkröten, Tauben, grauen Papageien und anderm Wilde, welches man in den Wäldern mit den Händen greifen konnte. Außer dem daraus gezognen Nutzen fand man auch viel Vergnügen daran.

25

Bisweilen ließ man einen gefangenen grauen Papagei schreien und alsbald sah man hunderte um sich herfliegen, welche man dann mit Stöcken totschlagen konnte" (zitiert nach Ruß, 1881). Sogar spätere Reisende aßen gebratene Graupapageien gerne, Reichenow dagegen nannte ihr Fleisch zäh (Ruß, 1881).

Der Zoologe Finn schrieb in seinem Bericht über die Vogelhaltung in Kalkutta um die Jahrhundertwende, auch der afrikanische Graupapagei *(Psittacus erithacus)* werde öfters angeboten und zwar in guter körperlicher und gesundheitlicher Verfassung, anders als die Mehrheit seiner unglücklichen Artgenossen in England (Finn, 1901).

Heute bemüht man sich vor allem um die Nachzucht im eigenen Lande, in Deutschland wie in vielen anderen Ländern.

Die Arten

Der Graupapagei *(Psittacus erithacus)*

Im 19. Jahrhundert war das Werk des großen französischen Naturforschers Georges Louis Leclerc, comte de Buffon noch wohlbekannt; es wurde gelesen und viel zitiert, auch von Karl Ruß. Buffons Werk war das größte Werk zur Naturgeschichte. Der Papageienband erschien 1780. Schon im Jahre 1793 gab es eine deutsche Ausgabe, die „Wiener Ausgabe", die Karl Ruß benutzte. Buffons Schreibweise war populär. Er widmete dem Graupapagei weit mehr Seiten als jeder anderen Papageienart.

Buffon behauptete, daß man den Graupapagei zu seiner Zeit am meisten nach Europa einführte und daß er der beliebteste war, weil er in seinen Fähigkeiten den Amazonen mindestens gleichkomme, nicht aber was deren unangenehmes Geschrei betreffe; ein solches lasse er nicht hören. Schon zu Buffons Zeit wurde der Graupapagei „Jako" genannt. Man merkte, daß er dieses Wort besonders leicht lernte.

Geradezu verblüffend fand es Buffon, daß dieser Papagei nicht nur die Fähigkeit habe, „sprechen" zu lernen, sondern daß er es sogar

wolle, er höre aufmerksam zu und strenge sich regelrecht an. Oft sei man überrascht, ihn Worte oder Töne nachahmen zu hören, die man ihm nicht bewußt beigebracht habe, ja an die man sich nicht einmal erinnere. In seinem ersten Lebensjahr lerne er am besten (Buffon-Sonnini, 1800–08).

Die Schwester Buffons, Madame Nadault, – es war im 18. Jahrhundert – besaß einen Graupapagei, der sich offenbar frei im Haus bewegen durfte. Er liebte nämlich, wie sie schrieb, das Küchenmädchen, was Madame amüsierte, denn sie fand, damit zeige er nicht gerade einen auserlesenen Geschmack. Aber, und das imponierte ihr, er war darin standhaft: Er liebte das Küchenmädchen „rasend". Er folgte ihr überall hin, suchte sie an den Orten, wo sie sein konnte, und selten vergeblich. Madame Nadault äußerte aber den Verdacht, daß die Vorliebe des Papageis für dieses Mädchen etwas mit dessen Küchendienst zu tun gehabt habe: Als es nämlich durch ein anderes Mädchen ersetzt wurde, übertrug er vom ersten Tag an seine Zuneigung auf das neue Küchenmädchen. Abends begab sich dieser Papagei stets von selbst in seinen Käfig (Buffon-Sonnini 1800–08).

Nach Brehm befand sich unter den Graupapageien, die nach Europa kamen, immer nur eine geringe Anzahl junge Vögel, welche aus dem Nest genommen und aufgezogen sein konnten (Brehm, 1866).

Otto Finsch schrieb 1868 in seinem großen Werk über die Papageien: „Wegen seiner großen Gelehrigkeit, Worte nachsprechen zu lernen und zu pfeiffen, wurde Ps. erithacus als Zimmervogel bald sehr beliebt, und manche Exemplare scheinen es wirklich zu einer wahren Meisterschaft gebracht zu haben."

Finsch selbst war von den stimmlichen Fähigkeiten der Graupapageien weniger begeistert, wie aus seinen weiteren Ausführungen zu entnehmen ist: „Die natürliche Stimme des grauen Papageis ist nach meinen Beobachtungen dagegen sehr mißtönend und gellend. Wahrhaft ohrenbetäubend wird es, wenn 35 Stück zugleich schreien, wie ich oft im Zoolog. Garten von Rotterdam hören konnte, wo ungefähr so viele oder vielleicht noch mehr einen Käfig gemeinschaftlich bewohnten. Buffon gönnt der Besprechung über diesen Vogel den Raum von 12 Seiten. Auch Levaillant spricht ein Langes und Breites von einem grauen Papagei, den er zu Amsterdam im Hause von Madame Meninkhuyzen zu beobachten Gelegenheit hatte. Dieser Vogel muß ein wahres Wundertier gewesen sein, denn er war nicht allein so gelehrig, daß er auf Befehl seines Herrn ihm die Nachtmütze oder Pantoffeln holte, sondern auch die Magd herbeirief und zu sprechen verstand wie ein Mensch, natürlich holländisch, ,langage très favorable à la voix naturelle des Perroquets', wie der französische Naturforscher bemerkt", in einer Sprache also, die den Graupapageien sehr liege. Finsch hatte jedoch seine Zweifel daran und meinte: „In wie weit diese Erzählung ihre Richtigkeit hat, erlaube ich mir nicht zu erörtern, darf aber wohl behaupten, daß unter den Geschichten, welche man dem grauen Papagei nacherzählt, viel Übertriebenes sich eingeschlichen hat" (Finsch, 1867/68).

Zweifellos übte Finsch mit seiner ironischen Art der Darstellung einen Einfluß auf die Einstellung aus, die eine Vielzahl nachfolgender Ornithologen „sprechenden" Graupapageien gegenüber entwickelten. Seine versteckte Kritik an Buffon, weil dieser dem Graupapagei soviel Raum gewidmet hatte, tat ein übriges. Auch der begeisterte Papageienfreund Levaillant erscheint nicht als glaubwürdiger Informant.

Wenige Jahre zuvor, 1857, hatte Carl Jacob Sundevall den Nachweis geführt, daß François Levaillant in seinem Werk über die Vögel Afrikas seiner Phantasie oft allzu freien Spielraum gelassen hatte. Sogar „neue" Arten, die aus Federn verschiedener Arten kunstvoll zusammengeleimt waren, mußten ihm dazu dienen, seinen Entdeckerruhm zu vergrößern und seine erdichteten Reisen weit über den Oranje-Fluß hinüber glaubhaft zu machen. Der Ornithologe Erwin Stresemann sagte: „Um genaue Fundorte und hübsche (aber leider fiktive) biologische Details war er bei vielen dieser erdichteten Arten (ungefähr 79!),

aber auch sonst, keineswegs verlegen." Aber Stresemann sagte auch: „Er war wirklich ein vorzüglicher Beobachter der Vögel und ein verständnisvoller Deuter ihres Verhaltens" (Stresemann, 1951).

So ist es schade, daß viele seiner Berichte nur mit Vorbehalt zitiert werden können. Schlimmer ist freilich, daß von nun an jeder, der sich über „sprechende" Papageien bloß lustig machen wollte, Zitate aus Levaillant so leicht für seine Zwecke mißbrauchen konnte. Denn damit ließen sich auf wirksame Weise Zweifel einpflanzen, die ihren Schatten auch auf seriöse Berichte warfen. Also war es kein Wunder, daß die Haltung zahmer, „sprechender" Papageien in manchen Kreisen in Mißkredit gebracht wurde.

Brehm dagegen gehörte zu den großen Bewunderern „sprechender" Graupapageien. Er schrieb 1872: „Wenn es irgend einen Vogel gibt, welcher allgemeine Beachtung und Anerkennung genießt, so ist es der gezähmte Jako ... Im Anfange seiner Gefangenschaft freilich zeigt sich der noch ungeschulte Lehrling durchaus nicht von der angenehmsten Seite. Mit widerwärtig gurgelndem Geknarr begrüßt er den Gebieter, beißt nach der ihn pflegenden Hand und kann höchst empfindlich, ja in gefährlicher Weise verletzen, zernagt alles, was ihm erreichbar, falls es nicht niet- und nagelfest, betrachtet jedes Glied der Familie mit dem entschiedensten Mißtrauen, scheint überhaupt zu nichts anderem als zum Fressen, Lärmen und Schlafen zu taugen. Das aber legt sich ... sehr bald, vorausgesetzt, daß er gut behandelt wird. Allerdings kommt es vor, daß ein Jako gewisse Unarten beibehält; im allgemeinen jedoch darf man annehmen, daß man aus jedem Jungen einen artigen Stubengenossen erziehen kann. Aber freilich, junge (grauäugige) Vögel muß man wählen, wenn man etwas aus ihnen machen will, nicht alte (gelbäugige), welche möglicherweise schon verdorben sind" (Brehm, 1872). Im wesentlichen gilt das heute noch. Erfahrene Vogelpfleger können auch einen älteren Vogel (mit gelber Iris), selbst einen „verdorbenen", an sich gewöhnen, so daß er sehr zahm wird.

Der Graupapagei zählt zu den großen Papageienarten, vergleichbar den großen Amazonen-Papageien Südamerikas. Lokal und individuell können die Größenunterschiede der Art beträchtlich sein. Auch im Grauton sind sie verschieden. Trotz der vorwiegend grauen Gefiederfarbe hat der Graupapagei ein sehr auffallendes Äußeres: durch die helle, unbefiederte Augenumgebung und die roten Schwanzfedern. Die letzteren sind bei der Unterart Timneh-Graupapagei nicht so leuchtend rot gefärbt, außerdem unterscheidet der Timneh sich durch den hell-rötlichen Oberschnabelrücken vom bekannteren Graupapagei, dessen Schnabel ganz schwarz ist. Die verschiedenen Graupapageienrassen gelten als gleichermaßen „sprechbegabt". Die Graupapageien bewohnen Äquatorial-Afrika.

Poicephalus-Arten

Die unter dem Namen Langflügelpapageien bekannten kurzschwänzigen *Poicephalus*-Arten sind in der Größe sehr unterschiedlich. Einige sind sehr viel kleiner als der Graupapagei und gehören dennoch zu den sogenannten Großpapageien. In ihrem Verhalten weisen sie viele Ähnlichkeiten zum Graupapagei auf. Die bekannteste Art, der Mohrenkopfpapagei *(Poicephalus senegalus)* ist bei Vogelliebhabern, die sich mit den Langflügelpapageien auskennen, ein beliebter Käfigvogel, der mitunter sehr zahm wird. Solche Exemplare bemühen sich, auch nach meinen Erfahrungen, angestrengt, Worte nachzusprechen, meistens freilich mit nur geringem Erfolg. Die Langflügelpapageien zählen nicht zu den „begabten Sprechern". Ihre Verbreitungsgebiete reichen von Äquatorialafrika bis ins südliche Afrika. Der größte Vertreter ihrer Art ist der Kappapagei *(Poicephalus robustus)*, er reicht in der Größe an den Graupapagei heran und ist am Körper vorwiegend grünlich gefärbt.

Swynnerton, der um die Jahrhundertwende im damaligen Südrhodesien Vögel beobachtete und auch die dort vorkommenden drei *Poicephalus*-Arten recht gut kannte, meinte, daß erwachsene Kappapageien sich anscheinend nicht für die Käfigung eigneten. Diejenigen, von denen er wußte, hatten höchstens wenige Wochen überlebt (Swynnerton, 1907).

Die Gebrüder Woodward, Reisende und Sammler im Zululand Ende des 19. Jahrhunderts, berichteten dagegen, daß man den Kappapageien beibringen könne, gut zu „sprechen" (Sharpe, 1897).

Diese Papageienart wurde in Menschenhand längst erfolgreich nachgezüchtet. Hierzulande sieht man sie aber noch selten.

Das gilt auch für die nächste Art, von der berichtet wird, den Braunkopfpapagei *(Poicephalus cryptoxanthus)*, mit grünen Bauch-, dunkelgrünen Flügelfedern und, wie der Name sagt, braunem Kopf. Swynnerton bekam einmal von einem Eingeborenen einen Braunkopfpapagei (Swynnerton: *Poeocephalus fuscicapillus*) gebracht, der ihn mit Vogelleim gefangen hatte. Schon nach einem halben Jahr starb der Vogel. Zuerst benahm er sich sehr wild. Ungefähr 14 Tage vor seinem Tod wurde er sehr zahm, kletterte jeden Tag auf seine Hand herunter, um das dargebotene Futter zu fressen. Sichtbar krank war er erst einen Tag vor seinem Tod. Swynnerton schrieb, daß diese plötzliche Zahmheit vor dem Tod offenbar nicht ungewöhnlich sei. Er kannte einen Vogelhalter (Marshall) in Salisbury, der dies mehrmals erlebt hatte (Swynnerton, 1907). Ähnliches wurde schon bei vielen Vogelarten beobachtet.

Andere waren in der Käfighaltung erfolgreicher. Der Zoologe Finn berichtete nach einer Expedition, die er Ende des 19. Jahrhunderts in Ostafrika unternahm, in Zanzibar und Mombasa habe er Braunkopfpapageien (Finn: *Poeocephalus fuscicapillus*) als Käfigvögel angetroffen (Finn, 1893).

Der bekannteste afrikanische Langflügelpapagei ist der Mohrenkopfpapagei *(Poicephalus senegalus)*. Auch er hat eine gedrungene Gestalt, einen relativ großen Kopf und kräftigen Schnabel. Dieser grüne Papagei mit grauem Kopf und leuchtend gelb- bis orangefarbenem Bauchgefieder kommt in mehreren Unterarten vor. Obwohl Mohrenkopfpapageien häufig gehalten wurden, sind Berichte über „sprechende" Exemplare selten.

Der Papageienliebhaber Blaauw schrieb im späten 19. Jahrhundert, daß sein Mohrenkopfpapagei „sehr hübsch französisch sprach, und zwar sehr deutlich und mit sanfter Stimme". Blaauw sagte: „Sonderbar klingt es, wenn er die verschiedenen Worte und Sätze in sein natürliches Gekreisch mischt und also gleichsam artikuliert schreit" (zitiert nach Ruß, 1882).

Der Regierungsrat v. Schlechtendal besaß seit 1871 sieben Jahre lang einen zahmen Mohrenkopfpapagei; er berichtete: „Mein Mohrenkopf ahmte ... einzelne Laute nach, welche ihm besonders auffielen oder die er häufig hörte. So lernte er, ohne besondern Unterricht zu erhalten, einen einfachen Pfiff und das Schnalzen mit der Zunge, dann aber auch die Worte ‚komm' und ‚Jakob'. Ebenso ahmte er das sonderbare Geschwätz eines Glanzstars nach, welcher eine zeitlang sein Käfignachbar war. Dasselbe war ihm aufgefallen, und er wiederholte eines Tags die wunderlichste Stelle, während er auf seiner Käfigstange auf- und abging. Später wurde ein Trupial sein Nachbar. Den Gesang dieses begabten Vogels wiederzugeben war er jedoch außerstande, und er machte nicht einmal einen Versuch dazu, sondern eignete sich nur seinen wie tüh, tüh klingenden, häufig erschallenden Lockruf außerordentlich treu an, indessen er jene Stelle aus dem Glanzstarliede nie mehr hören ließ, nachdem jener Vogel aus seiner Nähe verschwunden war."

Dieser Mohrenkopfpapagei war außerordentlich zahm. „Jedem", schrieb Schlechtendal, „der seinem Käfige nahte und ihn freundlich ansprach, hielt er das graue Köpfchen hin, um sich krauen zu lassen. Dies war ihm der höchste Genuß und er hatte es vorzugsweise gern, wenn man ihn aus dem Käfige nahm und liebkoste. Er wurde es dann nie müde, immer wieder sein Köpfchen entgegenzustrecken und stets ging er nur ungern und zögernd in den Käfig zurück. Einmal wäre er beinahe verunglückt; ich hatte ihn nämlich auf der Hand, als er erschrak und so heftig gegen einen Spiegel

flog, daß er betäubt zu Boden stürzte. Einer geringfügigen Verletzung wegen hatte ich den abgeschnittenen Finger eines dunklen Handschuhs aufgezogen. Diesen hatte er plötzlich erblickt und war erschrocken davongeflogen" (zitiert nach Ruß, 1881).

Damit sind typische Verhaltensweisen von Mohrenkopfpapageien treffend gekennzeichnet. Freilich gilt das nicht unbedingt für das Verhalten Fremden gegenüber: Viele zahme Mohrenkopfpapageien lassen sich ja von fremden Personen nicht berühren, manche beißen überraschend und blitzschnell zu.

Ruß zitierte einen weiteren Papageienpfleger, der sich begeistert über seine zahmen Mohrenkopfpapageien äußerte: „Wenn ich zum Füttern das Glashaus, in welchem ich damals meine Vögel beherbergte, betrat, so waren sie die ersten, die mir auf Schulter und Hände flogen und mir ihre Freude lebhaft zu erkennen gaben. Und wehe einem andern Insassen, der es etwa versuchte, sich mir in gleicher Weise zu nähern; er wurde sogleich mit Wut befehdet und verfolgt" (zitiert nach Ruß, 1881).

Mohrenkopfpapageien reagieren in auffallend starker Weise „eifersüchtig". Die Haltung von zwei Zahmen in einem Käfig geht nicht immer gut, wenn die Vögel ihr Jugendalter hinter sich haben.

Auch von Meyers Papageien (*Poicephalus meyeri*) wurde berichtet, daß Exemplare, die in jungem Alter trainiert würden, lernen könnten, kurze Sätze, Lachen und andere Vogelstimmen nachzuahmen (Rowan, 1983).

Dagmar Roenspies berichtete über ihren Kongo-Papagei (*Poicephalus guilielmi*), der sich von jedem, auch von Fremden, Leckerbissen in den Schnabel stecken ließ, aber nicht einmal bei ihr auf die Hand kam: „Nach 4 Monaten bereits konnte er seinen Namen sagen, und zwar mit vielen Nuancen – von bittend über fröhlich bis schimpfend. Das war der Anfang einer Kette von Nachahmungen, angefangen vom Zeitzeichen des NDR über Entengequake bis zum Wörtchen ‚Kuckuck'. Eine Tonfolge von fünf Tönen hat er nach viermaligem Zuhören fast fehlerfrei nachgepfiffen!" (Roenspies, 1977).

29

Vasa-Papageien (Coracopsis)

Die grauen, bzw. braun-schwarzen Vasa- oder Rabenpapageien, die vor allem auf Madagaskar vorkommen, sind heute wenig bekannt.

Als Finsch sein Papageienwerk schrieb (1867/68), wurde der Kleine Vasapapagei (Coracopsis nigra) weit seltener gehalten als der Große Vasa (Coracopsis vasa). Auf Madagaskar wurde er von Reisenden im 19. Jahrhundert häufig beobachtet. Finsch berichtete über den damals beliebten Vogel: „Bei den Eingebornen sieht man den Vogel oft gezähmt, und jährlich werden viele nach Mauritius und von da weiter nach Europa ausgeführt" (Finsch, 1867/68). Als Ruß den 4. Band seines Werks „Die fremdländischen Stubenvögel" um 1888 beendete, waren nach seinen Angaben der Kleine und Große Vasapapagei im Handel „recht gemein" (Ruß, 1888).

Finsch schrieb über den Kleinen Vasapapagei: „Levaillant will einen Psittacus niger 10 Jahre lang lebend besessen haben und rühmt den Vogel sehr wegen seiner Gelehrigkeit. Er lernte nicht allein ganze Stückchen correct nachpfeifen, sondern ahmte auch mit viel Geschick den Lerchengesang(?), das Hundegebell und Katzengeschrei nach. Ob er auch menschliche Worte nachzusprechen befähigt war, wird nicht mit angeführt. Levaillant will überhaupt die Beobachtung gemacht haben, daß der kleine Vazapapagei ein ganz anderes Naturell als die übrigen Papageien besitzt, weit lebhafter und aufgeweckter sei und dadurch eine gewisse Ähnlichkeit mit den Turakos (Corythaix) erkennen lasse. Ich selbst konnte öfters ein prachtvolles Exemplar von Ps. niger im reichen Amsterdamer Zoologischen Garten beobachten und fand die Levaillant'schen Angaben großenteils wahrheitsgetreu. Der liebenswürdige Vogel schien in der Tat viel beweglicher als sein naher Vetter, schlug mit den Flügeln, breitete den Schwanz aus, alles mit unglaublicher Schnelligkeit, saß aber zu anderen Zeiten nach Papageienmanier träumerisch und nachdenkend da. Nach seiner natürlichen Stimme zu urteilen, muß der Vogel wirklich angebornes Talent zum Pfeifen besitzen, denn er ließ öfters ein melodisches flötendes ‚wuit! wuit!' hören. Es scheint mir daher ganz wahrscheinlich, daß er im Stande ist, Melodien nachpfeifen zu lernen, aber ich muß das bezweifeln, was von der Fähigkeit, den Lerchengesang nachzuahmen, versichert wird" (Finsch, 1867/68). Finsch fügte hinzu: „Die Exemplare, welche ich in der Gefangenschaft beobachten konnte, zeigten sich als sehr stille, ruhige, dabei aber zutrauliche Vögel, ließen auch nicht so unangenehme Töne hören, als es sonst die Papageien tun."

Ruß, der bekannte Vogelkundige aus dem 19. Jahrhundert, gab an, daß sein großer schwarzer Papagei die sanften und hohen Töne der Gebirgsdrossel sehr schön nachgeflötet habe (Ruß, 1881). So mag es sich auch bei dem kleinen Vasapapagei von Levaillant verhalten haben: daß er nur bestimmte Tonfolgen des Lerchengesangs nachahmte.

Daß der Große Vasapapagei sprechen lernen könne, berichtete schon der Reisende Flaccourt im Jahre 1661. Flaccourt erklärte, daß „Vaza" auf Madagaskar der Name dieses Papageis sei (Buffon-Sonnini, 1800–08).

Der Hofschauspieler Engelhardt aus Hannover besaß im frühen 20. Jahrhundert einen sehr zahmen Kleinen Vasapapagei, der ganze Sätze mit dünner Kinderstimme sehr deutlich gesprochen und Melodien gepfiffen habe (Neunzig, 1921).

Edelsittiche (Psittacula)

Unter Vogelzüchtern ist schon lange die Meinung verbreitet, daß Edelsittiche sich grundsätzlich nur für die Volierenhaltung, und zwar zur Zucht, eigneten und daß dies auch für den ältesten Käfigvogel Europas, den Halsbandsittich, gelte. Dieser Meinung war man nicht immer und nicht überall. Eine Rolle spielten auch die unterschiedlich ausgebauten Handelsbeziehungen, gerade zu Indien, der früheren Kolonie Großbritanniens.

Um 1900 wurde in Indien eine große Anzahl von Halsbandsittichen (Jesse: *Palaeornis torquatus*; Wolters: *Psittacula krameri*) für den Modewarenmarkt in England gefangen, was so

schlimme Ausmaße annahm, daß der Halsbandsittich in manchen Bezirken fast ausgerottet wurde (Jesse, 1903).

Brehm behauptete 1872 über die Edelsittiche, die nach seiner Auffassung der „alten
Welt ausschließlich" angehörten: „Obgleich
uns bestimmte Kunde mangelt, dürfen wir
doch mit ziemlicher Bestimmtheit annehmen,
daß alle Edelsittiche in Gefangenschaft gehalten werden. Sie zählen überall zu den
beliebtesten Stubenvögeln und werden, jung
den Nestern enthoben oder alt gefangen, massenhaft auf die Vogelmärkte gebracht, ja
selbst im Innern Afrikas, wo doch vom Vogelfang kaum zu reden ist, dem reisenden Forscher oder jedem anderen Besteller geliefert.
Die Schönheit ihrer Gestalt, der sanfte
Schmelz ihrer Färbung, die Anmut ihres
Wesens und die allen gemeinsame leichte
Zähmbarkeit und Gelehrigkeit bestechen
Jedermann und machen sie zu angenehmen
Hausgenossen, obwohl ihr schrilles Geschrei
empfindliche Ohren anfangs verletzt. In Süd-
asien sieht man sie fast überall in gezähmtem
Zustande, angekettet auf Pflöcken vor den
Häusern und Hütten der Eingeborenen sitzend oder eingebaut, und von hier aus gelan-
gen sie auch regelmäßig, jedoch immer nur
einzeln oder höchstens in geringer Anzahl, auf
unseren europäischen Tiermarkt" (Brehm,
1872).

Knapp zehn Jahre später schrieb Ruß: „Die
vielen verschiedenartigen Alexandersittiche,
sowie die Pflaumenkopfsittiche..., welche in
den Handel gelangen, sind augenscheinlich
wilde, vor dem Einfangen bereits längst dem
Nest entschlüpfte Vögel... Nur eine Anzahl
der kleinen Alexander- oder Halsbandsittiche"
(Psittacula krameri) „und der großen Alexan-
der- oder rotschultrigen Edelsittiche" (Psittacula eupatria) „werden in solchem Zustande
eingeführt, daß man sie als aus dem Nest
gehobene und künstlich aufgefütterte Exemplare erachten darf" (Ruß, 1881). Damals wurden im Handel verschiedene Psittacula-Arten
mit dem Namen Alexandersittiche bezeichnet, darunter auch Psittacula alexandri, der
Rosenbrustsittich.

In seinem Bericht über die Käfighaltung in
Kalkutta um die Jahrhundertwende nannte
Finn den Halsbandsittich (Finn: Palaeornis
torquatus) Indiens Käfigvogel „par excel-
lence". Er war zu der Zeit sowohl bei den
Einheimischen als auch bei den Europäern
beliebt. Man habe ihn, angekettet oder im
Käfig, in fast jeder Straße angetroffen. Nicht
nur Nestlinge in unterschiedlichen Entwick-
lungsstadien und Jungvögel wurden gefangen,
sondern auch erwachsene Vögel beiderlei
Geschlechts. Darunter waren Exemplare,
deren grünes Gefieder mehr oder weniger
stark mit gelben Federn durchsetzt oder sogar
ganz gelb war. Diese Vögel galten als besonders schön und waren sehr begehrt; wegen
ihrer Seltenheit konnte für sie ein hoher Preis
erzielt werden. Folglich kamen nur wenige
davon nach Europa. Wenn ein Vogelfänger ein
Brutpaar (Wildvögel) kannte, das ganz normal
gefärbt sein konnte, dessen Junge stets gelbe
Federn bekamen und die Altvögel stets im
selben Baum brüteten, beobachtete er das
Nest eifrig, um den richtigen Zeitpunkt fürs
Ausnehmen nicht zu verpassen. Zuchtanstren-
gungen machte man damals nicht (Finn, 1901).

Auch nach Munn war der Halsbandsittich
um die Jahrhundertwende in Kalkutta einer
der beliebtesten Käfigvögel. Dasselbe sagte
Munn, der mehrere Jahre in der Nähe von
Kalkutta lebte, über den Großen Alexandersit-
tich (Psittacula eupatria), obwohl dieser in der
Gegend nicht in wildem Status vorkam
(Munn, 1894).

Der ornithologisch interessierte Major
Magrath hielt um die Jahrhundertwende in
Indien einen Halsbandsittich, den er frei fliegen ließ. Der Vogel mischte sich oft unter
wilde Artgenossen, aber die weiblichen Exemplare, denen gegenüber er Annäherungsversuche machte, hatten, so meinte Magrath,
bereits feste Partner (Whitehead, 1909).

Der Ornithologe Lewis berichtete um die
Jahrhundertwende aus Ceylon, daß der Halsbandsittich einer der bevorzugten Käfigvögel
des Landes sei. Besonders die Singalesen
seien vernarrt in diesen Vogel. In der Provinz
Sabaragamuwa gebe es kaum eine Stadt, wo er

nicht unter den Heimtieren zu finden sei (Lewis, 1898).

Ganz anders verhielt es sich mit den afrikanischen Halsbandsittichen. Im späten 19. Jahrhundert berichtete Rendall nach seinem fast zweijährigen Aufenthalt in Bathurst am Fluß Gambia (West-Afrika), daß man bei den Schwarzen zu dieser Zeit ständig Halsbandsittiche in Gefangenschaft antraf. Es möge schon sein, so meinte er, daß dieser Vogel den Namen „docilis" (= gelehrig) verdiene. Er aber habe niemals einen kennengelernt, der menschliche Worte oder auch nur Pfiffe nachahmen konnte (Rendall, 1892). Daraus kann man schließen, daß die Schwarzen dieser Zeit und Gegend sich nur wenig mit den Vögeln abgaben.

Brehm schrieb 1866 über den Halsbandsittich, den er auf seinen Reisen in Nordostafrika Mitte des 19. Jahrhunderts selbst in einem seiner Herkunftsländer gesehen hatte: „Der Fang geschieht in Mittelafrika nicht planmäßig. Man hebt höchstens die jungen, fast flüggen Vögel aus oder überrascht einen oder den andern der Alten nachts in den Baumhöhlen. Netze und Schlingen werden nicht zum Fange dieser Vögel benutzt, obgleich die Eingeborenen derartige Werkzeuge zu verwenden wissen. Am Senegal scheint man den Fang in ausgedehnterem Maße zu betreiben; von dort her kommen auch die meisten Halsbandsittiche, welche wir in der Gefangenschaft sehen" (Brehm, 1866).

Über den Rosenbrustsittich, Bartsittich, (Brehm: *Palaeornis pondicerianus*; Wolters: *Psittacula alexandri*) sagte Brehm 1866 in seinem „Tierleben": „Die Gefangenen, welche ich sehen und beobachten konnte, unterscheiden sich in ihrem Betragen nicht von den nächsten Verwandten. Sie waren sehr zahm, dem Menschen zugetan und, wie es schien, mild und sanft in ihrem Wesen. Von glaubwürdigen Vogelhändlern habe ich erfahren, daß gerade der Bettet" (Rosenbrustsittich), „bald und zusammenhängend sprechen lernt" (Brehm, 1866).

Die Expedition der Novara brachte aus dem Jahre 1858 die Neuigkeit nach Europa, daß auf den Inseln der Nikobaren (im Golf von Bengalen) eine eigene Langschwanzsittich-Unterart, der Nicobarensittich (Finsch: *Palaeornis erythrogenys*, Blyth; Wolters: *Psittacula longicauda nicobarica*) vorkomme. Finsch schrieb: „Die Eingebornen der Nicobaren halten den Vogel häufig in der Gefangenschaft, und man sieht ihn daher öfters vor den Hütten auf einer Sitzstange befestigt. Er wird mit einem Brei aus geriebenen Kokosnüssen gefüttert" (Finsch, 1867/68).

Ruß berichtete über den Bourbonsittich *(Psittacula eques)*: „Im Jahre 1869 hatte ich einen einfarbig grünen Sittich als ‚kleinsten Alexanderpapagei' von Herrn Karl Hagenbeck in Hamburg erhalten, der ungemein zahm, liebenswürdig und im ganzen Wesen anmutig war, auch einige Worte sehr gut sprach ... Mein Vogel kam in die Sammlung einer begeisterten Vogelfreundin Fräulein M. von Manteuffel in Berlin, wo er noch mehreres sprechen gelernt hat" (Ruß, 1881). Diese Edelsittich-Art starb wahrscheinlich zu Beginn des 19. Jahrhunderts aus (Wolters, 1982).

Ein bekannter Zuchtvogel ist der kleinere Pflaumenkopfsittich *(Psittacula cyanocephala)* mit sehr langem Schwanz. Bei den Eingeborenen Ceylons des 19. Jahrhunderts waren die Pflaumenkopfsittiche sehr beliebt. Layard berichtete: „Die Eingeborenen schätzen den hübschen Papagei höher als alle anderen und daher ist er in vielen Familien als Stubenvogel zu finden. Man sieht ihn sogar als Hausvogel ein- und ausfliegen" (zitiert nach Ruß, 1881). Ruß meinte hierzu: „Da er auch bei den Europäern dort sehr beliebt ist, so erscheint es umsomehr verwunderlich, daß er nicht öfter bei uns eingeführt wird" (Ruß, 1881). Später wurde er in zunehmendem Maße nach Europa gebracht. Der verträgliche Vogel erwies sich weder als Schreier noch als Zerstörer, ganz im Gegensatz zu seinem großen Verwandten, dem Alexandersittich.

Ruß schrieb noch im Jahre 1881, der Große Alexandersittich *(Psittacula eupatria)* sei bisher im Handel nur selten aufgetaucht; Bechstein habe ihn überhaupt nicht gekannt. Ruß berichtete: „Ein schönes ausgefärbtes Männchen im Besitz des Herrn Postsekretärs Mai zeigte sich auf der Berliner Vogelausstellung im Herbst 1877 überaus liebenswürdig, indem es nicht allein mehrere Worte sprach, sondern auch lachte und eine Melodie pfiff" (Ruß, 1881).

Der Große Alexandersittich zählt zu den besonders lautstarken Papageien. E. Lieb aus Palmyra erzählte von seinem Exemplar: „Den Sommer hindurch war mir sein Lärm weniger lästig, aber im Herbst, als er, damit die anderen sprechenden Papageien nicht gestört würden, allein im Wohnzimmer untergebracht und regelrecht unterrichtet werden sollte, zeigte sich dies als unausführbar. Obwohl meine Frau und ich für die Mißtöne unserer gefiederten Pfleglinge abgehärtet zu sein glaubten, so wurde es uns doch trotzdem unerträglich, seine widerwärtigen, nervenerschütternden Töne – gegen welche die schrillen Urwaldschreie der Amazonen, die in dieser Hinsicht doch außerordentliches zu leisten vermögen, nur Stümperei blieben – mit anzuhören. Wir mußten ihn aus dem Zimmer fort in die Vogelstube bringen, wo er anstatt des Käfigs einen Bügel erhielt, auf welchem er sich frei ohne Kette bewegen und an einem von der Decke herniederhängenden Seil einen höher gelegenen 1,5 Meter langen Laufstock erreichen konnte. Diese Turnerei schien ihm besonders zu behagen, denn das unausstehliche Geschrei verstummte, und er ließ fortan, wenn auch keineswegs besonders melodische, so doch wenigstens erträgliche Töne hören" (zitiert nach Ruß, 1881).

Ein anderer Vogelliebhaber, Dr. Steinhausen, stellte klar, woher das unausstehliche Geschrei rührte: „Seit 3 1/2 Jahren besitze ich ein Prachtexemplar dieser Art und da ich den Papagei neben meinem Arbeitstisch halte, so habe ich wohl mehr Gelegenheit, ihn zu beobachten und näher kennen zu lernen, als viele andere Liebhaber. Herr Lieb hat zwar Recht darin, daß er einen sehr schrillen Schrei hören läßt; aber er martert die Gehörnerven seines Pflegers nur dann, wenn er sich unbehaglich fühlt oder irgend etwas verlangt. Der meinige stößt diesen Kriegsruf nur sehr selten aus,

z. B. wenn er am Tisch Obst essen sieht oder wenn er sich über eine fremde Person ärgert. Sonst zeigt er sich äußerst liebenswürdig, nimmt mir das Futter aus dem Munde, küßt" (schnäbelt) „und plaudert fast den ganzen Tag, letztres freilich ohne große Abwechslung, doch überaus deutlich und wohlklingend. Besonders auffällig ist bei ihm die Seele, das Gefühl, welches er z. B. in das Wort ‚Girawa' – seinen Namen – zu legen vermag. Die Menschenähnlichkeit der Stimme, deren Zartheit und Veränderungsfähigkeit ist ganz erstaunlich und die unendliche Sehnsucht, welche darin ausklingt, hat oft etwas tief ergreifendes. Sonst sagt er nur noch ‚schöne Frau', ‚komm mal her', ‚Girawa hier' und dann bringt er allerlei Geräusche hervor, welche ihm aufgefallen sein mögen. Er scheint sich sehr nach einem Weibchen zu sehnen, denn häufig ergeht er sich in Fütterungsbewegungen aus dem Kropfe" (zitiert nach Ruß, 1881).

Auch Dr. Steinhausen deutete wohl nicht alles richtig. Den Ausdruck einer „unendlichen Sehnsucht" legten natürlich die Pfleger selbst in das Wort „Girawa", offenbar ohne daß sie sich dessen bewußt waren. Und natürlich wollte der zahme Papagei seinen menschlichen Ersatzpartner füttern. Das Schnäbeln wird in der älteren Literatur sehr oft mit „küssen" umschrieben.

Unzertrennliche (*Agapornis* und *Loriculus*)

Die Unzertrennlichen der Gattung *Agapornis* sind kleine bunte Papageichen mit kurzem Schwanz und kräftigem Schnabel. Sie werden in vielen Ländern als Stubenvögel gehalten, können auch sehr zahm werden. Von stimmlichen Nachahmungen wird dagegen kaum berichtet. Nach den Beobachtungen von Major Kelsall wurden Orangeköpfchen (*Agapornis pullarius*) um etwa 1910 in Freetown, Sierra Leone, häufig als Käfigvögel gehalten (Kelsall, 1914).

Die Unzertrennlichen heißen auch Liebesvögel (Lovebird). Dieser Name wurde populär auf andere Arten übertragen, auf den Wellensittich *(Melopsittacus undulatus)* und auf das Ceylonpapageichen oder Blumenpapageichen (Lewis: *Loriculus indicus*; Wolters: *Loriculus beryllinus).* Letzteres wurde nach Lewis in Colombo oft zum Kauf angeboten und war dort bekannt unter dem Namen „Love-bird" (Lewis, 1898).

Das Beispiel der Unzertrennlichen beweist nochmals, daß der Haltung von Papageien in menschlicher Wohngemeinschaft auch andere Motive zugrundeliegen als der Wunsch nach unterhaltsamen Erlebnissen mit sprechenden Vögeln. Über solche Papageichen finden wir besonders begeistert klingende Berichte.

Der Reisende Salomon Müller fand im 19. Jahrhundert bei den Dajakers auf Borneo Blaukrönchen (Brehm: *Coryllis galgulus*; Wolters: *Loriculus galgulus)* als beliebten Käfigvogel: gewöhnlich zu mehreren „in einem runden drehbaren Käfige aus Bambusrohr, welcher durch das Klettern des Papageien in Bewegung gesetzt wird". Brehm schrieb: „Sie müssen als allerliebste Geschöpfe bezeichnet werden, bekunden harmlose Zutunlichkeit" (Zutraulichkeit) „, sind regsam, nicht aber stürmisch und schwatzen singend oder singen schwatzend, ohne durch lautes, gellendes Geschrei oder Gekreisch abzustoßen ... Sie lernen bald ihren Pfleger und dessen Familienmitglieder kennen, lassen sich weder durch ihn, noch durch diese im geringsten stören, gestatten, daß man dicht an ihren Käfig tritt, zeigen sich auch dann nicht ängstlich, wenn man letzteren hin- und herträgt, gehen meist nicht einmal aus ihrer hängenden Stellung in eine andere über. Sie erkennen fremde Leute recht wohl, vertrauen aber auch ihnen, während sie das Erscheinen eines Hundes in die größte Aufregung versetzt. Doch gebärden sie sich, nach Art kleiner Papageien überhaupt, niemals so ausdrucksvoll wie ihre größeren Ordnungsverwandten, zetern auch nicht, wenn sie erregt werden, wie dies selbst die Zwergpapageien" – Brehm meinte die Unzertrennlichen *(Agapornis)* und Sperlingspapageien – „zu tun pflegen" (Brehm, 1878).

Die Sprechenden Papageien
der Neuen Welt

Begegnungen der Entdecker
mit Sprechenden Papageien

Erste Eindrücke

Um 1500 wurde von der portugiesischen Expedition Cabrals das brasilianische Festland entdeckt. Ab den Kapverdischen Inseln war Cabral auf Südwestkurs gegangen und mit seinen Schiffen nach einer Fahrtdauer von etwa einem Monat an die Küste des südamerikanischen Kontinents gelangt. Kurz darauf teilte Pêro Vaz Caminha dem König Dom Manuel von Portugal mit, wie sich die erste persönliche Begegnung zwischen den Seefahrern und Eingeborenen des Festlandes abgespielt hatte: „Ein dunkelgrauer Papagei des Kapitäns wurde ihnen gezeigt; sie nahmen ihn sofort in die Hand und wiesen nach dem Festland, als wenn dort auch welche anzutreffen seien." Erst nach dieser Begegnung kam es zum Tauschhandel, wo dann auch Papageien eingehandelt wurden (Pögl, 1986). Der Papagei des Kapitäns war vermutlich ein Graupapagei *(Psittacus erithacus)*. Graupapageien stammen aus Afrika, konnten also den Indianern nicht bekannt sein. Der Umgang mit zahmen Papageien war den Indianern offenbar sehr vertraut. Interessant ist, mit welcher Selbstverständlichkeit sie diesen fremden Vogel sofort richtig als einen Papagei ansahen.

Der Ornithologe Allen meinte, es sei eine unleugbare Tatsache, daß sich beim Gedanken an Papageien die Assoziation mit Piraten aufdränge, mehr oder weniger stark jedenfalls, und das sei die Schuld von R. L. Stevenson. Der Papagei „Cap'n Flint" aus seinem Buch „Die Schatzinsel" sei wahrscheinlich eine Amazone gewesen (Allen, 1961). Wie dem auch sei: Den zahmen Papagei in der Kapitänskajüte gab es schon länger.

Wie groß der Eindruck war, den die südamerikanischen Papageien auf die Entdecker machten, kann man daraus ersehen, daß Brasilien anfänglich als das „Papageienland" bezeichnet wurde, und zwar schon zwei Jahre nach seiner Entdeckung bezeugt. Der Nürnberger Kosmograph Johannes Schoner nannte auf seiner Erdkugel 1520 sogar die ganze Neue Welt „America vel Brasilia sive Papagalli terra" (Amerika oder Brasilien oder Papageienland) (Finsch, 1867/68).

Der humanistische Geschichtsschreiber Peter Martyr d'Anghiera war der erste, der darstellte, wie die Entdeckung Amerikas verlaufen war. In Briefen vom spanischen Hof schilderte er dem Papst Einzelheiten. Anghieras Berichte, die von der Tierwelt der Inseln und Landstriche handelten, welche von Kolumbus und anderen Seefahrern entdeckt worden waren, geben uns durch seinen Erzählstil und seine Wortwahl eine kleine Vorstellung, welch herausragende Bedeutung den Papageien zukam. Gleich nach der 1. Reise des Kolumbus erzählte Anghiera: „Auch 40 Papageien brachte man mit nach Hause, von denen die einen am ganzen Körper grün, die anderen gelb waren ... Die Tiere haben nämlich bunte Flügel, die einen mit grünen und gelben Federn, andere wieder mit blauen und roten. Diese Farbenpracht macht sie sehr ergötzlich." Nach der 2. Reise des Kolumbus schrieb Anghiera im Jahre 1494: „Sieben Papageien, größer als Fasane, nahm man ... mit. Diese Vögel unterscheiden sich in der Farbe sehr von anderen Tieren der gleichen Art; Brust und

35

Arbeitsalltag im 17. Jahrhundert auf den Antillen. Auf dem Dach sitzt ein Arara mit erhobenen Flügeln. Aus DuTertre (1667–71).

Rücken sind purpurrot; ... Die Flügelfedern sind bunt, teils blaugrau, teils rot mit goldgelb gemischt." Bei diesen Papageien handelte es **36** sich um Araras (vermutlich *Ara macao* L.). Anghiera rühmte nicht nur die Pracht der Papageien, sondern auch ihr häufiges Vorkom-

men. Er berichtete dem Papst: „Die Menge der Papageien ist auf allen Inseln so groß wie bei uns die der Spatzen oder Stare. Wie wir Spechte, Drosseln und ähnliche Vögel als Lekkerbissen füttern, so ziehen sie für die eigenen Mahlzeiten Papageien groß, obwohl ihre Wälder davon voll sind" (d'Anghiera, 1536).

Daß die Indianer ihre Papageien für die Schlachtung aufzogen oder in Reserve hielten, ist ein Mißverständnis, das lange nachwirkte und sogar noch bei Humboldt zu finden ist.

In Maypures am Orinoco kam Alexander v. Humboldt im Jahre 1800 mit der indianischen Arara-Haltung in Berührung; er schrieb beeindruckt: „Mit großem Interesse sahen wir um die Hütten der Indianer Guacamayas oder zahme Aras, die auf den Feldern herumflogen wie bei uns die Tauben ... Diese Aras, deren Gefieder in den brennendsten Farben, purpurrot, blau und gelb schimmert, sind eine große Zierde der indianischen Hühnerhöfe. Sie stehen an Pracht den Pfauen, Goldfasanen, Pauxis und Alectors nicht nach. Die Sitte, Papageien, Vögel aus einer dem Hühnergeschlecht so ferne stehenden Familie aufzuziehen, war schon Christoph Kolumbus aufgefallen. Gleich bei der Entdeckung Amerikas hatte er beobachtet, daß die Eingeborenen auf den Antillen statt Hühner Aras oder große Papageien aßen" (Humboldt, 1980).

Zutreffend ist, daß viele Indianerstämme Jagd auf Papageien machten und die erlegten Vögel aßen. Wie aus der ganzen völkerkundlichen Literatur über Südamerika zu entnehmen ist, wurden jedoch zahme Papageien, die in der Gemeinschaft mit den Indianern lebten, niemals gegessen (vgl. S. 186f) – jedenfalls nicht von den Indianern.

Die persönliche Beziehung der Entdecker zu den Papageien

Die Entdecker aber lernten die Papageien zuerst vor allem als Quelle für Fleischmahlzeiten schätzen. Der Chronist Carvajal schrieb in seinem Bericht über die Entdeckungsreise des Orellana, die 1541 den Amazonas hinunterführte, die Indianer hätten ihnen viele Papageien gebracht – für's Essen. Wenn sie ein Dorf plünderten und lebende Papageien sahen, nahmen sie diese ganz selbstverständlich als Fleischlieferanten mit.

Vom Geschichtsschreiber Oviedo, der zusätzliche Informationen von Orellana bekam, erfahren wir, daß die Eroberer sehr wohl wußten, welchen Zweck die indianische Heimtierhaltung hatte: nämlich nur zur Freude der Besitzer und für die Federgewinnung. „Was uns betraf“, heißt es da ganz ungerührt, „wir wollten sie für den Kochtopf“ (Medina, 1935).

Von Anfang an waren die Entdecker auch am Erwerb zahmer Papageien interessiert, um sie nach Hause mitzunehmen. Viele Indianer trieben mit ihnen bereitwillig Tauschhandel und gaben auch gezähmte Papageien her.

Pêro Vaz de Caminha berichtete von dem ungleichen Handel: „Gegen Schellen und andere Sächelchen von wenig Wert erhandelten unsere Leute rote, sehr große und hübsche Papageien und zwei kleine grüne...“ (Pögl, 1986). Rote Araras waren also für Tand zu bekommen, der den Europäern selbst kaum etwas bedeutete, auf alle Fälle weniger, als die Vögel den Indianern selbst bedeutet hatten.

Ähnliches erzählte der italienische Weltumsegler Antonio Pigafetta, der an der ersten Weltumsegelung von Magalhâes 1519–22 teilgenommen hatte: „Acht bis zehn dieser bunten Vögel erhielten wir für einen kleinen Spiegel“, schrieb er (Pigafetta, 1968).

Der Weltreisende William Dampier erzählte 1715, sie seien von den zahmen Papageien in Westindien so begeistert gewesen, daß kaum einer von ihnen nicht wenigstens einen dieser Vögel oder gar zwei an Bord genommen habe (Dampier, 1715).

Zuverlässige Beobachtungen

In den frühesten Berichten finden wir Beobachtungen von einer für die damalige Zeit erstaunlichen Genauigkeit.

Schon der Geschichtsschreiber Pietro Martire d'Anghiera erzählte, um etwa 1500, von der indianischen Jagdmethode, mit Hilfe von Lockvögeln Papageien zu fangen. Diese, so schrieb er, „sollen so einfältig sein, daß sie in großer Menge herbeifliegen, wenn ein Papagei von einem Baum aus lockt, in dessen Zweigen sich der Vogelfänger versteckt hält. Von ihm können die Tiere dann leicht gefangen werden; denn sie erschrecken bei seinem Anblick nicht, sondern warten nur darauf, daß sie von der Schlinge erfaßt werden, die der Vogelfänger ihnen um den Hals wirft. Andere Papageien in der Nähe fliegen nicht einmal weg, wenn einer von ihnen ins Netz gelockt und vor ihren Augen in den Schultersack gesteckt wird, den der Jäger sich umgehängt hat“ (d'Anghiera, 1536).

Ganz ähnliche Schilderungen finden wir in den späteren Reiseberichten (vgl. S. 174f). Die Papageien blieben ruhig sitzen, weil sie den Fänger in seinem Versteck nicht sehen konnten. Hinzu kommt, daß sie erst durch die zunehmende Verfolgung scheu wurden.

Der Kapuzinerpater Yves d'Evreux berichtete in seinem Buch über seine Reise in Nordost-Brasilien (in den Jahren 1613–14) über eine andere Methode der Indianer, Papageien lebend zu fangen. Die Indianer kundschafteten einen Baum aus, auf dem die gesuchten Papageien gewöhnlich die Nacht verbrachten – einen Schlafbaum also – oder wo die Vögel sich tagsüber nach ihren Mahlzeiten ausruhten. Dann bauten sie in der Krone mit Palmwedeln ein Versteck, das 3 bis 4 Männer aufnehmen konnte. Dort warteten sie auf die Ankunft der Vögel, die sich nichtsahnend in ihre Nähe setzten, und betäubten sie mit einem Schlag, so daß sie auf den Boden fielen, wo sie sofort eingefangen wurden. Evreux schrieb, mit der Zeit würden die so gefangenen Vögel derart zahm, daß sie, wenn man sie frei ließe, das Haus ihres Herrn nicht mehr verlassen wollten. Sie setzten sich aufs Geländer und machten einen „verzweifelten“ Lärm, im Tonfall unseren Raben (*Corvus corax* L.) ähnlich, so erzählte Evreux, und lernten „sprechen“ wie Papageien (Evreux, 1864).

Der Dominikaner Jean-Baptiste DuTertre wirkte im 17. Jahrhundert 18 Jahre lang als Missionar auf den Antilleninseln Guadeloupe und Martinique. DuTertre war ein guter Vogelbeobachter. Schon ihm fiel auf, daß Araras im Flug ständig laut schrien. Ernst zu nehmen ist darum auch seine Mitteilung, sie reagierten auf Gewehrschüsse „schwerfällig": Man könne 5 bis 6 von ihnen vom Baum herunterschießen, ohne daß sie Anstalten zur Flucht ergriffen (DuTertre 1667–71). Die Vögel mußten erst lernen, auf solche bisher unbekannten Gefahren zu reagieren (vgl. S. 105ff).

DuTertre beschrieb eine weitere Methode, wie die Indianer Araras lebend fingen: Sie spähten die günstige Gelegenheit aus, zu der die Vögel am Boden von den Früchten fraßen, welche sie von den Bäumen geschüttelt hatten. Erst näherten sie sich vorsichtig, gedeckt durch die Bäume, dann fingen sie an zu rennen, zu schreien und in die Hände zu klatschen, so daß die Vögel sich, in die Enge getrieben, auf den Rücken warfen und mit Schnabel und Krallen wehrten. Die Indianer umringten die Araras und legten ihnen Prügel auf den Bauch, worin sie sich verbissen. Viele dieser Vögel zähmten die Indianer, und brachten ihnen das „Sprechen" bei. Aber, so meinte DuTertre, die Araras könnten nicht besser „sprechen" lernen als die Raben (DuTertre 1667–71).

Buffon erschien DuTertres Bericht etwas „suspekt". Er meinte, alle Araras flüchteten doch erfahrungsgemäß, wenn sie einen Menschen sähen und erst recht bei großem Lärm (Buffon, 1780).

Lange Zeit erschien DuTertres Bericht unglaubwürdig, ganz zu unrecht: Heute wissen wir durch vermehrte Erfahrungen in der Papageienhaltung, daß Papageien die von DuTertre beschriebene Rückenlage tatsächlich zur Verteidigung dann einnehmen, wenn sie sich in die Enge gedrängt fühlen. Dies beobachteten die Großpapageienzüchter B. und H. Meister bei ihren Araras und Graupapageien (mündliche Mitteilung); ich selbst sah ein solches Verteidigungsverhalten bei einem meiner Mohrenkopfpapageien *(Poicephalus senegalus)*. Die Zoologen G. und K. Deckert konnten wiederholt beobachten, wie ihr Grünflügelarara-Männchen *(Ara chlorptera)* sein Weibchen angriff: Das Männchen stürzt sich auf

Arara auf dem Rücken liegend. Ausschnitt aus Bildtafel über Vögel der Antillen. Aus Rochefort, 1667.

das Weibchen, das, wie G. und K. Deckert berichten, „meist auf den Boden flieht, sich auf den Rücken wirft und mit Füßen und Schnabel das Männchen abwehrt. Ein solcher Kampf dauert nur wenige Sekunden und vollzieht sich unter lautstarkem Stimmaufwand und Angstgeschrei" (Deckert/Deckert, 1982).

Schon Evreux verglich die Lautäußerungen der Araras mit denen der Raben, wie viele Reisende nach ihm (vgl. S. 110f). Die Lautstärke und Dissonanz ihres Geschreis, die er „verzweifelt" nannte, fand er wohl selbst „zum Verzweifeln", denn er bemerkte ausdrücklich, daß die Vögel zahm waren und nicht davonfliegen wollten. Auch DuTertre dachte bei den Araras an Raben. Wieder zeigte er sich als nüchterner Beobachter: Er erkannte, daß ihre Fähigkeiten, die menschliche Stimme nachzuahmen, den bereits von Raben bekannten entsprachen.

Lionel Wafer schrieb um 1700 folgende Reiseindrücke vom „Isthmus von Amerika" nieder: Die roten Araras beeindruckten ihn von allen Papageien am meisten. Der Arara habe einen Schnabel wie ein Greifvogel, meinte er. Am Morgen machten sie einen großen Lärm, ihre Stimme sei rauh und tief, wie wenn ein Mann tief aus der Kehle heraus spreche. Die Indianer hielten diese Vögel zahm so wie sie, die Europäer, Papageien und Elstern.

Diese Bemerkungen nahmen vieles von dem vorweg, was Reisende in späteren Jahren niederschrieben, wobei der Vergleich mit dem Greifvogelschnabel später berichtigt wurde.

Wenn wir also Wafers anschließenden Bericht ernst nehmen, erfahren wir interessante Einzelheiten über das Verhalten der zahmen Araras. Wafer erzählte: Nachdem die Indianer die Araras eine Zeitlang eingesperrt und ihnen beigebracht hätten, einige Worte in ihrer Sprache nachzuahmen, erlaubten sie ihnen tagsüber in die Wälder unter die wilden Artgenossen zu gehen, von wo sie von sich aus abends zu den indianischen Siedlungen zurückkehrten; bei ihrer Ankunft machten sie sich durch Flattern und Schwatzen bemerkbar. Sie ahmten die indianischen Stimmen und ihren Gesang genau nach.

Die zahmen Araras verhielten sich am Abend ebenso laut wie ihre wilden Artgenossen an den Schlafplätzen (vgl. S. 92ff). Wenn sie sich aber durch „Flattern und Schwatzen bemerkbar" machten und außerdem indianische Wörter sowie Gesänge nachahmten, dann waren sie bettelnde zahme Vögel (vgl. S. 185).

Dies sei der schönste und erfreulichste Vogel, den er je gesehen habe, schloß Wafer, und – dieses spezielle Lob war zeitgemäß – sein Fleisch schmecke ganz angenehm, sei aber schwarz und zäh (Wafer, 1699/1704).

Wie gut die Beobachtungen einiger früher Reisender waren, stellt man fest, wenn man sie mit vielen Berichten ornithologisch Unkundiger aus weit späterer Zeit vergleicht, wofür ich nur das folgende Beispiel anführen möchte: So lesen wir im Reisebericht von Rudolf Dienst über seine Fahrten in Bolivien: „Huhngroße grüne Papageien tummeln sich in den Zweigen" (Dienst, 1926).

Fehlendes Verständnis

Der Calvinist Jean Léry lernte während seines Aufenthaltes in der Guanabara-Bucht (dem späteren Rio de Janeiro) im Jahre 1557 zwei Arara-Arten kennen (vermutlich *Ara chloroptera* und *Ara ararauna*) und erzählte: „Obgleich diese beiden Vögel nicht gezähmt werden, pflegen sie doch häufiger in den großen Bäumen, die inmitten der Dörfer stehen, zu nisten als in den Wäldern. Unsere Tuupinambaúlts rupfen sie drei bis viermal im Jahr ..."

Die Federn wurden für den kultischen Federschmuck benötigt. Selbstverständlich handelte es sich um gezähmte Araras. Und die nisteten nicht auf den Bäumen in den Dörfern; vielleicht waren es ihre Schlaf- oder Ruheplätze. (Vgl. S. 180f.)

Einer der französischen Dolmetscher zeigte Léry einen sprechenden Papagei, den er schon drei Jahre besaß. Léry schrieb: „Er sprach sowohl die Sprache der Wilden als auch französisch. Wenn man ihn nicht sah, konnte man seine Stimme von der eines Menschen nicht mehr unterscheiden." – Léry lernte einen noch besseren „Sprecher" kennen, bei einer Eingeborenenfrau, er erzählte: „Man gewann den Eindruck, daß dieser Vogel das verstand und unterscheiden konnte, was seine Herrin sprach. Als wir dort durchkamen, sagte sie in ihrer Sprache zu uns: ‚Wenn ihr mir einen Kamm und einen Spiegel gebt, lasse ich sofort und in eurer Gegenwart meinen Papagei singen und tanzen.' Nachdem wir der Frau das Erbetene gegeben hatten, sprach sie sogleich mit dem Vogel. Dieser begann nicht nur Sprünge auf der Stange auszuführen, auf der er saß, sondern auch zu sprechen, zu pfeifen und das Verhalten der Wilden, wenn sie in den Krieg ziehen, auf unglaubliche Art nachzuahmen. Kurz, wenn seine Herrin zu ihm sagte: ‚sing!', so sang er. Sagte sie: ‚tanz!', so tanzte er. Wenn es der Frau nicht mehr gefiel oder wir ihr irgend etwas nicht geben wollten, sagte sie sofort in ziemlich scharfem Ton zu dem Vogel: ‚ogé!'", das heißt: ‚hör auf!' Dann sprach er kein Wort mehr, und wir konnten ihm sagen was wir wollten. Mit nichts vermochten wir seine Füße oder seine Zunge in Bewegung zu bringen ... Diese Frau nannte ihren Papagei ‚Cherimbané', das heißt: ‚ein Ding, das ich sehr liebhabe'. Sie schützte das Tier so, daß sie, als wir sie fragten, wieviel sie dafür haben wollte, spöttisch antwortete: ‚Mokaúassu', das heißt: ‚eine Artillerie'. Es war völlig unmöglich, ihr den Vogel abzukaufen" (Lery, 1578).

Auch spätere Reisende mußten die Erfahrung machen, daß Indianer nicht bereit waren, sich von einem bestimmten Heimtier zu trennen (vgl. S. 187).

Der Arara auf dem Balken schaut zur Begrü-
ßungsszene in der Tupinamba-Hütte hinunter
(16. Jahrhundert). Aus Thevet, 1558.

Die Verständnislosigkeit, die bei aller Bewunderung in Lérys Bericht durchklingt, war keineswegs bloß auf das 16. Jahrhundert
beschränkt.

Warum Léry glaubte, die Araras in den
Tupinamba-Dörfern seien nicht gezähmt worden, läßt sich leicht erklären: Sogar unter den
späteren Reisenden fiel nur relativ wenigen
auf, welche „Wächterfunktion" den Papageien,
ganz besonders den Araras, zukam. Erst wenn
der Europäer, der Reisende, sich den Verhaltensweisen der Indianer anpaßte, wurde er
auch von den zahmen Papageien als menschlicher Kumpan akzeptiert (vgl. S. 166).

Haltungserfahrungen in den Kolonien und europäische Importe

Frühe Importe

Das bunte Gefieder der Papageien machte auf
die Europäer den größten Eindruck. Darum
betonte Anghiera: „Kolumbus selbst hat von
seiner Fahrt . . . viele Papageien der verschiedensten Arten an den Hof bringen lassen und
andere selbst dort vorgeführt. Jedermann
konnte sie sehen." – „Und tagtäglich gelangen

neue zu uns", schrieb Anghiera in seinem
Bericht über die Fahrt des Vincente Yanès
Pinzon, der ein Begleiter auf der 1. Reise des
Kolumbus gewesen war: „Auch sprechende
Papageien in den verschiedensten Farben
brachten die Indios in jeder Menge. Diese
Tiere leben in Paria ebenso zahlreich wie in
Spanien Tauben oder Spatzen." Neben der
Farbenpracht der Papageien und ihrem
reichen Vorkommen werden nun auch die
„sprechenden" Papageien gepriesen (d'Ang-
hiera, 1536).

Gonzales Fernandes de Oviedo y Valdés, seit
1532 Historiograph Amerikas, der die Karibik
selbst besucht hatte, berichtete, er habe
wenige Tage vor dem Tod Ferdinands im Jahre
1516 dem König unter anderem 30 oder mehr
Papageien gebracht, die 10 bis 12 verschiedene
Arten umfaßten. Er betonte: Die meisten von
ihnen konnten sehr gut sprechen. Und er
wußte auch schon, daß sie in den indianischen
Pflanzungen große Schäden anrichteten
(Oviedo, 1535).

Begeistert äußerte sich Léry über die
Araras (vermutlich *Ara chloroptera* und *Ara
ararauna*): „Was das Gefieder betrifft, so wird
auch der Leser, hat er darüber gehört, der
Ansicht sein, daß man in der ganzen Welt wohl
keine prächtigeren Vögel finden kann" (Léry,
1578). Schon im Jahre 1531 hatte die Fregatte
„La Pélerine" sechshundert Papageien, „die
schon ein paar Worte französisch sprachen"
nach Frankreich mitgebracht (Lévi-Strauss,
1955).

Im Jahre 1550 fand in der französischen
Seehandelsstadt Rouen ein „Brasilianisches
Fest" statt, zu Ehren Heinrichs II. Eine Allee
sollte die Natur und die Bewohner Brasiliens
darstellen: die Bäume wurden angestrichen,
mit Früchten versehen usw. Die Hauptakteure
waren 300 Indianer, davon 50 echte, eigens zu
diesem Zweck mit dem Schiff nach Frankreich
gebracht – die anderen wurden von Franzosen
gespielt, die man mit Lehm gebräunt hatte,
„ohne irgend die Stellen zu bedecken, die die
Natur zu bedecken gebietet – nach der Weise
der Wilden Amerikas". Wichtige und auffallende Akteure waren außerdem Affen und

„Brasilianisches Fest" in Rouen im Jahre 1550.
Aus Denis, 1850.

Papageien, die man in die Bäume setzte
(Denis, 1850; Alewyn/Sälzle 1959).

Niederschlag in der Malerei

Die Begeisterung für die farbenprächtigen
neuweltlichen Papageien schlug sich schon
wenige Jahre nach der Entdeckung Amerikas
in der europäischen Malerei nieder.

Die Brasilien-Karte von Alberto Cantino
stützte sich auf die Reisen von Cabral (1500),
Gosper de Lemos (1501) und Joâo da Nova
(1502). Auf ihr sind drei rote Araras (nach
Sick: *Ara macao*) dargestellt. Sick fand auf
einem Ehebildnis einen roten Arara, gemalt
von Lucas Cranach d. Ä. im Jahre 1502 oder
Anfang 1503 in Wien. Sick schreibt: „Die Vorliebe für Papageien, besonders für die großen
neuweltlichen Araras (Aras), führte dazu, sie

in den anspruchsvollsten Kunstdarstellungen
als Verzierung darzustellen. Das gilt für die
kirchliche wie für die profane Kunst. So versah
Anthonius van Dyck (1599–1641) z. B. ein 1630
gemaltes Bild der Heiligen Familie mit einem
gelbbäuchigen Canindé-Ara, *Ara ararauna*,
aus Brasilien. Der flämische Maler Frans Sny-
ders (1579–1657) ...stellte einen roten Arara
(Ara), *Ara macao*, in Über-Menschengröße
dar, beschimpft von über einem Dutzend ‚einheimischer' Vögel, die im Umkreis auf Ästen
stehen ... Araras (Aras) erscheinen auch auf
Porträts bedeutender Männer und Frauen
oder solcher, die sich für bedeutend hielten"
(Sick, 1984).

Die Kuba-Amazone *(Amazona leucocephala)* ist auf dem 1518 in Augsburg gemalten
„Johannesaltar" von Joh. Burgkmaier abgebildet (Stresemann, 1951). Auf demselben
Gemälde, das sich in der Alten Pinakothek in
München befindet, erkannte Sick einen *Ara
nobilis* L. (Wolters: *Diopsittaca nobilis*) aus

41

dem südlichen Amazonien, angezetert von einer Kohlmeise, „gegen die er die Flügel öffnet, wobei er seine roten Unterflügeldecken vorweist". Der südamerikanische Vogel „ist also höchst lebendig in die einheimische bayrische Tierwelt einbezogen" (Sick, 1981). Selbst wenn beide Vögel den um 1600 vorgenommenen Übermalungen des Originals zuzurechnen sind, dann gehören sie immer noch zu den frühen bildlichen Zeugnissen.

Sick schreibt: „Unter den Tieren, die im Entdeckerzeitalter aus tropischen Gebieten lebend nach Europa kamen, nahmen Papageien eine besondere Stellung ein als Vögel, die sprechen lernten. Sprechende Vögel – das war nicht nur eine Kuriosität, die Laien anzog; sie waren ein Phänomen, das auch Wissenschaftler etwas anging. Daß Papageien ungewöhnlich zahm werden und ,komisch' wirken, bestärkte noch das Interesse für diese Geschöpfe. Der Besitz eines Papageis erhöhte die Achtung einer Person in der Gesellschaft. So ist es nicht verwunderlich, daß Papageien in der Kunst vergangener Jahrhunderte eine große Rolle gespielt haben. Sie waren eine geschätzte Dekoration für Kunstwerke verschiedener Art, zumal sie auch noch dem damaligen Romantismus und Exotismus entsprachen, der Sehnsucht nach fremden Küsten und Ländern, deren immer mehr entdeckt wurden. Auf diese Weise kam es zu einer frühen Bildwiedergabe von Papageien, die der Wissenschaft oft weit vorauseilte. Bereits 50 Jahre nach der Entdeckung Amerikas finden sich Amazonenpapageien und Araras (Aras) auf flämischen Gobelins" (Sick, 1981).

Indianische Raben

Die großen Araras wurden im Deutschen lange Zeit „Indianische Raben" genannt. So kündigte Aldenburgk, der 1623–26 Brasilien bereist hatte, in der Beschreibung seiner Reise an, er werde „von schönen Papagojen" und von „Indianischen Raben" berichten (Aldenburgk, 1627).

In Gesners Vogelbuch von 1669 wird nur der Gelbbrust-Arara *(Ara ararauna)* „Indiani-

scher Rabe" genannt. Gesner schreibt über ihn: „Dieser Vogel, wiewohl er dem Papageyen in allem gleichet, wird er doch von etlichen vor einen Indianischen Raben gehalten, vielleicht daher, weil er eine heisere und grobe Stimm, auch einen solch starcken Schnabel hat, daß er den härtesten Mandel- oder Pfirsichkern, deßgleichen Stein, Holz, Bein und andere harte Sachen verbeissen könne. Wie Aldrovandus bey einem Fürstlichen Hoff dieses Vogels Natur hat in acht genommen, hat man ihm keine andere Rede, als seinen Französischen Parroquet können beybringen: Seine tägliche Speisen sind Mandeln, Nüß, Fleisch und Brodt gewesen" (Gesner, 1669). Seine Sprechbegabung hielt Gesner also nicht für größer als die anderer Papageien. Die Darstellung des Araras, der – wie der europäische Rabe – Fleisch frißt, hat einen Einfluß auf die Papageienhaltung der Folgezeiten gehabt. Dagegen sahen die Indianer die Araras als reine „Früchtefresser" an (Müller-Bierl, 1988c).

Auch Hans Sloane pries 1707 in seiner Naturgeschichte Jamaikas den Gelbbrust-Arara. Über ein Exemplar, das er selbst gesehen hatte, schrieb er: Dieser Arara habe sehr klar und deutlicher gesprochen als alle anderen Vögel, die er je gehört habe. Er sei hauptsächlich mit rohem Fleisch gefüttert worden, habe aber ebenso anderes gefressen. Einen Geruch habe er an sich gehabt wie die kleinen roten „Loros" von den Gewürzinseln (vermutlich Loris) oder ähnlich einer Geiß (Sloane, 1707), was zweifellos eine Folge der Fleischernährung war.

Als der naturkundliche Forscher Carl Friedr. Phil. von Martius auf seiner Reise in Brasilien Anfang des 19. Jahrhunderts dem Hyazinth-Arara *(Anodorhynchus hyacinthinus)* begegnet war, schrieb er: „So schön der Federschmuck dieses Vogels ist, so sehr beleidigt sein heiseres, durchdringendes Geschrei auch die unempfindlichsten Ohren, und gewiß hätte er, wenn er dem Altertume bekannt gewesen wäre, als ein unheilbringender Vogel von der übelsten Vorbedeutung gegolten" (Martius, 1823–31). In Europa ist der

Rabe, in Sage und Brauch, tief mit der Erscheinung des Todes verbunden (Bauer, 1987).

Noch Richard Schomburgk nannte im Jahre 1847 in seinem Reisebericht über Britisch-Guyana Araras „Indianische Raben", bezog aber den roten Arara ein (Schomburgk, 1847/48).

Auch im Zedlerschen Lexikon von 1740 finden wir die Bezeichnung „Indianischer Rabe", und zwar für *Ara macao*, der zu jener Zeit nur in „großer Herren Vogelhäusern" bei uns gesehen wurde. Der Gelbbrust-Arara wurde in demselben Lexikon „Kanide" genannt. Über ihn wurde berichtet: „Er ist sehr zart und gegen die sehr freundlich, welche ihm Gutes thun; weiß sich aber auch an denen, die ihm Verdruß anthun, zu rechter Zeit zu rächen. Montel hat einen gesehen, der Holländisch, Spanisch und Indianisch geredet, und in der letztern Sprache gantze Liedgen gesungen, auch alle Stimmen der Thiere nachgemacht hat" (Zedler, 1740).

Haltung in den Kolonien

Der im Zedlerschen Lexikon genannte Montel wurde von Rochefort 1667 zitiert. Montel, der die Antillen bereist hatte, gab einen sehr detaillierten Bericht von diesem Arara. Er hatte ihn auf Curaçao gesehen. Der Beschreibung nach handelte es sich um einen Gelbbrust-Arara mit starken Farbabweichungen, so daß man an einen Bastard oder Bastardabkömmling denken könnte. Die Indianervölker, die schon vor der Entdeckung Amerikas durch Kolumbus die Antillen von Südamerika aus mit 50-Mann-Booten besiedelten, brachten nämlich stets ihre Heimtiere mit, zu denen an erster Stelle auch Araras zählten. Gelegentlich kam es sogar bei den Indianern vor, daß ein Vogel entflog, darum kann man nicht ausschließen, daß ein paar Entflogene sich in abgelegenen Gegenden verpaarten – wie wir das ähnlich heutzutage in den Everglades von Florida erleben, wo entflogene Papageien sich, nicht immer rassenrein, vermehren. – Manche Autoren halten diesen Vogel für den Vertreter einer ausgestorbenen Art.

Dieser Arara, so staunte Montel, war so zahm, daß er trotz der Gefährlichkeit seines Schnabels mit den kleinen Kindern spielte, ohne sie zu verletzen. Auch mit seinen Krallen verletzte er niemanden. Er tippte wie ein kleiner Hund mit seiner kurzen, dicken Zunge diejenigen ab, die ihm schmeichelten und schmiegte seinen Kopf an ihre Wangen, um sie zu liebkosen. Er ließ sich in jede Stellung oder Lage bringen und war außerordentlich fügsam. Das alles galt freilich nur denen gegenüber, die gut zu ihm waren. Diejenigen aber, die ihn geärgert hatten, griff er wütend und unversöhnlich mit seinem Schnabel und seinen Krallen an, sobald er die Möglichkeit dazu sah. Ein Herr Rodenborck, Gouverneur des Forts und der holländischen Kolonie auf Curaçao hatte ihn von den Antillen erhalten, also war er offensichtlich von Indianern aufgezogen worden, denn er „sprach" nicht nur holländisch und spanisch, sondern besonders viel in einer indianischen Sprache. Sogar indianische Gesänge konnte er wiedergeben. Außerdem ahmte er alle möglichen anderen Vogelarten nach sowie andere Haustiere. Er sagte die Namen und Übernamen seiner Freunde und lief oder flog zu ihnen, sobald er sie erblickte, vor allem wenn er hungrig war. Hatte er sie längere Zeit nicht gesehen, dann zeigte er bei ihrer Rückkehr durch entsprechende Schreie seine Freude. Waren seine Freunde des Spiels müde, zog er sich in seine Unterkunft zurück, um dort weiterzuschwatzen, zu singen und sich das Gefieder zu putzen. Ernährt wurde er mit Brot und Früchten der Insel. Merkwürdig klingt, daß er überschüssiges Futter gewissermaßen gehamstert und sorgfältig unter den Blättern der Überdachung seiner Unterkunft versteckt haben soll. Jedenfalls, so schloß Montel, habe er niemals einen schöneren oder liebenswerteren Vogel gesehen (Rochefort, 1667).

Der Dominikaner Jean-Baptiste Labat, der Ende des 17. Jahrhunderts (1694–1705) auf den Antillen (Martinique, Dominica, Guadeloupe u. a.) war, schrieb über den *Ara macao*: Er lerne sehr gut „sprechen", wenn man es ihm beibringe, solange er jung sei; Liebkosungen möge er sehr. Labat erzählte: Einer der französischen Geistlichen auf den Antillen besaß einen solchen Vogel, der so sehr an seinem Herrn hing, daß er eifersüchtig wurde. Niemand konnte sich seinem Herrn nähern, ohne Gefahr zu laufen, von dem Arara gebissen zu werden. Man war gezwungen, den Vogel einzusperren, wenn dieser Geistliche die Messe las. Vergaß man es aber, oder gelang es dem Vogel zu entkommen, dann folgte er ihm und setzte sich auf die Altarstufe. Eines Tages entkam er, während sein Besitzer beim Barbier saß. Er gesellte sich zu ihm und blieb ruhig, bis sein Herr sich für die Rasur zurechtsetzte: Sogleich richtete er seine Federn auf. Man verstand diese Drohgebärde, streichelte ihn, gab ihm zu Fressen und tat ihm so freundlich, daß er es zuließ, wie der Barbier seinen Herrn wusch. Aber als er sah, daß der Barbier das Rasiermesser nahm und sich damit seinem Herrn näherte, fing er an mit voller Kraft zu schreien und stürzte sich auf den Barbier, um ihn so heftig ins Bein zu beißen, daß es stark blutete. Danach hüpfte er seinem Herrn erst aufs Knie, dann auf die Schulter, von wo aus er alle Welt zu bedrohen schien, mit lautem Geschrei, offenem Schnabel und gesträubten Federn. Sein Besitzer benötigte eine geraume Zeit, um ihn zu beruhigen. Er sperrte ihn schließlich in ein Zimmer ein, damit der Barbier seine Wunde verbinden und ihn endlich rasieren konnte. Währenddessen schrie der Vogel und machte alle Anstrengungen, um die Türe durchzubeißen, damit er herauskönne. Labat besaß eine große Dogge, die vom Besitzer dieses Araras oft gestreichelt wurde. Wenn der Vogel das sah, wurde er so eifersüchtig, daß er hergelaufen oder -geflogen kam, sich auf den Rücken der Dogge stürzte und sie biß.

Dieser Arara, so erzählte Labat, konnte sehr gut und sehr deutlich „sprechen": Wenn man seine Stimme gehört habe, ohne ihn zu sehen, habe man schwer unterscheiden können, ob es ein Mensch oder der Vogel gewesen sei. Labat war beeindruckt von der großen Verteidigungsbereitschaft und Anhänglichkeit des Vogels. Ähnliches aggressives Verhalten zahmer Araras erlebten Reisende in Indianerdör-

fern (vgl. S. 167). Von eifersüchtigen Reaktionen zahmer Papageien anderen Heimtieren gegenüber wurde später häufig berichtet.

Labat besaß selbst zwei zahme Papageien, Amazonen von der Insel Dominica. Ihre Flügel waren nicht beschnitten, und er ließ sie frei fliegen, bis in die Wälder. Er brauchte nur zu pfeifen, und sie kehrten zurück. Nach fast vier Jahren wurde das Männchen durch einen Fensterladen zerschmettert. Er berichtete, daß nur das Männchen „sprach", solange er die beiden hatte (Labat, 1742).

Felix de Azara besaß um 1800 in Paraguay einen Pavuasittich (Azara: *Maracana verde*; Wolters: *Psittacara leucophthalma*), der sehr deutlich „sprach". Aber er ließ sich nicht berühren, weder kraulen noch streicheln. Azara hielt ihn frei in seinem Haus, wo er sich einem anderen Vogel (keiner Papageienart) zuwandte (Azara, 1809). Schon frühzeitig war also bekannt, daß nicht nur solche Papageien „sprechen", die in ihrer Bezugsperson den Ersatzpartner sehen.

Johann Rudolph Rengger schrieb während seiner Reise in Paraguay, die er 1818–26 unternahm, in sein Tagebuch: „Hier werden die meisten Vinditen-Nester ausgenommen." (Mit der „Vindita" ist nach Rohde (Berlepsch 1887) der Sperlingspapagei, *Forpus xanthopterygius* (Berlepsch: *Psittacula passerina*) gemeint.) „Die Vindita ist eine Papagei-Art, nicht viel größer als ein Canarienvogel, äußerst lieblich, aber äußerst zart. Bis jetzt hörte ich nur ein einziges Individuum einige Wörter aussprechen. Ein Mädchen, das eine sehr zarte Stimme besaß, hatte diesen Vogel erzogen und ihm etwas vorgeplaudert. Schon ihrer Kleinheit wegen können diese Vinditen keine männliche Stimme nachahmen. Überhaupt bemerke ich bei den Papageien und Perruches (langschwänzige Aras, Sittiche), daß die von Weibern erzogenen weit schneller sprechen lernen, als die, welche immer unter Männern sind, entweder weil ihnen die Weiber mehr vorschwatzen, oder weil sie wirklich die weibliche Stimme leichter nachahmen können. Alte Papageien lassen sich nicht mehr zähmen; man muß sie jung, fast unbefiedert, aus dem

Neste nehmen, wenn sie zahm werden sollen. Allein selbst der zahmste Papagei, wenn man ihm die Flügel wachsen läßt, fliegt davon, wenn er wilde Papageien vorbeiziehen hört, welche während des Fluges beinahe immer schreien. Ich sah, wenn sich der Schwarm in einem Maisfelde oder zu anderer Nahrung niederließ, immer einen oder mehrere Papageien auf einem Strauche oder Baume in der Nähe sitzen bleiben; bei der Annäherung eines feindlichen Tieres oder eines Menschen erhoben diese Wächter ein heftiges Geschrei, worauf die fressenden Vögel sogleich fort und den nächsten Bäumen zuflogen" (Rengger, 1835). Diese vereinfachende Darstellung – das Verhalten plündernder Papageien wird von anderen detaillierter beschrieben – übte eine nachhaltige Wirkung auf die Literatur aus. Rengger hatte mit allem nur teilweise recht. Den kleinen „Sprecher" Wellensittich kannte Rengger natürlich noch nicht.

Menagerien und Zoologische Gärten

In Europa bestanden Ende des 15. Jahrhunderts bereits zahlreiche Privatzoos (private Menagerien). Unter den Päpsten soll Leo X. (1513–21), der aus der Familie der Medici stammte, die größte vatikanische Menagerie unterhalten haben, darunter eine Vielfalt bunter Papageien (Loisel, 1912). Kaiser Rudolf II. (1552–1612) besaß in seiner Menagerie des Schlosses Neugebäu einen Blauen Arara (nach Stresemann möglicherweise *Anodorhynchus hyacinthinus*) und einen *Ara ararauna*, neben zwei Kakadus und einem Lori, u. a. Dies ist von seinem Hofmaler Georg Hoefnagel und dessen Sohn Jacob der Nachwelt überliefert worden (Stresemann, 1951). Der Kaiser hielt viele Jahre lang auf einer Terrasse seines Schlosses exotische Vögel. Wenn die Vögel starben, wurden die Bälge für Museen aufbewahrt (Pelzeln, 1867–71).

Wie François Salerne 1767 in seiner Naturgeschichte der Vögel berichtete, wurde bei den Herrschaften von Paris der *Ara macao* am häufigsten gesehen. Man ließ ihn gewöhnlich frei fliegen, weil er von selbst zurückkehrte (Salerne, 1767). Buffon besaß in Montbard auf seinem Landgut eine eigene Menagerie und hielt dort einen Dunkelroten Arara (*Ara chloroptera*), den er von der Marquise de Pompadour erhalten hatte, einen Ara vert (*Ara severa*), Geschenk von Sonnini de Manoncourt, der den Vogel aus Guayana mitgebracht hatte, und einen Graupapagei (Perroquet cendré) (Loisel, 1912).

Als Karl Bolle im Jahre 1856 den Zoologischen Garten in London besuchte, konnte er unter den Papageien, die sich zu der Zeit dort lebend befanden, sowohl den Carolinasittich (*Conuropsis carolinensi*) als auch den *Ara tricolor* bewundern (Bolle, 1856). In den Listen über die Zeit zwischen 1870 und 1902 taucht der Name *Ara tricolor* nicht mehr auf, wohl aber der des Carolinasittichs. Sechs Carolinasittiche wurden in dieser Zeit gehalten, die durchschnittlich etwa 7 Jahre lang, maximal knapp 10 Jahre, im Zoo Londons lebten (Mitchell, 1911).

Über den Gelbbrust-Arara (*Ara ararauna*) sagte im Jahre 1865 Finsch: „Gegenwärtig sieht man den schönen Vogel fast in jeder Menagerie, und er fehlt keinem zoologischen Garten" (Finsch, 1867/68).

Erste Nachzuchten dieser Arara-Art gelangen bereits im Jahre 1818 einem französischen Vogelliebhaber im Département du Calvados, der sich in der Vogelzucht etwas auskannte. Erst 1823 erschien darüber ein ausführlicher Bericht (Lamaroux, 1823). Es ist durchaus möglich, daß es im 19. Jahrhundert, vielleicht sogar schon im 18. Jahrhundert erfolgreiche Papageiennachzuchten gab, über die niemand berichtete. Auch in Deutschland gab es vor wenigen Jahrzehnten Zuchterfolge, sogar mit Araras, von denen nur wenige Personen (mündlich) Kenntnis hatten. Auf alle Fälle ist festzustellen, daß die zeitraubende und kostspielige Großpapageienzucht – die auch wegen der Unterbringungsprobleme und Lärmbelästigung ihre Schwierigkeiten hat – erst in allerjüngster Zeit in der privaten wie öffentlichen Großpapageienhaltung zu einer bedeutungsvollen und zunehmend wichtigen Haltungsform geworden ist.

45

Finsch hörte im Zoologischen Garten von Amsterdam einen Hyacinth-Arara *(Anodorhynchus hyacinthinus)* „in fremder Sprache mit tiefer Baßstimme Worte vor sich hinmurmeln" (Finsch, 1867/68). Von einem Hellroten Arara *(Ara macao)*, der sich ab dem Jahre 1862 im Zoologischen Garten von Hamburg befand, wurde berichtet, „er sitze unangekettet auch im Freien auf seiner Stange, und es falle ihm niemals ein, dieselbe zu verlassen" (Ruß, 1881). Im 1867 gegründeten Zoologischen Garten des Schlosses de la Pataudière (drei Kilometer entfernt von Champigny-sur-Veude, Touraine), konnte man um 1900 während des Sommers große Papageien, auch Araras, auf einem mit Kastanien bestandenen Rundplatz sehen, zu dem eine Kastanienallee führte; sie waren auf ihren Ständern angekettet. Ebenfalls um die Jahrhundertwende wurde die große Eingangshalle des Zoologischen Gartens von Frankfurt flankiert von verschiedenen Papageienarten, darunter auch Araras, und zwar nicht bloß im Sommer (Loisel, 1912).

Der römische Tiergartendirektor Th. Knottnerus-Meyer erzählte: „In dem früheren Zoologischen Garten zu Aachen z. B. hatte der Wärter seine sämtlichen Aras, mehr als zwanzig, handzahm. Er küßte und liebkoste sie nach der Reihe. Und im Berliner Garten saß ein roter Ara der Reinmachefrau auf den Schultern, solange sie vom Wärtergange aus die Vogelkäfige säuberte." Knottnerus-Meyer besuchte im Sommer 1910 Hagenbecks Tierpark, wo er etwa zwanzig Araras auf Bügeln vorfand, vom kleinen Spixara *(Cyanopsitta spixii)*, der eigentlich kein Arara ist, bis zum großen Hyazinth-Arara *(Anodorhynchus hyacinthinus)*: „Der kleine Spix war ein lieber Kerl, nur biß er gelegentlich, was aber nicht weiter weh tat, die riesigen Hyazinth-Aras aber, deren gewaltige Schnäbel so furchtbar erscheinen, waren alle handzahm, wie sie es ja meistens sind. Die roten, blauen und Grünflügel-Aras suchte ich mir zahm zu machen, aus Liebhaberei. Und ich bekam sie alle so weit, daß ich sie anfassen konnte. Am wenigsten zugänglich waren im allgemeinen die Grünflügelaras." Schon Knottnerus-Meyer wandte sich scharf gegen das Anketten von Papageien und berichtete stolz: „In Rom hatten wir anfangs auch Bügelpapageien, aber da regnete es Beschwerden von Tierfreunden, und darum machten wir um so lieber dem alten Menageriegebrauch ein Ende, der hoffentlich bald überall aussterben wird, wie es die Wandermenagerien schon fast sind, denen einst die angeketteten Papageien als Anziehungsstück oder ‚Attraktion' dienten" (Knottnerus-Meyer, 1925).

Vogelhandel

Brehm schrieb 1872 über den südamerikanischen Vogelhandel: „Südamerika verkehrt, entsprechend den schon seit längerer Zeit bestehenden Dampfschiffverbindungen, vorzugsweise mit England und Frankreich. Alle von dort stammenden Vögel, welche regelmäßig auf den Markt kommen … treffen in kleinen Sendungen bei uns ein, die größeren Sittiche meist nur einzeln und unregelmäßig als gewesene Reisebegleiter heimwärtskehrender Matrosen … Der Vogelhandel hat im Süden Amerikas noch keinen Aufschwung nehmen können, weil ein strebsamer Mann mit anderen Erwerbszweigen mehr und leichter Geld verdienen kann als mit diesem Geschäft, welches immerhin eine gewisse Kenntnis und namentlich Geduld erfordert. Fang und Aufzucht der Papageien werden heute noch, wie vor Jahrhunderten, von den Indianern betrieben" (Brehm, 1872).

Im späten 19. Jahrhundert kamen die Amazonen „fast ohne Ausnahme" gezähmt nach Europa und konnten „in der Regel bereits einiges sprechen" (Schwend in Ruß, 1890?). Mit der Verbesserung der Verkehrssysteme, vor allem mit den Flugzeugtransporten, sollte sich auch hier vieles ändern.

In der „Gefiederten Welt" vom 3. 9. 1874 erschien folgende Anzeige: „Einen Amazonen-Papagei mit blauer Stirn, welcher ganz zahm ist, wie ein Hund in der Stube und im Freien nachläuft, auch gut spricht, lacht, weint, hustet u. s. w. ist zu verkaufen von Friedrich Geisler in Langenburg in Württemberg" (zitiert nach Fehringer, 1990).

46

Finn schrieb um die Jahrhundertwende in seinem Bericht über die Vogelhaltung in Kalkutta, daß von Zeit zu Zeit auch einige Arara-Arten *(Ara macao, Ara chloroptera* und *Ara ararauna)* eingeführt würden, die von den einheimischen Indern besonders geschätzt würden (Finn, 1901).

1879 wurde zum erstenmal bekannt, daß mehrere Familienmitglieder erkrankten und starben, nachdem bei ihnen kurz zuvor Papageien eingetroffen waren. Im Jahre 1892 sollten von zwei Franzosen 500 Papageien von Buenos Aires nach Paris transportiert werden, unterwegs starben die meisten. Die restlichen 160 wurden verkauft, 42 Menschen unter den Käufern und ihren Familien erkrankten an Lungenentzündung, 14 von ihnen starben. Auch in den Jahren darauf kam es zu Todesfällen. Die neue Krankheit nannte man Psittacose. 1929 kam es, vom argentinischen Cordoba ausgehend, zu einer schweren Psittacose-Epidemie mit einer Ausbreitung nach USA, Europa, Afrika und Asien. Durch gesetzliche Maßnahmen schränkte man den Handel mit Papageien ein. Wirtschaftliche Depressionen, der Zweite Weltkrieg und die Notzeiten nach dem Krieg brachten Handel und Zucht von Papageien fast zum Erliegen (Kronberger, 1978).

In Deutschland wurde 1934 das „Psittakosegesetz" erlassen, das eine Einfuhrsperre für alle Papageien bedeutete. Dennoch verschwand die Psittakose nicht. Der Wunsch nach Papageien ließ sich nämlich nicht ausrotten. Die Vögel wurden über die Grenze geschmuggelt. Weil man die Krankheit inzwischen erfolgreich behandeln konnte, und zwecks einer besseren veterinärmedizinischen Kontrolle, entschlossen sich 1964 verschiedene tierärztliche Landesbehörden, die Einfuhr von Papageien unter bestimmten Auflagen (besonders einer Quarantänezeit und Behandlung der importierten Vögel) wieder zuzulassen.

Die Hoffnungen Sachkundiger liegen ganz auf verantwortungsbewußten Nachzuchten, sofern diese durch restriktive Gesetze nicht behindert werden.

Die Arten

Ausgestorbene Sprechende Papageien

Auf Kuba kam bis Ende des 19. Jahrhunderts eine kleinere rote Arara-Art vor, der Dreifarben-Arara *(Ara tricolor)*. Diese Insel-Art war in Europa zeitweise in zoologischen Gärten zu sehen. Heute werden in verschiedenen Museen der Welt noch Bälge dieses Vogels aufbewahrt. Ein Balg befindet sich im Senkkenberg-Museum zu Frankfurt/M (Mertens & Steinbacher, 1955). In einem Pavillon, der um 1759 in der königlichen Menagerie von Schönbrunn erbaut wurde, befinden sich Medaillons im Rokokostil, auf denen u. a. drei *Ara tricolor* dargestellt sind (Loisel, 1912).

Die karibischen Inseln waren, wie die heutige Forschung annimmt, in der für die Artentstehung der Vögel wichtigen erdgeschichtlichen Zeit, nicht mit dem mittel- oder südamerikanischen Festland verbunden. Die Frage, auf welche Weise Vogelarten, die nicht aufs offene Meer hinausfliegen – wie die Papageien – auf die Inseln kamen, ist bis heute von der Forschung nicht zweifelsfrei geklärt worden. Man geht davon aus, daß die menschliche Besiedlung der Antillen von Südamerika aus erfolgte. Schon vor der Landung des Kolumbus gab es zwischen den Inseln und dem südamerikanischen Festland einen lebhaften Schiffsverkehr. Die Boote der indianischen Seefahrer konnten bis zu 50 Personen aufnehmen. Die Indianer nahmen ihre Heimtiere, zu denen ganz besonders Araras gehörten, auf ihren Reisen mit (Müller-Bierl, 1988c).

Gundlach, der über 30 Jahre lang auf Kuba Vogelbeobachtungen anstellte und niederschrieb, war der letzte Ornithologe, der den Dreifarben-Arara noch lebend sah. Nicht allein er wußte, daß diese Art vom Aussterben bedroht war. Im Jahre 1874 schrieb er, sie sei jetzt schon eine Seltenheit auf der Insel. Gundlach berichtete: „In 1849 fand man noch oft Exemplare, seitdem aber ist die Zahl derselben sehr verringert worden, weil die Bewohner jener Gegenden die Nester aufsuchen...

47

Da sie weit von Wohnungen entfernt lebt, tut sie keinen besonderen Schaden, doch leistet sie auch keinen Nutzen. Man zieht sie auf, aber sie ist dann, so lange sie nicht gut aufbewahrt ist, lästig und schädlich, indem sie die Meubles und andere Sachen durch den starken Schnabel verletzt. Sie erlernt zuweilen Worte nachahmen, aber nicht so leicht und so deutlich wie die Kubaamazone" (Gundlach, 1874). Die Einwohner Kubas hatten also kein Interesse an ihrer Erhaltung. „Nützlich" war der Dreifarben-Arara nicht, d. h.: sein Fleisch schmeckte nicht gut. Und wer einen „sprechenden" Papagei wollte, nahm sich ohnehin lieber eine Amazone.

Nicht viel länger als der *Ara tricolor* überlebten die nordamerikanischen Carolinasittiche *(Conuropsis carolinensis)*, obwohl sie – im Gegensatz zur Inselart – in den südöstlichen und mittleren Staaten zahlreich verbreitet waren. Im Jahre 1914 starb das letzte Exemplar im Zoo von Cincinnati. Der Carolinasittich zählte zu den Keilschwanzsittichen, also langschwänzigen Arten und war ungefähr 35 cm lang – während für den *Ara tricolor* 45 bis 50 cm angegeben werden. Die Gefiederfarben des Carolinasittichs waren vorwiegend grün-gelb, am Kopf und Flügelbug orangerot bis rot.

Nach Bechstein wurde der Carolinasittich zu seiner Zeit, also um 1800, nicht selten nach Europa eingeführt. Bechstein meinte, er schreie viel und spreche wenig, trotzdem finde er seiner Schönheit und Zahmheit wegen viele Liebhaber (Ruß, 1882).

Brehm schrieb in der 2. Auflage seines „Tierlebens", im Jahre 1878: „In den letzten Jahren wurden so viele Karolinasittiche lebend auf unseren Tiermarkt gebracht, daß ihr Preis in kurzer Zeit bis auf wenige Mark unseres Geldes herabsank. Seitdem sieht man gefangene Vögel dieser Art in allen Tiergärten und in den Käfigen vieler Liebhaber. Einer von diesen, welcher sehr viel, aber gehaltlos schreibt, bezeichnet den Karolinasittich als ‚unverbesserlich dummscheu' und beweist damit nur das eine, daß ihm jede Fähigkeit zum Beobachten abgeht. Rey sieht sich veranlaßt, einiges" über den Vogel „mitzuteilen".

(vgl. S. 270f) Rey gab jedoch zu: „Zutraulich in der Weise wie die anderen Papageien, die Loris und Kakadus, wird er allerdings nie. Denn er bleibt immer ein mißtrauischer und vor allen Dingen ein sehr vorsichtiger Vogel. Die Bezeichnung ‚dummscheu' aber will nun einmal für ihn unbedingt nicht passen" (zitiert nach Brehm, 1878).

Der von Brehm Angegriffene war ausgerechnet der Vogelexperte Karl Ruß. Und Ruß beharrte 1881 auf seiner Meinung, daß „sämtliche bisher gehaltenen Karolinasittiche im Käfige sich keineswegs als angenehme Stubenvögel gezeigt haben". Zahme Einzelvögel ließ er als Ausnahmen gelten; sie lernten sogar „vortrefflich sprechen" (Ruß, 1881). Im Jahre 1882 nannte er den Carolinasittich „einen der gemeinsten Vögel des Handels, der zugleich zu den schönsten oder doch buntesten" zähle. Er schrieb: „Er würde sich daher der eifrigsten und verbreitetsten Liebhaberei erfreuen, wenn er nicht im Gegensatz dazu Eigenschaften hätte, durch welche er sich geradezu unausstehlich macht." Ruß meinte: „Viele Anfänger und Unkundige lassen sich durch seine Farben blenden, schaffen ihn an, um dann bald einzusehen, daß er sich zum Stubenvogel durchaus nicht eignet." Ruß warnte ausdrücklich, daß selbst ein zahmer Sprecher „doch immer durch sein arges Geschrei sich mindestens sehr lästig machen wird" (Ruß, 1882). Ruß tat somit alles, um seiner großen Lesergemeinde die Haltung von Carolinasittichen auszureden.

Ganz anders hatte sich Finsch geäußert. Bei ihm lesen wir über den Carolinasittich: „Der nordamerikanische Sittich ist . . . ein sehr gelehriger Vogel, der bald zahm wird und selbst Worte nachsprechen lernt. Sogar alt eingefangen gewöhnt er sich in kurzer Zeit an die neue Situation, wird zutraulich und unterläßt nach und nach sein unangenehmes und heftiges Beißen. Ein solcher Vogel, den der Prinz zu Wied besaß, fraß bereits am zweiten Tage. Wilson machte ganz dieselbe Erfahrung an einem leicht geflügelten Exemplare, welches er von . . . 30 Meilen oberhalb der Mündung des Kentucky, bis New-Orleans meist im Schnupftuch mit sich führte" (Finsch, 1867/68).

48

Wilson erzählte selbst: „Neugierig zu erfahren, ob der Papagei sich leicht zähmen lasse oder nicht, beschloß ich einen am Flügel leicht verwundeten in meine Pflege zu nehmen. Ich bereitete ihm eine Art von Bauer am Stern meines Bootes und warf ihm hier Kletten vor, welche er sofort nach seiner Ankunft an Bord annahm." Der Inhalt der Kapseln dieser bodendeckenden Pflanze war für die Carolinasittiche eine beliebte Nahrung. Wilson fuhr fort: „Während der ersten Tage teilte er seine Zeit ziemlich regelmäßig ein in Schlafen und Fressen. Dazwischen benagte er die Stäbe seines Käfigs. Als ich den Strom verließ und über Land reiste, führte ich ihn in einem seidenen Schnupftuch mit mir... Die Wege waren damals unter aller Beschreibung schlecht: es gab gefährliche Bäche und Flüsse zu durchschwimmen, ganze Meilen im Morast oder im Dickicht zurückzulegen und andere Hindernisse zu besiegen. Sehr häufig entkam der Papagei aus meiner Tasche, zwang mich, vom Pferde abzusteigen und ihn in dem Dickicht oder Morast wieder aufzusuchen. Bei solchen Gelegenheiten dachte ich oft daran, ihn im Stiche zu lassen; doch führte ich meinen Vorsatz niemals aus. Wenn wir nachts zusammen in den Wäldern lagerten, setzte ich ihn auf mein weniges Gepäck neben mich; am anderen Morgen nahm ich ihn wieder auf. Auf diese Weise habe ich ihn mehr als tausend Meilen mit mir geführt. Als ich in die Jagdgründe der Indianer kam, wurde ich regelmäßig von diesen Leuten umringt, von Männern, Frauen und Kindern, welche unter lautem Lachen und anscheinend verwundert meinen neuen Gefährten betrachteten... Ja, Polly wurde später immer das Mittel zur Befreundung zwischen mir und" dem Volk der Chickasaws. „Nachdem ich bei meinem Freund Dunbar angekommen war, verschaffte ich mir einen Käfig und setzte diesen unter den Vorbau des Hauses. Hier rief mein Gefangener sehr bald die vorübereilenden Flüge herbei, und tagtäglich sahen wir nunmehr zahlreiche Scharen um unser Haus herum, welche die lebhafteste Unterhaltung mit Polly begannen. Einen von ihnen, welcher ebenfalls leicht im Flügel verwundet worden war, steckte ich in Polly's Käfig..." Die beiden vertrugen sich auf Anhieb sehr gut, aber der Neue starb. Weil Polly trauerte, gab Wilson ihr als Ersatz einen Spiegel, den sie annahm. Am Abend lehnte sie unter leisen, zufrieden klingenden Lautäußerungen ihren Kopf an den Spiegel. Wilson ergänzte: „Nach kurzer Zeit kannte sie den ihr beigelegten Namen und antwortete, wenn sie angerufen wurde. Sie kletterte auch auf mir herum, setzte sich auf meine Schulter und nahm mir den Bissen aus dem Munde. Zweifellos würde ich ihre Erziehung ganz vollendet haben, hätte nicht ein unglücklicher Zufall sie ums Leben gebracht. Die arme Polly verließ eines Morgens, während ich noch schlief, ihren Käfig, flog" (fiel) „über Bord und ertrank im Golf von Mejiko" (zitiert nach Brehm, 1866).

Araras und Maracanas

Auch die großen Araras und deren kleinere Verwandten, die in Südamerika „Maracana" genannt werden, zählen zu den Keilschwanzsittichen. Seit der Jahrhundertwende hat sich bei uns für die Araras immer mehr der Name Ara, wie er auch als wissenschaftlicher Gattungsname gebraucht wird, eingebürgert. In Brasilien lautet er jedoch immer noch Arara, nach dem indianischen Tupi-Namen „Arara", der vor allem von den Jesuiten überliefert wurde. In der einheimischen Tupi-Sprache ist „Arara" der lautmalerische Name für die großen Arten der wissenschaftlichen Gattungen *Ara* und *Anodorhynchus*. Von Bedeutung ist dies vor allem für den Namen „Arara-una", womit in der wissenschaftlichen Namensgebung der Gelbbrust-Arara *(Ara ararauna)* benannt wird, womit die Einheimischen Brasiliens jedoch den Hyazinth-Arara *(Anodorhynchus hyacinthinus)* bezeichnen, weil der Name „schwarzer Arara" (una Tupi = schwarz) bedeutet (Müller-Bierl, 1988c). Ornithologen und Reisende stritten immer wieder darüber, ob der Naturlaut dieser Papageien besser mit „Ara" oder „Arara" wiedergegeben werde (vgl. S. 123).

49

Maximilian, Prinz zu Wied, der 1815–17 das östliche Brasilien zwischen dem 13. und 23. Grad südlicher Breite bereist hatte, teilte in seiner Naturgeschichte von Brasilien mit: „Die Brasilianer versichern, daß alle die langgeschwänzten, größeren Papageien-Arten, Araras oder Maracanas, gezähmt ziemlich ungelehrig seien." Über den Dunkelroten Arara *(Ara chloroptera)* sagte er: „Jung erzogen lernt die Arara einige Worte nachsprechen, doch nie in der Vollkommenheit wie die grünen Papageien, öfters bleibt sie böse und beißt gern" (Wied, 1832).

Richard Schomburgk, der wenig später Britisch-Guayana bereiste, berichtete, die roten Araras finde man dort häufig gezähmt, sie lernten auch einige Worte aussprechen; er habe jedoch nur wenige gehört, die es tatsächlich gekonnt hätten (Schomburgk, 1848).

Über den Hellroten Arara *(Ara macao)* hatte Bechstein um 1800 gesagt: „Man läßt ihn entweder in der Stube frei herumgehen und setzt ihm zum Ausruhen eine glattgehobelte Stange mit kreuzweise gestellten Querhölzern hin oder, da er wie alle Papageien ein sehr schmutziger Vogel ist, so tut man am besten daran, man setzt diese Stange in ein drähternes Vogelbauer . . ." (zitiert nach Ruß, 1881). Ruß protestierte gegen Bechsteins Behauptung, der Arara sei ein „schmutziger Vogel": „Dies Urteil des alten Bechstein ist nichts weniger als zutreffend, denn die Papageien im allgemeinen gehören gerade im Gegenteil zu den reinlichsten aller Stubenvögel" (Ruß, 1881).

Bechstein äußerte sich auch im folgenden nicht positiv über diese Papageienart: „Diese Papageien sind eigentlich nur Vögel für reiche Liebhaber, ihrer hohen Preise wegen . . . Die schönen Farben der Aras gewähren freilich einen prächtigen Anblick, auch lernen sie viele Wörter deutlich aussprechen, ein- und ausfliegen und jeden Wink ihres Herrn befolgen; allein für mich ist ihre kriechende Bewegung, das Forthelfen mit dem Schnabel und namentlich ihre Unreinlichkeit nicht sehr angenehm. Sodann sind sie nicht selten boshaft, können manche Personen nicht leiden, und man darf Kinder niemals allein bei ihnen im Zimmer lassen, da sie ihnen leicht ins Gesicht fliegen und ihre Augen beschädigen könnten" (zitiert nach Ruß, 1881).

Selbst Brehm warnte in seinem „Tierleben": „Etwas Gefährliches bleibt es immer, Araras um sich zu haben; denn nur zu oft gebrauchen sie ihren furchtbaren Schnabel in unerwünschter Weise" (Brehm, 1866). Finsch meinte: „Junge Araras, die aus dem Nest genommen sind, werden meist sehr zahm, lernen auch einige Worte nachsprechen. Vor alten gefangenen Vögeln, denen nie recht zu trauen ist, hat man sich aber zu hüten, da sie gefährliche Bisse beibringen können" (Finsch, 1867/68).

Diese Negativ-Darstellungen haben einen nachhaltigen Einfluß auf die Einstellung vieler Menschen diesen Papageien gegenüber gehabt, die von Generation zu Generation weitergegeben wurde.

Knottnerus-Meyer protestierte 1925 gegen die Übernahme der Brehmschen Behauptung in die neue Auflage des Werkes: „Ich habe mehrere Aras gehabt und immer wieder gefunden, daß sie die an einzelne Personen anhänglichsten und ihnen treusten Vögel sind, und verstehe die Bemerkung im neuen ‚Brehm' wirklich nicht, ‚etwas Gefährliches bleibt es immer, Aras um sich zu haben'. Sie zeigen eine Anhänglichkeit, die selbst von einem Hunde nicht übertroffen werden kann, und passen sich geradezu meisterhaft ihres Herrn Eigenheiten an. Dazu sind sie keineswegs bösartig, wie sie dem Nichtkenner scheinen" (Knottnerus-Meyer, 1925). Das gilt natürlich nur vertrauten Personen gegenüber.

Nach Lloyds Erfahrungen Ende des 19. Jahrhunderts in Britisch-Guayana galt der Gelbbrust-Arara *(Ara ararauna)* als bester Sprecher unter den Araras (Lloyd, 1895). Schon Ruß schrieb über den Gelbbrustarara: „Man schätzt ihn als einen der besten Sprecher unter allen, und als solcher erhielt einer im Besitz des Herrn Vogelhändler F. Schmidt auf der Berliner Ausstellung im November 1876 den ersten Preis." Ruß berichtete aber auch, daß ein Herr Czarnikow auf der Vogelausstellung des Vereins „Ornis" in Berlin im Jahre 1879 einen Hellroten Arara *(Ara macao)* stehen hatte, der angeblich bis zu 100 Worte sprach (Ruß, 1881).

Die großen Araras mit unbefiederten Wangenpartien hatten in Mittel- und vor allem Südamerika eine weite Verbreitung und wurden durch die zunehmende Zerstörung ihres Lebensraumes immer mehr zurückgedrängt. Es gibt zwei rot-blaue Arten, Hellroter und Dunkelroter Arara *(Ara macao* und *A. chloroptera)*, zwei gelb-blaue Arten, Gelbbrust-Arara *(Ara ararauna* und *A. caninde)* und zwei grüne Arten *(Ara militaris* und *A. ambigua)*. Sie sind 80 bis 90 cm groß. Der größte Arara und zugleich der größte Papagei der Welt (Sick, 1985) ist mit 93 cm der Hyazinth-Arara *(Anodorhynchus hyacinthinus)*. Er ist der bekannteste Vertreter der großen Araras mit befiederten Wangen, der Dunkelblauen Araras oder „schwarzen" Araras.

Alle kleinen „Aras", also Maracanas, sind vorwiegend grün. Ihre Größe geht, je nach Art, höchstens bis 60 cm.

Buffons Schüler Sonnini de Manoncourt (1751–1812) studierte 1772–75 auf der Ile de Cayenne (Französisch-Guayana) die tropische Tierwelt. Von dort brachte er Buffon einen *Ara severa* mit. Er hatte ihn von Indianern des Oyapoc erhalten; diese hatten den Vogel aus einem Nest genommen. Buffon gab in seiner Naturgeschichte der Vögel von 1780 über diesen „Ara vert" folgenden ausführlichen Bericht: Der Vogel verhielt sich vertraut denjenigen Menschen gegenüber, die er häufig sah; er ließ sich von ihnen gerne aufnehmen und liebkosen, schien auch ihre Liebkosungen erwidern zu wollen. Fremde Personen lehnte er ab, vor allem Kinder, die er sogar verfolgte, auf die er sich gar stürzte. Wie alle zahmen Papageien setzte er sich auf den vorgehaltenen Finger. Wenn man ihn sanft kraulte, duckte er sich und streckte die Flügel aus. Dann ließ er einen „unangenehmen" Schrei, ähnlich dem des Eichelhähers, hören, hob die Flügel und richtete sein Gefieder auf. Buffon versuchte bereits, die Lautäußerungen seines Papageis zu deuten. Er meinte, dieser typi-

sche Schrei könnte ebenso Vergnügen wie Überdruß ausdrücken. Andere Male lasse der Vogel einen kurzen, spitzen Schrei hören, der weniger zweideutig sei und Freude oder Zufriedenheit ausdrücke, denn er gebe ihn gewöhnlich von sich, wenn man ihn aufnehme oder wenn er sehe, daß eine Person, die er liebe, zu ihm komme. Indessen drücke er mit demselben Schrei momentane Ungeduld und schlechte Laune aus. Kurz: Es sei kaum möglich, Definitives über die Bedeutung der Lautäußerungen zu sagen, weil diese nachahmungsbegabten Vögel ihre Stimme änderten, sobald sie etwas hörten, was ihnen gefiele und was sie nachahmen könnten. – So war zunächst einmal die Verwirrung groß.

Sein kleiner grüner „Ara" sei eifersüchtig, berichtete Buffon. Er sei es besonders kleinen Kindern gegenüber, mit denen er die Zuneigung und Zuwendung seiner Herrin teilen müsse. Wenn er eines auf ihr sehe, strecke er seine Flügel aus, werde unruhig und gebe schrille, vermehrte Schreie von sich, solange, bis seine Herrin von dem Kind ablasse und ihn wieder auf den Finger nehme. Dann zeige er seine Freude durch ein zufriedenes „Murmeln" und manchmal durch eine Art Gelächter, mit dem er perfekt das tiefe Lachen einer älteren Person imitiere. Buffon konnte ihn nicht mit anderen Papageien zusammensetzen. Ernährt wurde dieser zahme Papagei unter anderem mit Fleisch; am liebsten habe er gekochte Kartoffeln und Nüsse gefressen. Buffon meinte: Diese Art lerne viel leichter zu „sprechen" und könne das Gehörte deutlicher wiedergeben als der rote und der gelb-blaue Arara (Buffon, 1780).

A. Kappler, der viele Jahrzehnte als holländischer Kolonialbeamter in Surinam lebte, behauptete 1887 sogar, der Rotbugara *(Ara severa)* lerne „besser sprechen als jeder Papagei". Mit letzterem meinte er wohl kurzschwänzige Papageien wie Amazonen (Kappler, 1887). Eine Vogelpflegerin teilte Ruß über ihr Pärchen *Diopsittaca nobilis* mit: das Weibchen sei ganz zahm, und das Männchen spreche sehr gut, singe und lache (Ruß 1881; vgl. S. 202f).

Andere Keilschwanzsittiche

Unter den Keilschwanzsittichen gibt es weitere Arten, die gerne als Heimtiere gehalten wurden; bunt sind sie alle, wenn auch nicht alle gleich auffällig gefärbt. Viele gelten als arge Zerstörer und unangenehme Kreischer, obwohl sie an die Lautstärke der Araras kaum heranreichen.

Der **Nandaysittich** (*Nandayus nenday*) war in Südamerika sehr beliebt, obwohl gesagt wurde, er könne nicht sprechen. Burmeister pflegte, als er Mitte des 19. Jahrhunderts in Südamerika lebte, längere Zeit in seinem Zimmer einen Nandaysittich, der sehr zahm war und den er sogar auf langen Spaziergängen auf seiner Schulter herumtragen konnte. Diese Papageienart war in Buenos Aires als Seltenheit geschätzt, die Vögel stammten aber, laut Burmeister, aus Paraguay (Burmeister, 1878).

Dalgleish berichtete gegen Ende des 19. Jahrhunderts, daß der Nandaysittich in Buenos Aires häufig als Käfigvogel gehalten werde, obwohl er in der Gegend nicht vorkomme. Es heiße, er könne nicht sprechen lernen, dennoch sei er sehr beliebt; er werde sehr zahm (Dalgleish, 1888–90).

Als besonders begabter „Sprecher" galt der vorwiegend grün gefärbte **Pavuasittich** (*Psittacara leucophthalma*). Levaillant hatte behauptet, der Pavuasittich sei besonders gelehrig: Er habe in Amsterdam einen gesehen, der das ganze Paternoster auf Holländisch hergesagt habe (Finsch, 1867/68). Nach dem Bericht des Feldornithologen Aplin Ende des 19. Jahrhunderts wurden Pavuasittiche (Aplin/Sclater: *Conurus leucophthalmus*) in Uruguay gelegentlich von Köhlern aus dem Nest genommen, um sie für Zugezogene aufzuziehen. Aplin schrieb, dieser Papagei habe eine recht bedeutende Sprechbegabung und werde wunderbar zahm (Aplin, 1894).

Ein Ladenbesitzer in Argentinien hielt um die Mitte des 19. Jahrhunderts einen **Blutstirnsittich** (Burmeister: *Conurus hilaris*; Wolters: *Psittacara mitrata* subsp.?), den er selbst von Hand aufgezogen hatte und an dem er so sehr hing, daß er sich nicht von ihm

trennen wollte, was der Ornithologe Burmeister sehr bedauerte, weil es ihm nicht gelungen war, von den scheuen wilden Exemplaren ein Exemplar für seine Sammlung zu bekommen (Burmeister, 1878).

Nachahmungsbegabte Papageien Kubas waren nach dem dort lebenden Jean Gundlach außer dem wenig später ausgestorbenen Dreifarben-Arara (*Ara tricolor*) und vor allem der Kubaamazone (*Amazona leucocephala*) auch der **Kubasittich** (Gundlach: *Conurus evops*, Wagl.; Wolters: *Psittacara euops*). Über ihn sagte er, diese Art werde nicht wegen des Fleisches gefangen, sondern weil sie auch noch als Altvogel gezähmt werden könne. Er schrieb: „In der Gefangenschaft lernt sie zuweilen einige Worte, ja selbst kurze Redensarten nachahmen, sich wie tot stellen, Küsse geben und dergleichen, und ist so, da sie außerdem keinen Schaden anrichtet, ein beliebter Vogel" (Gundlach, 1874).

Über einen „sprechenden" Guayaquilsittich (*Psittacara erythrogenys*) berichtete Neunzig (vgl. S. 203).

Zu den farbenprächtigsten südamerikanischen Sittichen zählen die **Sonnensittiche** (*Aratinga solstitialis*), deren Gefieder vorwiegend gelb und orange leuchtet; berüchtigt sind sie für ihr gellendes Geschrei. Schomburgk fand auf seinen Reisen in Britisch-Guayana den Sonnensittich häufig im Pacaraima- und in der Umgebung des Roraima-Gebirges. Er schrieb: „Der Vogel gehört zu den Lieblingen der hier lebenden Indianer, weshalb wir gewöhnlich auch 20 bis 30 Stück in einer Niederlassung gezähmt fanden. Auch im gezähmten Zustande halten sie sich gesellschaftlich beieinander ... Wild ziehen sie unter lautem Geschrei in großen Flügen herum, um hier und da in die Oasen oder isoliert stehenden Bäume einzufallen. Ihr Geschrei ist laut und unangenehm" (Schomburgk, 1848).

Appun stieß wie Schomburgk auf seinen Reisen in Britisch-Guayana (vgl. S. 180) in einer Makuschi-Indianerniederlassung auf gezähmte Sonnensittiche. Er erzählte: „Schon bei meiner Ankunft hatten zwei hinter der

Hütte stehende, mit orangegelben, apfelsinen-ähnlichen Früchten beladene Bäume meine Aufmerksamkeit auf sich gezogen, und nunmehr ... trat ich näher, um mich zu überzeugen, ob es wirklich Orangenbäume seien, die ich bisher noch nie in Indianerniederlassungen angepflanzt gesehen hatte. Wie erstaunte ich, als in der Nähe die orangegelben Früchte sich in Papageien und zwar in die herrlichen Sonnenpapageien (Conurus solstilialis Kuhl.) verwandelten, die von den Indianern der Niederlassung gezähmt gehalten wurden und ihren Aufenthalt auf diesen Bäumen hatten. Selten sitzen diese, durch ihr orangegelbes Gefieder, scharlachrote Stirn und Backen und grüne Flügeldeckfedern ausgezeichneten Papageien, die von den Makuschis ‚Kessi-kessi' genannt werden, ruhig beisammen, sondern zanken und beißen sich fortwährend und leiden es am allerwenigsten, in einem Käfig sich zu befinden, den sie, wenn er nicht in allen seinen Teilen von Blech ist, in kürzester Zeit völlig ruinieren" (Appun, 1871).

Lloyd berichtete Ende des 19. Jahrhunderts aus Britisch-Guayana, daß die Indianer häufig Sonnensittiche zum Verkauf in die Stadt brächten, diese Art scheine aber in Menschenhand nicht zu gedeihen (Lloyd, 1895). Das war freilich ein Irrtum: Schon über 10 Jahre früher war in Frankreich die Erstzucht des Sonnensittichs gelungen (Low, 1983).

Auch der **Jendayasittich** (*Aratinga solstitialis* subsp. *jandaya*) fällt durch seine prächtige gelb-orangerote Gefiederfarbe auf; seine Flügel sind grün mit blauen Schwungfedern. Der englische Zoologe Forbes berichtete nach seinem elfwöchigen Aufenthalt im Jahre 1880 in Nordostbrasilien, daß Jendayasittiche (Forbes: *Conurus jendaya*) häufig in brasilianischen Häusern als zahme Heimtiere gehalten würden (Forbes, 1881).

Sehr beliebte Heimtiere waren in Mittel- und Südamerika die **Braunwangensittiche** *(Eupsittula pertinax).* Im 19. Jahrhundert waren sie auch bei uns wohlbekannt. Bechstein schrieb um 1800 über sie (Ruß: *P. pertinax* und *P. aeruginosus*): „Der illinesische Sittich ist einer der gemeinsten Papageien, den

man bei den Vogelhändlern sehen und kaufen kann ... Im Zimmer hält man gewöhnlich ein Paar in einem großen Vogelbauer von Messing-draht. Sie liebkosen sich beständig und wenn der eine stirbt, so betrübt sich der andre bis zum Tode ... Ihre schöne Farbe, Freundlichkeit, Zutraulichkeit und zärtliches Betragen, welches beide Gatten gegeneinander zeigen, macht sie dem Liebhaber angenehm. Sie lernen wenig oder gar nichts sprechen, lassen aber beständig ein häßliches Lärmen hören ..." (zitiert nach Ruß, 1881). Ruß korrigierte den Eindruck, den Bechstein von dieser Papageienart gab: „Wenn man sich viel mit ihnen beschäftigt, so werden sie, wie das Pärchen der Frau Möser gezeigt, ungemein zutraulich und dreist, erscheinen überaus drollig und lernen auch etwas zu sprechen. Solch' zahmer kleiner Sittich schreit dann fast niemals, fliegt vom Finger aus ins Freie, kehrt auf einen Ruf zurück ..." (Ruß, 1881).

Der Artillerieleutnant Wirt Robinson erfuhr bei seinem Besuch auf der Insel Margarita vor der Küste von Venezuela im Jahre 1895, daß der Braunwangensittich (Robinson & Richmond: *Conurus aeruginosus*, Linnaeus; Wolters: *Eupsittula pertinax* L. subsp. *aeruginosa*) sprechen lernen könne (Robinson & Richmond, 1895). Auch nach den Erfahrungen des Ornithologen Cherrie um die Jahrhundertwende (1900) hielten Eingeborene in der Orinoco-Region sehr oft zahme Braunwangensittiche (Cherrie: *Aratinga chrysophrys*, Swainson) (Cherrie, 1916). Diese Art wurde um die Jahrhundertwende auch auf Curaçao häufig in Käfigen gehalten (Peters, 1892).

Auf der Rückfahrt von ihrer Westindienreise hatten Claudia Hartert und ihr Ehemann u. a. zwei Braunwangensittiche von Curaçao auf dem Dampfer dabei; sie erzählte: „Die kleinen Keilschwanzpapageien trugen durch ihr drolliges Gebaren und lustiges Gekreisch viel zur Erheiterung aller Passagiere bei. Sie haben sich als ungemein gelehrig erwiesen, sprechen schon sechs Worte ganz deutlich und werden noch mehr lernen – auch Geräusche ahmen sie gut nach, z. B. Lachen, Schnalzen und Knarren. Die kleinen, niedlichen Vögel zeigen täglich neue, komische Eigenschaften und machen uns unendlichen Spaß mit ihrem Geschwätz und Hin- und Herklettern" (Hartert, 1893).

Andere *Eupsittula*-Arten waren ebenfalls beliebt. Jouy, der 1891/92 zwölf Monate lang durch Zentralmexiko reiste, um Vögel zu beobachten, schrieb, die **Elfenbeinsittiche** (Jouy: *Conurus petzii*, Wagl.; Wolters: *Eupsittula canicularis*) seien für die Einheimischen Mexikos vertraute Heimtiere. Sie seien leicht zu zähmen, lernten bald ihren Besitzer kennen und ein paar Worte zu sprechen (Jouy, 1893). Der Ornithologe van Rossem stellte 1938 fest, daß der Elfenbeinsittich in El Salvador, obwohl er als Käfigvogel in besonderem Maße begehrt sei, nach wie vor häufig vorkomme und in seinem Bestand nicht gefährdet sei. Beliebt sei er wegen seiner prächtigen Gefiederfarben und, einmal gezähmt, wegen seines ruhigen Wesens (Dickey/v. Rossem 1938).

Zwischen den Jahren 1945 und 1949 beobachtete Dalquest in Veracruz, Mexiko, daß auf den Märkten oft junge **Aztekensittiche** (Lowery & Dalquest: *Aratinga astec astec*, Souancé; Wolters: *Eupsittula nana*) zum Verkauf angeboten wurden (Lowery & Dalquest, 1951). Über einen „sprechenden" Goldstirnsittich *(Eupsittula aurea)* berichtete Ruß (vgl. S. 226).

Bedingt durch das regionale Vorkommen der Papageienarten, nahmen die Indianer auch Jungvögel solcher Arten für die Heimtierhaltung aus dem Nest, die bei uns als zahme Papageien weniger bekannt sind: so z. B. in Balta, Peru den **Weddellsittich** *(Eupsittula weddellii)* und den **Schwarzkappensittich** *(Pyrrhura rupicola)* (O'Neill, 1974).

Die Indianer am oberen Ireng, in einer abgelegenen Gegend, hielten nach Quelch auch **Rotzügelsittiche** *(Pyrrhura picta)* und **Feuerbugsittiche** *(Pyrrhura egregia)* (Chubb, 1916).

Der **Braunohrsittich** *(Pyrrhura frontalis)* zählt zu den bekanntesten *Pyrrhura*-Arten; seine Stimme ist weniger gefürchtet als die der meisten Keilschwanzsittiche. Dalgleish berichtete gegen Ende des 19. Jahrhunderts,

54

Mönchsittich-Paar *(Myiopsitta monachus)* in Voliere mit Nest. Aus Brehms Tierleben, 2. Auflage, 1878.

der Braunohrsittich (Dalgleish: *Conurus vittatus*, Shaw) könne ein ausgezeichneter Sprecher werden und werde deshalb in Paraguay oft gezähmt gehalten (Dalgleish, 1880–90).

Felsensittich und Mönchsittich

Die beiden Keilschwanzsittich-Arten (und Gattungen) Felsensittich *(Cyanoliseus)* und Mönchsittich *(Myiopsitta)* haben etwas gemeinsam: Die Berichte über ihre Eignung als Heimtiere sind besonders widersprüchlich.

Der Naturforscher Eduard Poeppig, der sich im Jahre 1828 in Chile aufhielt, schrieb über den Felsensittich (Poeppig: *P. cyanolyscos*. Mol.; Wolters: *Cyanoliseus patagonus*): „So bunt dieser Vogel auch ist, so ist seine Färbung doch nicht schön, und die Fähigkeit, die Laute der menschlichen Stimme nachzuahmen, teilt er nicht mit seinen Verwandten" (Poeppig, 1960).

Hudson sah in La Plata (Argentinien) nur wenige zahme Felsensittiche (Hudson: *Conurus patagonus*). Die Einheimischen behaupteten ihm gegenüber, diese Papageien könnten niemals sprechen lernen. Vor der Mitte des 19. Jahrhunderts kamen diese Papageien bei Buenos Aires zu gewissen Jahreszeiten in riesigen Schwärmen vor. Sie nahmen stetig ab. Hudson sah sie noch bei Buenos Aires, als er ein Kind war. Um 1900 gab es sie dort nicht mehr (Hudson, 1923a).

Nach Johnson, dem Chile-Ornithologen, können junge Felsensittiche aus Chile leicht gezähmt werden, und man kann ihnen bald beibringen, einige Worte oder Redensarten zu wiederholen. Er schrieb, sie neigten dazu, bestimmten Personen gegenüber sehr anhänglich zu sein und andere Personen heftig abzulehnen (Johnson, 1967).

Beide Gattungen gelten als Ernteschädlinge. Besonders laut sind sie überdies. Auch die Gefiederfärbung des Mönchsittichs (Myiopsitta monachus) findet nicht unbedingt Anklang: sie ist überwiegend grau und grün. Bekannt ist der Mönchsittich vor allem deshalb, weil er, im Gegensatz zu den anderen Papageienarten, Nester baut.

Bei Finsch kann man noch lesen, vom Mönchsittich sei mit Bestimmtheit nachgewiesen, daß er nicht sprechen lernte (Finsch, 1867/68). Friedmann sah während seiner ornithologischen Reisen 1923/24 in Argentinien auf einer „Estancia" zwei zahme Mönchsittiche, die auf jedem herumkletterten und sehr zahm und anhänglich waren. Aber sie lernten niemals zu „sprechen" oder wenigstens ihre natürlichen Laute abzuändern (Friedmann, 1927).

Aus Südamerika kamen aber auch andere Stimmen: Gibson berichtete 1880 aus der Umgebung von Buenos Aires, daß jungen Mönchsittichen manchmal das „Sprechen" beigebracht würde; freilich sei ihre Artikulation gewöhnlich undeutlich. Sie könnten sehr getreu die Rufe von Hühnervögeln nachahmen (Gibson, 1880). Dalgleish teilte gegen Ende des 19. Jahrhunderts aus Uruguay mit, der laute Mönchsittich werde in Menschenhand ganz zahm und könne sogar „sprechen" lernen, wofür er ein Beispiel gab (vgl. S. 150) (Dalgleish, 1880–81).

In seinem Bericht über die Vögel des Unteren Uruguay schrieb der Biologe Barrows, der ab 1879 in der Region von Concepcion del Uruguay Exkursionen unternahm: Junge Mönchsittiche, die dort häufig zu finden waren, seien leicht zu zähmen, und man könne ihnen ein paar einfache Worte beibringen (Barrows, 1883). Nach Aplin wurden in Uruguay außer dem Pavuasittich die „Cotorrita", der Mönchsittich, oft in Käfigen gehalten; seine Sprechbegabung sei aber, so meinte Aplin, sehr gering (Aplin, 1894).

Wie der Felsensittich war um 1900 auch der Mönchsittich, laut Hudson, in Buenos Aires viel seltener als früher. Dieser lebhafte, stimmfreudige, sehr gesellig lebende Papagei wurde von den Einheimischen dort immer noch gerne als zahmes Heimtier gehalten. Als Jungvogel ließ er sich, nach Hudson, leicht zähmen, und man konnte ihm ein paar einfache Worte beibringen. Hudson meinte: Obwohl diese Papageienart nicht so deutlich sprechen lerne wie einige der größeren Arten, so komme man, wenn man sein Verhalten beobachte, unweigerlich zu der Überzeugung, daß er etwas von ihrer „Intelligenz" habe (Hudson, 1923a).

Nach den Mitteilungen von Eisentraut wurden im Gebiet des südbolivianischen Chaco häufig junge Mönchsittiche aufgezogen, obwohl sie weniger beliebt waren als die Amazonenpapageien, z. B. Amazona aestiva (Eisentraut, 1935).

Der Mönchsittich gewann gelegentlich auch in Europa Freunde, nicht nur als Zuchtvogel, sondern auch als Heimtier. Der Papageienliebhaber Dr. Willink aus Utrecht sah 1875 in einer Vogelhandlung in Nizza einen sprechenden Mönchsittich, den niemand haben wollte, weil er „nach jedem Fremden fürchterlich biß". Fast täglich besuchte er ihn, und nach und nach wurde der Vogel ihm gegenüber zutraulicher. Also kaufte er ihn trotz des hohen Preises. Er erzählte: „Nun besitze ich ihn schon beinahe ein Jahr und bedaure nicht, ihn für den erwähnten hohen Preis gekauft zu haben. Gegen Fremde ist er noch immer sehr unfreundlich, aber gegen mich ist er ungemein

55

liebenswürdig und darf als ein Schmuck meiner Sammlung gelten. Ich glaube, daß er als eine ornithologische Kuriosität betrachtet werden muß, denn ein Sittich von dieser Art, so zahm und sprechend, dürfte bis jetzt noch nicht vorhanden gewesen sein ... Er hustet, lacht und ist so zahm, daß er auf meinen Finger kommt und mich dann küßt" (zitiert nach Ruß, 1881). Willink irrte: Kenner in Südamerika wußten das längst.

Schmalschnabelsittiche *(Brotogeris)*

Schmalschnabelsittiche sind kleine, hauptsächlich grüne Papageien mit kurzem oder längerem Schwanz und relativ lauter, greller Stimme. Prinz von Wied erzählte 1832 nach seinen Reisen in Brasilien über den **Tirica**-Schmalschnabelsittich (Wied: *P. viridissimus*, Temn.; Wolters: *Brotogeris tirica*): „Dieses niedliche Papageichen ist in den Waldungen der von mir bereisten Gegenden eine der gemeinsten Arten, deren zahlreiche Gesellschaften pfeilschnell in den Bäumen umherziehen, und besonders hell und laut dazu schreien. Ich fand sie in der Gegend von Rio de Janeiro überall, wo große Waldungen sich ausdehnen ... Sie fügen den Reis- und Maispflanzungen bedeutenden Schaden zu. Man fängt sie häufig mit Leimruten, indem man dabei Lockvögel auf eine Stange setzt. Ihr Lockton ist eine helle kurze Stimme. – Man hält sie sehr häufig in den Wohnungen, da sie von sehr sanftem Naturell sind und äußerst zahm werden; sprechen lernen sie nicht. Die Brasilianer setzen sie gewöhnlich auf einen Stock, welchen sie an der äußersten Seite ihrer Wohnungen anbringen, indem sie das Ende desselben in die Lettenwand einstecken." Die Brasilianer nannten ihn in manchen Gegenden Pericito verdadeiro, den wahren Sittich (Wied, 1832).

A. von Frantzius berichtete i. J. 1869 aus Costa Rica, der **Tovisittich** (Ruß: *Psittacus tovi*; Wolters: *Brotogeris jugularis*) lasse sich leicht zähmen und lerne auch ein wenig sprechen (Ruß, 1881). Der Ornithologe Goodfellow sah in einem indianischen Dorf am Fuße der östlichen Anden im Jahre 1899 junge Tovisittiche (Goodfellow, 1901). In Panama stellte der Ornithologe Wetmore fest, daß der Tovisittich in der ganzen Republik ein vertrautes Heimtier sei (Wetmore, 1957).

Der Hofschauspieler Engelhardt aus Hannover berichtete über einen **Weißflügelsittich** (Neunzig: *Brotogeris virescens*, Gm.; Wolters: *Brotogeris versicolura*), den er im Jahre 1910 erhalten hatte: „Er wurde schon nach einigen Tagen ganz zahm und verbrachte fast den ganzen Tag auf meiner Schulter und der meiner Frau. Der kleine Sittich lernte sehr schnell das Wort ‚Papa' sprechen und lachen, schlief nach Tisch regelmäßig bei mir auf meinem Halse sitzend und war entzückend zahm und anhänglich. Er flog prächtig, ja sogar so gut, daß er dreimal zum Fenster hinausflog, aber jedesmal auf meinen lauten Ruf ‚Coco' ins Zimmer zurückkehrte" (Neunzig, 1921).

Von einem jungen **Feuerflügelsittich** (*Brotogeris pyrrhoptera*, Wolters) berichtete H. H. Glaessel: „Am zweiten Tage nach seiner Ankunft ging ‚Peter' schon auf meine Hand ..., kletterte an meinem Arm auf die Schulter ... Zu meiner Freude begann er nach kurzer Zeit zu sprechen, ohne daß ich ihm Sprechunterricht gegeben habe. Er nimmt alles auf und hat jetzt ein ganz nettes Repertoire beisammen, das er meistens beim Mittagessen aufsagt. Er spricht etwas heiser und nicht ganz so deutlich wie ein Graupapagei oder eine Gelbkopfamazone, aber es ist gut zu verstehen ..." (Glaessel, 1969).

Offenbar hatte er schon beim Zoohändler, wo er gekauft worden war, „verschiedene Sätze und Worte aufgeschnappt", wie Glaessel schreibt: „So sagte er gleich zu Anfange unserer Bekanntschaft öfters: ‚Ist eine Kleinigkeit, gnädige Frau'" (Glaessel, 1971).

In Balta, Peru, nahmen die Indianer auch junge **Tui-Sittiche** Brotogeris sanctithomae) aus dem Nest, um sie als zahme Vögel zu halten (O'Neill, 1974).

Den Hinweis, die griechische Wortbildung „Brotogeris" bedeute „mit menschlicher Stimme begabt", brachte schon Ruß mit Skepsis und Einschränkungen (Ruß, 1881).

Amazona amazonica mit gebreiteten Flügeln und gespreiztem Schwanz, hinten Artgenossen. Aus Brehms Tierleben, 1. Auflage, 1866.

Amazonen

Bei den Amazonen sind die besten „Sprecher" unter den größeren Arten zu finden. Amazonen sind stämmige, kurzschwänzige Papageien mit kräftigem Schnabel. Als Gefiederfarbe dominiert, von wenigen Ausnahmen (z. B. Königsamazone) abgesehen, Grün. Ihre Populär-Namen weisen häufig auf artspezifische Besonderheiten oder auf ihre geographische Herkunft.

Der Feldornithologe Underwood gewann bei seinem Aufenthalt in Costa Rica im Jahre 1895 den Eindruck, daß die dortige Gelbscheitelamazone (Underwood: *Chrysotis auropalliata*, Less; Wolters: *Amazona ochrocephala* subsp. *auropalliata*) der bei weitem begabteste „Sprecher" sei; ihr könne das Sprechen am leichtesten beigebracht werden. Freilich kamen ansonsten in der von ihm besuchten Gegend als bekannte begabtere „Sprecher" nur *Ara macao* und die Weißstirnamazone (*Amazona albifrons*) vor, außer den Sittichen Tovisittich (Underwood: *Brotogerys tovi*, Gm.; Wolters: *Brotogeris jugularis*) und Elfenbeinsittich (Underwood: *Conurus canicularis*, Linn.; Wolters: *Eupsittula canicularis*). Die „Sprecher", so berichtete er, würden von den Einheimischen in Costa Rica genauso als Heimtiere geschätzt wie von den Europäern (Underwood, 1896).

C. A. Lloyd berichtete 1895 aus Britisch-Guayana: Von den im Lande – in unterschiedlicher Häufigkeit – vorkommenden Amazonen Venezuelaamazone (*Amazona amazonica*), Mülleramazone (*Amazona farinosa*), Gelbscheitelamazone (*Amazona ochrocephala*), Goldmaskenamazone (*Amazona dufresniana*) und Blaubartamazone (Lloyd: *Chrysotis bodini*; Wolters: *Amazona festiva* subsp. *bodini*) gelte die Gelbscheitelamazone, die „echte, eigentliche Amazone" als bester „Sprecher". Auch dem „Screecher", der Venezuelaamazone, könne man das „Sprechen" beibringen, und manch einer übertreffe gelegentlich sogar die Gelbscheitelamazone. Von der Goldmaskenamazone dagegen heiße es, sie lerne niemals „sprechen". Lloyd wies darauf hin, daß der beste „Sprecher", die Gelbscheitelamazone, im Gegensatz zur Venezuelaamazone, nicht an die Küste komme und nur im abgelegenen Landesinneren gefunden werde (Lloyd, 1895).

Später ging der Name „Screecher" (Schreier, Kreischer) auf alle Amazonenarten, die in Britisch-Guayana vorkamen, über (Chubb, 1921).

Wetmore nannte unter den Papageien, die in Panama häufig als Heimtiere gehalten würden, die Rotstirnamazone Panamas (Wetmore: *Amazona autumnalis salvini*, Salvadori; Wolters: *Amazona autumnalis* subsp. *salvini*), die Gelbscheitelamazone Panamas (Wetmore: *Amazona ochrocephala panamensis*, Cabanis; Wolters: *Amazona ochrocephala*) und die Mülleramazone (*Amazona farinosa*). Über die Rotstirnamazone und die Mülleramazone sagte er, in den Städten würden sie gewöhnlich in Käfigen, dagegen in den indianischen Siedlungen mehr oder weniger frei gehalten (Wetmore, 1968).

57

Der Ornithologe Salvin berichtete 1860 aus Guatemala, daß dort häufig **Rotstirnamazonen** *(Amazona autumnalis)* in Käfigen gehalten würden (Salvin/Sclater, 1860).

Besonders beliebt war auch bei den Einheimischen Brasiliens die Haltung der **Mülleramazone** (Wied: *P. pulverulentus*, Linn., Gmel.; Wolters: *Amazona farinosa*). Von diesem größten Vogel unter den Kurzschwanz-Papageien Brasiliens sagte Wied, er habe eine hellere Stimme als die anderen. Er berichtete: „Wir haben beinahe in allen Wohnungen am Flusse Iiquiricá solche Papageien gefunden" (Wied, 1832). Nach Nutting war die Mülleramazone (Nutting/Ridgway: *Chrysotis guatemalae* Scl.; Wolters: *Amazona farinosa* subsp. *guatemalae*) in Nicaragua sehr beliebt, weil sie als guter „Sprecher" galt. Sie wurde in den Hütten der Eingeborenen häufig zahm gehalten (Nutting, 1884).

Wetmore hob bei der **Gelbscheitelamazone** Panamas hervor, daß sie besonders wegen ihrer Fähigkeit, die menschliche Stimme und andere Laute nachzuahmen, gerühmt werde (Wetmore, 1968). Der Naturforscher C. Moritz berichtete im Jahre 1836 aus Puerto-Cabello, Venezuela, über die Surinam-Amazone (Moritz: *Psittacus ochrocephalus* L.; Wolters: *Amazona ochrocephala* subsp. *ochrocephala*), sie sei unter den dortigen Papageien „derjenige, den man am besten und meisten sprechen lehrt". Wenn sie jung aufgezogen werde, gewöhne sie sich wie das Hausgeflügel ein (Moritz, 1837). Um die Jahrhundertwende machte der Ornithologe Cherrie wiederum die Erfahrung, daß die Gelbscheitelamazone am begehrtesten war: In den ländlichen Bezirken der Orinoco-Region habe es kaum ein Haus gegeben, in dem nicht mindestens ein Exemplar dieser Art gehalten worden sei (Cherrie, 1916). Auch Schomburgk erlebte gegen Mitte des 19. Jahrhunderts in Britisch-Guayana besonders Gelbscheitelamazonen als nachahmungsbegabte Papageien; er schrieb über sie: „Sie lernen bald alle Stimmen ihrer Umgebung nachahmen, das Krähen der Hähne, Bellen der Hunde, das Weinen der Kinder, das Lachen usw. Aber in dieser Nachahmungskunst und Gelehrigkeit besitzt selbst der eine Vogel mehr Talent als der andere; manche wollen durchaus nichts lernen" (Schomburgk, 1848).

John J. Quelch, Teilnehmer der McConnell-Expedition zum Roraima (Britisch-Guayana) des Jahres 1898 erzählte, daß die Gelbscheitelamazone als bester „Sprecher" der in Britisch-Guayana vorkommenden Amazonen galt, und für „begabter" als die häufigere Venezuela-amazone gehalten wurde, sofern sie als Jungvogel aus dem Nest genommen war, weshalb sie in der Volkssprache **die** „Amazone" genannt wurde. In den Indianersiedlungen des Landesinneren war sie der am häufigsten gehaltene zahme Vogel (Chubb, 1921). Ähnlich behaupteten einheimische Jäger auf Trinidad um ca. 1930, die Gelbscheitelamazone gebe einen besseren „Sprecher" ab als die Venezuelaamazone (Belcher/Smooker, 1936).

A. v. Frantzius kannte im 19. Jahrhundert in Costa Rica sehr gut die dortige Gelbscheitelamazone (Ruß: *Psittacus auripalliatus*; Wolters: *Amazona ochrocephala* subsp. *auropalliata*). Er schrieb über den Vogel: „Er ist dort die bekannteste Papageienart, denn man sieht ihn in gezähmtem Zustande bei Reichen und Armen. Seiner großen Fertigkeit wegen, mit welcher er die ihm vorgesagten Worte nachsprechen lernt, ist er allgemein beliebt und unter dem Namen ‚Lora' bekannt" (zitiert nach Ruß, 1881). Auch später noch wurden Gelbscheitelamazonen Costa Ricas, wie Sassi nach seiner Expedition mitteilte, von den Einheimischen des Landes gerne gezähmt. Sassi traf i. J. 1930 am Ortsrand von Bebedero auf einem Zitronenbaum eine solche Amazone an, die sich dort ganz frei herumtrieb, und ihnen „durch ihr lebhaftes Geplauder verriet, daß sie kein Wildvogel war" (Sassi, 1938).

Van Rossem berichtete 1938, daß in El Salvador die Gelbscheitelamazonen (Dickey & van Rossem: *Amazona auropalliata*, Lesson; Wolters: *Amazona ochrocephala* subsp. *auropalliata*), sie werden Gelbnackenamazonen genannt, in großer Zahl als Jungvögel gefangen wurden, sowohl für die einheimische Käfighaltung, als auch für den Export, weil sie als ausgezeichnete Sprecher galten (Dickey/van Rossem, 1938).

Sehr geschätzt bei den Indianern des Barima-Flusses, an der Grenze von Britisch-Guayana und Venezuela, war, laut Sclater (1887), die Bodini-Amazone (Sclater: *Chrysotis bodoni*; Wolters: *Amazona festiva subsp. bodini*), weil sie ein sehr guter Sprecher werden könne.

Über die Amazone Kurika (Wied: *P. aestivus* Linn., Gm. Lath.; Wolters: *Amazona amazonica*), später auch **Venezuelaamazone** genannt, sagte Prinz von Wied 1832: „Jung aufgezogen wird die Kuricke außerordentlich zahm und lernt deutlich reden, daher findet man sie in Brasilien häufig in den Wohnungen gezähmt." Er sah sie in den von ihm bereisten Gegenden der brasilianischen Ostküste sehr häufig und schrieb: „Schon zu Cabo Frio und in den Umgebungen von Rio de Janeiro, da wo große Waldungen sind, trifft man diese Papageien in Menge an . . ." (Wied, 1832). Diese Waldungen gibt es längst nicht mehr.

Schomburgk berichtete aus Britisch-Guayana, man finde dort die Venezuelaamazone (Schomburgk: *Psittacus aestivus* Lin.) ebenso oft gezähmt wie die Mülleramazone (Schomburgk: *Psittacus pulverulentus*; Wolters: *Amazona farinosa*) und die Gelbscheitelamazone (*Amazona ochrocephala*) (Schomburgk, 1848).

Die Kurika wurde immer wieder mit der **Blaustirnamazone** (*Amazona aestiva*) verwechselt. Auch von ihr sagt Prinz von Wied (Wied: *P. amazonicus*, Lath.), sie lerne sehr gut sprechen, und sogar in Bahia werde für einen sprechenden Vogel dieser Art ein sehr hoher Preis bezahlt (Wied, 1832).

Der englische Zoologe Forbes teilte 1881 aus Nordostbrasilien mit, fast jede Hütte auf dem Lande habe ihren „Papagaio", ihre Blaustirnamazone (Forbes, 1881). Reiser berichtete nach seiner Forschungsreise in Nordostbrasilien, die er im Jahre 1903 unternommen hatte, über die Blaustirnamazone, von ihm „Blaustirnpapagei" genannt: „Wohl drei Viertel derjenigen Papageien, welche in Nordostbrasilien gefangen und gezähmt werden, gehören zu dieser Art . . . Für die Bewohner von Nordost-

brasilien ist er zu einer Art Haustier geworden, und so manche Facendabesitzerin ist gewöhnt, ihr Tagewerk nur mit dem ‚Papagaio' auf der Achsel zu verrichten" (Reiser, 1926).

Die Blaustirnamazone wurde in Brasilien von den Einheimischen besonders oft frei ums Haus herum gehalten, was manche Ornithologen (Naumburg, 1930: über die Unterart *xanthopteryx*) als Haltung in „halbwildem" Zustand verstanden und wohl mißverstanden.

Der in den 50er Jahren in Paraguay tätige Sammler J. Unger berichtete über die dort vorkommende Blaustirnamazone: „Dies ist der einzige Papagei, der dem Landmann keinen Schaden zufügt. Er lebt von den Früchten des Waldes . . . Man hält ihn gern auf den Bauernhöfen, da er außerordentlich klug ist, sprechen und Lieder singen lernt . . ." (zitiert nach Steinbacher, 1962). Stager bezeichnete die Blaustirnamazone in Goyaz (Brasilien) als den üblichen Käfigvogel der „Caboclos" (Halbblutindianer, Landarbeiter); jede Familie scheine wenigstens einen solchen Vogel zu besitzen (Stager, 1961).

Schomburgk sah die **Blaubartamazone** (*Amazona festiva*) häufig gezähmt bei den Brasilianern am Rio Branco. Er schreibt: „Es ist ohne Zweifel die gelehrigste, unter den in Südamerika vorkommenden Species. Ich habe Exemplare gesehen, die lange Melodien pfiffen und ganz vorzüglich sprachen. Selbst die Indianer schätzen sie bedeutend höher als die übrigen Arten, und fordern daher auch einen viel bedeutenderen Preis, als für die übrigen" (Schomburgk, 1848). Ruß meinte, es sei ihm unerklärlich, wie Burmeister und auch Brehm die Blaubartamazone zu den sprechbegabtesten Vögeln zählen könne. Die Erfahrung, sowohl bei den Liebhabern als auch bei den Händlern, habe gezeigt, daß sie den Gelbscheitelamazonen und der Mülleramazone nicht gleichzustellen sei. Am ehesten lasse sie sich mit der Blaustirnamazone vergleichen (Ruß, 1881).

Es kam vor, daß ein Vogelsammler darauf verzichtete, Exemplare einer bestimmten Art zu schießen, wenn er Gelegenheit hatte, solche Vögel lebend aus nächster Nähe zu betrach-

59

ten. Taylor, der im Winter 1857/58 quer durch Honduras eine vogelkundliche Reise unternahm, bemühte sich gar nicht, eine Amazonenart, wahrscheinlich die **Kleine Gelbkopfamazone** *(Amazona barbadensis)*, die am See von Yojoa in großen Flügen vorkam, zu schießen, weil er viele Exemplare in gezähmtem Zustand in der Stadt sah (Taylor, 1860).

Aus Mittelamerika berichteten Salvin & Godman Ende des 19. Jahrhunderts, die **Blaukappenamazone** *(Amazona finschi)* könne pfeifen und einige Worte sehr deutlich sprechen lernen, wenn sie noch nicht befiedert aus dem Nest zur Aufzucht herausgenommen worden sei (Salvin/Godman, 1897).

Über die **Goldmaskenamazone** *(Amazona dufresniana)* sagte Prinz von Wied 1832: „Keine Art der brasilianischen Papageien ist schon von Ferne so kenntlich als diese; denn die Stimme ist ganz ausgezeichnet und klingt deutlich wie: noat! noat! daher haben die Botocuden diese ihre Benennung sehr wohl gewählt ... Man nimmt diesen Papagei aus dem Neste und zieht ihn auf, er wird sehr zahm und lernt gut sprechen" (Wied, 1832). Schomburgk schrieb über die Goldmaskenamazone Britisch-Guayanas: „In der Niederlassung bemerkte ich nur immer vereinzelte, zahme Exemplare. Die Indianer behaupten, daß sie schwerer als die übrigen Arten sprechen lernen, daher ziehen sie sie auch nicht so häufig auf" (Schomburgk, 1848).

Die **Weißstirnamazone** *(Amazona albifrons)* hat eine sehr auffallende Kopfzeichnung und wurde früher deshalb auch „Brillenamazone" genannt. Sie zählt zu den kleinen Amazonen. Der zoologische Sammler G. F. Gaumer bereiste zwischen 1878 und 1881 Yucatan und erzählte, die Weißstirnamazone sei dort in fast jedem Haus gezähmt anzutreffen und lerne ganz „bereitwillig sprechen" (Boucard, 1883). Nutting teilte 1883 aus seinen Erfahrungen in Nicaragua mit, daß die Weißstirnamazone neben der Mülleramazone bei den Einheimischen wegen ihres schönen Gefieders sehr begehrt war (Nutting, 1884). Auch in Mexiko wurde die Weißstirnamazone oft als Heimtier gehalten und trainiert, um ihr das „Sprechen" beizubringen (Blake, 1965). Die Insel-Amazonen sind in der Geschichte der vorrückenden Zivilisation schon immer besonders gefährdet gewesen.

Moritz berichtete aus der 1. Hälfte des 19. Jahrhunderts, daß auf der Insel Puerto Rico die **Puertoricoamazone** (Moritz: *Psittacus festivus?*; Wolters: *Amazona vittata*) als Heimtier beliebt war. Er schrieb über diesen Papagei: „Jung aufgezogen, besonders im Schoß der Frauen gepflegt und schmeichelnd unterrichtet, gewöhnt er sich, alle Töne von Menschen und Tieren täuschend nachzuahmen." Aber er sagte auch weniger Freundliches: „Wild verwüstet er in großen Scharen die Maisfelder, die zum Teil durch Wächter geschützt werden müssen" (Moritz, 1836). Diese Amazonenart ist heute in ihrem Bestand äußerst bedroht.

Eine Frau verteidigt das Maisfeld durch Trommeln gegen plündernde Tiere, darunter Papageien. Aus Urton, 1985.

Ein beliebtes Heimtier war auch immer die **Kubaamazone** *(Amazona leucocephala)*. Gundlach, der erfahrene Kenner der kubanischen Vogelwelt, war natürlich auch mit der einheimischen Papageienhaltung gut vertraut. Über die Kubaamazone sagte er: „Sie wird sehr zahm und zutraulich, läßt sich den Kopf kratzen, wobei sie die Federn, wohl aus Behagen, sträubt, gibt auf Befehl den Fuß und lernt überhaupt viel. Sonderbar ist es, daß sie im zahmen Zustande weniger ihr eigenes Geschrei hören läßt, sondern vielmehr die einmal erlernten Worte und Redensarten" (Gundlach, 1874).

Nach Danforth, einem Ornithologen, der sich im Jahre 1926 in Jamaica aufhielt, nahmen Schwarze häufig **Jamaicaamazonen** *(Amazona collaria)* aus den Nestern, um sie aufzuziehen und als Käfigvögel zu verkaufen (Danforth, 1928).

Ausgerechnet von einer Amazonenart, die am seltensten zu sehen ist, handelt ein besonders hübscher Bericht eines „sprechenden" Exemplars: der **Königsamazone** *(Amazona guildingii)*. Diese besonders große Amazone der Antillen-Insel St. Vincent hat ein sehr buntes Gefieder in den Farben orange, grün, golden, braun und blau.

In der Neuen Welt gab es gelegentlich verblüffende Begegnungen mit „sprechenden" Papageien. Eine solche Geschichte spielte sich zu Beginn des 19. Jahrhunderts auf der Antillen-Insel St. Vincent ab. Ein Gentleman aus England reiste dorthin, um den Landbesitz aufzusuchen, den er geerbt hatte, und so besuchte er auch einen Freund, der eine Plantage im Inneren der Insel besaß. Als er ankam, war sein Freund nicht da, und er wurde ins Haus in einen kühlen Raum geführt, wo er, müde vom langen Ritt in der Sonne, bald im Sessel einschlief. Es dauerte nicht lange, da weckte ihn ein lauter Lärm, und er glaubte, draußen vor den Fensterjalousien eingeborene Frauen Wäsche schrubben zu hören; sie schienen sich über ihre Tätigkeit zu streiten. Wohl sagte er sich, die armen Frauen könnten ja nichts von seiner Anwesenheit drinnen wissen, dennoch war es eine Tortur für ihn, diese Fluten äußerst gemeiner Reden, die sie voreinander ausschütteten, mitanhören zu müssen. Als sein Freund ankam, sagte er ihm, er könne es nicht verstehen, daß er diese gräßlichen Waschweiber direkt vor dem Fenster dulde. Sein Gastgeber lachte und klärte ihn auf, daß draußen auf der schattigen Veranda nur eine Königsamazone auf ihrer Stange sitze. Sie sei ein besonders sprechbegabter Vogel, das hätten einige Eingeborene ausgenutzt, um ihr eine Menge Schimpfwörter beizubringen. Hudson fand diese Geschichte bemerkenswert und durchaus glaubwürdig (Hudson, 1923b).

Weitere mittel- und südamerikanische Papageienarten

Appun traf auf seinen Wanderungen Mitte des 19. Jahrhunderts in Britisch-Guayana in einer Accawai-Niederlassung drei gezähmte Papageienarten, die dort bis in die Nähe des Roraima in den Wäldern vorkamen. Der seltenere war der Fächerpapagei „Hia-Hia" *(Deroptyus accipitrinus)*. Über ihn schrieb Appun: „Er wird ungemein zahm und sieht allerliebst aus, wenn im Zorne die langen Halsfedern sich sträuben und, gleich einem Kragen, im Halbkreise um den Kopf emporstehen; seine Stimme ist feiner und weniger durchdringend als die anderer Papageien, überhaupt ist er delikaterer Natur." Über den Scharlachkopfpapagei *(Pionopsitta pileata)* sagte Appun, er werde „leicht gefangen und überaus schnell zahm". Den Veilchenpapagei (Appun: *Psittacus purpuratus* Gmel.; Wolters: *Pionus fuscus*) traf er als dritte zahme Art und **nur** in dieser Gegend, nirgends sonst in Britisch-Guayana, an (Appun, 1871).

Die „rotköpfige Maitakka" *(Pionopsitta pileata)*, später auch **Scharlachkopf** genannt, wurde, als Wied im frühen 19. Jahrhundert das östliche Brasilien bereiste, von den dortigen Einheimischen gerne gehalten und kam in den großen Urwäldern noch häufig vor. Wied berichtete: „Man hält sie häufig in den Wohnungen, allein sie lernen nicht sprechen, sind also bloß wegen ihrer Schönheit zu empfehlen.

61

Ihre Stimme ist hell und durchdringend" (Wied, 1832).

Über den **Veilchenpapagei** (Kappler: *Pionias violaceus* Gm.; Wolters: *Pionus fuscus*), den Appun erwähnte, sagte Kappler 1887, aus der Sicht seiner langjährigen Erfahrungen in Surinam, dieser Papagei werde sehr zahm und lerne auch etwas sprechen (Kappler, 1887).

Die bekannteste *Pionus*-Art ist der **Schwarzohrpapagei** *(Pionus menstruus)*, ein mittelgroßer (28 cm) grüner kurzschwänziger Papagei mit blauem Kopf und schwarzen Ohrflecken. Der Schwarzohrpapagei war zu Anfang des 19. Jahrhunderts in Europa ein wohlbekannter Vogel. Nach Wied war die „gemeine Maitakka", wie der Schwarzohrpapagei nach dem brasilianischen Namen genannt wurde, in allen ornithologischen Kabinetten (Sammlungen) und herumziehenden Menagerien zu bewundern. Wied schreibt: „Er ist ein schöner Vogel, der sich leicht zähmen läßt, und alsdann einzelne Worte aussprechen lernt, ob er gleich weit weniger gelehrig ist, als andere Papageien" (Wied, 1832).

Schomburgk sagte über die Schwarzohrpapageien Britisch-Guayanas: „Sie lassen sich sehr leicht zähmen, und gehören zu den gewöhnlichsten Haustieren der Indianer, lernen aber nicht leicht sprechen" (Schomburgk, 1848). Als der Botaniker H. H. Rusby in den Jahren 1885 und 1886 quer durch Bolivien reiste, wurde ihm gesagt, die Schwarzohrpapageien seien „beste Sprecher" (Allen, 1889).

In Europa waren die Schwarzohrpapageien nicht immer beliebt. Ruß zitierte Fiedler, der sagte: „Ich habe mehrmals einzelne besessen, konnte mich aber nicht mit ihnen befreunden, da sie fast den ganzen Tag ein häßliches Geschrei ertönen ließen." Dagegen habe er bei „Frau Proschek in Wien" ein „überaus liebenswürdiges Pärchen" gesehen, von denen der eine angeblich sprechen konnte (Ruß, 1881).

Der **Fächerpapagei** *(Deroptyus accipitrinus)*, die einzige Art seiner Gattung, ist eine besonders auffallende Erscheinung. Er hat die Größe mittelgroßer Amazonen (31 cm). Die Federn des Kragens, den er aufrichten kann, sowie von Brust und Bauch sind rot, aber blau

gesäumt. Das Kopfgefieder ist braun, hell gestrichelt, das sonstige Gefieder grün.

Schomburgk schrieb 1848 über den Fächerpapagei, der in Britisch-Guayana nicht so häufig vorkomme: „Man sieht sie nur paarweis, seltener in kleinen Gesellschaften, wie er auch in seiner Stimme und seiner übrigen Lebensart von den vorigen Arten abweicht, indem er mehr die lichten, niederen Waldungen liebt, nie so hoch fliegt, mehr die Bäume in der Nähe der Niederlassungen aufsucht, und dabei seine lang gezogenen Töne: Hia-hia ausstößt, wodurch er sich auch den Namen Hia von den Colonisten und Farbigen erworben hat. Sie sind sehr weichlich und können wenig vertragen, im gezähmten Zustande ganz zutraulich, lernen aber sehr schwer sprechen" (Schomburgk, 1848). Auch Kappler sagte Jahrzehnte später, der Fächerpapagei sei in Surinam selten. Auch er wußte, daß dieser Papagei sehr zahm werde und die Indianer ihn nach seinem Geschrei „Hia-hia" nannten (Kappler, 1887).

Aus dem Jahre 1851 berichtete Wallace, daß die Uaupé-Indianer am Rio Negro neben anderen zahmen Vögeln die herrlichen „Anacá", Fächerpapageien, hielten, die vollkommen frei umherliefen und -flogen. Die Indianer holten diese Papageien aus dem Nest und zogen sie sehr erfolgreich auf (Wallace, 1889). Bates erzählte von seiner Forschungsreise am Unteren Amazonas im Jahre 1849, der „Anacá", der Fächerpapagei, – dem er als einzigem Neuweltpapagei eine gewisse Ähnlichkeit mit dem australischen Kakadu zusprach – komme nirgendwo zahlreich vor. Nur wenigen Leuten gelänge es, ihn zu zähmen, und er habe noch nie ein sprechendes Exemplar gesehen. Trotzdem sei er bei den Eingeborenen wegen seiner Schönheit sehr beliebt (Bates, 1864). Auch der brasilianische Ornithologe schweizerischer Herkunft, Emil A. Goeldi, Museumsdirektor in Belém (Pará), fühlte sich beim Anblick des „Anacá", des Fächerpapageis, den er im Jahre 1895 sogar in der Küstenregion von Süd-Guayana (Brasilien) sah, an einen australischen Kakadu erinnert. Auch er fand, daß sich das Geschrei des Fächerpapageis anders anhöre als das aller anderer neotropischer Papageienarten und gab es wieder mit „kía-kía-kía-güi-güi-güi" (Goeldi, 1897).

Ruß sagte über den Fächerpapagei: „Er wird meines Erachtens niemals zu den hervorgendsten Sprechern gehören, sondern es wohl kaum über einige Worte hinaus bringen, die er jedoch . . . sehr deutlich . . . hören läßt . . . Er ist . . . ruhiger, friedlicher und sanfter, als alle verwandten Papageien. Ungemein gern läßt er sich in den Federn krauen und hält und wendet den Kopf sehr behaglich hin . . . Manchmal, wenn auch selten, läßt er sein lautes, nicht unangenehmes Pfeifen hören, dann spricht er langsam und bedächtig, und plötzlich erhebt er sein durchdringendes Geschrei, hält jedoch sogleich inne, wenn man sich mit ihm beschäftigt (Ruß, 1881).

Besonders eigne sich für die Heimtierhaltung, so schrieb Lloyd Ende des 19. Jahrhunderts aus Britisch-Guayana, der **Grünzügelpapagei** (Lloyd: *Caica melanocephala*; Wolters: *Pionites melanocephalus*): Diese Papageien würden sehr anhänglich und seien nicht empfindlch (Lloyd, 1895). Der Grünzügelpapagei ist etwas kleiner als die Weißstirnamazone. Er wirkt durch seine kontrastreiche Gefiederfärbung in den Farben grün, weiß, gelb und schwarz besonders anziehend. „Unwiderstehlich reizend" nennt Low ihn auch in seinem Wesen, was man jedoch von seiner durchdringenden, kreischenden Stimme nicht sagen kann (Low, 1983). Den mit ihm verwandten **Rostkappenpapagei** *(Pionites leucogaster)* traf O'Neill bei den Eingeborenen Baltas (Peru) als beliebtesten Heimvogel an (O'Neill, 1974).

Während einer Kanureise auf dem Rio Negro im Jahre 1851 hatte Wallace zwei zahme Papageien dabei, die er zwei Freunden als Geschenk bringen wollte. Es handelte sich um einen Grünzügelpapagei *(Pionites melanocephalus)* und um einen Fächerpapagei, Anacá, *(Deroptyus accipitrinus)*. Die beiden Papageien zeigten ein vollkommen verschiedenes Verhalten. Der Fächerpapagei wirkte auf Wallace ziemlich „würdevoll und mürrisch" und war leicht reizbar. Der kleine Grünzügelpapa-

gei dagegen war lebhaft, „neugierig wie ein Affe" und „verspielt wie ein Kätzchen". Er lief ständig über das ganze Kanu, kletterte in jeden Spalt und tauchte in alle Körbe und Töpfe, die er entdecken konnte, um zu probieren, was sie enthielten. Er mochte besonders gerne Kaffee, und zwar den Kaffeegeschmack. Die Indianer im Boot machten sich einen Spaß daraus, sein helles Pfeifen nachzuahmen, so daß er es wiederholte und suchend nach den vermeintlichen Artgenossen umherschaute. Bei jeder Landung war er einer der ersten am Ufer, nicht etwa um das Weite zu suchen, sondern von einem Busch oder Baum aus pfeifend die Zubereitung der Mahlzeit zu beobachten und zum Essen sofort herunterzukommen. Der gesetztere Fächerpapagei dagegen blieb im allgemeinen ruhig im Kanu sitzen, es sei denn sein lebhafter kleiner Kumpan lockte ihn durch Rufe und Pfiffe. Trotz ihres unterschiedlichen Wesens vertrugen sich die beiden gut und konnten stundenlang nebeneinander sitzen und sich die Köpfe krauen. Oder sie spielten, so meinte Wallace, wie die Katze mit ihrem Jungen spielt. Der Grünzügelpapagei reizte den Fächerpapagei manchmal mit spielerischen Schnabel- und Krallenkämpfen, oder indem er ihm von oben auf den Rücken sprang, so sehr, daß aus dem rauhen Spiel ein echter Kampf zu werden drohte, den sie aber schon in den Anfängen abbrachen (Wallace, 1889) (vgl. Kap. über Spielverhalten).

Ein Beispiel dafür, daß seltene Papageien in ihrer Heimat mitunter zu den besonders geschätzten Heimvögeln zählen, ist der südamerikanische Sittichpapagei **„Blaubauch"** *(Triclaria malachitacea)*. Prinz von Wied berichtete über ihn (Wied: *P. cyanogaster*): „Er ist ein schöner Vogel, der in der Gegend, wo ich ihn fand, Sabiasicca genannt, und seiner Gelehrigkeit und angenehmen Stimme wegen sehr geschätzt wird. Ich habe diese mannigfaltig abwechselnde Stimme in den Wäldern von Morro d'Arara am Mucurí gehört, war aber damals nicht so glücklich, den Vogel selbst zu erhalten, dagegen habe ich ihn öfters in den Wohnungen der Landesbewohner lebend gefunden" (Wied, 1832). Dieser 30 cm große

63

grün-blaue Papagei mit langem breitem Schwanz ist bei uns schwer einzugewöhnen.

Die **Touit**-Papageien zählen zu den kleinen Papageienarten mit kurzem Schwanz. Sie sind bei uns weniger bekannt. Das ist aber in manchen Gegenden ihrer Heimatländer Mittel- und Südamerikas anders. Belcher & Smooker berichteten aus Trinidad, daß die Siebenfarbenpapageien *(Touit batavica)* als Käfigvögel sehr geschätzt seien (Belcher/Smooker, 1936).

Die Unzertrennlichen Mittel- und Südamerikas

Die Sperlingspapageien *(Forpus)* sind eine Gattung kleiner kurzschwänziger Papageien von vorwiegend grüner Gefiederfarbe, die in vielen Arten in Mittel- und Südamerika vorkommen.

Im Jahre 1732 schrieb ein Jesuitenpater aus Buenos Aires an einen Ordensbruder: Es gebe mehr als 20 Papageienarten, die hübschesten seien nicht größer als ein Sperling. Ihr „Gesang" (chant) ähnele ein wenig dem des Hänflings. Sie seien grün und blau; und wenn man sie fange, würden sie in weniger als 8 Tagen so vertraut, daß sie auf den Finger des erstbesten kämen, der sie rufe (Lettres édifiantes, 1732).

Vollends begeistert äußerte sich Prinz von Wied über den Sperlingspapagei (Wied: *P. passerinus*, Linn.; Wolters: *Forpus xanthopterygius*): „Der kleinste der Perikitten ist überall in den von mir bereisten Gegenden eine Zierde der Gebüsche, Wälder und offenen Gegenden, indem er sich selbst in der Nähe der menschlichen Wohnungen überall in großen Flügen, gleich unseren Sperlingen, einfindet. Sein schönes Gefieder und die kleine niedliche Gestalt würden ihn zu einem angenehmen Stubenvogel machen, wenn er die Gefangenschaft ertragen könnte, welches indessen nicht der Fall ist ... Sie fliegen vereint, wie die Gesellschaften der Sperlinge, und jedes Tierchen gibt alsdann seine kurze helle Stimme von sich, wodurch bei ihrer Annäherung ein schwirrendes Gezwitscher entsteht ... Herr v. Sack in seiner Reise nach Surinam, redet von der großen Anhänglichkeit, welche diese Vögel zueinander äußern, seiner Erfahrung zufolge lassen sie sich also zähmen, welches man mir in Brasilien allgemein verneinte" (Wied, 1832). Bei der in Surinam vorkommenden Art dürfte es sich um einen anderen Sperlingspapagei gehandelt haben, vermutlich um *Forpus passerinus*. Über die Sperlingspapageien (Schomburgk: *Psittacula passerina* Kuhl; Wolters: *Forpus passerinus*) Britisch-Guayanas sagte Schomburgk: „Ich habe nur wenige gezähmt gesehen, doch sollen sie in diesem Zustande nicht lange leben" (Schomburgk, 1848). Kappler schrieb über die Sperlingspapageien Surinams *(Forpus passerinus)*, sie würden bald zahm, lebten aber nicht lange, besonders wenn ein Pärchen getrennt würde (Kappler, 1887).

Lloyd nannte Ende des 19. Jahrhunderts die Sperlingspapageien Britisch-Guayanas „lovebirds". Er schrieb, obwohl sie ziemlich laut seien, gäben sie amüsante und reizende Heimtiere ab (Lloyd, 1895). Auch in Nordostbrasilien wurden Sperlingspapageien „Liebesvögel" genannt (Forbes, 1881). Young, der von 1922 bis 1925 in Blairmont, Britisch-Guayana lebte, kannte die Sperlingspapageien des Landes ebenfalls als populäre Käfigvögel, die paarweise gehalten würden unter dem Namen „Love-birds". Young meinte aber, daß ihr Verhalten diesem Namen oft Lügen strafe (Young, 1929). Jahrzehnte später schrieb Margaret H. Mitchell, die im südöstlichen Brasilien Vögel beobachtet hatte, wiederum, die *Forpus passerinus* seien beliebte Käfigvögel. Ihr selbst waren sie freilich im geschlossenen Raum zu laut (Mitchell, 1957).

Sperlingspapageien werden inzwischen erfolgreich nachgezüchtet. Ihre laute Stimme ist natürlich dieselbe geblieben.

Papageien des Pazifischen Raums

Kakadus

Die Kakadus kommen nur im pazifisch-australischen Raum vor. Sie lassen sich optisch einteilen in weiße, rosafarbene und schwarze, bzw. dunkelfarbene Kakadus. Die Arten der ersten beiden Gruppen sind zwischen 30 und 50 cm groß und haben einen kürzeren, breiten Schwanz. Vertreter dieser Gruppe sind in Europa zuerst bekannt geworden. Weit weniger bekannt sind auch heute noch die großen schwarzen Ararakakadus *(Probosciger aterrimus)* und die, wie man sie früher nannte, Langschwanzkakadus *(Calyptorhynchus)* sowie der Helmkakadu *(Callocephalon fimbriatum)*. (Unterarten werden hier nicht berücksichtigt.)

Man erkennt den Kakadu vor allem an seiner Haube, die er aufrichten kann. Im Zedlerschen „vollständigen Universal-Lexikon" von 1740 wurde diese Haube „Schopf" genannt. Dort befand man, daß ein Bericht aus der „Breßlauer Naturgeschichte" erwähnenswert sei und zitierte: „sind ... 1719 ... zwey weisse Papageyen mit gelben Schöpfen, aus Portugall über Holland kommen, und an den Kayserlichen Hof geschicket worden. Der gelbe Schopf hat zwar rückwerts gelegen, wenn sie sich aber über etwas entrüstet, ist solcher vorwärts gestanden, wenigstens Fingers hoch in die Höhe, wie eine Dragonermütze" (Zedler, 1740).

Aus der Geschichte ihrer Haltung

Papageien der ostindischen Inselwelt waren schon frühzeitig auf dem Landweg nach Europa gelangt, bevor die Portugiesen den Seeweg nach Ostindien erkundeten. Um 1240 bekam Kaiser Friedrich II. einen weißen Kakadu geschenkt, vermutlich der in Celebes heimischen Art. Papageien aus „Ostindien" blieben noch in der 2. Hälfte des 16. Jahrhunderts eine große Seltenheit, auch nachdem die Portugiesen (ab 1524) ihre Schiffe regelmäßig nach Ostindien und dann (ab 1535) bis zum Malaiischen Archipel schickten. Kaiser Rudolf II. besaß in seiner Menagerie um 1600 einen gelbhaubigen und einen rothaubigen Kakadu *(Cacatua moluccensis)* sowie einen Lori von den Molukken *(Lorius garrulus)* (Stresemann, 1951).

In China wurde der Gelbhaubenkakadu *(Cacatua galerita)* laut Finsch „Jing-wos" genannt, was „sprechender Vogel" bedeute; Papageien waren in China beliebte Käfigvögel (Finsch, 1867/68). Schon die Ureinwohner des Malaiischen Archipels hielten Kakadus. Dem französischen Seefahrer und Entdeckungsreisenden des 18. Jahrhunderts Louis Antoine de Bougainville wurden während seines Aufenthalts auf Pangasani (bei Celebes) und Buton von den Eingeborenen große Mengen von Papageien, darunter auch Kakadus, zum Kauf angeboten (Finsch, 1867/68). Der Forscher Sal. Müller sah im 19. Jahrhundert Kakadus und andere Papageien bei Eingeborenen von Buton, die mit ihnen einen lebhaften Handel trieben. Er erzählte: „vor beinah allen Häusern (auf Buton) sahen wir Cacatus und andere lebende Papageien, welche auf Stöcken, Krükken oder in Ringen sassen und mittelst hörnerner Fussringe befestigt waren. Meistens waren es" Gelbwangenkakadus *(Cacatua sulphurea)*, seltener Schmuckloris *(Trichoglossus ornatus)* und Goldmantelpapageien (Müller: *Prioniturus setarius*; Finsch: *Pionias*

Molukkenkakadus *(Cacatua moluccensis)* in verschiedenen Körperhaltungen. Aus Brehm, 1878.

platurus; Wolters: *Prioniturus platurus*). „Die Eingeborenen scheinen diese Vögel nur des Verkaufs wegen zu fangen" (zitiert nach Finsch, 1867/68).

Im Jahre 1858 gründete die „Zoologische Gesellschaft" den Zoologischen Garten von Frankfurt a. M. – Loisel besuchte ihn im Winter 1907, als es schneite und das Thermometer – 8 °C anzeigte. Er fand in den Außenabteilen der großen Voliere Papageien. Noch mehr erstaunte ihn, daß die große Eingangsallee des Gartens – wie mitten im Sommer – mit Kakadus, Araras und verschiedenen Papageien verziert war. Einer der Kakadus, ein Wühlerkakadu *(Cacatua tenuirostris pastinator)*, lebte bereits seit über 30 Jahren im Zoo (Loisel, 1912).

Der preußische König Friedrich-Wilhelm III. liebte Tiere. In seinem Schloß hielt er Papageien, darunter auch Araras und Kakadus. Eines Tages hatte einer seiner Kakadus viele Federn verloren. Der König ließ ihm einen Überzieher schneidern, ähnlich wie es damals für Windhündinnen üblich war. Aber, so heißt es in einem zeitgenössischen Bericht, frei übersetzt: „Der furchtbare Kakaduschnabel respektierte sein eigenes Kleidungsstück genausowenig wie das Mobiliar seines königlichen Meisters. Ein Schneider, der fast nur mit der Person des Kakadus beschäftigt war, schaffte es kaum, Schritt zu halten mit den zerstörerischen Aktivitäten des Kakadus und die Schäden an seiner Kleidung laufend zu reparieren" (Loisel, 1912). Komisch muß auf uns die damalige Hartnäckigkeit und Ausdauer der Menschen wirken; beim Vogel dagegen handelte es sich um arteigenes Verhalten. Weil man die Ursachen dieses Federverlustes nicht kannte – vielleicht handelte es sich um einen Rupfer – vertraute der König seinen Lieblingsvogel einem französischen „Dompteur" namens Martin an. In dessen Obhut wuchsen dem Vogel die Federn wieder nach (Loisel, 1912).

In der späteren Zeit dagegen wurde der Kampf gegen das Federrupfen im allgemeinen weniger erfolgreich geführt (vgl. S. 209).

Über ihre Eignung als Heimtier

Buffon schrieb 1780, daß die Kakadus nicht leicht „sprechen" lernten, es gebe sogar Arten, die niemals „sprächen". Der Besitzer werde aber dadurch entschädigt, daß der Kakadu leicht gezähmt und abgerichtet werden könne. Diese besondere Eignung für die Abrichtung sei durch ihren „Intelligenzgrad" bedingt, der höher sei als bei den anderen Papageien. Vergeblich aber seien ihre Anstrengungen, das nachzusprechen, was man ihnen vorsage. Sie schienen dieses Unvermögen ausgleichen zu wollen durch andere Zeichen von Zuwendung und durch besondere Zärtlichkeiten. Im März des Jahres 1775 habe man auf dem Markt Saint-Germain in Paris zwei Exemplare sehen können, die mit großer Fügsamkeit gehorchten, sei es, daß sie ihre Haube stellen, mit einem Kopfnicken die Personen grüßen, mit Schnabel oder Zunge Gegenstände berühren oder mit einem zustimmenden Nicken, das einem stummen Ja gleichkam, auf Fragen ihres Meisters antworten sollten. Außerdem hätten sie durch wiederholte Zeichen die Anzahl der Personen, die Uhrzeit, die Farben der Kleider und anderes mehr angegeben (Buffon, 1800–08). Man verstand damals offenbar viel von Dressur.

Fast ein Jahrhundert später schrieb Brehm, i. J. 1872, über die Kakadus: „Kein anderer Vogel läßt sich so gern streicheln, kein anderer neigt so willig seinen Kopf, lüftet so gern sein Gefieder der ihn schmeichelnden Hand entgegen, wie sie ... Einzelne Arten, insbesondere die Nasenkakadus, sind heftige, leicht erregbare und in gewissem Grade störrische Gesellen; aber auch sie werden bei richtiger Behandlung ebenso vollkommen zahm und liebenswürdig wie ihre Sippschaftsgenossen. Doch haben alle ihre Launen und bekunden Neigung und Abneigung einzelnen Personen gegenüber, oft ohne daß man Grund und Ursache derselben zu erkennen vermöchte ...

Kakadus lernen fast ebenso leicht wie Grau- oder Amazonenpapageien Worte nachsprechen; ihr Vortrag ist aber selten ebenso gut, d. h. die Wiedergabe der Worte ebenso deutlich wie von diesen. Doch kommt auch bei ihrem Unterrichte vieles, wenn nicht alles auf den Lehrer an, welcher niemals verabsäumen sollte ... jede einzelne Silbe klar und deutlich vorzusagen" (Brehm, 1872). Brehm meinte, nur in der Aufregung, „welcher Art sie auch sein möge", kreische der Kakadu „abscheulich" (Brehm, 1866).

Ruß schrieb um 1880: „Wer erinnert sich nicht aus der Jugendzeit her, insbesondere wenn seine Heimat ein kleines Städtchen, Landgut oder gar ein Dorf gewesen, des außerordentlichen Eindrucks, welchen der befiederte Träger dieses Namens auf ihn gemacht! Gleichviel, ob ein solcher Kakadu wie der Arara als Aushängeschild einer wandernden Tierbude vor der Tür im Reifen sich schaukelte oder ob er auf der Hand eines umherreisenden Künstlers uns entgegentrat – immer war es ein Bild, das uns für das ganze Leben in der Erinnerung geblieben: der ‚wunderbare‘ Vogel, welcher beim neugierigen Anstaunen plötzlich seinen prächtigen Federbusch emporrichtete und unter ausdrucksvollem Kopfnicken und Flügelschlagen das ganz menschlich klingende Wort ‚Kakadu‘ rief. Heutigentags hat die Jugend es besser, da bieten in den großen und selbst schon in zahlreichen Mittelstädten die zoologischen Gärten solch' Schmuckgefieder in bedeutender Mannigfaltigkeit zur Schau und nicht dies allein, sondern selbst im kleinsten Städtchen, ja auf dem vom Verkehr weit abgelegnen platten Lande findet man hier und da einen großen Papagei, einen Jako, eine Amazone oder einen Kakadu ... Nur bei ganz besonderen Liebhabern fand man früher einen Kakadu als Stubenvogel." Ruß warnte davor, daß manche unerwartet gefährlich zubeißen könnten, vor allem warnte er vor ihrem lauten Geschrei, er sagte: „Wenn jemand, der den Kakadu ... erst wenig oder noch gar nicht kennt, eine Schar in einem zoologischen Garten, vielleicht mit Araras und anderen großen Papageien zusammen sieht, so wird er zunächst allerdings von ihrer Schönheit entzückt sein . . . im nächsten Augenblick aber, wenn sie ihr entsetzliches, betäubendes Geschrei anstimmen, wird er es nicht mehr begreifen können, wie jemand über solche Vögel sich lobend auszusprechen vermag" (Ruß, 1881).

Die weißen und rosafarbenen Arten

Zu den bekanntesten Kakadus zählen die weißen mit gelber Haube: Der **Gelbhaubenkakadu** *(Cacatua galerita)* und der viel kleinere **Gelbwangenkakadu** *(Cacatua sulphurea)*, auch Kleiner Gelbhaubenkakadu genannt. Ruß zitierte in seinen „Sprechenden Papageien" einen Vogelpfleger (Dulitz), der angeblich ein Weibchen besaß und berichtete: „Im Stehlen und Naschen übertrifft er jede Katze und gar zu gern treibt er allerlei Possen und Schabernack, zieht meiner Frau die Nadeln aus dem Strickzeug usw. Anfangs sprach er nur seinen Namen, dann lernte er: ‚Wo ist denn meine Martha?' aber nichts weiter" (Ruß, 1882). Das sollte nicht etwa eine Beschwerde darstellen, das war der Bericht eines begeisterten Kakadufreundes.

Über den Gelbwangenkakadu sagte Ruß: „Herr A. Röse erzählt von einem, welcher ‚guter, guter Karl' sprach, tanzte und beim Abschied unter zierlichen Knixen ‚Gott mit Euch' rief . . . Seine Sprachbegabung geht . . . nur soweit, daß man einige Worte von ihm erwarten darf" (Ruß, 1882).

Den **Weißhaubenkakadu** *(Cacatua alba)* mit breiter weißer Haube, der zu den großen weißen Arten gehört, nannte der von Ruß zitierte A. E. Blaaw den „furchtbarsten Schreier unter allen", er könne „einen wahren Höllenlärm" verursachen. Andererseits trauten die Kakadukenner seiner Zeit dieser Art mehr „Sprachbegabung" zu als den verwandten Arten (Ruß 1882). Weinberger berichtete 1988 in der „Gefiederten Welt", daß sein handaufgezogenes Weißhaubenkakadu-Männchen „Staksi" „sprechen" gelernt habe. Er schreibt: „nicht nur, daß er wenn er auf der Hand sitzt, Unverständliches plappert oder gar, wenn ihm

jemand ‚widerspricht', mit steigender Energie (und Lautstärke) sich in einen klanglichen ‚Dialog' einläßt – nein, er spricht deutlich und klar mindestens folgende Ausdrücke: Tu's weg, ja! – Tu's weg, Schwein! – Zornig werd' ich! – Was sag' ich: Nein! – Des gibt's net! – Auch Besucher können diese Ausdrücke verstehen. Als wir eines Abends Besuch hatten, saß unser Hund ‚Stupsi' mit im Wohnzimmer. Plötzlich hörten wir von der Diele her (wie schon öfters) Hundegebell. Unser Besuch fragte: ‚Habt ihr einen zweiten Hund? Laßt ihn doch auch ins Wohnzimmer!' Wir konnten ihn erst durch ‚Augen- und Ohrenschein' überzeugen, daß unser Staksi der vermeintliche Hund war" (Weinberger, 1988).

Auch der rosa angehauchte **Molukkenkakadu** *(Cacatua moluccensis)* mit breiter, lachsfarbener Haube, ist ein großer Kakadu und berüchtigt für sein ohrenbetäubendes Geschrei. Auf der anderen Seite zählt er zu den beliebtesten Kakadus. Die Stimmen über ihn klangen schon im 19. Jahrhundert sehr unterschiedlich. Der Vogelpfleger Linden aus Radolfzell (Bodensee) berichtete Brehm über seinen zahmen Molukkenkakadu: „Sein Geschrei ist niemals so durchdringend wie bei Gelbwangen- oder Inkakakadus, nach meinem Dafürhalten eher wohllautend, seine Begabung zum Sprechen nicht geringer als bei jeder anderen Art" (zitiert nach Brehm, 1878).

Die Kakaduhalter machten mit dem Molukkenkakadu unterschiedliche Erfahrungen. Ruß faßte einige zusammen: „Im allgemeinen gilt er als vorzugsweise liebenswürdig, klug und ebenso sprachbegabt. Herr Fiedler sagt, er sei sanfter und schreie auch nicht oder doch nicht so schrill wie die übrigen; seinem Herrn folge er auf Schritt und Tritt . . . Dr. Lazarus dagegen machte die Erfahrung, daß ein solcher Kakadu schlimmer schrie als alle übrigen, denn man konnte sein Geschrei viele hundert Schritt weit hören; er gewährte dann, namentlich wenn er frei im Bügel eines Papageienständers hing, mit hochaufgerichteter feuerfarbner Haube und gesträubten pfirsichfarbenen Bart-, Hals- und Nackenfedern, ausgebreiteten Flügeln und Schwanz einen prachtvollen Anblick, aber das ohrenzerreißende Gekreisch war nicht zu ertragen. Ein andrer schrie weniger stark und anhaltend, aber mehrmals am Tage so einförmig, daß er dadurch ebenfalls lästig wurde. ‚Die stärksten Ketten durchbiß der erstre mit Leichtigkeit und sein Geschrei wurde schließlich so quälend und ertönte so häufig, daß die Nachbarschaft ernste Klagen erhob und ich ihn abschaffen mußte. Aber ich werde stets bedauern, daß es mir nicht möglich ist, einen so liebenswürdigen und zugleich schönen Vogel halten zu können. Von den drei rothäubigen Kakadus, welche ich besessen, zeigte sich der letzte auch sehr gelehrig im Nachpfeifen, indem er mit sanfter Flötenstimme leichte Signale und Melodien lernte. So oft im Vorhof eine Drehorgel sich hören ließ, versuchte er die einzelnen Stücke nachzupfeifen und wenn ihm dies auch nicht so leicht gelang, so traf er doch Rhythmus und Tonart immer sogleich. Im Sprechen brachte er es dagegen nur auf zwei Worte.' Herr G. Hoffmann erhielt einen jungen Kakadu dieser Art, welcher eine höhere Sprachbegabung entwickelte. Er lernte mehrere Sätze sehr gut und besonders ausdrucksvoll nachsprechen. Zugleich schrie er niemals widerwärtig, sondern ließ nur ein nicht unangenehmes Gemurmel hören" (Ruß, 1882).

Der populäre römische Tiergartendirektor Th. Knottnerus-Meyer schrieb um 1925: „Merkwürdig ist, daß die Molukkenkakadus, die sich übrigens von jedem Kinde streicheln lassen, besonders gut das Gackern der Hühner nach der Eiablage nachzuahmen wissen, das so meisterhaft, daß man tatsächlich oft nach der Henne sucht, ehe man den eigentlichen Künstler entdeckt" (Knottnerus-Meyer, 1925). Ich erlebte im Jahre 1978 im Vogelpark Walsrode, wie mehrere Molukken sich ans Frontgitter hängten, um sich von den Besuchern durchs Gitter hindurch kraulen zu lassen. Darauf, daß Molukkenkakadus nicht beißen, wie Knottnerus-Meyer sagt, sollte man sich freilich in einem Zoologischen Garten heutzutage nicht verlassen.

Verschiedene Kakaduarten sind von jeher weniger bekannt, manche werden bewundert, sind aber selten und kostbar. Das gilt vor allem für den prächtigen **Inkakakadu** *(Cacatua leadbeateri)*, dessen Haube, wenn er sie aufrichtet, ein rotes Band mit gelbem Mittelteil (Nominatform) zeigt.

Der **Nasenkakadu** *(Cacatua tenuirostris)* ist schon seit langem als „sprechender" Kakadu bekannt. Sein Schnabel ist, worauf der Name weist, lang und weniger gekrümmt als bei den anderen Arten. In seinem „Tierleben" schrieb Brehm über den Nasenkakadu: „Ein Freund von mir kannte einen unserer Vögel, welcher nicht nur viele Worte und Sätze zu sprechen wußte, sondern sie auch verständig gebrauchte, und im Tiergarten zu Antwerpen lebt ein zweiter, welcher zum allgemeinen Liebling der Besucher geworden ist, weil er sich förmlich mit diesen unterhält. Seine Bekannten grüßt er regelmäßig, sobald er sie von fern erblickt, und ihnen gegenüber zeigt er sich auch nicht im geringsten mürrisch oder übellaunisch" (Brehm, 1866).

Auch kleinere Kakaduarten sind fähig, ein sehr lästiges Geschrei zu erzeugen. Der von Ruß so oft zitierte Herr Fiedler aus Agram besaß einen **Goffinkakadu** *(Cacatua goffini)*, den er zwei Jahre pflegte. Er „mußte ihn aber wegen des häßlichen Kreischens fortgeben", wie Ruß sich ausdrückte. Fiedler sagte: „Äußerst zahm und liebenswürdig, so daß meine kleinen Kinder mit ihm spielen konnten, kam er in furchtbare Aufregung, sobald er die Gangtürglocke hörte, und das Gekreisch dauerte dann stundenlang. Mir selbst flog er, wenn er aus dem Käfig gelassen wurde, überall hin nach" (zitiert nach Ruß, 1881).

Einen ganz anderen Anblick als die weißen Kakadus gibt der **Rosakakadu** *(Eolophus roseicapillus)*, nicht nur wegen seiner relativ kurzen Haube – die weisen auch verschiedene weiße Kakadus auf (z. B. Goffini- und Nasenkakadu). Die Gefiederfarben der etwa 35 cm langen Rosakakadus sind rosa und grau. Sie kommen in ihrer Heimat Australien verbreitet in großen Schwärmen vor und werden seit langem von vielen Farmern als „Schädlinge" bekämpft. Im späten 19. Jahrhundert zählte der Rosakakadu zu den besonders beliebten

69

Nasenkakadu *(Cacatua tenuirostris)* und Rabenkakadu *(Calyptorhynchus magnificus)*. Aus Brehms Tierleben, 2. Auflage, 1878.

Heimvögeln. Schon Finsch sagte über ihn, er werde sehr zahm. Berichte über „sprechende" Exemplare liegen ebenfalls vor (vgl. S. 223, 226f). Ruß warnte: „Aber auch der zahmste und liebenswürdigste läßt zuweilen das widerwärtige Kakadugeschrei erschallen" (Ruß, 1882).

Die schwarzen und dunkelfarbenen Kakadus

Der **Arara-Kakadu** *(Probosciger aterrimus)* ist mit 70 bis 80 cm Körperlänge der größte Kakadu, seine Gefiederfarbe ist schwarz. Finsch meinte, er habe große Ähnlichkeit mit den Araras, wegen der Größe, Stärke des Schnabels und der nackten, roten Wangenpartien. Finsch schrieb: „In der Tat darf man sich nur einen langen keilförmigen Schwanz dazu und die Haube weg denken, so hat man ein Bild, welches ziemlich auf einen Arara paßt." Er betonte jedoch, dies sei natürlich nur eine oberflächliche, d. h. bildhafte, Betrachtung (Finsch, 1867/68).

Über den Ararakakadu sagte der niederländisch-indische Regierungsbeamte von Rosenberg etwa um die Mitte des 19. Jahrhunderts: „Die Eingebornen nehmen die jungen Vögel aus dem Nest, ziehen sie auf und verkaufen sie nachher an Händler . . . Sie werden sehr zahm. Einer dieser . . . Kakadus, einem Bewohner von Amboina gehörig, streicht fliegend in der ganzen Stadt umher und kommt zu gehöriger Zeit nach Haus, um zu essen und zu schlafen" (zitiert nach Brehm, 1866). Nicht alle fanden den Ararakakadu schön. Brehm zitierte in seinem „Tierleben" 1866 von Martens, der auf Mahai ein gefangenes Exemplar sah: „Der schwarze Kakadu ist ein drolliger Gesell. Steif da sitzend mit dem roten Gesicht, dem mächtigen Schnabel und seinem stets aufgerichteten Federbusche sieht er aus wie ein alter General, und macht namentlich wegen seiner Häßlichkeit einen lebhaften Eindruck" (Brehm, 1866). Ihn mochte Brehm den Liebhabern nicht empfehlen und meinte: „Ob er sprechen lernt, ist fraglich" (Brehm, 1872). Zehn Jahre später berichtete Ruß: „Herr Dr. Platen brachte in seiner Sammlung drei prächtige Exemplare dieser Art mit, welche sehr zahm waren und einige Worte sprachen" (Ruß, 1882).

Nicht viel bekannter wurde der **Helmkakadu** *(Callocephalon fimbriatum)*, obwohl Ruß ihn als einen der schönsten Kakadus bezeichnete (Ruß, 1882). Sein Gefieder ist schieferfarben, jede Feder hell gesäumt, außer den Federn am Kopf, die beim Männchen eine kräftig rote Farbe haben, beim Weibchen eine graue. Im Amsterdamer Tiergarten sah Brehm einen Helmkakadu, der einzelne Worte nachsprechen konnte (Brehm, 1872). Linden bestätigte diese „Sprechbegabung" (Brehm, 1878).

Selbstverständlich lassen sich die Erfahrungen, die man mit Ararakakadus und Helm-

Helmkakadu *(Callocephalon fimbriatum)*. Aus Brehms Tierleben, 1. Auflage, 1866.

kakadus machte, auch auf die anderen, hier nicht besprochenen entsprechend Kakaduarten übertragen.

Loris

Die Loris, „Pinselzüngler", unterscheiden sich von den anderen Papageien vor allem durch ihre anders geartete Nahrungsaufnahme. Sie ernähren sich im Freiland außer von Früchten, Insekten und Sämereien besonders gerne von Pollen und Nektar. Ihnen wird in Menschenhand daher dünner Brei (u. a.) geboten. Dies erschwert die Haltung, sowohl für den Tiergärtner oder Züchter als auch für den Heimtierhalter.

Besonders beliebt sind die Loris seit jeher wegen ihrer prächtigen Gefiederfarben. Die besten „Sprecher" findet man unter den großen Arten.

71

Aus der Geschichte ihrer Haltung

Schon in einem Bericht aus dem Jahre 1706 über die Eroberung der Molukken heißt es, daß auf der Insel Ternate Loris angetroffen wurden, die sehr gut „sprechen" lernten (Buffon, 1800–08). Die Eingeborenen der Aru-Inseln hielten nach Finsch häufig und gerne Schimmerloris (Finsch: *Domicella scintillata*, Temm.; Wolters: *Chalcopsitta sintillata*) in Käfigen (Finsch, 1867/68).

Rietmann, der Australien und Polynesien besucht hatte, schrieb in seinem Reisebericht im Jahre 1868 über seinen Besuch auf Guadalcanar, Salomons-Inseln: „Ich war erstaunt über die Masse der herrlichsten Papageien, welche uns die Schwarzen zum Verkaufe antrugen. Die meisten dieser vorherrschend blendend roten Tiere waren mit einem Fusse an einem Ringe von Kokusschale befestigt" (zitiert nach Finsch, 1867/68). Offenbar ärgerte sich Finsch über die ungenaue Gefiederbeschreibung, er bemerkte: „Diese ‚blendend rote Tiere' waren indess auch noch mit anderen Farben geziert, wie mich eine gütige briefliche Auskunft des Herrn Professor Rietmann belehrt" (Finsch, 1867/68). Finsch war nicht einmal sicher, ob es sich um Loris handelte.

In Holländisch-Neuguinea besaßen Soldaten in ihren Camps viele Frauenloris (Ogilvie-Grant: *Lorius erythrothorax*, Wolters: *Lorius lory* subsp. *erythrothorax*), welche sehr zahm wurden (Ogilvie-Grant, 1915).

Eignung zur Heimtierhaltung

Finsch schrieb 1868: „Soweit ich es beobachten konnte, ist die Stimme der Loris besonders durchdringend und schneidend... Nach von Martens sind die Loris weniger laut, dabei aber minder zutraulich als andere Papageien. Auch andere Beobachter sprechen sich in gleicher Weise wenig lobend über diese Vögel aus, die in der Gefangenschaft nur durch ihre Federpracht empfehlenswert sind... Indess lernen sie doch einzelne Worte nachsprechen, obwohl nie mit der Geläufigkeit als andere Papageien" (Finsch, 1867/68).

Brehm wußte in der 1. Ausgabe seines „Tierlebens" 1866 noch wenig über die Loris zu berichten, er sagte: „Auch sie sind gelehrig und können ebenfalls zum Sprechen gebracht werden; im ganzen ist jedoch ihr Wesen nicht besonders anziehend: sie sind still und langweilig" (Brehm, 1866). Als Brehm Gelegenheit hatte, den Erzlori *(Lorius domicella)* kennenzulernen, einen großen, vorwiegend roten Lori mit grünen Flügeln und schwarzer Stirn, korrigierte er in der 2. Auflage seines „Tierlebens" sein früheres Urteil: „Meine in der 1. Auflage des Werkes ausgesprochene Behauptung, daß sie still und langweilig seien, muß ich widerrufen: als ich jene Zeilen schrieb, kannte ich jene Vögel eben noch nicht. Die Loris machen ganz im Gegenteile den Eindruck munterer, lebhafter, geweckter und kluger Vögel ... Ihrem Pfleger gegenüber bekunden sie Zu- oder Abneigung, je nachdem" (Brehm, 1878).

Inzwischen hatte Finsch konkretere Angaben über Loris zusammengetragen, er schrieb: „Zwar erzählt Seba von einem D. lori" *(Lorius lory)*, „der vorzüglich gesprochen haben soll, und Meyen rechnet D. garrula" *(Lorius garrulus)* „unter die Papageien, welche die menschliche Stimme am besten nachzuahmen verstehen." Finsch wies auch auf Pigafettas „Reise um die Welt", das Tagebuch der 1. Weltumsegelung von Magalhães, worin von den Molukken berichtet wurde: „Es gibt rote Papageien, die ‚Nori' heißen und nicht nur wegen ihrer schönen Federn, sondern weil sie auch am deutlichsten sprechen lernen, am meisten gesucht werden." Jedoch Finsch gab sich mit all diesen Behauptungen nicht zufrieden. Er berichtete: „Ich wendete mich daher an Herrn von Martens, und durch dessen freundliche Teilnahme erfahre ich, daß den Loris allerdings die Anlage zum Sprechen nicht ganz abgeht. Während seines Aufenthaltes zu Amboina hatte der genannte Naturforscher Gelegenheit, eine D. atricapilla" *(Lorius domicella*; Erzlori)" zu beobachten, welche das Wort ‚Wahaai' ziemlich deutlich aussprach, überdies auch viel schwatzte, wenn auch nicht in bestimmten Worten, aber doch artikulierte und modulierte Laute. Bei anderen Arten (z. B. D. garrula) bemerkte von Martens dagegen nichts von ähnlicher Begabung und die, welche ich lebend sah, zeigten sich ebenso... Von Martens spricht auch gegen mich die Ansicht aus, daß es ihm nicht unwahrscheinlich vorkomme, man habe das Sprechenlernen der einen Art (D. atricapilla) etwas zu voreilig auf alle roten Loris bezogen" (Finsch, 1867/68).

Verschiedene Lori-Arten

Finsch faßte die widersprüchlichen Angaben, die zu seiner Zeit über die **Prachtloris** oder **Gelbmantelloris** *(Lorius garrulus)* vorlagen, zusammen. Danach gehörten diese Loris auf Halmahera und Batjan zu seiner Zeit zu den „gewöhnlichsten Vögeln". Er schrieb: „Bei den buginesischen Seeleuten stehen die Loris von Batjan höher im Werte, weil sie besser sprechen sollen... Meyen rühmt das Sprachtalent dieser Art, welche er in Manila häufig gezähmt fand, ebenfalls. Er schildert sie als einen sehr bösen, bissigen Vogel, der auf dem Transporte meist sterbe, da er nur von sehr weichen Früchten leben soll. Von Martens äußert sich, was das Naturell des Vogels betrifft, in ähnlicher Weise, beobachtete aber niemals ein Talent zum Nachsprechen bei ihm. Wie ich durch gütige briefliche Mitteilung des genannten Gelehrten erfuhr, sind die Loris von Ternate (garrula) auch in Ostindien als ungelehrige Vögel bekannt, mit denen sich nichts anfangen läßt. Schon Valentijn kannte die minder empfehlenswerten Eigenschaften des Vogels" (Finsch, 1867/68).

Der Gelbmantellori ist ein großer, leuchtend roter Lori mit grünen Flügeln und Schenkeln und gelbem Flügelbug sowie gelben Unterflügeldecken.

Der wenig kleinere **Erzlori** (bereits oben kurz beschrieben) *Lorius domicella*, heißt auch **Schwarzkappenlori**. Über ihn schrieb Brehm in der 2. Auflage seines „Tierlebens" 1878: „In unsere Käfige gelangt der Erzlori nicht allzu selten, und ich habe daher mehrfach Gelegenheit gehabt, ihn und andere seiner Sippe zu pflegen oder doch zu beobachten... Einzelne kommen schon als vollkommen gezähmte Vögel in unseren Besitz und sind dann die liebenswürdigsten Gesellen unter der Sonne, lassen sich berühren, streicheln, auf die Hand nehmen, im Zimmer umhertragen, ohne jemals ihren Schnabel zu gebrauchen; andere sind unliebenswürdig und bissig." Brehm zitierte Rosenberg, der von seinen Reisen berichtete: „Auf Amboina findet man keinen Vogel häufiger in der Gefangenschaft als gerade den Erzlori, und in der Stadt Amboina gibt es kaum ein Haus, kaum eine Hütte, in welcher er fehlt. Er ist der Lieblingsvogel der Amboinesen... Er lernt ziemlich rasch sprechen und ist dann der Stolz seines Pflegers. Unter dem Preis von acht bis zehn Gulden holländisch ist solch ein gelehrter" (gelehriger und trainierter) „Vogel, welcher außerdem" (sonst) „für anderthalb bis zwei Gulden feilgeboten wird, nicht zu bekommen. Freilich gibt es auch störrische und heimtückische Erzloris" (Brehm, 1878).

Ruß sagte um 1880 über den Erzlori oder Schwarzkappenlori (Ruß: *Psittacus atricapillus*), er sei „früher" im Handel am häufigsten angeboten und zugleich am meisten geschätzt worden. Letzteres sei immer noch der Fall. Schon Buffon hatte ihn als Stubenvogel geschildert; keiner unter den Loris lerne leichter und deutlicher sprechen. Bechstein hatte über ihn geschrieben: „Er scheint mir der gelehrigste, gesprächigste, zahmste, artigste und zärtlichste unter allen Papageien zu sein; so war wenigstens der, welchen ich beim Herzog von Meiningen gesehen habe. Er schreit ‚Lory', spricht beständig und zwar so schnarchend wie ein Bauchredner, pfeift auch alles nach, hell und flötend. Er will aber dabei immer unterhalten und geliebkost sein. Zudem lernt er alles sehr hurtig" (zitiert nach Ruß, 1881).

Ruß fand beim Vogelhändler Schmidt in Berlin öfters die Gelegenheit geboten, diese Lori-Art zu beobachten. Er sagte: „Es macht einen eigentümlichen Eindruck, einen solchen Pinselzüngler sprechen zu hören. Mit sonderbar hoher und klarer Stimme, doch überaus rasch und hastig wie sein ganzes Wesen,

73

spricht er einzelne Worte, besonders Namen, auch wohl einen Satz, aber wenngleich ungemein deutlich, laut und durchdringend, so plappert er doch augenscheinlich viel weniger mit Verständnis als die eigentlichen Sprecher, die Amazonen und der Graupapagei. Im übrigen ist er überaus zahm und zutraulich, sanft, doch nicht selten auch hinterlistig und dann recht bösartig" (Ruß, 1881). (Zum „Sprechen" mit „Verständnis" vgl. S. 244ff)

Zu den beliebtesten Loris zählte im späten 19. Jahrhundert auch der, was die Körpermasse betrifft, kleinere, bunte **Gebirgslori**, der früher auch „Lori von den blauen Bergen" genannt wurde *(Trichoglossus haematodus)*, der nur wegen seines längeren Schwanzes auf dieselbe Körperlänge kommt wie die Breitschwanzloris, zu denen Erzlori und Gelbmantellori zählen. Der Gebirgslori wurde laut Ruß ab 1870 regelmäßig in den Handel gebracht. Ruß schrieb über seine „Sprachbegabung": „Die erste Mitteilung, welche in dieser Hinsicht veröffentlicht wurde, stieß wohl nicht allein auf Kopfschütteln und Verwundrung, sondern auch mehrfach auf Zweifel, denn in der ganzen Gruppe der Keilschwanzloris hatte man bis dahin noch keinen einzigen Sprecher gekannt. Herrn K. Petermann verdanken wir aber nicht allein die Züchtung dieser Art . . . in mehreren Generationen, sondern auch die erste Mitteilung über die Sprachbegabung. Auf der großen Vogelausstellung des Vereins ‚Ornis' in Berlin i. J. 1879 befand sich ein junger Lori des genannten Züchters, welcher kräftig, schön im Gefieder und äußerst zahm war, den Pirolruf und mehrere Signale pfiff und ziemlich deutlich, wenigstens verständlich, den Namen seiner Beschützerin ‚Bertha', der ältesten Tochter des Herrn Petermann, aussprach" (Ruß, 1882). Diesen „sprechenden" Lori hatte Petermann „in 2. Generation" gezüchtet (Ruß, 1881).

Über seinen **Rotlori** *(Eos bornea)* berichtete ein Vogelpfleger: „In neuerer Zeit spricht er nach, was er nur irgend von Menschen oder den ihn umgebenden Vögeln hört, selbst ganze Sätze und recht schwierige Worte . . ." (Ruß, 1881; S. 227).

Edelpapageien *(Eclectus)*

Sexualdimorphismus

Die Edelpapageien gehören zu den großen Papageien mit relativ kurzem Schwanz. Der Name „Edelpapagei" wird in der neuen Taxonomie (Wolters, 1982) auf die Familie Psittaculidae übertragen, die auch die langschwänzigen *Psittacula*-Arten (Edelsittiche) umfaßt. Hier soll jedoch der Name Edelpapagei, wie populär üblich, nur auf die *Eclectus*-Rassen bezogen werden.

Der Edelpapagei kommt in mehreren Unterarten in einem Gebiet vor, das von den Kleinen Sunda-Inseln über Neuguinea bis zu den Salomon-Inseln und bis Nord-Australien reicht. Das Gefieder der Männchen ist überwiegend grün, das der Weibchen rot und blau. Das weiß man erst seit dem späten 19. Jahrhundert; vorher glaubte man, es müsse sich bei den grünen und roten Vögeln um verschiedene Rassen handeln. Auffallende Unterschiede zwischen den Geschlechtern derselben Art nennt man „Geschlechts-" oder „Sexualdimorphismus". Meist zeigen die Männchen die auffallenden Gefiederfarben, denn diese werden bei der Balz präsentiert. Man wunderte sich also, weshalb bei den Edelpapageien anscheinend das Weibchen auffallender gefärbt sei, das doch eher eine Tarnfarbe benötige. Die Geschlechter sind jedoch keineswegs so verschiedenfarben, wie es manchem Betrachter auf den ersten Blick erscheinen mag. Die Hauptfarben der Weibchen, rot und blau, finden sich beim Männchen wieder, wenn es die Flügel hochhebt: Seine Unterflügeldecken und Körperseiten sind rot. Dieses Rot fällt durch den Kontrast mit dem glänzenden Grün sogar besonders stark auf. Die Außenfahnen der Handschwingen sind beim Männchen dunkelblau, sein Flügelbug ist blau. Also sind die Männchen auch hier die bunteren, auffälliger gefärbten. Die Wirkung der Gefiederfarben kann man nämlich nur beurteilen, wenn man die Vögel in naturgemäßen Bewegungen sieht. Wenn ich nachts bei meinen Papageien einen Kontrollgang mache, stelle ich meistens fest, daß ich das Edelpapageienweibchen bei der schwachen Nachtbeleuchtung schlechter erkennen kann als das Männchen. Das liegt auch am schwarzen Schnabel des Weibchens, während der des Männchens hell ist.

Der Zoobesucher oder Besucher von Vogelschauen sieht die Vögel jedoch meistens, wie sie mit geschlossenen Flügeln dasitzen. Darum beschränke ich mich hier bei den bildhaften Gefiederbeschreibungen im allgemeinen auf den Farbeindruck, den der Betrachter von einem sitzenden Vogel hat.

Erfahrungen mit Edelpapageien

Finsch schrieb im Jahre 1868 über die Edelpapageien: „In der Gefangenschaft sieht man Arten aus diesem Genus oft bei uns . . . Jedoch machen sie, außer ihrer Farbenschönheit, wenig Freude. Ich fand sie fast immer, mit gesträubtem Gefieder, melancholisch auf ihrer Stange sitzend . . . Indess werden sie gegen die Personen, welche sich mit ihnen beschäftigen zutraulich und selbst äußerst zahm. Beim Anblick eines Fremden . . . sträuben" sie „die Federn und hacken mit dem Schnabel. Ihre Stimme ist die bei den Papageien gewöhnliche, d. h. im höchsten Grade mißtönend und unangenehm. Ob sie sprechen lernen, weiß ich nicht; es scheinen in dieser Beziehung noch keine Versuche gemacht worden zu sein" (Finsch, 1867/68).

Brehm schrieb 1872: „In unseren Tiergärten gehören die Edelpapageien zu den regelmäßigen Erscheinungen, obgleich sie immer nur einzeln zu uns gebracht werden . . . sie zählen nicht zu den besonders anziehenden Arten ihrer Familie. Ihre Farbenpracht fesselt das Auge; ihr ernstes, ja fast trauriges Wesen dagegen ist nicht geeignet, jedermann für sie einzunehmen . . . Still und ruhig, meist mit etwas gesträubtem Gefieder sitzen sie auf ihrer Stange oder in ihrem Gebauer, und wenn sie einmal klettern, tun sie es gleichsam verdrossen, mindestens mit großer Langsamkeit . . . Ihre Stimme lassen sie viel seltener als ihre Verwandten vernehmen, scheinen auch wenig

Trieb oder Neigung zu haben, ihnen nicht eigene Laute und Töne nachzuahmen, lernen deshalb nicht so leicht sprechen als der Jako oder die Grünpapageien. Doch gibt es Ausnahmen: ein Grünedelpapagei" (also männlicher Edelpapagei), „welchen Bodinus kennen lernte, leistete im Sprechen so Außerordentliches, daß er . . . jedem, auch dem besten Jako zur Seite gestellt werden konnte. Gegen freundliche Behandlung sind sie sehr empfänglich, werden daher bei geeigneter Wartung ebenso gut zahm als andere ihrer Familie . . ." Jedenfalls, so meinte Brehm, könne man nicht übersehen, daß einzelne Exemplare sehr zahm geworden seien (Brehm, 1872).

Auch im Jahre 1878 mochte Brehm die Edelpapageien nicht empfehlen. Er schrieb nun: „Die stattlichen Vögel gelangen noch immer, obschon weit seltener als vor zehn bis zwanzig Jahren, auf unseren Tiermarkt und zwar die grünen wie die roten . . . in annähernd gleicher Anzahl . . . Auch sie werden leicht zahm oder kommen, wie alle indischen Vögel überhaupt, bereits bis zu einem gewissen Grade gezähmt, freilich oft auch verdorben, in unsere Hände, zeigen sich hingebend gegen Pfleger, welche ihr anfängliches Mißtrauen zu besiegen wußten und lernen auch wohl sprechen" (Brehm, 1878).

Ruß kaufte auf den Wunsch einer adeligen Dame von einem Importeur einen grünen, also männlichen, Edelpapagei. Er erzählte: „Von einer Zähmung war gar keine Rede; sobald sich jemand näherte, saß er regungslos da, blinzelte förmlich boshaft mit den Augen und hieb plötzlich mit seinem gewaltigen Schnabel zu. Dies währte, ohne daß ein andres Verhältnis eintrat, solange er bei mir war. Nach nahezu Dreivierteljahren schickte ich ihn an die Dame ab; wer begreift aber meine Verwunderung, als ich nach vierzehn Tagen die Nachricht erhielt: ‚Ich habe den Edelpapagei auf einem Ständer an eine Kette gelegt. Er benimmt sich sehr brav und sanft, ist so zahm geworden, daß er sich ruhig streicheln, herumtragen und küssen läßt, ohne zu beißen.' Darauf hin habe ich es dann versucht, die fünf Edelpapageien, welche ich vor mir habe,

75

ebenso zu behandeln, und trotzdem sie anfangs sehr ungebärdig waren, ist es mir wenigstens bei dreien gelungen, sie an einem Fuß aus dem Käfige herauszunehmen, auf dem Finger zu tragen und zu streicheln. Der gewaltige Schnabel ist also keineswegs so gefährlich, als er aussieht – natürlich gehört Mut dazu, einen solchen Vogel ohne weiteres anzupacken und unter Umständen auf einen mehr als empfindlichen Hieb gefaßt zu sein" (Ruß, 1881).

Schon Ruß stellte fest, daß die Edelpapageien „in der Erregung ihre Stimmen erschallen lassen und sogar ganz gewaltig schreien". Zu seiner Zeit wußte man auch schon, daß die Weibchen der Edelpapageien mitunter besonders angriffslustig sind und daß beide Geschlechter gleichermaßen sprechen lernen können. Der von Ruß öfters zitierte Papageienliebhaber „Staatsobergymnasial-Direktor" Scheuba aus Olmütz gab eine sehr treffende Schilderung des Verhaltens eines zahmen Paares: „Wenn der eine einen Futterbissen in der Klaue hält, so fressen beide gemeinsam von demselben; dies gute Einvernehmen hindert freilich nicht, daß es manchmal einen kleinen Zank gibt, namentlich wenn der Rote den Grünen von den oberen Sitzstangen des Käftigs durch Drängen oder Stoßen, auch wohl einmal durch Schnabelhiebe vertreiben will; . . .Beide . . .halten sich viel am Boden auf. Sie sind sehr zutraulich, nehmen mir alles, was geboten wird, aus der Hand, ja, der Rote kommt mir stets gern auf den Finger; aber durch irgend etwas neues Auffallendes werden sie leicht erschreckt. Sie sind außerordentlich munter, plaudern fast den ganzen Tag, schreien aber auch manchmal gehörig. Übrigens erscheinen sie sehr gelehrig, denn sie bringen allerlei gehörte Worte und andere Töne vor" (zitiert nach Ruß, 1881).

Ganz ähnlich ist das Verhalten des zahmen Edelpapageienpaares, das ich besitze. Mein Weibchen spricht viel, wenn auch nicht so deutlich wie der Graupapagei im Käfig daneben. Mein Männchen ahmt nur wenige fremde Laute nach. Bei den Großpapageienzüchtern Meister ist es bei einem Paar umgekehrt: Da

spricht das zahme Männchen. Streicheln lassen sich meine Edelpapageien nur wenig. Überhaupt sieht man sie, im Gegensatz zu anderen Papageienarten (Graupapageien u. a.), nicht ganzjährig bei der sozialen Gefiederpflege.

Selbst der erfahrene Papageienfreund und Zoodirektor Th. Knottnerus-Meyer sagte: „Unter den schönen eigentlichen Edelpapageien sah ich nie zahme Exemplare. Sie sind sehr stille und wenig interessante Tiere" (Knottnerus-Meyer, 1925). Solche Meinungen kann man heute noch hören. Vor allem wegen ihres entsetzlichen Geschreis, das sie in der Erregung äußern, sind sie bei vielen Papageienhaltern unbeliebt. Nur sehr geduldige, anpassungsfähige Pfleger konnten und können an dieser Papageienart ihre Freude haben.

Bodenbewohnende Papageien

Gewöhnlich zählen die Papageien zu den baumbewohnenden Vögeln, ja häufig zu den Bewohnern der höchsten Baumkronen. Viele Arten sind bedroht, weil ihre Lebensräume immer mehr eingeengt, wenn nicht gar zerstört werden. Noch schwieriger ist die Situation für die bodenbrütenden Arten.

Zahme Papageien laufen gerne am Boden herum. Natürlich mußte diese Verhaltensweise auf die Reisenden noch verblüffender wirken, wenn sie solche flugtüchtigen Vögel – die teilweise im Flug sehr schnell und wendig sind und weite Strecken zurücklegen können – in ihrer natürlichen Heimat am Boden herumlaufen sahen. Da konnte es vorkommen, daß ein ornithologisch wenig bewanderter Reisender einen südamerikanischen Papagei „Erdpapagei" (vgl. S. 183) nannte.

Es gibt tatsächlich „Erdpapageien": den Kakapo, Eulenpapagei (Strigops habroptilus) von Neuseeland, die australischen Erdsittiche (Pezoporus wallicus und Geopsittacus occidentalis) und die Nestorpapageien (Nestor sp.), wiederum von Neuseeland. Eulenpapagei und Erdsittich wurden von Finsch und Ruß „wunderliche" Vögel genannt. (Ruß, 1881)

Der Kakapo

Der Geologe Ferdinand von Hochstetter berichtete 1862 nach seiner neuseeländischen Reise: „Der gelbgrüne Eulen- oder Nachtpapagei *(Strigops habroptilus)*, Kakapo der Eingeborenen ... lebt in Löchern im Boden unter Baumwurzeln oder in Felsen und kommt nur nachts zum Vorschein ... Obgleich er fliegen kann, scheint er doch nur selten seine Flügel zu benützen ... Die Eingeborenen jagten ihn mit Hunden oder fingen ihn in Schlingen. Dadurch ist er auf der Nordinsel gänzlich ausgerottet und kommt nur in den entlegensten Alpentälern ... vor" (Hochstetter, 1863).

Der vorwiegend nachts aktive Kakapo galt schon im 19. Jahrhundert als gefährdet, weil er wegen seines wohlschmeckenden Fleisches stark bejagt wurde und als Bodenbrüter (in Wurzelhöhlen) zunehmend gefährdet war, z. B. durch verwilderte Hunde. Man machte die Erfahrung, daß der Kakapo in Menschenhand sehr zahm wurde, ja schilderte ihn sogar „als einen sehr intelligenten Vogel, der gegen Personen, die ihm wohlwollen, eine Anhänglichkeit und Vertraulichkeit zeigt, die eher von einem Hunde als Vogel zu erwarten wäre" (Finsch, 1867/68).

Die Wirklichkeit war freilich komplizierter. Lyall erzählte: „Viele Junge wurden uns lebend an Bord des Schiffs gebracht. Die meisten von ihnen starben nach wenigen Tagen, wahrscheinlich in Folge ungenügender Pflege, einige hielten einen oder mehrere Monate aus. Gewöhnlich verkrüppelten ihnen schon nach wenigen Wochen der Gefangenschaft die Beine, wahrscheinlich wegen ihres zu engen Käfigs oder aus Mangel an gehöriger Nahrung." Einer der Vögel litt offenbar zeitweise Schmerzen: „Zu verschiedenen Zeiten wurde dieser Vogel von Krämpfen befallen. Dann genoß er zwei bis drei Tage lang nichts, schrie wütend und hackte mit dem Schnabel zu, wenn jemand ihn zu berühren versuchte. Überhaupt war wenig Verlaß auf ihn; denn oft biß er gerade dann sehr heftig, wenn man dies am wenigsten erwarten konnte. In der glücklichsten Laune schien er zu sein, wenn man

Kakapo, Eulenpapagei *(Strigops habroptilus)*. Aus Brehms Tierleben, 2. Auflage, 1878.

ihn morgens früh zuerst aus dem Käfig nahm. Er beschäftigte sich dann, sobald man ihn aufs Verdeck gesetzt hatte, mit dem ersten besten Gegenstand, oft mit meinen Beinkleidern oder Stiefeln. Letztere liebte er sehr, hockte auf ihnen nieder, schlug mit den Flügeln und gab alle Zeichen behaglichen Vergnügens von sich. Dann erhob er sich, rieb sich mit den Seiten an ihnen, rollte mit dem Rücken darauf herum und bewegte dabei aufs lebhafteste seine Füße. Ein unglücklicher Zufall brachte ihn ums Leben ... Ein anderer dieser Vögel, welchen Kapitän Stokes ans Land gesetzt und der Sorge von Major Murrey überantwortet hatte, durfte frei im Garten umherlaufen. Er zeigte große Zuneigung für die Gesellschaft von Kindern und folgte ihnen wie ein Hund auf Schritt und Tritt" (Brehm, 1866).

Ruß berichtete über den freilebenden Vogel: „Obwohl er sich gegen die Hunde mit Schnabel und Krallen tüchtig verteidigt, so wird er doch bald überwältigt" (Ruß, 1881).

Der Nestor

Über die Nestor-Arten schrieb Hochstätter: „Sie zeichnen sich durch einen adlerartig weit übergreifenden Oberschnabel aus. In dem Hauptrepräsentanten dieses Geschlechtes, in dem in allen Wäldern sehr häufigen und gemeinen Kaka *(Nestor meridionalis . . .)* sind die brillianten Farben der Papageifamilie zu einem matten Braun und Graugrün abgebleicht, nur die äußerst seltenen größeren Arten *Nestor notabilis* und *Nestor esslingii* zeigen lebhaftere Farben, grünlichen Metallschimmer und unter den Flügeln rot, gelb und blau" (Hochstetter, 1863). *Nestor productus*, der Norfolk- und Phillip-Inseln, starb in der 1. Hälfte des 19. Jahrhunderts aus.

Der englische Ornithologe Gould, der 1838–41 Australien bereiste, sah in Sydney im Hause des Majors Anderson einen Nestor, der sehr geschickt „wie ein rabenähnlicher Vogel" auf dem Hausflur herumlief. Seine Stimme sei rauh, quakend, manchmal wie Hundegebell gewesen (Finsch, 1867/68).

In den 70er Jahren des 19. Jahrhunderts wurde über den Kaka *(Nestor meridionalis)* berichtet: „Ein solcher, der i. J. 1874 zu Wellington auf der Nordinsel erlangt worden, erschien sehr zahm, recht sprachbegabt und war bei Tag und Nacht ruhelos tätig . . . Ein andrer, welcher unmittelbar von Neuseeland gebracht worden, zeigte sich äußerst zahm, ganz frei von Untugenden und mißbrauchte niemals seinen gefährlichen Schnabel. Zum Tanzen aufgefordert, pflegte er in der spaßhaftesten Weise mit dem Kopfe zu nicken, den Körper hin und her zu wiegen und andere wunderliche Bewegungen zu machen. Ruhelos lief er im Käfige auf und nieder und ließ zuweilen sonderbare Töne hören . . ." (Ruß, 1881).

Der Nestor ist vor allem wegen seines verspielten Wesens bekannt geworden (vgl. S. 260ff). Schon Finsch sah einen im Zoologischen Garten und stellte fest, daß er sich „im Betragen ziemlich von allen übrigen Papageien" unterschied, „eine Stimme" bekam er von ihm nicht zu hören (Finsch, 1867/(68).

Australische Sittiche

Viele australische Sitticharten zählen zu den farbenprächtigsten Papageien. Sie sind längst zu beliebten Zuchtvögeln in den Volieren der Vogelzüchter geworden.

Plattschweifsittiche

Brehm sagte 1872 über die Plattschweifsittiche: „Jung eingefangene und verständig gepflegte Plattschweifsittiche gewöhnen sich an ihren Gebieter und werden mit der Zeit recht anhänglich, würden wahrscheinlich auch Zärtlichkeit mit Zärtlichkeit erwidern, wollte man sich mit ihnen ebenso viel abgeben, als man dies mit anderen Arten ihrer Ordnung tut. Möglicherweise würde selbst der als träge und geistlos verschriene Wellat" (Brehm: *Pl. scapulatus*, auct.; Wolters: Königssittich, *Alisterus scapularis*) „in dieser Hinsicht keine Ausnahme machen". Brehm wies darauf hin, die Siedler in Australien hätten schon durch Erfahrungen festgestellt, daß auch diese Sittiche „menschliche Worte nachsprechen" lernten (Brehm, 1872).

Am häufigsten wird die farbenprächtige Rosella *(Platycercus eximius)* genannt. Früher hieß dieser Sittich wegen seines bunten Gefieders auch „Buntsittich". Ruß meinte, daß die Rosella „bei aufmerksamer und liebevoller Behandlung ein angenehmer Stubengenosse sein kann". Bei einem Vogelhalter in Leipzig (Holtz) hörte er selbst eine Rosella die Worte „Papa", „Mama", „Ella" u. a. nachsprechen und „in ihr . . . natürliches Geplauder verweben" (Ruß, 1882).

Wie Hampe, ein späterer Papageienkenner sagte, lernen handaufgezogene Rosellas „recht gut kurze Motive nachzupfeifen und auch einige Worte sprechen". Sein zahmes Männchen, das er ein Jahr lang behielt, „sagte mit 4 Monaten ziemlich klanglos und undeutlich: ,Komm her'". Hampe mochte die Rosella als Stubenvogel nicht recht empfehlen, er erzählte: „Eine eigentümliche Angriffsweise sah ich ab und zu bei meinem zahmen Rosella. Wenn dieser Vogel einem mit ihm im Zimmer freifliegenden Stanleysittich etwas antun wollte, so schlich er sich ganz langsam, geduckt und ganz woanders hinsehend, heran, um plötzlich auf sein ahnungsloses Opfer einzuhacken, wenn er in seine unmittelbare Nähe gekommen war. Auch wir mußten immer etwas auf der Hut vor dem Vogel sein; wenn wir sein Mißfallen erregten, so griff er uns rücksichtslos an. Da ein Rosellapaar sich keine Zärtlichkeiten zu erweisen pflegt, sich insbesondere nie gegenseitig krault, ja sich nicht einmal gern nebeneinander setzt, sind zahme Rosellas auch sonst keine liebenswürdigen Stubengenossen. Sehr selbständig, zeigen sie keine Spur von Anhänglichkeit, und die einzige Freundlichkeit, die sie ihrem Herrn erweisen, ist, daß sie ihn aus dem Kropfe zu füttern suchen; sonst kommen sie nur, um einen Leckerbissen zu holen, aber sie werden sofort wütend, wenn sie ihn nicht augenblicklich erhalten" (Hampe, 1937). Bei diesen Arten steht also die Realität hinter den Erwartungen Brehms weit zurück.

Natürlich gibt es hin und wieder auch unter den Papageienarten, die hier nicht zur Sprache kommen, ein „sprechendes" Exemplar. Als Beispiel sei der den Prachtsittichen angehörende Maskensittich *(Prosopeia personata)* genannt. Ruß hörte in der Großhandlung von Fräulein Hagenbeck einen Maskensittich „laut und deutlich sprechen" (Ruß, 1882).

In Australien gelten Barnardsittiche (Lendon: *Barnardius barnardi*; Wolters: *Barnardius zonarius* subsp. *barnardi*), Ringsittiche *(Barnardius zonarius)* und die Rosella *(Platycercus eximius)* als nachahmungsbegabt im Pfeifen, wenn sie von Hand aufgezogen worden sind. Auch der Kragensittich, Twenty-eight Papagei *(Barnardius zonarius semitorquatus)* ist ein beliebtes Heimtier. Sie werden jedoch als aggressiv bezeichnet, wenn sie keine Scheu vor dem Menschen haben (Lendon, 1983).

Der Nymphensittich

Der graue Nymphensittich *(Nymphicus hollandicus)* mit gelbem Kopf und gelber Haube, orangeroten Wangen und weißen Armschwingen, ist allbekannt; beim Weibchen sind die Farben weniger kräftig. Dieser schlanke, langschwänzige Papagei – Sittich nennt man ihn seit langem – hieß früher „Keilschwanzkakadu" (Ruß, 1882). Tatsächlich wird er heute

Rosella *(Patycercus eximius)*. Aus Brehms Tierleben, 2. Auflage, 1878.

wieder zur Familie der Kakadus gezählt und bildet eine eigene Unterfamilie, während er lange Zeit den Plattschweifsittichen zugeordnet worden ist. Inzwischen gibt es viele Farbmutationen. Schon in der 1. Auflage seines „Tierlebens" 1866 sagte Brehm über den Nymphensittich, damals Corella genannt: „Neuerdings sind Corellas häufig nach Europa gekommen. Man sieht sie gegenwärtig in jedem Tiergarten und bei jedem größeren Vogelhändler. Sie ... vermehren sich in geeigneten Brträumen ohne sonderliche Umstände" (Brehm, 1866).

Im Jahre 1872 schrieb Brehm über den Nymphensittich: „Unser Vogel erfreut sich einer ungleich größeren Beachtung als irgend ein anderer seiner Ordnung, den Wellensittich nicht ausgeschlossen. Baut er in der Nähe der Landguthäuser seine Nester ..." – Brehm spricht von Australien – „so wird sein Tun und Treiben von der lieben Jugend sicherlich scharf genug bewacht, bis endlich der lang ersehnte Tag anbricht an welchem die Nester ausgehoben werden können. Dann ist der Jubel groß allüberall. Jeder Landbebauer hat fortan sein Pärchen ‚Kakadupapageien', und jeder bemüht sich nach Kräften, die gelehrigen Vögel abzurichten, sie zahm und zutraulich zu machen, sie das Nachpfeifen eines Liedes zu lehren, was alles nur wenig Anstrengung erfordert. Auch bringt man jetzt Hunderte und Tausende von Jungen zur Stadt, um sie hier zu verkaufen." Am Sprechtraining war man zu dieser Zeit offenbar bei den Nymphen nicht interessiert, denn Brehm sagte: „Mit ihrem Unterrichte gibt man sich bei uns zu Lande nicht ab, obwohl die aus Neuholland uns zugehenden Berichte sehr günstig lauten ... sie die Weise eines Liedes leicht und rein nachpfeifen lernen ... es läßt sich daher annehmen, daß ihnen auch das Nachahmen menschlicher Worte nicht schwer fallen dürfte" (Brehm, 1872).

In der überarbeiteten 2. Auflage sagte er 1878: „Von allen australischen Papageien kommt die Corella nächst dem Wellensittich am häufigsten auf unseren Tiermarkt. Sie dauert bei geeigneter Pflege besser aus als jeder andere Papagei, pflanzt sich auch ohne besondere Umstände im Käfige fort ... und würde jeden Vogelfreund entzücken, könnte sie es über sich gewinnen, mit ihrem durchdringenden, gellenden Geschrei die Ohren weniger zu beleidigen, als sie dies zu tun pflegt" (Brehm, 1878).

Ruß schrieb noch im Jahre 1882 über den Nymphensittich: „Er erscheint als hübscher oder doch komischer Papagei ... Im übrigen aber ist er ein recht langweiliger Vogel, der noch dazu durch sein eintöniges anhaltendes Geschrei überaus lästig werden kann ... Im Käfig zeigt sich der Keilschwanzkakadu meistens recht einfältig und dummscheu; dagegen gilt er in seiner Heimat als gut abrichtungsfähig und sprachbegabt." Ruß räumte ein, wenn man einen ganz jungen Nymphensittich bekomme, sei er das tatsächlich. Er schrieb: „Ein solcher Vogel wird überraschend bald zahm und zutraulich und lernt ... einzelne Worte, allerdings nur mit dünner Kinderstimme, nachplappern, auch Melodien nachflöten und manchmal allerlei Vogellieder nachsingen." Auf dem Vogelmarkt war er zu dieser Zeit „nicht immer und auch nicht sehr häufig vorhanden". Ruß sagte: „Sprecher dieser Art sind meines Wissens bisher noch nicht ausgeboten worden" (Ruß, 1882).

Längst wird der Nymphensittich nicht nur in großer Zahl gezüchtet, sondern auch gerne als Heimtier gehalten. Dabei ist die Frage nach der „Sprechbegabung" in den Hintergrund getreten.

Die Papageienfreundin Mathilde Reuleaux äußerte sich im späten 19. Jahrhundert begeistert über ihren zahmen Nymphensittich, den ihr Vater aus Australien mitgebracht hatte. Der Vogel war offenbar von Hand aufgezogen worden. Sie erzählte: „Er ließ sich in die Hand nehmen und herumkugeln und krauen wie ein kleines Hündchen" (Ruß, 1890?).

So zahm bekommt freilich nur ein sehr einfühlsamer Vogelpfleger seinen Nymphensittich. Im allgemeinen läßt sich ein zahmer Nymphensittich nur am Kopf kraulen, allenfalls das Bauch- oder Rückengefieder streicheln, und dies braucht Geduld.

80

Der Wellensittich

Der Wellensittich *(Melopsittacus undulatus)* ist die Vogelart, die bei uns am häufigsten gehalten wird. Allerdings unterscheiden sich die in vielen, vielen Generationen nachgezüchteten Vögel deutlich von den Wildvögeln Australiens. Der Zuchtvogel Wellensittich ist größer, kräftiger, sein Kopf ist relativ größer; ihn gibt es in zahlreichen Farbmutationen. Der wilde Wellensittich ist grün, hat einen gelben Kopf und auf dem Rücken eine dunkle, querverlaufende Wellenzeichnung, auf welche sich der wissenschaftliche Zweitname „undulatus" bezieht, der „gewellt" bedeutet.

Der Siegeszug des Wellensittichs

Der Wellensittich kam verhältnismäßig spät zu uns. Im Jahre 1831 befand sich ein einziges Exemplar als Seltenheit im Museum der Linnean Society in London. Der Reisende und Forscher Gould brachte im Jahre 1840 das erste lebende Pärchen nach England.

Im 19. Jahrhundert wurden Wellensittiche in Frankreich „Inséparables" (Unzertrennliche) genannt – der Name ging später ganz auf die *Agapornis*-Arten über – weil man glaubte, daß sie nur paarweise überleben könnten (Larousse, 1873).

Im Jahre 1858 äußerte der Naturforscher Karl Bolle die Hoffnung, daß die Vogelzüchter auch andere Vögel, nicht nur Kanarienvögel, in größerer Anzahl züchten würden. Er schrieb: „Manche Stunde trübseliger Arbeit am Webstuhl und hinter der Glaskugel würde verschönert" (zitiert nach Ruß, 1881). Und er meinte: Kein Vogel wäre besser geeignet, zu einem Gemeingut des ganzen Volkes gemacht zu werden: „Wer kennt ihn . . . nicht", rief Bolle aus, „wenn er in oder bei einer größeren Stadt wohnt, diesen kleinen wunderlieblichen Papagei Neuhollands . . ." (zitiert nach Ruß, 1881). Nur zwanzig Jahre später stellte Ruß fest, „daß der Wellensittich seitdem wirklich dem Kanarienvogel gleich sich in jeder Familie eingebürgert hat" (Ruß, 1881). Ludwig Leichardt, der in den Jahren 1844 und 1845 seine Land-

Wellensittich *(Melopsittacus undulatus)*. Aus Brehms Tierleben, 1. Auflage, 1866.

reise in Australien unternahm, gebrauchte für den Wellensittich den damals üblichen Namen „Canarienvogel-Papagei" (Leichardt, 1851).

Als Brehm den dritten Band der 1. Auflage seines „Tierlebens" im Jahre 1866 herausbrachte, noch vor Erscheinen des großen Papageienwerkes von Finsch, wurden jährlich Tausende von Wellensittichen eingeführt. Brehm schrieb: „Und der Bedarf steigert sich von Tag zu Tage, weil die Nachfrage immer größer wird." Voller Begeisterung äußerte sich Brehm über die Käfighaltung dieses Papageis: „Es steht zu hoffen, daß er mehr und mehr so manche andere Stubenvögel verdrängen und in eben demselben Grade ein allgemeiner Liebling werden wird, als er jetzt bei denen beliebt ist, welche ihn kennen. Ich meinesteils weiß keinen zweiten Stubenvogel weiter zu nennen, welchen ich so warm für den Käfig empfehlen möchte, als gerade den Wellenpapagei. Er gereicht jedem Zimmer zur Zierde und erwirbt sich bald auch das sprödeste Herz ... Die meisten anderen Papageien werden, so liebenswürdig sie sonst sind, zuweilen unerträglich durch ihre Stimme ... Diejenigen unter ihnen, welche sich in Worten mit ihren Pflegern unterhalten, können ihrem angeborenen Hang zum Lärmen nicht widerstehen, und zwischen den nachgeschwatzten Worten der menschlichen Sprache gellt das abscheuliche Kreischen hindurch. Es gibt wenige Menschen, welche diese Ungezogenheit der Papageien auf die Dauer ertragen können. Ganz anders ist es bei den Wellensittichen. Auch sie haben reiche Stimmittel; aber sie verwenden diese niemals in lästiger, vielmehr in höchst erfreulicher Weise. Es ist nicht zuviel gesagt, wenn man behauptet, daß der männliche Wellenpapagei den Singvögeln beigezählt werden muß; denn sein Geplauder ist mehr, als ein Gezwitscher: es wird zu einem, wenn auch bescheidenen, so doch recht ansprechenden Liedchen. Für mich hat der Gesang dieses Prachtvogels etwas höchst Angenehmes, und andere Tierzüchter sind nicht bloß derselben Meinung, sondern haben auch erfahren, daß der Wellensittich Lehre annimmt, die reichen Lieder anderer guter Sänger nämlich, welche er hört, bald täuschend nachahmt." Ganz so ernst kann Brehm seine Bemerkung doch nicht gemeint haben, daß der Wellensittich zu den Singvögeln gezählt werden müsse, denn an anderer Stelle sagte er: „Der Wellensittich ... schwatzt seinem Weibchen ein so allerliebstes Liedchen vor, daß man ihn zu den Sängern zählen würde, wäre er kein Papagei" (Brehm, 1866).

Im Jahre 1872 schrieb Brehm: „Aus sicherer Quelle habe ich erfahren, daß Wellensittiche auch Worte nachsprechen lernen, und ebenso vernehme ich durch Baron von Freyberg, daß ein gegenwärtig in Regensburg lebendes Männchen unseres Vogels nur ausnahmsweise sein eigenes Gezwitscher, dagegen aber den Gesang des Silberschnabels klar, rein und sehr getreu, nur etwas stärker vorträgt." (Brehm, 1872). Ruß berichtete: „Im Frühjahr 1880 beherbergte ich einige Wochen einen von Herrn Richard Bauer, Student in Tübingen, zur Ausstellung des Vereins ,Ornis' in Berlin gesandten Wellensittich, welcher vorzüglich sprach; dieser kleine Papagei ahmte aber auch den Gesang eines in demselben Zimmer befindlichen Graugirlitz in bewundernswürdiger Treue nach" (Ruß, 1881).

Ruß meinte, an das Wellensittichgeplauder könne man sich gut gewöhnen. Aber, so schrieb er: „Trotz des wissenschaftlichen Namens *Melopsittacus* (Singsittich) kann von einem wirklichen Gesange keine Rede sein. Dagegen ist es in neuerer Zeit allerdings von mehreren gewissenhaften Beobachtern bestätigt worden, daß der Wellensittich den Gesang des Kanarienvogels und mancher anderen Sänger leidlich gut nachahmen lernt" (Ruß, 1881).

Der Ornithologe Floericke schrieb vor dem 1. Weltkrieg über die Papageienarten: „Keine von ihnen erfreut sich so allgemeiner Beliebtheit wie der niedliche Wellensittich, zumal er unsere Ohren nicht mit abscheulichem Geschrei beleidigt, sondern im Gegenteil ein ganz wohllautendes Gezwitscher und Geschwätz zum besten gibt" (Floericke, o. J.).

Wie seine „Sprechbegabung" entdeckt wurde

Ruß stellte zusammen, auf welche Weise die „Sprechbegabung" des Wellensittichs bekannt wurde. Erst war scheinbar von einem Kanarienvogel die Rede: „Die Weltzeitung ,Times' in London brachte folgende Mitteilung: ,Durch die Autorität des Herrn W. H. Shrubsone, F. G. S. von Sheerneß ist festgestellt, daß ein Kanarienvogel, welcher einem zu Scraps-gate bei Sheerneß lebenden Schafhirten, namens Mungeam, gehört, imstande ist, Worte und Sätze auszusprechen, so daß dieselben deutlich zu verstehen sind. Manchmal schaltet der Vogel einige Worte mitten in seinen Gesang ein, aber dieselben sind deutlicher, wenn er spricht, wie er es oft tut, ohne zu singen. Soweit festzustellen, ist bisher noch kein Bericht über ein ähnliches ornithologisches Vorkommnis vorhanden.'"

Ruß widersprach lebhaft: „Früher als anderswo" sei in Deutschland ein „sprechender Kanarienvogel" beobachtet worden, er schrieb: „Bereits im Mai 1868 berichtete der für die Wissenschaft leider zu früh gestorbne junge Gelehrte und Afrikareisende Dr. Wilhelm Lühder im ‚Journal für Ornithologie' Folgendes: ‚Schon vor längrer Zeit hörte ich von Bekannten, daß die Frau Professor Teschner in Berlin einen sprechenden Kanarienvogel besitze; da ich jedoch das Sprechen bei einem solchen Vogel wenn auch nicht für unmöglich, so doch für sehr unwahrscheinlich hielt, so ließ ich das Gerücht anfangs unbeachtet, bis es immer bestimmter auftrat und ich mich veranlaßt sah, den Sachverhalt zu untersuchen. Ich begab mich daher zu der genannten Dame, die mir sehr bereitwillig den Vogel zeigte und ihn zum Sprechen anregte. Sie sprach ihm langsam die Worte vor: ‚Wo bist Du denn, mein Mätzchen, mein liebes Mätzchen?' welche der Vogel mit einer solchen Deutlichkeit wiederholte, daß ich anfangs glaubte, sie würden nicht von ihm, sondern von einem in dem Zimmer spielenden Kinde ausgesprochen. Von dieser Meinung wurde ich jedoch bald bekehrt, als der Vogel, dicht neben mir auf dem Tische stehend, dieselben Worte mit gleicher Deutlichkeit wiederholte. Wie sehr ich darüber erstaunte, kann sich jeder Kundige leicht denken. Der Vogel blähte dabei den Kehlkopf wie zum Gesange auf, es erfolgte aber nicht ein solcher, sondern immer nur jene Worte. Blieb er einmal in denselben stecken, so half ihm die Lehrerin wieder aus, und er fuhr dann fort. Verließ die Dame das Zimmer, so rief er ihr regelmäßig nach: ‚wo bist Du denn, mein Mätzchen? wo bist du?' Außerdem rief er seine Herrin mit einem eigentümlichen Lockton, den man sonst von einem Kanarienvogel nicht vernimmt." Natürlich verrät dieser „eigentümliche Lockton" den Wellensittich, den man allerdings kennen muß, um ihn identifizieren zu können. Der Berichterstatter fuhr fort: „Der Vogel ist zwei Jahre alt, sehr zahm und singt nicht, ausgenommen einen Triller, den er sich in letzter Zeit angeeignet hat, und den er gewöhnlich an das ‚wo bist du?' anzu-

hängen pflegt. Die Stimme ist wie schon bemerkt, der eines Kindes von etwa vier Jahren täuschend ähnlich. Das ‚st' in der Aussprache des Vogels hat viel Ähnlichkeit mit demselben Laut in der plattdeutschen Sprache, es ist also eine Mischung von st und sch." (Ruß, 1890?). Die Bevorzugung von Zischlauten ist typisch für das „Sprechen" von Wellensittichen; typisch ist auch der „Triller".

Ruß führte ein weiteres Beispiel für einen „sprechenden" „Kanarienvogel" an: „Eine wunderhübsche Schilderung gibt sodann in meiner Zeitschrift ‚Die gefiederte Welt' Jahrgang 1877 Herr Pastor A. S. in Braunschweig: „... In den hellblonden Locken eines anmutigen Mädchenkopfs tummelte sich das dunkelgoldfarbige Kanarienhähnchen von seltner, schlanker Gestalt, sonst nur durch einen längern und stärkern Hals als gewöhnlich ausgezeichnet." Es handelte sich also um eine gelbe Mutation, die auch unter den Wildvögeln Australiens gelegentlich auftritt. Man muß bedenken, daß die wildgefangenen Wellensittiche wie auch die Nachzuchten der damaligen Zeit viel kleiner waren als die heutigen Zuchtvögel und einen bedeutend kleineren Kopf hatten. Ich vermute, daß es sich bei dem Vogel um eine Nachzucht handelte: Bei Vermehrungszuchten kam es bis in die jüngste Zeit hinein immer wieder vor, daß der Schnabel eines Vogels nicht die normale Krümmung aufwies. Schon hatte der Zuschauer nicht die typische Papageien- bzw. Sittichgestalt vor Augen, die ihn eher zur richtigen Artbestimmung geführt hätte. Vor allem waren manche Berichterstatter durch das verblüffende „Sprechen" regelrecht verwirrt, wie gerade aus der Schilderung des Pastors zu entnehmen ist: „Nun strecken Sie einen Finger aus, sagte sie, und sogleich flog der Vogel auf denselben, besah sich mein Gesicht auf- und abwärts, rückte sich dann zurecht und begann in leisen Tönen seinen Gesang anzustimmen, der sich bald zum jubelndsten Geschmetter erhob. Da auf einmal schlugen Worte an mein Ohr, laut, deutlich, aber so unerwartet menschlich tönend, so verständlich gesprochen oder vielmehr gesungen, daß ich in jäher Überraschung

83

zurückfuhr und dadurch den Vogel vom Finger verscheuchte." Als der Vogel wieder zu ihm kam, blieb der Pastor ruhig sitzen. Er schrieb: „Die Leser werden es mir wohl glauben, daß ich mit dem kleinen Sänger und Sprecher auf dem Finger, so nahe vor mir, wie bezaubert dasaß" (Ruß, 1890?). Dieser Berichterstatter hatte den Vogel nicht genau betrachtet.

Ruß erzählte: „Man hatte bereits hier und da behauptet, daß der Wellensittich gleich anderen Papageien sprechen lerne, niemals war aber ein Beweis für diese Tatsache erbracht, erst im Jahre 1877 berichtete Fräulein Eugenie Maier in Stuttgart über einen solchen Vogel und seitdem ist kein Zweifel mehr zu hegen. Die Dame schreibt in meiner Zeitschrift ‚Die gefiederte Welt' folgendes: ‚Ein Wellensittich, der noch ganz jung und unverfärbt in meine Hände gelangte, eignete sich zuerst aus dem Gesange eines Sonnenvogels einige schöne Töne an. Er war sehr zahm geworden und kam auf einen Ruf mir stets auf Schulter oder Hand. Als ich sodann ein Pärchen Zebrafinken erhielt, lernte er deren Trompetentöne und verlor den Ruf des Sonnenvogels. Ich schaffte daher die Zebrafinken wieder fort, so daß ‚Missé', wie ich ihn nannte, mit keinem lebenden Wesen außer mir in Berührung kam, und bald legte er das trompeten ab. Wie groß war aber meine Verwunderung und Freude, als er mich kurz darauf mit den Worten: ‚liebe kleine Missé, komm, komm' überraschte, die er anfangs ganz schüchtern sprach und sich dabei stets umwandte, gleichsam um zu sehen, ob ich sie auch gehört habe. Dieser Satz war eben meine Anrede, mit der ich ihn besonders des Morgens immer begrüßt, ohne daß ich jedoch die Absicht gehabt, ihm die Worte zu lehren, da ich ja garnicht gewußt, daß er sprechen lernen könne. Bald darauf plapperte er dann auch noch: ‚oh, du liebe kleine Missé', ‚lieb, klein' Herz, komm, gib mir 'nen Kuß'. Gar possierlich ist es anzuhören und zu sehen, wenn ich ihm meinen Finger vorhalte. Dies scheint sein höchstes Glück zu sein, denn derselbe wird geküßt, angesungen; er fliegt weg, kehrt zurück, pickt den Finger an, sucht ihn zu ätzen und wiederholt dies Spiel unzähligemal, während er die erwähnten Worte spricht.'" Dieses „Küssen" gehört zum natürlichen Balzverhalten – Schnäbeln, Fütternwollen – des Wellensittichs.

In seinem kleinen Buch über den Wellensittich von 1886 brachte Ruß eine weitere Schilderung eines „sprechenden" Wellensittichs: Wilhelm Bauer, Student der Rechtswissenschaften (stud.jur.) schrieb ihm: „Obwohl seit längrer Zeit im Besitz von Wellensittichen, welche nisten, hatte ich mir doch nie die Mühe genommen, ihre Gelehrigkeit zu erforschen und war daher nicht wenig erstaunt, vor etwa zwei Jahren zu lesen, daß eine Dame in Stuttgart einen Wellensittich besitze, welcher mehrere Worte verständlich spreche. Als ich erfuhr, daß dieser Vogel vor Fremden sich nicht hören lasse und bald darauf, daß er gestorben sei, glaubte ich überhaupt nicht daran. Jetzt bin ich aber durch eigne Erfahrung anders belehrt worden. Ich hatte vor ungefähr einem halben Jahr einer Frau, welche nicht gehen kann, einen jungen männlichen Wellensittich mit der Absicht geschenkt, derselben dadurch einige Unterhaltung zu verschaffen. Der Vogel, welcher so gehalten wurde, daß er beliebig den Käfig verlassen und frei im Zimmer umherfliegen konnte, zeigte sich rasch sehr zutraulich, indem man sich viel mit ihm abgab. Vor kurzem wurde mir nun mitgeteilt, daß derselbe einige Worte vernehmlich nachspreche, und obwohl ungläubig, habe ich doch die Besitzerin aufgesucht und zu meiner Verwunderung mich selbst davon überzeugt, daß der Vogel wirklich so deutlich spricht, daß ihn Jedermann verstehen kann. Auf die Frage seiner Herrin: Hansele, wo bist Du? antwortete er: ‚Da bin ich', und kommt dabei auf Finger oder Schulter geflogen, wiederholt alsdann selbst die Worte: ‚Hansele, wo bist du, bist du, da bin ich', ‚o du liebes Zuckerle'. Dabei ist es abweichend von dem, was ich früher hörte, daß dieser Wellensittich ohne Aufforderung und gleichsam als freue er sich selbst über seine Fertigkeit, die Worte oft wiederholt, ohne sich durch Anwesenheit fremder Personen stören zu lassen" (zitiert nach Ruß, 1886).

84

Ruß berichtete: „Dieser sprechende Wellensittich wurde dann zu der großartigen Vogelausstellung des Vereins ‚Ornis‘ i. J. 1880 nach Berlin geschickt und hier erregte er ungemein großes Aufsehen und ebensolche Bewunderung. Unter denen, welche ihm Beachtung schenkten, befand sich Herr Professor Dr. Virchow, und zu meiner großen Freude und Befriedigung sprach der Vogel deutlich artikuliert, während der berühmte Gelehrte gerade vor ihm stand. Ich selbst habe ihn vor und nach der Ausstellung mehrere Wochen beherbergt und kann bezeugen, daß die Angaben der Besitzerin auf Wahrheit beruhen. Als einzig in seiner Art wurde dieser Wellenpapagei an einen begeisterten und zugleich sehr wohlhabenden Liebhaber in Wien für 150 Mark verkauft" (Ruß, 1890?).

Ein weiterer Wellensittich ging in die Geschichte ein. Ruß nahm ihn auch in seine „Sprechenden Papageien" auf. Ausführlicher druckte er den Bericht jedoch in seinen „Bildern aus der Vogelstube" ab: „Einen weitern sprechenden Wellensittich sah und hörte Herr C. v. Scheid in Koblenz bei Herrn Schneidermeister Schmitz dort. Er schildert ihn in folgendem: „Der Genannte hatte ein Paar Wellensittiche gewonnen. Das Weibchen flog ihm kurz darauf fort, und da ihm von irgend Jemand gesagt worden war, ein einzelner Wellensittich vertrauere, er aber nicht gleich ein Weibchen dazu erhalten konnte, so hing er dem Vogel gegenüber, an die andre Seite des Fensters, ein Kanarienweibchen. Der Schneider hatte übrigens seinen Arbeitstisch quer vor dem Fenster stehen, so daß die beiden Käfige in seiner Gesichtshöhe und in unmittelbarer Nähe vor ihm waren. Wie sehr natürlich, wurden beide Vögel hierdurch sehr zahm. Die Arbeiter nannten den Wellensittich Jakob. Derselbe machte eines Tags seinen Käfig auf und stattete seinem Nachbar Kanarienvogel einen freundschaftlichen Besuch ab, welcher sehr gnädig aufgenommen wurde. Darauf wurden beiden Vögeln täglich die Käfige geöffnet, ein Stock zwischen die letzteren gelegt, und die Freundschaft ist heute so innig, daß der Wellensittich kein Futter nimmt, ohne seinem Freunde davon in der liebenswürdigsten Weise mitzuteilen. Er behandelt ihn ganz, als ob er, der Kanarienvogel, ein Junges von ihm wäre, wobei allerdings nicht ausgeschlossen ist, daß er auch hin und wieder tüchtig geschüttelt wird, ohne daß dies jedoch die Freundschaft erheblich zu stören vermöchte." Wahrscheinlicher ist jedoch, daß der Wellensittich den Kanarienvogel als Partnerersatz annahm. Der Berichterstatter fuhr fort: „Die Arbeiter sprachen viel mit ihrem grünen Freunde, da überraschte es sie alle, als plötzlich der Wellensittich ganz leise ‚Jakob‘ oder ‚Jakobche‘ sagte. Sie trauten ihren Ohren nicht, einer bestätigte, der andre bestritt, daß der Vogel gesprochen, es dauerte aber garnicht lange, so hörte einer nach dem andern, daß der Vogel ganz vernehmlich sprach, und zwar nach und nach ‚Jakob – Jakobche – gehst Du her – Dickkopf – Spitzbube‘. Er schnalzt mit der Zunge, küßt und pfeift ganz lang gezogen, flötenartig, nimmt seinem Herrn und dessen Tochter Futter aus dem Mund, unterscheidet seine Umgebung ganz genau, so daß er z. B. die Tochter schon erkennt, wenn sie im Vorzimmer die Tür öffnet, und folgt ihr auf den Ruf" (Ruß, 1882 und 1890?). Sein natürliches Kreischen ließ er angeblich nie mehr hören, nur noch ein „nicht unangenehmes Zwitschern" (Ruß, 1882).

Ruß konnte im Jahre 1882 schon den ersten Bericht von einem handaufgezogenen „Sprecher" wiedergeben: „Ein aus dem Nest genommenes, noch kaum befiedertes Wellensittich-Männchen wurde schon nach einigen Tagen auffallend zahm und da der Besitzer sehr viel Zeit übrig hatte, sich mit ihm zu beschäftigen, so lernte es bald einige, im Lauf von 1 1/2 Jahren aber etwa fünfzig Worte und ganze Sätze deutlich aussprechen. Der Vogel ist so gelehrig, daß er täglich noch Neues dazu annimmt" (Ruß, 1882). Ruß hielt dieses Exemplar noch für eine Ausnahme.

Wenige Jahrzehnte später betrieb die begeisterte Wellensittichliebhaberin Berta Ragotzi das Heranziehen von „Sprechern" geradezu berufsmäßig. Sie schrieb später: „Seit 1925 habe ich mich insbesondere damit abgegeben, Wellensittiche aufzuziehen und abzurichten. Es waren Jahre voller Mühe, aber überreich an Freuden. Unter Aufzucht verstehe ich das Aufpäppeln nestjunger Sittiche. Die Erfahrung hat nämlich gelehrt, daß aus ihnen die besten Sprecher werden, vorausgesetzt, daß es Männchen sind, denn bei den Wellensittichen sind die Männchen geschwätziger als die Weibchen. Weit über 200 Sittichkinder habe ich aufgezogen, aufgepäppelt und unterrichtet, zur Freude ihrer künftigen Besitzer . . ."

Ihr eigener Lieblingswellensittich – ihn hatte sie noch nicht selbst aufgepäppelt – war der weiß-blaue „Putzi", den sie über 12 Jahre besaß. Über ihn erzählte sie: „Er war sehr gelehrig. Als Putzi 5 Jahre zählte, konnte er etwa 300 Wörter sprechen. Andere Wellensittiche übertrumpfen ihn, indem sie ihren Wortschatz auf etwa 500 steigern. Uns genügte, was Putzi sagte. Wir haben nicht versucht, ihm immer wieder Neues beizubringen, sondern sind darauf bedacht gewesen, daß er das Gelernte behielt. Manche Wörter, die er aufgeschnappt und die wir mitgezählt haben, hat er ohnehin nur einige Male gesprochen. In der Zahl 300 sind auch die Sätze enthalten, deren Wortfolge er leicht veränderte. Täglich benutzt hat er in seiner besten Zeit 80 Wörter . . . Seine beste Zeit währte bis in sein siebentes Jahr. Dann sprach er weniger." Im Alter von 5 Monaten hatte er begonnen zu „sprechen". Nach einem Jahr hatte er angeblich 100 Wörter gelernt. Bald stellten sich die Verdrehungen ein, die bei Wellensittichen so typisch sind. Ragotzi schreibt: „Solche Verdrehungen werden von allen sprechenden Wellensittichen berichtet. So mischte ein Sprecher sich aus ‚Prosit Neujahr!' und ‚Lausigel!' die Worte ‚Prosigel' und ‚Prolausigel' zusammen. Einer, der ‚Papagei' sagte, überraschte mit: ‚Papa gehts denn?', weil er auch sprechen konnte: ‚Na, wie gehts denn?' Hier wurde also das G zum Übergleiten benutzt. Putzi sagte ‚Schnupperle' und auch ‚Pupperle'; daraus machte er sich ‚Schnuppupperle' . . . Je älter und sprachfertiger das Tierchen wurde, desto mehr stellte sich die Sucht ein, die Wörter abzukürzen. Oft wurde einfach aus der Mitte etwas weggelassen. Aus ‚Papagei' z. B. wurde ‚Pagei' . . . Deutlich sprach er stets seine Adresse, später sparte er sich bei der Hausnummer die Mittelsilbe. Aus der Auenstraße in Breslau machte er Augenstraße, denn das Wort ‚Augen' war ihm aus mehreren Sätzen geläufig . . ." Putzi neigte zu schier endlosen Wiederholungen. Vor allem sein ‚Putziputziputziputz . . .' wollte oft kein Ende nehmen. Das kennen viele, die einen „sprechenden" Wellensittich besitzen.

Aber selbst für Ragotzi gab es noch Überraschendes. Sie erzählte: „In der ‚Gefiederten Welt' hat vor kurzem ein Mannheimer Herr unter der Überschrift ‚Kuriosum' einen Wellensittich angeboten, der etwa 120 Sätze sprach. Das war in der Tat ein Kuriosum, und ich bat den Besitzer des seltenen Vogels, mir einiges über ihn zu sagen. Er war, kaum sechs Wochen alt, zu ihm gekommen und sehr zutraulich. Den ersten Sprechunterricht erhielt dieser gelehrige und bald gelehrte Peter in den nächsten vier Wochen. Meist lernt er mehrfach Vorgesprochenes in zwei bis drei Tagen. Das Gelernte wiederholt man mit ihm öfters. Wenn er aufgelegt ist, spricht er manchmal über eine ganze Stunde lang" (Ragotzi, 1956).

Inzwischen stand der Wellensittich im Ruf, zu den besonders gut „sprechenden" Vögeln zu zählen, wurde gar „Sprechkünstler" genannt.

V. Lucanus bekam 1921 ein noch unselbständiges Wellensittichmännchen, das er mit Hirsebrei großzog. Er berichtete zwei Jahre später: „Der kleine Sittich besitzt zu meiner Überraschung ein geradezu erstaunliches Sprachtalent und übertrifft in Bezug auf schnelle Auffassungsgabe sogar den vielgerühmten Graupapagei. Im Gegensatz zum Graupapagei zeigt er aber wenig Neigung zum Assoziieren. Er verbindet mit den erlernten Redensarten keine äußeren Vorgänge. Seine Fähigkeit beschränkt sich ausschließlich auf eine Nachahmung der vorgesprochenen Worte. Sein Sprechen ist also nichts anderes als ein Spotten, ebenso wie das Liederpfeifen des abgerichteten Stars oder Gimpels. Dafür ist aber das Nachahmungstalent überaus stark entwickelt. Der Vogel spricht 12 Redensarten in Sätzen mit 2–4 Worten, singt die Liederstrophe ‚Blau blüht ein Blümlein, dies heißt vergiß nicht mein' und zählt fehlerfrei von 1 bis 10" (v. Lucanus, 1923) (vgl. S. 246ff). Dieser Wellensittich war sehr zahm.

Lautäußerungen und Verhalten

Beobachtungen in der Natur

Papageiengeschrei und Papageienflüge

Immer wieder erzählten Südamerika-Reisende, morgens seien sie durch das Geschrei von Papageien geweckt worden, die zu ihren Futterplätzen flogen.

Die ‚rauhen, mißklingenden' Schreie der Araras waren gewöhnlich die ersten lauten Töne, die Wirt Robinson im Jahre 1892 während seiner Reise am Magdalena-Fluß (Kolumbien) hörte; wie er schrieb, weckten sie ihn und seine Begleiter auf (Robinson, 1895).

Andere Naturbeobachter, die mitten in der Natur, am Urwaldrand lebten, machten jedoch ganz andere Erfahrungen. Für sie waren nicht die Araras die ersten. Der holländische Beamte A. Kappler lebte über 4 Jahrzehnte in Surinam. Er wohnte in einem Haus, das für seine Naturbeobachtungen sehr geeignet war. Kapplers Beschreibung stammt aus dem Jahre 1887: „Zwei Stunden von jeder menschlichen Wohnung entfernt, lag dieses Haus auf einem kleinen Flecken Hochland, umgeben von sumpfigen Pina- und Mauritien-Waldungen, einer kleinen Savanne und Hochwald ... Schon ehe der Tag anbrach, hörte man auf der Savanne den gellenden Ruf eines Buschhuhns, Wakago *(Ortalida parraqua)* und das Brummen des viel größeren Hokko *(Crax alector)*, welchem mit Sonnenaufgang das Geschrei der Araras und Papageien folgte, die in dem Mauritienwäldchen nisteten, oder der Pfefferfresser, die von den Gipfeln der höchsten Bäume herab, unter immerwährendem Hin- und Herwenden des Kopfes, ihre

gellende Stimme ertönen ließen. Aus dem Walde hörte man von Zeit zu Zeit die Glockentöne der Männchen einer Ampelisart *(Lipangus plumbea)*, denen das Weibchen mit einem hellen Gurren antwortete, den Lärm, den streitende Affen miteinander führten, oder manchmal den einer verstimmten Posaune ähnlichen Ruf eines taubengroßen Fliegenschnäppers' ... *(Gymnocephalus calvus)*, eine Stimme, so gewaltig, daß sie Tote auferwecken könnte ..." (Kappler, 1887).

Prinz von Wied, dem Südamerikareisenden und großen Naturbeobachter des beginnenden 19. Jahrhunderts, den Brehm so oft zitierte, fiel auf, daß die Papageien während des Fluges rufen bzw. schreien. Er schrieb über die Goldmaskenamazone (von Wied: *P. dufresneanus*, Kuhl; Wolters: *Amazona dufresniana*) folgende Beobachtung nieder: „Wenn diese Vögel am frühen Morgen oder in der Kühlung des Abends durch die hohe Luft ziehen, schlagen sie heftig mit ihren kurzen Flügeln, um den dicken schweren Körper fortzutreiben, und ihre Stimme wird alsdann beständig gehört" (Wied, 1832).

Nach Swynnerton waren die Kappapageien *(Poicephalus robustus)*, die er um die Jahrhundertwende im damaligen Südrhodesien beobachtete, bei ihren Flügen von und zu ihren Schlafplätzen äußerst „pünktlich". Wenn er keine Uhr dabei hatte und es morgens nebelig oder tagsüber regnerisch war, zeigten ihm oftmals einzig die Schreie der vorbeiziehenden Kappapageien an, daß es Zeit war, mit der Arbeit zu beginnen oder aufzuhören. Auch die Eingeborenen benutzten sie bei solchem Wetter als Zeitangabe (Swynnerton, 1907).

Im Jahre 1847 berichtete Schomburgk von

87

einem Morgen am Fluß Barima (Britisch-Guayana): „Hunderte von Papageien ziehen paarweise unter dem schrecklichsten Lärmen über den Fluß hin" (Schomburgk, 1847/48).

Auffallend viele Berichterstatter erwähnen ausdrücklich das laute Geschrei, das offenbar so typisch ist für Papageienflüge.

In Amapá (Süd-Guayana, Brasilien) beobachtete der Museumsdirektor von Belém (Pará) Emil A. Goeldi, im Jahre 1895, Venezuelaamazonen (Goeldi: *Chrysotis amazonica*; Wolters: *Amazona amazonica*), wie sie zweimal täglich über den Ort flogen, morgens in kleinen Gruppen auf dem Flug zu ihren Fruchtbäumen und abends alle zurück zu ihren Schlafbäumen. Zwischen 5 und 6 Uhr abends war im Ort manchmal kein Gespräch mehr möglich, so schrieb er, bis die Papageienwolken außer Sicht waren. Goeldi sagte: Wenn ein Papagei fähig ist, ein infernalisches Geschrei zu erzeugen, dann stelle man sich den Lärm vor, den eine ununterbrochene Kette von Hunderten und Tausenden dieser Schreier hervorbringt! (Goeldi, 1897).

Ähnliches erlebte der Zoologe Barbour bei seinem Besuch in Darien im Jahre 1922, wo Schwärme von Schwarzohrpapageien (Bangs/Barbour: *Pionus menstruus*; Wolters: *Pionus menstruus*) im Flug ein solches Geschrei machten, daß in ihrer Nähe keine normale Unterhaltung möglich war (Bangs/Barbour, 1922).

Bei seinen Feldbeobachtungen im Jahre 1895 auf der Insel San Domingo kam C. Christy der Lärm, den die Haitiamazonen (Christy: *Chrysotis sallaei*; Wolters: *Amazona ventralis*) während ihrer morgendlichen und abendlichen Flüge machten, lauter vor als der eines Fluges von Gänsen (Christy, 1897).

Neunteufel, der im Dienste der Wissenschaft und als Tierfänger für Zoologische Gärten in Paraguay lebte und arbeitete, schilderte riesige Papageienschwärme mit besonderer Anschaulichkeit: „Während der ersten Beerenreife des Fumo bravo (Solanum) erscheinen Schwärme von Amazonenpapageien; erst kleinere Flüge, dann immer mehr und mehr, bis das Hauptheer über den Urwaldgipfeln auf-

taucht. Schon von ferne durchzittert brandendes Stimmengewirr die Luft, von Sekunde zu Sekunde verstärkt es sich, und dann zieht mit ohrenbetäubendem Lärm die hellgrüne Papageienwolke über uns hin. Zehntausende! Es herrscht ein unbeschreibliches Getöse, nur schreiend können wir uns verständigen. Das brodelnde Geschrei der Vögel verschluckt ihre einzelnen Laute, nur die Stimmen einiger tief fliegender Papageien heben sich vom allgemeinen Gezeter ab: Rau... rau... rau... rau... erlick... erlick..." (Neunteufel, 1941).

Aus Afrika dagegen wird uns eine Beobachtung überliefert, die das Verhalten afrikanischer Papageien scheinbar anders darstellt. Auf seinen Jagden in Kamerun, etwa um 1930, strich Zwilling ein Urwaldgebiet ab, das stark mit Sumpfwiesen durchsetzt war. Er erzählt: „Eines Tages vernahm ich da unweit eines solchen interessanten Fleckens ein starkes Brausen und Sausen durch den Wald. Ich war sehr überrascht und konnte diesen Klang mir nicht deuten... Nun, bis aufs äußerste gespannt, pürschte ich mich an die große Sumpfwiese heran und war erstaunt, plötzlich Tausende und Abertausende von Graupapageien in dichten Schwärmen zu einer natronhaltigen Quelle heran- und abbrausen zu sehen. In so großen Mengen sah ich in Kamerun den Graupapagei (*Psittacus erythacus* Linné) nie wieder" (Zwilling, 1939).

Zwilling erwähnte zwar keine Lautäußerungen bei diesen Papageienschwärmen; das besagt aber nichts. Bei so großen Schwärmen können die Fluggeräusche mit dem unauflösbaren Geschrei der Vögel derart verschmelzen, daß das menschliche Ohr nur noch einen einzigen riesigen Lärmkörper wahrnimmt.

Tatsächlich schreien auch die Graupapageien im Flug, wie Martin Eisentraut auf seiner Expedition zur Erforschung der Tierwelt des Kamerungebirges im Jahre 1958 feststellte; er berichtet: „Schon vor Hellwerden breche ich auf, steige den Hang hinauf und begebe mich zum Feigenbaum. Ich suche mir eine etwas verdeckte Sitzgelegenheit und warte. Gegen 6 Uhr wird es langsam hell. Vogelstimmen werden laut... Eine Schar

Graupapageien fliegt über mich hinweg; ich kann die Tiere nicht sehen, höre aber ihre krächzenden und jodelnden Rufe" (Eisentraut, 1982).

Reichenow war der erste, der – nach seinen Erfahrungen in Westafrika 1872/73 – ausführlich über Graupapageienflüge von den Schlafplätzen zu den Futterplätzen und zurück berichtete, und zwar im dritten Jahrgang der von Ruß gegründeten ‚Gefiederten Welt', also im Jahre 1874: „Fortwährend lärmend, krächzend und kreischend, ziehen die Graupageien dem Binnenlande zu, um sich in den auf den Hochebenen mit Vorliebe angelegten Maisfeldern der Neger gütlich zu tun. Halbreifer Mais bildet ihre Lieblingsnahrung, und erschreckend sind die Verheerungen, welche sie in den Feldern anrichten. Gegen Sonnenuntergang erst treten sie den Rückzug an, um sich wiederum auf ihren Schlafplätzen zu versammeln. Bei diesen regelmäßigen Streif- und Raubzügen halten sie stets dieselben Zugstraßen ein, insofern sie auf letzteren nicht beunruhigt werden. Wir benutzten solche bald erkundeten Wechsel zum Anstande, um unserer Küche aufzuhelfen, konnten jedoch einen und denselben Platz niemals längere Zeit nacheinander behaupten, weil die klugen Vögel die betreffenden Stellen sich merkten und in weitem Bogen umflogen" (zitiert nach Brehm, 1878).

Den Graupapageienflug beschrieb Reichenow nach seinen Eindrücken in Westafrika folgendermaßen: „Der Flug der Graupageien ist erbärmlich zu nennen. Mit kurzen, schnellen Flügelschlägen streben sie in gerader Richtung ihrem Ziele zu: es gewinnt den Anschein, als ängstigten sie sich und fürchteten, jeden Augenblick herabzufallen. Als wir die Küste betraten und zum erstenmale in der Ferne fliegende Jakos bemerkten, glaubten wir Enten vor uns zu sehen; denn deren Fluge glich der ihrige" (zitiert nach Brehm, 1878).

Brehm konnte Mitte des 19. Jahrhunderts auf seinen Reisen in Nordostafrika den Flug des Halsbandsittichs *(Psittacula krameri)* studieren, er stellte fest: „Der Flug ist reißend schnell, scheint aber zu ermüden; wenigstens

erfordert er viele schwirrende Flügelschläge und geht nur dann in ein leichtes Schweben über, wenn sich der Papagei eben niederlassen will. Aus reiner Lust zum Fliegen treibt sich der Halsbandsittich niemals in der Luft umher; er verbindet mit seinem Dahineilen immer einen ganz bestimmten Zweck und endet seinen Flug, sobald er glaubt, diesen erreichen zu können" (Brehm, 1866).

Die Bewegungen der lärmenden Papageienschwärme sind mehr oder weniger kompliziert.

Gould berichtete von Lori-Arten, die „sich in unzählbaren Flügen vereinigen, die gleich einer Wolke in regelmäßigen Schwenkungen und von einem ohrenbetäubenden Geschrei begleitet, mit reißender Schnelligkeit durch die Lüfte eilen" (Finsch, 1867/68).

Über den Flug der Carolinasittiche *(Conuropsis carolinensis)* schrieb Wilson, der sie noch beobachten konnte (seit Anfang des 20. Jahrhunderts sind sie ausgestorben): „Sie halten sich in geschlossenen Schwärmen und stürmen mit großer Schnelligkeit unter lautem und weitschallendem, spechtartigem Geschrei dahin, gewöhnlich in einer geraden Linie, gelegentlich aber auch in sehr anmutig gewundenen Schlangenlinien, welche sie, wie es scheint, zu ihrem Vergnügen plötzlich und wiederholt verändern" (zitiert nach Brehm, 1866).

Gibson erzählte im späten 19. Jahrhundert, wie er Felsensittiche (Gibson: *Conurus patagonus*; Wolters: *Cyanoliseus patagonus*) in der Umgebung von Buenos Aires erlebte: Ihre Flüge machten auf ihrem Morgenflug zwischendurch Rast – als ob sie müde oder unsicher seien, wohin sie fliegen sollten, meinte Gibson – währenddessen kreischten sie minutenlang. Manchmal folgten sie den Rufen eines vorbeifliegenden anderen Schwarms, oder sie veranlaßten diesen, sich bei ihnen niederzulassen und mitzukreisen (Gibson, 1880).

Der Naturforscher Beebe beobachtete in der Umgebung von Bartica (Britisch-Guayana) das Verhalten von Sittichen auf ihrem Flug zum Schlafplatz. Er fand heraus, daß es sich bei zwei von drei Versammlungsplätzen der Sittiche um Zwischenstationen handelte. Flug um Flug fielen die Sittiche in einen solchen Baum ein, in der Regel still. Wenn sie saßen, hörte man verschiedene Vögel mit Geschrei zanken. Waren viele aus allen Richtungen eingetroffen – einschließlich der Richtung, in welche der spätere Abflug stattfinden würde –, folgte erst einmal eine Periode der Stille, und ihre Tarnung war perfekt. Dann, mit einem Schlag, stob die ganze Gesellschaft von mehreren hundert Vögeln wie ein Wirbelwind und mit dem lautesten Geschrei davon. Von einem höheren Beobachtungspunkt aus sah Beebe, daß der Schwarm nicht direkt auf sein Ziel zuhielt, sondern in die Höhe ging und einige weite Runden flog. Wenn eine kleine Gruppe der Sittiche Anstalten machte, sich zum Bambusrohr hinunterzustürzen, und die Mehrheit weiterfliegen wollte, riß sie die Minderheit mit, die sie in einem Wirbel hochzog (Beebe/Hartley/Howes, 1917).

Auch andere Ornithologen beschrieben kreisende Schwärme auf dem Flug zum Schlafplatz. Die Zoologen Schnell, Weske und Hellack beobachteten in Jalisco (Mexiko) eines Abends im Januar 1972, wie etwa 120 Kiefernsittiche (Arasittiche) *(Rhynchopsitta pachyrhyncha)* an einem Vulkanhang laut schreiend Kreise flogen. Sie behielten dieses Verhalten ungefähr 15 Minuten lang unter beträchtlichem Geschrei bei. Dann, bei Sonnenuntergang, ließen sie sich in den Kiefern nieder. Am anderen Morgen, um 8 Uhr, kreisten wiederum 100 Kiefernsittiche laut schreiend, an anderer Stelle, über Kiefern (Schnell/Weske/Hellack, 1974).

Im Gegensatz dazu hatte das lärmende Kreisen von Papageien im Falle von Störungen (z. B. Bejagen) eine deutlich erkennbare Ursache (vgl. S. 109f).

Auch auf der Forschungsstation Rancho Grande im Nationalpark von Aragua, Venezuela, einem unberührten Urwaldgebiet, beobachtete Beebe, wie Sittiche von einem Schwarm Artgenossen mitgerissen wurden. Erst bemerkte er durch das Fernrohr, daß

grüne Blätter an den dürren Ästen eines Candelobaum-Wipfels sich als Sittiche entpuppten. Er erzählt: „Mit Gekreisch tauchte ein geschlossener Schwarm vierzehn weiterer Sittiche auf, von der gleichen rothaubigen Art, und schoß dicht an dem Candelo-Wipfel vorbei. Die drei schnellten von den Ästen hoch, als wären sie Eisenpfeilspäne, die in die Nähe eines Magnets geraten sind, und verschmolzen mit der Schar der anderen. Alle machten eine geschlossene Schwenkung und flogen höher, über den Paß nach Norden. Ihr schrilles Gekreisch schnitt in die Stille . . ." (Beebe, 1951).

Der Zoologe Hans Krieg, der selbst Südamerika „zwischen Anden und Atlantik" bereist hatte, erklärte das Phänomen des lärmenden Papageienschwarms folgendermaßen: „Anschlußbedürfnis, Angst vor dem Anschlußverlust, Nahrungs- und Schlafplatzkonkurrenz beherrschen, glaube ich, das Seelenleben sozialer Vögel noch mehr als das anderer sozialer Tiere, weil ja bei den Vögeln jeder Ortswechsel besonders leicht und rasch erfolgt. Ein Papageienschwarm ist eine Einheit, solange er schreit, und er schreit, weil er eine Einheit ist und bleiben will. Er untersteht vermutlich einer Art von Massensuggestion, die nur zur Brutzeit durch tiefer verankerte Triebe aufgehoben werden kann" (Krieg, 1948). (Mehr hierzu siehe S. 148f.)

Eine der frühesten Deutungen der Papageienrufe im Schwarm gab Prinz von Wied, indem er sie Locktöne nannte; Wied schrieb über die Taubenhalsamazonen (Wied: *P. vinaceus*; Wolters: *Amazona vinacea*): „Gewöhnlich fliegen sie am Tage paarweise, wenn sich aber gegen Abend die zahlreichen Gesellschaften vereinigen, so verursachen sie mit ihrem kurzen, rauhen Locktone einen bedeutenden Lärm" (Wied, 1832).

In gewissem Widerspruch dazu steht sein Bericht über die „Kleine Maitakka" (Wied: *P. menstruus*, Linn., Gm.; Wolters: *Pionus menstruus*), den Schwarzohrpapagei. Auch diese Papageien, schrieb Wied, leben außerhalb der Brutzeit in „zahlreichen Gesellschaften, wo sie alsdann laut schreiend von einem

Baume zu dem anderen der Nahrung nacheilen, und abends wieder auf ihren gewohnten Standort zurückkehren. Solche Gesellschaften machen viel Lärm, der eigentliche Lockton dieses Vogels ist dagegen ein bloßes Knarren" (Wied, 1832).

Häufig wird angenommen, bei den Rufen der sich paarweise haltenden Papageienflüge handle es sich um Kontaktrufe. In merkwürdigem Gegensatz zu solch akustischer Kontaktsuche steht aber, wie dicht die zusammengehörigen Paare nebeneinander fliegen.

Lallemant schrieb schon im Jahre 1859 in seinem Buch über seine Reise durch Südbrasilien: „Eigentümlich ist es, daß selbst dann noch, wenn sie in großen Scharen mit gewaltigem Schreien die Luft durchziehen, sie sich paarweise halten, und zwar so dicht zusammen, daß sie sich im Fluge berühren" (Lallemant, 1859).

Ganz ähnlich fiel dem Ornithologen Young, der in den Jahren 1922–25 Einwohner von Blairmont (Britisch-Guayana) war, bei seinen Vogelbeobachtungen auf, daß in einem Schwarm unaufhörlich kreischender Venezuelaamazonen *(Amazona amazonica)*, von den Kolonisten bezeichnenderweise „screecher" (Schreier) genannt, die Paare so eng flogen, daß ihre Flügel sich „beinahe berührten" (Young, 1929).

Der Ornithologe Jean Dorst beobachtete während seines Aufenthaltes am Oberen Marañon (Amazonien) in der Mitte dieses Jahrhunderts Soldatenararas *(Ara militaris)* und Columbiasittiche (Dorst: *Aratinga wagleri minor*; Wolters: *Psittacara wagleri* subsp. *minor*), die in einer Höhe von 50 m sehr schnell flogen. Sie kündigten sich schon von weitem durch ihre durchdringenden, rauhen Schreie an, mit denen sie sich gegenseitig, in der für Papageien so typischen Weise, zu rufen schienen (Dorst, 1957). Dorst sagte aber nur: Sie schienen sich zu rufen.

Es gab auch andere Deutungen. Beebe schrieb: „Sittiche sind verrückte Vögel von einer unbändigen Energie." Er erzählte von Rancho Grande: „Zwei Sittichpaare, beide grün, flitzten über mich hinweg und kreischten, aus purem Vergnügen am Kreischen" (Beebe, 1951).

Der Ornithologe van Rossem gewann bei seinen Beobachtungen in El Salvador den Eindruck, daß die besonders lauten Grünsittiche (Dickey/van Rossem: *Aratinga holochlora strenua* Ridgway; Wolters: *Psittacara holochlora* subsp. *strenua*), wenn sie im Schwarm flogen, sich gegenseitig zu übertönen versuchten (Dickey/Rossem, 1938).

Wied führte die Steigerung des Geschreis bei Amazonenschwärmen aus verschiedenen Arten auf die entstandene „Unruhe" zurück, er erzählte: „Ich habe solche, ich möchte sagen unzählige Gesellschaften kurzgeschwänzter Papageien in den Waldungen des Mucurí und an anderen Orten zusammen gesehen, wo der ganze Wald von ihnen und ihrem außerordentlichen Geschrei erfüllt war, auch waren hier mehrere Arten dieser Vögel vereint. Es dauerte lange, bis die Flüge vorüber waren, und ihr vereinter Ruf war merkwürdig anzuhören. Eine Gesellschaft trieb die andere von den Bäumen auf, und diese Unruhe belebte ganz besonders ihre Stimmen" (Wied, 1832).

Mit irgendwelchen Erregungen brachte auch Burmeister das Geschrei paarweise fliegender Papageien in Verbindung, er schrieb in seinem Werk über die Tiere Brasiliens Mitte des 19. Jahrhunderts: „Auch während des Fluges ... künden sie ungewohnte Erscheinungen durch ihre Stimme an, und da sie sehr hoch fliegen, wenn sie umherstreifen, so hört man die Papageien oft eher, als man sie sieht" (Burmeister, 1856).

Beebe kannte bei einer Sittichbeobachtung die Ursache für ihre Erregung; er war es selbst. Beebe erzählt: „Vier Sittiche streichen vom Tal herauf, zwei und zwei nebeneinander. Sogar bei ihrem raschesten Flugtempo, bei fünfundsechzig Stundenkilometer, kann man noch unterscheiden, wie die Paare zusammengehören. Sie wenden knapp über mir, und als sie mich bemerken, wie ich in meinem Stuhl lümmle, lassen sie ihren Schwingen und Stimmen freien Lauf: sie fliegen noch schneller und kreischen wie verrückt" (Beebe, 1951).

91

Auf alle Fälle ist das Fliegen für Papageien anstrengend, besonders für die schwereren unter ihnen. Finsch schrieb über den Weißohrkakadu (Finsch: *Calyptorrhynchus Baudini*, Vig.; Wolters: *Calyptorhynchus funerus*, subsp. *baudinii)*: „Sein Flug . . ist schwerfällig und scheint Anstrengung zu kosten" (Finsch, 1867/68).

Interessant ist in diesem Zusammenhang der Bericht von Quelch über seine naturkundliche Expedition, ca. um 1890, am Oberen Demerara-Fluß. In einer Indianersiedlung sah er, wie so üblich, viele zahme Vögel, hauptsächlich Papageien. Ein Dunkelroter Arara *(Ara chloroptera)* fiel ihm besonders ins Auge: Der Vogel hatte gelähmte Füße und lag seitlich auf dem Boden. Wenn er sich fortbewegen wollte, mußte er seinen Schnabel zu Hilfe nehmen und seine Flügel wie „Krücken" benutzen. Hin und wieder, wenn er sich mit einem Flügel einen zu starken Stoß gab, rollte er von einer Seite auf die andere; währenddessen gab er rauhe Krächztöne von sich. Quelch kam es so vor, als lachte der Vogel über seine Ungeschicklichkeit.

Das letztere kann Quelch kaum ernst gemeint haben. Eine solche Fortbewegungsweise war für den Vogel natürlich anstrengend, und wegen der Anstrengung gab er die Laute von sich. Er wollte nämlich, wie Quelch schreibt, in der Nähe eines Gelbbrustararas *(Ara ararauna)* bleiben, an den er sich offenbar angeschlossen hatte, und der auf dem Dorfplatz herumwatschelte und -kletterte (Quelch, 1890).

Daß die Lautäußerungen im Flug sich von anderen unterscheiden, war schon Prinz von Wied aufgefallen. Finsch schrieb über den Weißohrkakadu: „Seine Stimme ist ein rauher, krähenartiger Ton, im Fluge lässt er aber meist einen anderen, sonderbaren hören, nach welchen ihn die Wilden ‚Ngol-ye-nuk' nennen" (Finsch, 1867/68).

Reiser teilte nach seinen Erfahrungen auf der zoologischen Expedition 1903 in Nordostbrasilien über den Gelbbrustarara *(Ara ararauna)* mit: „Die arg verfolgten Araras mußten immer weiter ins Innere zurückweichen, um ein einigermaßen ungestörtes Dasein führen zu können." Einmal zogen 4 dieser Vögel an ihrem Lagerplatz vorbei, „dabei auch schwach meldend", eine Woche später an einem anderen Beobachtungsort „andere vier ganz lautlos" (Reiser, 1926).

Warum diese Vögel nur leise oder gar nicht riefen, ist nicht mit Sicherheit zu klären. Zwei Monate später stellte Reiser an einem anderen Beobachtungsort fest, daß Brutzeit war.

Während der Brutzeit wurden häufig lautlose Anflüge von Papageien beobachtet (vgl. S. 112f).

T. Silva beobachtete im Jahre 1988 in Ostparaguay Taubenhalsamazonen *(Amazona vinacea)*, wo die Art zehn Jahre zuvor noch häufig vorgekommen war. Inzwischen waren bedeutende Rodungen vorgenommen worden. Jäger und Fallensteller beunruhigten die verbliebenen Vögel. Silva schreibt: „Alle diese Störungen fanden ihren Ausdruck im Verhalten der Papageien: sie waren besonders vorsichtig, gaben im Flug selten einen Laut von sich (was untypisch für diese Gattung ist) und hockten auf den obersten Zweigen der Bäume und weniger innerhalb der Krone" (Silva, 1991).

Sowohl Schreien als auch Fliegen wirkt ansteckend, Schreien und Fliegen zugleich in noch stärkerem Maße.

Sammeln und Schlafplatzsuche

Der Ornithologe Bernstein, der Mitte des 19. Jahrhunderts auf Java lebte, beobachtete dort einen Schlafplatz von Rosenbrustsittichen, Bartsittichen *(Psittacula alexandri)* auf einem großen, dicht belaubten Baum. Bernstein erzählte: „Kennt man einen solchen Baum und stellt sich hier gegen Abend auf, so kann man ein anziehendes Schauspiel gewahren. Mit dem Sinken der Sonne kommen die Vögel allmählich von allen Seiten herbeigeflogen; sobald die ersten glücklich angelangt sind, erheben sie frohlockend ihre Stimme und beginnen ein Tonstück, in welches alle neuen Ankömmlinge einfallen, so daß es schließlich zu einem ohrbetäubenden Lärm anschwellt, welcher nicht früher endet, als bis der letzte Schein der Abendröte am Himmel verschwunden ist. Dann tritt schnell allgemeine Ruhe ein, und sie wird nur zuweilen vorübergehend gestört, wenn einzelne, welche vielleicht ein minder bequemes Sitzplätzchen gefunden haben, aufflattern, um ein anderes zu suchen und dabei einen ihrer schon eingeschlafenen Genossen von dem seinigen vertreiben wollen. Unter solchen Umständen wird allgemeiner Unwille laut und der Ruhestörer mit einigen kräftigen Schnabelhieben zurechtgewiesen. So dauert es, bis völlige Dunkelheit eingetreten ist. Mit dem ersten Schein des anbrechenden Tages zerteilt sich der Schwarm, um am nächsten Abend auf demselben Baum oder Busch wieder zusammenzukommen..." (zitiert nach Brehm, 1866).

In den 30er Jahren beobachtete Stanford im nördlichen Burma einen Schlafplatz von Rosenbrustsittichen *(Psittacula alexandri* subsp. *fasciata)*. Eine Stunde lang vor Einbruch der Dunkelheit kamen sie in Schwärmen von den entfernten Hügeln herbeigeflogen. Im November und Dezember bemerkte man sie kaum, weil viel weniger Vögel mehr oder weniger still ankamen. Aber vom Februar an wuchs ihre Zahl, um ihr Maximum etwa Mitte Mai oder Juni zu erreichen. Dann kamen sie in Wogen von vielen Hunderten, die lärmend Seite an Seite flogen, über den Himmel, um sich gruppenweise ins Bambusrohr niederzulassen. Standford war beeindruckt vom Anblick, den eine solch beständig vorwärtsdrängende Woge bot, während über und unter ihr kleine Gruppen von Sittichen aufwärts oder abwärts schwenkten und sich mit hoher Geschwindigkeit jagten. Am frühen Morgen war ihr Abbrausen zu hören, das er mit dem von Staren verglich (Stanford/Ticehurst, 1939).

Die Schlafplätze der Halsbandsittiche auf Ceylon lagen meistens in Bambusdickichten, wo sich auch andere Vögel wie Krähen und Bienenfresser versammelten. Das betäubende Geschrei, das diese Vogelansammlungen machten, verglich Layard mit dem Getöse von mehreren arbeitenden Dampfmaschinen.

Nachzügler trafen noch nach dem Eintritt der Dunkelheit ein (Finsch, 1867/68). Dasselbe „dumpfe Geräusch" wiederholte sich am anderen Morgen „vom ersten Grauen im Osten bis lang nach Sonnenaufgang" (Brehm, 1866).

Der Ornithologe Goodfellow sah zu Beginn des 20. Jahrhunderts in Neuguinea, wie sich Weißbürzelloris (Ogilvie-Grant: *Eos fuscata*; Wolters: *Pseudeos fuscata*) zu Tausenden auf einem Schlafplatz versammelten. Lange vor Sonnenuntergang bis nach Einbruch der Dunkelheit kamen sie aus allen Richtungen unter ohrenbetäubendem Lärmen angeflogen. Oft kam es vor, daß ein schwacher Zweig unter ihrem Gewicht nachgab und so eine Panik ausgelöst wurde, gerade als das Lärmen nachzulassen begann. Dann kreisten von neuem Schwärme dieser Vögel und suchten erneut unter ständigem Lärmen einen Ruheplatz (Ogilvie-Grant, 1915). Während der britischen Expeditionen in Neuguinea wurden auch Edelpapageien (Ogilvie-Grant: *Eclectus pectoralis*; Wolters: *Eclectus roratus* subsp. *polychloros*) beobachtet, wie sie zu ihrem Schlafplatz flogen: Im ganzen waren es viele, sie kamen aber nur in kleinen Gruppen von 2 oder 3, höchstens 6 Vögeln an (Ogilvie-Grant, 1915).

Reichenow schrieb in der ‚Gefiederten Welt' über die Graupapageien Westafrikas, die er 1872/73 dort eingehender als bisher andere hatte beobachten können: „Wohin man sich auch wendet, überall begleitet einen das Gekrächze der Jakos..." Und er fuhr fort: „Nach der Brutzeit... schlagen sie sich nebst ihren Jungen mit anderen Artgenossen zu Gesellschaften zusammen, welche vereint umherstreifen, gemeinschaftlich Nahrung suchen und gemeinsam Nachtruhe halten. Sie wählen nunmehr zu bestimmten Schlafplätzen die höchsten Bäume eines Wohngebietes und vereinigen sich hier allabendlich. Aus verschiedenen Richtungen her erscheinen um Sonnenuntergang größere oder kleinere Trupps, so daß die Anzahl der endlich versammelten Vögel oft viele hunderte erreichen kann. Solche Schlafplätze werden bald bemerkbar. Weithin durch die Gegend schallt das Gekrächze der ankommenden und aufbäu-

93

menden Vögel, und erst mit dem Eintritte der Dunkelheit verstummt es gänzlich. Am nächsten Morgen erhebt es sich von neuem und verkündet jetzt den allgemeinen Aufbruch" (zitiert nach Brehm, 1878).

Eisenmann beobachtete 1956 in Almirante (Panama) einen Schlafplatz von Finschsittichen *(Psittacara finschi)* in einer Kokosplantage. Pro Palme hatten 2–4 Paare ihren Ruheplatz, und zwar in Stammnähe auf den Palmwedeln. Wenn sie auf dem Schlafplatz ankamen, stießen sie einen lauten, rauhen, gutturalen Schrei aus. Bei Dunkelheit waren sie ruhig. Am andern Morgen, sobald es wieder hell wurde, fingen sie erneut an zu schreien, und Paare flogen von Palme zu Palme, bevor die Sittiche in Schwärmen von 30–50 Exemplaren ihren Schlafplatz verließen (Eisenmann, 1957).

Wenn Columbiasittiche *(Psittacara wagleri)* im Wald von Zárate am Westhang der Anden in Mittelperu übernachteten, dann pflegten sie nach Koepcke schon früh morgens „mit lautem Geschrei truppweise" ihre Schlafbäume zu verlassen, um zu den Obstgärten und Feldern ins Flußtal zu fliegen (Koepcke, 1958).

Der Ornithologe Rigdway berichtete von seiner Reise in Costa Rica Anfang dieses Jahrhunderts: „In Pigres hatten wir in gewisser Weise das Pech, in der Nähe eines Schlafplatzes von Papageien zu lagern. Dort kamen 4–5 Arten zusammen, vom kleinen Tovisittich *(Brotogeris jugularis)* bis zum großen *Ara macao*, insgesamt viele hundert Vögel. Das war jeden Morgen vor dem Abflug und jeden Abend nach der Ankunft, bis sie sich zur Ruhe begaben, ein schauderhaftes Kreischen, Quietschen und Quaken, daß während dieser Zeit keine Unterhaltung möglich war" (Ridgway, 1921, übers.).

Land schrieb, die Mülleramazonen Guatemalas *(Amazona farinosa)* hätten eine so laute Stimme, daß man ihre Rufe meilenweit höre. Hundert oder mehr Vögel von ihnen versammelten sich an einem Schlafplatz. Wenn ein Paar die Schlafbäume umfliege, sei der Lärm entsetzlich (Land, 1970).

Nach Layard, der im 19. Jahrhundert oft das Verhalten der Halsbandsittiche Ceylons *(Psittacula krameri)* beobachtete, lagen deren Schlafplätze zwar meistens in Bambusdikkichten (vgl. S. 93), sie scheuten aber auch die Nähe der Menschen nicht.

Legendär war damals ein Schlafplatz von Hunderten dieser Vögel auf hohen Kokospalmen, welche den Bazar von Chilaw beschatteten. Ihr vereintes Geschrei oben in den Palmen soll das Sprachgewirr der feilschenden Menschenmassen, die sich darunter befanden, bei weitem übertönt haben. Layard erzählte: „Man hatte mir vorher von den Schwärmen erzählt, welche zu diesem Platze kämen, und ich stellte mich deshalb eines Abends auf einer nahe gelegenen Brücke auf, in der Absicht, diejenigen Flüge, welche von einer einzigen Richtung herkämen, zu zählen. Ungefähr um vier Uhr nachmittags begann der Zuzug: zerstreute Schwärme wendeten sich heimwärts. Ihnen folgten bald stärkere, und im Verlauf einer halben Stunde war der Zug in vollem Gange. Ich fand sehr bald, daß es mir unmöglich wurde, die Flüge noch zu zählen; denn sie vereinigten sich zu einem lebendigen brausenden Strome. Einzelne flogen hoch in der Luft bis gerade über ihre Schlafplätze und stürzten sich dann plötzlich unter verschiedenen Wendungen bis auf die Kronen der Bäume herab; andere schwärmten längs des Bodens dahin, so dicht über ihn, daß sie fast mein Antlitz streiften ... Ich wartete auf meinem Schaupunkte, bis der Abend hereinbrach und konnte, nachdem ich nichts mehr zu sehen vermochte, noch lange die ihrer Herberge zufliegenden Vögel vernehmen. Als ich einen Schuß abfeuerte, erhoben sie sich mit einem Geräusch, gleich dem Rauschen eines gewaltigen Windes; bald aber setzten sie sich wieder fest, und es begann nun solch ein Getöse, daß ich es niemals vergessen werde. Das schrillende Geschrei der Vögel, das flatternde Geräusch ihrer Schwingen, das Rasseln der Blätter auf den Palmen war so betäubend, daß ich mich herzlich freute, als ich, glücklich entronnen, mein Haus wieder erreicht hatte" (zitiert nach Brehm, 1866).

Ähnlich klingen die Berichte aus Südamerika: Wieder versammeln sich die Flüge nach und nach unter viel Geschrei, wieder gibt es Streit um die Sitzplätze auf den Schlafbäumen.

Burmeister schilderte seine Eindrücke von einem Papageienzug zu Schlafbäumen, wie er ihn Mitte des 19. Jahrhunderts auf seiner „Reise durch die Pampas" erlebt hatte: „Zahlreiche Schwärme einer großen, Loro genannten Art *(Conurus cyanolyseus)"* (Felsensittich, Wolters: *Cyanoliseus patagonus*) „versammeln sich allabendlich auf den hohen Schattenbäumen der Estanzien und Ansiedlungen, um hier zu übernachten, indem sie von ihren weiten Steifereien durch die Pampas in kleinen Flügen, einer nach dem andern, zurückkehren. Man vernimmt sie schon aus der Ferne an dem eigentümlich kreischenden Geschrei, womit sie sich anmelden; ein Schwarm empfängt damit den andern und macht dem früheren die bereits eingenommenen Ruheplätze streitig; – bis tief in den Abend hinein dauert ihr Gezänk; endlich, wenn es ganz dunkel geworden und die Nacht hereingebrochen, werden sie still und schlafen ein ..." Burmeister fiel auf, daß die Hühner, für die es keine Ställe gab, sich ganz ähnlich verhielten: „Um dieselbe Zeit, wie die Papageien in den ferner stehenden Bäumen sich zur Ruhe begaben, taten die Hühner des Hofes dasselbe in den nächsten" Bäumen „; von Zweig zu Zweig hüpften sie empor, der Hahn voran, und auch dabei war häufig Streit um den gewählten Platz, bis der Hahn durch lautes Gekakel sie zur Ruhe wies" (Burmeister, 1861).

Der Feldornithologe Underwood beobachtete Ende des 19. Jahrhunderts einen regulären Schlafplatz von Gelbscheitelamazonen (Underwood: *Chrysotis auropalliata*, Less.; Wolters: *Amazona ochrocephala* subsp. *auropalliata*) im Ort Bagaces, Costa Rica. Vor Sonnenuntergang kamen unzählige Gruppen sowie Einzelpaare von allen Seiten. Etwa eine Stunde lang stritten sie lautstark und griffen sich gegenseitig an, ständig den Sitzplatz wechselnd, bis sie sich endlich auf den niederen Bäumen in der unmittelbaren Nähe der

Häuser zur Nachtruhe niederließen. Bei Tagesanbruch begann der Lärm von neuem, dann flogen sie davon (Underwood, 1896).

Im Reisebericht über seine Expedition „zwischen Anden und Atlantik" in den 30er Jahren berichtete der Zoologe Krieg aus einem Dorf im Gebiet des Paraná: „Abends, wenn die kurze Dämmerung kommt, versammeln sich Tausende von grünen Amazonenpapageien mit ohrenbetäubendem Geschrei auf einigen Bäumen mitten im Dorf, Resten alter Urwaldherrlichkeit aus Zeiten, da noch keine gewinnsüchtigen Menschen sich hier festgesetzt hatten. Es dauert jedesmal lange, bis die krakeelenden Vögel zur Ruhe kommen" (Krieg, 1948).

Die meisten Beobachtungen fanden am Schlafplatz oder in dessen Nähe statt, so daß die Beobachter bestenfalls angeben konnten, aus welcher Richtung die Flüge kamen. Aber selbst auf einem so eng begrenzten Ort ließen sich die Vögel nicht immer sofort auf ihrem Schlafplatz nieder.

O'Neill beobachtete in der Balta-Region (Peru) einen Schlafplatz in einem Rohrdickicht, wo etwa 500 Pavuasittiche *(Psittacara leucophthalma)* gewöhnlich die Nacht verbrachten. Sobald die Sonne unter die Baumwipfel tauchte, kamen sie an und ließen sich auf den nahestehenden Bäumen nieder. Solange sie in diesen Bäumen saßen, waren sie äußerst laut. Wenn aber die Dämmerung hereinbrach, fielen sie ins Röhricht ein, und dann war kein Laut mehr zu hören. Nach Tagesanbruch zerstreuten sie sich lärmend (O'Neill, 1974).

Auch entfernter liegende Zwischenhaltstationen wurden beobachtet; den Bericht Beebes (S. 89f) habe ich bereits wiedergegeben. Jouy, der 1891/92 zwölf Monate lang durch Zentralmexiko reiste, beobachtete, wie Blaukappenamazonen *(Amazona finschi)* sich in der Barranca Veltran abends sammelten und in der Schlucht schreiend auf- und abflogen. Plötzlich schwenkten sie von ihrem Kurs ab und fielen in einen großen Baum ein. Für eine Weile herrschte Stille. Dann, augenscheinlich ohne Grund, flogen sie weiter, um einen anderen Baum zu suchen und die Vorstellung zu wiederholen, immer wieder, bis die Dunkelheit einbrach und sie auf dem letzten Ruheplatz blieben (Jouy, 1893).

Nach den Beobachtungen von Swynnerton im südlichen (damaligen) Rhodesien um die Jahrhundertwende unterbrachen Kappapageien *(Poicephalus robustus)* ihren Flug zurück zu den Schlafplätzen für einen Zwischenhalt auf hohen Bäumen, wo sie ausruhten und „Konversation" betrieben. Swynnerton stellte fest, daß ihre Lautäußerungen dann meistens zarter und in mehr plauderndem Ton waren, verglichen mit dem rauhen Kreischen, das sie im Flug äußerten. Morgens flogen sie in kleinen Gruppen (2–8) wieder zu ihren Futterplätzen (Swynnerton, 1907).

Nachts seien sie still, heißt es in den Berichten im allgemeinen.

Aber in der Nacht werden Papageien gelegentlich erschreckt, und nicht nur Papageien, wie Humboldt vom Orinoco berichtete: „Fragt man die Indianer, warum in gewissen Nächten ein so anhaltendes Lärmen entsteht, so antworten sie lächelnd: ‚die Tiere freuen sich der schönen Mondhelle, sie feiern den Vollmond.' Mir schien die Szene ein zufällig entstandener, lang fortgesetzter, sich steigernd entwickelnder Tierkampf. Der Jaguar verfolgt die Nabelschweine und Tapirs, die dicht aneinandergedrängt das baumartige Strauchwerk durchbrechen, welches ihre Flucht behindert. Davon erschreckt, mischen von dem Gipfel der Bäume herab die Affen ihr Geschrei in das der größeren Tiere. Sie erwecken die gesellig horstenden Vogelgeschlechter, und so kommt allmählich die ganze Tierwelt in Aufregung. Eine längere Erfahrung hat uns gelehrt, daß es keineswegs immer ‚die gefeierte Mondhelle' ist, welche die Ruhe der Wälder stört. Die Stimmen waren am lautesten bei heftigem Regengusse oder wenn bei krachendem Donner der Blitz das Innere des Waldes erleuchtet" (Humboldt, 1849).

Lallemant schilderte 1859 eine Nacht, wie er sie am Lagerfeuer in Brasilien verbracht hatte: „Unterdeß werden die Stimmen der Nacht im dunkeln Araucarienwald wach. Tief im Gebüsch knistert es. Ist's ein schleichender

Indianer, ein Tapir, eine Unze? Der Hund knurrt und schlägt an, legt sich aber gleich wieder nieder, denn das Knistern hört auf. Dann erhebt eine Eule ihren Klageruf oder ein aufgescheuchter Jacutinga flattert vorüber und erschreckt einzelne schon schlummernde Papageien. Doch legt sich auch diese kleine Revolution bald wieder . . ." (Lallemant, 1859).

Burmeister wußte nach seinen Reisen durch die „La Plata-Staaten", kurz nach der Mitte des 19. Jahrhunderts, über Felsensittiche *(Cyanoliseus patagonus)* zu berichten: „Nur in mondhellen Nächten hört man sie mitunter auch bei Nacht kreischen" (Burmeister, 1861).

In Vollmondnächten beobachtete Nutting, gegen Ende des 19. Jahrhunderts, in Costa Rica oft, wie Gelbscheitelamazonen (Nutting/Ridgway: *Chrysotis auripalliata*, Schleg.; Wolters: *Amazona ochrocephala* subsp. *auropalliata*), nachdem sie mehrere Stunden lang auf ihrem Schlafbaum ruhig geschlafen hatten, plötzlich gemeinsam, mit lautem Flügelschwirren, ansonsten lautlos, einen anderen Baum aufsuchten. Er konnte nie herausfinden, was die Ursache für dieses Verhalten war (Nutting, 1882).

Als Wetmore im Jahre 1960 in Buena Vista bei Concepción (Panama) lebte, stellte er fest, daß die Finschsittiche *(Psittacara finschi)*, die er täglich beobachtete, ihren Schlafplatz von Zeit zu Zeit verlegten, vor allem dann offensichtlich, wenn sie nachts gestört worden waren. I. J. 1966 beobachtete er, ebenfalls in Panama, bei Sonnenuntergang, wie Finschsittiche schreiend hochflogen, als Falken vorbeizogen. Wetmore wurde berichtet, daß die Finschsittiche, wenn nachts die Erde leicht bebte, laut schreiend aufflogen (Wetmore, 1968).

Der Reisende v. Wissmann berichtete von seiner Reise in Äquatorialafrika im späten 19. Jahrhundert: „Unzählige graue Papageien vollführen am Morgen und am Abend ein fast betäubendes Konzert; nur in der heißen Sonne über Mittag schweigen sie. Selbst bei mondhellen Nächten unternimmt dieser wunderbare Vogel in großen Scharen weite Ausflüge,

96

Tafel 1
Links oben: Carolinasittiche
(Conuropsis carolinensis),
ausgestorben seit Anfang
des 20. Jahrhunderts.
Rechts oben: Hyazinth-
araras *(Anodorhynchus
hyacinthinus)* im Pantanal,
Mato Grosso.
Unten: Graupapageien
(Psittacus erithacus) in
Afrika am Boden.

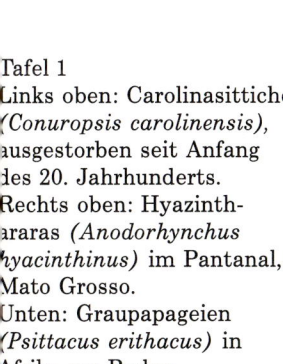

Tafel 2
Federschmuck bei Eingeborenen Papua-Neuguineas.
Links und rechts oben: Die Kakadufedern sind deutlich erkennbar.
Unten: Tanzgruppe mit reichem Federschmuck verschiedener Vogel-, auch Papageienarten.

die geräuschvoll die Stille der Nacht unterbrechen" (v. Wissmann, 1890).

Auch tagsüber kann es im Urwald vorkommen, daß Papageien – ohne Zutun des Menschen – aufgeschreckt werden. Robert Hermann Schomburgk erzählte von einem tropischen Regenguß, wie er ihn in der Nähe des „Comutigebirges" (Guayana) erlebt hatte: „In diesem Augenblick schreckte uns alle ein fürchterliches Krachen auf. Der Regen hatte den Boden erweicht, und einer der Riesenbäume, welche am Ufer standen, teilweise vom Strome unterspült, war gewichen und in den Fluß gestürzt. Ehe er die Oberfläche desselben erreichte, hörte man das Niederbrechen der kleinern Bäume und Zweige, dann den Sturz in das Wasser, und endlich den Schrei der aufgeschreckten Raben, Papageien und Affen: einen Augenblick später – und alles war wieder in tiefes Schweigen gehüllt; nichts zu hören als das eintönige Plätschern des fallenden Regens" (Schomburgk, 1841).

Wied beobachtete auf seiner Reise durch Ostbrasilien, wie Dunkelrote Araras *(Ara chloroptera)* während der Mittagshitze den Schatten aufsuchten. Er erzählt: „Der Weg nach Uruba führte mich meist durch vertrocknete Gebüsche im Sandboden... Diese Gegend zeigte wenig Abwechslung, der Boden bestand überall aus gelbrotem Tone, und nur die Cocos de Licuri" (eine Palme) „erheiterte, wiewohl spärlich, diese trockene wilde Landschaft. Die prachtvollen hochroten Araras sind hier äußerst häufig, sie setzten sich oft sehr in unsere Nähe auf die unteren Äste der höheren Bäume im Schatten nieder. Die Hitze war sehr drückend, da kein Lüftchen sie milderte und der trockene Lettenboden, so wie der weiße Sand die glühenden Strahlen der Mittagssonne zurückwarfen" (Wied, 1820/21). Auf seiner Reise erlebte Wied auch, daß Dunkelrote Araras während des Regens auf den Bäumen sitzenblieben, unter denen er mit seiner Truppe durchzog (Wied, 1820/21).

Die Papageien sind während ihrer Ruhezeiten nicht immer still.

Ganz ähnlich wie über die Kappapageien sagte Swynnerton über die Braunkopfpapa-

geien (Swynnerton: *Poeocephalus fuscicapillus*; Wolters: *Poicephalus cryptoxanthus*), die tagsüber in kleinen Gruppen auf Bäumen zu hören waren: Sie behielten dann eine ununterbrochene „Konversation" bei, die aus verhältnismäßig angenehm klingenden plaudernden Lauten bestand, während das Kreischen, das sie im Flug von sich gaben, ziemlich rauher war, wenn auch weniger schrill als das der anderen beiden *Poicephalus*-Arten, die dort vorkamen *(Poicephalus robustus* und *P. meyeri)*. Außerdem nannte Swynnerton den Braunkopfpapagei weniger scheu als diese (Swynnerton, 1908).

Gundlach berichtete nach 30jährigen Beobachtungen auf Kuba: Besonders wenn die Kubaamazone *(Amazona leucocephala)* im dichten Gebüsche ausruhe, lasse sie einige leise, wie murmelnde Töne hören. Erst dadurch werde man aufmerksam auf ihre Anwesenheit (Gundlach, 1874).

Wetmore hörte bei seinen Vogelbeobachtungen im nördlichen Venezuela 1937 in der Nähe von „Rancho Grande" die Rufe der Columbiasittiche *(Psittacara wagleri)* den ganzen Tag über, nicht nur der Vögel, die in kleinen Gruppen flogen, sondern auch derjenigen, die in den Waldungen Rast machten (Wetmore, 1939).

Die gemeinsamen Ruheplätze dienen den Papageien regelmäßig auch der Bildung bzw. Festigung des Paarzusammenhalts, indem die soziale Gefiederpflege ansteckend wirkt. Schomburgk schrieb über den Gelbbrust-Arara *(Ara ararauna)*: „Am Takutu sahen wir bei Aufgang der Sonne Hunderte paarweis auf den Uferbäumen sitzen, wobei sie sich unter fortwährenden murrenden und knurrenden Tönen putzten, oder sich gegenseitig liebkosten." Das war in Britisch-Guayana während der 40er Jahre des 19. Jahrhunderts (Schomburgk, 1848).

Der Reisegouverneur Emin Pascha schrieb über den Graupapagei *(Psittacus erithacus)*, den er im späten 19. Jahrhundert in Uganda oft beobachten konnte: „Kaum beginnt der Morgen zu grauen, so sieht man das Pärchen, dicht nebeneinander gedrängt, die feuchten

Federn glätten und gelegentlich sich gegenseitig am Kopfe kraulen. Sobald die Sonne ihre ersten Strahlen über die Erde ergießt, läßt sich der Vogel dann hören, und zwar ist seine Stimme durchaus nicht unangenehm, ein moduliertes Pfeifen möchte ich es nennen. Nur im Affekt oder geängstigt kreischt er" (Emin Pascha, 1983).

Der holländische Kolonialbeamte Kappler beobachtete im 19. Jahrhundert in Surinam oft das Verhalten der Papageien nach dem Regen. Er schrieb: „Hinter meinem Wohnhause auf Albina am Saume des Waldes stand ein hoher Seidenwollebaum (Bombax ceiba), Jahre lang der abendliche Versammlungsplatz für Hunderte von Papageien der Gattung *menstruus* und *aestivus*, die, wenn es am Abend geregnet hatte, auf dem Baume einen höllischen Spektakel verführten. Ich richtete manchmal, da der Baum über alle anderen hervorragte, um das eigentümliche Treiben dieser Vögel zu sehen, mein Fernrohr auf sie ... Keiner von den Hunderten, die auf den Baum niedergeflogen waren, saß stille; einige kletterten, sich stets mit den Klauen und dem Schnabel festhaltend, auf die äußersten Zweige, schüttelten ihre Flügel und erhoben ein Freudengeschrei; andere liefen auf den Ästen umher, breiteten den Schwanz aus, machten rote Augen und zeigten auf jede Weise ihre gute Stimmung, oder hatten sie den linken Fuß erhoben, um sich den Kopf zu kratzen ... – kurz, alles war Frieden und Lust, kein Zank wie bei den Hühnern oder Tauben" (Kappler, 1881). Also wurde auf den Sammelplätzen nicht bloß gestritten.

Der Ornithologe Wetmore konnte im Jahre 1958 viele Wochen lang in Almirante (Panama) das Verhalten der Finschsittiche *(Psittacara finschi)* auf ihren Schlafpalmen beobachten. Sie kamen bei Sonnenuntergang an, paarweise und in kleinen Gruppen, mit schrillem Geschrei, eine geballte lärmende Masse, die sich ständig vergrößerte, je mehr Vögel erschienen. Bis es dunkel wurde, waren sie sehr aktiv, sie flatterten und kletterten herum. Manche blieben auch ruhig sitzen oder putzten ihr Gefieder. Es gab viel Anlaß zu Streit, vor allem wegen der Schlafplätze. Wetmore sah, wie ein Sittich eine Taube aus den Palmen heraustrieb. Öfters kam es vor, daß Männchen (wie Wetmore vermutete), die gerade ihren Partner kraulten, heftig einen Eindringling vertrieben, wenn dieser sich auf den Palmwedeln seitlich heranmachte um mitzukraulen. Sobald es dunkel war, wurden sie ruhig, von gelegentlichem kurzen Schreien abgesehen. Mit der Morgendämmerung fing das Kreischen von neuem an, bei Sonnenaufgang noch gesteigert, als sie wieder paarweise davonflogen. Eine Stunde später waren alle 500 weg. Wenn es unmittelbar vor der Dämmerung schwere Regenfälle gab, lärmten die Sittiche viel weniger als gewöhnlich (Wetmore, 1968). Die letzte Beobachtung steht nicht im Widerspruch zur Beobachtung Kapplers; die von Kappler genannten Regenfälle müssen zu einer früheren Stunde gewesen sein.

Manche Aktivitäten der Papageien sind dem Bereich des Spielverhaltens zuzuordnen. Gundlach erzählte, daß die Kubaamazonen *(Amazona leucocephala)* gerne kletterten: „Sie setzen oder hängen sich gern an die neuen, noch stangenförmig emporstehenden Palmblätter, auch an freie dürre oder blattlose Äste, und klettern an denselben" (Gundlach, 1874). Wetmore der 1958 in Almirante (Panama) das Verhalten der Finschsittiche *(Psittacara finschi)* auf Schlafpalmen beobachtete (s. oben), berichtete: Bevor es dunkel wurde, waren die Sittiche sehr aktiv. Einzelvögel hingen kopfunter an den Enden der langen Palmwedel und schaukelten; gelegentlich wechselten sie ab und hängten ihren Schnabel ein (Wetmore, 1968).

Der Feldbeobachter Whitehead schrieb im späten 19. Jahrhundert über Roßsteißkakadus *(Cacatua haematuropygia)* auf Palawan (u. a.): Sie ruhten während der heißen Zeit des Tages im Schatten hoch auf den Bäumen; sie fuhren dort mit ihren Liebkosungen, ihrem Schreien und Hochstellen der Federhaube fort und vollführten manche „Possen". Gewöhnlich waren sie paarweise zu sehen, gegen Abend flogen sie in Schwärmen zu den Reisfeldern. (Spielverhalten vgl. S. 258ff). (Whitehead, 1890).

Verhalten beim Fressen

Auch in Berichten über die Futtersuche ist häufig von großem Geschrei die Rede.

Die Feldbeobachter erlebten das Einfallen der Papageien oftmals als ein plötzliches Ereignis, so auch E. Schäfer bei seinem Besuch des Nationalparks von Rancho Grande (Venezuela), er erzählte: „Plötzlich heiseres metallisches Kreischen: Eine Gruppe von grünen Sittichen *(Aratinga pertinax)* ...fällt ein, um eifrig in den Früchten der Feigenkakteen zu nesteln." Es handelte sich um Braunwangensittiche *(Eupsittula pertinax)* (Schäfer, 1952).

Der in den 50er Jahren in Paraguay tätige Sammler J. Unger berichtete über den Spitzschwanzsittich *(Thectocercus acuticaudatus)*: „Sein Geschrei bei der Futtersuche ist nervenzerreißend" (Steinbacher, 1962).

Nach den Beobachtungen von Peters vor der Jahrhundertwende verstummte auf dem St. Christoffel, Curaçao, das Kreischen der Braunwangensittiche *(Eupsittula pertinax)* „keinen Augenblick" (Peters, 1892).

Beim Fressen – oder Ruhen – verhielten sich nach den Erfahrungen des Ornithologen van Rossem die Gelbnackenamazonen *(Amazona ochrocephala* subsp. *auropalliata)* in El Salvador nicht „regelmäßig lärmend" (Dickey/ v. Rossem, 1938).

Land schrieb, die Tovisittiche Guatemalas *(Brotogeris jugularis)* lärmten beim Fressen in den Bäumen andauernd und seien besonders laut, wenn sie sich davonmachten (Land, 1970).

Ähnlich klingen einige Berichte aus dem Fernen Osten: Swinhoe und Barnes berichteten im späten 19. Jahrhundert aus Zentralindien, daß die Großen Alexandersittiche *(Psittacula eupatria)* beim Fressen sehr lärmten (Swinhoe/Barnes, 1885). S. Müller sah auf seinen Reisen im 19. Jahrhundert, die ihn auch auf die Insel Banda führten, Rotloris (Finsch: *Domicella rubra*, Gmelin; Wolters: *Eos bornea)*; er schrieb in seinem Reisebericht: „Wir bemerkten mit Vergnügen viele rote Loris *(Psitt. ruber)*, die in den hohen Kanarienbäumen saßen, deren Früchte sie verzehrten, behend in den Zweigen umherkletterten und unaufhörlich laut schrieen" (zitiert nach Finsch, 1867/68). Der Lärm, den eine Schar Blauscheitelloris (Finsch: *Trichoglossus porphyrocephalus*, Dietr.; Wolters: *Glossopsitta porphyreocephala)*, die häufig zusammen mit Gebirgsloris (Finsch: *Tr. Novae-Hollandiae*; Wolters: *Trichoglossus haematodus* subsp. *moluccanus)* und anderen Loriarten waren, machten, wenn sie auf einem blühenden Eukalyptus herumkletterten, wurde „unbeschreiblich laut" genannt (Finsch, 1867/68).

Heinroth berichtete im Jahre 1901 über den Weißbürzellori *(Pseudeos fuscata)*: „Mit reißendem Fluge fällt der Schwarm auf einen Baum, der große, meist rote Blüten trägt, ein, und mit Geschrei und fortwährendem Balzen werden die letztern ausgepinselt. Dabei hängen die Vögel in derselben Weise kopfunterst und nehmen die merkwürdigsten Stellungen ein, wie wir sie von spielenden Loris in unseren Käfigen zu sehen gewöhnt sind. Das bunte Gefieder verschwimmt mit den Blüten, Blättern und Ästen..." (zitiert nach Neunzig, 1921).

Der Reisegouverneur Emin Pascha erzählte von den afrikanischen Unzertrennlichen *(Agapornis pullarius)*, die den Eingeborenen wegen der Plünderungen ihrer Kornfelder verhaßt waren: „Kaum hat die Sonne sich gezeigt, so fallen die einzelnen Gesellschaften mit lautem Gezirp und Geschwätz in das nächste Durrahfeld ein, und nun geht es kopfauf kopfab an den Stengeln hinauf und hinunter, stets lärmend und beweglich..." (Emin Pascha, 1983).

Andere Berichte aus Südamerika sagen aus, daß die beobachteten Papageien jeweils nur leise Laute von sich gegeben hätten. Ich gebe sie in chronologischer Reihenfolge wieder.

Über den Dunkelroten Arara *(Ara chloroptera)* schrieb Prinz von Wied: „So laut sie sich gewöhnlich hören lassen, so verhalten sie sich doch nach Art aller Papageien still, sobald sie einen Baum mit ihnen angenehmen Früchten entdeckt und sich darauf niedergelassen haben. Hier erkennt man alsdann ihr Dasein besonders durch das Herabfallen der zerbisse-

99

nen Fruchthülsen." An anderer Stelle: „Sitzen sie auf einem Baume, wo sie Früchte gefunden haben, so schweigt augenblicklich die ganze Gesellschaft, alles ist stille, oder sie geben auch wohl leise Stimmen von sich, die einer menschlichen Unterredung nicht unähnlich sind." Über den Rotbugara *(Ara severa)* sagte er: „Auf einem Baume eingefallen, gleichen ihre vereinten Stimmen beinahe einem Gespräche, sie geben alsdann leise sonderbare Stimmen, als wenn sie miteinander plauderten" (Wied, 1832). Schomburgk meinte, die Rotbugaras ließen während des Fressens, wie die großen Araras, knurrende und murrende Töne hören (Schomburgk, 1848).

Von den Gelbscheitelamazonen *(Amazona ochrocephala)* Britisch-Guayanas berichtete Schomburgk: Selbst wenn sich Hunderte dieser Vögel auf einem Leguminosenbaum niederließen um zu fressen, „so wird man doch während des Fressens höchstens nur dann und wann einen unterdrückten, knurrenden Ton hören. Ihre Gegenwart wird dann nur durch das Herabfallen der ausgefressenen Hülsen verraten … Wenn sich die Herde erhebt, stoßen sie ihr unangenehmes weithin schallendes Geschrei aus" (Schomburgk, 1848).

Burmeister schrieb, daß die Papageien Brasiliens beim Früchtesuchen und Aufknacken in den dichten Kronen der Waldbäume „gern schwächere Laute, wie wenn sie Behagen empfänden, hören lassen" (Burmeister, 1856).

Der Kubasittich *(Psittacara euops)* ließ nach Gundlach während der Nahrungssuche „leise murmelnde Töne" hören (Gundlach, 1874).

Der Ornithologe Holt beobachtete 1921/22 in der Serra do Itatiaya (südöstliches Brasilien) die Tiriba, Braunohrsittiche (Holt: *Pyrrhura vittata vittata*, Shaw; Wolters: *Pyrrhura frontalis*) beim Fressen in Araukarien. Währenddessen verhielten sich die Vögel ruhig, abgesehen von leisem Gezwitscher, und ließen ihn nahe heran (Holt, 1928).

100 Auch der Ornithologe Young, der von 1922 bis 1925 in Blairmont lebte, berichtete aus Britisch-Guayana, wenn man sich vorsichtig Gelbbrust-Araras *(Ara ararauna)* nähere, die auf einem Fruchtbaum fräßen, könne man ihr plauderndes Brummeln hören (Young, 1929).

Ein Mitglied (Rehn) der Matto Grosso Expedition von 1931 teilte mit, daß die Venezuelaamazonen *(Amazona amazonica)* sich wie die meisten Amazonen beim Fressen ziemlich ruhig verhielten (Stone/Roberts, 1935).

In seinem Expeditionsbericht „Tukani" schrieb der Ornithologe Helmut Sick: „Die altersschwachen morschen Buritistämme dienen mehreren Papageienarten zur Anlage ihrer Nester. Sowohl der gelbbäuchige Arara als auch der vollständig dunkelblau gefärbte Hyazinth-Arara gehören dazu. An Palmnüssen und Sprossen knabbernd klettern sie vertraulich plaudernd durch die vollen, unter dem Gewicht der großen Vögel rauschenden Buritíkronen. Erst bei Annäherung einer Gefahr brechen sie in ihr bekanntes, durchdringend laute Geschrei aus und streichen wiegenden Flugs ab, den langen, spitzen Schwanz schleppend nachziehend" (Sick, 1957).

Nach Smithe fraßen die Grauwangenpapageien *(Gypopsitta haematotis)* von Tikal (Guatemala) ruhig in den Baumkronen und gaben nicht leicht Alarm. Manchmal zwitscherten sie miteinander, aber nicht sehr laut (Smithe, 1966).

Daß die lärmenden Papageien verstummen, sobald sie sich zum Fressen niedergelassen haben, berichtete Wied auch von anderen Arten, u. a. von den Amazonen *(Amazona aestiva* Linn.): „Die grüne Farbe schützt sie sehr, man bemerkt aber ihr Dasein … an dem Herabfallen der Fruchthülsen und Kerne; sie sind alsdann stille, geben aber sogleich ihre laute Stimme von sich, sobald sie aufgeschreckt werden." – Und über die Sperlingspapageien schrieb Wied: „Sie fallen auf einen Baum oder Strauch, dessen Früchte sie lieben, klettern daran herum und geben alsdann keine Stimme von sich" (Wied, 1832).

Waller, der die ersten Exemplare von Rotwangen-Zwergpapageien (Finsch: *Psittacula coxeni*, Gould; Wolters: *Opopsitta diophthalma*) von einem „Holzsäger" erhielt und daraufhin das Herkunftsgebiet in Ost-Australien selbst aufsuchte, teilte dem Ornithologen Gould etwa um die Mitte des 19. Jahrhunderts folgendes mit: „Hier sitzen sie in den großen und hohen Feigenbäumen so still wie tot, und man gewahrt ihre Anwesenheit nur an dem Herabfallen der Überreste der Feigen, von welchen sie sich hauptsächlich zu nähren scheinen ... Ihre grüne Färbung harmoniert so mit der der großen Blätter in welchen sie verborgen sitzen, daß es schwer ist, die Vögel zu entdecken. Während des Fressens verhalten sie sich ganz still, nur beim Abfliegen lassen sie einen schwachen Laut hören, der wie cheep, cheep, klingt" (zitiert nach Finsch, 1867/68).

Whitehead sah im späten 19. Jahrhundert auf Borneo große Gruppen von Langschwanzsittichen *(Psittacula longicauda)* auf hohen Bäumen. Er hätte aber von ihrer Anwesenheit nichts bemerkt, wenn nicht durch ihr Knabbern ein ständiger Schauer herabfallender Blätter erzeugt worden wäre (Sharpe, 1890). Viele Papageienarten verließen sich beim Fressen augenscheinlich darauf, daß sie im Blätterwerk schwer zu entdecken waren; dabei verhielten sie sich sehr unterschiedlich.

L. Müller, der im Jahre 1909 mit einer wissenschaftlichen Reise in das Mündungsgebiet des Amazonas beauftragt war, beobachtete 8 Tage lang das Vogelleben in der Krone eines großen Fruchtbaumes. Er erzählte: „Am seltsamsten verhielten sich immer die kleinen Perigittos" (Müller: *Brotogeris tuipara*; Wolters: *Brotogeris chrysoptera* subsp. *tuipara*). „Sie kamen unter lautem ‚Prigitt, Prigitt' (daher der Name ‚Perigitto') in Schwärmen angeflogen, verhielten sich dann aber, sobald sie einmal in die Krone eingefallen waren, absolut ruhig, und es war dann außerordentlich schwer, die kleinen grünen Tiere, die sich kaum von der Farbe des Laubes unterschieden und sich nur langsam und vorsichtig hin und her bewegten, in der beträchtlichen Höhe zu erspähen. Wenn man einen herabschoß, flogen die anderen keineswegs auf, sondern verhielten sich um so ruhiger. Erst wenn zwei oder drei ihrer Genossen gefallen waren, wurden sie

zur Flucht veranlaßt und unter lautem Geschrei flogen sie davon" (Müller, 1914).

Bei seinen ornithologischen Beobachtungen in Peru fiel O'Neill auf, daß die Schwarzstirnpapageien *(Touit huetii)* keinen Ton von sich gaben, wenn sie in einem Baum saßen. Sobald sich der 50 Kopf starke Schwarm niederließ, verstummte er, die Vögel kletterten nur und waren fast unentdeckbar (O'Neill, 1969).

Sassi beobachtete auf seiner Costa-Rica-Expedition im Jahre 1930 Tovisittiche *(Brotogeris jugularis)* aus der Ferne beim Fressen; er schrieb: „In Porto Jimenez war ein riesiger Ficus-Baum mit seinen ungefähr walnußgroßen Früchten sehr beliebt; der ganze Boden war mit mehr oder weniger angefressenen Früchten bedeckt, der ganze Schwarm der kleinen grünen Vögel aber war zwar wegen seines Gekreisches und Geplauders zu hören, aber nur mit großer Mühe mit dem Fernglas zu sehen."

Ähnlich beschrieb er das Verhalten der Gelbscheitelamazone von Costa Rica *(Amazona ochrocephala* subsp. *auropalliata)* beim Fressen: „Tagsüber lieben sie die Mangobäume, deren Früchte sie offenbar leidenschaftlich gern fressen. Oft sieht man 1–2 Paare auf so einen großen freistehenden Baum zustreichen und hört sie dort von weitem lärmen; wie man aber näherkommt, verstummen sie und verhalten sich ganz ruhig, so daß man auch diese großen Vögel oft nur mit Mühe entdeckt." Dabei seien sie gar nicht so scheu, denn sie hätten mitten in Bebedero einen großen Baum an der Brücke über den Rio Tenorio als Schlafbaum benutzt. Sie seien nur vorsichtig (Sassi, 1938).

Die Vögel lärmten also nur, solange der Mensch weit weg war. Interessanterweise lärmten andere Vögel dieser Art beim Fressen auf Leguminosen nicht (vgl. S. 100).

Wieder andere blieben sitzen, solange der Mensch sich ruhig verhielt. Der Ornithologe van Rossem berichtete von seinen Feldbeobachtungen in El Salvador (1912–1927): Die Gelbscheitelamazonen *(Amazona ochrocephala* subsp. *auropalliata)* seien gewöhnlich nicht scheu gewesen, wenn der Beobachter sich ruhig verhalten habe. Oftmals habe man sogar bis unter die Bäume, wo sie gerade gefressen hätten, gehen können. Das Grün ihres Gefieders vermischte sich mit dem grünen Laub des Waldes. Wenn sie eine Gefahr argwöhnten, verhielten sie sich völlig still und seien dann kaum zu entdecken (Dickey/v. Rossem, 1938).

Wetmore stellte bei seinen Vogelbeobachtungen auf Isla Coiba (Panama) im Jahre 1956 fest, daß die Schwarzohrpapageien *(Pionus menstruus)*, wenn das Futterangebot reichlich war, dazu neigten, sich tagsüber ruhig zu verhalten und nur auffielen, wenn sie gestört wurden, abgesehen natürlich von ihren morgendlichen und abendlichen lautstarken Flügen. Oft hätten sie sich auf ihre grüne Tarnfärbung verlassen und geduldet, daß er nahe vorbeiging, sogar dann, wenn sie sich auf niedriger Höhe in Bananenplantagen aufhielten (Wetmore, 1957).

Die einen verstummten, sobald ein Mensch in die Nähe kam, andere verließen sich so sehr auf ihre Tarnung, daß sie weiterkreischten; möglich ist natürlich, daß dies etwas zu tun hatte mit bestimmten, vielleicht besonders begehrten Früchten.

Der Ornithologe M. de Schauensee erlebte bei der Expedition, die er zusammen mit dem Ornithologen James Bond in die Umgebung von Belém (damals Pará) unternahm, daß die Weißflügelsittiche (Stone: *Brotogeris virescens* Gmel.; Wolters: *Brotogeris versicolura*), obwohl sie ständig kreischten, schwer zu sehen waren, weil sich ihre Gefiederfarbe so ausgezeichnet mit dem Blätterwerk vermischte. Dagegen, so erzählten sie, seien die Kahlkopfpapageien *(Gypopsitta vulturina)* beim Fressen sehr still (Stone, 1928).

Margaret H. Mitchell fand bei ihren feldornithologischen Beobachtungen im südöstlichen Brasilien, daß die Tirikasittiche *(Brotogeris tirica)* viel schwieriger auf den hohen belaubten Bäumen zu entdecken seien als die Braunohrsittiche *(Pyrrhura frontalis)*, mit denen sie manchmal zusammen fraßen, obwohl sie beim Fressen mehr Lärm machten als die Braunohrsittiche. Auch schienen sie

beim Fressen weniger aktiv zu sein als die Rotbäuchigen; sie bewegten sich langsamer in den Zweigen und kletterten statt zu fliegen, wie das die Braunohrsittiche oft taten (Mitchell, 1957).

Wetmore berichtete über die Hoffmannsittiche Panamas *(Pyrrhura hoffmanni)*, gewöhnlich seien sie ziemlich wild. Aber gelegentlich komme es vor, wenn sie beim Fressen auf Fruchtbäumen seien, daß sie sich Störungen gegenüber ganz unachtsam verhielten. So habe er einmal kleinere Vögel, wenige Meter von ihnen entfernt, geschossen, ohne daß die Sittiche mit dem Fressen aufgehört hätten (Wetmore, 1968).

Eine noch deutlichere Vorstellung davon, wie die Lautäußerungen der Papageien, wenn sie beim Fressen waren, „verstummten", geben die Berichte über ihre Plünderungen in Fruchtfeldern und Plantagen.

Zu den berühmtesten Schilderungen des Verhaltens plündernder Papageien zählt die von Richard Schomburgk, der in den Jahren 1840–44 Britisch-Guayana bereiste: „Unter den Vögeln waren es nur die Papageien und roten Araras *(Psittacus aracanga)*" *(Ara chloroptera)* „, die dann und wann die reichen Maisfelder in großen Scharen heimsuchten. Die List, mit welcher sie die Plünderung eines solchen Feldes beginnen und ausführen, hätte ich am wenigsten diesem letztern Vogel zugetraut. Finden sie ein reifes Feld auf, so werden rund herum auf den nächsten Bäumen Wachen ausgestellt; das sonst immerwährende Gelärme und Gekreische der rauhen Stimmen ist verstummt, nur hin und wieder hört man einen halbunterdrückten knurrenden und murmelnden Ton. Nähert sich der plündernden Gesellschaft ein verdächtiger Gegenstand, so läßt augenblicklich die Wache, welche diesen zuerst bemerkt hat, einen leisen Warnungsruf erschallen, der von den Räubern, um jener anzuzeigen, daß er gehört worden ist, mit einem halbunterdrückten Krächzen beantwortet wird. So wie die Gefahr dringender wird, fliegt die Wache unter lautem Aufkrächzen von ihrem Posten auf und mit ihr erhebt sich zugleich die ganze plündernde

Herde unter wildem Geschrei aus dem Maisfelde, um ihr Heil in der beschleunigten Flucht
zu suchen" (Schomburgk, 1847/48).

Ähnlich schrieb bereits Poeppig in seinem
Reisebericht, gut zehn Jahre früher, über plündernde „große goldgrüne Araras der Anden":
„Nicht leicht vermag der Jäger oder der erbit-
terte Indier die schlauen Diebe zu beschlei-
chen, denn stets bleiben ein Paar der ältesten
als Wachen auf den höchsten Bäumen ausgestellt. Dem ersten leichten Warnungszeichen
antwortet ein allgemeiner halblauter Ruf der
gestörten Räuber, bei dem zweiten Krächzen
entflieht unter betäubendem Geschrei der
ganze Haufen, nur um nach der Entfernung
ihres Feindes sogleich ihre verderbliche Tätigkeit von Neuem zu beginnen." Poeppig bezeichnete hierbei die Vorsicht der Araras
„List", „wenn sie die Plünderung eines reifen-
den Maisfeldes beginnen. Jeder", so schrieb
Poeppig, „bezwingt dann seine Neigung zum
Lärmen, und nur unterdrückte, murrende
Laute sind hörbar, während das Werk der
Zerstörung unglaublich rasch vorschreitet"
(Poeppig, 1827-32).

Die „murrenden Laute" entsprechen freilich
den Mitteilungen anderer Beobachter, die
Araras in wilden Fruchtbäumen gesehen hatten.

Neunteufel erzählte besonders anschaulich
vom Lärmen und Stillverhalten eines Papa-
geienschwarmes, der sich zum Plündern
begibt: „Am Rande einer Maispflanzung ragen
hohe Zedern weit über die übrigen Kronen des
Waldrandes hinaus. Dort lassen sich ein paar
hundert Papageien nieder, die andern kreisen
einige Male noch unentschlossen um das
weite Viereck der Pflanzung. Dann teilt sich
der Schwarm, ein paar tausend verschwinden
in der Richtung auf die nächsten Plantagen,
einige hundert bleiben auf den Zedern sitzen.
Wenn alle Tiere eines zoologischen Gartens
auf einmal losschreien würden, gäbe es kaum
solchen Lärm, wie ihn diese Amazonenpapageien vollführen. Jetzt verlassen einige die
Sitzplätze und gleiten in steilem Flug hinab in
den Mais. Mehr und mehr folgen, bald sitzen
nur noch ein paar Papageien im Geäst, während die andern schweigend mit der Plünderung der halbreifen Kolben beginnen. Es ist
still geworden, nur manchmal tönt ein unter-
drückter Schrei auf, sonst ist nichts zu hören
als ein gleichförmiges Knistern der Maisblät-
ter, Knacken der Körner und der arbeitenden
Papageienschnäbel. Das grüne Gefieder der
Vögel verschwindet im Grün der Maispflanzen; nichts verrät, daß hier viele hundert Plün-
derer am Werk sind. Ab und zu nur geraten
zwei in Streit und kreischen mit weitaufgeris-
senen Schnäbeln und gesträubten Nackenfedern. Da stößt einer der Wächter von hoher
Baumwarte herab sein Warngeschrei aus:
Raurauraurau... Sofort schweigt die
ganze Bande. Am Rande der Pflanzung
erscheint ein Mensch. Vor dem Erschrockenen
erhebt sich unter unbeschreiblichem Getöse
die grüne Wolke durcheinanderwirbelnden
Gefieders. Rot leuchten die Flecke an den
Handschwingen der Papageien. Vereinzelt
gellt ein schriller Pfiff aus dem Stimmen-
chaos, den die kleineren dunkelgrünen Gelb-
schnabelpapageien ausstoßen" (Neunteufel,
1941).

Reaktionen auf Störungen

Bei Störungen verlassen die Papageien, wie
schon aus einigen bisherigen Berichten her-
vorgegangen ist, früher oder später den
Fruchtbaum.

Eisentraut erzählte nach seiner biologischen Studienreise im bolivianischen Chaco
vom Verhalten der dort vorkommenden „Gelbflügelamazone" *Amazona aestiva xanthopteryx*, einer Blaustirnamazonenrasse: „Zu mehreren vereint sitzen sie, den Blicken verborgen, in der dichten Krone eines Nahrungs-
baumes; nur bisweilen hört man die Nah-
rungsreste zu Boden fallen. Da die Vögel wenig
scheu sind, lassen sie den Menschen meist
nahe herankommen. Mit Gekreisch fliegen sie
dann endlich auf, und zwar fliegen dabei die
eng zusammenhaltenden Paare fast jedesmal
einzeln nacheinander ab, nicht im großen
Schwarm, wie z. B. die Mönchssittiche"
(Eisentraut, 1935).

Die Entstehung dieser Verhaltensweise ist nicht auf das Auftreten des menschlichen Feindes zurückzuführen, wie folgendes Beispiel zeigt: Beebe beobachtete in Britisch-Guayana eine Gruppe Grünzügelpapageien *(Pionites melanocephalus)*, die lautstark hoch oben in der Krone eines hohen Fruchtbaumes fraßen. Nach gut fünfzehn Minuten wurden sie von einem roten Brüllaffen gestört. Sie verstummten und starrten mit aufgerichteten Nackenfedern zu dem heraufkletternden Affen hinunter, dann flogen sie schreiend weg (Beebe/Hartley/Howes, 1917).

Die ältesten Berichte über Papageien sprechen bereits von den Schäden, welche die Vögel in der Landwirtschaft anrichten. Bei Gesner lesen wir: „In Callechut sind dieser Vögel so viel, daß man Hüter zum Reiß im Feldt setzen muß, damit sie denselben nicht abessen, wie Ludovicus Romanus schreibt" (Gesner, 1669).

Schon Azara schrieb, daß die Papageien Paraguays während des Fluges, sowie morgens und abends, ein unerträgliches Geschrei hören ließen, daß sie aber, wenn sie zur Plünderung in eine Orangenplantage, wo man sie nicht duldete, einfielen, still waren, auch während des Fressens (Azara, 1809).

Der Ornithologe H. Burmeister, der sich 1859–60 in Tucuman (Argentinien) aufhielt, beobachtete die scheuen Blutstirnsittiche (Burmeister: *Conurus hilaris*; Wolters: *Psittacara mitrata* subsp.?) beim Plündern im Garten seines Wohnhauses. Einige von ihnen hielten auf den höchsten Pflanzen Wache und gaben Alarm, sobald ein Mensch mit dem Gewehr in der Hand erschien, woraufhin der ganze Schwarm wegflog. Aus diesem Grund konnte Burmeister kein einziges Exemplar für die wissenschaftliche Sammlung schießen (Burmeister, 1878).

Johnson, der Chile-Ornithologe, räumte ein, daß die Langschnabelsittiche *(Enicognathus leptorhynchus)* in großer Anzahl beträchtlichen Schaden in den Pflanzungen anrichten könnten, weshalb die Farmer sie mit Mißvergnügen sähen. Während der Schwarm fresse, hielten Wachen in hohen benachbarten Bäu-

men Ausschau und gäben Alarm, lange bevor es der Jäger schaffe, sich auf Schußweite zu nähern (Johnson/Goodall, 1965/67).

Viele Pflanzer ließen ihre Felder zur Reifezeit von eigens dazu abgestellten „Wächtern" beaufsichtigen.

Rengger teilte von seiner Reise nach Paraguay, die er 1818–26 unternommen hatte, über die dortige Situation mit: „Die Papageien und Perruches (Sittiche) richten oft großen Schaden in den Maispflanzungen an, so daß man eigene Wächter anstellen muß, die den ganzen Tag zwischen den Pflanzen umhergehen, und auch so kann man diese Vögel nicht ganz verscheuchen" (Rengger, 1835).

Orbigny berichtete von seiner Reise nach Corrientes aus dem Jahre 1827, daß dort die Sittiche so aufdringlich und zahlreich plündernd in die Maisfelder einfielen, daß Frauen den ganzen Tag über damit beauftragt wurden, die Sittiche zu vertreiben. Diese Frauen wurden darum „Lorreras" (span. Lorro, Loro = Papagei, Sittich) genannt. Die Frauen durchquerten nach allen Richtungen die offenen Reihen zwischen den Maispflanzen, sie pfiffen, schrien oder klatschten in die Hände, um Lärm zu machen. Aber wenn sie auf der einen Seite angekommen waren, kamen die Sittiche von der anderen Seite wieder ... (Orbigny, 1835). (Vgl. S. 60)

Ganz ähnlich erzählte der Vogelsammler Bates um die Jahrhundertwende aus Kamerun (West-Afrika), es sei die Aufgabe der Dorfmädchen gewesen, die Graupapageien *(Psittacus erithacus)* von den reifen Maisfeldern fernzuhalten. Die Mädchen mußten den ganzen Tag lang Lärm machen, indem sie schrien und auf Holzklötze schlugen, dann trauten sich die Papageien nicht her. Sie hingen aber, und Schwärme waren ums Feld versammelt, ständig herum und hielten nach einer Chance Ausschau, einen Bissen zu ergattern. Und wenn sie die Gelegenheit bekamen, stopften sie sich den Kropf voll mit Maiskörnern. Einer hatte sich einmal so vollgefressen, daß er nicht mehr schnell genug fliegen konnte und lebend gefangen wurde (Sharpe, 1907).

Manchmal war alles vergeblich. Krieg berichtete aus Südamerika: „Wo es im Chaco und in Ostparaguay den armen Kolonisten an Munition fehlte, kamen die Amazonenpapageien *(Amazona aestiva)* und mancherlei Sittiche (besonders *Nandayus* und *Myiopsitta*) in solchen Scharen in die Maisfelder, daß eine Ernte sich erübrigte. Während sie anderswo vor einem sich nähernden Menschen zeitig das Weite suchen, waren sie hier nicht einmal durch Rufen und Händeklatschen zu vertreiben" (Krieg, 1950). Ergänzend sagte Krieg dazu an anderer Stelle; es geht um das Jahr 1939: „Die Amazonenpapageien, die Mönchsittiche und die Nandaysittiche kommen von Jahr zu Jahr mehr auf den Geschmack der jungen Maiskörner, die noch milchig und süß auf den Kolben stehen. Ich kenne Siedler, die in ohnmächtiger Wut ihr mühsam gerodetes Land wieder geräumt haben, weil diese Vögel nichts reif werden ließen!" (Krieg, 1948).

So fühlten sich die Siedler um die Früchte ihrer Arbeit gebracht. Das Geschrei der Papageien mußte den Zorn der Geschädigten noch vergrößern. Lallemant berichtete nach seiner Reise durch Südbrasilien über plündernde Papageien: „Jagt man sie fort, so fliegen sie mit einem Geschrei davon, daß man sein eigenes Wort nicht mehr verstehen kann" (Lallemant, 1859).

Während seiner Reise in Britisch-Guayana Mitte des 19. Jahrhunderts kamen Appun und seine Begleiter auf dem Weg zu einer Siedlung nach einer längeren Waldwanderung zu einer Lichtung, aus welcher ihnen „ein Monster-Konzert, von einigen tausend Papageien glorios ausgeführt, entgegenschallte" und, so erzählte Appun weiter, „das seinen höchsten Glanzpunkt erreichte, als ein großer Teil der Konzertisten uns wahrnahm und seine Überraschung durch die gellendsten Töne, deren Vogelstimmen je fähig sind, ausdrückte. Soviele Jahre ich auch bereits in Südamerika reiste und während dieser sehr häufig das widrige, krächzende Geschrei von Papageienschwärmen gehört hatte, war mir ein so entsetzlicher Lärm noch nie vorgekommen. Die Lichtung enthielt ein indianisches Provisions-

feld und das gewaltige Papageienchor, in Aráras, Loros und Perikitos bestehend, war beschäftigt, den Indianern das zeitraubende Einernten der Früchte zu ersparen, dabei jedoch so selbstisch" (egoistisch) „handelnd, die reifen Maiskolben, Papayas, Ananas, Bananen, Pisang, u. s. w. für ihre eigenen gastronomischen Zwecke zu benutzen" (Appun, 1871).

Prinz von Wied schrieb 1832: „Das vereinte Geschrei eines Schwarms von Araras ist unglaublich laut und in der Nähe betäubend; besonders laut pflegt es sich hören zu lassen, wenn der Jäger sich leise herangeschlichen, und durch einen Schuß die sorglos fressende Bande erschreckt hat ... Levaillant sagt in seiner Naturgeschichte der Papageien, daß die Araras stupide Vögel seien, welche den Schuß des Jägers nicht fürchteten, ich muß aber aus eigener Erfahrung bekennen, daß man in den menschenleeren Wäldern von Brasilien, wo diese Tiere sehr zahlreich sind, sie für die scheusten, listigsten Vögel hält. Vorsichtig und von dem dichten Gebüsche oder den Stämmen bedeckt, schleicht sich der Jäger an ihre Gesellschaften heran, und erlegt dann zuweilen mehrere von ihnen auf einen Schuß" (Wied, 1832).

Levaillant sagte tatsächlich, die Araras ließen sich in den Wäldern durch den Lärm der Schußwaffen nicht verunsichern; das sei nicht etwa Unerschrockenheit, wie manche Reisende behaupteten, vielmehr seien sie wirklich sehr dumme Vögel (Levaillant, 1801-38).

Beide hatten recht: Die Papageien mußten erst durch Erfahrung lernen, daß der Mensch für sie eine Gefahr darstellte. Natürlich kann der Ausdruck „dumm" (stupide), den Levaillant gebrauchte, nicht akzeptiert werden, weil er in unseren Ohren nicht wertfrei klingt.

Wied machte während seiner Reise in Brasilien (1815-17) eine merkwürdige Beobachtung, als er sich während der Mittagshitze auf dem Weg nach Uruba in einem Trockenwald aufhielt: „In diesen trockenen Felsenwäldern herrschte eine unglaubliche Hitze, kein Lüftchen wehte, und die Sonnenstrahlen wurden von allen Seiten zurückgeworfen, selbst der

Boden war heiß, Menschen und Tiere waren erschöpft, nur die stolzen Araras in unserer Nähe schienen sich hier jetzt recht zu gefallen. Sie flogen schreiend umher, während selbst die meisten anderen Vögel auf einem schattigen Zweige ihre Mittagsruhe hielten." Aber das war ein Mißverständnis. Zweifellos fühlten sich die Araras (*Ara chloroptera*) gestört. Normalerweise ruhen auch sie während der Mittagszeit (vgl. S. 97). Wied selbst berichtete von seinem Aufenthalt am Rio Grande de Belmonte: „Die Araras pflegen sich, bei der Anwesenheit der Wilden, in dieser Gegend nur wenig zu zeigen, weil sie immer beunruhigt werden; während der kurzen Abwesenheit der Botocudos hatten sie sich wieder eingefunden, und nun fanden sie auch an unseren Jagdgewehren furchtbare Feinde." Die Araras mußten erst lernen, daß ihnen auch von diesen, für sie ungewohnt aussehenden, Menschen Gefahr drohte (Wied, 1820/21).

Burmeister schrieb in seinem Werk über die Tiere Brasiliens Mitte des 19. Jahrhunderts: Wenn man die Papageien beim Fressen auf den Bäumen stört, „fliegen sie kreischend auf, gleich den Krähen, und eilen schnell davon. Sie sind höchst aufmerksam, aber doch nicht scheu; lassen den Jäger bis zur gehörigen Entfernung herankommen und fliehen erst, wenn ihnen seine große Nähe bedenklich erscheint. Im Urwalde, wo man sie häufig überrascht, weil sie daselbst am zahlreichsten auftreten und nirgends fehlen, verraten sie sich stets durch das Gekreisch, womit sie die Flucht ergreifen, wenn der Reisende den Bäumen nahe gekommen ist, auf denen sie Nahrung suchen" (Burmeister, 1856).

Der englische Zoologe Forbes wollte während seines elfwöchigen Aufenthaltes in Nordostbrasilien im Jahre 1880 Blaustirnamazonen (*Amazona aestiva*) beim Fressen beobachten. Mit Hilfe seines Führers hatte er einen Baum ausfindig gemacht, auf dem sie gerade fraßen, was an den herunterfallenden Fruchtschalen bzw. -resten zu erkennen war. Forbes wollte sich unter den Baum auf den Rücken legen, um sie durchs Fernglas zu beobachten. Aber die Vögel bemerkten sie und flogen schreiend weg zu einem weniger gestörten Ort, wie Forbes meinte, bevor er sie in der dichten Baumkrone überhaupt hatte entdecken können (Forbes, 1881).

Goeldi, der brasilianische Ornithologe Schweizer Abstammung, stellte im Jahre 1895 in einem Wald beim Counany-Fluß (brasilianisches Guayana) fest, daß Hyazinthararas (*Anodorhynchus hyacinthinus*) sich auf hohen Fruchtbäumen zum Fressen niederließen. Die Araras entdeckten ihn und seine Begleiter jedoch stets und flüchteten, bevor sie einen der Vögel in den Baumkronen ausfindig machen konnten (Goeldi, 1897).

Patzelt, der zusammen mit Baumann in den Jahren 1973 und 1979 Expeditionen zu den Auka-Indianern im Osten Ecuadors unternahm, wurde von zwei Indianern zur Vogeljagd mitgenommen. Als sie auf einen kleinen Schwarm „grüner Amazonen" stießen, pirschten sich die Auka bis auf zehn Schritte an ihren Baum heran: „Man konnte die grünen Vögel im grünen Halbdunkel nur hören, nicht einmal erkennen, da hatten die beiden Jäger ihre schweren Geschütze (Blasrohre) bereits im Anschlag und ließen ihre . . . Bolzen fliegen. Beide trafen . . ." Weitere Vögel konnten sie nicht erlegen. Als nämlich die „gespießten Opfer" grell kreischend herunterflatterten, flüchtete der Schwarm mit lautem Geschrei (Baumann/Patzelt, 1983). Wurden die Vögel durch vergiftete Blasrohrpfeile sofort getötet oder gelähmt, dann blieben die anderen sitzen, wie es der Reiseschriftsteller Burchard erlebte, als er einen kolumbianischen Indianer bei der Jagd begleiten durfte (Burchard, 1976).

Der Ornithologe Holt beobachtete 1921/22 in der Serra do Itatiaya (Südostbrasilien) die Tiriba, Braunohrsittiche (Holt: *Pyrrhura vittata vittata*, Shaw; Wolters: *Pyrrhura frontalis*) beim Fressen in Araukarien. Wenn sie gestört wurden, schossen sie immer zuerst mit Alarmschreien nach unten und flogen erst dann mit hoher Geschwindigkeit und laut schreiend weg (Holt, 1928).

Ganz ähnlich klingen Berichte aus anderen Teilen der Welt, wo Papageien verfolgt wurden.

Die Eingeborenen Australiens machten am liebsten dann Jagd auf Gelbhaubenkakadus (Finsch: *Plictolophus galeritus* Lath.; Wolters: *Cacatua galerita*), wenn diese sich an ihren Trinkplätzen versammelten (Finsch, 1867/68). Der Kapitän Grey erzählte: „Der Eingeborne schleicht zu solchen Lachen herbei mit Beobachtung aller Vorsichtsmaßregeln. Er drückt sich von einem Baum zum andern, kriecht von Busch zu Busch und gibt sich die größte Mühe, die wachsamen Vögel so wenig als möglich zu beunruhigen. Aber so lautlos sein federnder Gang auch ist, die Kakadus nehmen ihn doch wahr, und ein allgemeiner Aufruhr bekundet das Nahen des gefährlichen Feindes . . . So kommt der Verfolger zuletzt bis an das Wasser heran und zeigt seine dunkle Gestalt unverhüllt. Mit ohrenzerreißendem Schreien erhebt sich die weiße Wolke in die Luft." Im selben Augenblick schleudert der Eingeborene einen Bumerang unter sie, dann weitere. Die bloß verletzten Vögel stürzen schreiend zu Boden (Brehm, 1866).

Während seiner Reise durch die La-Plata-Staaten in der Mitte des 19. Jahrhunderts, auf dem Weg nach Mendoza, beobachtete Burmeister Felsensittiche *(Cyanoliseus patagonus)*, er schrieb: „Die Vögel waren wenig scheu, offenbar weil sie hier nicht gejagt werden; sie setzten sich nicht bloß auf die Gebüsche dicht am Wege, sondern vor mir auf den Erdboden, was mir von dem Papagei seines langen Schwanzes wegen *(Conurus cyanolyseus)* ganz besonders auffiel. So flogen sie von Strecke zu Strecke eine Zeit lang mit uns, jedesmal ein lautes Gekreisch erhebend, wenn sie wieder aufgescheucht wurden" (Burmeister, 1861).

Der Ornithologe Delacour berichtete nach seinem Besuch im Jahre 1921 in Venezuela: Wo bisher wenig gejagt worden sei, verhielten sich die Vögel so wenig scheu, daß es keine Schwierigkeiten gebe, sie zu beobachten (Delacour, 1923).

Auch der Ornithologe Wetmore stellte bei seinem Besuch in Costa Rica im Jahre 1940 fest, daß die Hellroten Araras *(Ara macao)* wenig scheu waren, wenn sie nicht beunruhigt (molested) wurden. Sie kamen täglich, um auf den wilden Fruchtbäumen in der kleinen Kaffeeplantage hinter dem Haus einer Hacienda zu fressen. Gelegentlich, wenn sie durch etwas aufgescheucht wurden, stürmten sie mit gellendem Kreischen (strident calls) ums Haus. Als er einmal für die Sammlung ein Exemplar benötigte, brauchte er nur zur Plantage zu gehen, wo sie fraßen und keinen Versuch machten, sich zu verstecken. Nicht einmal der Schuß vertrieb die Artgenossen (Wetmore, 1944).

Taylor sah im Winter 1857/58, während seiner vogelkundlichen Reise quer durch Honduras, am Golf von Fonseca Gelbscheitelamazonen (Taylor: *Chrysotis auripalliata*; Wolters: *Amazona ochrocephala* subsp. *auropalliata*), die so nahe am Haus vorbeiflogen, daß er sie vom Fenster aus hätte schießen können. Wenn sie auf den Bäumen saßen, erinnerten sie ihn an Tauben. Sie schienen durch Gewehrschüsse nicht erschreckt zu werden. Hoch oben in den Baumkronen konnte er sie im Blätterwerk nicht ausfindig machen, selbst wenn er wußte, daß sie da waren (Taylor, 1860). Vermutlich erreichte die verwendete Schrotmunition die Vögel nicht.

Hintermann, der als wissenschaftlicher Begleiter einer brasilianischen Militärmission 1924/25 nach Zentralbrasilien reiste, machte in der Nähe des Rio Bananal bei einer verlassenen, verfallenen Fazenda Jagd auf Papageien, die offenbar wenig Erfahrungen mit Menschen hatten, er erzählt: „Bald konnten wir auch beobachten, daß sich in der Nähe des Lagers viele Papageien aufhielten . . . Ich . . . fand auch bald drei Papageien, die lärmend auf einem der blattlosen armleuchterartigen Bäume saßen. Obwohl sie mich sahen, konnte ich trotzdem bis auf zehn Meter Entfernung herankommen, ohne daß sie wegflogen. Während ich die Flinte erhob und zielte, sahen sie sehr aufmerksam jeder meiner Bewegungen zu, ohne sich jedoch zu entfernen." Es war eine Amazonenart (Hintermann, o. J.).

Diese Berichte stammten aus den verschiedensten Zeiten und Gegenden, so wie die Jagd auf Vögel unterschiedlich stark und die Besiedlung unterschiedlich fortgeschritten

107

war. Auffallend ist jedoch, daß die folgenden Berichte aus relativ späteren Zeiten stammen: Nun bestand das „wenig-scheue" Verhalten der Papageien bei Störungen darin, daß sie still sitzenblieben und sich auf ihre Tarnung verließen. (Vgl. auch S. 101f)

Dalquest hielt sich im Jahre 1948 im Süden des mexikanischen Staates Veracruz auf, um zoologische Sammlungen durchzuführen. Ein indianischer Führer machte ihn einmal auf zwei Mülleramazonen *(Amazona farinosa* subsp. *guatemalae)* aufmerksam. Die beiden Amazonen saßen völlig bewegungslos auf einem großen Baum. Erst nach 10 Minuten konnte Dalquest sie in der grünen Vegetation ausfindig machen (Lowery/Dalquest, 1951).

Der Ornithologe George K. Cherrie beobachtete auf der Roosevelt-Expedition im März 1914 am Unteren Aripuaná (Amazonien) Rotbauchsittiche *(Pyrrhura rhodogaster)*. Wenn sie nicht gestört wurden, behielten sie in den Baumkronen ein unaufhörliches lärmendes Kreischen bei, waren aber zugleich wachsam und vorsichtig. Näherte man sich ihnen auch noch so behutsam, sofort hörte das Kreischen auf. Darüber hinaus, so erzählte Cherrie, verhielten sie sich absolut still, so daß diese Papageien, deren buntes Gefieder nicht gerade eine Tarnfärbung abgebe, nur mit sehr scharfen Augen zu entdecken seien (Naumburg, 1930).

Nach den Erfahrungen des Ornithologen Paynter auf der Halbinsel Yucatán, in den 40er und 50er Jahren, verhielten sich die Grauwangenpapageien *(Gypopsitta haematotis)*, die nur in kleinen Gruppen von meistens 5 oder 6 Vögeln vorkamen, gewöhnlich sehr ruhig. Wenn sie in den hohen Bäumen saßen und man sich ihnen näherte, blieben sie ruhig sitzen, statt mit Alarmgeschrei davonzufliegen. So sei es Glückssache, sie überhaupt zu entdecken (Paynter, 1955). Über die Grauwangenpapageien von Britisch Honduras sagte Russell 1964, sie blieben ruhig und still, wenn sie alarmiert würden (Russell, 1964).

Auch hierzu finden wir ähnlich lautende Berichte aus anderen Teilen der Welt.

Nach den Erfahrungen Swynnertons um etwa 1900 im damaligen Südrhodesien duldeten die Braunkopfpapageien (Swynnerton: *Poeocephalus fusicapillus*; Wolters: *Poicephalus cryptoxanthus)*, daß man unter ihrem Baum durchging und bewegten sich nicht; freilich waren sie im dichten Blätterwerk schwer zu entdecken (Swynnerton, 1908).

Nach Finsch waren Blauscheitelloris *(Glossopsitta porphyreocephala)*, meist zusammen mit Gebirgsloris (Finsch: *Tr. novae-hollandiae*; Wolters: *Trichoglossus haematodus* subsp. *moluccanus)* und anderen Loriarten, „so wenig scheu, daß ein Schuß die Unverwundeten keineswegs verjagt". Beim Auffliegen mit „reißender Geschwindigkeit" hielten sich jedoch die verschiedenen Arten gesondert beisammen (Finsch, 1867/68).

Der Ornithologe Grant notierte auf den Expeditionen um etwa 1910 in Neuguinea: Die dort häufig vorkommenden Frauenloris (Ogilvie-Grant: *Lorius erythrothorax*; Wolters: *Lorius lory* subsp. *erythrothorax)* hätten selten die Flucht ergriffen, wenn ein Vogel aus einem Schwarm aus einer Baumkrone herausgeschossen worden sei. Auch den Schönlori *(Hypocharmosyna placentis)* nannte er nicht scheu; sie hätten mehrere Exemplare schießen können, bevor der Schwarm Alarm gab und den Baum verließ. Der Gelbkappen-Spechtpapagei *(Micropsitta keiensis)* gar, den Grant ebenfalls in Neuguinea sah, setzte sich, wenn er am Boden gestört wurde, nur auf den nächsten Zweig. Dagegen erlebte Grant den Blauhalspapagei, Grünkopfpapagei, *(Geoffroyus simplex)* vom Gebirge Neuguineas als einen sehr scheuen Vogel, der beim geringsten Alarmzeichen die Flucht ergriff. Er sah alarmierte Schwärme über dem Dschungeldach hin- und herstürmen, bevor sie sich wieder niederließen (Ogilvie-Grant, 1915).

M. Eisentraut berichtete von seiner biologischen Studienreise 1930/31 im Gebiet des südbolivianischen Chaco über den dort vorkommenden „Blauwangensittich" *(Thectocercus acuticaudatus acuticaudatus)*, auch Spitzschwanzsittich genannt: „Die Vögel sind meist wenig scheu, so daß man sie aus geringer

Entfernung beobachten kann. Fällt ein Tier getroffen zu Boden, so fliegt die Schar auf, kommt aber unter Geschrei und Gekreisch meist sogleich wieder zum selben Baum zurück" (Eisentraut, 1935).

Für das „nicht-scheue" Verhalten der Papageien kommen – wenn damit gemeint ist, daß sie, trotz Gefahr oder Störungen, zurückkehren – mehrere Funktionen in Frage. Die folgenden Berichte geben dafür erste Anhaltspunkte:

Nach den Beobachtungen des Ornithologen Goodfellow in Ecuador im Jahre 1899 am Unteren Napo flogen die Schwärme von Weißflügelsittichen (Goodfellow: *Brotogeris virescens*, Gm.; Wolters: *Brotogeris versicolura*), wenn sie gestört wurden, mit ohrenbetäubendem Geschrei umher, daß es unmöglich gewesen sei, sich mit Worten zu verständigen. Ihre indianischen Helfer machten sich einen Spaß daraus, diese Vögel aufzuscheuchen (Goodfellow, 1901/02).

Evans berichtete nach seinen ornithologischen Beobachtungen im Jahre 1914 in Australien: Ein Schwarm von Rosakakadus *(Eolophus roseicapillus)* auf einem Farmland erinnerte ihn an Tauben, solange sie auf dem Boden fraßen, sich widerwillig (grudgingly) erhoben und fast augenblicklich wieder niederließen. Aber die Ähnlichkeit war vorbei, so fand er, als die Vögel Kreise um sie, die Menschen, flogen und dabei kreischten. Auch Gelbhaubenkakadus *(Cacatua galerita)* sah er in großer Anzahl auf einer Pferdeweide (paddock) fressen. Als sie sich gestört fühlten, flogen sie alle mit entsetzlichem Kreischen auf und ließen sich auf den umherstehenden niedrigen Bäumen nieder, kehrten aber bald auf den Boden zurück, während ein paar Wachen blieben (Evans, 1917).

Daß die Vögel zurückkehrten, und besonders wenn sie Kreise flogen, nützten die Jäger gerne aus, um ihre Beute zu machen.

Schon Finsch fiel auf: „So kehrt der nordamerikanische Keilschwanzsittich" *(Conuropsis carolinensis)* „trotz wiederholten Niederlagen, welche Pulver und Blei unter einer Schar anrichtete, immer wieder nach dem Ort des Verderbens zurück, und Audubon konnte innerhalb weniger Stunden hunderte erlegen und sah ganze Körbe mit den Erbeuteten gefüllt. Die große Anhänglichkeit zueinander wird den Vögeln hierbei besonders unheilvoll, indem sie zu ihren gefallenen Genossen zurückkehren, dieselben... umschwärmen und dadurch dem Schützen Zeit lassen, eine zweite Salve zu geben. In gleicher Weise benimmt sich *Nestor meridionalis*, von dem man einen ganzen Flug vertilgen kann, wenn man erst einen erlegt hat." Ganz ähnlich klingen auch Berichte über Rabenkakadus (Finsch: *Calyptorrhynchus solandri*, Temm.; Wolters: *Calyptorhynchus magnificus*): „Ist einer dieser Vögel geschossen oder verwundet worden, so fliegen die übrigen des Trupps um ihn herum, oder setzen sich auf die benachbarten Bäume, wo sie dann ebenfalls leicht erlegt werden" (Finsch, 1867/68).

Swynnerton machte um die Jahrhundertwende im damaligen Südrhodesien die Erfahrung, daß die Kappapageien *(Poicephalus robustus)* in der Regel scheu waren und daß es äußerst schwierig war, sich ihnen zu nähern. Gelang es einem aber, ein Exemplar zu schießen oder auch nur leicht zu verwunden, dann kreiste der Rest der Gruppe laut schreiend umher und kehrte dabei von Zeit zu Zeit zum selben Platz zurück, so daß man, wenn man nur wollte, bestimmt irgendwann alle abschießen konnte (Swynnerton, 1907).

Manche Vogelbeobachter nannten dieses Verhalten furchtlos, so auch der Vogelsammler Bates, der in Kamerun (Westafrika) Vögel beobachtete. Er berichtete, daß Kongopapageien (Sharpe: *Poeocephalus aubryanus*; Wolters: *Poicephalus guilielmi*), als einige Exemplare aus der fressenden Gesellschaft vom Baum heruntergeschossen wurden, „so wenig Angst" hatten, daß sie zum selben Baum zurückkehrten. Das würden sie immer wieder tun, bis der ganze Schwarm getötet wäre (Sharpe, 1904).

Sassi teilte nach seinen Erfahrungen auf der österreichischen Costa-Rica-Expedition im Jahre 1930 über die dort heimischen Hellroten Araras *(Ara macao)* mit: „Werden ein oder mehrere Stücke aus einem ... Schwarm erlegt, so kreist meist ein Teil des Schwarms mit unendlichem Geschrei über dem Schützen noch eine Zeitlang herum" (Sassi, 1938).

Der US-Artillerie-Leutnant Wirt Robinson erlebte auf seiner ornithologischen Südamerika-Reise im Jahre 1892 bei Barranquilla (Kolumbien), daß Papageienschwärme des Braunwangensittichs (Robinson: *Conurus aeruginosus*; Wolters: *Eupsittula pertinax*) sehr scheu waren. Als er sich an einen Schwarm, der sich in seiner Nähe niedergelassen hatte, heranschleichen wollte, schlugen sie Alarm, bevor er in Schußweite war. Sie flogen Kreise, und so konnte sein Begleiter doch noch ein Exemplar erlegen (Robinson, 1895).

Auch Fallensteller machten sich das Verhalten solcher Papageienarten zunutze, die herbeigeflogen kamen, wenn sie einen Artgenossen schreien hörten. Rengger schrieb in seinem Reisebericht: „In den letzten Jahren, die ich in Paraguay zubrachte, fing man an, einigen Vögeln, besonders den Perruches, Nandays und Catorras" (vermutlich *Nandayus nenday* und *Myiopsitta monachus*) „mit Garnen nachzustellen ... Der Vogelsteller erbaut sich ein Hüttchen und setzt Lockvögel aus. Nur muß er die Nandays, welche als Lockvögel dienen, durch das Ziehen an dem Kettchen, woran sie befestigt sind, zuweilen zum Schreien bringen. Auf diese Weise sah ich mit demselben Netze an einem Tage bis 48 Dutzend dieser Vögel fangen" (zitiert nach Finsch, 1867/68).

Wenn die Papageien einen Menschen umkreisten, dann entsprach dies ihrem Verhalten Greifvögeln, also ihren Freßfeinden, gegenüber, wie folgende Berichte zeigen:

Hudson, der lange in Buenos Aires gelebt hatte, berichtete, wie sich Felsensittiche *(Cyanoliseus patagonus)* bei Störungen verhielten; die Beobachtung stammt ungefähr aus der Zeit der Jahrhundertwende: War eine Gruppe dieser Papageien beim Fressen, und erschien in der Ferne ein Reiter, dann erhoben sie sich in einem geschlossenen Schwarm, laut kreischend, und erzeugten über ihm einen ungeheuren Lärm. Er berichtete, sie seien so sehr gesellig, daß ihre Gruppen sich sogar während der Brutzeiten nicht auflösten. Auch die Mönchsittiche *(Myiopsitta monachus)* sind als besonders gesellig lebende Papageien bekannt. Hudson erzählte, daß diese Papageien, die in ihren Brutkolonien den ganzen Tag über kreischten und jeden anderen Laut übertönten, sobald ein Mensch das Baumgebiet der Kolonie betrat, ihr gedämpftes Kreischen plötzlich unterbrachen. Hundert Augenpaare beobachteten den Eindringling während einer spannungsgeladenen Stille. Dem folgte Flügelschlagen und der Ausbruch eines Alarmgeschreis, das den ganzen Wald durchdrang. Auch beim Erscheinen mancher Greifvogelarten stiegen sie alle in einem Schwarm hoch und hielten sich mit aufgeregtem Geschrei über dem Greifvogel (Hudson, 1923a).

Gibson beobachtete im späten 19. Jahrhundert in der Umgebung von Buenos Aires Vögel und berichtete, daß die Mönchsittiche *(Myiopsitta monachus)* Geierfalken (Carancho, Chimango) ignorierten, aber grundsätzlich jeden anderen Greifvogel lärmend bedrängten, sobald er im Wald auftauche: Alle Vögel erhöben sich in einer regelrechten Masse und schwebten über ihm, heftig schreiend und kreischend (Gibson, 1880).

Heusser und Claraz berichteten im Jahre 1860 aus der Provinz Rio de Janeiro über die „Maitacas" *(Pionus menstruus)*: „Gelingt es aber, einen so zu verwunden, daß er nicht mehr davon fliegen kann, so kommen die anderen zu diesem zurück, wie das bei unserem Häher der Fall ist, wo man dann ziemlich alle erlegen kann" (Heusser & Claraz, 1860).

Der Ornithologe Zappey, der in den Jahren 1902 und 1904 die Isla do Pinos (60 Meilen südlich der Insel Kuba) bereiste, erzählte, daß die Kubakrähe *(Corvus nasicus)*, der „Cao", sobald man in Sichtweite komme, unter andauerndem Schreien und Schimpfen hoch über einem schwebe. Die Eingeborenen zähmten den Cao und brächten ihm ein paar Worte bei (Bangs/Zappey, 1905).

Carriker nannte den Braunhäher (Carriker: *Psilorhinus mexicanus cyanogenys*, Sharpe; Wolters: *Psilorhinus morio*) einen lärmenden und kampfesmutigen Vogel. Er sei für den Sammler eine absolute Plage, weil er ihm überallhin folge und dabei so laut schreie, daß er alle Vögel verscheuche (Carriker, 1910).

F. Kühlhorn nahm im Jahre 1938 an der von Hans Krieg geleiteten Forschungsreise nach Brasilien teil und beobachtete – obgleich für Säugetiere zuständig – auch Vögel. Er berichtete über die Blaurabenart *Cyanocorax chrysops*: „Cyanocorax übernimmt im Urwald die Funktion unseres Eichelhähers und reagiert auf jede gefahrdrohende Erscheinung mit lautem Geschrei. Gelegentlich einer Affenjagd versuchte ich vergeblich, mich an eine Horde von *Cebus apella* L. anzupirschen, weil mir ständig zwei warnende ,Gralhas' folgten." „Gralha" ist ihr einheimischer Name. Kühlhorn berichtete außerdem, dieser Blaurabe ahme nicht selten die Lockrufe der Kapuzineraffen (Cebus) nach (Kühlhorn, 1954).

Das Kreisen der Papageien unter Geschrei ist also dem Warnverhalten von Rabenvögeln (Corviden) ähnlich.

Der in der Feldbeobachtung erfahrene Ornithologe Holt ließ als generelle Regel gelten, daß eine Vogelart sich um so wachsamer verhalte, je größer an Gestalt sie sei. Er berichtete über seine Vogelbeobachtungen in der Serra do Itatiaya (Südostbrasilien) in den Jahren 1921/22: Die Maitaca, der Maximilianpapagei *(Pionus maximiliani)* sitze gewöhnlich in den höchsten Baumkronen. Entweder bewege er sich gar nicht oder nur mit großer Behutsamkeit, so daß man seine Anwesenheit selten entdecke, bevor der ganze Schwarm mit wildem Geschrei davonschieße (Holt, 1928).

Der Ornithologe Reiser sah auf der Expedition von 1903 in Nordostbrasilien am See von Paranaguá den Spix-Ara *(Cyanopsitta spixii)*. Reiser schreibt: „Hier kommt er, wie alle Familiengenossen, von Zeit zu Zeit zum Wasser, um den Durst zu stillen. Der Zuzug erfolgt augenscheinlich aus großer Entfernung und die dürstenden Vögel pflegen sich zunächst laut rufend auf Baumspitzen am Strande nie-

derzulassen, um vorsichtshalber die Umgebung zu mustern. Nach mehrmaligem Flügelfächeln lassen sie sich dann gemächlich zu Boden nieder, um aus Lachen oder dem Uferwasser bedächtig und anhaltend zu saufen." Sie machten „schon weit außer Schußweite lange Hälse" (Reiser, 1926).

Nach Smithe kletterten die Glatzenkopf-(Weißkappen-)Papageien *(Pionus senilis)* von Tikal (Guatemala) bedächtig und vorsichtig in den Bäumen, schrien aber auch laut – wie die anderen Papageien – wenn sie flogen (Smithe, 1966).

Wetmore erlebte die Tucuman-Amazonen *(Amazona tucumana)* in Tucuman (Argentinien) im Jahre 1921 als scheue Vögel. Die Gruppen erlaubten nur selten ein Näherkommen (Wetmore, 1926).

Die Flucht erfolgt nicht immer auffällig und unter Geschrei; es gibt auch Berichte von lautloser Flucht. Brehm berichtete, aufgrund seiner eigenen Erfahrungen Mitte des 19. Jahrhunderts in Nordostafrika, über die dortigen Halsbandsittiche *(Psittacula krameri)*: „Je länger man unter einem Baume verweilt, aus dessen Kronen herab man Hunderte von Stimmen erschallen hörte, um so stiller und ruhiger wird es, und schließlich ist kein einziger mehr oben: einer nach dem andern ist lautlos einem ähnlichen Baume zugeflogen ..." Brehm nannte diese Vögel schlau, er schrieb: „Ihre Schlauheit täuscht auch den geübten Jäger und vereitelt dessen Anstrengungen. Ich habe das schlaue Gebaren der Vögel später mit großem Vorteil benutzt, um sie leicht und sicher zu erlegen. Wenn ich nämlich eine Gesellschaft im Walde aufgefunden hatte, spähete ich einfach nach dem nächsten, dichten, grünen Baume, stellte mich in dessen Nähe an und ließ nun durch meine Jagdgehilfen den andern Baum bedrohen. Die Folge davon war, daß die Papageien sich zurückzogen und dabei gewöhnlich mir zum Schusse kamen" (Brehm, 1866). Solange sie sich im Blätterwerk des Baumes aufhielten, waren die Halsbandsittiche auch dann nur schwer zu erkennen, wenn sie laut kreischten (vgl. S. 117).

111

„Familienleben"

Über die Schwarzohrpapageien Panamas *(Pionus menstruus)* schrieb Wetmore, daß diese Papageien, die im Schwarm ständig lärmten, während der Brutzeit, wenn sie paarweise lebten, sich weitgehend still verhielten (Wetmore, 1968).

Der Ornithologe Sutton sah im Jahre 1941 in der Gomez Farias Region (Tamaulipas, Mexiko) einen einzelnen Grünsittich *(Psittacara holochlora)* ohne Lautäußerungen zu einer Baumhöhle fliegen und darin verschwinden (Sutton/Pettingill, 1942).

Schomburgk meinte, die Venezuelaamazone (Schomburgk: *Psittacus aestivus* Lin.; Wolters: *Amazona amazonica*), auch „Schreier" (engl. „Screecher") genannt, scheine ihre Stimme während der Brutzeit „vergessen zu haben" (Schomburgk, 1848).

Vareschi berichtete über seine Reise „auf den Spuren Humboldts", Mitte dieses Jahrhunderts, die Araras verhielten sich in der Nähe ihrer Nisthöhle sehr ruhig und seien dort nicht leicht zu entdecken. Er sah um die Mittagszeit einen roten Arara ständig um seine Nisthöhle herumklettern, und dann, so erzählt er: „Ein Pärchen der gleichen Art – Guacamayos heißen sie hier – fliegt hoch über seinem Nistbaum vorbei. Sie schreien im Flug, als sei ihr farbiges Zeichen am blaßblauen Himmel nicht schon laut genug. Das lenkt den Herrn des Nestes ab, er hält den Kopf schief und sträubt das Gefieder" (Vareschi, 1959).

Ein einheimischer Bauer zeigte Suchantke den Brutbaum eines Paares *Ara chloroptera*. Als er gegen den Stamm klopfte, schoß einer der Altvögel mit „gräßlichem Gekreisch" heraus. Suchantke erzählt: „Am nächsten Morgen waren wir natürlich wieder da, aber das Brutpaar saß schon im Nachbarbaum, so still, daß wir es zunächst nicht bemerkten, und erst durch das mörderische Geschrei, in das die beiden ganz plötzlich ausbrachen, auf den Sachverhalt aufmerksam wurden. Sie flüchteten über die Wipfel, und ihre Stimmen verloren sich in der Ferne. Schade! Es blieb uns nichts anderes übrig, als das Feld zu räumen. Nach einigem unentschlossenen Hin und Her wandten wir uns zum Gehen. Durch Zufall nahm ich eine Bewegung in einem nahen dichtbelaubten Baume wahr, etwas Rotes schien da aufzublitzen. Ich schlich mich heran, und wirklich – da saßen die beiden, gut getarnt in der Krone und beobachteten uns. Sie hatten sich, von uns unbemerkt, im Sichtschutz der Baumwipfel lautlos herangepirscht. Als sie sich jetzt entdeckt sahen, ging das Höllenspektakel von neuem los, wieder die optisch und akustisch auffällige Flucht, und wiederum, nach wenigen Minuten, lautloses Herangleiten durch die Wipfel, diesmal in einen anderen Baum, indem sie reglos, gut gedeckt, aber mit ausgezeichneter Sicht auf den Brutbaum, verharrten. Und erneut infernalisches Geschrei und laute Flucht, als sie sich ertappt sahen ..." Suchantke betonte: „Im dichten Blattwerk sind diese großen Vögel nicht zu entdecken, wenn sie sich reglos verhalten" (Suchantke, 1982).

Auch die Züchter Meister berichteten von mißtrauischem bzw. vorsichtigem Verhalten ihres Arara-Zuchtpaares *(Ara macao)*. Der Kontrollgang lag auf der rückwärtigen Seite, von der Außenvoliere her nicht einsehbar, und dort befand sich auch das Kontrolltürchen zum Nistkasten. „Wußten die beiden Vögel jedoch ihre Pfleger in der Anlage und sahen sie sie nicht, suchten sie sofort ihren Nistkasten auf. Da half es auch nichts, wenn Berthold Meister sie zu täuschen versuchte, indem er mit seinem Auto zum Eingang des Kontrollgangs fuhr. Die Araras waren stets schneller am Kasten als er. Die Züchter nutzten schließlich die große Neugierde sowie das Mißtrauen der Tiere aus: Sie hatten festgestellt, daß, wenn sie sich in der Außenvoliere aufhielten, beide Vögel jede ihrer Bewegungen mit Neugierde oder auch Mißtrauen beobachteten. Sobald also Berthold Meister, dem sie stärker als der Pflegerin mißtrauten, im Außenraum hantierte, konnte Hilde Meister ungestört und unbemerkt den Kasten kontrollieren" (Müller-Bierl, 1983).

Der Kaufmann Karl Petermann aus Rostock, der jahrelang im brasilianischen

Tafel 3
Links: Junges Pärchen Edelpapageien *(Eclectus roratus)*,
mit Kokosring verbunden, auf den Salomonen.
Rechts oben: Zahmer Schwarzohrpapagei *(Pionus menstruus)*.
Rechts unten: Junge zahme Gelbnackenamazone
(Amazona ochrocephala auropalliata).

Tafel 4 Oben: Gelbbrustararas *(Ara ararauna)*.
Links unten: Beim Fressen wird die Zunge mit eingesetzt
(roter Arara).
Rechts unten: Zahmer Zwergara *(Diopsittaca nobilis)*.

Urwald gelebt hatte, berichtete im späten 19. Jahrhundert über das Verhalten der Amazonenpapageien: „Während der Nistzeit scheinen sie sämtlich ein ganz andres Wesen anzunehmen, indem sie, die sonst immer ... lauten Vögel, in der Nähe des Nests sich lautlos stumm verhalten; beim Verlassen desselben und Hineinschlüpfen wird stets zuvor vorsichtige Umschau gehalten, ob sich nicht irgendwo etwas verdächtiges zeige. Sobald die Jungen flügge geworden, geht es bereits lebhafter zu, denn dieselben folgen den Alten unter lautem Geschrei zu den Fruchtbäumen, andere Familien kommen ebenfalls dazu, und die sich so ansammelnden mehr oder minder großen Flüge machen sich durch ihren Lärm weithin bemerkbar" (zitiert nach Ruß, 1881).

Krieg schilderte anschaulich seine Eindrücke, aus den 30er Jahren, vom Brutort einer Arara-Art in einem lichten Wald aus Unterholz und hochwüchsigen Bäumen in Ostparaguay: „Im Walde versteckt murmelte munter das Flüßchen. Einige Bäume neigten sich weit darüber, andere, die gestürzt waren, bildeten Brücken von einer Seite zur anderen. Gewundene Lianentaue strebten empor und die Luftwurzeln der Philodendren hingen pendelnd herab. Es war still und schwül hier drinnen. Das geringe Geräusch meines Kommens genügte, um Dutzende von Zikaden ihr schrilles Lied beginnen zu lassen. Hier sah man Tukane und Papageien leise und vorsichtig zu ihren Nistlöchern fliegen ... In einem mächtigen Timbó, ziemlich hoch oben, befand sich ein Nest vom roten Arara. Kiefer" (sein Begleiter) „ist einmal dort hinaufgeklettert. Das Weibchen saß auf zwei noch ganz kleinen Jungen und blieb über ihnen sitzen, als er hineingriff. Das Männchen, das in der Nähe gesessen hatte, kam krakeelend heran und beschimpfte ohne Scheu auf wenige Meter den neugierigen Menschen" (Krieg, 1948).

Der Naturforscher Poeppig, der sich 1828 in Chile aufhielt, gibt uns eine anschauliche Schilderung von Brutkolonien der Felsensittiche (Poeppig: P. cyanolyscos. Mol.; Wolters: Cyanoliseus patagonus): „Den Ungewohnten mögen seine geselligen Niederlassungen sehr überraschen. Man nähert sich ... um die Mittagsstunde einer senkrechten Felsenwand, und glaubt sich ganz allein; die tiefe Stille herrscht ringsumher, welche in allen wärmeren Gegenden Amerikas, besonders aber in den tropischen Ländern, die Mitte des Tages bezeichnet, wo die meisten Tiere in festem Schlaf versunken sind. Eine Art von Knurren wird von allen Seiten her hörbar, allein man sieht sich umsonst nach den Tieren um, die es hervorbringen könnten. Plötzlich ertönt der Warnungsruf eines Papageien; er wird von vielen andern beantwortet, und ehe man noch recht das Ganze begreift, ist man mit Scharen jener zänkischen Vögel umringt, die mit augenscheinlichem Zorn in engem Kreise um den Wanderer fliegen, und auf ihn zu stoßen drohen. Aus der Menge von Löchern der mürben Felsenwand blicken possierlich genug die runden Köpfe der Papageien hervor, und was von ihnen nicht umherfliegt, stimmt wenigstens in den Aufruhr durch lautes Schreien ein. Jede Öffnung bezeichnet ein Nest ..." (Poeppig, 1960).

Dieses Verteidigungsverhalten der Kolonievögel ist mit dem Kreisen über Freßfeinden wie Greifvögeln oder gefährlich erscheinenden Menschen zu vergleichen.

Die Bruthöhlensuche verläuft lautstark.

Der Zoologe Hans Krieg erzählte von seiner Expedition im Chaco, Südamerika: „Die Amazonen (*Amazona aestiva xanthopteryx* Berl.) haben mit dem Balzen und Brüten begonnen. Bald wird das ewig hungrige Meckern der Jungvögel allenthalben aus den Nisthöhlen dringen ... Aber noch ist es nicht soweit, noch streiten sich einige Paare mit ohrenbetäubendem Geschrei um die Nistplätze, noch machen auf den Ästen die Männchen ihre verliebten Tänze und Komplimente oder schnäbeln sich unter leisen Gesprächen mit den Weibchen" (Krieg, 1848).

Der Ornithologe Wetmore beobachtete 1944 auf der Insel San José (Panama) Rotstirnamazonen (*Amazona autumnalis* subsp. *salvini*). Sie flogen ab Sonnenaufgang und verhielten sich aktiv und lärmend bis etwa 10 Uhr morgens. Vor Sonnenuntergang flogen sie wieder,

113

aber weniger laut lärmend. Allerdings war Brutzeit, und sie waren immer paarweise zu sehen. An ihren Nisthöhlen waren sie in der Frühe äußerst laut (Wetmore, 1946).

Im nordöstlichen Nicaragua, im Jahre 1966, kam es dem Ornithologen Howell so vor, als führe ein Paar Hellrote Araras (Ara macao) einen lautstarken Dialog, der aus grellen Schreien bestand, während sie eine Baumhöhle inspizierten. Die beiden flogen davon, als ein anderes lärmendes Paar Araras vorüberkam (Howell, 1972).

Vielen Beobachtern fiel auf, daß die Paare, selbst in großen Flügen, sich paarweise hielten und sich in Paaren niedersetzten.

Belt beobachtete im Jahre 1872 am Juigalpa-Fluß in Nicaragua Papageien, die in lärmenden Flügen in die Bäume eingefallen waren. Die Pärchen setzten sich zusammen und schmiegten sich aneinander, und das laute Geschrei wurde abgelöst von zartem Zwitschern (Belt, 1874).

Auch stimmliche Kontakte mit anderen Schwarm- oder Koloniegenossen wurden beobachtet.

F. & M. Nottebohm gewannen bei ihren Papageienbeobachtungen auf Trinidad im Jahre 1968 den Eindruck, daß die Venezuela-amazonen (Amazona amazonica), die auf Hörweite voneinander ihre Nisthöhlen hatten, einander gelegentlich in einer getreuen Wiedergabe derselben Lautäußerung antworteten. Sie schlossen daraus, daß ein Papagei, der seinen Pfleger stimmlich nachahmt, diesen bloß wie einen anderen Papagei behandle (Nottebohm/Nottebohm, 1969).

Besonders eng und vielfältig sind die Kontakte zu den Jungvögeln. (Hierzu sind bei der Nachzucht in Menschenhand viele Erkenntnisse gewonnen worden.)

Als Wetmore 1958 in Almirante (Panama) das Verhalten der Finschsittiche (Psittacara finschi) auf Schlafbäumen studierte, fiel ihm auf, daß zeitweise einige Paare ihre herangewachsenen Jungen anscheinend auf fast brutale Weise kraulten, indem sie das Junge jeweils zwischen sich festhielten, es an den Flügeln zogen und ihm an mehreren Körperstellen die Federn beknabberten (Wetmore, 1968).

Der Ornithologe Skutch, der fast 40 Jahre lang auf einer Farm in Costa Rica lebte, beobachtete einmal 5 Hoffmannsittiche (Pyrrhura hoffmanni) in einem großen Baum: Die Sittiche setzten sich nicht paarweise, sondern sie schmiegten sich alle fünf zusammen und kraulten oder beknabberten einander wahllos. Zwischendurch wurde ihr friedliches Beieinander unterbrochen durch lärmendes Gezänk, das mit heftigem Flügelschlagen verbunden war, aber nur für kurze Zeit aufflammte; danach setzten sie sich jedesmal wieder ganz eng zusammen (Skutch, 1980).

Suchantke hatte auf seiner Reise in Mato Grosso (Brasilien) das Glück, einigen wenig scheuen Dunkelroten Araras (Ara chloroptera) zu begegnen. Ein Paar konnte er beim Spiel beobachten: „Die beiden waren sehr miteinander beschäftigt und unglaublich verspielt. Saß der eine ein Stück weit über dem anderen im Geäst, so ließ er sich kopfüber hinab, nur noch mit einem Fuß am Ast hängend, und schnäbelte zärtlich mit seinem Partner, der den Kopf zu ihm hinaufreckte. Oder sie wanderten hintereinander einen dicken Ast entlang mit bedächtigen Schritten, wobei sie jedesmal den Fuß erst dann lüfteten, wenn sie sich vorne mit dem Schnabel verankert hatten. Ihr ‚dritter Fuß‘ diente ihnen auch dazu, sich an einem Zweig hochzuziehen: Sie hakten sich mit dem Schnabel in einem Zweig fest, ließen mit den Füßen los und griffen mit ihnen nach oben“ (Suchantke, 1982).

Spielverhalten, besonders Klettern und Schaukeln, wurde auch auf Schlafbäumen beobachtet (vgl. S. 98).

Als Brehm die 1. Auflage seines „Tierlebens“ herausbrachte – den 3. Band mit den Papageien im Jahre 1866 – wurden Wellensittiche noch in großer, und steigender, Anzahl aus Australien importiert. Aber sie wurden auch schon nachgezüchtet. Über das Verhalten junger Wellensittiche schrieb Brehm: „Was der eine tut, tut auch der andere, im Klettern, Fliegen, Fressen und Schwatzen. Der Lärm in solchen Kinderzimmern wird oft betäubend, und manchmal selbst den Alten zu toll, welche sich dann bemühen, ihm aus dem Wege zu gehen; und wenn nun erst ein ganzer Schwarm zusammengehalten wird, wenn vielleicht zehn Elternpaare zu gleicher Zeit Junge ausbrüten und in die Welt schicken, geht es oft gar lustig und erregt im Raume her. Dann wird auch der Frieden selten gestört; denn die Vorsicht des Männchens kommt kaum oder nicht zur Geltung, wahrscheinlich weil sie sich nicht auf einen Gegenstand richten kann, sondern auf Hunderte richten müßte" (Brehm, 1866). Bei vielen Papageienarten halten die Paarpartner lebenslang eng zusammen.

Schomburgk konnte in Britisch-Guayana gegen die Mitte des 19. Jahrhunderts Gelbbrust-Araras *(Ara ararauna)* beobachten; er erzählte: „Die Pärchen saßen meist in kosender Eintracht und unter ununterbrochenem Ausstoßen eines eigentümlichen Knurrens, nebeneinander; wurde dann eins durch das tödliche Schrot herabgeschossen, so umflog das Gerettete den Baum und Zweig unter klagendem Geschrei, kehrte auf die Stelle zurück und sah sich vergebens nach dem verschwundenen Genossen um" (Schomburgk, 1847/48).

Im Jahre 1788 tötete ein Einwohner der Hauptstadt von Paraguay einen Dunkelroten Arara *(Ara chloroptera)* und nahm ihn auf seinem Pferd mit nach Hause; sein Haus lag mitten in der Stadt. Auf dem ganzen Weg war ihm ein anderer Dunkelroter Arara gefolgt. Dieser warf sich nun, als sie auf dem Hof angekommen waren, auf seinen toten Gefährten. Mehrere Tage lang wurde er auf der Mauer gesehen. Dann fanden ihn die Dienstboten am Boden, an der Seite seines Gefährten. Er ließ sich aufnehmen und wurde fortan im Haus gehalten (Azara, 1809).

In einem Gebiet in Nordostbrasilien, wo Gelbbrustararas *(Ara ararauna)* stark verfolgt waren, wurde von der zoologischen Expedition des Jahres 1903 ein Weibchen mit einem fast legereifen Ei geschossen. Der Expeditionsteilnehmer Reiser erzählte: „Am Abend erschien sein Männchen nochmals, um laut lockend Nachsuche nach der verunglück-

ten Gefährtin zu halten, blieb aber stets vorsichtig außer Schußweite" (Reiser, 1926). Möglicherweise handelte es sich bei einem anderen Paar ebenfalls um ein Brutpaar: Als das Weibchen eines Dunkelgrünen Arara-Paares *(Ara chloroptera)* herabgeschossen worden war, flog das Männchen, „ohne sich aufzuhalten", davon. Reiser berichtet: „An den folgenden Tagen zeigte sich das trauernde, vereinsamte Männchen stets am Unglücksplatz, streifte lautlos die Umgebung ab und ließ nur beim Auffliegen den bekannten knarrenden Schrei hören, dabei niemals die größte Vorsicht außer acht lassend." Noch 10 Tage später wurde dieser Ararawitwer beobachtet, blieb aber „wegen seiner großen Scheuheit" unerreichbar (Reiser, 1926).

Wie Col. Grayson im Jahre 1867 in Socorro, Mexiko, eine Grünsittichunterart (Salvin/Godman: *Conurus brevipes;* Wolters: *Psittacara holochlora* subsp. *brevipes)* entdeckte, hatten diese Papageien, die dort häufig vorkamen, offenbar noch keine schlechten Erfahrungen mit Menschen gemacht. Er konnte die Vögel, die auch auf den Boden gingen, mit den Händen fangen und in Käfige stecken. Die gefangenen riefen, so erzählte er, ständig nach ihren Partnern, von denen viele herbeikamen und einige sich sogar auf die Käfige setzten (Salvin/Godman, 1897).

Stimmliche Verständigung

Lautstärke

Schon bisher ist immer wieder von den lautstarken Stimmen der Papageien die Rede gewesen, vor allem in den Berichten über ihre täglichen Flüge von und zu den Schlafplätzen, ihr Verhalten bei der Schlafplatzsuche, der Suche nach einer Nisthöhle, beim Fressen bzw. bei Störungen, und wenn sie verfolgt wurden.

Maximilian, Prinz zu Wied-Neuwied, gab in seinem Bericht über seine Reise nach Brasilien, die er in den Jahren 1815–17 unternommen hatte, viele anschauliche Schilderungen von Papageien. Er hatte die Vögel in ihrem natürlichen Lebensraum bewundern können und prägte das Bild, das man sich von ihnen in Europa machte, von da ab entscheidend mit. Eine dieser Schilderungen sei hier wiedergegeben. Wo Wied seinerzeit diese Vogelarten beobachten konnte, gibt es sie, und die Wälder, heute nicht mehr: „Jetzt hörten wir laute rabenartige Stimmen, und über die stolzen Kronen der hohen Sapucaya-Bäume erhoben sich diese prachtvollen Vögel. An ihrem langen Schweif erkannte man sie von fern schon, und ihr brennend rotes Gefieder schimmerte unbeschreiblich schön im Glanze der heitern Sonne." (Gemeint waren *Ara chloroptera*). „Perikitten, Maracana's, … und andere Arten von Papageien strichen laut schreiend in zahlreichen Schwärmen von Ufer zu Ufer… Ansiedler gibt es hier beinahe gar nicht, nur an zwei Orten haben einige wenige Menschen… sich niedergelassen" (Wied, 1820/21). Das laute Geschrei wurde zum bekanntesten Kennzeichen der Papageien.

Finsch verglich die lärmenden Papageien mit Rabenvögeln: „Ehe sich die Papageien zur Ruhe begeben, machen sie viel Lärm, indem jeder das beste Plätzchen haben will, eben wie man dies an unseren Staren und Krähen beobachten kann." Finsch meinte aber, das Geschrei einer Papageienansammlung sei lauter, und er zitierte einen Ohrenzeugen, der im Geräusch, das mehrere arbeitende Dampfmaschinen hervorbrächten, die meiste Ähnlichkeit mit dem Lärm fand, den eine Schar Edelsittiche erzeugte, wenn sie ihren Ruheplatz aufsuchten (Finsch, 1867/68).

Aufgrund ihrer lauten Stimme waren und sind die Papageien bei vielen Menschen unbeliebt, das gilt in besonderem Maße für Kakadus, über welche Otto Finsch bemerkte: „Das erschütternde Geschrei eines … Schwarmes muß in der Tat kaum zu schildern sein. Man kann sich annähernd eine schwache Idee davon machen, wenn man an das ohrenbetäubende Gekreisch eines Exemplars denkt, welches einem oftmals den Besuch in einem Zoologischen Garten schon verleidet" (Finsch, 1867/68).

Viele kleine Arten werden nicht ausgenommen. Burmeister verglich die in Schwärmen lebenden Sperlingspapageien *(Forpus)*, die auch häufig in der Nähe menschlicher Ansiedlungen gesehen wurden, mit Sperlingen. Werde ein Flug aufgejagt, so erinnere das vereinte Geschrei und Gezwitscher besonders lebhaft an unsere Sperlinge. Arthur Schott schrieb 1859 über die Sperlingspapageien, die auf der Landenge von Choco in Neu-Granada lebten: „Überall streicht der niedliche Zwergpapagei in großen Flügen umher. Der Lärm welchen sie machen, wenn sie zusammen in einer dichtbelaubten Baumkrone einfallen, erinnerte mich an einen Heerzug von Staaren. Ihr scharfes Geschrei machte einen Eindruck, als befände man sich in der Nähe einer Sensenschmiede" (Finsch, 1867/68). Finsch betonte, „daß solche Eindrücke sich überhaupt nicht gehörig beschreiben lassen". In der neueren Zeit freilich macht man gar nicht mehr den Versuch, eine Vorstellung zu vermitteln.

Krieg erzählte 1948 von einer Araratränke, wo oft über ein Dutzend Vögel zusammenkamen: „An die Felsen geklammert, tranken sie und erfüllten die Luft des engen Raumes mit einem so ohrenbetäubenden Geschrei, daß wir selbst uns kaum verständigen konnten" (Krieg, 1948).

Der Ornithologe Sutton sah im Jahre 1939 in der Umgebung von Tamazunchale (Mexiko) über einem Wasserfall einen Schwarm von grünen Sittichen. Aus der Ferne betrachtet, hatte es den Anschein, als ob junge Blätter von den Baumspitzen herabfielen und durch einen stürmischen Wind weggeweht würden. Ihr Kreischen übertönte den Lärm des Wasserfalls. Aber einen noch stärkeren Eindruck hinterließ das ohrenzerreißende Geschrei der Araras, die darüber weg flogen (Sutton/Burleigh, 1940).

Richard Schomburgk nannte das Geschrei der Venezuelaamazone (Schomburgk: *Psittacus aestivus* Lin.; Wolters: *Amazona amazonica*) unerträglich weithintönend. Er schrieb: „Es ist überhaupt ein lärmender Vogel, der sich dadurch von allen übrigen auszeichnet, seine kreischende Stimme zu oft hören läßt, daher von den Colonisten und Farbigen mit dem bezeichnenden Namen ‚Screecher' belegt worden ist. Bei unserem Aufenthalt an der Mündung des Waini sah ich eines Nachmittags, als ich den Fluß eine kleine Strecke aufwärts gefahren war, sich einen solchen riesigen Zug unter ohrenzerreißendem Geschrei auf die Uferbäume niederlassen . . ." (Schomburgk, 1848).

Nur wenige Papageienfreunde waren fasziniert vom Geschrei der Papageienschwärme in der Natur und äußerten sich begeistert, so wie beispielsweise Hudson. Viele Reisende dagegen reagierten darauf ablehnend. Lallemant erzählte von seiner Reise im Jahre 1858 durch Süd-Brasilien: Das Geschrei Tausender von Papageien stundenlang anhören zu müssen, sei „wirklich unerträglich" (Lallemant, 1859).

Tarnung trotz Lärmens

Die Papageien waren häufig so gut getarnt, daß die Beobachter sie trotz ihres Lärmens schwer oder gar nicht sehen konnten.

Brehm erzählte von seiner Jagdreise in den tropischen Wäldern am Blauen Nil, aus der Zeit um die Mitte des 19. Jahrhunderts: „Einem Seeadler nachschleichend, kam ich in einen Mimosenwald, wie ich bisher nie einen ähnlichen gesehen hatte. Hohe, prachtvolle Bäume standen ziemlich einzeln in einer gras- und dornlosen Ebene und bildeten, sich oben verzweigend, ein hehres Laubgewölbe. Ich befand mich im eigentlichen Hochwald. Die Papageien kreischten in den Kronen der Bäume, wußten sich aber so geschickt zwischen den ihrer Körperfarbe gleichenden Blättern zu verstecken, daß ich, zumal in dem Halbdunkel des herannahenden Abends, auch nicht einen einzigen entdecken konnte. Nur der Seeadler wurde mir zur Beute" (Brehm, 1975).

Während seiner Reisen in Nordostafrika konnte Brehm öfters den Halsbandsittich (Psittacula krameri) beobachten. Er schrieb: „Es dürfte dem Reisenden in jenen Gegenden schwer werden, die Halsbandsittiche zu übersehen. Sie verkünden sich auch dem Naturun-

kundigen vernehmlich genug durch ihr kreischendes Geschrei, welches das Stimmengewirr der Wälder immer übertönt und umso merklicher wird, als auch die Sittiche regelmäßig in zahlreichen Familien leben . . . Bis gegen Mittag hin beschäftigt sich der Schwarm mit Aufsuchen seiner Nahrung, dann fliegt er zur Tränke, und hierauf begibt er sich nach einer jener dichten Baumkronen, um hier einige Stunden zu vertreiben. Dabei wird viel geschwatzt und auch gekreischt; die Gesellschaft macht sich also bemerklich genug, ist aber demungeachtet schwer zu entdecken. Dasselbe, was Prinz von Wied über die südamerikanischen Papageien sagte, gilt auch für unsere Sittiche; man muß sich sehr anstrengen, wenn man die grünen Vögel in dem grünen Gelaube wahrnehmen will. Dazu kommt, daß sie augenblicklich stillschweigen, wenn sie eine ihnen auffallende Erscheinung bemerken, oder sich leise und vorsichtig davon stehlen, wenn sie Verfolgung fürchten. Je länger man unter einem Baume verweilt, aus dessen Kronen herab man Hunderte von Stimmen erschallen hörte, um so stiller und ruhiger wird es, und schließlich ist kein einziger mehr oben: einer nach dem andern ist lautlos einem ähnlichen Baume zugeflogen und verkündet nun von dorther mit freudigem Geschrei, daß er seine listig angelegte Flucht glücklich beendet" (Brehm, 1866).

Ähnliches berichtete Bernstein über den Rosenbrustsittich oder Bartsittich (Brehm: *Palaeornis pondicerianus*; Wolters: *Psittacula alexandri*): „In der Nähe meines Wohnorts" (auf Java) „habe ich ihn stets in großer Menge in den Kaffeepflanzungen angetroffen. Durch seine laute, kreischende Stimme verrät er sich bald und bleibt daher nicht leicht unbemerkt, obschon man ihn, da er sich in den dicht belaubten Baumkronen den Augen des Beobachters geschickt zu entziehen weiß, viel öfter hört, als sieht" (zitiert nach Brehm, 1866).

Wie das Geschrei eines fliegenden Araras (*Ara macao*) auf ihn wirkte, schilderte Beebe bildhaft: „Plötzlich ein rauher, reißender Ton – gerade über mir legte ein Gelbflügelara die ganze Schärfe seines Schnabels und das

Verschiedene Araras an einem Wasserlauf im
Urwald. Aus Brehms Tierleben 2. Auflage, 1878.

Schreiende seiner Farbe in seine Stimme ..."
(Beebe, 1927a).

Der Naturbeobachter Belt schaute in Nicaragua mit Begeisterung den Flugmanövern
dreier Araras *(Ara macao)* zu: Mal zeigten sie
in der Sonne alle zugleich ihre rote Unterseite,
dann boten sie in einer gemeinsamen Schwenkung seinem Blick die blauen, gelben und
roten Federn ihrer Oberseite dar. Während-

dessen schrien sie mit ihrer rauhen, mißklin-
genden Stimme. Belt meinte, das war im
Jahre 1874, dieser Vogel scheine mit seinem
bunten Gefieder und seiner lärmenden
Stimme laut hinauszuschreien, daß er keinen
Feind fürchte. Sein furchtbarer Schnabel
bewahre ihn vor jeder Gefahr. Da sei keine
Tarnung notwendig, und die sexuell bestimm-
te Auslese habe die schönsten und auffallend-
sten Farben hervorgebracht. Wenn ein solcher
Vogel nicht in der Lage wäre, sich gegen alle
Feinde zu wehren, würden diese durch sein

lautes Geschrei angezogen, und sein glänzendes Gefieder wiese ihnen den Weg, zu seinem eigenen Verderben (Belt, 1874).

Wenn die roten Araras durch ein Tal fliegen, wirken jedoch in einem bestimmten Licht ihre leuchtenden Farben vor dem tiefen Grün des Urwaldes dunkel und unauffällig (Huber, 1932). Und Beebe betonte, als ein Naturbeobachter unter vielen anderen, daß die für ihr Geschrei bekannten Papageien, ganz gleich wie bunt ihr Gefieder sei, sobald sie sich still verhielten, im Licht und Schatten des Blätterwerks verschwänden (Beebe, 1927b).

Belt fuhr fort: Beim weißen Kakadu von Australien verhalte es sich ähnlich: Er falle mit seiner rein weißen Farbe im dunkelgrünen Blätterwerk ebenso auf, und ebenso verrieten seine lauten Schreie von weitem seinen Ruheplatz. Die kleinen Papageienarten dagegen hätten längst nicht so starke Schnäbel, so daß sie damit ihre Feinde nicht abwehren könnten, und so seien die meisten von ihnen grün gefärbt, weshalb man sie nur schwer im Laub ausfindig machen könne. Belt erzählte, er habe einmal einige Minuten lang einen Baum betrachtet: In seiner Krone lärmten Dutzende von kleinen, grünen Papageien unaufhörlich, ohne daß er auch nur einen von ihnen erkennen konnte. Und in Australien habe er einmal auf einen grünen Fleck geschossen, in dem er einen Papagei, scheinbar zwischen lauter Blättern versteckt, vermutet habe. Zu seiner Überraschung seien ihm 5 Papageien vor die Füße gefallen. Die vermeintlichen Blätter waren Papageien gewesen (Belt, 1874).

Andererseits behauptete der naturkundliche Reisende Guenther, er habe ständig festgestellt, in Ceylon wie in Brasilien, daß die Papageien sich mit ihrem grasgrünen Gefieder sehr wohl deutlich gegen das dunklere Grün des schimmernden tropischen Blätterwerks abheben. In diesem Zusammenhang verwies er auch auf die Edelpapageien (Guenther, 1931). Natürlich ist das auch eine Frage der Lichtverhältnisse.

Ob die Papageien laut schrien oder nicht, hing vermutlich davon ab, einmal ob sie sich bedroht fühlten und zum anderen, wie dicht das Blätterwerk, vielleicht auch wie die Lichtverhältnisse, waren.

Unterschiede der Stimmen und des Repertoires

Schon in der alten Literatur heißt es, die Indianer hätten die verschiedenen Arara-Arten an ihren unterschiedlichen Stimmen erkannt. Die Großpapageienzüchter Meister können nach ihren eigenen Aussagen „ihre verschiedenen Araras an deren Lautäußerungen unterscheiden, ohne sie zu sehen. Dabei klingen die Stimmen der Hellroten Araras und der Gelbbrustararas noch relativ ähnlich, ganz anders jedoch die Stimmen der Hyazintharas. Seit die Züchter Hyazinthararas halten, werden sie oft gefragt, ob sie Enten hielten ... Auch individuell können die Züchter ihre Araras an der Stimme erkennen" (Müller-Bierl, 1986).

Die Papageienarten unterscheiden sich nicht nur durch unterschiedliche Laute bzw. Rufe, sondern besonders auch durch große Unterschiede in der Lautstärke. Das gilt sogar für Arten derselben Gattung. Wetmore fiel bei seinen ornithologischen Beobachtungen auf der Insel San José (Panama) auf, daß die Stimme der Gelbscheitelamazone Panamas (Wetmore: *Amazona ochrocephala panamensis*, Cabanis), der Panama-Amazone, viel lauter war als die der Rotstirnamazone (*Amazona autumnalis* subsp. *salvini*), der Salvins-Amazone; beide Arten kamen in denselben Gebieten vor. Obwohl die Panama-Amazone in geringerer Anzahl vorkam, war sie es, die den hauptsächlichen Beitrag zum morgendlichen Lärm leistete und zeitweise alle anderen Vogelstimmen völlig übertönte (Wetmore, 1946). Wetmore wies darauf hin, daß die Panama-Amazone kleiner von Gestalt sei. Die größte Amazone dagegen, die Mülleramazone (*Amazona farinosa*) habe eine weniger grell kreischende Stimme als die Salvins-Amazone, die, von Ferne gesehen, im Aussehen identisch erschienen (Wetmore, 1968).

Von weitem konnte man sie also nur an ihren Stimmen unterscheiden. Interessant ist, daß die Größe des Vogels, sogar in derselben Gattung (Genus) nicht allein den Ausschlag für die Lautstärke seiner Stimme gibt. Bei derselben Art kommen auch lokale Dialekte vor.

Als F. & M. Nottebohm im Jahre 1968 auf Trinidad einen Ausflug in ein hügeliges Gebiet machten, das sich von ihrem bisherigen Beobachtungsort landschaftlich stark unterschied, hörten sie Amazonengeschrei, das so ganz anders klang als das der Venezuelaamazone *(Amazona amazonica)*, das sie in ihrem 30 Meilen entfernten, sumpfigen Gebiet von Bush Bush gewohnt waren, so daß sie glaubten, es müsse sich um eine andere Art handeln. Wie überrascht waren sie, als sie mit dem Fernglas feststellten, daß es doch dieselbe Art war. Solche Dialekte stellten sie auch noch in anderen Gegenden Trinidads fest (Nottebohm/Nottebohm, 1969).

Schon Finsch fiel auf, „daß die eigentümlichen Laute der Papageien sehr mannigfach wechseln und daß ihre Lockstimme bei den verschiedenen Arten sehr abweicht". Finsch schrieb: „Überhaupt wissen die Papageien, wie alle Vögel, durch ihre Stimme verschiedene Empfindungen auszudrücken und das im Allgemeinen ohrenzerreißende Kreischen mannigfach zu modifizieren" (Finsch, 1867/68).

Audebert, der lange Zeit auf Madagaskar gelebt hatte, erzählte vom dort lebenden Großen Vasapapagei *(Coracopsis vasa)*: „Im Fluge läßt er zeitweise den flötenden Ruf ‚tui, üi, üi' erschallen. Gegen den Oktober hin hört man im Walde oft sein scharfes widerwärtiges Geschrei ‚gäk, gäk, gäk!' welches die um die Weibchen heftig mit einander kämpfenden Männchen ausstoßen; zu Ende dieses Monats sieht man die Pärchen, welche beständig kosen, dabei das Gefieder aufblähen, die Augen verdrehen und ein aus klirrenden, knarrenden, brummenden Tönen bestehendes Gemurmel oder Geplauder hören lassen" (zitiert nach Ruß, 1882).

Der Expeditionsteilnehmer Reiser sah in Nordostbrasilien ein Paar Dunkelrote Araras aus zerklüfteten Felsen herausfliegen. Dabei fiel ihm besonders auf, daß es einen „eigenartigen", von ihm bisher „nie gehörten Lockruf"

ausstieß. Er vermutete, daß der Brutplatz in der Nähe war. Etwa um dieselbe Zeit belauschte er drei „Rotröcke", „die außer dem bekannten Kreischen auch einige hübsch modulierte Töne zum besten gaben" (Reiser, 1926). Gemeint waren rote Araras.

Hampe beschrieb die Lautäußerungen der Rosella *(Platycercus eximius)*, die ich nur auszugsweise wiedergeben kann: „Als Lockton dient ein rhythmisches, ziemlich tiefes tüttüt-tüttüt-tüt, durch dessen Nachpfeifen man die Tiere leicht zum Antworten bringen kann ... Bei Furcht schnarren die Tiere, und in großer Angst, z. B. wenn sie gegriffen werden, steigert sich dies zu einem fast kreischenden krrr (krra), mitunter auch zu einem durchdringenden krrih ... Ein junges Männchen schrie laut und hell jick, wenn es zu heißen Brei bekam. Ärgerliche Rosellas geben ein knatterndes attattattatt ... von sich, das in der Nähe auch mehr schnalzend tschocktschocktschock ... klingen kann. Beim Kampf schimpfen Männchen und Weibchen sehr laut und ausdauernd etwa titititi-titwie-titwie und so fort ..." Auch bei den Bettellauten fand er Unterschiede: „Wenn das Weibchen gefüttert werden will und zur Begattung lockt, sagt es leise und zart wih, beim Coitus selbst ebenfalls leise krokrokro ... und manchmal djückdjückdjück ... Frisch geschlüpfte Junge bitten wie das alte Weibchen mit wih um Futter, später vorwiegend mit djück-djück. Der oben erwähnte zahme Rosella sagte bei geringem Hunger leise knörend kroick, bei größerem Hunger lief er flügelschlagend hin und her und rief laut das djück-djück. Am meisten hörte man aber ein lockendes tüt-tüt-tüt, und schon sehr bald nach dem Beginn des Päppelns brachte er immer den vollen Lockruf, wenn er den Breitopf sah. Die Alten antworteten dann darauf mit denselben Tönen. Auch andere Junge ließen, im Schlupfloch sitzend, oft diese Laute und außerdem ein zartes dü-o, dü-o und das wih hören" (Hampe, 1937).

Wie man sieht: So einfach ist die Sittich- oder Papageien-„Sprache" nicht zu verstehen. Die Laute lassen sich nicht ohne weiteres in bestimmte Schubladen einsortieren. Sie müssen im Zusammenhang, vor allem situationsbezogen, betrachtet werden.

Wellensittiche *(Melopsittacus undulatus)* regen sich gegenseitig zum „Trillern" (warble) an. Diese gegenseitige stimmliche Anregung spielt eine wesentliche Rolle beim Brutgeschäft der Wellensittiche (Brockway, 1969), die ja Koloniebrüter sind. Angesichts der mannigfaltig unterschiedlichen Lautäußerungen ein- und derselben Art ist natürlich auch die Lautstärke, je nachdem welche Funktionen sie haben, sehr unterschiedlich. Viele Beobachter fanden, daß das Geschrei am lautesten klang, wenn die Papageien überrascht bzw. aufgeschreckt wurden. (Vgl. auch S. 137ff.)

Gesang

So wie sich der Hüttenchemiker A. Frenzel aus Freiberg i. S. im 19. Jahrhundert über den „Gesang" des Pflaumenkopfsittichs *(Psittacula cyanocephala)* äußerte, fühlt man sich unwillkürlich an viele ältere Schriften über den Kanarienvogel erinnert: „Er singt aber nicht bloß während der Nistzeit, sondern das ganze Jahr hindurch, selbst in der Mauser und zwar gleich anderen Sängern am eifrigsten und schönsten, wenn er, ein Männchen, einen Käfig allein bewohnt. Sobald man einem solchen Sänger ein Weibchen zugesellt, läßt er im Gesange nach, da dasselbe ihn zerstreut. Der Gesang ist wie der eines jeden Vogels überhaupt schwer zu beschreiben; nur das kann ich anführen, daß dieser Papagei ein förmliches Liedchen vorträgt, welches, wenngleich nicht sehr wechselreich, doch nicht ohne Melodie ist; ich lausche demselben gern und werde täglich dadurch erfreut und erheitert; unleidlich schreien, wie andere Stammgenossen" (Papageienarten) „kann er überhaupt nicht" (zitiert nach Ruß, 1881).

Ein „Musikmeister", namens Bargheer, aus Basel, schilderte den „Gesang" seiner Rosella, damals auch „Buntsittich" genannt *(Platycercus eximius)*, folgendermaßen: „Das Männchen läßt einen kurzen, aber ziemlich mannigfaltigen Gesang, das Weibchen nur einen leisen sanften Lockton und hellen lauten War-

nungsruf, welche beiden letzteren übrigens dem Männchen gleichfalls eigen sind, erschallen. Das letzte führt auch in aufrechter Haltung mit emporgesträubten Nacken- und Kopffedern und fächerartig ausgebreitetem Schwanz und unter ruckweisem Emporschnellen des Oberkörpers einen ungestümen Liebestanz aus, begleitet von hellen feurigen Tönen" (zitiert nach Ruß, 1882).

Hamilton erzählte von seinem Aufenthalt im Jahre 1869 in Südbrasilien: Er sei einmal auf einen Vogel aufmerksam geworden, weil er von der Spitze eines hohen Baumes herab einen angenehmen „Gesang" gehört habe. Als er den Vogel für seine Balgsammlung herabgeschossen habe, sei er überrascht gewesen, einen Papagei vorzufinden, nämlich „Triclaria cyanogastra" *(Triclaria malachitacea,* Wolters). Bezeichnenderweise hätten die Einheimischen den Vogel „Sabia sicca" genannt, denn mit Sabia bezeichneten sie die Drossel (Hamilton, 1871).

Besonders oft wurde das „Plaudern" der Wellensittiche „Singen" genannt. Auch in späteren wissenschaftlichen Schriften (Engesser, 1977) ist vom „Singen" der Wellensittiche die Rede.

Bei einem alten Wellensittichmännchen kann die blaue Nasenhaut ins Bräunliche umschlagen, so daß man es mit einem Weibchen verwechseln könnte. Ragotzi behauptete: „Ein über acht Jahre alter Sprecher plauderte trotz völlig dunkelbraun gewordener Nasenhaut noch unentwegt. Mein Putzi sprach im höchsten Alter zwar etwas weniger, dafür aber verständiger. Solch alte Tiere widerlegen damit die Ansicht mancher Vogelfreunde, die behaupten, das Sprechen beim Wellensittich sei Ausdruck der Geschlechtserregung, dem Minnesang anderer Vogelarten gleichzustellen" (Ragotzi, 1956).

Untersuchungen an Kanarienmännchen ergaben jedoch, daß ein im Erwachsenenalter kastrierter Kanarienvogel spontan singt, wenn auch dieser Gesang „in seiner Pausenverteilung, seiner Tourenlänge und der Stabilität der Elemente innerhalb der Tour" dem Herbstgesang entspricht (Heid/Güttinger/Pröve, 1985).

121

Brehm schrieb über das Blaukrönchen *(Loriculus galgulus)*: „Höchst ansprechend ist der Gesang des sonst ziemlich schweigsamen Männchens ... er ... besteht ... aus schwatzenden, schwirrenden, zwitschernden und einigen pfeifenden Lauten ... und wirkt so anmutend" (anmutig) „, daß man ihn recht gern hört. An Reichhaltigkeit sowie an Wendungen und Vertönungen steht er dem Gesange des Wellensittichs vielleicht etwas nach, schwerlich aber, für mein Ohr entschieden nicht, in der Gesamtwirkung. Der Sänger pflegt sich während des Vortrages hoch aufzurichten, den Hals so viel als möglich zu strecken und trotzdem die roten Kehlfedern zu sträuben, so daß deren Bewegungen jene der Kehlmuskeln wiedergeben oder doch andeuten. Jeder einzelne Vortrag währt eine bis zwei Minuten; dann tritt eine kurze Pause ein, und das singende Geschwätz beginnt von neuem. Im Winter geschieht es nicht selten, daß der singfertige Vogel, nachdem er stundenlang geschwiegen, auch wohl ein wenig geschlafen, noch in später Abendstunde bei Lampenlicht ein Liedchen anhebt. Das Weibchen, welches dann und wann denselben Lockton wie das Männchen, ein scharfes ‚zit‘ vernehmen läßt, hört dem Gesange des Gatten ohne merkliche Erregung ... zu ...“ Und so kam es Brehm vor, als „singe" das Männchen „mehr zu seinem Vergnügen" (Brehm, 1878).

Lautmalerei und Papageiennamen

Von dem Ornithologen O'Neill, der in den 60er Jahren Vogelbeobachtungen in Balta (Peru) durchführte, stammt eine der selteneren genaueren Beschreibungen von Lautäußerungen. Die von ihm beobachteten Rotbugaras *(Ara severa)* gaben im Flug ein krächzendes Geschrei von sich; wenn sie sich aber niedergelassen hatten, ähnelte ihr glucksendes Gegacker oftmals menschlichem Gelächter (O'Neill, 1974).

In Südamerika sah man schon in früheren Zeiten einen Zusammenhang zwischen natürlichen Lautäußerungen und „Sprechbegabungen": Der Botaniker Rusby meinte nach seiner Bolivienreise in den Jahren 1885 und 1886, die Schwarzohrpapageien schienen in wildem Status eine „artikulierte Sprache" zu haben, die sich vom gewöhnlichen Papageiengeschrei abhebe (Allen, 1889).

Die meisten Ähnlichkeiten mit menschlichen Rufen oder Reden fanden die englischsprachigen Autoren bei den Amazonen. Die Rufe, welche die Rotstirnamazone *(Amazona autumnalis)* im südlichen Veracruz (Mexiko) während des Fluges hören ließ, erschienen dem Vogelbeobachter Wetmore oftmals wie laute Hohnrufe (Wetmore, 1943). In den lärmenden Rufen der Blaustirnamazone *(Amazona aestiva)* Paraguays wollte Wetmore, wenn man sie von weitem hörte, eine lächerliche Ähnlichkeit mit menschlichen Hilferufen („Help, help!") erkennen (Wetmore, 1926).

L. Müller, der im Jahre 1909 eine wissenschaftliche Expedition in das Mündungsgebiet des Amazonas unternahm, beobachtete dort die Mülleramazone *(Amazona farinosa)*; er berichtete: „Die Gesellschaften dieses Papageis fallen oft in die Kronen mächtiger, dichtbelaubter Urwaldriesen ein und erheben dort ein ohrenbetäubendes Gekrächze, dem merkwürdige, wie lautes Lachen klingende Töne folgen" (Müller, 1914). Ein englisch-sprachiger Ornithologe hörte aus den natürlichen Lautäußerungen der Mülleramazone (Eisenmann: *Amazona farinosa inornata*; Wolters: *Amazona farinosa*) noch mehr Ähnlichkeiten mit menschlichen Wortbildungen heraus: „Stop it, stop it, quick quick quick" und „yelp" (Geheul, Jaul), „yelp, yelp, cha-cha-cha" (Chapman, zitiert nach Eisenmann, 1952). Russell schreibt, der rauhe Schrei der Mülleramazone von Britisch Honduras klinge in den Ohren der Einheimischen wie der menschliche Warnruf: „watchout" (engl. = Paß auf! Achtung). Die Amazone heiße deshalb bei ihnen auch „Watchout"-Papagei (Russell, 1964).

In Australien wurde der Kragensittich *(Barnardius zonarius* subsp. *semitorquatus)* von den Kolonisten nach seinem Geschrei „Twenty-eight"-Papagei (engl. = 28) genannt (Finsch, 1867/68).

Der Afrikareisende Rohlfs gab in seinem Bericht über seine Reisen, die ihn im Jahre 1867 zum Golf von Guinea führten, den Ruf der Graupapageien mit „Aku, aku" wieder. „Dieser Ruf", schrieb er, „ist in die Sprache der Eingeborenen als Begrüßungswort übergegangen" (Rohlfs, 1984).

Der bekannteste lautmalerische Papageienname ist *„Arara"*. Der europäische Kunstname Ara, der sich in der wissenschaftlichen Nomenklatur durchgesetzt hat, wird ebenfalls lautmalerisch empfunden. Unbestritten war dies in der Literatur freilich nie.

Comte de Buffon schrieb um 1780 in seiner Naturgeschichte der Vögel, die „unangenehme" Stimme des Araras scheine „ara" zu artikulieren, in einem rauhen Ton, und das r klinge, wie wenn es in der Kehle gebildet werde. Er wußte bereits, daß die Stimmen der roten und der gelb-blauen Araras verschieden klingen. Die Indianer könnten beide Arten erkennen, ohne sie zu sehen, allein an ihrer Stimme; die gelb-blauen, so sagten die Indianer, sprächen „ara" nicht so deutlich aus. Vor allem der kleine Ara gebe mit seinen natürlichen Lautäußerungen „ara" nicht so deutlich wieder, schrieb Buffon aufgrund eigener Beobachtungen an seinem *Ara severa* (Buffon, 1780).

Wied meinte 1832, die laute Stimme des Araras klinge nicht wie Ara oder Arara, wie man gewöhnlich behaupte, sondern, so sagte er „ist ein sehr lauter, rauher geradehin ausgestoßener, einsilbiger Ton, der mit der Stimme unserer Rabenkrähe (*Corvus corone*, Linn.) Ähnlichkeit hat". Auch der Gelbbrust-Arara (*Ara ararauna*) rufe nicht deutlich das Wort Ara, wie Buffon und andere behauptet hätten. Wied bestätigte aber, daß ihre Stimmen verschieden seien. Er nannte die Stimme des *Ara severa* laut und rauh, „nach Art des Schrei's der Araras", sie klinge aber höher und schwächer (Wied, 1832). Dieser Papagei gehört zu den kleinen *Ara*-Arten, die in Brasilien nicht Araras, sondern Maracanã genannt werden. Auch die Stimmen anderer Maracanã nannte Wied hell (Wied, 1832).

Auch Burmeister machte sich über den Namen „Arara" Gedanken, als er in seinem Werk über die Tiere Brasiliens den Dunkelroten Arara (Burmeister: *Macrocercus macao*, Linn.; Wolters: *Ara chloroptera*) behandelte und sich an eine Begegnung mit dieser prächtigen Papageienart erinnerte; er schrieb: „Mein erstes Zusammentreffen mit ihr erfolgte den 26. April 1851 am Rio da Pomba im dichtesten Walde, wo ein frischer Weg durchgeschlagen war ... Der laute, ganz krähenartige Ruf des auffliegenden Vogels überraschte mich und ich erkannte denselben bald an seiner Größe und seiner glänzenden Färbung. Ich kann nicht leugnen, daß der Ton mit dem Namen des Vogels Arara Ähnlichkeit hat; aber er klang tiefer, wie ein Kehllaut, der in Kreischen überging, und ich zweifle nicht, daß er andern Ohren völlig wie Arara vorkommen wird. Überhaupt ist die Bezeichnung der Tierstimmen großen Verschiedenheiten unterworfen, weil andere Nationen andere Laute wahrnehmen, als wir; woraus sich die Verschiedenheit der Angaben erklärt" (Burmeister, 1856).

In der jüngsten Zeit äußerte sich Suchantke zum lautmalerischen Namen „Arara". Er erzählte: „Wir schlagen unser Zelt gegenüber dem Galeriewald auf, am Rande des Cerrado. Am Morgen weckt uns lautes Geschrei, das von weither zu kommen scheint: ‚Arára, arára, ára', drei- und zweisilbig, ein infernalisches, höhnisches Krächzen ohne jeden Wohlklang. Es wird lauter, ohrenbetäubend ..." Es waren Gelbbrust-Araras (*Ara ararauna*). Suchantke widerspricht heftig den Autoren, die eine Ähnlichkeit des Namens mit den natürlichen Lautäußerungen des Vogels bestreiten. „Doch!" sagt er. „Wir hörten die Vögel ständig ihren eigenen Namen rufen: ‚Arára' (Betonung auf der zweiten Silbe), ‚Ara' (Betonung auf der ersten Silbe), und diese Rufe waren ... kilometerweit zu hören – aber immer nur im Fluge." Suchantke meinte, es handle sich wohl um Flugrufe. Diejenigen, die eine Ähnlichkeit bestritten, hätten wohl nie die Lautäußerungen freifliegender Araras gehört (Suchantke, 1982).

Festzuhalten ist freilich, daß der lautmalerische Tupi-Name „Arára" lautet, und daß beim

123

ebenfalls lautmalerischen Guarani-Namen „Guaá" die Betonung auf der letzten Silbe liegt (Müller-Bierl, 1988c).

Umstritten war immer die lautmalerische Herkunft des Namens **Kakadu**.

Nach Finsch stammte der Papageienname „Kakadu" vom malaiischen „Kakatu" ab, dort bezeichnete dieses Wort eine „Kneipzange". Finsch wies darauf hin, daß in Ost-Indien die Edelpapageien *(Eclectus)* ebenso häufig, manchmal ausschließlich „Kakatus" genannt würden. Bei den Seefahrern, welche die weißen Kakadus als erste erwähnten, findet sich dieser Name in abgewandelter Form. So überlieferte Bougainville „Kakakois" und Pigafetta „Catura" (Finsch, 1867/68).

Finsch ging von der deutschen Aussprache des Wortes Kakadu aus, wenn er mit aller Entschiedenheit verneinte, es könne lautmalerischen Ursprungs sein. Er schrieb: „Das Wort ‚Kakatu', welches diesen Vögeln den Namen verschafft hat, scheint nicht ein natürlicher Laut zu sein, sondern ein angelernter. Dies glaubt auch Dr. Bernstein, der sie so lange in der Freiheit beobachten konnte, und ich bin um so mehr davon überzeugt, da man von so vielen Species dies Wort geläufig sprechen hört" – Finsch dachte z. B. an Graupapageien – „dagegen von einzelnen Exemplaren gar nicht" (Finsch, 1867/68).

Brehm schloß sich der Meinung Finschs an, wollte aber Genaueres wissen und befragte den Tierhändler Hagenbeck, der ihm mitteilte: „Am regelmäßigsten habe ich das Wort ‚Kakadu' von den aus Indien stammenden Arten gehört; aber die australischen Arten sagen es ebenfalls; ja ich glaube mit Bestimmtheit behaupten zu können, daß es von allen Arten überhaupt vernommen wird. Jedoch waren es immer zahme Vögel, welche ihren Namen sprachen; von wilden, welche man bekanntlich sehr leicht als alt gefangen oder doch vernachlässigte erkennt, hörte ich ihn nie, und zwar ebensowenig von indischen wie von australischen Arten. Vor kurzem erhielt ich vierzehn Gelbwangen, von denen nicht ein einziger ‚Kakadu' sagte. Endlich muß ich bemerken, daß die australischen Arten das Wort Kakadu englisch aussprechen und ebenso oft ‚pretty cocoy' sagen, was doch unbedingt beweist, daß sie wenigstens die betreffenden Worte erst in der Gefangenschaft erlernen" (zitiert nach Brehm, 1872).

Von Rosenberg teilte Brehm daraufhin mit: „Ich muß bemerken, daß das Wort ‚Kakatua' von wildlebenden Vögeln niemals vernommen wird und auch nicht vernommen werden kann, weil es erst den jung gefangenen angelernt wird. Es ist malaiischen Ursprungs und bedeutet ‚Alter Vater' (Kaka, Vater, tua, alt). Diejenigen Vögel also, welche es aussprechen, stammen entweder aus malaiischen Ländern oder sind jung in die Hände von Malaien gelangt" (zitiert nach Brehm, 1878). Und Brehm stellte fest: „Durch diese Bemerkung Rosenbergs wird mir auch die zarte Betonung der betreffenden Worte verständlich: es mögen, nein, es müssen Frauen und Kinder sein, welche das Lehramt bei den frischgefangenen Vögeln übernehmen" (Brehm, 1878).

Brehm wies darauf hin, daß die natürlichen Laute des Nasenkakadus ganz andersartig seien; er schrieb über ihn: „Auch er spricht ihm angelernte Worte ebenso gut nach als andere seiner Gruppe, drückt aber durch seinen fast zornig wie ‚Kai-kah-duh' klingenden Ruf regelmäßig seine Erregung aus, während die Verwandten ihr zartes ‚Kakadu' im Gegenteile bei guter Laune und sanftmütiger Stimmung vernehmen lassen" (Brehm, 1872). Brehm fügte hinzu, die anderen Kakadus sprächen das Wort „Kakadu" bekanntlich sehr sanft und zusammenhängend; der Nasenkakadu dagegen stoße die beiden ersten Silben kreischend hervor ... (Brehm, 1878).

Die „Vogelsprache"

Die Funktion der Rufe

Der Zoologe Otto Koehler schrieb: „Wir kennen alle menschlichen Sinne auch bei den Tieren ... Alle unsere Affekte, wie Liebe, Haß, Angst, Zorn, Lust und Ekel, spiegeln sich unzweideutig in vergleichbaren Zügen tierischen Verhaltens wider" (Koehler, 1941).

Koehler schrieb über die „Sprache" der Tiere. „Sie ‚sagen' einander genug, z. B. bedeutet Vogelgesang im eigenen Revier: ‚Heiraten oder Wegbleiben'.

Sie haben ‚anschauliche Vorstellungen' wie
‚dieses mein Revier'
‚meine Frau'
‚sensorische Begriffe' wie
‚5 Körner'
‚Kreismitte'
‚arttaugliches Revier'
‚prospektiver Gatte'
‚anschauliche Urteile' wie
‚dieser Weg ist richtig, jener falsch'
‚dieser Ast taugt zum Grabstock für eßbare Wurzeln'
‚soweit kann ich springen'.

Und wir haben ebensolche vorsprachlichen Vorstellungen, Begriffe, Urteile ... die höchsten Tiere ‚denken', wie ihr einsichtiges Handeln beweist ... wortlos, unbenannt. Sie können den Gedanken lediglich handelnd äußern, nur wir können ihn zudem auch aussprechen" (Koehler, 1949).

Bei den Vögeln werden folgende Rufe unterschieden (Zahn 1975):
Stimmfühlungslaut (Immelmann)
Lockruf (Immelmann) = Distanzruf
  (Güttinger & Nicolai)
Warnruf (Immelmann) = Alarmruf
  (Güttinger & Nicolai)
Wutlaut (Immelmann)
Angstrufe (Immelmann)
Schreckensschrei (Immelmann)
Nestlockruf (Immelmann)
Begattungslaute (Immelmann)
Palaver (Immelmann)
Kontaktrufe (Güttinger & Nicolai 1973)
Erregungsrufe (Güttinger 1970)
Triumphgeschrei (Immelmann 1982)
Schmerzlaut (zit. n. Bezzel 1977)
Nach meinen Beobachtungen stoßen die Vögel den Schmerzlaut nur in dem Moment aus, wo der Schmerz ihnen zugefügt wird. Die Vogelarten, die ich bisher pflegte (Papageienarten, Kanarien, Prachtfinkenarten) litten ansonsten stumm.

Bettellaute kennen wir hauptsächlich von Jungvögeln. Sie haben jedoch bei manchen Vogelarten auch eine wichtige Funktion in der Paarbindung und dienen (z. B.) als Beschwichtigungsrufe (Bezzel/Prinzinger, 1990).

Lautäußerungen werden immer erforscht an konkreten Fällen: das sind bestimmte Vogelarten, bestimmte Situationen sowie bestimmte Umweltbedingungen.

Der Oberbegriff lautet **Kommunikation**. Er bedeutet Verständigung, Signalübertragung, Informationsaustausch. Dabei beeinflußt ein Individuum als Sender das Verhalten eines anderen, nämlich des Empfängers, durch Aussenden von Signalen. Am häufigsten erfolgt die Kommunikation zwischen Artgenossen. Aber auch zwischen Vogelarten, die im selben geographischen Gebiet vorkommen („sympatrische" Arten) kommt es oft zum Austausch von Signalen.

Nicht nur, daß viele auf Alarmrufe anderer, und zwar gegenseitig, reagieren. Verschiedene Vogelarten haben einen ähnlichen Alarmruf entwickelt, bedingt durch den gemeinsamen Zweck, die Lokalisierung des warnenden Vogels zu erschweren. Andere Rufe dagegen sollen eine Ortung des Rufenden ermöglichen (Marler, 1956).

Bei manchen Singvogelarten hat man beobachtet, wie sie unter extremen Konkurrenzbedingungen auch auf die Gesänge von artfremden Territoriums-Konkurrenten antworten (Kreutzer und Güttinger, 1991).

Für drei australische Prachtfinkenarten stellte Zahn fest: Bestimmte Rufe dienen dem Kontakt zwischen Angehörigen einer Schar, andere dem Kontakt zwischen den Geschlechtspartnern und deren Nachkommen, wieder andere zur Begrüßung naher Artgenossen. Der „Palaver"-Ruf ist eine Gruppenbegrüßung am Anfang eines geselligen Treffens. Jede Art hat einen Erregungsruf, einen Alarmruf, einen Notruf (Kreischen) und einen Fluchtruf. Zwei Arten besitzen einen Vor-Angriffsruf. Alle drei Arten haben einen Nestruf und einen Paarungsruf. Junge Vögel haben einen Bettelruf, ein Notquietschen und Kontaktrufe. Zahn stellte außerdem fest:

„Jeder einzelne Vogel hat seinen individuellen Langruf, der durch Grundfrequenz, Stimmhaftigkeit und Klangfarbe charakterisiert ist. Es gibt Hinweise dafür, daß der Ruf individuell erkannt wird" (Zahn, 1975).

Der Ornithologe Güttinger untersuchte die Entwicklung der Lautäußerungen bei Prachtfinken. Bei bestimmten Prachtfinkenarten, so berichtet er, „bettelt der noch nicht selbständige Jungvogel mit einem kurzen und einem längeren Ruf nach Futter. Der kurze Ruf ist nicht nur für unser Ohr, sondern auch im Klangspektrogramm mit dem Alarmruf identisch. Die längere Silbe des Bettelrufes tönt sehr ähnlich wie der Distanzruf des adulten" (erwachsenen) „Artgenossen. Spielt man dieses Element des Bettelrufes auf einem Tonbandgerät in der Voliere ab, so antworten die Artgenossen sofort mit längeren Folgen von Distanzrufen... Im Laufe des ersten Lebensmonates erhält der längere Teil die Bedeutung eines Distanzrufes und der kürzere Teil die Bedeutung des Alarmrufes. Während dieser Zeit stoßen die Jungvögel noch vereinzelt den Distanzruf aus. Selbst mehrjährige Kleinelsterchen stoßen oft, wenn auch nicht regelmäßig, bei Störungen am Nest, also bei höchster Alarmerregung, noch einzelne Distanzrufe aus..." (Güttinger, 1970). Die Stimmfühlungsrufe und die Kontaktrufe anderer Prachtfinkenarten lassen sich dagegen nicht aus den Bettellauten ableiten (Güttinger/Nicolai, 1973).

Der Stimmfühlungslaut dient dem Kontakt innerhalb der Gruppe, also dem Zusammenhalt der Schwarmmitglieder über geringe Distanzen, oder zwischen den Partnern eines Paares. Der Distanzruf dagegen tritt nur auf, wenn Schwarmmitglieder oder Geschlechtspartner einander intensiv suchen, wenn der Sichtkontakt verlorenging. Bei verschiedenen Prachtfinkenarten finden wir den Kontaktruf in Stimmfühlungs- und Distanzruf aufgeteilt (Güttinger/Nicolai, 1973).

Die Distanzrufe von Wellensittichen besitzen „individuenspezifische" Merkmale. In der Dressur, in Versuchen, unterschieden die Wellensittiche jedoch nur zwischen sehr verschiedenen Rufen eindeutig. Da sind die Bedingungen im Labor nicht mit denen im Freiland vergleichbar (Trillmich, 1976).

Die Angehörigen gesellig lebender Vogelarten haben die Neigung, gleichzeitig dasselbe zu tun. Sie werden leicht „angesteckt". Man nennt das Stimmungsübertragung. Sie ist keine Nachahmung. Durch Nachahmung erwirbt der Vogel eine neue Fähigkeit, durch die Stimmungsübertragung dagegen wird er nur in die Stimmung versetzt, etwas zu tun, was er ohnehin immer wieder tut. Die Stimmungsübertragung ist besonders auffällig bei einer Flucht (Immelmann, 1982).

Die Alarmrufe gehören zu den sog. Interspezifischen Auslösern, die der Verständigung von Angehörigen verschiedener Arten dienen. Sie sind Bestandteil des Warnverhaltens (Immelmann, 1982).

Güttinger und Nicolai schrieben: „Die Mehrzahl der Prachtfinken ist in der Lage, fremde Alarmrufe innerhalb von kurzen Zeitspannen als Warnrufe zu erkennen und sich entsprechend zu verhalten. Das Erfassen der Bedeutung artfremder akustischer Signale ist bei Vögeln weit verbreitet, sofern das Fremdsignal eine Mitteilungsfunktion hat, von der die eigene Art profitieren kann." Freilich besteht für sie selbst nicht immer tatsächlich eine Gefahr; Güttinger und Nicolai berichteten: „Haus- und Felsentauben, die im Institut freifliegend gehalten werden, lernen in kurzer Zeit die Alarmrufe der Stockerpel, ein gedehntes ‚räb-räb‘, mit dem Auftauchen eines Habichts zu assoziieren... Fährt ein Boot auf dem Institutsee oder nähert sich ein Mensch im Winter dem Wasserloch im Eis, auf dem sich die Enten aufhalten, so reagieren die Tauben auf die ‚räb-räb‘-Rufe der Erpel in gleicher Weise, als wäre ein Habicht im Anflug" (Güttinger/Nicolai, 1973).

Auch das „Hassen" gehört in den Bereich des Warnverhaltens. Oft wird es uneigennützig (altruistisch) genannt. Immelmann schreibt: „Warnverhalten ist häufig als ein Musterbeispiel für altruistisches Verhalten bezeichnet worden, da es dem Warnenden scheinbar keinen Nutzen bringt, ihm aber durch erhöhte

Auffälligkeit gegenüber dem Raubfeind wahrscheinlich Nachteile eintragen kann. Es ist allerdings noch nicht bekannt, wie stark Warnrufe den Warnenden tatsächlich gefährden. Neuere Befunde und Überlegungen zeigen jedoch, daß – neben den indirekten Vorteilen, die mit vielen als altruistisch bezeichneten Verhaltensweisen ohnehin verbunden sein können – Warnverhalten auch dem Warnenden einen Vorteil bringen kann, zum Beispiel wenn die als Folge des gegenseitigen Warnens geringere Erfolgsquote den Raubfeind schließlich veranlaßt, das Gebiet zu verlassen. Auch erscheint es möglich, daß Warnsignale sich primär gar nicht an Artgenossen, sondern an den Räuber selbst wenden, gleichsam, um ihm zu signalisieren: ‚Ich habe dich gesehen, es lohnt nicht mehr'" (Immelmann, 1982).

Die Nachahmung, Imitation, wird ebenfalls „Lernen durch Beobachtung" genannt (Immelmann, 1982).

Gramza machte im Jahre 1971 auf wichtige Gesichtspunkte für die Untersuchungen der Gesangsnachahmung bei Vögeln aufmerksam, u. a.:

„Nachahmung fremdartiger Laute im Gesang ist bei Vögeln viel weiter verbreitet, als man gewöhnlich glaubt."

„Man setzt gewöhnlich voraus, daß der Vogel eine genaue Kopie desjenigen Lautes ‚versucht' oder ‚beabsichtigt', den er nachahmt. Das muß aber nicht stimmen." (Gramza, 1972).

Dobkin unterscheidet vier Kategorien des Nachahmens von Lautäußerungen bei Vögeln:

Angleichung: Gebrauch artfremder Laute, die weder von Konkurrenten noch von Freßfeinden stammen.

Imitation: Gebrauch arteigener, vom Vorbild gelernter Laute.

Beide Kategorien dienen der „intraspezifischen" (auf Artgenossen bezogenen) Verständigung.

Konvergenz (bzw. Nicht-Divergenz) (Übereinstimmung bzw. Nicht-Auseinanderstreben) bei gleichen oder ähnlichen Umweltbedingungen:

Gebrauch der Lautäußerungen von „sympatrischen" Konkurrenten, also von Konkurrenten, die dasselbe Biotop bewohnen.

Mimikry: Gebrauch artfremder Laute von Feind- oder sonstwie schädlichen Arten.

Die beiden letzten Kategorien dienen zwischenartlicher Verständigung, d. h. der Verständigung zwischen unterschiedlichen Arten.

Feinddruck und effektive Nahrungssuche erscheinen als Selektionsdruck für Imitation und Konvergenz im Dienste der Schwarmbildung. Sexuelle Auslese spielt bei allem mit (Dobkin, 1979).

Brown fand heraus: Wenn Krähen, die sich bislang fremd waren und unterschiedliche Gesangsrepertoires hatten, zusammengebracht wurden, „war die Integration in die Gruppe zeitlich mit der Nachahmung von Gesangselementen korreliert und resultierte in einem gemeinsamen Gesangsrepertoire" (Brown, 1985).

Nicht alle stimmlichen Abwandlungen, die ein Vogel bringt, sind beabsichtigt. Bei Experimenten mit Heidelerchen wurde die größte „Fehlerzahl" dann festgestellt, wenn ein territoriales Männchen durch Vorspielen des Artgesangs mit dem Tonbandgerät herangelockt wurde. Dabei sang der Vogel meistens schneller, auch unvollständige Strophen kamen häufiger vor (Singer und Nicolai, 1990).

Rufe haben vielfach eine sofortige Auswirkung auf das Verhalten anderer Vögel: „Sie drücken gewissermaßen eine Tendenz aus, sich in einer bestimmten Weise zu verhalten, und übermitteln diese Information an Empfänger" (Bezzel/Prinzinger, 1990).

Zahlreiche eigene Laute für bestimmte Situationen, Verhaltensweisen oder Stimmungen sind in bisherigen wissenschaftlichen Untersuchungen festgestellt worden (Bezzel/Prinzinger, 1990): (Hier sind vor allem die Laute der selbständigen Vögel von Interesse)
1) Verschiedene Rufe, die einen Feind (Bodenfeind, Luftfeind usw.) anzeigen.
2) Drohen, Abwehr, Angriff
3) Laute unter Paarpartnern (die sich nicht „streiten"). Hierher gehören die (für „sprechende" Papageien) besonders wichtigen Laute der Stimmfühlung, des Zusammenrük-

kens, der Begrüßung, des Bettelns, der Balz und der Begattung.

4) Lautäußerungen in der Gruppe bzw. im Schwarm: Kurz vor dem Abflug, beim gemeinsamen Abflug, während des Fliegens, vor dem bzw. beim Landen und bei Entdeckung einer Wasser- oder Nahrungsquelle.

Neben dem eigentlichen Gruppenverhalten, wozu besonders die Stimmungsübertragung (vgl. S. 148f) gehört, gibt es in der Gruppe, außerhalb der Ruhephasen, zahlreiche Aktivitäten der Individuen, die aggressiv oder partnerschaftlich ausgerichtet sind, wozu die damit verbundenen Lautäußerungen gehören.

Das Verhalten wird u. a. auch durch Lernvorgänge entwickelt. Als **Lernen** (siehe auch S. 252) werden alle Vorgänge zusammengefaßt, welche zu einer individuellen Anpassung des Verhaltens an die jeweiligen Umweltbedingungen führen. Voraussetzung ist, daß die Informationen durch die Sinnesorgane wahrgenommen, im Gedächtnis eingespeichert und bewahrt werden und im Bedarfsfalle abgerufen werden können (Bezzel/Prinzinger, 1990).

Lernen durch Nachahmung ist die Übernahme, in diesem Falle gehörter Lautäußerungen, in das eigene Lautrepertoire. – Manchmal werden von Papageien gleichzeitig beobachtete Bewegungen nachgeahmt (z. B. Tanz, vgl. S. 258f).

Duettieren

Der Ethologe Serpell untersuchte das soziale Verhalten einiger Loriarten der Gattung *Trichoglossus*. Die von ihm beobachteten „Gemeinschafts-Rituale" gingen mit stimmlichen Signalen und teils sehr auffallenden Körperhaltungen bzw. -bewegungen, also visuellen Signalen, einher. Er deutete sie als gemeinschaftliches Imponiergehabe und unterschied drei Kategorien von Funktionen:

1. Gemeinschaftliche aggressive Demonstrationen gegenüber Rivalen
Damit verbunden ist eine entsprechend große Lautstärke. Funktionell und strukturell scheinen sie den Wechselgesängen und dem sog. Duettieren anderer Vogelarten

und möglicherweise auch dem Triumphgeschrei einiger Schwäne zu entsprechen.

2. Ersatz offener Aggressionen zwischen den Partnern und damit Sicherung der Paarbindung.
Dies hat nebenbei die Wirkung, nach außen Eindruck zu machen. Vergleichbar damit sind „Triumphgeschrei" bei Gänsen und verschiedene Begrüßungsrituale.

3. Warnung des Partners, bei Gefahren (Serpell, 1981)

Unter Duetten versteht man in diesem Zusammenhang Lautäußerungen zweier Vögel, die aufeinander abgestimmt sind. Sie kommen hauptsächlich zwischen den Paarpartnern vor. Häufig singen beide Partner abwechselnd. Die Antwortzeiten der Duette und der Aufbau deren Bestandteile sind vielfach festgelegt, d. h. „ritualisiert". Sie weisen deshalb einen hohen Grad an Stereotypie auf. Unter Stereotypie versteht man die ständige, gleichförmige Wiederholung. Bekannt ist das eintönig wiederholte Gurren eines Taubers (Immelmann, 1982).

Bei vielen Vogelarten tragen beide Partner eines Paares genau aufeinander abgestimmte Gesangsduette vor. Obwohl sie in der Regel dicht beisammen sitzen, singen sie sehr laut. Diese Duette sind, wie Messungen und Beobachtungen an verschiedenen Vogelarten ergaben, ihrer Reichweite nach an Reviernachbarn und andere paarfremde Artgenossen gerichtet. Mit dem Duettieren einer gehen spezielle Bewegungsweisen, die sich als Beschwichtigung gegenüber dem Partner verstehen lassen (Seibt/Wickler, 1977).

Bei vielen Vogelarten sind Duettgesänge zwischen den Partnern eines Paares sehr kompliziert und auffallend spezifisch für das Paar. Mit stereotyp wiederholten Lautfolgen, mit dem wiederholten „Abfragen" des Gelernten beim Partner wird die Partnerbindung gefestigt. Einer versichert sich gewissermaßen des anderen. Wickler spricht auch von einem Austausch von „Losungsworten" (Wickler, 1980; Wickler/Seibt, 1980). Die Antwort ist voraussagbar, man könnte sagen „erwartungsgemäß".

Auch bei Anatiden (Entenvögeln) sind Duette beobachtet worden, als Triumphzeremonien und als Rufduette. Bei den letzteren antworteten nur die Männchen, und zwar wenn die Weibchen ihre Jungen suchen flogen, was in diesem Falle als visuelle Entlastung des Partners gedeutet wird (Lamprecht u. a., 1985). Anhaltende und ständig wiederholte Rufe wirken auf viele Vögel „ansteckend". Es könnte also auch eine akustische Unterstützung bedeuten.

Ornithologen fiel auf, daß die Mehrheit der duettierenden Vogelarten in tropischer Vegetation vorkommt, wo die Sicht stark eingeschränkt ist. Man nahm deshalb an, daß akustische Signale dort stärker ausgebildet wurden. Außer bei Singvögeln finden wir duettierende Arten unter Hühnervögeln (Phasianidae), den tropischen Trogonen (Trogonidae), Sägeracken (Momotidae) in Wäldern Mexikos, Süd- und Nordargentiniens, und vielen anderen. Das Duettieren schließt auch die Fähigkeit des einen Partners ein, den anderen nachzuahmen. Zwei gefangene Flötenvögel *(Gymnorhina tibicen)* lernten als Wechselgesang eine 15-Noten-Melodie, wobei jeder seinen eigenen Teil sang. Als einer der Vögel starb, sang der überlebende die ganze Melodie, was er vorher nie getan hatte (Hooker/Hooker, 1969).

Koehler schrieb: „Gwinners Kolkrabenmännchen bellte wie der Hund, sein Weibchen ahmte Truthahnkollern nach. War er entflohen, bellte sie; als man sie in eine entfernte, ihm bekannte Voliere versetzte, hat er von der Ecke seines Behältnisses, die auf ihre Volière Ausblick hatte, nach ihr gekollert. Statt der persönlichen Note des erstangeborenen Rufs wird hier der persönlich erworbene Fremdlaut sozusagen zum Eigennamen, mit dem man einander anredet" (zitiert nach Hediger, 1980).

Hediger sagte: „Bei dressierten Tieren, die sich durch eine bedeutende Intimität mit dem Menschen auszeichnen, ist die Existenz bzw. die Wirkung von (akustischen) Eigennamen eine Binsenwahrheit (Zoo, Zirkus), die jedoch bis heute kaum wissenschaftliche Reflexion bzw. Anerkennung gefunden hat, obgleich sozusagen jeder Haushund, jedes Pferd seinen Eigennamen hat und auch entsprechend reagiert" (Hediger, 1980).

Lorenz' Rabe benutzte das Menschenwort „Roa", mit dem er gerufen wurde als Fluglockruf gegenüber dem Menschen.

Lorenz erzählte: „Der Rabe Roa, benannt nach dem gewöhnlichen Stimmfühlungsruf des Jungvogels seiner Art, war mit mir noch in seinen alten Tagen eng befreundet... Besonders in seinem späteren Alter war er nicht nur gegen andere Menschen sehr scheu, sondern er hatte auch eine starke Abneigung gegen Örtlichkeiten, an denen er wohl früher einmal erschreckt worden war oder sonst eine üble Erfahrung gemacht hatte." Der Rabe wollte ihn veranlassen, solch einen „gefährlichen" Ort zu verlassen; Lorenz fuhr fort: „Und genau wie Dohleneltern ihre unvorsichtigen Kinder veranlassen wollen auf- und mitzufliegen, stieß auch Roa in solchen Fällen aus hoher Luft in sausendem Sturzflug auf mich herab, flog mir von hinten her dicht über den Kopf, wackelte mit dem Schwanz und zog wiederum hoch; dabei sah er sich über die Schulter nach mir um. Zu dieser... ererbten und angeborenen Bewegungsweise sagte er aber nicht den ererbten und angeborenen Fluglockruf seiner Art, sondern rief an seiner Statt mit Menschenstimme: ,Roa, Roa, Roa'! Das Merkwürdige an der Sache war, daß Roa den artspezifischen Fluglockruf, das Krackrackrack, ja auch hatte und anderen Raben gegenüber durchaus artgemäß anwendete. Zu seiner Frau sagte er Krackrackrack, wollte er sie zum Auffliegen bringen, zu seinem menschlichen Freund aber das Menschenwort! Eine Dressur in diesem Falle anzunehmen ist ausgeschlossen. Denn sie hätte nur dadurch zustandekommen können, daß der Vogel zunächst rein zufällig ,Roa' gesagt hätte und ich darauf ebenso zufällig zu ihm hingegangen wäre. Das ist aber ganz sicher nicht geschehen. Der alte Rabe muß also eine Art Einsicht dafür besessen haben, daß ,Roa' mein Lockruf ist!" Lorenz meinte: „Roa ist bis jetzt das einzige Tier, das je zu Menschen ein Menschenwort sinnvoll und einsichtig gesprochen hat..." (Lorenz, 1964).

129

Spotten

Der Zoologe Hans Krieg verglich das „Sprechen" der Papageien mit dem „Spotten" von Singvögeln. Er schrieb: „In dieser Fähigkeit, sich fremde Laute zu eigen zu machen, liegt ein tierpsychologisches Problem sehr schwieriger Art. Vom einfachen ‚Spotten' vieler Singvogelarten, die bei anderen ihre kleinen oder großen Plagiate begehen, bis zum Dompfaff, der menschliche Lieder fehlerfrei nachpfeifen lernt, vom Eichelhäher, der den Ruf des Mäusebussards nachmacht bis zum Graupapagei, dessen Kunst manchmal ans Fabelhafte grenzt, gibt es alle nur denkbaren Übergänge."

Krieg unterschied beim Spotten oder Nachahmen zwei „Gruppen von Voraussetzungen": „solche des Nachahmungstriebes an sich und solche der physiologischen Mittel der Lautgebung". Krieg sagte: „Eine Vogelart, deren Syrinx nur flötende Laute von sich geben kann, wird höchstens gute Flötspötter hervorbringen, eine andere aber, die flöten, schnarren, kreischen und schnackeln kann (Papageien, Krähenvögel, Stare) wird entsprechend vielseitige Leistungen zeigen. Was den Nachahmungstrieb betrifft, so wird er besonders bei jenen Arten zu finden sein, die ein lautfreudiges, ganzjährig oder wenigstens außerhalb der Brutzeit soziales Leben führen." Krieg wies darauf hin, daß dies aber nicht allgemein gelte, denn es gebe „unsoziale Vögel (z. B. unter den Mimidae)", die wenigstens als Spezialisten gute Spötter seien, und „höchst soziale (z. B. die Lachmöven)", die zwar sehr lautfreudig seien, aber gar nicht spotteten.

„Es muß also", schrieb Krieg, „für den Trieb zu spotten noch eine ganz bestimmte geistige Eigenschaft, eine gewisse Regsamkeit und Aufgelockertheit dazukommen, welche wir bei den lautlich und psychisch stereotypen Möven nicht suchen und auch nicht bei Reihern, Rallen, Raubvögeln und sehr vielen anderen, die keine ‚Lerner' sind. Diese Regsamkeit – die sehr einseitig sein kann – wird sich naturgemäß dann am stärksten auf das Spotten erstrecken, wenn sie wenig Möglichkeiten normaler Betätigung findet, nämlich in

Gefangenschaft. Sie wird aber gerade in Gefangenschaft schließlich kläglich einschlafen, wenn nicht die Umgebung mit Absicht oder zufällig für ihre Wachhaltung sorgt. Das Rasseln einer Maschine, das Stimmengewirr in einer Hafenkneipe regt jeden Papagei oder Kanarienvogel zu Lautäußerungen an. Es löst dasselbe Bedürfnis des Sich-Einschaltens aus, welches im Freileben durch die soziale oder sonstige Konkurrenz der Artgenossen geweckt wird." Anschlußbedürfnis, Angst vor dem Anschlußverlust, Nahrungs- und Schlafplatzkonkurrenz beherrschen, so glaubt Krieg, das „Seelenleben" sozialer Vögel noch mehr als das anderer sozialer Tiere, „weil ja bei den Vögeln jeder Ortswechsel besonders leicht und rasch erfolgt" (Krieg, 1948).

B. Wildschrei berichtete über den „sprechbegabten Bruno", eine Blaustirnamazone *(Amazona aestiva)*, den sie einige Wochen lang pflegte und beobachtete: „Von Zeit zu Zeit wurde er auch durch seine Umgebung dazu motiviert, bestimmte Geräusche nachzuahmen. So ahmte er zum Beispiel jedesmal das Bellen eines Hundes nach, sobald er dieses durch das geöffnete Fenster vernehmen konnte. Auch sang er sehr oft, wenn gerade Musik im Zimmer lief, und er pfiff jedesmal mit, wenn im Raum jemand zu pfeifen begann" (Wildschrei, 1990).

Krieg beobachtete an gefangenen Krähen, Dohlen, Hähern und Staren, „daß ihre Kunstleistungen, wenigstens ihre besten, mit Erregungszuständen verknüpft sind, in die man sie oft sogar künstlich hineinsteigern kann. Es sträuben sich die Scheitelfedern, lüften sich die Flügel, spreizt sich der Schwanz, und der Körper macht eigenartige Bewegungen. Bei Papageien fallen die Veränderungen der Pupillengröße besonders auf. Diese Zustände können sich zu kollerartigen Wutanfällen steigern oder in Krämpfen ein kläglichies Ende finden". Krieg dachte an Balz, drückte sich aber vorsichtig aus: „Wie weit sie gelegentlich einer Balz vergleichbar sind, ist schwer zu sagen" (Krieg, 1948).

Viele Vogelarten flechten sowohl in ihrer natürlichen Umgebung als auch in Menschenhand fremde Laute in ihren Gesang ein. Der Verhaltensforscher Oskar Heinroth schreibt: „Man nennt dies ‚Spotten‘, weil man früher der kindlichen Ansicht war, daß ein solches Tier seine Lehrmeister zum besten haben wolle. Berühmt in dieser Hinsicht sind die amerikanischen Spottdrosselarten, unser Neuntöter, das Blaukehlchen, der Gelbspötter, der Star, die Schama und noch andere ... Geistig höherstehende Formen verbinden sicher mit Tönen, die sie selbst nachahmen, Zeit, Ort und Person. Dazu gehören Stare, manche Rabenvögel und vor allen Dingen Papageien ...“ (Heinroth, 1977).

Der Ornithologe Tretzel beobachtete in den 60er Jahren die Imitation von menschlichen Pfiffen durch Amseln. Er konnte das Vorbild, einen Katzenbesitzer, ausfindig machen, „da die Güte der Nachahmungen mit der Entfernung der Amseln vom Vorbild abnahm; entferntere Amseln sangen schlechtere Kopien oder ließen z. T. nur Anklänge daran erkennen“. Tretzel berichtete: „Die Befragung ergab, daß Herr Schreiber mit diesem Pfiff seit Jahren ‚Mohrle‘, seiner einzigen, 8 Jahre alten Katze pfeift, wenn sie heimkommen soll. Schon das ist ungewöhnlich, daß eine Katze auf Pfeifen kommt. Herr Schreiber wohnt mit Frau und Mutter in“ einem abgelegenen „Haus, aber nur er pfeift der Katze. Ihm waren die Imitationen seines Pfiffes durch die Amseln selbst schon aufgefallen, und er hatte sogar beobachtet, wie die Katze auf die Imitation einer Amsel zugesprungen sei.“

Tretzels Untersuchungen ergaben, daß die Amseln den Menschenpfiff in beträchtlich höherer Tonlage vortrugen. Besonders interessant erschien ihm, daß die Amsel ihre Imitation nicht nur transponierte, sondern sogar mit verschiedenartigen Verzierungen versah. Tretzel bemerkte: „Da sich solche Verzierungen weder als funktionell notwendige noch als artspezifische Gesangsmerkmale erklären lassen, dürfen wir in ihnen den Ausdruck reiner Spielfreude erblicken.“ Er fühlte sich an unsere Kunstmusik des Barock und Rokoko erinnert, „die damals neben der Spielfreude wohl auch den Zweck verfolgte, dem rasch verklingenden Ton damaliger Begleitinstrumente (Cembalo!) durch Umspielung und mehrfache Wiederholung des Grundtones mehr Gewicht zu verleihen“ (Tretzel, 1967).

Bei mehreren Singvogelarten wurde nachgewiesen, daß die Weibchen stärker auf ein umfangreicheres Repertoire, einen formenreicheren Gesang des Männchens reagieren (Bergmann, 1987).

Tretzel hatte bereits Beobachtungen an Haubenlerchen gemacht, die, an einen Hund gerichtete, Schäferpfiffe imitierten. Er stellte fest: „In beiden Fällen waren Menschenpfiffe die Vorbilder ... Hier wie dort handelte es sich um einfache, oft wiederholte und deshalb leichter erlernbare Motive ... Beide Menschen wiederholten ihre Kommandos in Tonhöhe und Rhythmus mehr oder minder variabel; trotzdem haben die imitierenden Vögel deren Motivgestalt richtig erfaßt, sie durch akustische Abstraktion relativ gelernt und die einmal erlernte Form mit erstaunlicher Sicherheit stets in der fast völlig gleichen absoluten wie relativen Tonhöhe sowie im gleichen Rhythmus wiedergegeben. Haubenlerche und Amsel haben die aufgegriffenen Motive besonders tonschön und musikalisch interpretiert und sie entweder als Liedsänger (Haubenlerche) in einer gefälligen Anordnung vorgetragen oder als Strophensänger (Amsel) stark transponiert und mit Verzierungen versehen. Beide Male sind die Imitationen Dialektmotive geworden: ein oder mehrere Nachbarmännchen lernten sie wieder vom Nachahmer“ (Tretzel, 1967).

Stork beobachtete, wie eine Stadt-Amsel ihren Gesang situationsgemäß und zweckgerichtet anwendete: Als das Weibchen brütete, sang das Männchen in Abständen eine Kurzstrophe, woraufhin das Weibchen, ohne das Männchen zu sehen, das Nest verließ, um sich auf Nahrungssuche zu begeben. Stork berichtete: „Beides war so eindeutig miteinander gekoppelt, daß es bald leicht war, zufällig mitbeobachtenden Besuchern den Abflug des Weibchens vom Nest anzukündigen, wenn mir vom Hofe eine solche Kurzstrophe zu Ohren kam. In diesen Kurzstrophen gab es durchaus

131

auch Unterschiede in der Tonfolge." Nach dem Schlüpfen der Jungen benutzte das Männchen vollständige Strophen, keineswegs immer dieselbe, als Aufforderung an das Weibchen, das Nest zur Futtersuche zu verlassen. Und zwar flog das Weibchen sofort nach Erklingen des Gesangs vom Nest, bevor es das Männchen sehen konnte (Stork, 1971).

Man hat festgestellt, daß manche Arten, die in ihren Gesang keine artfremden Töne einbauen, nichtsdestoweniger eine ganze Reihe von solch artfremden Tönen in ihren Subsong aufnehmen. Werden diese Subsongs aber mit Beginn der Brutzeit in echte Gesänge umgebildet, werden alle fremden Töne wieder weggelassen. Thorpe wies darauf hin, daß der Subsong bezeichnenderweise kaum eine Mitteilungsfunktion habe, während mit dem Gesang selbst wichtige Informationen an den Artgenossen mitgeteilt werden (Thorpe, 1964c).

Der Subsong wird vor der Ausbildung des eigentlichen Gesangs im Frühjahr sowie im Herbst gebracht. Auch der „Jugendgesang" junger Männchen wird Subsong genannt. Er ist dem Spielverhalten zugeordnet und darum auch als „Spielgesang" bezeichnet worden.

Sowohl beim Gesang der Singvögel als auch bei Gesängen von Nichtsingvögeln treten Dialekte auf. Die Gesangsdialekte entstehen durch die unterschiedlichen Lernerfahrungen innerhalb eines Verbreitungsgebietes (Immelmann, 1982).

Inkakakadus *(Cacatua leadbeateri)* und Rosakakadus *(Eolophus roseicapillus)* haben sehr unterschiedliche Rufe. Zwischen 1977 und 1983 beobachteten Rowley und Chapman in Australien gemischte Bruten dieser Kakaduarten, die dadurch entstehen, daß je ein Weibchen beider Arten in dieselbe Nisthöhle Eier legt. Die stärkeren Inkakakadus besitzen schließlich und bebrüten dann ein gemischtes Gelege. Der von Inkakakadus aufgezogene Rosakakadu, den Rowley und Chapman beobachteten, ahmte seine Pflegeeltern undeutlich nach, als er erst 6 Tage ausgeflogen war; vorher hatte er seine arteigenen Laute geäußert. Drei Jahre später konnte einer der beiden

Feldbeobachter hören und beobachten, wie er zusammen mit anderen Rosakakadus Alarmrufe von sich gab, „zu sich aber" leise Inkakadu-Rufe. Schließlich flog er mit Inkakadu-Rufen davon (Rowley/Chapmann, 1986).

Beobachtungen zu Lautbildungen

Die Konsonanten p, b, t, d, k und g fungieren in der menschlichen Rede als Unterbrechungen, wenn auch auf verschiedene Weise. Singvögel wiederum können sehr plötzlich mit ihren Lautäußerungen beginnen oder aufhören. Beides wußte man schon, bevor man es am Klangspektrogramm ablesen konnte. Darum wurden, besonders im Englischen, gerne Wortspiele genommen, um eine Vogelstimme zu beschreiben. Thorpe sagte: Aber die Konsonanten, die wir dabei verwenden, sind austauschbar. So könne man die Stimme der Taube „Columba palumbus" genauso in dem Satz „Take two cows, Taffy" wiedererkennen wie in „Tape goo gows, daddy" oder die Stimme des Kuckucks „Cuculus canorus" als „Cuckoo", „Guggoo" oder gar „Puppoo" wiedergeben (Thorpe, 1959).

Thorpe wollte lange Zeit nicht glauben, daß die „sprechenden" Vögel menschliche Laute wirklich nachahmten; er glaubte vielmehr, daß sie nur die richtigen Tonstufen-Wechsel hervorbrächten. Aber dann konnte er die Klangspektrogramme eines „sprechenden" Hirtenstars (Thorpe: *Eulabes religiosa*; Wolters: *Acridotheres tristis*) mit den Klangspektrogrammen der entsprechenden Worte vergleichen, die von seiner Besitzerin gesprochen worden waren. Thorpe stellte fest, daß drei, manchmal sogar vier Vokalresonanzen vom Vogel perfekt wiedergegeben wurden und daß er einige unter präziser Kontrolle hatte. Er meinte, daß solche Vögel drei Resonanzkammern, ähnlich dem Menschen, haben müßten (Thorpe, 1959).

Als der vielseitige Forscher Karl von den Steinen sich während seiner Expedition zur Erforschung des Xingú im Jahre 1884 in einem Bakairi-Dorf aufhielt, schrieb er eines morgens um 7 Uhr in sein Tagebuch: „Ein blaugelber Arara auf dem Dache hat das Wort; er spricht das λ, an dem ich mir fast die Zunge verrenke, ebenso sicher und doch undeutlich verschwommen aus wie die Eingeborenen." Über den Laut λ schrieb K. v. d. Steinen: „Er ist für uns kaum nachzuahmen"; er umschrieb ihn als ein „gutturales l", bei dem mindestens die ganze Vorderhälfte der Zunge am Gaumen anliege. Interessant ist auch, wie K. v. d. Steinen die Aussprache des lautmalerischen Papageiennamens „Arara" (Bakairi) wiedergibt: Das r werde beide Male gebildet, indem die Zungenspitze am innern Rande der Unterzähne liegenbleibe. Die Vibration sei nur schwach. Dem Klange nach erinnere dieses r an das weiche r der Portugiesen oder an das englische inlautende r zwischen Vokalen (z. B. in tomorrow) (v. d. Steinen, 1886).

Otto zur Strassen berichtete, daß sein Graupapagei auf die Frage „Wie heißt du?" antworten lernte: „Psittacus erithacus", „was ungemein komisch wirkte, weil er das Ps mit weit geöffnetem Schnabel aussprach" (zur Strassen, 1953).

Claudia Hartert sagte über die Gelbflügelamazone (Hartert: *Chrysotis ochroptera*; Wolters: *Amazona barbadensis*), die sie und ihr Ehemann von ihrer Westindienreise nach Hause (Tring) mitgebracht hatten, sie spreche bis jetzt „etwas undeutlich, weil sie beim Sprechen den Schnabel" nicht öffne (Hartert, 1893).

„Menschenzungig"

Rochefort, der 1665 die Naturgeschichte der Antillen beschrieb, meinte: Die Araras könnten wohl einige Redewendungen lernen, aber in ihrer Mehrzahl hätten sie eine zu schwerfällige Zunge, um sich verständlich machen zu können, das gelte auch für die kleinen Papageien (Rochefort, 1665).

Buffon war der Meinung, die Fähigkeit der Vögel, die menschliche Sprache nachzuahmen, hänge davon ab, wie weit ihre Zunge der des Menschen ähnlich sei: dick und rund. Das sei beim Papagei in besonders hohem Maße der Fall (Buffon, 1800–08).

Prinz von Wied führte die vielfältigen Lautäußerungen der Papageien, die in seinen Ohren teilweise „einer menschlichen Unterhaltung gleichen", auf ihre „runde, bewegliche, der menschlichen ähnliche, fleischige Zunge" zurück (Wied, 1832).

Burmeister beschrieb in seinem Werk über die Tiere Brasiliens die Papageienzunge als „dicke, fleischige, stumpf kegelförmige Zunge" und nannte sie unter den weichen Teilen „das merkwürdigste Organ" (Burmeister, 1856).

Noch Finsch glaubte, daß die Sprechleistungen eine „Folge ... des eigentümlichen Zungenbaus" sei, daß „das Sprechen nur bei den Arten mit vorzüglich breiter, fleischiger, also am meisten menschenähnlicher Zunge gelingt". Die Alten hatten den Papagei „menschenzungig" genannt (Finsch, 1867/68).

Finsch ließ sich von einem Vorurteil leiten und stellte mit Entschiedenheit fest: „Daß bei den pinselzungigen Arten ... noch weniger ein hervorragendes Sprachtalent zu erwarten ist, macht der besondere Zungenbau erklärlich" (Finsch, 1867/68). Zu seiner Zeit gab es bereits bedeutende, anatomische Arbeiten (z. B. Giebel über Nitzsch, 1862).

Stimmorgan und Gehör

Die „stimmlichen" Vogellaute werden in einem Organ gebildet, das nur den Vögeln eigen ist. Wir sind es gewohnt, den Kehlkopf am Eingang zur Luftröhre als Stimmorgan anzusehen, wie es bei den Säugern und auch beim Menschen der Fall ist. Der Kehlkopf (Larynx) der Vögel hat aber weder Stimmbänder noch Stimmuskeln. Die Hauptfunktion des Larynx besteht bei Vögeln wie bei Säugetieren darin, Fremdkörperchen den Zugang zu den tieferen Atemwegen zu verwehren. Wenn der Haushahn kräht, gleitet der Kehlkopf am Hals auf und ab; möglicherweise hat er dieselbe Funktion wie der Schieber einer Posaune. Das spielt aber eine untergeordnete Rolle, genauso wie Schnabel- und Zungenbewegungen für die Lautbildung bei Vögeln von untergeordneter Bedeutung sind.

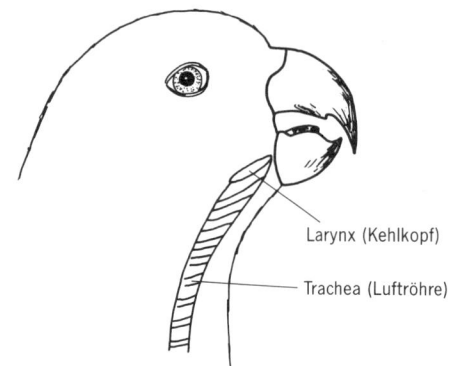

Kopf und Hals von *Amazona amazonica*.

„Wenn der Vogel singt, dann wirklich ‚aus voller Brust‘“, schreibt Portmann: „In der Nähe der Lunge, wo die Luftröhre sich in die Bronchien gabelt, liegt das Stimmorgan – ganz andere Muskeln und andere Nerven als bei uns bauen es auf. Nebenbei, es sind Muskeln, die denen unseres Zwerchfells entsprechen“ (Portmann, 1984).

Das Gerüst der Luftröhre, der „Trachea“, besteht aus einer Reihe von Knorpelringen. Sie neigen bei größeren Vogelarten, so ist es auch bei Papageien, zur Verknöcherung. Ihre Anzahl ist bei den Arten unterschiedlich. Der Stimmkopf, die „Syrinx“, liegt am Übergang der Luftröhre in die beiden Hauptbronchien. Sein Aufbau variiert bei den verschiedenen Vogelarten. „Syrinx“ wurde er nach dem griechischen Wort für Panflöte genannt.

Hauptsächlich beteiligt an der Erzeugung von Stimmlauten sind schwingfähige Membranen zwischen festen Bauelementen, die (inneren) Stimmuskeln und Luftsäcke.

Das Stimmorgan des Vogels funktioniert, vereinfacht dargestellt, folgendermaßen: Der Luftsack, der die Syrinx umgibt, sorgt durch seinen Überdruck dafür, daß die Membranen elastisch genug sind, um zu schwingen. Durch die Verengung wird die Stimmritze gebildet. Die äußeren Muskeln ziehen die elastische Luftröhre etwas auseinander und bringen sie so in die Stellung, in der die Tonerzeugung erfolgt. Die durchströmende Luft bewirkt eine Verringerung des statischen Drucks (Ber-

134

noulli-Gesetz). Infolge dieser Druckabnahme werden die Membranen nach innen bewegt. Weil aber die Membranen elastisch sind, wird verhindert, daß die Stimmritze sich schließt. Die Membranen reagieren mit Schwingungen, die auf die ganze Membranfläche übergreifen. Ein Rückkoppelungseffekt tritt ein: Die Luft schwingt mit, und diese Schwingungen wirken auf die Membranbewegungen zurück. Wird der Druck des Luftsacks verändert, so wird die Spannung der Membranen verändert; dies hat einen Einfluß auf die Tonhöhe. Die Tonhöhe wird auch beeinflußt durch die Stärke des Luftstromes. Er beeinflußt aber auch die Lautstärke des Tons.

Außer der Luftröhre spielt bei der Resonanz besonders der Luftsack, der die Syrinx umgibt, eine Rolle.

Die Singvögel sind, wie man nachgewiesen hat, in der Lage, die rechten und linken Membranen unabhängig voneinander schwingen zu lassen, also „ihr eigenes Duett zu singen“. Sie besitzen außer den äußeren auch innere Membranen, denen wichtige Funktionen zukommen. Den Papageien dagegen fehlen die inneren Membranen. Das stellte auch Nottebohm bei seinen Untersuchungen an der Venezuelaamazone *(Amazona amazonica)* fest.

Abb. 1: Längsschnitt durch die Syrinx einer 4 Jahre alten weiblichen Venezuelaamazone: Zwei innere Muskelpaare (M. syringeus und M. tracheo-bronchialis) kontrollieren die Position der äußeren Membranen und des ersten Bronchial-Halbrings.

Abb. 2: Die Pfeile in den Bronchien zeigen die Luftbewegung während der Lauterzeugung an. Die doppelten Pfeile durch die Spitze des ersten Bronchial-Halbrings zeigen die Bewegungen an, mit denen er sich um seine Gelenkverbindung mit dem zweiten Bronchial-Halbring dreht. Während durch den Zug des äußeren Muskels (M. tracheobronchialis) in Richtung Kopf der 1. Bronchialring nach innen leicht bewegt wird, wird durch den Zug des inneren Muskels (M. syringeus), der nicht gezeigt, aber durch Pfeile angezeigt ist, das Ende des 1. Bronchial-Halbrings in Richtung Kopf nach außen gezogen.

Syrinx von *Amazona amazonica* (Längsschnitt), Abb. 1. Die Ringe in den Wänden von Luftröhre und Bronchien stellen die verknöcherten oder Knorpel-Ringe dar. Der erste, stark modifizierte, Bronchial-Halbring ist halbmondförmig und flach. Die ausgedehnte und flache Form dieses Bronchial-Halbrings und sein spitz zulaufender, schnabelförmiger Schnitt ermöglichen eine ganz glatte Fusion mit dem Ende der äußeren Membran. M. = Musculus (Muskel) (nach Nottebohm, 1976)

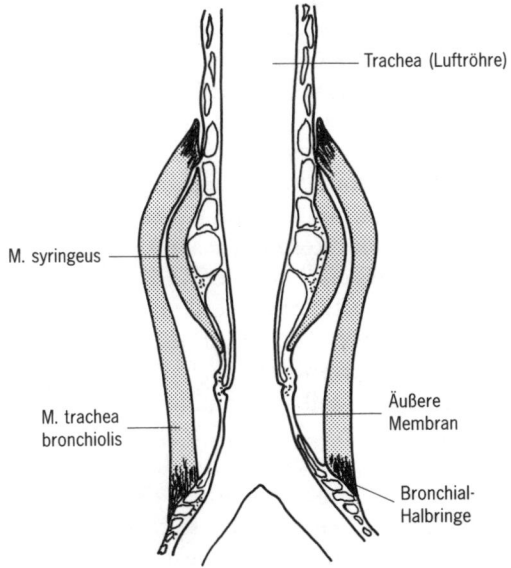

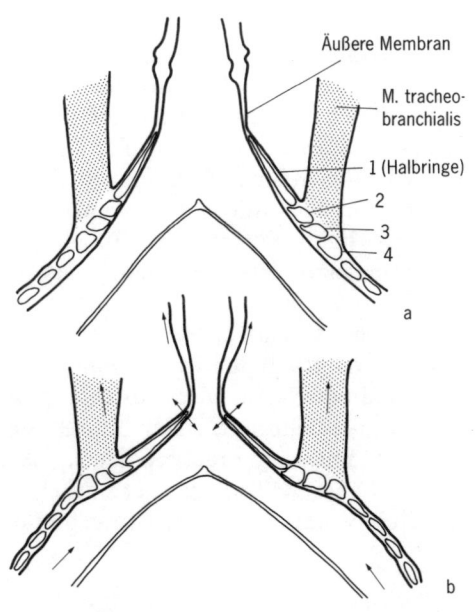

Nottebohm wies experimentell bei Venezuelaamazonen nach, daß die Syrinx von Papageien als Ganzes arbeitet, anders also, als es bei den Singvögeln ist (Nottebohm, 1976).

Dieses Gebiet der Forschung ist außerordentlich schwierig und voller ungelöster Fragen. Dabei begannen Beschreibungen anatomischer Unterschiede relativ früh. Chr. L. Nitzsch untersuchte in den Jahren 1824 bis 1835 zahlreiche Papageien, die 34 verschiedenen Arten angehörten. Er stellte u. a. fest, daß die beiden inneren Muskelpaare bei den verschiedenen Arten zum Teil sehr unterschiedlich gebildet waren. Ihm fiel außerdem auf, daß die „Anzieher" (äußeren Muskeln) der Luftröhre (Trachea) dünn und schwach sind und sich in weichen Teilen verlieren, mitunter ganz fehlen (Giebel, 1862).

Portmann schreibt: „Muskeln des Stimmorgans sind bei den eigentlichen Sängern überreich entwickelt, wenn wir mit Säugern vergleichen. Wir dürfen aber nicht allzu einfach folgern: Je mehr Muskeln, desto reicher die Stimmöglichkeiten. Der australische Leierschwanz gehört zu den begabten Sängern und Imitatoren und hat doch nur 3 Paar Muskeln am Stimmorgan; Singvögel mit 7 bis 9 Paaren leisten nicht mehr" (Portmann, 1984).

Eine Stimmbildung kann bei den Vögeln (wie im allgemeinen beim Menschen) nur während der Expiration (Ausatmung) erfolgen. In der Mitte dieses Jahrhunderts wurde dies an Singvögeln experimentell nachgewiesen.

Azara machte um 1800, nachdem er einen Dunkelroten Arara *(Ara chloroptera)* getötet hatte, einen Versuch: Er drehte den Vogel so, daß der Bauch frei war und gab ihm mit der Hand Schläge auf die Brust. Azara stellte fest, daß er auf diese Weise dieselben Laute erzeugte, als wäre der Vogel noch am Leben (Azara, 1809).

Die Vögel atmen durch die Nase. Der Atemweg führt dann durch den Kehlkopf in die

Syrinx von *Amazona amazonica*. Schema eines Längsschnitts (nach Nottebohm, 1976), Abb. 2.
a: in Ruhestellung.
b: während der Lauterzeugung.

Luftröhre und durch die Syrinx (innerer Kehlkopf) in die Hauptbronchien. In einem verzweigten System bestehen Verbindungen zwischen Bronchien, Lungen und Luftsäcken. Der Vogelkörper ist großenteils mit Luftsäcken durchsetzt. Sie stellen ein System dünnhäutiger, dehnfähiger Hohlräume dar. Die Luftsäcke sind nicht in der Lage, sich aktiv zusammenzuziehen.

Portmann schreibt: „Das System der Luftsäcke bedeutet nicht nur Gewichtsverminderung . . . Wie einseitig ist es, einfach von Atemorganen zu sprechen! Steht doch die ganze Einrichtung der Atmung ihrerseits im Dienst der Flugapparatur. Sie wirkt aber auch am Ausgleich der Körpertemperatur mit, und überdies ist sie Stimmorgan, also Instrument der lautlichen Kundgabe . . . Daß die Instrumente der Stimmbegabten nicht in der Kehle, sondern tiefer unten im Leib eingebaut sind, mahnt uns wieder daran, wie sehr der Vogelkörper als Leib eines Fliegers ausgeformt ist: Alle gewichtigeren Teile müssen nahe dem Schwerpunkt, nahe dem Ansatz der Tragflächen liegen zur Entlastung des Kopfes . . . Dabei dient eines dem andern: Die Luftsäcke, die den Leib leichter machen, sind notwendige Teile des Singapparates, der nicht richtig arbeitet, wenn diese Luftsäcke beschädigt sind. Die Luftsysteme, die alle inneren Organe erreichen, sind aber auch Helfer im Wärmehaushalt. Bei starker Muskelarbeit im Flug arbeitet die Durchlüftung besonders gut und bringt kühlende Frischluft ins Körperinnere . . .“ (Portmann, 1984). Nochmals sei erinnert, daß Papageien im Flug laut schreien. Ihre weiten Flugstrecken legen sie morgens und abends zurück, sinnvollerweise nicht während der großen Mittagshitze.

Zu den Fragen der Lautäußerungen der Vögel gehören auch Fragen zu ihrem Hörvermögen.

Der Hörumfang der Vögel entspricht ungefähr dem unseren. Tonhöhen können sie etwa so gut unterscheiden wie wir. Aber ihre akustische Zeitauflösung ist viel besser. In bestimmten Bereichen können viele Arten ganz geringe Frequenzunterschiede wahrnehmen, Wellensittiche sogar Unterschiede von 0,3–0,7%. Man spricht deshalb von ihrem „absoluten Gehör“.

Nach ihren Dressurversuchen mit einem männlichen Wellensittich stellten die Zoologen Reinert & Reinert-Reetz fest: „Er kannte die absolute Höhe der ursprünglichen Töne genau, aber auch die Intervalle – sogar bei Veränderung von Tonhöhe und Rhythmus – und die Richtung der Tonbewegungen.“ Aber er versagte bei Änderungen der Klangfarbe völlig (Reinert/Reinert-Reetz, 1962).

Der römische Zoodirektor Th. Knottnerus-Meyer erzählte von seinem zahmen Gelbbrust-Arara *(Ara ararauna)*: „Merkwürdig ist die ausgesprochene Abneigung des Aras gegen Glockenschläge, sei es eine Turm- oder eine Stubenuhr. Dann kommt er sofort auf meine Schulter, schüttelt bei jedem Glockenschlag den Kopf und lüftet raschelnd ganz wenig die Flügel. Das Gehör ist dabei so fein, daß er entfernteste Turmuhren hört, deren Schlag ich kaum höre, selbst wenn ich scharf aufpasse“ (Knottnerus-Meyer, 1925).

Meine Edelpapageien machen oft ein Geschrei, wenn sie das Läuten der Kirchenglocken hören. Daraus läßt sich die Vermutung ableiten, daß ihnen bestimmte Töne unangenehm sind, auf die der Mensch nicht negativ reagiert.

Mein Graupapagei „sprach“ seinen Namen „Rocco“ erst dann vollständig aus, als ich die zweite Silbe deutlicher, lauter und in höherer Tonlage vorsprach. Zuvor hatte er ihn nur mit „Ro“ wiedergegeben. Sein erstes Wort war „Au“, das er von mir hörte, wenn mich ein Jungvogel beim Füttern am Finger packte. Daraufhin sagte ich ihm „Aua“ vor, das er schnell lernte, lange Zeit jedoch nur betont zweisilbig wiedergab: „Au-a“.

Sowohl meine Blaustirnamazone als auch mein Goldnackenara *(Ara auricollis)* betonten, wenn sie ihren Namen „Lora“ sagten, stets die 2. Silbe und brachten den 2. Vokal „a“ in einer höheren Tonlage; vermutlich klang der hellere Vokal „a“ in ihren Ohren auffälliger.

Beispiele aus dem Sozialleben

Angst und Schrecken

Angst- und Schreckenslaute sind nicht immer ohne weiteres zu unterscheiden.

Keulemans, der Sammler Dohrns, gab 1866 über die Graupapageien von Principe an: „Obwohl diese Vögel sehr schlau und listig sind, geraten sie doch oft in Fallstricke. Die Gefangenen verraten sich sogleich durch ihr entsetzliches Geschrei" (zitiert nach Finsch, 1867/68).

Rengger erlebte auf seiner Reise nach Paraguay, die er 1818–26 unternahm, wie dort der Papageienfang betrieben wurde, er erzählte: „Der Vogelsteller baut sich ... ein Hüttchen, spannt das Garn aus, setzt Lockvögel und erwartet dann ruhig seine Beute. Nur muß er die Nandais, die als Lockvögel dienen, durch Ziehen an den Ketten, an denen sie angebunden sind, öfters zum Schreien bringen, indem dadurch, besonders durch das Angstgeschrei, die anderen Nandais angelockt werden. Ich sah in einem Tage bis 48 Dutzend dieser Vögel mit demselben Garne fangen" (Rengger, 1835). In dem bereits zitierten Reisebericht von Recueil aus dem Jahre 1702 heißt es: „Bisweilen ließ man einen gefangenen grauen Papagei schreien und alsbald sah man hunderte um sich herfliegen, welche man dann mit Stöcken totschlagen konnte." (zitiert nach Ruß, 1881). Man wußte, daß die Artgenossen herbeikamen, wenn einer der ihren ein Angstgeschrei hören ließ.

Audebert, der lange Zeit auf Madagaskar gelebt hatte, erzählte von den dortigen Großen Vasapapageien *(Coracopsis vasa)*: „Wenn man ... eine Schar überrascht und einen davon krank geschossen hat, so lockt dessen klägliches Geschrei die übrigen herbei und sie umflattern ihn klagend lange – wie dies ja auch bei manchen anderen Papageien und Krähenvögeln der Fall ist – so daß man noch einen oder einige herabschmettern kann, bevor sie endlich davoneilen" (zitiert nach Ruß, 1882).

Ähnlich teilte der Ornithologe Taylor 1860 aus Honduras mit, daß der *Ara macao*, wenn er verwundet sei, mit seinen gellenden Schreien Artgenossen anziehe, welche dann über ihnen im Kreis flogen und Gelegenheit für weitere Abschüsse gaben (Taylor, 1860).

Auch Wirt Robinson erlebte auf seiner Reise am Magdalena-Fluß (Kolumbien), im Jahre 1892, daß die Schreie eines verletzten *Ara severa* dessen Partner herbeizogen. Und schreiend war der im Flug angeschossene Vogel aus großer Höhe heruntergefallen (Robinson, 1895).

Gerade dieses Verhalten, zu den in Not geratenen Artgenossen zurückzukehren, wurde dem Carolinasittich *(Conuropsis carolinensis)* zum Verhängnis. Die Farmer wehrten sich nämlich gegen deren Plünderungen. Audubon berichtete: „Mit dem geladenen Gewehr in der Hand schleicht sich der erboste Landmann herbei, und acht oder zehn von den Räubern erliegen dem ersten Schusse. Die Überlebenden erheben sich, schreien laut auf, fliegen vier oder fünf Minuten lang in Kreisen umher, kehren zu den Leichen der Gefallenen zurück, umschwärmen sie mit lautem klagenden Geschrei und fallen als Opfer ihrer Anhänglichkeit, bis schließlich so wenige übrig bleiben, daß sie der Bauer nicht für zahlreich genug hält ..." (zitiert nach Brehm, 1866). Ganz ähnlich erzählte Wilson über die Carolinasittiche: „Wenn man unter einen Flug von ihnen schießt und einen verwundet, kehrt die Gesellschaft augenblicklich zu diesem zurück, umschwärmt ihn unter lautem, ängstlichem Geschrei in der Absicht, ihm Hilfe zu leisten, und läßt sich auch wohl auf dem nächsten Baume davon nieder. Auch die nachfolgenden Schüsse verändern dann ihr Betragen nicht; sie scheinen vielmehr die Aufopferung der andern zu erhöhen, welche immer näher und rücksichtsloser die Gefallenen klagend umfliegen." (zitiert nach Brehm, 1866). Man war sich nicht sicher, wie dieses Verhalten zu deuten sei: Audubon spricht von klagendem Geschrei und Ängstlichkeit, Wilson von ängstlichem Geschrei, Aufopferung und Klagen.

Schon im Jahre 1883 erlebte Nutting in Nicaragua, daß die Weißstirnamazone *(Amazona albifrons)* wegen der ständigen Verfolgungen völlig scheu war. Er hatte die Aufgabe, für wissenschaftliche Zwecke Bälge zu sammeln und konnte seine Aufgabe nur deshalb erfüllen, weil sie ihm durch deren Verhalten erleichtert wurde: Wenn es ihm nämlich gelungen war, einen Vogel zu verwunden, wurden durch dessen durchdringende „Notschreie" zahlreiche Artgenossen angezogen. Sie schwärmten um den Platz, so daß er nun soviele Exemplare schießen konnte, wie er benötigte (Nutting, 1884). Statt „Notschreie" könnte Nutting auch „Schmerzensschreie" gemeint haben („screams of distress"). Nach meinen Beobachtungen leiden Papageien jedoch stumm, solange sie nicht von außen beunruhigt werden.

Gundlach berichtete nach 30 Jahren Vogelbeobachtungen auf Kuba über die dortige Kubaamazone *(Amazona leucocephala)*: „Wenn man ein oder mehrere Exemplare niederschießt, und mehr noch, wenn ein Exemplar verwundet ist und schreit, kommt eine Menge zur Stelle, um die Ursache dieser Angelegenheit zu erforschen, und der Jäger benutzt es, um bessere Beute zu erhalten." Ähnliches sagte er über den dort heimischen Kubasittich *(Psittacara euops)*: „Ein verwundeter Vogel zieht durch sein Angstgeschrei eine Menge Gefährten an, welche dann auch leicht zu töten oder zu fangen sind" (Gundlach, 1874). Gundlach deutete also das Zurückkehren und Kreisen der Artgenossen als neugieriges Verhalten, das trotz der Gefahr beibehalten werde.

Reichenow beobachtete Graupapageien in Westafrika und berichtete in der „Gefiederten Welt": „Ein Schuß bringt die fliegenden Jakos vollständig außer Fassung: sie stürzen nach dem Knalle, oft förmlich sich überschlagend, tief herab und erheben sich erst langsam wieder. Lautes Krächzen, wie sie es sonst nur angesichts eines sie bedrohenden Raubvogels ausstoßen, verrät die Angst, welche sie ausstehen. Schreckhaft zeigen sie sich überhaupt bei jedem ungewöhnlichen Ereignisse" (zitiert nach Brehm, 1878).

Der Ornithologe Helmut Sick schaute auf der großen Expedition zur Erforschung Zentralbrasiliens in den 40er Jahren einmal zu, wie ein Gelbbrust-Arara *(Ara ararauna)* von einem Indianerpfeil getroffen, ein „aufregendes Schauspiel" bot, als er „unter furchtbarem Geschrei herabstürzte, wobei der zwei Meter lange Pfeil, der im Hals des Vogels stak, mit dem einen halben Meter langen Schwanz und den verzweifelt schlagenden großen Flügeln des Opfers einen verwirrenden Wirbel erzeugte" (Sick, 1957).

Das Angstgeschrei ist manchmal auch von ornithologischen Laien zu erkennen, wenn die Ursache offensichtlich ist. Oswald machte auf seinen Streifzügen in den Urwäldern von Yucatan folgende Beobachtung: „Hoch oben in den Zweigen flatterte ein Papageienpärchen mit Angstgeschrei auf und ab, aber nicht unseretwegen; eine Baumschlange hatte sich ihrem Neste genaht, und die junge Brut suchte sich mit schwachen Flügeln in den Gipfel zu retten" (Oswald, 1884).

Der römische Tiergartendirektor Knottnerus-Meyer erzählte von seinem zahmen Gelbbrust-Arara, dem „Schönen": „Sonderbar ist seine Angst vor großen Gegenständen, langen Stangen, Brettern, Leitern und Körben. Sieht das Schöne die, dann ertönt ein Mordsgeschrei, und es ist imstande, sich kopflos von der Balustrade des Balkons herunterzustürzen oder im Zimmer fortzufliegen. Sollten da Erinnerungen in ihm aufsteigen? Flieger machen gar keinen Eindruck mehr, wohl aber Luftschiffe, besonders auch Fesselballons" (Knottnerus-Meyer, 1925).

Koch-Grünberg gab während seiner ethnologischen Forschungsreisen in Südamerika seinen zahmen Arara „Bolaká" eine Zeitlang in Pension. Als er ihn wieder abholte, war sein Gefieder in schlechtem Zustand; Koch-Grünberg führte dies auf eine falsche Ernährung mit Fleisch zurück. Seine indianischen Helfer rupften Bolaká die schlechten gelben Federn aus, damit wieder schöne Federn nachwachsen sollten; das taten sie ausgerechnet an einer Stromschnelle. Koch-Grünberg erzählte: „So oft auf der Weiterfahrt das Brausen einer Cachoeira" (Stromschnelle) „ertönte, fing Bolaká an zu schreien. Offenbar fürchtete er, wieder gerupft zu werden" (Koch-Grünberg, 1909).

Der Ornithologe Grant berichtete, der Ruf des Breitbindenloris (Ogilvie-Grant: *Trichoglossus cyanogrammus*; Wolters: *Trichoglossus haematodus* subsp. *haematodus*) sei ein einzelner kurzer scharfer Laut; wenn er aber ergriffen oder verletzt werde, lasse er dem üblichen rauhen papageiähnlichen Gekreisch „freien Lauf" (Ogilvie-Grant, 1915).

Krieg beschrieb das Angstgeschrei angeschossener Papageien folgendermaßen: „Gellend ertönt das Kreischen flügellahmer Papageien, Krähen und vieler anderer Vögel, wenn man sie vom Boden aufnimmt" (Krieg, 1948).

Bei der Jagd auf Dunkelrote Araras (*Ara chloroptera*) wurde während der zoologischen Nordostbrasilien-Expedition des Jahres 1903 ein Exemplar nur verletzt; Reiser berichtete: „Einer . . . hatte nur den Flügel gebrochen und kam mit gesträubtem Gefieder und augenscheinlich angriffslustig gerade gegen uns angehüpft. Beim Niederdrücken und Ergreifen war sein Gekreisch geradezu ohrenzerreißend und sehr unangenehm" (Reiser, 1926).

Schomburgk verglich das Schreck-Verhalten wilder Indianer mit dem der wilden und zahmen Vögel. Zwei Gewehrschüsse waren von ihm und seinen Begleitern in einer Niederlassung am Fuße des Auuru-paru (Britisch-Guayana) als Signale für die beiden abwesenden Jäger des Dorfes gemeint. Schomburgk erzählte: „Der Schrecken, welchen diese beiden Schüsse sowohl unter den vernunftbegabten, als den vernunftlosen Bewohnern hervorrief, bewies uns deutlich, daß beiden das Gewehr mit seiner Sprache gleich unbekannt war. Das wilde Aufschreien der alten Weiber, des blödsinnigen Knaben, der auf der Hütte und den nahen Bäumen schon zur Ruhe gegangenen zahmen Papageien, Hühner u. dergl., vermischte sich mit den Schreckenstönen der wilden Vögel, die sich in Scharen über die Wipfel der Bäume erhoben, zu einem solchen Höllenlärm, daß wir uns staunend gegenseitig ansahen, und nicht anders glaubten, als die ganze uns umgebende Welt sei wahnsinnig geworden" (Schomburgk, 1848).

Wetmore fiel bei seinen Vogelbeobachtungen in Paraguay auf, daß die Maximilianpapageien (*Pionus maximiliani*) ihre grellen Rufe während des Flugs „Tschalp, tschalp" (engl.: „chulp, chulp") verdoppelten, wenn einem aus ihrem Schwarm etwas zustieß (Wetmore, 1926).

Ein Begleiter des Abenteurers Fleming hatte an der Tapirapé-Mündung von Indianern einen Gelbbrust-Arara (*Ara ararauna*) gekauft. Sie nahmen ihn auf ihrer Segelbootfahrt mit, wo er den Unwillen Flemings erregte, weil er alle Kleidungs- und Ausrüstungsstücke zernagte, die in seiner Reichweite hingen. Fleming erzählte: „Jeder Ruderschlag brachte das klobige Boot in leichtes Schaukeln, und jeden Schlag begrüßte er mit einem kurzen jämmerlichen Schrei. Jeden einzelnen Schlag, jeden Tag, mehrere Wochen lang. Ich werde ihn noch in zwanzig Jahren hören." Als sie stürmischen Wind im Rücken hatten, schoß das Boot dahin, und „der Papagei klammerte sich stillschweigend an seine Stange", Fleming meinte, wie „betäubt" (Fleming, 1933).

Diese Schreckrufe erfolgten stereotyp, in diesem Fall in einer unnatürlichen Situation.

Im folgenden Bericht geht es um Angst- und Schreckverhalten gleichermaßen.

Reiser erlebte, daß erfolglos beschossene Hyazinth-Araras (*Anodorhynchus hyacinthinus*) „in schönen Schraubenlinien zu beträchtlicher Höhe emporstiegen und dabei ohne Unterlaß ihr kurzes Krächzen (Wrak Wrak) ausstießen." Als es ihm ein andermal gelang, ein Exemplar zu schießen, trennte sich das Weibchen, wie er mitteilte „erst nach mehreren Schüssen, sicherlich angeschossen und unter fortwährendem Wraga-Wraga-Gekrächze von der Unglücksstätte." Dann gelang es ihnen, mehr Exemplare zu sammeln. Mehrere Vögel der Gruppe wurden jedoch nur verletzt, weil sie die falsche Munition benutzten, und konnten flüchten; man wußte damals noch zu wenig über diese kräftigen Vögel, die größte Papageienart der Welt. Am Tage danach, so berichtete Reiser, „hielten sich die Araras zumeist in den Palmenkronen auf und verrieten ihre große Erregung durch fortwährendes Kreischen und Lärmen."

Sie benötigten noch mehr Bälge und machten nochmals Jagd auf die „Blauröcke". Reiser erzählte: „Während sich gestern abends die Vögel um ihre herabstürzenden Gefährten absolut nicht kümmerten, offenbar um keine Zeit zu verlieren, kehrten sie heute immer wieder zurück, machten einen Höllenspektakel und schickten sich an, den Gefallenen zu Hilfe zu eilen" (vgl. S. 142) „... Daraufhin wurde jede Verfolgung unsererseits eingestellt und selbst die Beobachtungen erstreckten sich nur mehr auf die letzten Julitage, indem einige starke Schreier sich... bemerkbar machten und andere den ganzen Tag über ihre Anwesenheit auf beiden Flußufern durch lautes Gekrächze verrieten. In diesen Gegenden kann man oft stundenlang verweilen, ohne einen einzigen zu sehen oder zu hören, sowie aber in der Nähe ein Schuß abgefeuert wird, antworteten sie augenblicklich mit dem kurz hervorgestoßenen ,Wrak Wrak'."

Reiser stellte fest, gefangen werde der Hyazinth-Arara verhältnismäßig selten, aber wegen seiner Federn und auch des „ansehnlichen Wildbrets halber" werde ihm vielfach nachgestellt. Auch sie selbst bereicherten mit dem Fleisch der geschossenen Vögel ihren Speisezettel (Reiser, 1926). Andere Teilnehmer wissenschaftlicher Expeditionen waren manchmal auf diese Nahrungsquelle angewiesen, weil es sonst nichts gab.

Ärger – Wut

Brehm berichtete aus Nordostafrika, daß die Halsbandsittiche *(Psittacula krameri)* auf ihren Schlafbäumen „womöglich ein noch lebhafteres Geschrei" erheben als auf ihren Ruheplätzen während des Tages, wo bereits „viel geschwatzt und auch gekreischt" wird. Abends aber, sagte Brehm, „handelt es sich nicht bloß um den besten Zweig zum Ausruhen, sondern vielmehr um den sichersten Schlafplatz. Während des Frühlings jener Länder... schlafen die Papageien regelmäßig in Baumhöhlen; in der trockenen Jahreszeit

dagegen müssen sie oft mit dem Gelaube vorlieb nehmen, weil die wenigen Höhlungen der immergrünen Bäume bald besetzt sind, die in blätterlosen Bäumen befindlichen ihnen aber zu gefährlich scheinen: daher rührt das Geschrei und Gezänk, welches man während der trockenen Jahreszeit lauter vernimmt, als sonst" (Brehm, 1866).

Nutting nannte nach seinem Besuch 1882 in Costa Rica die Papageien die charakteristischsten Vögel der Region des Golfs von Nicoya. Er erlebte sie als „immer lärmend". Ihm kam es vor, als würden sie ständig streiten. Er, der Vogelbeobachter, empfand sie oft als störend, weil sie die zarteren Vogelstimmen völlig übertönten.

Er beobachtete in Costa Rica Gelbscheitelamazonen (Nutting/Ridgway: *Chrysotis auripalliata*, Schleg.; Wolters: *Amazona ochrocephala* subsp. *auropalliata*) auf ihren Schlafbäumen. Er deutete den Lärm, den sie allabendlich machten, als „Nörgeln": Es scheine den Vögeln schwerzufallen, sich im Nachtquartier einzurichten; sie probierten verschiedene Stellungen aus und untersuchten jede, unzufrieden nörgelnd, bis sie endlich, paarweise aneinandergeschmiegt, sitzenblieben.

Hellrote Araras *(Ara macao)* sah Nutting allgemein paarweise sitzen und zwar so eng beisammen, daß, wie er schrieb, gewöhnlich beide mit einem Schuß getötet hätten werden können. Obwohl die Partner so sehr aneinanderhingen, seien Streitereien an der Tagesordnung (Nutting, 1882).

Die Forschungsreisenden Carl Friedrich Philipp von Martius und Joh. Bapt. von Spix hatten auf ihrer Reise in Brasilien Anfang des 19. Jahrhunderts Hyazinth-Araras *(Anodorhynchus hyacinthinus)* gefangen. Martius schreibt in seinem Reisebericht: „Für uns... hatte die kleine Menagerie dieser zanksüchtigen Vögel, welche wir, auf dem Dache einiger Maultierladungen angekettet, mit uns führten, einen besonderen Nutzen, indem sie durch ihren andauernden, weithin hörbaren Lärmen uns den Ort der Karavane bezeichneten, von der wir bei den Streifzügen zur Untersuchung der Gegend oft ziemlich weit abkamen" (Martius, 1823-31).

Hyazinth-Araras können ein unerträgliches Geschrei machen. Das erlebten auch die Züchter Meister immer wieder: „Wenn das Männchen längere Zeit ein unleidliches Geschrei macht, pflegt die Züchterin zu ihm zu gehen und ihn laut zu schimpfen. Das Weibchen geht daraufhin auf sein Männchen zu und versetzt ihm einen Schnabelhieb" (Müller-Bierl, 1988b).

Nach Knottnerus-Meyer, dem erfahrenen Zoodirektor und Papageienhalter, war das Geschrei seiner Feuerflügelsittiche „Max" und „Moritz" (Brotogeris pyrrhoptera) aufs Vertreiben ausgerichtet; er erzählt: „Waren sie auf dem Balkon oder drinnen, ganz gleich war die Krakehlerei, wenn ich mich sehen ließ. Am besten beruhigte sie dann noch das Emporheben eines breiten Teppichbesens, das von Zeit zu Zeit wiederholt werden mußte. Und das alles, obwohl ich immer selbst die beiden treuen Seelen fütterte. Dabei mußte ich noch allerdings obendrein aufpassen, daß sie mich nicht in die Finger faßten. Fremde wurden durch Schreien vertrieben. Wenn ich mit einem Bekannten auf dem Balkon den Tee einnehmen wollte, so mußte dieser in der Balkontür Platz nehmen, so daß Max und Moritz ihn nicht sahen. Sonst krakehlten sie uns beide fort. Leise schimpfen taten sie auch, solange sie den Fremden hörten, auch ohne ihn zu sehen. Später hatte ich einmal einen großen Flugkäfig vom Vogelzimmer aus auf den Balkon hinaus anlegen lassen. Nun wurden Max und Moritz vom Fenster aus dort hineingesetzt. Besonderen Spaß machte es ihnen dann immer, sich in die Käfigecke zu setzen, wo außerhalb, auf der Balustrade, der Ara spazieren ging, und diesen anzukrakehlen, der sich nun erst recht nahe an den Flugkäfig setzte und die beiden Krakehler ruhig betrachtete" (Knottnerus-Meyer, 1925).

In diesem Zusammenhang sind Konrad Lorenz' Erfahrungen mit Kolkraben interessant. Er sagte: „Kolkraben verteidigen Artgenossen sehr nachdrücklich, wenn man diese fängt." Die dabei geäußerten Laute nannte er „Wutton". Lorenz fuhr fort: „Es scheint ... notwendig zu sein, daß der zu verteidigende Rabe dem Verteidiger bekannt sei, denn mit meinem heuer aufgezogenen jungen Raben konnte ich anfangen, was immer ich wollte, ohne die vorjährigen im geringsten aufzuregen, ja, sie zeigten dann oft nicht übel Lust, über die jüngeren Artgenossen herzufallen! Daß die persönliche Freundschaft bei den Raben eine größere Rolle spielt als die Artzugehörigkeit, geht auch daraus hervor, daß mein ältester Kolkrabe mich in derselben Weise gegen einen mich angreifenden Kakadu verteidigte, in der er gegen ein Stubenmädchen Stellung nahm, welches sich bestrebte, seine Braut aus einem Gewirr von Wollfäden zu befreien, in das sich letzterer Vogel, mit dem Strickstrumpf meiner Mutter spielend, eingesponnen hatte. Der Angriffston des einen Freund verteidigenden Kolkraben ist derselbe, den sie beim Anblick eines Hundes oder einer Katze ausstießen, ebenso regelmäßig beim Erblicken eines gewehrbewaffneten oder auch nur jägerähnlich gekleideten Mannes. Er unterscheidet sich durch seine Kürze und Härte, sowie durch seinen nasalen Klang von dem gewöhnlichen Raufton des Kolkraben" (Lorenz, 1931).

Der Reisegouverneur Emin Pascha erzählte von den afrikanischen Unzertrennlichen Agapornis pullarius, die er beim Fressen beobachtete: „Dazwischen wird das Gefieder gesäubert und geglättet, besonders zärtliche Paare schmiegen sich aneinander und nesteln sich im Gefieder herum, hin und wieder wird auch ein Korn abgezwickt und verspeist. Aber auch lautes Gezänk läßt sich hören ... – freilich kommt außer vielem Schelten und Lärmen nebst einigen Schnabelhieben, die den schwächeren Teil zum Abzug zwingen, nicht viel heraus. Solches Gezänk kann man oft genug sehen, wenn ein Vogel den anderen von seinem Platz verdrängen will; besonders auffällig ist dann ihre Hartnäckigkeit in der Fehde und das Keifen des unterliegenden Teiles beim Rückzug." Auch auf Schlafplätzen beobachtete Emin Pascha Streitereien: „Hier entfaltet sich eine bunte Szene, da die Pärchen sich gegenseitig zu verdrängen suchen ... bis endlich die Dunkelheit dem Streiten ein Ende macht." Schon Emin Pascha stellte fest: „Auch im Bauer lassen sie ihre Zänkereien nicht" (Emin Pascha, 1983).

Alarm und Warnschreie

Der Ethnologe Grünberg, der im Jahre 1966 acht Monate lang bei den Kayabi Zentralasiens lebte, war dabei, wie zwei Indianer des Stammes einen Brutbaum fällten, um die Ararajungen auszunehmen. Grünberg berichtet: „Das sehr erregte Ararapaar *(Ara ararauna)* flog ständig um die Stelle, wo der Baum gestanden hatte" (Grünberg, 1970).

Gibson, der im späten 19. Jahrhundert von einer „Estancia" in der Nähe von Buenos Aires aus Vogelbeobachtungen machte, berichtete, daß die Mönchsittiche häufig verschiedene Greifvogelarten lärmend bedrängten *(mob)* (Gibson, 1879). Dieses Verhalten ist bei vielen Vogelarten als „Hassen" bezeichnet worden.

Das „Hassen" ist von vielen Vogelarten gegenüber einem ruhenden Raubfeind, etwa einem Greifvogel, bekannt: Sie scharen sich um einen entdeckten Räuber mit situationsspezifischen Rufen. Wahrscheinlich ist die Funktion des Hassens vielfältig. Es kann den Feind verwirren, andere Vögel warnen und möglicherweise unerfahrene Mitglieder über die Gefährlichkeit informieren. Nicht erwiesen ist, ob es den Feind auch zum Weiterziehen veranlassen kann (Immelmann, 1982).

Hudson erlebte Papageienschwärme über seinem Kopf als gereizte Reaktion auf seine Gegenwart. Ihr heftiges Geschrei wirkte auf ihn betäubend (Hudson, 1923b). In gewissem Sinne waren die Papageien also mit dem „Vertreiben" erfolgreich.

Gibson bekannte, daß er gegen den Mönchsittich *(Myiopsitta monachus)* geradezu eine Abneigung habe. Der Mönchsittich spiele nämlich für alle seine gefiederten Nachbarn die Wache. Da stehle man sich vorsichtig durch das Unterholz, beispielsweise sich an einen wachsamen Greifvogel heranpirschend, mit einem beschwörenden Blick auf die Nester der Papageien – aber vergeblich: Das gedämpfte Kreischen verstummt plötzlich, selbst schon verräterisch genug. Hundert schwarz glänzende Augenpaare überwachen den Eindringling von den Nestern und den benachbarten Zweigen aus. Dann folgt gemeinsames Flügelschwirren, und gleichzeitig erhebt sich ein Lärm, von dem Gibson sagte, daß er alles Krähengeschrei zusammen in den Schatten stelle. Inzwischen ist das Zielobjekt längst fort (Gibson, 1880).

Der Ornithologe Grant fand bei seinen Feldbeobachtungen Anfang dieses Jahrhunderts in Neuguinea, daß der Gelbhaubenkakadu (Ogilvie-Grant: *Cacatua triton*; Wolters: *Cacatua galerita*), den er zu der Zeit grundsätzlich paarweise sah, am schlimmsten schrie und lärmte, d. h. mit den ärgsten Mißtönen, wenn er einen Eindringling bemerkte und so dem Vogelbeobachter, der anderen Vögeln folgte, zum Ärgernis wurde. Er sei überhaupt ein scheuer Vogel gewesen, der immer schreiend weggeflogen sei, wenn man sich genähert habe (Ogilvie-Grant, 1913). Auch andere Arten wurden beobachtet, wie sie auf fremde Gestalten mit Warngeschrei reagierten.

Über den Kea *(Nestor notabilis)* sagte Haast: „Dieser hübsche Vogel erhebt nur beim Anblick ihm fremdartig erscheinender Gestalten ein so heftiges Geschrei. Seine Stimme ist aber sonst mehr klagend, ähnlich dem Miauen einer Katze oder Kindergeschrei" (zitiert nach Finsch, 1867/68). Haast berichtete etwa um die Mitte des 19. Jahrhunderts über den Kaka Neuseelands *(Nestor meridionalis)*, er falle besonders dann mit seinem Lärmen auf, wenn er eine fremde Erscheinung auf sich zukommen sehe. Wenn man einen geschossen habe, kämen die anderen auf sein Geschrei hin herbei (Finsch, 1867/68).

Der folgende Bericht Schomburgks macht deutlich, wie ein bestimmtes Warnverhalten dem Kreisen unter Alarmgeschrei vorausgeht. Schomburgk sah in den 40er Jahren des 19. Jahrhunderts in Guayana Rotbaucharas (Schomburgk: *Psittacus Makavuanna*, Lin.; Wolters: *Ara manilata*) besonders häufig auf Mauritia-Palmen, so auch am Zusammenfluß

Nestorpapagei *(Nestor)* in natürlicher Umgebung.
Aus Brehms Tierleben 2. Auflage, 1878.

des Mahu und Takutu; er erzählt: „Bei jeder
Palmengruppe, der wir uns näherten, wurde
die tiefe Stille, die besonders den Mittag in
den Tropen bezeichnet, wo sich die meisten
Tiere ruhig in den Schatten der Bäume verhalten, durch ein eigentümliches Knurren
unterbrochen, das sich als Warnungsruf nach
allen Seiten verbreitete, bevor sich die zahlreiche Schar unter wildem Gekreische erhob und
die Palmengruppe schreiend umflog (Schomburgk, 1847/48).

Kappler berichtete 1881, daß in den Savan-
nen von Surinam sich Araras und andere
Papageien in großer Anzahl aufhielten. Er
schrieb: Sie „verführen ein mörderisches
Geschrei, so lange man an ihnen vorbeifährt"
(Kappler, 1881).

Mr. Rehn, Teilnehmer der Matto Grosso (Brasilien)-Expedition des Jahres 1931, beobachtete im Pantanal häufig Hyazinth-Araras *(Anodorhynchus hyacinthinus)*: Die Vögel protestierten laut gegen das Eindringen des Menschen in ihr Territorium und flogen mit ständig geäußerten krächzenden Schreien außerhalb der Schußweite Kreise. Als die Menschen bestimmt außerhalb ihrer Domäne waren, zogen sich die Vögel auf einige große Bäume zurück und kreischten weiter; die Aufregung legte sich nicht sogleich (Stone/Roberts, 1935).

Lady Thompson, die Ehefrau des Verwalters der Antillen-Insel St. Vincent, brachte neben weiteren Papageien eine der seltenen Königsamazonen *(Amazona guildingii)* nach England. Sie kamen dort im Dezember an und bekamen ihre Sitzplätze in einem warmen Zimmer vor einem großen Fenster. Eines Tages brachen plötzlich alle in ein grelles Alarmgeschrei aus, wie sie es nur dann äußerten, wenn ein Greifvogel am Himmel erschien. Lady Thompson stellte fest, daß große Schneeflocken vom Himmel fielen, was diese Papageien zum ersten Mal sahen. Hudson, der diesen Bericht wiedergab, wies darauf hin, daß die Furcht vor fliegenden Federn verbreitet sei unter den Vögeln, die von Falken (hawks) gejagt werden. Er erinnerte daran, daß diese Verwechslung einer alten menschlichen Vorstellung entspricht und im Märchen von der alten Frau, die im Himmel ihre Gänse rupft, Ausdruck fand (Hudson, 1923b). Bei uns ist das Märchen von Frau Holle besser bekannt, die ihre Federbetten ausschüttelt.

Ein paar ergänzende Beobachtungen aus der Volierenhaltung seien angeführt:

Der von Brehm oft zitierte Vogelhalter Linden besaß einen Gelbbrust-Arara *(Ara ararauna)*. Linden berichtete über „die" Arara: „Ihre Behausung ist so gestellt, daß sie den ganzen Garten vor sich hat und alle Wege übersehen kann. Infolgedessen hat sie sich zum Wächter und Warner meiner ganzen Papageiengesellschaft aufgeschwungen. Wenn ein Hund oder eine Katze des Weges kommt, verfehlt sie nie, dies mit einem eigentümli-chen Aufschrei anzuzeigen. Ihre Nachbarn, Kakadus und Amazonen, wiederholen den Warnungsruf, und es tritt dann plötzlich eine so tiefe, minutenlange Stille ein, daß man nicht zweifeln kann, die Warnung sei von jedem anderen Vogel vollkommen verstanden worden" (zitiert nach Brehm, 1878).

Die Arara-Züchter Meister „stellten fest, daß ihre Araras nur dann anhaltend schrien, wenn sie einen Grund dazu hatten, z. B. wenn einer gefangen werden sollte, wenn sie in die Enge getrieben wurden, z. B. auch, wenn ein Ballon am Himmel stand" (vgl. Knottnerus-Meyer S. 138) „; auf den letzteren reagierten die Hyazinthararas dagegen mit kurzen, kräftigen Lauten, wie sie die Züchter nur hören konnten, wenn etwa eine ungewohnte Person an ihrer Voliere vorbeiging ... Natürlich gibt es noch weitere Gründe für anhaltendes Ararageschrei, so, wenn die Vögel sich vernachlässigt fühlen. Ein solches Geschrei machen die Hyazinthararas der Züchter, wenn Besuch da ist, für die Vögel in Sichtweite, und sie nicht beachtet werden ... Ein lautes Geschrei stimmen die Altvögel der Hellroten Araras auch an, wenn sie ein Junges aufziehen, und zwar besonders am Abend, wenn die Züchter im Verlauf der abendlichen Fütterungsrunde sich für die Araras außer Sicht begeben; das wird von ihnen offenbar als Beunruhigung empfunden" (Müller-Bierl, 1986).

Locken und Betteln

Konrad Lorenz besaß einen Großen Gelbhaubenkakadu „Koka" *(Cacatua galerita)*, der in seiner Jugend eine „rührende, hundeähnliche Anhänglichkeit" an seine Person entwickelte. Lorenz erzählte: „Sowie man ihn aus dem Raum freiließ, in den er damals noch nachtsüber eingeschlossen wurde, flog er mich suchen und bekundete dabei eine höchst erstaunliche Intelligenz. Schon nach kurzer Zeit hatte er erfaßt, an welchen Orten ich mich wahrscheinlich aufhielt: Zuerst flog er zu meinem Schlafzimmerfenster, fand er mich dort nicht, hinunter an den Ententeich; kurz, er durchlief meine ganze ‚Morgenvisite' bei den verschiedenen Tierbehältern unserer Station." Als Lorenz einmal nach einer Reise vom Altenberger Bahnhof herkam, sah er hoch oben in der Luft seinen Kakadu. Er hatte sich, auf der Suche nach ihm, schon öfters verflogen. Also wollte er ihn herunterlocken, indem er den arteigenen Ruf nachahmte. Lorenz erzählte: „Man stelle sich... Schweinegeschrei von größter Lautstärke vor, mit einem guten Mikrophon aufgenommen und einem Lautsprecher vierfach verstärkt. Der Mensch kann recht gut, wenn auch schwächlich, es nachahmen, wenn er einfach so laut wie möglich ‚Oäh, oäh‘ brüllt. Es war schon erprobt worden, daß der Kakadu diese Nachahmung verstand und prompt herbeikam. Ob aber auch aus so großer Höhe? Der Entschluß, abwärts zu fliegen, fällt allen Vögeln schwerer als der, geradeaus oder aufwärts zu fliegen. Soll ich brüllen oder soll ich nicht? Brülle ich, und der Vogel kommt, ist ja alles gut. Wie aber, wenn das Vieh da oben ruhig weitersegelt? Wie der Menschenmenge meinen Gesang erklären? Schließlich habe ich gebrüllt. Die Menschen um mich her standen wie vom Schlage gerührt. Der Kakadu klafterte einen Augenblick reglos, dann falteten sich die weißen Flügel, und der Vogel kam im Sturzflug herab und landete auf meinem hingehaltenen Arm" (Lorenz, 1964). Der Kakadu kam genauso herbei, wie Scharen von Papageien auf die Schreie eines Artgenossen herbeikommen.

Auf seiner Bootsreise auf dem Waini (Britisch-Guayana) führte Schomburgk das Verstummen der Papageien, die im Boot auf ihren Stangen saßen, darauf zurück, daß keine „Locktöne" ihrer wilden Artgenossen zu hören waren. Schomburgk erzählte: „Als sie aber jetzt den ersten Stammverwandten wieder über dem Fluß fliegen sahen, als sie seinen hellen Lockruf hörten, brachen sie in ein solch wüstes Freudengeschrei aus, daß einige der Neger, ärgerlich über den Jubel dieser harmlosen Tiere, ehe wir es verhindern konnten, ihr Eigentum ergriffen, den Vögeln das Genick brachen und sie dann in den Fluß schleuderten." Die Reisenden beschimpften die schwarzen Ruderer wütend, diese aber drohten zu streiken.

Schomburgk war sich jedoch nicht immer über die Bedeutung des Papageiengeschreis im klaren, wie sein eigener Satz – es geht um das Dorf Asacota – beweist: „Unter einem entsetzlichen Lärm der verschiedensten Stimmen zahlloser, zahmer Affen, Araras, Papageien und Hunde, die uns damit entweder willkommen heißen oder vielleicht auch zurückscheuchen wollten, zogen wir in das Dorf ein" (Schomburgk, 1847/48).

Also kann angezweifelt werden, daß es sich beim Lärmen der Papageien auf dem Boot um ein „Freudengeschrei" handelte. So unsympathisch diese Geschichte ist: Wir müssen davon ausgehen, daß die genannten Schwarzen erfahrene Papageienkenner waren und am Verhalten der Vögel feststellten, daß diese nicht leicht zähmbar, d. h. für sie wertlos waren.

Wetmore beobachtete während seines ornithologischen Aufenthalts in Costa Rica, daß die zahmen, frei gehaltenen Gelbscheitelamazonen (Amazona ochrocephala subsp. auropalliata), denen allerdings die Flügel beschnitten waren, oft schrien, wenn sie ihre kreischenden Artgenossen über sich hinwegfliegen sahen. Dennoch hatte Wetmore den Eindruck, daß die zahmen an den wilden kein weiteres Interesse hatten (Wetmore, 1944).

Der Ethnologe Theodor Koch-Grünberg kaufte Anfang dieses Jahrhunderts von Indianern einen Arara, der „Bolaká" hieß. Nachdem seine mitgefangenen Artgenossen woandershin verkauft waren, fiel Koch-Grünberg das veränderte Verhalten des Vogels auf: „Er flog suchend hin und her und schrie gegen seine Gewohnheit unaufhörlich." Auch auf seiner Bootsreise nahm er Bolaká mit. Koch-Grünberg erzählte: „Auf der Reise wurde jedes vorüberfliegende Arára-Paar von Bolaká, der auf der Tolda des Bootes saß, laut beschrien, so daß die Angerufenen häufig wieder kehrt machten, um zu sehen, wer sie da begrüßte" (Koch-Grünberg, 1909/10).

In Menschenhand können sich enge Partnerschaften auch zwischen artfremden Tieren entwickeln. Berühmt wurde die folgende Geschichte, die Brehm in sein „Tierleben"

145

aufnahm: „Der Wundarzt des Schiffes Triton, unser Reisegefährte zwischen Neuholland und England", so erzählte Cunningham, „besaß einen blauen Bergpapagei und einen anderen sehr schönen, kleineren, welchen er so jung aus dem Neste gehoben hatte, daß er seine Nahrung noch nicht selbst zu sich nehmen konnte. Der Ältere übernahm es, ihn zu füttern, sorgte eifrig für seine Bedürfnisse und bewachte ihn mit der größten Zärtlichkeit. Die gegenseitige Freundschaft der Vögel schien mit der Zeit zuzunehmen; sie brachten den größten Teil des Tages mit Liebkosen zu, schnäbelten sich, und der Ältere breitete seine Flügel aufs zärtlichste über den kleinen Schützling aus. Ihre Freundschaftsbezeugungen wurden aber am Ende so laut, daß man sie trennte, um den Reisenden keinen Anlaß zur Klage zu geben. Der Jüngere wurde also zu mehreren anderen in meine Kajüte versetzt. Nach einer zweimonatlichen Trennung gelang es dem blauen Bergpapagei, zu entkommen, und siehe da, die Stimme seines jungen Freundes leitete ihn gerade in meine Kajüte, wo er sich an jenen Käfig anklammerte." Von nun an wurden die beiden beisammengelassen. Dennoch ging die Geschichte, wie so oft, nicht gut aus, denn sie starben wenig später (Brehm, 1866).

Eine besonders große Rolle spielen die Lockrufe natürlich zwischen Altvögeln und ihrem Nachwuchs. Meistens locken die Alten nur ihre eigenen Jungen.

Eisentraut schilderte nach seiner biologischen Studienreise im Gebiet des südbolivianischen Chaco ein Beispiel für das Lockverhalten der sehr gesellig lebenden Mönchsittiche *(Myiopsitta monachus)*. Jungvögel dieser Art wurden in jener Gegend von den Einheimischen häufig mit gekochtem und gekautem Mais aufgezogen. Er erzählte: „Vier ziemlich flügge Mönchsittiche, die von uns aufgezogen wurden und sich schon ganz an den Menschen gewöhnt hatten, konnten sich unter Aufsicht frei am Haus bewegen. Durch ihre Rufe wurden stets einige alte Papageien von den Brutbäumen in der Nähe des Hauses angelockt und flogen allmählich immer näher herbei, bis

sie zu den etwa 2 Meter von uns entfernten Jungen gelangten. Sogleich fingen sie an zu füttern und versuchten dann, die Jungen von uns hinwegzulocken. Sie liefen ein Stück davon, blieben stehen, bis jene hinterher getrippelt kamen und entfernten sich auf diese Weise mit ihnen immer weiter. Ein am weitesten entwickeltes Tierchen flog schließlich mit den Alten auf und davon, der Entführungsversuch war geglückt" (Eisentraut, 1935).

Die handaufgezogene Blaustirnamazone *(Amazona aestiva xanthopteryx)* Liedes gab als junger Vogel durch ganz bestimmte Laute ihren Pflegern zu verstehen, wenn sie aus dem Käfig herausgelassen werden wollte (Liede, 1982).

Viele zahme Papageien betteln nicht, wie der Mensch sich das vorstellt oder wünscht, sondern sie fordern. Knottnerus-Meyer erzählte von seinem zahmen Gelbbrust-Arara *(Ara ararauna)*: „Er gibt zu erkennen, wann er auf den Balkon oder die Fensterbank hinaus will. Sieht er vom Zimmer aus die Sonne, ohne daß diese ins Zimmer selbst scheint, dann ist er nicht mehr zu halten. Er muß hinaus. Ist die Sonne aber fort oder wird es kühl, dann klopft er von außen an das Fenster, um hineingeholt zu werden." ... Er wird „recht böse, wenn ihm das Fenster auf sein Klopfen hin nicht schnell genug geöffnet wird" (Knottnerus-Meyer, 1925). Mein Goldnackenara *(Ara auricollis)*, der vom Vorbesitzer verwöhnt wurde, schreit, im Gegensatz zu meinen anderen Papageien, aufdringlich, wenn er einen bestimmten Leckerbissen haben will.

Soziale Stimulation

Brehm sagte über die Plattschweifsittiche: „Wie es im Freileben geschehen mag, so auch in der Gefangenschaft: der Lock- oder Warnungsruf des einen wird von den anderen verstanden und beachtet ... Die größten und klügsten Arten, so namentlich der Ring- und Kragensittich" *(Barnardius zonarius)* „erwerben sich unter einer gemischten Gesellschaft ihrer Sippschaftsgenossen bald den Rang von Anführern, deren Ratschläge augenblicklich befolgt werden. So wenigstens geschieht es im Fluggebauer des Berliner Aquariums" (Brehm, 1872).

Über das Verhalten von Papageien in Papageienhäusern schrieb Brehm: „Papageien, welche gewöhnt sind, ihres Gleichen und andere Vögel in einer gewissen Ordnung zu sehen, erheben, sobald diese Ordnung gestört wird, ein Zetergeschrei. Sie zeigen dem Wärter ganz unfehlbar jedes von dem alltäglich Gewohnten abweichende Ereignis durch furchtbares Schreien an, und unterstützen dieses noch besonders durch lebhafte Geberden, durch Schlagen mit den Flügeln, schnelles, wiederholtes Verneigen des Kopfes und dergleichen Zeichen ihrer Erregtheit. Genau ebenso benehmen sie sich, wenn ein ihnen auffallender Mensch in ihren Wohnraum tritt, und wenn ein Mal einer zu schreien begann, stimmen die andern gewiß sofort mit ein. Dann ist es in ihrer Gesellschaft wirklich kaum zum Aushalten . . ." (Brehm, 1866).

Die frühere Expertin für das Zähmen und Trainieren von Wellensittichen, Berta Ragotzi, erzählte von ihrem Lieblingswellensittich: „Je lauter es zuging, desto aufgelegter zeigte er sich. In unsere Unterhaltung mischte sich dieser lustige Kobold mit einem Wortschwall hinein, der aber deutlich die menschliche Rede kopierte. Da reihte er Wort an Wort, mischte aufgeschnappte und ihm von uns eingelernte Worte untereinander, hob und senkte die Stimme, fragte und bestätigte. ‚Ja, das ist direkt! – Hahahaha! Ach, nicht? Na da, was? – Karte schreiben, na, nicht doch!' Manchmal überstürzte sich der kleine Sprechkünstler mit den schnellen Worten dermaßen, daß er ‚ohne Punkt und Komma' redete" (Ragotzi, 1956). Dieser Wellensittich wurde also durch die menschliche Unterhaltung zu eigenen Lautäußerungen angeregt, und zwar zum „Sprechen".

Was jeder erfahrene Wellensittichhalter aus Erfahrung weiß, nämlich daß Wellensittiche stimmlich durch Artgenossen angeregt werden, ebenfalls laut zu „singen" (warble), wurde durch wissenschaftliche Untersuchungen bestätigt (Brockway, 1969).

Prinz von Wied schrieb in seiner Naturgeschichte Brasiliens über die Papageien: „Bei den heftigen tropischen Gewitterregen, welche zuweilen die Luft verdunkeln, sieht man sie oft unbeweglich auf den höchsten dürren Astspitzen der Bäume sitzen, und munter erschallt ihre Stimme, während das Wasser von ihnen herabfließt. Dichtes Laub und dicke Baumäste waren in ihrer Nähe, wo sie hätten Schutz suchen können, allein sie zogen den warmen Gewitterregen vor und schienen sich darin zu gefallen; sobald aber der Regen vorüber war, suchten sie sogleich ihre festen Federn von der Nässe zu befreien, und bald flogen sie wieder davon" (Wied, 1832).

Alexander von Humboldt berichtete nach seiner Reise vom Orinoco zum Amazonas 1799–1800, daß die Araras, welche sie auf dem Boot mitführten, „wenn Regen drohte, ein furchtbares Geschrei" erhoben (Humboldt, 1980).

Auch nach den Erfahrungen von Lord Brabourne in Paraguay sind Papageien bei Regenwetter besonders stimmfreudig (Brabourne, 1914).

Diese Verhaltensweise zeigen die Papageien auch bei der Haltung in Menschenhand. Hierüber berichteten die Züchter Meister und ich in der ‚Gefiederten Welt': „Ein lautes Geschrei machen die Hellroten Araras, wenn die nahe Obstanlage gesprüht wird, vermutlich, weil das Gebläse laut ist, außerdem wenn der NT-Staubsauger im Innenraum betätigt wird. Letzteres gefällt ihnen. Das schließen die Züchter daraus, daß zwar die Lautstärke ihres Geschreis dieselbe ist wie beim unwilligen Geschrei, Angstgeschrei (z. B. beim Herausfangen durch den Züchter), aber die Klangfarbe eine andere ist. Das unwillige Geschrei wird energischer, mit mehr Nachdruck gebracht, es klingt gellender, schriller, ist unangenehmer für die Ohren." Etwas Ähnliches läßt sich auch über das Geschrei von Amazonenpapageien sagen, wie ich selbst festgestellt habe. „Auch Amazonen- und Edelpapageien werden durch laute Geräte stimmlich angeregt. Interessant ist, daß diese Tropenpapageien laute Geräusche nicht nur mit eigener Lärmerzeugung beantworten, sondern oftmals

147

auch mit der Erwartung von Regen, einer Dusche verbinden, sichtbar durch ihr Aufplustern, Flügelbreiten, Drehen und Wenden des Körpers – diese Beobachtung habe auch ich oftmals selbst gemacht." Diese Vögel nehmen als Erwartungshandlungen (Aufplustern usw.) den Regen, der in den Tropen häufig mit lautem Donner verbunden ist, vorweg (Müller-Bierl, 1986).

Bei den Araras der Züchter Meister kann man deutlich die Zusammenhänge zwischen regelmäßig wiederkehrenden Schreiphasen und der natürlichen Lebensweise dieser tropischen Vögel erkennen: Sie haben „ihre bestimmten Zeiten, in denen sie schreien, die Hellroten Araras am Abend, so daß sie in den Innenraum eingesperrt werden müssen, bevor sie diesen freiwillig aufsuchen würden, im Innenraum schreien sie dann meistens eine Zeitlang weiter. Die Gelbbrustararas hängen morgens sowie abends vor der Dämmerung am Gitter, bewegen den Körper hin und her, flügeln und schreien dabei. Die Hyazinthararas schreien dreimal täglich um dieselbe Zeit, morgens, mittags und abends, also nach dem Aufwachen und vor den Schlafenszeiten" (Müller-Bierl, 1986).

Knottnerus-Meyer schrieb aufgrund seiner Erfahrungen als Tiergartendirektor in Rom: Der „Zustand, man sagt am besten des Wegfliegenwollens, tritt bei vielen Papageien in der Dämmerung ein. Sind sie draußen, so wollen sie herein, und ein furchtbares Geschrei beginnt. Die besten Bissen verschmähen sie. Schelten nützt ebensowenig wie liebkosen. Der Vogel hat dann für nichts Sinn. Am besten stellt man ihn in ein Zimmer allein und läßt ihn in Ruhe. Ist die Dämmerung vorbei, dann sind die Tiere wieder ruhig. Bei den kurzen Dämmerungszeiten in Rom habe ich das an allen meinen Vögeln, nicht nur an Papageien, bemerkt. Auch wenn sie den ganzen Tag über im Zimmer gewesen waren, war es dasselbe. Dann hieß es sofort das Zimmer dunkel machen. Ich glaube, daß in dieser Unruhe einfach der Naturtrieb zum Ausdruck kommt, der die Vögel in der Freiheit in dieser Stunde zum Aufsuchen der Schlafstätten antreibt. Diese Unruhe und dieser Trieb zeigten sich bei geselligen wie ungeselligen Vögeln (z. B. bei Papageien ebenso wie bei Dompfaffen) (Knottnerus-Meyer, 1925).

Neunteufel, der für Zoologische Gärten als Tierfänger in Paraguay unterwegs war, berichtete, daß im Lager um die Abendzeit ein unbeschreiblicher Lärm herrschte, wenn er Papageien, Blaustirnamazonen und Marakaná-Papageien (kleine Aras) hatte (Neunteufel, 1941).

Lallemant erzählte 1859 aus Süd-Brasilien: „Am schönsten erschienen mir die Papageien, wenn nach einem Gewitterschauer die warme Nachmittagssonne den Saum des Hochwaldes vergoldete. Da saßen die prachtvollen Tiere in ihren glänzenden roten, gelben, blauen und grünen Farben und putzten sich hoch oben im luftigen Revier das schöne Federkleid, bis einer von ihnen ein Geschrei erhob, gleichsam einen Vorschlag zu einer Maisfeld-Exkursion, die anderen sogleich laut einstimmten und alle laut aufschreiend davonschwirrten" (Lallemant, 1859).

Krieg nannte das gemeinsame Schreien „Tumult" und seine Merkmale: Steigerung, Gemeinschaftlichkeit und Lustbetontheit. Es handle sich dabei eher um „Selbstzweckhandlungen bzw. Handlungen, welche, wie so viele andere tierische Bewegungsstürme, der Abreaktion von Spannungen dienen". Krieg schreibt: „Bei sozialen Lebewesen ist die Betonung der Gemeinschaft durch an sich sinnlose, luxurierende Handlungen wohl stets eine Kompensierung ihrer Einsamkeitsangst, d. h. ihres ständigen Strebens, den Anschluß nicht zu verlieren, das sie sicherlich in ähnlicher Weise beherrscht, wie Klettertiere das Bestreben, nicht abzustürzen. Dieses Streben, in Fühlung zu bleiben und so – wenigstens zeitweise – eine Einheit zu bilden, zeigt uns ein sich herumtreibender Meisenflug oder ein Flug von Zeisigen oder Krähenvögeln, dessen Glieder stets durch Rufe Fühlung halten. Am meisten fiel mir dies auf bei den ungeheuren, oft nach Tausenden zählenden Flügen der Amazonenpapageien, welche außerhalb der Brutzeit des Abends, paarweise weithin verteilt, alle in gleicher Richtung den Schlafplätzen zufliegen und den Himmel mit ihrem Geschrei erfüllen. An den Schlafplätzen selbst wächst der Lärm, nunmehr konzentriert, zu einem ohrenbetäubenden Gekrächze an, bei dem der Streit um den besten Ast und die Betonung der Gemeinsamkeit als Motive ineinanderfließen, bis die hereingebrochene Nacht endlich dem Schlafbedürfnis das Übergewicht gibt" (Krieg, 1950).

Beim Abfliegen bzw. Auffliegen spielen ebenfalls „Intentionsbewegungen" („Andeutungsbewegungen", „Stimmungsbewegungen") eine Rolle. Sie drücken die Stimmung (Motivation), die Bereitschaft des Vogels zum Abflug aus. Solche Intentionsbewegungen können die Flugstimmung innerhalb einer Gruppe „hochschaukeln", so daß der ganze Schwarm ungefähr gleichzeitig auffliegt. Man spricht von „Stimmungsübertragung", auch „Ansteckung" (Immelmann, 1982).

„Sprechen" in der Erregung

Mehrmals kam es vor, daß Reisende oder Feldbeobachter im Urwald auf einen „sprechenden" Papagei stießen.

Bates nahm seinen zahmen „Maracaná", einen Pavuasittich (Bates: *Conurus guianensis*; Wolters: *Psittacara leucophthalma*) auf seinen Streifzügen in Amazonien mit. Der Papagei saß dann auf dem Kopf eines seiner Burschen. Eines Tages wurde er mitten auf der Strecke vermißt. Wenige Stunden später, als sie auf demselben Weg zurückkehrten, hörten sie eine Stimme in vertrautem Ton „Maracaná!" rufen. Sie konnten nichts sehen. Mit Nachdruck wurde das Wort wiederholt: „Maracaná-á!" Sie entdeckten den kleinen Ausreißer halb verborgen im Blätterwerk eines Baumes. Er kam von selbst herab, offenbar über die Begegnung genauso erfreut wie sie selbst (Bates, 1864).

Als die Teilnehmer der Expedition „auf den Spuren Humboldts am Orinoko" im menschenverlassenen Ort „Esmeralda" gegen Abend am Lagerfeuer saßen, erlebten sie eine Überraschung, die der Expeditionsteilnehmer Vareschi lebhaft schildert: „Mit einem Schlag fahren alle hoch. Da hat doch jemand gerufen! Jetzt wieder, man kann sogar hören, was. Es ist ein Name: Jago, Jago! Ein kurzes Auflachen, dann laut: Lorito, Lorito! Ein Papagei! Er hat sich vorgestellt in aller Form: Jago, wohl sein Name, und: Lorito, gleichsam als Zuname. Wir waren sprachlos. Die Begegnung ließ nur eine Erklärung zu: Das Tier hatte den letzten Bewohnern der verschwundenen Stadt gehört, hatte dort die beiden spanischen Worte gelernt und alle überlebt. Es wurde einsam um ihn, und unsere Stimmen mochten ihn angelockt haben. Nach der ersten Verblüffung sprangen wir auf, um ihn zwischen den Baumkronen sehen zu können. Wir sprangen im Dickicht herum und riefen im zärtlichsten Lockton, ‚Jago' und ‚Lorito' durcheinander. Aber der kuriose Vogel, wohl erschrocken über den Tumult, den er auslöste, verschwand im dämmerigen Wald und ließ sich nicht mehr hören" (Vareschi, 1959). Lorito ist im Spanischen vor allem ein Kosename für eine Amazone (von span. Loro = Papagei, besonders Amazonen-).

Der Zoologe Hans Krieg erzählte von seiner Südamerikaexpedition: „Als wir einmal, in Chiquitos, auf dem halb verwachsenen Karrenweg entlangritten und von einem nahen Baum kreischend ein Schwarm Amazonen abstrich, blieb einer der Vögel hilflos sitzen und rief einige spanische Worte, die er gewiß nicht im Urwald gelernt hatte. Es war ein Tier mit gestutzten Flügeln, das einem bolivianischen Offizier, der uns begegnet war, beim nächtlichen Ritt durch den Wald von der Schulter gestreift worden war. Der Vogel war an den Lianen hochgeklettert und hatte nun neugierigen Besuch von Artgenossen gehabt. Als ich den Ast abschoß, auf dem er saß, flatterte er hilflos herunter, kam, immerfort aufgeregt plappernd, mit gespreizten Flügeln auf uns zu und beruhigte sich erst, als er einem von uns auf der Schulter saß. Er hatte zweimal in höchster Erregung seinen ganzen Wortschatz vom Stapel gelassen, zuerst als er den Anschluß an seine Artgenossen verlor, und nachher, als er bestrebt war, den Anschluß an uns zu finden."

149

Krieg schrieb: „Gerade bei den Papageien ist höchste, vielseitigste, an sich unnötige, luxurierende Stimmentfaltung stets mit Erregungswellen verknüpft, die keineswegs nur geschlechtlicher, sondern oft genug auch rein sozialer Natur sind. Anschlußbedürfnis, Angst vor dem Anschlußverlust, Nahrungs- und Schlafplatzkonkurrenz beherrschen, glaube ich, das Seelenleben sozialer Vögel noch mehr als das anderer sozialer Tiere, weil ja bei den Vögeln jeder Ortswechsel besonders leicht und rasch erfolgt. Ein Papageienschwarm ist eine Einheit, solange er schreit, und er schreit, weil er eine Einheit ist und bleiben will. Er untersteht vermutlich einer Art von Massensuggestion, die nur zur Brutzeit durch tiefer verankerte Triebe aufgehoben werden kann." Krieg sprach von „der dauernden sozialen Erregung etwa eines fliegenden oder aufbaumenden Papageienschwarms" (Krieg, 1948).

Der Uruguay-Reisende D. Christison lernte vor 1880 einen zahmen Mönchsittich *(Myiopsitta monachus)* kennen, welcher der Ehefrau eines eingeborenen Tagelöhners, der Doña Firmina, gehörte; dieser Vogel habe das „Sprechen" oft sinngemäß angewendet. Einmal habe ein Adler über ihm geschwebt, der Sittich habe nach oben geschaut, wie Christison meinte, mit „kühler Verachtung", auf die Gegenwart seiner Besitzerin vertrauend, und gerufen: „Puta che pario", was ein Schmähwort bedeutet. Christison hielt es für möglich, daß der Vogel, auch wenn er die Bedeutung der Worte selbstverständlich nicht verstand, doch ihre Funktion als Schmähwort begriff (Dalgleish, 1880-81). Natürlich war das eine vermenschlichende Deutung. Der Vogel „sprach" vielmehr in der Erregung.

Ähnliches erzählte der römische Tiergartendirektor Knottnerus-Meyer von seinem zahmen Gelbbrust-Arara *(Ara ararauna):* „An der Sonne auf der Balustrade des Balkons sitzend, lernte mein Ara auch sprechen, italienisch, was ihm die vielen vorübergehenden Bewunderer zuriefen oder er hörte, wie pappagallo, Lora, Loretto, va bene (gut), quà u. a., alles italienische Wörter. Deutsch hat er außer „Komm" und „Lorchen" nichts gelernt ... Bei höchstem Triumphe versteigt er sich auch wohl zu einem ‚Lora'-Rufe. Besonders nach dem Baden ist er recht gesprächig oder auch, wenn viel Leben auf der Straße unter meinem Balkon ist, wenn Kinder ihn anrufen oder Erwachsene ihn bewundern. Sieht mich das Schöne fortgehen, so ruft es Remo oder Lora hinter mir her. Es geschieht in größter Erregung darüber, daß ich fortgehe. Verlasse ich aber das Haus nach der Gartenseite, so macht das keinen Eindruck. Merkwürdig ist sein Verhalten abends. Dann hängt es sich manchmal an meinen Schlips, sieht mich an und sagt ganz leise und zärtlich ‚Lorchen'. Dasselbe geschieht auch fast allabendlich, wenn ich im Bette liege, das Schöne auf meinem rechten Arme hockt und ich das Licht ausgeschaltet habe. Dann werden meine Hände abgeküßt, mein Gesicht gesucht und ein leises zartes ‚Lorchen' ertönt, ehe das Schöne sich zum Einschlafen niederhockt" (Knottnerus-Meyer, 1925).

Gibson erzählte im späten 19. Jahrhundert aus Argentinien, er habe von einem zahmen Mönchsittich *(Myiopsitta monachus)* gehört, der, als ein Carancho *(Polyborus plancus*, auch Karakara genannt) ihn griff und davontrug, seine hoffnungslose Lage ganz einzigartig passend ausdrückte mit dem Aufschrei: „Ay de mi, ay de mi", was soviel wie „o weh, o weh" bedeutet (Gibson, 1880). – Ein Wildvogel hätte an seiner Stelle arteigene Schreckens- oder Angstschreie geäußert. Der Mönchsittich, der unter Menschen lebte, äußerte menschliche Laute.

Die frühere Wellensittichzähmerin Ragotzi vermischte folgenden Bericht von vornherein mit Vorstellungen, die ganz aus dem Bereich menschlicher Empfindungen und Gedanken stammen: „Unsern Zahmen geht die menschliche Sprache so in Fleisch und Blut über, daß sie sich ihrer auch noch bei starker Gemütsbewegung und höchster Not bedienen können. So hatte eine Hausangestellte einen Wellensittich, der auf dem verbotenen Fußboden umhertrippelte, beim unvermuteten Rückwärtstreten so gequetscht, daß er sterbend in der Herrin Hand lag. Heiße Tränen fielen auf das sich in Schmerzen krümmende Tier nieder. In dieser Todesnot wandte das kleine Geschöpf jene Worte an, deren Sinn es erfaßt hatte: ‚Kussel geben! – Kussel geben!' schrie es so lange, bis die Todeszuckungen einsetzten. Ein Hilferuf, der ergreifend ans Herz rührte. Sollte ihm Liebe die Schmerzen lindern?" (Ragotzi, 1956).

Da ging Ragotzi, und vermutlich nicht nur sie, zu weit.

Aus dem Blickwinkel des Menschen

Vergleich mit Greifvögeln

Der große Naturkundige des Altertums, Aristoteles, verglich die Papageienart, die ihm bekannt war, den Halsbandsittich *(Psittacula krameri)*, unter dem Namen Sittace, mit den Greifvögeln, wegen des gekrümmten Schnabels. Spätere Ornithologen zählten die Papageien gemäß ihrem Fußbau zu den Paarzehern. Der Begriff „Klettervogel" kam auf, er ließ sich aber nicht im Sinne einer wissenschaftlichen Klassifikation halten, weil es Vogelarten gibt, deren Zehen nicht paarig stehen und die dennoch geschickt klettern können (Finsch, 1867/68).

Immer wieder findet man in der alten Literatur bei der Beschreibung des Papageienschnabels Vergleiche mit Greifvögeln. Rochefort gar schrieb in seiner Naturgeschichte der Antillen 1667, die Araras und größere Papageien seien wie Greifvögel mit starken Hakenschnäbeln und spitzen Krallen „bewaffnet" (Rochefort, 1667).

Burmeister gab eine anschauliche Beschreibung des Papageienschnabels: „Kommt ihre Schnabelform auch durch die hakig gebogene Spitze dem Schnabel der Raubvögel am nächsten, so ist doch der Papageischnabel sehr viel dicker, stärker, relativ höher und im Ganzen übereinstimmender geformt. Auf dem Oberschnabel bemerkt man einen wenn auch nur schmalen, doch scharf abgesetzten Rückenstreif, von welchem nach beiden Seiten die mäßig gewölbten Flächen dachartig herablaufen ... Der beträchtlich kürzere Unterschnabel hat ein dickes, korbartiges Ansehn, ist nur wenig niedriger oder selbst höher als der obere ..." (Burmeister, 1856).

Noch der spätere Ornithologe Kurt Floericke nannte die Araras „wehrhaft" (Floericke, o.J.).

„Indianische Raben"

Bei Feldbeobachtungen von Papageien, vor allem in Südamerika, wurden immer wieder Assoziationen zu den Rabenvögeln hergestellt. Eine neotropische Papageienart bekam sogar den volkstümlichen Namen „Indianische Raben": die Araras.

In Gesners Vogelbuch von 1669 lesen wir über den Gelbbrust-Arara *(Ara ararauna)*: „Dieser Vogel, wiewohl er dem Papageyen in allem gleichet, wird er doch von etlichen vor einen Indianischen Raben gehalten, vielleicht daher, weil er eine heisere und grobe Stimm, auch einen solchen starcken Schnabel hat, daß er den härtesten Mandel- oder Pfirsichkern, deßgleichen Stein, Holtz, Bein und andere harte Sachen verbeissen könne." Die Vermutung liegt zwar nahe, der Gelbbrust-Arara sei deshalb „Indianischer Rabe" genannt worden, weil er unter den Araras am besten „sprechen" lerne. Gesner war jedoch nicht sonderlich beeindruckt von seinem „Sprechtalent", denn er stellte fest, dem Vogel, den Aldrovandus an einem fürstlichen Hof gesehen habe, habe man auch nicht mehr beibringen können als den anderen Papageien („parroquet"), die dort gehalten wurden (Gesner, 1669).

Die Bezeichnung „Indianische Raben" wurde meistens auf alle Arara-Arten angewandt. Diese populäre Benennung schien zu alten Berichten (Sloane, 1707; Aldrovandi in Gesner, 1669) zu passen, nach denen Gelbbrust-Araras in Menschenhand gerne Fleisch fraßen (vgl. S. 42).

Denkbar ist, daß der Ausdruck „Indianische Raben" für die Araras etwa in dem Sinne gebraucht wurde, daß sie in Südamerika in bestimmten Verhaltensweisen diejenige Stelle

151

Hyazintharara *(Anodorhynchus hyacinthinus)* im Urwald am Wasser. Aus Brehms Tierleben, 2. Auflage, 1878.

einnehmen, welche den eigentlichen Raben in Europa zukommt. Burmeister schrieb 1861 in seinem Bericht über seine Reise durch die La Plata-Staaten (1857–1860): „... Raben und Krähen, welche es in diesen Gegenden, wie überhaupt in ganz Süd-Amerika, nicht gibt; beide Vogelarten sind in Amerika auf die Nordhälfte des Kontinents beschränkt und kommen in der Südhälfte nicht mehr vor; nur häherartige Vögel werden als Mitglieder der Rabenfamilie oder Corvinen in Süd-Amerika angetroffen" (Burmeister, 1861).

Fleischliche Kost ist jedoch nicht die typische Kost aller Rabenvögel, das wußte man schon in früheren Zeiten. Moritz berichtete 1836 aus einem Urwald auf der Insel Puerto Rico: „Diese dunkeln Palmwälder erschallen vom hellen Geschrei des Cuervo *(Cornix jamaicensis*, Briss.), des westindischen Raben, kein Aasvogel, wie der unsrige, sondern nur von Früchten lebend ... er soll noch besser sprechen lernen als die Papageien." Es handelt sich um die Antillenkrähe *(Corvus leucognaphalus)* (Moritz, 1836).

Also beruhte der Vergleich mit Rabenvögeln wohl mehr auf Beobachtungen, die auffälligere Gemeinsamkeiten enthalten.

Gundlach strich 1856 in seinem 1. Bericht über die Ornithologie Kubas eine Ähnlichkeit zwischen Rabenvögeln und Papageien heraus, vergaß aber auch nicht den Vergleich mit europäischen Rabenvögeln, wenn er über die Kubakrähe *(Corvus nasicus)*, in Kuba „Cao" genannt, berichtete: „Des Abends und des Morgens vereinigen sich sehr viele und stimmen, in Gemeinschaft mit den Papageien, ein weit hörbares unangenehmes Konzert an. In mondhellen Nächten hört man bisweilen auch einzelne schreien ... Er läßt sich zähmen und lernt einige Worte nachsprechen, hat auch dieselbe Neigung zum Stehlen, wie die europäischen Arten. Seine Nahrung besteht in Früchten, Körnern und Sämereien aller Art, Insekten und wahrscheinlich auch Reptilien" (Gundlach, 1856).

In den 70er Jahren des 19. Jahrhunderts stellte Gundlach, nach inzwischen 30jährigen eigenen Beobachtungen, seine Beiträge zur Ornithologie Kubas noch einmal zusammen. Er schrieb über die Kubakrähe mit dem einheimischen Namen „Cao": „Ihre Stimme gleicht ihrem spanischen Namen, sie hat aber noch eine andere zusammengesetztere Stimme, die sie besonders zur Zeit der Liebe hören läßt, sie gleicht von Menschen ausgesprochenen Worten einer unbekannten Sprache. Man sagt, der Cao lerne auch Worte nachahmen. Da oft viele Vögel zugleich diese Töne hören lassen, entsteht ein schreckliches Gerede und dieses mischt sich außerdem zuweilen noch mit dem Lärme, den die Papageien verursachen. In mondhellen Nächten hört man zuweilen ihre Stimme, ebenso bei der Morgendämmerung." Über ihre Ernährung sagte er: „Sie ernährt sich vom Fleische der Palmensamen, Körnern, reifen Früchten, Insekten, kleinen Reptilien usw. Sie tut vielen Schaden in den bebauten Gegenden, doch zuweilen kann sie auch nützlich werden durch die Vertilgung von schädlichen Tieren. So hatten sich einmal die großen Nacktschnecken, Vaginulus, im westlichen Teile so vermehrt, daß sie die kultivierten Pflanzen zerstörten.

Das Aufsuchen durch Menschen konnte die Plage nicht überwinden. Da gelangte eine Menge dieser Raben an, und bald sah man, wie die Schnecken sich täglich mehr und mehr verminderten und die Raben dann weiter zogen" (Gundlach, 1874)

Auch Hyazinth-Araras *(Anodorhynchus hyacinthinus)* wurden beim Verzehr von Schnecken, allerdings von Wasserschnecken, beobachtet (Roth, 1982).

Oswald beobachtete im späten 19. Jahrhundert in Guatemala Papageien auf alten Fruchtbäumen (Quercus ilex), „deren Geschrei den Neid des stolzesten englischen Krähenzüchters erregt hätte". Er spielte damit auf die sog. „Rookeries oder Krähenzüchtereien" an, mit dem Hinweis: „Die englischen Parkbesitzer legen einen seltsamen Wert auf einen starkbevölkerten Krähenbrutplatz, hegen solche Bäume wie ein Heiligtum und freuen sich des vielstimmigen Geschreis" (Oswald, 1884).

Der Naturforscher Bürger fühlte sich am Magdalena Fluß (Kolumbien) an heimatliche Rabenvögel erinnert. In seinem Reisebericht 1919 nannte er das Krächzen der Papageien „rabenartig", er stellte fest: „Oft sahen wir die Bäume so voll, wie bei uns im Winter eine Dorflinde von Krähen. Aber diese bunten Tropengesellen sind noch viel lärmender als ihre europäischen Vettern" (Bürger, 1919).

Schon Finsch bestritt jede Verwandtschaft der Papageien mit Singvögeln (Passeres), zu denen ja auch die Rabenvögel gehören. Er schrieb: „In der Tat haben die Papageien mit den Passeres weniger gemein als mit anderen Ordnungen, und die aus dem Volke hervorgegangenen Benennungen ‚Tannenpapagei' (für Loxia) oder ‚Sperlingspapagei' (für Zwergpapageien), sind für die verwandtschaftliche Stellung nicht mehr bezeichnend als ‚Papageitaucher' (für Fratercula) oder ‚ostindischer Rabe' (Arara)."

Finsch wehrte sich gegen die Bezeichnung Rabenkakadu für die *Calyptorhynchus* mit der Begründung: „... da diese Vögel in keiner Weise etwas mit Raben gemein haben." Er schlug als volkstümlichen Namen „Lang-

Ararakakadu *(Probosciger aterrimus)*, der Vogel vorne mit aufgerichteter Haube. Aus Brehm, 1878.

schwanzkakatu" vor (Finsch, 1867/68). Der Name „Rabenkakadu" hielt sich aber bis heute. Die Gefiederfarbe mag eine Rolle gespielt haben. Auf alle Fälle erinnerte ihre Stimme an Raben. Der Ornithologe Gould, der 1838–41 Australien besucht hatte, berichtete nämlich: Ihre Stimme klinge eigentümlich, weinerlich und klagend, sie sei zuweilen aber auch eine „Art Rabengekrächze". Die Stimme des Weißohrkakadus (Finsch: *Calyptorrhynchus baudini*, Vig.; Wolters: *Calyptorhynchus funerus* subsp. *baudinii*) ist nach Finsch ein rauher, krähenartiger Ton (Finsch, 1867/68).

Den Ararakakadu *(Probosciger aterrimus)* nannte Finsch „eine der abenteuerlichsten Vogelgestalten überhaupt". Diese Kakaduart habe den größten Schnabel; nur beim Hyazinth-Arara *(Anodorhynchus hyacinthinus)* erreiche der Schnabel zuweilen fast dieselbe Größe wie bei mittleren *Probosciger aterrimus* (Finsch: *Microglossus aterrimus*). „Dadurch", so schrieb Finsch, „namentlich aber wegen der

153

nackten Backen, zeigt sie eine gewisse Analogie mit den amerikanischen Arara's, weshalb mir der Name Ararakakatu sehr bezeichnend ... erscheint. In der Tat darf man sich nur einen langen keilförmigen Schwanz dazu und die Haube weg denken, so hat man ein Bild, welches ziemlich auf einen Arara paßt. Es ist dies aber ... nur oberflächlich betrachtet, in Wirklichkeit haben beide Genera nichts miteinander gemein als die nackten Wangen und nur die Form des Unterschnabels zeigt viel Ähnlichkeit." Der Vergleich ging sogar noch weiter: Entsprechend dem Namen „Indianische Raben" für die echten Araras wurde der Ararakakadu auch „ostindischer Rabe" genannt (Finsch, 1867/68). Der Ararakadu wurde im Jahre 1707 bei Vander-Meulen in Amsterdam, herausgegeben von P. Schenk, unter dem Namen „Corbeau des Indes" abgebildet (Buffon, 1800–08). Offenbar war es nicht die Stimme, sondern nur die äußere Arara-ähnliche Erscheinung - schwarz ist sein Gefieder dazu - die ihm den Vergleich mit Raben einbrachte. - Seine Stimme wird „sonderbar schnarrend" oder „unschönes Rätschen" genannt (Finsch, 1867/68).

Als Kuriosum führte O. Finsch in seinem Papageienwerk von 1867/68 den Klassifikationsversuch eines Dr. Berge von 1855 an, der die Papageien unter der Bezeichnung „Sängerraben" zur „Zunft" der Raben stellte. Die Familie der Pagageien teilte dieser ein in die Gattungen (Genera) „Starenpapageien (Bucco)", „Würgerpapageien (Ramphastos)", „wahre Papageien (Psittacus)" und „Krähenpapageien (Buceros)" (Finsch, 1867/68).

„Befiederte Affen"

Brehm schrieb in der 1. Ausgabe seines „Tierlebens" im Jahre 1866: „Die Papageien sind befiederte Affen. Dies findet nicht bloß der Laie heraus, sondern muß auch der Forscher anerkennen. Wenn es irgendwie zulässig ist, gewisse Tiere einer Klasse mit denen einer andern zu vergleichen, ist die Berechtigung obiger Worte erwiesen ... Das geistige Wesen, nicht die Gestalt dieser Tiere ist es, welches

sie als die Affen unter den Vögeln erscheinen läßt. Wir erkennen den Affen im Papagei erst dann, wenn wir diesen geistig kennen gelernt haben. Er hat, auf das Vogelgepräge übertragen, alle Eigenschaften und Leidenschaften des Affen, die guten Seiten desselben, wie die schlechten, das Liebenswerte, wie die Unarten. Er ist der klügste Vogel, welchen wir kennen, bleibt aber immer Affe, - launenhaft, wetterwendisch. In diesem Augenblick ist er der liebenswürdigste, angenehmste Gesellschafter, im nächsten Augenblick ein unerträgliches Geschöpf. Der Papagei ist verständig, acht- und bedachtsam, vorsichtig, listig; er unterscheidet sehr scharf, er besitzt ein vortreffliches Gedächtnis und ist deshalb der Belehrung im hohen Grade zugänglich, also bildsam; er ist selbstbewußt, stolz, auch mutig; er ist anhänglich, ja hingebend zärtlich gegen geliebte Wesen, treu bis zum Tode; er ist dankbar, mit Bewußtsein dankbar; er läßt sich erziehen, zum folgsamen artigen Tiere umwandeln - wie der Affe. Aber er ist auch jähzornig, boshaft, tückisch, hinterlistig, er vergißt ihm angetane Beleidigungen ebenso wenig, als empfangene Wohltaten, er ist grausam, rücksichtslos gegen Schwächere, mit seltenen Ausnahmen lieblos gegen Unbehilfliche oder Unglückliche - wie der Affe. Sein Charakter ist ein Gemisch von allen möglichen Eigenschaften. Eine so große Vielseitigkeit darf nicht unterschätzt werden: sie ist immer ein Beweis der Hochgeistigkeit eines Geschöpfes" (Brehm, 1866).

Brehm war aber nicht der Meinung, dadurch ließe sich rechtfertigen, daß er gerade die Papageien als die höchststehenden Vögel betrachte; die „höchststehenden" bedeutete für ihn die „menschlichsten" von allen. Diese Stellung, so meinte er, rechtfertigten sie „durch sich selbst". Er wies u. a. auf ihren beweglichen Schnabel, auf ihren Fuß, den er mit der menschlichen Hand verglich und auf ihre Nachahmungsfähigkeit.

Schon zu seiner Zeit traf Brehm auf Widerspruch. Dennoch bekräftigte er seine Darstellung der Papageien als „befiederte Affen"; in seiner 2. Auflage von 1878 fügte er ein: „Vorstehender Schilderung ist von beachtenswerter Seite widersprochen worden, und ich habe mich infolge dessen bemüht, so viele Papageien und alle so vorurteilsfrei zu beobachten, als dies mir möglich war. In der zwischen dem Erscheinen der ersten und der vorliegenden Auflage dieses Werkes liegenden Zeit habe ich wiederum Hunderte von Papageien teils selbst in Gefangenschaft gehalten, teils in ihr gesehen und ihr Wesen zu ergründen gesucht, mich mit frisch eingefangenen und bereits gezähmten oder abgerichteten beschäftigt, das Urteil anderer Pfleger eingeholt, kurz alles getan, was ich zu tun vermochte: und das Ergebnis ist, daß ich obige Worte in vollem Umfange aufrecht erhalte. Gern ... gestehe ich auch anderen Vögeln hohen Verstand zu; bei keinem einzigen aber vermag ich eine derartige Einhelligkeit der geistigen Begabungen zu erkennen wie bei dem Papagei. Selbstverständlich bin ich nicht blind geblieben gegen Ausnahmen von der Regel ... ebenso ist mir wohl bekannt, daß einzelne Raben, Stare und Kraniche, Falken und Eulen ... wohl mit einzelnen Papageien wetteifern mögen: dieselbe Ausbildungsfähigkeit und Beweglichkeit des Geistes wie die Sittiche insgemein aber besitzen sie nicht, bekunden sie wenigstens nicht in demselben Umfange wie letztere. Das ausdrucksvolle Gebaren der Papageien, ihr lebhaftes Gebärdenspiel, die Leichtigkeit der Auffassung, ihre hingebende Zärtlichkeit an den Gatten, den Pfleger, wie ihre trotzige Abwehr dem mißliebigen menschlichen oder tierischen Wesen gegenüber, ihre Gelehrigkeit und Bildsamkeit mögen wohl von einem oder dem anderen Vogel nahezu erreicht, dürften aber von keinem einzigen übertroffen werden" (Brehm, 1878).

In der 4. Auflage von 1911 wurden alle diese Ausführungen Brehms ersatzlos und ohne Begründung gestrichen. Adolf Meyer nahm sie in seine Volksausgabe von 1926 wieder auf, er begründete dies in seinem Vorwort: „Freilich hat er die Tiere nicht selten mit allzu menschlichen Augen angesehen, die Seele des Menschen in sie hineingelegt und dann manches an ihrem Verhalten natürlich falsch gedeu-

tet ... Allein diese Mißgriffe in der Deutung des Verhaltens der Tiere, die einem streng wissenschaftlichen Buche ohne Zweifel zum Nachteil dienen würden, gereichen einem wahren Volksbuche im Sinne Brehms geradezu zur Ehre. Denn nur wer die Tiere, soweit wie möglich, mit unseren Augen ansieht, kann sie unserm Gemüt wahrhaft nahebringen" (Brehm, 1926). Offenbar hielt Meyer das menschliche Vorstellungsvermögen im allgemeinen für wenig flexibel.

Wenn Brehm die Papageien aus den Augen des Menschen betrachtete, dann war dies völlig zeitgemäß. Andere äußerten sich ausführlich über den „Nutzen" der Vögel, z. B. der Papageien für den Menschen. Und diese Wertung war mit dem 19. Jahrhundert noch lange nicht zu Ende. Was Brehm unter „Geistigem Wesen" versteht, ist nicht definiert. Das Wort „Verstand" wurde in der 4. Auflage durch das Wort „Begabung" ersetzt.

Wenn Brehm warnte, daß aus einem „liebenswürdigen" ganz unvermittelt ein „unerträglicher" Papagei werden könne, so kommt diese scheinbare Unzuverlässigkeit daher, daß auf den Vogel Maßstäbe aus der Welt menschlicher Normen angewandt wurden. „Selbstbewußt, stolz, auch mutig" sind Bezeichnungen für menschliche, damals begehrte Eigenschaften. Tatsächlich sind bei Papageien zeitweise Aktivitäten – Angriffsverhalten, beharrliches Balzverhalten, Zerstörung u. a. – nicht zu bremsen. Daß der Papagei „treu bis zum Tode" sei, ist in der Vogelwelt nichts Außergewöhnliches: Man nennt das lebenslange Einehe. Die Formulierung, der Papagei sei „dankbar", beruhte wohl auf den Erfahrungen großer Anhänglichkeit von Päppelvögeln oder solcher, die gesund gepflegt wurden; auch hier spielt menschliches Moraldenken hinein. Genauso stammen die Worte „boshaft, tückisch" aus dem Bereich menschlicher Moralvorstellungen, erst recht die Hinweise darauf, daß dem Papagei, modern ausgedrückt, jedes karitative Verhalten abgehe, was ja in der Tat zutrifft. Schlimm werden solche Betrachtungen aus menschlicher Sicht erst dann, wenn der Papageienhalter seinen Vogel daraufhin im menschlichen Sinne erzie-

155

hen will, allein von seinen menschlichen Wünschen ausgehend.

Brehm sprach davon, daß man den Papagei „erziehen" müsse: „Ebenso wie jedes andere Wesen, welches von einem höher stehenden Lehre annehmen soll, verlangt dieser einen regelmäßigen Unterricht und bei aller Liebe in der Behandlung milden Ernst. Sonst läßt er sich wohl verziehen, nicht aber erziehen. Übergroße Zärtlichkeit in der Behandlung verdirbt ihn ebenso sicher als übergroße Strenge" (Brehm, 1878). Dieser Text wurde auch in die 4. Auflage übernommen. Er konnte leicht mißverstanden werden. Zugrunde liegt das Wissen, daß der Papagei sich auch an seinen natürlichen Partner anpassen muß, weil nur ein gut harmonierendes Paar zusammenbleibt. Brehm nahm in sein „Tierleben" aber auch Schilderungen auf, wie manche Menschen sich an ihre Papageien anpaßten.

Die Leistung des großen Fachmanns für Vogelhaltung und -zucht, aus dem 19. Jahrhundert, Karl Ruß, war es, den Blick der Vogelhalter intensiver auf die Bedürfnisse des Vogels zu lenken, indem er alles Wissen aus der Praxis seiner Zeit zusammentrug und durch seine Buchveröffentlichungen sowie seine Zeitschrift „Die Gefiederte Welt" zugänglich machte. Es war aber nicht Ruß, sondern Brehm, der sich für die Haltung der überwiegend unbeliebten Carolinasittiche engagierte.

F. & M. Nottebohm erzählten von ihrem Leben auf Trinidad im Jahre 1968, der erste Laut, der sie gewöhnlich morgens geweckt habe, sei von einem Brüllaffen *(Alouatta)* gekommen. 10 bis 15 Minuten später hätten die Papageien mit ihrem lauten Geschrei begonnen (Nottebohm/Nottebohm, 1969).

Immer wieder waren es die Affen und die Papageien, welche die nachhaltigsten Eindrücke hinterließen.

Vergleich mit Nagern

Wagler widersprach 1832 der schon zu seiner Zeit verbreiteten Vorstellung, die Papageien seien „die Affen unter den Vögeln", und behauptete: „Die Papageien entsprechen viel-

mehr den Nagern, und stellen diese unter den Vögeln dar . . . Die Papageien haben mit den Affen nichts anderes gemein als ihre Possierlichkeit, allein diese ist den Eichhörnchen und einigen anderen Nagern nicht weniger eigen, als den Affen . . . Mit der Schneide der Unterkieferspitze zerfeilen die Papageien, wie die Nager mit dem Meissel ihrer untern Schneidezähne, die Nahrungsstoffe." Wagler wies darauf hin, daß die Papageien wie die Nager „ihre Nahrung mit den Füßen zum Munde" bringen. Daß seine Vergleiche nur bedingt zutreffend sind, zeigt am besten seine Behauptung, die Papageien seien flink und unruhig. Wagler machte aber wichtige Beobachtungen: Er entdeckte, daß Papageien die Schneide ihres Unterschnabels an den Feilkerben der inneren Oberschnabelspitze schärften und „daß dadurch ein Ton entsteht, der dem von einer Raspel hervorgebrachten gleicht, mit welcher man über die scharfe Kante einer Hornplatte hinfuhr" (Wagler, 1832).

Wir mögen Waglers Vergleich mit den Nagern belächeln, und doch hat sein Vergleich längst Eingang in unsere Umgangssprache gefunden. Denn wer wollte behaupten, er habe noch nie unwidersprochen gelesen oder selbst gesagt, Papageien seien „starke Nager", wenn damit auch das Abfasern bzw. Zerkleinern oder Aushöhlen, wie wir sagen „Benagen" – von Holz (vor allem) gemeint ist. Der Hauptzweck dieser – in Menschenhand häufig zerstörerischen Aktivitäten – ist das Schälen (z. B. von Rinde), Knacken von Nüssen und Aushöhlen der Nisthöhle.

Mit solchen Vergleichen setzten sich die Wissenschaftler noch längere Zeit ernsthaft auseinander, wie die folgende Anmerkung Burmeisters zur eigentümlichen Gelenkverbindung des Unterkiefers bei den Papageien zeigt: „Bekanntlich hat Wagler auf diese Form der Gelenkung, welche unter den Säugetieren in analoger Art bei den Nagern auftritt, seine kuriose Ansicht gestützt, daß die Papageien den Nagern, und nicht den Affen, entsprächen. Es genügt indes, daran zu erinnern, daß eine so lokal tropische Form, wie es die Papageien sind, unmöglich der allerverbreitetsten Säugetiergestalt entsprechen könne. Sollen sie mit Säugetieren zusammengestellt werden, so ist offenbar die Vergleichung mit den Affen eine zutreffendere und glücklichere" (Burmeister, 1856).

Bewertung der „Sprechbegabung"

Der große französische Naturforscher des 18. Jahrhunderts, Buffon, betonte, durch die „Sprechbegabung" werde der Papagei nur interessanter für uns, sie gebe ihm jedoch keinerlei Überlegenheit über andere Vögel, unter denen ja auch andere diese Begabung hätten. Ich gebe das, was Buffon sagte, in moderner Ausdrucksweise, sinngemäß wieder.

Buffon wies darauf hin, daß der Mensch diejenigen Tiere am meisten bewundere, bei denen er Gemeinsamkeiten mit sich selbst zu entdecken glaube: also den Affen wegen der Gestalt und den Papagei wegen der Nachahmung des Sprechens. Buffon warnte jedoch davor, aus der vordergründigen Ähnlichkeit falsche Rückschlüsse zu ziehen. Was wäre denn, so spottete Buffon, wenn der Affe mit der Stimme des Papageis ausgestattet wäre und die Fähigkeit der stimmlichen Nachahmung hätte: Bei einer oberflächlichen Betrachtung wäre der Affe dann kein Tier mehr. Buffon betonte: Nachahmen heiße nicht Sprechen. Der Papagei, der unsere Worte wiederhole, werde dadurch nicht gescheiter, er lerne für seine Art nichts dazu. Die Signale des Bettelns und der Hilferufe endeten für Buffon mit der Kindheit. Und diese dauere viel zu kurz und sei auf rein körperliche Entwicklung beschränkt, als daß eine dauerhafte Familie entstehen könnte, die Voraussetzung des Gesellschaftslebens und einzige Quelle aller Intelligenz. Und die Intelligenz sei die Voraussetzung für die Sprache.

Der Papagei lasse nur Rufe oder sehr kurze Sätze hören. Er könne weder singen noch Melodien modulieren (modulieren = in eine andere Tonart versetzen). Wohl ahme er die Geräusche nach, die er höre, das Miauen der Katze, das Bellen des Hundes und Vogelrufe,

ebenso wie menschliche Worte. Er könne die Laute wiedergeben und sogar artikulieren, sie aber nicht modulieren oder im Rhythmus halten. Er habe also weniger Ausdrucksmöglichkeiten als die Singvögel (Buffon, 1800–08).

Diese Unterschätzung der stimmlichen Möglichkeiten von Papageien hat lange eine Nachwirkung gehabt.

Das was den Graupapagei durch sein „Sprechen" mit uns verbinde, so meinte Buffon, mache unsere Beziehung zu ihm inniger und angenehmer als die zum Affen. Die Gesellschaft eines „sprechenden" Vogels sei manchmal besonders anziehend durch das Vergnügen, das sie biete. Seine Aussprüche, die zufällig fielen, belustigten durch ihre Diskrepanz und überraschten manchmal, wenn sie paßten. Buffon sah darin nur ein Spiel mit Worten ohne Gedanken, das er bizarr und grotesk fand, ohne zu wissen warum. Er fuhr fort: Mit dieser Imitation unserer Reden scheine der Papagei etwas von unseren Neigungen und Sitten anzunehmen. Er liebe und hasse. Er zeige Anhänglichkeit, Eifersucht, Vorlieben, Eigensinn (caprice). Er bewundere sich, spende sich selbst Beifall, spreche sich Mut zu. Er freue sich und traure. Er scheine bei Liebkosungen unruhig und weich zu werden usw. (Buffon, 1800–08).

Buffon sagte also nicht, der Papagei sei das alles, vielmehr sagte er, der Papagei wirke so auf den Menschen, und das zu einer Zeit, wo das gesellschaftliche Leben weitgehend durch den Schein bestimmt wurde. Historisch war es die Zeit, die man Vorabend der Französischen Revolution nennen kann.

Finsch widersprach 1867 Brehms Vorstellung vom Papagei als dem vollkommensten aller Vögel heftig. Er schrieb: „So finden wir, daß sie nur den Schnabel mannigfacher als andere Vögel zu gebrauchen wissen, indem ihnen derselbe in Folge der eigentümlichen Gelenkverbindungen sozusagen als dritte Hand beim Klettern Hilfe leistet. Der Fuß, welcher, im Gegensatz zu den übrigen Vögeln, nach Art der Hand gebraucht wird, steht deswegen keineswegs als hervorragend da, denn als Werkzeug zum Laufen ist er meistens von

157

untergeordnetem Wert, da die Papageien im Gehen nicht sehr gewandt sind; indes mit Ausnahmen. Ebensowenig zeichnen sie sich durch besondere Flugfertigkeit aus, obwohl sie dieselbe recht gut zu benutzen wissen. Stimmbegabung ist vollends in geringem Maße entwickelt und Kunsttriebe zeigen sie gar nicht" (Finsch, 1867/68).

Finschs leichte Untertreibungen und der merkwürdige Widerspruch zu seinen eigenen Äußerungen über die „Stimmbegabung" an anderer Stelle sind nur aus seinem Bemühen heraus zu erklären, übertriebene Bewertungen der Fähigkeiten von Papageien auf das zutreffende Maß herunterzuschrauben. An anderer Stelle betonte er, daß die Papageien in der Natur keine fremden Töne nachahmen, wie wir es von den Singvögeln kennen. Dies war für ihn wohl ausschlaggebend. Dann betonte Finsch, für eine Beurteilung der „geistigen Befähigung" – heute würde man sagen „insight learning" – müsse man die ganze Papageienfamilie betrachten, denn, sagte er: „Einmal ist wohl zu beachten, daß bei weitem nicht alle Papageien Anlage zum Sprechen besitzen und dann, daß sie deshalb nicht einzig in der Vogelwelt dastehen. Es ist bekannt, daß Vögel aus dem Krähengeschlecht ebenfalls menschliche Worte nachsprechen lernen, ja ... soll dies Corvus jamaicensis noch besser als ein Papagei vermögen. Brehm erwähnt in seinem Tierleben sogar eine Elster, die einem Papagei als Sprachlehrer diente. Von dem staunenswerten Sprachtalent des Minho (Gracula javanensis) konnte ich mich an einem Exemplar des Amsterdamer Zoologischen Garten selbst überzeugen."

Für die Dressur seien Papageien auch nicht besser geeignet als andere Vögel, meinte Finsch. „Ja", schrieb er, „ich möchte es fast noch höher anschlagen, wenn ein Falke, der von Natur aus die Freiheit über alles liebt, sich in so hohem Grade zähmen läßt, daß er dem Winke seines Herrn gehorcht, oder wenn ein Kanarienvogel durch Dressur so beherzt wird, daß er eine kleine Kanone abschießt" (Finsch, 1867/68). – „Wer die Freiheit liebt", ist allerdings eine menschliche Vorstellung, und der

158

Kanarienvogel weiß sicherlich nicht, was eine Kanone ist; an Lärm kann er gewöhnt werden.

Finsch faßte zusammen, „daß sich die Papageien weder klüger noch intelligenter als andere Vögel betragen, und in keiner Weise Eigenschaften besitzen, die uns veranlassen könnten, sie so hoch zu stellen. Die Vorsicht, bei Plünderungen in den Fruchtfeldern Wächter auszustellen, beobachten viele Vögel in gleichem Maße, und Unterscheidungsvermögen besitzen z. B. unsere Krähen ebenso stark als Papageien ... Die Leichtigkeit, mit welcher Papageien dem Menschen zur Beute werden, dient eben nicht als Zeichen einer besonderen Klugheit und stellt sie in dieser Hinsicht den meisten Vögeln gleich. Um sich Papageien zu bemächtigen, bedient man sich gleicher Mittel wie beim übrigen Vogelfange, d. h. mit Lockvogel und Netz lassen sie sich ebenso leicht und massenhaft berücken als unsere Gimpel, bleiben wie diese an den sinnreich aufgestellten Leimruten kleben und haben die Wirkung des Gewehrs nicht besser begriffen als unsere Feldsperlinge, indem sie trotz wiederholter Niederlagen immer wieder an den Ort des Verderbens, in ein reifes Fruchtfeld, zurückkehren" (Finsch, 1867/68).

Wenn man den Papagei quasi als arithmetisches Mittel aller Papageien ansieht, mag man ja zu solchen Schlußfolgerungen kommen. Betrachtet man die Papageien jedoch differenzierter, dann ergibt sich ein anderes Bild: z. B. lernten Araras durch Verfolgung, den Menschen zu meiden, sich außer Schußweite zu halten – anders als die Carolinasittiche und so wie unsere heimischen Rabenvögel. Kehren die Araras trotz Verfolgung auf ein reifendes Maisfeld zurück, treibt sie womöglich der Hunger. Wo sie heftig verfolgt werden, fliehen sie in menschenleere oder gar unzugängliche Gebiete.

Wenn in der nicht-wissenschaftlichen Literatur von „dem" Papagei die Rede ist, dann sind meistens die herausragenden Repräsentanten dieser Familie, wie Arara, Amazone, Graupapagei u. a. gemeint, eben diejenigen „sprechenden" Papageien, die Brehm zweifellos in seiner überschwenglichen Charakterisierung vorwiegend gemeint hat.

Finsch übte einen starken Einfluß aus auf die spätere Auffassung von den Fähigkeiten der Papageien. Und so hat auch sein Spott bis heute seine Wirkung getan: „Sogar Gemüt sollen sie besitzen", rief er aus. „Es mag wahr sein", schränkte er ein, „daß sie wie andere Tiere in gewissem Grade Freude oder Schmerz auszudrücken vermögen, jedenfalls aber nicht in dem Maße, wie dies z. B. von Hunden bekannt ist. Daß sich einzelne wegen des Verlustes ihrer Pfleger aus Kummer beinah tot gegrämt haben sollen, scheint mir sehr zweifelhaft." Finsch hatte eine Zeitlang einen Graupapagei, Polly, zur Beobachtung in Pflege genommen. Der, so schreibt Finsch, „zeigte wenigstens keine Spur eines so tiefen Gemüts, denn obwohl er bisher nur den Umgang der Dame gewohnt war, die ihn seit Jahren besessen, fühlte er sich bei mir, einer ihm gänzlich fremden Person, doch von Anfang an wie zu Haus" (Finsch, 1867/68).

Finsch hatte nur zum Teil recht: Viele Papageien leiden unter der Trennung von ihrem Pfleger. Manche Papageienpfleger berichteten von Selbstrupfen, sozusagen über Nacht. Noch häufiger beobachtet man, daß die Vögel dann weniger fressen oder ein paar Tage lang jede Nahrungsaufnahme verweigern. Eine geschwächte Konstitution kann die Folge sein. Ruß beklagte später die „Wandervögel", die von einem Pfleger zum anderen abgeschoben wurden, und von mal zu mal anfälliger gegen Krankheiten waren.

Zu denjenigen, welche die Denkweise vieler späterer Vogelfreunde beeinflußten, gehörte auch Hudson, im frühen 20. Jahrhundert. Er meinte, Papageien seien vielleicht interessanter für uns als andere Vögel, wegen ihrer hohen Lebenserwartung, ihrer einzigartigen Gestalt und ihrer prächtigen Gefiederfarben, ihrer besonders großen Neigung zum geselligen Leben, ihrer größeren „Intelligenz" und endlich ihrer Fähigkeit, die menschliche Stimme besser als andere nachzuahmen. Das letztere sei für die meisten Leute das wichtigste Merkmal, für ihn jedoch sei es das unwichtigste. Ähnlich wie Buffon fand er das Spotten bei anderen Vögeln bewundernswerter. Er räumte aber ein, daß er noch nie ein hervorstechendes Sprechtalent unter den Papageien selbst kennengelernt habe, denn es gebe bekanntlich bei den Nachahmungsfähigkeiten der Papageien beträchtliche Unterschiede, dies sogar unter derselben Art.

Hudson betonte, er sei kein großer Freund von Papageien, die als Heimtiere gehalten werden. Für ihn sei es deprimierend, wenn er bei seinem ersten Besuch in einer netten Familie einen Papagei als Familienmitglied vorfinde. In der Regel sei das auch noch das wichtigste Familienmitglied! Er korrigiere dann vor seinem geistigen Auge das Bild des Käfig- und Stubenvogels durch eine Vision wilder Papageien im Urwald, damit er keine Abneigung gegen den betreffenden Vogel wegen der Dummheit seiner Besitzer entwickle (Hudson, 1923b). – Andere dagegen haben eine solche Abneigung tatsächlich aufgebaut und gegen die ganze Papageienfamilie verallgemeinert.

Hudson kam ins Schwärmen: Er wünschte sich, dort leben zu können, wo die Heimat des Papageis sei. Aber er müsse sich leider begnügen mit seinen Reiseerinnerungen aus solchen Ländern und mit dem gelegentlichen Anblick eines Papageis, der von intelligenten Menschen gehalten werde sowie der Papageien im Zoo, wo er das Papageiengeschrei im Papageienhaus hochgradig erheiternd finde.

Und dennoch fühlte sich Hudson angezogen von zahmen Papageien, wie besonders seine Freundschaft mit einer alten Amazone (vgl. S. 234f) beweist (Hudson, 1923b). Vielleicht waren es seine zwiespältigen Gefühle zahmen Papageien gegenüber, die ihn daran hinderten, den entscheidenden Gesichtspunkt der falschen oder richtigen Haltung in den Vordergrund zu stellen. Er war eben kein erfahrener Papageienhalter.

Wenn ein Papagei als das wichtigste Mitglied in einer ansonsten menschlichen Familie erscheint, dann doch nur deshalb, weil alle Aufmerksamkeit sich auf ihn richtet. Das hat durchaus positive Seiten: es verbindet die Menschen und vermag sie auch sonst einander (wieder) näherzubringen.

159

Sprache und Lautbildung

Theorien über den Ursprung der Sprache

Bei den Denkern des Altertums gab es nie einen Zweifel, daß die Sprache eine unüberbrückbare Kluft zwischen Mensch und Tier darstellt. Die Macht des Wortes übertrug man auf die Macht der Götter und war überzeugt vom göttlichen Ursprung der Sprache. Sokrates meinte zu solchen Theorien: Aus geistiger Trägheit würden mühsame und langwierige Untersuchungen vermieden. Er stellte die These auf, daß viele Wörter anfangs aus der Nachahmung natürlicher Laute entstanden seien, deren ursprüngliche Bedeutung seit langem verlorengegangen sei.

Aristoteles wandte sich gegen die Theorien aus seiner Zeit, Worte seien durch Benennen von Gegenständen oder infolge natürlicher Anpassung entstanden. Die Wortbedeutung hänge vielmehr von der Anwendung ab: „Ein Laut ist kein Wort, er wird zu einem Wort, wenn der Mensch ihn als Zeichen benutzt" (zitiert nach Jonas/Jonas, 1979).

Die wachsende Erforschung biologischer Vorgänge in der Natur veranlaßte J. G. Herder (im 18. Jahrhundert) zur These, dem Menschen hätten dieselben Laute wie den niedrigeren Lebewesen zur Verfügung gestanden. Er habe aber erst zu sprechen begonnen, nachdem er gelernt habe, seine Vernunft zu gebrauchen. Auch Herder rechnete mit der Nachahmung der Naturlaute sowie mit einem übertragenen Gebrauch solcher lautmalerischer Wörter. Er war ein Vorläufer W. v. Humboldts (1767–1835), der einen besonderen Wert auf die Symbolik der Laute legte.

Seit Sokrates' Zeiten wurde von Laien wie von Fachleuten immer wieder versucht „die Lautgestalt von Wörtern mit ihrer Bedeutung in einen inneren Zusammenhang zu bringen" (Rosenkranz, 1971). Weit verbreitet ist die Lautmalerei. Aber nicht alles, was auf uns lautmalerisch wirkt, ist sprachgeschichtlich so entstanden: Das deutsche Wort „reißen" beispielsweise stammt vom germanischen **„writan" ab.

Interessant ist Herders Gedanke einer ursprünglichen Einheit von Sprache und Gesang, wobei er unter Musik eine Folge von Tönen verstand.

Man nimmt heute an, daß unsere menschliche Wortsprache sich aus Vorstufen entwickelte. Rosenkranz vermutet: „Bei den Primaten gibt es keine Frage und kein wirkliches Gespräch . . . Allerdings waren die gelegentlichen Wechselreden des Vormenschen keine Gespräche im Sinne moderner Sprache. Es fehlte ja der Satz. Eher könnte man sie als einen Austausch von Signalen bezeichnen" (Rosenkranz, 1971).

In vielen Sprachen ist die Tonführung für das Verständnis einer Äußerung sehr wichtig: In den sogenannten Tonsprachen (Tonhöhensprachen) ist die Wortbedeutung eng mit dem spezifischen Ton verbunden. Als „Tonsprachen" sind das Chinesische, einige afrikanische sowie einige indianische Sprachen bekannt. Der Mandarin-Dialekt besitzt sogar ein Vierton-System: „shih" bedeutet, je nach der Tonhöhe, „feucht", „zehn", „machen" oder „versuchen".

Neue Impulse für das Suchen nach dem Ursprung der Sprache gingen von Darwin aus, besonders von seinen Werken über die Entstehung der Arten (1859) und die Abstammung des Menschen (1871). Damit trat die Anthropologie in ein neues Stadium, in dem die naturwissenschaftlichen Gesichtspunkte vorherrschten. Nach wie vor zählte auch die geisteswissenschaftliche Seite die Frage nach dem Ursprung der Sprache zu ihren schwierigsten Problemen.

Die neue Sicht, daß die Menschheit ein Teil der Natur ist, bedeutete eine Umwälzung gewohnter Denkweisen über die menschliche Existenz. Ch. R. Darwin suchte den Ursprung sozialer Kommunikationen in den ausdrucksstarken Gesten der Tierwelt. Er wies darauf hin, daß bestimmte Lippenstellungen beim Menschen zu Ausrufen wie puh, oh und ah führen. Andere Wissenschaftler verfolgten diese Theorie weiter. Sie wurden als Puh-Puh-Theorien bezeichnet.

Bereits 1861 stellte Max Müller in seinen Vorlesungen die Theorie vor, daß Wörter durch Nachahmung natürlich hervorgebrachter Laute entstanden seien; das war die sogenannte „Bau-wau"-Theorie.

L. Noiré veröffentlichte 1877 seine Theorie, die Sprache sei aus den rhythmischen Lauten entstanden, die Männer in gemeinsamer, anstrengender Arbeit äußerten, später Jo-he-ho-Theorie genannt.

Schon Darwin hatte beobachtet, daß die Gestik der Hände und Mimik des Gesichts oft unbewußt durch Bewegungen und Stellungen von Lippen und Zunge nachgeahmt werden. Paget – der Schöpfer der sogenannten Ta-ta-Theorie – beobachtete Kinder, wie sie ihre Zunge krümmten, während sie die Finger bewegten, besonders wenn sie zeichneten oder schrieben. Also hielt er es für möglich, daß Worte ursprünglich durch Verziehen von Lippe und Zunge entstanden.

Der bedeutende Sprachforscher der Jahrhundertwende Jesperson wies auch auf den Gesang als eine mögliche Quelle für die Wortbildung hin. Diese Vorstellung fand er sogar besonders attraktiv, denn er wollte beweisen, daß Wörter nicht notwendigerweise aus einsilbigem Grunzen und Kreischen entstanden seien. Im übrigen meinte er, daß viele dieser Theorien sich nicht notwendigerweise ausschließen müßten.

Die Vielfalt von Theorien stieß teilweise auf heftige Ablehnung. Neue Impulse waren nötig. Bahnbrechend für die moderne Linguistik war das Werk von Chomsky, der beeinflußt war von Lévi-Strauss, dem Ethnologen. Chomsky stellte die These auf, daß der Mensch ein angeborenes Potential zum Sprechen besitze. Wie verschieden auch immer die oberflächlichen Strukturen der Weltsprachen seien, ihre tieferen Strukturen seien universal und angeboren. Der Mediziner Peter Marler fand heraus, daß sowohl die Vögel als auch die Menschen bereits bei ihrer Geburt über eine sensorische Schablone verfügen, deren Funktion ausgelöst wird, sobald sich eine entsprechende Stimulation vollzieht.

Der Verhaltensforscher und Nobelpreisträger Konrad Lorenz war in den USA Hörer von Chomsky-Vorlesungen (Marquardt, 1979).

Sprachwissenschaft und Naturwissenschaft

Der Sprachwissenschaftler Friedrich Kainz betrachtete schon in den 50er Jahren die Sprachtheorie als Verbindung von Geistes- und Naturwissenschaft. Er forderte für die Erforschung des Phänomens „Sprache" interdisziplinäres Arbeiten. Der Zoologe O. Koehler sah die Biologie als Mittel- und Mittlerglied zwischen Natur- und Geisteswissenschaften an, mit der Begründung, daß Geist ja gewiß eine Lebenserscheinung sei, das Leben aber ebenso gewiß eine Naturerscheinung.

Konrad Lorenz schrieb 1973 in seinem Werk „Die Rückseite des Spiegels": „Die einzige Symbolbildung, die einem scharf umschriebenen Begriff entspricht, ist, soweit ich zu erkennen vermag, die sprachliche. Die Entstehung der Wortsprache hat zweifellos neben den Leistungen des begrifflichen Denkens auch Vorgänge der Ritualisierung zur Voraussetzung . . ." Sein Schüler Irenäus Eibl-Eibesfeldt filmte überall auf der Welt typische Ausdrucksbewegungen des Menschen, wie sie z. B. bei Begrüßung, Abschied, Freude oder Angst auftreten. Er konnte nachweisen, daß diese Bewegungsformen in allen Kulturkreisen übereinstimmten.

Der Verhaltensforscher W. Wickler befaßte sich mit „Hybridisierungsschranken", d. h. Mechanismen, die verhindern, daß es zu Vermischungen verschiedener Arten kommt. Ihnen entsprechen die „Traditionsbarrieren". Er schreibt: „Als besonders wirksame Traditionsbarrieren zwischen Menschengruppen erwiesen sich verschiedene Sprachen. Benachbart lebende, aber ökologisch verschieden spezialisierte Gruppen (Fischer, Jäger, Bauern) unterscheiden sich sprachlich meist besonders stark" (Wickler/Seibt, 1977).

Der Stimmapparat des Menschen

Die Lautbildung erfolgt beim Menschen auf ganz andere Weise als beim Papagei. Die Zunge spielt eine wichtige Rolle.

Die primäre Aufgabe des Kehlkopfs war es ursprünglich, feste Stoffe von den Atemwegen fernzuhalten. Später kam die Fixierung des Brustkorbs durch Verschluß der Atemwege hinzu. Die auf Bäumen lebenden Primaten müssen präzise schließende Ausgangsventile haben, damit die Luft nicht aus den Lungen entweicht. Beim Menschen ist der Kehlkopf zu einem Stimmkasten geworden; das ursprüngliche Ausgangsventil finden wir bei ihm zu vibrierenden Stimmbändern umgewandelt. Außerdem ist der Kehlkopf im Laufe seiner Entwicklung tiefer in die Halsstrukturen abgesunken (Jonas, 1979).

Beim menschlichen Säugling kann wie beim Säugetier der dichte Verschluß des Atemweges stattfinden, weshalb der Säugling beim Trinken atmen kann, ohne sich zu verschlucken. Im ersten Lebensjahr beginnt das Heruntersteigen des Kehlkopfes (Portmann, zitiert nach Décsy, 1977).

Werden Laute vom menschlichen Kehlkopf allein produziert, dann hören sie sich stumpf und monoton an. Modifizierte Sprachlaute werden erst durch ein Zusammenwirken von Rachen, Mund, Lippen, Zähnen, Zunge, weichem oder hartem Gaumen und Nase mit ihren Nebenhöhlen möglich.

Die Fähigkeit, Laute zu bilden, entwickelt sich beim Menschen nach und nach. In seinen ersten Lebenstagen fehlen die rückwärtigen Vokale und die im vorderen Mundraum gebildeten Konsonanten. Schon früh werden beim Säugling Laute beobachtet, die seiner späteren Muttersprache fehlen, so z. B. der θ (th-)Laut, der in der deutschen Sprache nicht vorkommt.

Am Ende des 1. Jahres sind die wesentlichen Bedingungen für die menschliche Fähigkeit zu sprechen erreicht, wenn nämlich der Raum der Mundhöhle und der Raum der Nasenhöhle gemeinsam die Lautbildung gestalten. Der Nachteil ist, daß sich der Mensch nun „verschlucken" kann.

Der Durchschnittseuropäer spricht normalerweise mit dem Strom der Ausatmung. In einer afrikanischen Sprache konnten jedoch Konsonanten nachgewiesen werden, die während des Einatmens gebildet wurden und Bestandteile fortlaufender Rede waren.

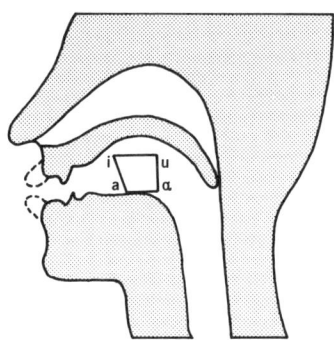

Zungenstellung bei der Artikulierung von Vokalen.

Die Stimmbänder des Kehlkopfes sind bei der Erzeugung der stimmlosen Konsonanten nicht beteiligt (p, t, k, s, z).

Das Psychologen-Ehepaar Hayes nahm das Schimpansenbaby Vicky in ihr Heim auf und erzog es wie ein menschliches Kind. Mühevoll, anfangs unter Formung von Lippen und Wangen, brachten sie ihm bei, vier menschliche Worte einigermaßen verständlich auszusprechen und drei davon stets sinnvoll anzuwenden. Nach 6 Jahren konnte der Schimpanse nur vier Worte sagen: „mama, papa" für die menschlichen Pflegeeltern, „cup" für Trinkgefäß und trinken und „up" für Huckepack-Aufsteigen. Mehr war nicht zu erreichen. Der Zoologe Rensch schreibt: „Heute wissen wir, daß dies vornehmlich bedingt war durch die von menschlichen Verhältnissen etwas abweichende Struktur von hinterer Zungenpartie, Wangenmuskulatur, relativer Luftröhrenlänge und Kehlkopfbereich und vor allem durch das Fehlen eines Zentrums für Sprachmotorik an einer Schläfenseite des Vorderhirns." So hatte es nahegelegen, Schimpansen zu dressieren, die Gesten menschlicher Taubstummensprache zu gebrauchen u. a. m. Rensch sagt: „Stets kam es soweit, daß relativ viele Wortsurrogate von seiten der Affen erlernt und sinngemäß verwendet wurden ... Gelegentlich ist nun zwar eingewendet worden, daß alle entsprechenden Erfolge lediglich durch Dressur zustandegekommen seien und nur auf der Intelligenz der Forscher beruhten. Doch diese

162

Bedenken sind nicht stichhaltig, denn auch menschliche Kinder werden von Eltern, Geschwistern und anderen Betreuern ‚dressiert‘, bestimmte Wörter auszusprechen, zu verstehen und sinngemäß anzuwenden." (Rensch, 1985)

Definition des Begriffs „Sprache"

Der Verhaltensforscher Klaus Immelmann sagt: „Der Begriff Sprache ist im Zusammenhang mit der Verständigung zwischen Tieren vielfach etwas leichtfertig benutzt worden. Mitunter hat man die tierlichen Lautäußerungen ganz allgemein oder sogar alle Formen der Kommunikation zwischen Tieren als ‚Sprache der Tiere' bezeichnet." In der modernen Verhaltensforschung ist dieser Begriff „Sprache" nur noch mit eingeschränkter Bedeutung zulässig: „Sie versteht unter Sprache eine Form der Kommunikation, die sich der Verwendung von Symbolen bedient, um Informationen über die Umwelt weiterzugeben. In diesem Sinne ist Sprache nicht an Worte oder überhaupt an Lautäußerungen gebunden, sondern kann sich auch anderer Arten nicht objektgebundener Informationsübermittlung bedienen." In diesem Sinne zählt also die „Tanzsprache" der Bienen als echte Sprache. Nur im Experiment entstanden ist die Zeichensprache, die Schimpansen beigebracht werden konnte. „Die Gemeinsamkeit zwischen der Tanzsprache der Bienen, der Zeichensprache des Schimpansen und der Wortsprache des Menschen liegt darin, daß durch die Verwendung von Zeichen eine Information auch in Abwesenheit des zugehörigen Objektes weitergegeben werden kann, d. h. daß die Nachrichtenübermittlung bei einer solchen Symbolsprache nicht an den Ort und an die Zeit des Geschehens gebunden ist." Die Bienensprache ist jedoch angeboren und stellt ein starres Codesystem dar, während die Zeichensprache des Schimpansen und die Sprache des Menschen jeweils individuell erlernt werden und durch Tradition (Überlieferung) weitergegeben werden müssen (Immelmann, 1982).

Als Paradebeispiel für ererbte Gebärdensprache wird häufig das Kopfschütteln an Stelle der Verneinung und das Kopfnicken anstatt einer Bejahung angeführt. Schon vor einem Jahrhundert beobachtete man, daß dieses Verhalten keineswegs allgemein menschlich sei, daß bei manchen Völkern Kopfnicken und -schütteln sogar die gegenteilige Bedeutung hätten. Man kann solche Abweichungen als bedingt durch Erziehung und Kultur deuten (Rosenkranz, 1971).

Auch in der Nachrichtentechnik wird der Begriff „Sprache" benötigt: „Sprechen ist ein Tun, ein Akt; Sprache ist die im Geiste behaltene Norm für die sinnfällige Gestaltungs- und Nachgestaltungsweise, ein geistiges Gebilde von systematisch geordneten Mitteilungs- und Erkennungszeichen" (v. Essen, zitiert nach Fellbaum, 1984). Fellbaum sagt: „‚Sprechen' und ‚Sprache' lassen sich besonders einfach auseinanderhalten, wenn man die Ausdrücke ‚Sprechakt' und ‚Sprachgebilde' verwendet" (Fellbaum, 1984).

Mit „artikuliert" ist nicht unbedingt eine klare Aussprache der einzelnen Laute gemeint; damit kann auch der „Gebrauch wiedererkennbarer Wörter in einer mehrgliedrigen sprachlichen Einheit" (Rosenkranz, 1971) gemeint sein.

Geisteswissenschaftliche Definitionen des Begriffs „Sprache" klingen anders. Mynarek schreibt: „Ein Vorzug der Wortsprache ist, daß sie Beweis und Vollendung der dem Menschen im Unterschied vom Tier eignenden Sachlichkeit des Erkennens ist ... Im Unterschied vom Tier ist der Mensch infolge seiner Fähigkeit zur Sachlichkeit potentieller oder tatsächlicher Wissenschaftler." Weiterhin stellt Mynarek fest: „Ein Vorzug der Wortsprache ist, daß sie Ausdruck, Beweis und Vollendung der dem Menschen im Unterschied vom Tier eignenden Fähigkeit zur zweckfreien, rein ästhetischen Einstellung der Wirklichkeit gegenüber bedeutet." Mit dieser „sachlichen" und „ästhetischen" Funktion der menschlichen Sprache hängt nach Mynarek eng ihre „kosmologische Funktion" zusammen, ja sogar eine „religiöstheologische" ... (Mynarek, 1967).

163

Die „Sprache der Tiere"

Die Geheimsprache der Schamanen ist häufig die „Sprache der Tiere", oder aus der Nachahmung von Tierschreien entstanden. „Zauberei" und „Gesang", besonders den Gesang als Nachahmung der Vogelstimmen, findet man häufig mit ein und demselben Wort bezeichnet. Das germanische Wort für den Zauberspruch lautet „galdr", es wird zusammen mit dem Verb „galan" für „singen" gebraucht, und zwar speziell auf die Rufe der Vögel angewandt. Die Sprache der Tiere ist in erster Stelle die der Vögel. Sie zu erlernen, bedeutet überall auf der Welt, die Geheimnisse der Natur zu kennen und damit auch prophezeien zu können. Der Schamane identifiziert sich mit dem Vogel in einer besonderen Tracht und im mystischen Flug (Eliade, 1957).

Bei den karibischen Akawaio-Indianern Guayanas verleihen der Tabak- und der Vogelgeist „Kumalak" (vermutlich ist eine Weihe, *Elanoides*, gemeint) dem Schamanen Flügel, Vogelflügeln ähnlich, worauf in den meisten dazugehörigen Gesängen angespielt wird. Obwohl „Kumalak" der Haupthelfer des Schamanen ist, singt der Schamane auch bisweilen, daß der Moriche-Papagei, die Venezuela-amazone *(Amazona amazonica)* ihn das schamanische Wissen lehre.

Die Schamanen der Kariña Venezuelas rufen durch jeweils einen bestimmten Gesang den Hilfsgeist, den sie benötigen; dabei genügt diesen Schamanen die akustische Imitation der Vogelgeister, um sich in sie zu verwandeln. Wenn der Schamane einen Hilfsgeist auswählt, nimmt er als Kriterium, wie gut dieser die Lautäußerungen anderer Tier- bzw. Vogelarten bis hin zur menschlichen Stimme nachahmen kann. Der Hilfsgeist wird sich dann in den anderen Vogel oder ein anderes Lebewesen verwandeln, so wie der Schamane selbst als Nachahmer auftritt, um sich in den gewünschten Hilfsgeist zu verwandeln. Kein Wunder also, daß unter den wichtigsten Vogelgeistern die der roten Araras *(Ara macao* und *Ara chloroptera)* und die der „Loro real" *(Amazona ochrocephala)* genannt werden.

Dieses gewissermaßen vereinfachte Verfahren wird allerdings aus der jüngsten Zeit berichtet, und zwar von „äußerlich sehr stark akkulturierten" Indianern (Zerries, 1977).

Der Ethnologe Otto Zerries, der 1954/55 an der Frobenius-Expedition nach Süd-Venezuela teilgenommen hatte, schrieb über seine Beobachtungen bei den Mahekodotedi am oberen Orinoco (Venezuela): „Die meisten der zwölf Zauberärzte . . . zählten 1954/55 auch verschiedene Hekula, d. h. Artgeister, aus der Vogelwelt zu ihren spirituellen Helfern, unter denen Alaliwa, der Hekula des Arapapageien, und Mayebuliwa, der des Tukan am häufigsten vertreten waren. Demgemäß ist beim schamanischen Tanz des Zauberarztes nach Einnahme narkotischen Schnupfpulvers die Seithalte der Arme als Nachahmung von Vogelschwingen eine der wichtigsten Stellungen, begleitet von bilabialen Trillern, die deutlich das Schwirren der Flügel wiedergeben. In mindestens sieben von 55 aufgenommenen Hekula-Gesängen werden dementsprechend Vogelgeister angerufen; am eindruckvollsten ist die Anrufung des Alalawa, des Ara-Hekula, mit der mehrfachen Imitation des für diesen Vogel typischen Schreies ’a’a’. Eine klare durchgängige Beziehung zwischen dem relativ spärlichen Federschmuck der männlichen Mahekodotedi und der von ihnen ausgeübten Geisteranrufung konnte nicht festgestellt werden. Indessen werden bei bestimmten Anlässen in die Oberarmbänder aus Baumwolle oder Vogelhaut lange rote Arafedern eingesteckt, so auch gelegentlich bei Anrufungen von Vogelgeistern" (Zerries, 1977).

Die Herkunft der „Sprache der Vögel"

Nach mehreren indianischen Mythen in verschiedenen Abwandlungen haben die Vögel ihre Gefiederfarben und ihre Stimmen von einer Schlange, deren Haut sie untereinander aufteilten. Diese große, bunte mythische Wasserschlange wird schließlich zum Regenbogen. In einer Version heißt es ausdrücklich, daß die Vögel der Schlange auch die Knochen abnahmen. Hierzu muß man wissen, daß die Anfertigung von Flöten aus den Knochen erschlagener Feinde in Südamerika weit verbreitet war. Und darum steht in manchen Übersetzungen dieser Mythe, die Vögel hätten so ihre „Flöte", d. h. jeweils ihre arttypischen Rufe erhalten (Zerries, 1954).

In einer Vilela-Mythe aus dem südöstlichen tropischen Amerika über die Farbe der Vögel kämpft ein Mann gegen ein Schlangenungeheuer. Wie abzusehen ist, daß der Mann verlieren wird, tun sich alle Vögel zusammen, um ihm beizustehen. Es heißt: „Sie gruppieren sich singend nach Familien, denn zu jener Zeit, so sagt man, war der Gesang die Sprache der Vögel, und alle Vögel konnten sprechen." Nach der Matako-Version über die Farbe der Vögel treten als Helfer wiederum Vögel auf, und zwar heißt es: „ . . . die Vögel, die damals Menschen waren . . ." (Levi-Strauss, 1964).

Auch in einer Kadiuéu-Mythe wird eine Verbindung zwischen Gefiederfarbe (die ein Artmerkmal ist) und dem Vogelnamen hergestellt; es geht wieder um die Erklärung: Wie die Tiere ihre Farben bekamen. Darin heißt es: „Damals hatten die Tiere" (die Vögel) „noch keine Farben. Sie waren alle weißlich. Bis heute sind ja ihre Jungen weiß" (helles Flaumgefieder) „und bekommen erst später Farbe". Die Kadiuéu (Caduvéo) lebten im Süden des Mato-Grosso-Gebietes. An anderer Stelle wird gesagt: Ein Arara „klopfte an das Haus der Frau. Als sie erschien, sagte er seinen Namen, damit sie wisse, mit wem sie es zu tun habe" (Baldus, 1958). Der Vogel stellt sich gewissermaßen vor; das tut er ja auch, wenn er seine typischen Laute äußert.

Der Europäer empfindet ebenfalls eine enge Verbindung zwischen der Welt der Menschen und der Welt der Vögel. Der Ethnologe Levi-Strauss schreibt: „Wenn die Vögel je nach der Art, zu der sie gehören, leichter als andere zoologische Klassen menschliche Vornamen erhalten, so deshalb, weil sie es wagen können, dem Menschen ähnlich zu sein, so sehr sie sich gerade von ihm unterscheiden. Die Vögel haben ein Federkleid, haben Flügel, legen Eier und sind auch physisch von der menschlichen Gesellschaft getrennt durch das Element, in dem sie

sich bewegen dürfen. Aufgrund dessen bilden sie eine Gemeinschaft, die von der unseren unabhängig ist, uns aber gerade wegen dieser Unabhängigkeit als eine Gesellschaft erscheint, die der unseren ähnlich ist: der Vogel ist freiheitsliebend; er baut sich ein Nest, in welchem er ein Familienleben führt und seine Jungen ernährt; oft unterhält er soziale Beziehungen mit den anderen Mitgliedern seiner Art; und er verständigt sich mit ihnen durch akustische Mittel, die an die artikulierte Sprache erinnern. Infolgedessen sind objektiv alle Bedingungen gegeben, um die Welt der Vögel als eine metaphorische menschliche Gesellschaft auffassen zu können . . . Diese metaphorische Beziehung, die man sich zwischen der Gesellschaft der Vögel und der Gesellschaft der Menschen vorstellt, geht jedoch mit einem Verfahren der Benennung einher, das seinerseits metonymischer Ordnung ist . . . Wenn man" im Französischen „Vogelarten Pierrot, Margot oder Jacquot tauft, entnimmt man diese Vornamen einem Vorrat, der zur Apanage der menschlichen Wesen gehört; die Beziehung der Vogelnamen zu den menschlichen Vornamen ist also die vom Teil zum Ganzen." Dagegen, so schreibt Levi-Strauss, bilden die Hunde „nicht nur keine unabhängige Gesellschaft, sondern sind, als ‚Haustiere', ein Teil der menschlichen Gesellschaft und nehmen darin einen so bescheidenen Platz ein, daß wir nicht auf den Gedanken kämen, wie einige Australier und amerikanische Indianer, sie wie Menschen anzureden, sei es nun mit Eigennamen oder mit Verwandtschaftsausdrücken" (Levi-Strauss, 1968).

Papageien als Wächter, Verräter oder Helfer

Die indianischen Mythen sind mündlich überliefert worden. Die verschiedenen Mythenerzähler haben sie unterschiedlich ausgeschmückt oder ergänzt.

„Alle Tiere", schreibt der Ethnologe Koch-Grünberg, „ . . . können menschlich redend und handelnd auftreten, wobei aber ihre tierische Natur, Eigenschaften, die der Indianer täglich vor Augen hat, immer wieder durchdringen." (Koch-Grünberg, 1916)

Wächter

Finsch wies 1867 darauf hin, daß in Menschenhand gehaltene Papageien ihren Pfleger sehr gut von Fremden unterscheiden könnten, „und bei Annäherung letzterer gewöhnlich ein lautes Gekreisch erheben" (Finsch, 1867/68).

Der Historiker Peschel erzählt von einem Überrumpelungsversuch der Spanier unter Nicuesa und Hojeda 1509, an der Landenge von Darien, durch 400 Bewaffnete: „Sie brachen in der Nacht auf, teilten sich in zwei Haufen und näherten sich von verschiednen Seiten dem Dorfe Yurbaca. Die Cariben, welche sich ihrer Feinde entledigt zu haben glaubten, ahnten kein Unheil, wohl aber verrieten die wachsamen Guacamaya's in den Wipfeln der Bäume den Marsch der Spanier und auf das Geschrei der aufgestörten Papageien suchten die Indianer sich ins Freie zu retten." Das half ihnen freilich nichts, denn sie gerieten in einen doppelten Hinterhalt (Peschel, 1858).

Der Expräsident von Goyaz Couto de Magalhâes berichtete von seiner Reise an den Araguaya des Jahres 1865: „Verschiedene Herden Aras" – und er betonte, es müßte richtigerweise Aráras heißen – „flogen über uns weg, und bei dieser Gelegenheit erzählte man mir, daß die Indianer in der Gegend dos Araés den Glauben haben, die Araras würden sie durch Fliegen und Schreien über ihnen benachrichtigen, wenn ihre Dörfer von unseren Leuten angegriffen werden sollten" (Magalhâes, 1876).

Richard Schomburgk erzählte in seinem Bericht über seine Reisen in den Jahren 1840–44 in Britisch-Guayana von einer Begegnung mit Warrau-Indianern: „Als ich mich der Gruppe genähert, setzte mich der panische Schrecken, den mein Erscheinen unter den Frauen, Kindern, Affen, Hunden und Papageien hervorrief, in nicht geringes Erstaunen; alles suchte anfänglich die Flucht zu ergreifen, während die Männer stürmisch auf mich eindrangen und mir ihre Tauschartikel anbo-

ten . . ." (Schomburgk, 1847/48). Die Papageien verhielten sich wie die Frauen und Kinder.

Sein Bruder Robert Hermann Schomburgk hatte Guayana einige Jahre zuvor bereist und berichtete von seinem Besuch in einem Makuschi-Dorf: „Welcher Aufruhr aber entstand, als sie meiner ansichtig wurden. Die Kinder rannten kreischend davon, Vögel und Papageien folgten und bellende Hunde zeigten den besten Willen mich anzugreifen . . . Obgleich meine indianischen Begleiter den Hunden und Papageien ebenso fremd waren, als ich, so zeigten sie doch keine Unruhe, wenn diese auf sie zugingen; wurden wir aber von ihnen gesehen, dann war der Lärm der Vögel und andern Tiere beinah unerträglich" (Schomburgk, 1841).

Als der Ethnologe Koch-Grünberg im Jahre 1903 die Kobéua-Indianer besuchte, freundete er sich in einem ihrer Dörfer schnell mit den Bewohnern an, er erzählte darüber: „Wir balgten uns mit den jungen Männern herum, scherzten mit den Frauen und Mädchen, spielten mit den kleinen und kleinsten Kindern. Selbst die mannigfachen Haustiere, Hunde, Affen und Papageien waren bald so zutraulich zu uns, als wenn wir zur Familie gehörten" (Koch-Grünberg, 1909/10). Die Papageien wurden zutraulich, als die Besucher sich nicht mehr wie Fremde benahmen.

Schulz-Kampfhenkel schilderte, wie er 1935 mit seiner Amazonien-Expedition in ein Aparai-Dorf kam: „Jetzt öffnet sich vor uns ein weiter, freier Platz, hochgewölbte, palmstrohgedeckte Hütten. Im gleichen Augenblick setzt ohrenbetäubendes Krächzen unzähliger zahmer Araras und Papageien ein, die wie bunte Flecken im Grün der Bananenbüsche und Sträucher als gefiederte Wächter der Waldmenschen am Rand des Urwaldes sitzen. Wie ausgestorben liegt das Dorf." Die Bewohner hielten sich in ihren Hütten verborgen und kamen erst heraus, als der Häuptling rief (Schulz-Kampfhenkel, 1938).

Selten richteten die Reisenden ihr Augenmerk so sehr auf die Heimtierhaltung der Indianer, wie das Emil Heinrich Snethlage tat, als er im Jahre 1933 zu den Moré-Indianern am unteren Guaporé reiste; der Guaporé ist

Arara mit erhobenen Flügeln. Bleistift-Zeichnung eines Kayabi-Indianers von 1966 (vgl. Abb. S. 36). Aus Grünberg, 1970.

ein Quellfluß des mächtigsten südlichen Nebenflusses des Amazonas, des Madeira. Snethlage verleugnete in seinem ethnologischen Reisebericht „Atiko y" nicht, daß er auch Ornithologe war, er erzählte: „Am 6. Oktober kann ich meine Führer bewegen, einen mir noch unbekannten Pfad einzuschlagen. Allerdings läuft einer von ihnen voraus, um meinen wahrscheinlich unerwarteten Besuch anzumelden. Ich bin auch nicht gerade langsam, und so höre ich noch, wie er sich durch Blasen auf einer Tute anmeldet. Sowie ich vor der Hütte auftauche, kreischt einer der großen roten Araras laut auf. Der Wächter ist außer sich und möchte mich am liebsten anfallen. Er schreit dabei, als ob er am Spieße stäke. Frauen und Kinder sind im letzten Augenblick davongelaufen ... Am 10. Oktober befinde ich mich wieder in dem Hause von Karapakara. Ich sehe, daß ich dieses Mal rechtzeitig angemeldet bin ... Die Haustiere: zwei Wildhühner, zwei Tauben und fünf kleine Papageien sind in ihre Käfige bzw. Körbe gesteckt worden. Der große rote Arara ist von seinem Platz verschwunden."

Snethlage bestand darauf, weitere Häuser sehen zu dürfen. Schließlich wurde er hingeführt, durfte herumgehen und fotografieren. Er erzählte: „Die Araras ..., die mich bereits mit großem Lärm empfangen haben, sind noch immer nicht zu beruhigen; sie lassen sich sogar vom Baum herunterfallen und gehen mit ihren Schnäbeln auf mich los. Sie sind ihren Herren nicht nur treue Wächter, sondern versorgen sie auch noch mit ihren prachtvollen und verschiedenfarbigen Federn für Pfeilbefiederung und Schmuck. So gerupft ist der

eine, daß ich seine Artzugehörigkeit nicht erkennen kann. Der andere ist besser im Stande, doch sind auch ihm die meisten Schwanzfedern geraubt worden. Ein großer Mutumvogel ist in einem ganz engen, aus Stäben gebildeten Käfig untergebracht. Eine ganze Anzahl von kleineren Papageien läuft frei umher und auch zwei Tauben führen hier ein beschauliches Dasein. Alle diese Tiere sind jung aus den Nestern genommen und mit Sorgfalt aufgezogen worden." Als die Indianer Snethlage endlich überall herumführten, wurde ihm erst richtig klar, welche Wächterfunktion die Araras tatsächlich hatten. Er schreibt: „Jetzt erst fällt mir auf, daß jede Wohnung durch mehrere Araras bewacht wird; denn es ist mir unmöglich, wirklich überraschend einzutreten" (Snethlage, 1937).

Noch im Jahre 1968 erlebte Ridgwell auf seiner Reise in Guayana in einer abgelegenen Indianerniederlassung, wie zwei Araras auf den Türpfosten einer Hütte bei ihrem Nähertreten kreischten und erregt mit ihren „leuchtend gefärbten" Flügeln schlugen (Ridgwell, 1972).

Viele Indianerstämme, z. B. die Moré, hielten bewußt Papageien als Wächter in ihren Hütten. Daneben findet man bei den Indianern auch andere Vögel als zuverlässige Wächter, so auch Hähne, seit die Indianer von den Europäern Hühner (Hausgeflügel) bekommen haben, die von den Indianern freilich als Heimtiere, nicht als wirtschaftlich nutzbare Haustiere geschätzt werden (Latocha 1982). Zu den Wächtern gehören manchmal auch Trompetervögel *(Psophia)*, die, laut dem brasilianischen Ornithologen deutscher Abstammung H. Sick, sehr zahm werden. Er schreibt: „Sie erkennen fremde Menschen und melden sie mit lautem Gekecker" (Grzimek, 1976).

Verräter

Die Rolle des Wächters fiel den Papageien in der Realität also tatsächlich zu. Hinzu kamen die Erfahrungen, welche die Indianer mit dem „Sprechen" dieser Vögel machten. So wurden Papageien in Mythen gelegentlich als Verräter eingesetzt.

In einer Kamaiurá-Mythe (Xingú-Indianer) lebte im „Dorf der Sonne" ein Papagei, welcher dem Mond gehörte. Während der Abwesenheit von Sonne und Mond wurden deren Ehefrauen sowie alle Araras gestohlen, von Vanivaní, dem „Meister der roten Araras". Gleich darauf meldete der Papagei den Diebstahl. Er rief laut: „Mein Onkel, Vanivaní hat deine Frau mitgenommen." Er wiederholte es andauernd, bis Sonne und Mond ihn hörten und zurückkehrten. Dann sagte der Papagei: „Euer Freund war hier und nahm euere Frauen mit; ich weiß nicht, warum sie mit ihm gingen" (Villas-Boas, 1975).

In einer Warrau-Mythe verrät ein Papagei seinen Herren „Haburi", der eine heimliche Reise (Flucht) vorbereitet: „Bevor er das Haus verließ, gebot er den Pfosten, ihn nicht zu verraten, denn in jenen Tagen konnten die Hauspfosten sprechen, und wenn der Eigentümer abwesend war, konnte ein Besucher von ihnen erfahren, wo er sich aufhielt. Es war aber auch ein Papagei in dem Hause, und Haburi vergaß völlig, ihm Schweigen aufzuerlegen. Als nun die alte Frau nach einiger Zeit Haburi vermißte, ging sie ins Haus, um ihn zu suchen. Sie fragte die Pfosten, sie blieben stumm. Der Papagei aber verriet ihn" (Karlinger, 1982).

In einer Bororo-Mythe schneiden hartherzige Kinder der Großmutter und einem zahmen Arara die Zunge heraus, damit ihr Diebstahl nicht verraten würde (Levi-Strauss, 1964). Nur der zahme Papagei kann Verräter sein. – In einer Tukuna-Mythe verwandelt sich eine Frau in einen Papagei, „der so geschwätzig war, als sei er gezähmt worden" (Levi-Strauss, 1964).

Eine Indianermythe aus dem Xingú-Gebiet (Zentralbrasiliens) handelt von der Ehe eines Mannes mit der Tochter des wohlwollenden Dämons, der als Herr des Jagdwildes gilt; das Paar lebte im Dorf des Mannes: „Sie hatten ein Kind, das erhielt nur des Nachts Menschengestalt, am Tag war es ein junger Periquito" (kleiner Papagei). „Einmal gingen beide Eltern zusammen aus und baten die Mutter, sie möchte dem Vogel, wenn er Hunger habe, etwas Bananenbrei geben. Als aber der Periquito nach Nahrung schrie, schlug die Mutter des Mannes ein paarmal mit der Hand nach ihm und schalt ihn aus. Sobald die Eltern zurückkamen, erzählte ihnen der Periquito die Mißhandlung." In diesem Falle verrät der Papagei die Mißhandlung, die ihm selbst widerfahren ist. Diese schlechte Behandlung wird in der Mythe mißbilligt, ja sie wird sogar bestraft: Die Schwiegertochter verläßt mitsamt ihrem Kind das Dorf und ihren Mann (Nimuendajú, 1919–20).

Helfer

In den südamerikanischen Mythen tritt der Papagei nicht immer als Verräter auf. Nachdem die Frau eines Ogers (Menschenfressers) dessen Opfer vom Rost gerettet und versteckt hatte, während der Oger Holz zum Feuermachen holte, fragte der zurückgekehrte Oger erst vergeblich seine Frau, dann seinen Papagei, der aber, von der Frau bedroht, schwieg (Zerries, 1954).

In einer Quichua-Fabel über den Fuchs Atoj, der zur Strafe auf einer Wolke zurückgelassen worden ist, spielen aufmerksame Papageien die Rolle von Helfern. „Der arme Atoj lief den Rand der Wolke entlang, um zu sehen, wie weit es bis zur Erde hinunter sei. Er lief von einer Seite zur andern und klagte über sein Los mit langgezogenen Lauten, so daß ihn einige Papageien hörten, die nicht weit weg waren. Und da sie wissen wollten, was mit Atoj los sei, flogen sie hin, um ihm zu helfen" (Karlinger/Zacherl, 1976). Interessant sind die „langgezogenen Laute", durch welche die Papageien auf die gleiche Weise angezogen werden wie durch das Angstgeschrei eines Artgenossen. Wenig später „umschwirrte" Atoj ein „Schwarm von Papageien". Hinter dieser Szene stehen also genaue Vogelbeobachtungen.

In einem Maué-Märchen wird der Arara zusammen mit dem Sittich und der Cutia als Wächter eingesetzt: sie bewachen einen „Kastanienbaum" (Paranuß-Baum, *Bertholecía*) (Karlinger/Zacherl, 1976).

In einer anderen Mythe, die aus dem Xingú-Gebiet stammt, tritt der sprechende Papagei als Helfer auf, indem er dazu benutzt wird, irreführende Informationen weiterzugeben. Diese Mythe wird uns von Nimuendajú überliefert; ich gebe hier nur die den Papagei betreffende Stelle wieder und ersetze den Namen des gefährlichen Dämons jedesmal durch die (von Nimuendajú ebenfalls gebrauchte) Bezeichnung „Ungeheuer": „Da beschlossen die beiden, das Ungeheuer zu töten. Die Frau machte Kaschiri (ein alkoholisches Getränk) und vermischte ihn mit roher Mandioka (roh ist sie giftig). Dann lehrte sie ihren zahmen Papagei, was er dem Ungeheuer zu antworten habe, und versteckte sich mit dem Knaben unter einem großen Topf in der Hütte. Das Ungeheuer hatte beschlossen, die Frau und den Knaben an diesem Tag zu töten. Er kam von der Jagd zurück und warf stöhnend seine Beute – wieder einen toten Indianer in Wildschweingestalt – auf den Vorplatz. Dann fragte er den Papagei, wo die Frau sei. Dieser antwortete, sie sei in die Pflanzung gegangen, um Bataten zu holen, aber sie habe Kaschiri für ihn gemacht, den er versuchen solle. Da füllte das Ungeheuer eine mächtige Cuia und trank sie aus; der Kaschiri schmeckte ihm. Dann ging er in die Pflanzung, die Frau zu suchen. Er fand aber keine Spur von ihr und kehrte zurück, um den Papagei auszufragen. Der aber antwortete, er habe die Frau nur deshalb nicht gefunden, weil die Pflanzung sehr groß sei, er solle nur warten, bis sie zurückkomme und unterdessen Kaschiri trinken. Da trank das Ungeheuer eine zweite Cuia voll Kaschiri und ging dann abermals die Frau suchen, aber er fand sie ebensowenig. Er wurde betrunken und taumelte wie ein Jaguar brüllend hin und her. Als er zurückkam, fuhr er den Papagei an, warum er ihn belogen habe; die Frau sei gar nicht in der Pflanzung, und er solle gestehen, wo sie versteckt sei. Der Vogel bestand aber darauf, sie sei Bataten holen gegangen, er habe sie nicht gefunden, weil er schon betrunken sei, und solle nun noch mehr trinken, damit er wieder zu Verstand komme. Da trank das Ungeheuer abermals eine Cuia voll Kaschiri aus und ging suchen, aber immer vergebens.

Als er zurückkam, hatte er die Gestalt eines schwarzen Jaguars. Er wälzte sich wütend auf dem Vorplatz des Hauses, denn er hatte nun schon erkannt, daß man ihn mit roher Mandioka vergiftet hatte. Er befahl dem Papagei, vom Hausgiebel herunterzukommen, damit er ihn für seinen Verrat bestrafen könne, aber der Vogel lachte ihn aus. So blieb schließlich das Ungeheuer auf dem Vorplatz liegen und verendete. Der Papagei kletterte nun von seinem Sitz herab und biß ihn in die Lippen, in die Ohren..., aber er regte sich nicht mehr. Da rief er die Frau, und diese kam mit ihrem Knaben unter dem Topf hervor..." (Nimuendajú, 1919–20).

Dieser Teil der Mythe ist in wichtigen Punkten auf realistischen Beobachtungen des Verhaltens zahmer Papageien aufgebaut. Das „Sprechen" des Papageis besteht im wesentlichen aus den Wiederholungen „Frau in Pflanzung", „Bataten holen" und „Trink Kaschiri". Die Begründungen und Erklärungen, die der Papagei angeblich dazuhin gibt, sind nicht als Information für das „Ungeheuer" in der Geschichte notwendig, sondern dienen dem besseren Verständnis der Geschichte bei den Zuhörern. Der Papagei sitzt unerreichbar auf dem Hausgiebel, einem beliebten Sitzplatz zahmer Papageien, und er folgt nicht dem Befehl des Menschen, der nicht sein Herr ist. Dem toten Ungeheuer beißt er dann in die Lippen und Ohren, sicherlich zur Erheiterung der Zuhörer, denn weniger fest beißt der zahme Papagei seinen menschlichen Kumpan in Lippen und Ohren. Vollends realistisch ist, daß der zahme Papagei den Namen seiner Besitzerin ruft.

Mythen unterliegen den Regeln und der Problematik der mündlichen Überlieferung. Die folgende Karajá-Mythe orientiert sich weit weniger an den realistischen Möglichkeiten eines Papageis; es geht um die Sicherung einer Flucht, der Papagei tritt wieder als Helfer auf. Die betreffende Stelle der Mythe lautet: „Die Frau beschloß, mit ihrem Kinde zu fliehen. Vor ihrem Weggange sprach sie zu ihrem Papagei: ‚Wenn der Vater kommt und nach mir fragt, so sage, ich sei beim Wasserholen; kommt er wieder, so sage, ich sei beim Holz- oder Früchtesuchen!' – So geschah es. Der Mann wurde von dem Papagei so lange hingehalten, bis die Frau weit entfernt war. Endlich aber merkte er den Betrug, riß wütend dem Vogel die Federn aus, der höhnisch ausrief: ‚Jetzt weiß ich, daß du kein Mensch, sondern ein Piraruku bist!', und eilte seinem Weibe nach" (Koch-Grünberg, 1920). Der Ethnologe Koch-Grünberg nennt diese Mythe ziemlich zusammenhanglos, sie sei „augenscheinlich darauf berechnet, der Phantasie jedes Erzählers einigen Spielraum zu gewähren" (Koch-Grünberg, 1920). Der Erzähler dieser vorliegenden Version greift nicht anders zu Übertreibungen, als es viele Europäer in ihren Berichten über phantastische Sprechleistungen ihres Papageis bis in die jüngste Zeit hinein getan haben. Der Piraruku ist nach Koch-Grünberg ein Wels (*Sudis gigas* Cuv.) (Koch-Grünberg, 1920).

Der Papagei (Sittich) aus einer Kamaiurá-Mythe ist nicht hilfsbereit solchen Menschen gegenüber, die ihn schlecht behandelt hatten, als er aufgewachsen war: Sie hatten ihn nämlich nicht füttern wollen, ihn statt dessen mit dem Fuß gestoßen, ihn aus dem Haus geworfen. Die Tierquäler finden den Tod, weil der Papagei ihnen nicht hilft. In der Mythe werden diese Mißhandlungen, die offenbar in der Realität bei den Indianern vorgekommen sind, auch durch die Erzählweise mißbilligt. Es handelt sich aber nur um einen kleinen Abschnitt aus der ganzen Mythe (Villas Boas, 1975).

Heimtierhaltung in der indianischen Überlieferung

In einer Apinayé-Mythe finden wir Einzelheiten, die auf tatsächliche Praktiken der Heimtierhaltung von Papageien weisen: „Einmal ging die Sonne jagen und fand in einem Nest zwei junge Papageien. Sie nahm sie mit, um sie zu Hause aufzuziehen. Sie wählte den Papagei mit dem dichteren Gefieder und gab den anderen ihrem Gefährten, dem Mond. Sie gaben den kleinen Vögeln Nahrung, setzten sie auf ihre Finger, wenn sie von der Jagd zurück-

kamen, und lehrten sie sprechen" (Karlinger/ Zacherl, 1976). Da Sonne und Mond bei diesen Indianern beide männlich sind, können wir annehmen, daß die Apinayé-Männer nach getaner Arbeit gerne mit Papageien spielten, und daß auch sie den Papageien das „Sprechen" beibrachten, in voller Absicht, und die Vögel hierzu eigens auf ihre Hand setzten. Amüsant ist bei dieser Erzählung, daß man durchaus zu unterscheiden wußte zwischen schöneren und weniger schönen Exemplaren, und daß der Stärkere sich den schöneren Vogel nahm.

Für die Indianer steht das Zähmen von Papageien in engster Beziehung zum „Sprechen" dieser Vögel. So heißt es in einer Tukuna-Mythe über einen Papagei, der eine verwandelte Frau war: Dieser Papagei sei so geschwätzig gewesen, als sei er gezähmt worden (Lévi-Strauss, 1964).

Die Mythenerzähler über die Geschichte vom „Mann bei den Papageien" teilten ganz nebenbei Einzelheiten über die Praxis von Papageienfang und -haltung mit: Ein Indianer läßt sich während der Jagd von einem Gelbbrust-Arara *(Ara ararauna)* überreden, Flügel anzulegen und mit den Araras zu fliegen. Als sie am folgenden Tag zu einem Fruchtbaum aufbrechen, warnen die Gefiederten ihn: „Du mußt achtgeben! Iß die Früchte nicht von oben, sondern immer von unten. Setz dich nicht auf die Früchte! Denn oberhalb der Früchte liegt etwas sehr Gefährliches! Wenn du dich auf die Pekeí-Früchte setzt, wird das gefährliche Ding dich packen, du mußt immer von unten essen." Das gefährliche Ding war eine Vogelfalle. Aber der verwandelte Mensch war nicht vorsichtig genug und ließ sich fangen. Der Erzähler fährt fort: „Der Ararauna, der den Menschen mit zu sich nach Hause eingeladen hatte, kreiste über dem gefangenen Menschen-Ararauna. Von oben beriet er den Gefangenen: ‚Beiß sie nicht, laß sie dich anfassen! Sonst bringen sie dich um!' Da biß der Menschen-Ararauna die Menschen nicht, er erlaubte ihnen, ihn anzufassen. ‚Beiß sie nicht, mein Freund!' Einer von den Menschen nahm den Menschen-Arara in die Hand, setzte ihn auf seinen Finger, der Menschen-Arara ließ das alles mit sich geschehen, er benahm sich ganz, ganz zahm. Die Menschen nahmen ihn mit ins Dorf. – Am nächsten Tag kam der freie Ararauna, seinen gefangenen Freund im Dorf der Menschen zu besuchen. Die Menschen hatten dem Gefangenen die Flügel und den Schwanz abgeschnitten" (Münzel, 1973).

In dieser Tarakuái-Juca-Fassung wird der Gelbbrust-Arara „Ararauna" genannt. Es handelt sich aber um eine Übersetzung ins Deutsche. In den Indianersprachen, aus denen der Name „Arara-una" herstammt, bezeichnet er dagegen – entsprechend seiner Bedeutung „schwarzer Arara" (una = schwarz) – den Hyazinth-Arara *(Anodorhynchus hyacinthinus)*.

Der echte Gelbbrust-Arara aus der Mythe riet dem verwandelten Menschen, laut dem Berichterstatter, den anderen gefangenen Papageien die Federn auszureißen, damit seine abgeschnittenen wieder nachwachsen könnten. In der Moipú-Tewé-Fassung der Mythe wurden dagegen dem gefangenen Menschen-Arara selbst die Schwung- und Schwanzfedern ausgerissen; und so können Federn tatsächlich nachwachsen. In der Moipú-Tewé-Fassung heißt der Vogel auch richtig „Kaniné".

Die Tochter des Häuptlings bekam den gefangenen Arara: „Als die Eltern des jungen Mädchens aufs Feld gegangen waren, setzte sich das Mädchen in der Hängematte auf und aß von seinem" Essen. „Da kam der gefangene Ararauna angeflogen, setzte sich auf die Schulter des Mädchens und pickte an dessen" Essen. Er gab sich ihr zu erkennen und wurde zu ihrem Liebhaber.

In der Moipú-Tewé-Fassung hat der Erzähler eine pädagogische Belehrung eingefügt: Der Menschen-Arara beschwert sich, daß er schlechtes Wasser zum Trinken bekommen habe, und sagt zu dem Mädchen: „Du darfst mir kein schmutziges Wasser mehr bringen, sondern nur noch sauberes, klares Wasser."

Und so geht die Erzählung über den Menschen-Arara weiter: „Wenn die Leute aus dem Haus gingen, zog er die Federn aus und wurde zu einem Menschen. Wenn sie dann wieder zurückkamen, zog er die Federn wieder an ... und saß als zahmer Ararauna auf der Hängematte des Mädchens."

Endlich waren seine Federn nachgewachsen. In der Tarakuái-Juca-Fassung heißt es: „Der gefangene Ararauna stieg hoch hinauf in die Luft und flog davon. Er setzte sich am nahen Waldrand nieder auf einem Baum. Sein Besitzer kam ihm nachgelaufen. Da flog der Gefangene erneut hoch, er flog hoch hinauf in die Luft. Er schlug heftig mit den Flügeln, er schwang sich hinauf in die Luft, er war frei! Er flog davon, weit, weit, weit." Zu Beginn seines Flugs halfen ihm die freien Gelbbrust-Araras, bei denen er gelebt hatte. Die Aufforderung, davonzufliegen, war von seinem Ararafreund gekommen.

Ähnlich beginnt dieser Teil der Geschichte in der Moipú-Tewé-Fassung: Der Menschenarara fliegt aufs Dach. Sein „freier" Ararafreund fordert ihn auf, fortzufliegen: „Der freie Kaniné flog voraus und setzte sich dann auf einen Baum, um den anderen Kaniné zu erwarten. Als der kam, flog er wieder ein Stück weiter, bis der andere nachkam, und dann immer so weiter. Das Mädchen sah, wie der Kaniné davonflog. Traurig sagte es zu seinem Vater: ,Er ist fortgeflogen!' ,Da kann man nichts machen', antwortete der Vater", der das Geheimnis nicht kannte, also eine realitätsbezogene Antwort gab.

Zum Abschied gab der echte Arara seinem Freund, der nun wieder als Mensch in seinem Heimatdorf leben wollte, seine Schwanzfedern, die er sich ausriß. In der Moipú-Tewé-Fassung wurde er sogar von der Arara-Gemeinschaft mit vielen Federn beschenkt.

Die Geschichte endet als Mythe, sie ist eine Mythe. Aber sie wird vom Erzähler der Tarakuái-Juca-Fassung auch benutzt, um eine pädagogische Ermahnung anzubringen, wenn er den Helden die Lehre ziehen läßt: „Jetzt werde ich nie mehr einen Ararauna töten, ich werde nie mehr einen Ararauna ärgern" (Münzel, 1973). Vor allem das Versprechen, keinen Arara mehr zu ärgern, ist vielsagend, weil in der ganzen Mythe sonst nie davon die Rede gewesen ist.

171

Die beiden Mythenfassungen machen folgende Angaben über die Praxis der Ararahaltung bei den betreffenden Indianerstämmen:

○ Diese Indianer fingen Araras mit Fallen (Schlingen?), wenn die Vögel auf Bäumen Früchte fraßen.

○ Sie hatten die Erfahrung gemacht, daß Artgenossen über einem gefangenen oder verletzten Vogel kreisten, ja daß ein Arara den vermißten Partner noch lange Zeit suchen flog.

○ Nur die weniger bissigen Exemplare wurden für die Heimtierhaltung am Leben gelassen, vermutlich waren das kurz zuvor ausgeflogene Jungvögel.

○ Ein beliebter Platz des zahmen Araras war die Hängematte seines Besitzers (bzw. seiner Besitzerin).

○ Zum Fressen kam er gerne auf die Schulter seines Menschen, zweifellos, um ihm den Bissen aus dem Mund zu nehmen.

○ Verbreitete Fehler bei der Ararahaltung waren Nachlässigkeit beim Trinkwasser für den Vogel und tierquälerisches Verhalten.

○ Gelegentlich kam es vor, daß ein zahmer Vogel davonflog, weil er sich von einem Schwarm Artgenossen mitreißen ließ.

○ Federrupfen wurde nicht negativ bewertet. Vielmehr erscheint es in dieser Geschichte quasi als „Freundschaftsdienst", von seiten des Gerupften! Der Indianer hatte keine Probleme damit, seine Zuneigung für die zahmen Vögel mit der rauhen Sitte des Federrupfens (für den kulturellen Schmuck) in Einklang zu bringen.

Die Ethnologin H. Matthäi schreibt: „Die Bezeichnung ‚Federschmuck' ist etwas fragwürdig, da es sich streng genommen nicht um ein der Verschönerung dienendes Attribut handelt, sondern um kultische und symbolische Ausdrucksformen" (Matthäi, 1977).

Der Aturen-Papagei

Humboldt besuchte auf seiner Reise am Orinoco die Grabstätten des, nach der Sage durch Kariben, ausgerotteten Indianervolkes der Aturer. Er vermutete, daß die Aturer erst später ausstarben, denn, so schrieb er im Jahre 1807: „In Maipures (ein sonderbares Faktum) lebt noch ein alter Papagei, von dem die Eingeborenen behaupten, daß man ihn darum nicht verstehe, weil er die Sprache der Aturer rede" (Humboldt, 1849). Finsch vermutete, daß dieser Papagei, den Humboldt im Dorf Maypures am Orinoco sah, zu seiner Zeit 40–50 Jahre alt war. Dieser Bericht beeindruckte die Europäer noch lange.

Humboldts Freund Ernst Curtius, der Erzieher Kaiser Wilhelms I., machte auf den „Aturen Papagei" ein romantisches Gedicht, das noch Brehm in seinem „Tierleben" größtenteils wiedergab (Finsch, 1867/68).

Hier seien nur wenige Zeilen dieses berühmten Gedichts wiedergegeben:

Der Aturen allerletzter
Trauert dort der Papagei
Durch die Lüfte tönt sein Schrei
Ach die Knaben, die ihn lehrten
Ihrer Muttersprache Laut,
Und die Frauen, die ihn nährten
. . .
Alle liegen sie erschlagen
. . .
Und mit seinen bangen Klagen
Hat er keinen aufgeweckt
Einsam ruft er, unverstanden,
In die fremde Welt hinein
. . .

Zwar wird der „Aturen-Papagei" in diesem Gedicht wie ein Mensch behandelt, d. h. er wird „vermenschlicht", dahinter stehen jedoch auch richtige Beobachtungen. Ein zahmer Papagei leidet unter dem Verlust seines (seiner) Menschen genauso wie der wilde Papagei oder Zuchtvogel unter dem Verlust seines Partners. Die Vogelpfleger sagen dazu: er „trauert". Bekannt war schon zu Humboldts Zeiten, daß bejagte Papageien nach der ersten Flucht zum abgeschossenen Partner zurückkehrten. Die Jäger sprachen dann mitunter vom „klagenden" Geschrei des Vogels, der seines Partners beraubt war. Die letzten beiden zitierten Zeilen freilich klingen sentimental. Mit Anklang an die „unverstandene Kreatur" könnten sie eine sentimentale Vermenschlichung aus heutiger Zeit sein.

Sprechende Papageien in Menschenhand

Handel, Fang, Aufzucht

Jagd

Die Fähigkeit der Indianer, Vogelnester auszuspähen, beruht auf ihren Naturkenntnissen und ihrer guten Beobachtungsgabe.

Der Ethnologe Farabee, der in den Jahren 1913–1916 an einer Expedition zu den Kariben im Süden von Britisch-Guayana und Norden Brasiliens teilgenommen hatte, schrieb: Er habe nie eine Überlegenheit ihrer Sinne über die unseren bemerkt. Daß sie mehr Wild sähen und ergatterten, liege nur daran, daß sie besser trainiert seien, danach Ausschau zu halten. Die Sinnesschärfe sei weitgehend eine Frage der Aufmerksamkeit. Da gehe man hinter einem Indianer auf einem Pfad, plötzlich bleibe er stehen, man selbst habe nichts gehört oder gesehen, er aber deute durch das Blätterwerk auf die Spitze eines großen Baumes und flüstere: „Ein grüner Papagei." Dann sehe man tatsächlich einen Vogel, denke aber, es könnte sich genausogut um eine Krähe handeln. Und man bewundere die wunderbare Sehkraft des Indianers. Aber weit gefehlt! Er hatte nämlich im Vorbeigehen die frisch herabgeworfenen Fruchtreste oder -schalen bemerkt. Er weiß, daß bestimmte Papageien diese Früchte fressen, er schaut hoch und sieht einen fressenden Vogel (Farabee, 1924).

Traditioneller Fang durch Eingeborene

Die Ureinwohner Südamerikas besaßen vor der Ankunft der Europäer nur Steinwerkzeuge. Mit einem Steinbeil konnten sie auch große Bäume fällen. Freilich war das, vergli-chen mit den importierten Hilfsmitteln, besonders mühselig. Für die Indianer stellte eine Stahlaxt oftmals eine Versuchung dar, einen Baum mit begehrten Früchten oder Vogeljungen einfach umzuhauen, da es doch so leicht ging (Richter, 1982). Besonders negativ

Fruchternte ca. 1550 durch Tupinamba-Indianer und Papageien, welche Fleisch und Federn liefern. Aus Thevet, 1558.

173

wirkte es sich aus, wenn Indianer sich von ihren traditionellen Werten entfernten, welche den Schutz der Natur, besonders auch von Bäumen, garantierten.

Wie wir aus den indianischen Mythen erfahren, in denen die Episode des Vogelnestaushebers enthalten ist, mußte er zum Nest hinaufklettern: in einer Sherenté-Mythe z. B. an einer Stange hinauf (Lévi-Strauss, 1976).

Die Indianer entwickelten zahlreiche Klettermethoden. Das entnehmen wir z. B. einem Bericht Hensels aus dem Jahre 1869 über Indianer Süd-Brasiliens: „Sie besteigen die hohen, astlosen Stämme dieser Bäume, indem sie die Füsse durch eine biegsame Schlingpflanze oder einen Strick, etwa von der Ausdehnung eines langen Schrittes, verbinden, und außerdem noch ein entsprechend langes Stück des Strickes um den Stamm schlingen, das sie an beiden Enden mit den Händen fest halten" (Hensel, 1869). Die Kaingáng-Indianer erstiegen die Bäume mit Hilfe von Lianen, oder sie fertigten zwei Schlingen aus Rindenbast, die sie um den Stamm und die Hüfte bzw. um die Füße herumführten. Der Kletternde stieg Zug um Zug auf, indem er seinen Schwerpunkt verlagerte (Kühne, 1980).

Nach Azara fingen die Indianer Paraguays Papageien auch mit Pfeilen, lebend, indem sie auf die Pfeilspitze eine Knospe (bouton) steckten, um den Vogel nicht zu töten, sondern nur zu betäuben (Azara, 1809). Auch die Makushi-Indianer fingen Araras, und zwar der Art *Ara chloroptera*, indem sie ausgewachsene bzw. ausgeflogene Vögel mit Blasrohrpfeilen betäubten, weil für sie die Bruthöhlen in den Mora-Bäumen zu hoch, und damit für sie unzugänglich, lagen (Lloyd, 1895).

Prinz von Wied berichtete aus seinen Reiseerinnerungen vom östlichen Brasilien, wo damals der Scharlachkopfpapagei *(Pionopsitta pileata)* in den großen Urwäldern noch häufig vorkam: „Man belegt ihn dort mit dem Namen der rotköpfigen Maitakka, und fängt ihn häufig mit Schlingen und Leimruten, wenn sie, durch Lockvögel herbeigerufen, sich auf einer zu dieser Absicht angebrachten Stange niedersetzen, wo man ihnen alsdann

die Schlinge überlegt." Auch die beliebten Tirica-Schmalschnabelsittiche (Wied: *P. viridissimus*, Temm.; Wolters: *Brotogeris tirica)* wurden von den Einheimischen in Brasilien nach Wied mit Hilfe von Lockvögeln und Leimruten gefangen. Genauso ließen sich nach Wied Sperlingspapageien *(Forpus)* leicht mit Leimruten fangen (Wied, 1832).

Hensel berichtete im Jahre 1869 über die Coroados der brasilianischen Provinz Rio Grande do Sul: „Papageien schießen sie mit stumpfen Pfeilen oder fangen sie auf eine höchst eigentümliche Weise. Diese Vögel haben nämlich bestimmte Bäume, auf denen sie in großen Schwärmen jede Nacht zubringen. Auf einem solchen Baume bauen nun die Indianer eine Hütte von Zweigen, die so dicht an einander gefügt sind, daß die Vögel den in der Hütte verborgenen Jäger nicht bemerken. Dieser ist mit einer langen Rute wie zum Angeln bewaffnet, welche am oberen Ende eine Schlinge trägt. Haben nun die Papageien sich ihr Nachtlager ausgesucht, so zieht sie der Jäger mittels der Schlinge und der Angelrute nach einander in die Hütte und tötet sie, bis er hinreichendes Material zum Nachtessen besitzt" (Hensel, 1869).

Koenigswald, der auf seinen Reisen häufig mit den Corôados im südlichen Brasilien zusammentraf, stellte nach seiner Reise durch Paraná in den Jahren 1903 und 1904 seine Erfahrungen und Beobachtungen zusammen. Danach fingen diese Indianer Papageien, weil sie sie als Heimtiere besonders schätzten. Bei ihm liest sich die Fangmethode der Indianer so: „Da den schlauen Vögeln in den hohen Bäumen schwer beizukommen ist, spionieren sie die Trinkplätze aus, seichte Flußstellen, wo die Papageien zu gewissen Tageszeiten einfallen, um zu trinken, zu baden und sandige oder tonige Erde zu fressen. An solchen Stellen bauen die Indianer eine kleine Palmenhütte von möglichst buschartigem Aussehen und warten die Zeit ab, bis die wiederkehrenden argwöhnischen Vögel sich an deren Anblick gewöhnt haben. Sobald die Tiere ganz sicher gemacht sind, versteckt sich der Fänger in der Hütte, bringt auch wohl ein oder zwei Lockvögel mit und sucht dann unter den zur Tränke kommenden Papageien einen der schönsten aus, um ihm mit viel Vorsicht und Geschick die an einer langen Taquararute hängende feine Schlinge über den Kopf zu ziehen" (Koenigswald, 1908).

Gundlach, der 30 Jahre lang die Vogelwelt Kubas beobachtet hatte, beschrieb 1874, wie die dort heimische Sittichart *Psittacara euops*, der Kubasittich, gefangen wurde: „Man fängt sie mit an lange dünne Stangen gebundenen Schlingen, welche man über ihren Kopf herschiebt, denn sie ist, so lange der Mensch sich nicht stark bewegt, nicht scheu" (Gundlach, 1874).

Claudia Hartert, die ihren Ehemann auf einer Reise nach Westindien begleitet hatte, erzählte von der Gelbflügelamazone oder Kleinen Gelbkopfamazone (Hartert: *Chrysotis ochroptera*; Wolters: *Amazona barbadensis*), die schon um die Jahrhundertwende auf der Venezuela vorgelagerten Insel Aruba selten war, man finde diese Amazonenart dort nur in den höchsten, stark zerklüfteten Felsen und Abhängen. Ihre Nester seien in Baumhöhlen und unzugänglichen Felslöchern, und nur selten gelinge es den Eingeborenen, junge Nestvögel auszunehmen (Hartert, 1893).

Auch in anderen Teilen der Welt wurden Schlingen, Lockvögel und Leim zum Vogelfang benutzt.

Das Einfangen von Loris *(Lorius garrulus)* auf Batjan wurde 1860 folgendermaßen beschrieben: „Die freistehenden Zweige eines Baumes, welche gerade den heißen Sonnenstrahlen ausgesetzt waren, hatte man mit dem klebrigen Safte eines anderen Baumes bestrichen und daneben einen zahmen Lori als Lockvogel, an einem Kettchen befestigt, placiert. Dieser lockte durch sein Geschrei bald seine wilden Gefährten herbei, die sich auf den Zweigen niederließen und hier, wie auf Vogelleim, festklebten. Mittelst einer Leiter holte die Vogelstellerin die Gefangenen herab, nachdem sie sich zuvor die Hände mit Tüchern umwickelt hatte, um gegen die heftigen Bisse gesichert zu sein" (zitiert nach Finsch, 1867/68).

Die Angaben von Keulemans, dem Sammler Dohrns, aus dem Jahre 1866 über Graupapageien, die auf Principe in einer Art Kolonie brüteten, beruhten teilweise auf Angaben der Eingeborenen: „In einem gewissen Umkreise findet man oft einige Hundert brütende Paare, meistens aber nur ein Nest in einem Baume. Die Alten wissen übrigens ihre Nester gut zu verteidigen und werden dabei von ihren Cameraden unterstützt. Die Eingebornen fangen die Jungen gleich nach dem Ausfliegen, nehmen sie aber nicht aus dem Neste, weil sie den Glauben haben, in der Nisthöhle herrsche eine solche Hitze, daß man sich die Finger verbrennen würde, wollte man die Jungen herausholen ... Die Eingebornen fangen die Papageien in Schlingen und verkaufen sie gewöhnlich für einen Dollar an Fremde" (zitiert nach Finsch, 1867/68). Keulemans wies darauf hin, daß die Eingebornen wahrscheinlich deshalb die Nester nicht ausraubten, weil sie sich vor den heftigen Bissen der Altvögel fürchteten (Ruß, 1881).

Bei Brehm lesen wir über den Kaka-Fang *(Nestor meridionalis)*: Eingeborene „nahen sich einem erkundeten Kakaneste stets mit größter Vorsicht, um die mißtrauischen Alten nicht gänzlich zu verscheuchen, hüten sich sogar, im Anfange der Brutzeit die Höhle mit ihren Händen zu berühren oder in das Innere zu hauchen, weil sie glauben, daß schon dies hinreiche, um die Alten zum Verlassen des Nestes zu bewegen. Die jungen, bereits einigermaßen herangewachsenen Nestvögel können leicht aufgefüttert werden, da sie alles genießen, was der Mensch auf seinen Tisch bringt" (zitiert nach Brehm, 1878).

Einfluß der Zivilisation

John J. Quelch, Teilnehmer der McConnell-Expedition zum Roraima (Britisch-Guayana) des Jahres 1898, schrieb, daß in den Indianerdörfern am Oberen Ireng Rotzügelsittiche *(Pyrrhura picta)* und Feuerbugsittiche *(Pyrrhura egregia)* gehalten wurden. Er stellte fest, daß in diesen abgelegenen Gegenden, weit entfernt von den normalen Handelswegen und

-zentren, die Heimtierhaltung viel weniger zu beobachten war. Er folgerte daraus, daß die Heimtierhaltung bei den Indianern wohl hauptsächlich eine Folge der Nachfrage im Handel (auch Tauschhandel) sei und weniger aus Tierliebe praktiziert werde (Chubb, 1916/1921).

Zweifellos haben diese Bemerkungen zur negativen Bewertung der indianischen Heimtierhaltung, wie sie in der nachfolgenden Literatur verschiedentlich zu finden ist, beigetragen. Vor allem entsteht durch sie ein falscher Eindruck von der ursprünglichen indianischen Heimtierhaltung, die ja erst später, und durch den Einfluß der Weißen, mehr kommerziellen Charakter annahm, und zwar immer da, wo die ursprünglich enge indianische Beziehung zur Natur weitgehend verlorenging. Hinzu kommt: Die Indianer hielten die Arten, die verfügbar waren, entweder in ihrer Umgebung oder durch funktionierende Handelswege.

Später, im Jahre 1969, berichteten F. & M. Nottebohm, daß auf Trinidad viele Bäume, in denen Papageien nisteten, der Jungen wegen umgehauen wurden, so daß durch solche Zerstörung doch noch eine Bestandsgefährdung eintrat (Nottebohm/Nottebohm, 1969).

Indem die Indianer von den Weißen – als Ersatz für ihre Steinbeile – Stahläxte bekamen, und mit zunehmender Entfremdung von ihrer traditionellen, naturverbundenen Lebensweise, neigten immer mehr von ihnen dazu, Nistbäume zu fällen, um die Nester der Papageien auszunehmen. Das hatte gegenüber der traditionellen Weise, Vogelnester auszunehmen, den Nachteil, daß beim Sturz des Baumes häufig Junge umkamen oder daß der Baum zu früh gefällt wurde und erst Eier oder zu kleine Junge im Nest lagen. Vor allem aber bedeutete das Fällen der Brutbäume eine Verschlechterung der Brutmöglichkeiten.

Der Ethnologe Grünberg lebte 8 Monate lang bei den Kayabí-Indianern Zentralbrasiliens. Dort war er dabei, wie ein Araranest ausgenommen wurde, das die Indianer Monate zuvor entdeckt hatten. Die Indianer fällten den Baum genauso, wie sie das auf Jagdausflügen taten, wenn sie die reifen Früchte eines Baumes ernten wollten – zweifellos als Folge des Kontakts mit der Zivilisation, denn solches Baumfällen steht im Gegensatz zur indianischen Tradition. Durch den Sturz wurde eines der beiden Ararajungen getötet (Grünberg, 1970).

Ihering berichtete 1885, daß die Prachtamazone (Amazona pretrei), die in der Umgebung von Taquara (Rio Grande do Sul, Brasilien) nicht heimisch sei, während des Monats ihrer Wanderungen, die diese Vögel über Taquara führten, viel geschossen würde, in der Hoffnung, einige Exemplare nur leicht zu verwunden, um sie als zahme Vögel zu halten oder zu verkaufen. Gerade diese Amazone stand im Ruf „am besten und deutlichsten" „sprechen" zu lernen (Berlepsch/Ihering, 1885).

Der Ornithologe Zappey erzählte nach seinen Besuchen in den Jahren 1902 und 1904 auf der Isla do Pinos, die 60 Meilen südlich von Kuba liegt: Hunderte von jungen Kubaamazonen (Amazona leucocephala) wurden jährlich von den Eingeborenen aus den Nestern genommen und lebend in die USA geschickt. Der Export lebender Papageien stellte den Haupterwerb der Insel dar. Beinahe jedes Papageiennest sei ausgeraubt worden; und obwohl die Eingeborenen die Altvögel nicht getötet hätten und sehr dagegen gewesen seien, daß einer geschossen werde, so sei ihr Bestand doch stetig Jahr für Jahr zurückgegangen (Bangs/Zappey, 1905). Freilich hing der Rückgang der Bestände fast immer mit der Zerstörung von Lebensraum zusammen.

Nach Johnson, dem Chile-Ornithologen, wurden die Felsensittich-Kolonien (Cyanoliseus patagonus) regelmäßig zur Brutzeit von der chilenischen Landbevölkerung aufgesucht, welche die Jungen mit Hilfe von Bambusstangen, an denen Haken befestigt waren, aus den Bruthöhlen herausholte. Die Leute verkauften die Jungen oder zogen sie für sich selbst als Heimtiere auf. Johnson meinte, durch diesen Brauch seien die Sittiche stärker dezimiert worden als durch das Bejagen. Gespräche mit Farmbesitzern, die sich bereit erklärten, die Entnahme von Jungen zu verbieten, hätten dann auch tatsächlich zu einer Erholung des

Bestandes geführt. Das war 1952 (Johnson/ Goodall, 1965/67).

Der Ornithologe Allen schrieb 1961, Papageien würden auf den westindischen Inseln immer noch in Gefangenschaft gehalten. Unter den Arten, die er in Häusern Einheimischer gesehen habe, seien drei der vier Arten von den Kleinen Antillen gewesen, die selten seien (Allen, 1961). Einst sind sie von Menschen auf die Inseln gebracht worden. Nun werden sie, wiederum durch Menschen, ausgerottet oder wenigstens im Bestand gefährdet.

Handel bei den Eingeborenen

Durch Tauschhandel hatten die ersten Reisenden Papageien erhalten. Hier seien nur noch zwei Beispiele für den indianischen Handel angeführt.

Warrau-Indianer boten Schomburgk in Britisch-Guayana als Tauschartikel Papageien an, vor allem die Mülleramazone (Schomburgk: *Psittacus pulverulentus* Gm.; Wolters: *Amazona farinosa*), die Venezuelaamazone (Schomburgk: *Psittacus aestivus* Lin.; Wolters: *Amazona amazonica*) sowie den Fächerpapagei *(Deroptyus accipitrinus)* (Schomburgk, 1847/48).

Krieg erzählte 100 Jahre später aus dem Südamerika der 20er und 30er Jahre: „Die jungen Amazonenpapageien sind sehr leicht aufzuziehen, und ich habe Mischlingsfrauen gesehen, die Dutzende dieser gefräßigen Mekkerer in Körben hielten und mit Polenta fütterten, um sie später um billiges Geld an einer der Anlegestellen am Flusse zu verkaufen. Noch vor wenigen Jahren wurden in den Städten viele Tausende jährlich auf den Markt gebracht, und in den großen Hafenplätzen der brasilianischen Küste wurden diese Papageien neben den kleinen Pinseläffchen in großen Mengen den Fahrgästen und Mannschaften der Überseedampfer aufgeschwatzt. Neuerdings hat aber das Gespenst der Papageienkrankheit das Geschäft verdorben" (Krieg, 1948).

In Afrika wurden die Papageien im wesentlichen nur für den Handel gefangen.

Reichenow teilte nach seinen Erfahrungen, die er 1872/73 in Westafrika gemacht hatte, im Jahre 1874 in der „Gefiederten Welt" mit: „Unmittelbar nach der Brutzeit kann man einen jungen Jako an der Küste mit drei Mark unseres Geldes kaufen und im Innern des Landes gegen Waren von noch viel geringerem Werte eintauschen; später steigen die Preise, und auf den englischen Postdampfern werden oft fünfzehn bis achtzehn Mark für einen Graupapagei gezahlt. Ältere, durch längere Gefangenschaft bereits gezähmte Vögel stehen höher im Preise als junge, weshalb die Neger an vielen Orten, besonders die gewinnsüchtigen, halbgebildeten, in den Missionshäusern erzogenen oder besser verdorbenen Schwarzen Jakos längere Zeit zu halten und ihnen einige Worte ihrer Sprache oder kauderwelsches Englisch zu lehren pflegen. Jedes Schiff, welches die Küste Westafrikas verläßt, führt eine mehr oder minder erhebliche Anzahl von Jakos mit sich ... Kein einziger aller Jakos, welcher lebend zu uns gelangt, wird als alter Vogel gefangen; alle werden jung, noch vor dem Ausfliegen, von den Negern aus den Nestern gehoben. Im Binnenlande sammeln die Häuptlinge oder die vornehmsten Bewohner der Negerdörfer die jungen Vögel auf, welche sie nach und nach erlangen, um dieselben später in größerer Anzahl gleichzeitig nach der Küste zu bringen. Inzwischen lassen sie die Tiere mit beschnittenen Flügeln frei umherlaufen. Man sieht daher die Papageien in den Dörfern allenthalben auf den Strohdächern der Hütten oder auf Bäumen, die für sie vor den Hütten aufgerichtet sind, nach Art unserer Haustauben sitzen und erfreut sich des ungewohnten Schauspiels in so hohem Maße, daß das entzückte Auge das gemarterte Ohr beschwichtigt" (Brehm, 1878).

Nun wurde ohne Skrupel in die Nester hineingegriffen; die Haltung war kommerziell.

Schon Finsch war für Nordost-Afrika aufgefallen: „Als Hausvögel scheinen die Papageien in diesen Teilen Afrikas nicht gehalten zu werden" (Finsch, 1867/68).

Th. v. Heuglin berichtete aus dem Lande der Niam-Niam über den Graupapagei: „Auch hier wird er von den Eingeborenen häufig jung eingefangen, gezähmt und zum Sprechen abgerichtet" (zitiert nach Ruß, 1881).

Der Reisegouverneur Emin Pascha berichtete im späten 19. Jahrhundert aus Zentralafrika: „Es ist eine eigentümliche Erscheinung, daß bei einem so relativ fortgeschrittenen Volke wie das der Wagánda absolut keine domestizierten oder in Gefangenschaft gehaltenen Tiere zu finden sind ... Ein junger Löwe oder Leopard im Hause des damit großtuenden Königs, ein oder zwei graue Papageien, denen man hin und wieder den Schwanz ausrupft – das ist alles, was ich gesehen, und wohl alles, was im Lande existiert." Auch Emin Pascha erlebte, daß die roten Federn bei Tänzen als Federschmuck benutzt wurden (Emin Pascha, 1983).

Der Graupapagei war nach den Beobachtungen des Zoologen Finn, der Ende des 19. Jahrhunderts Ostafrika bereiste, bei den dort lebenden Hindus, Goanesen und Europäern ein verbreitetes Heimtier und stammte aus dem Landesinnern (Finn, 1893). Nicht nur die Europäer, sondern auch die Hindus und Goanesen zählten nicht zu den Einheimischen.

Von den Eingeborenen Australiens ist meines Wissens ebenfalls keine kulturgeschichtlich gewachsene, stammestypische Papageien-Heimtierhaltung überliefert worden. Kapitän Grey schilderte die Jagd der Eingeborenen Australiens auf Kakadus, die sie mit Bumerangs erlegten (vgl. S. 107). Ruß sagte um 1880 hierzu: „In neuerer Zeit finden die Eingeborenen es aber immer mehr vorteilhaft, die Vögel nicht mehr in solcher Weise zu erlegen, sondern vielmehr die Nester auszurauben, die Jungen aufzufüttern und an die europäischen Kaufleute zu verhandeln" (Ruß, 1881).

Über den Kaka Neuseelands *(Nestor meridionalis)* schrieb Brehm: „Die Eingeborenen ... schätzen den gefangenen Kakanestor weit höher als einen anderen Haus- oder Stubenvogel. Seine ausgezeichnete Nachahmungsgabe befähigt ihn, Worte und Sätze der Maorisprache zu lernen, seine Klugheit, sich

als Lockvogel für andere seiner Art gebrauchen zu lassen. Ein sprechender Nestorpapagei steht hoch im Preise; ein Kaka, welcher seine freilebenden Artgenossen in das Netz des Fängers zu locken versteht, ist seinem Besitzer selbst um hohe Summen nicht feil. Der zahme sprechende Kaka dient dazu, das junge Volk eines Maoridorfes zu unterhalten, der Lockvogel wird für seinen Besitzer zu einer Quelle der Nahrung und des Gewinnes, und da seine Fähigkeiten mit den Jahren wachsen, darf man sich nicht wundern, wenn ein eingeborener Vogelsteller solche abgerichtete Sirenen nicht einmal für die Summe von zweihundert Mark unseres Geldes verkauft" (Brehm, 1878).

Nach diesem Bericht erscheint das Herbeilocken der Artgenossen selbst als Spiel. Auffallend ist nämlich, daß nicht jeder Kaka als Lockvogel gleich gut geeignet sei. Ganz anders verhält es sich bei den Lockvögeln, die durch bloßes Angstgeschrei ihre Artgenossen herbeirufen (vgl. S. 110, 137).

Aufzucht

Die Aufzucht aus dem Nest genommener Papageien muß man im Zusammenhang sehen mit der Aufzucht anderer Tiere, und nicht nur anderer Vögel. Schomburgk sagte über die Warrau-Indianer: „Der Stolz der Frauen besteht hauptsächlich im Besitz einer großen Anzahl zahmer Haustiere." Offen schilderte er seine Eindrücke: „Noch höher aber steigerte sich unser Erstaunen, als wir auch vierfüßige Milchbrüder und Milchschwestern unter den Säuglingen bemerkten, denen die Mutter ebenso bereitwillig, mit gleicher Zärtlichkeit im Blick und Miene die andere Brust reichte, wenn vielleicht das eigne Kind aus der einen schon seine Nahrung sog. Meist waren es junge Affen, Beutelratten ... und dergleichen" (Schomburgk, 1847/48).

Der Anthropologe Huxley war dabei, wie Urubu-Indianer (Brasilien) einen Baum fällten, um ein Zwergpapageiennest auszuräumen, das fünf unbefiederte Junge enthielt. Eine Indianerin nahm sie mit heim und fütterte sie mit Maniokbrei direkt aus ihrem Mund (Huxley, 1956).

Snethlage sah bei den Moré-Indianern des Guaporé nackte Papageien, die sie auf gezupfter Baumwolle in ein Körbchen gebettet hatten (Snethlage, 1937).

Der Ornithologe Helmut Sick nahm als Naturwissenschaftler an der 1943 gestarteten brasilianischen Expedition zur Erforschung und Erschließung Zentralbrasiliens teil. Über die Heimtierhaltung bei den Xingú-Indianern schreibt er: „Die genaue Kenntnis der Lebensweise der Tiere ermöglicht den Indianern die Aufzucht der verschiedensten Arten. Zumindest wird für richtige Ernährung gesorgt. Dabei kommt man schon ziemlich weit mit dem, was in den Hütten selbst zur Verfügung steht: Mandiokmehl in Form der Beijú-Fladen ... Der Beijú wird im Mund aufgeweicht und gewärmt und von den Lippen dem Vogel direkt in den Schnabel gegeben. So vollzieht sich z. B. die Fütterung von Papageien" (Sick, 1958).

Das war auch noch 1966 so, wie der Ethnologe Grünberg bei den Kayabi Zentralbrasiliens feststellen konnte, wo er miterlebte, wie ein männlicher Indianer, zusammen mit einem anderen, ein Araranest ausnahm und selbst das Ararajunge mit Maniokbrei fütterte, „den er zwischen die Lippen nahm" (Grünberg, 1970).

Bei den Europäern stand die Handaufzucht von Papageien bis in die jüngste Zeit hinein in keinem guten Ruf, wozu auch die Bemerkung Kapplers beitrug: „Junge Papageien aufzuziehen, ist eine wahre Geduldsprobe, denn sie lernen, wenigstens in der Gefangenschaft, viel später allein fressen, als andere Vögel, und wollen noch gestopft sein, wenn sie schon fliegen können" (Kappler, 1887). Im Gegensatz dazu stehen Erfahrungen moderner Papageienzüchter: Vielfach mögen die jungen Papageien ab einem gewissen Alter den Brei nicht mehr, oder nicht mehr ausschließlich.

In seinem Werk über die Vögel Panamas schrieb Wetmore, daß junge Tovisittiche (*Brotogeris jugularis*) gesucht seien, um sie für die Heimtierhaltung aufzuziehen. In Darien habe man gewöhnlich im März 3 oder 4 Jungvögel auf dem Fußboden der Choco-Indianer-Hütten herumlaufen sehen. Auch seien sie von den Kindern überall herumgetragen worden (Wetmore, 1968).

Bei den Kamayurá-Indianern im Oberen Xingúbecken (Mato Grosso, Brasilien), wo die Nächte empfindlich abkühlen, hielt sich der Ethnologe Oberg in der Mitte dieses Jahrhunderts zu Studien auf. Diese Indianer hielten Papageien als Federlieferanten und als Heimtiere. Alle diese Vögel wurden jung gefangen. Vor allem Jungen hielten nach Nestern Ausschau und holten die Jungvögel, wenn sie erst wenige Tage alt waren. Manchmal waren in einem Haus bis zu 70 Papageien! Die jungen, federlosen Papageien wurden in speziellen geflochtenen Körben transportiert und nachts in diesen Körben nahe ans Feuer gestellt. Tagsüber wurden sie in flachen Aushöhlungen im Fußboden des Hauses gehalten; Oberg meinte, damit sie nicht weglaufen sollten. Oberg stellte fest, daß die Kamayurá ihre Vögel sehr liebevoll behandelten. Sie wußten genau, welche Nahrung die Vögel brauchten, und verbrachten viel Zeit damit, die benötigten Körner und Früchte zu sammeln. Morgens sei es immer ein amüsanter Anblick gewesen, wenn die Jungen und Mädchen die jungen Papageien fütterten. Sie kauten gekochte süße Kartoffeln und fütterten die jungen Vögel direkt aus dem Mund. Waren die Papageien etwas größer, dann fraßen sie vom Boden. Dann saßen sie am frühen Morgen genauso ums Feuer herum wie die Leute. An einem kalten Morgen nahm Oberg mehrere junge Papageien vom Feuer weg, weil er fürchtete, sie könnten sich verbrennen. Aber die Papageien protestierten mit lautem Zetern und reihten sich gleich wieder in ihrer vorigen Position am Feuer auf (Oberg, 1953).

Oberg fand diese zahmen Papageien schnell lästig. Er meinte, wenn sie einmal daran gewöhnt worden seien, von Menschen gefüttert zu werden, dann wollten sie diesen „Service" ihr ganzes Leben lang haben. Er berichtete, auf welch aufdringliche Weise sie danach verlangten (vgl. S. 185).

179

Haltung bei Naturvölkern

Unterbringung

Als sich Schomburgk auf seinen Reisen in Britisch-Guayana der Niederlassung Torong-Yauwise näherte, erlag er einer interessanten Sinnestäuschung. Er schreibt: „Durch ein kleines Tal hindurch sahen wir auf einer sich quer vorlagernden Anhöhe die Niederlassung zwischen mehreren vereinzelten Bäumen, die mit ungewöhnlich großen, hochgelben Blüten bedeckt zu sein schienen. Schon wurde die Hoffnung in mir rege, daß meiner hier eine neue botanische Entdeckung harre, als ich plötzlich bemerkte, daß sich die vermeintlichen Blüten bewegten und ihren Standort veränderten; – es waren zahme Kessi-Kessi-Papageien, die sich bei unserer Annäherung unter einem wahren Höllenlärm erhoben und nach einer der nahen Hütten flogen." Die Kessi-Kessi-Papageien waren Sonnensittiche *(Aratinga sostitialis)*.

Über die Gelbscheitelamazone *(Amazona ochrocephala)* berichtete Schomburgk nach seinen Reiseerfahrungen in Britisch-Guayana: „Bei den Indianern findet man gerade diese Species am häufigsten gezähmt. Sie werden von den Indianern sehr jung aus den Nestern genommen und von den Indianerinnen mit großer Sorgfalt aufgezogen, da gerade zahme Papageien und Affen ihren größten Handelsartikel bilden. Sie fliegen in den Niederlassungen frei herum. Obgleich ihre Schwingen etwas eingestutzt werden, so besitzen sie doch noch so viel Flugkraft, um die nächsten Umgebungen zu besuchen. Ich sah in Tuarutu mehrere zahme Exemplare, denen die Flügel nicht gestutzt waren, die sich des Morgens unter die Herden, die über das Dorf hinwegflogen, mischten und bei der Rückkehr am Abend sich wieder auf die Hütte ihres Herrn herabließen ... Auffallend ist die Zuneigung der zahmen Papageien und Affen gegen Kinder, und ich habe selten einen Kreis spielender Indianerkinder bemerkt, dem sich nicht auch Affen und Papageien beigesellt gehabt hätten" (Schomburgk, 1848).

Bei den Exemplaren, denen die Flügel nicht gestutzt waren, handelte es sich wohl um zahme Papageien, die von den Besitzern nicht abgegeben wurden.

Der Ethnologe Theodor Koch-Grünberg berichtete von seiner Forschungsreise in Nordbrasilien und Venezuela, die er in den Jahren 1911–13 unternommen hatte: „Zu den Bewohnern eines Hauses gehören die für die Indianerdörfer Guayanas so charakteristischen zahmen Tiere, die in den Siedlungen im Waldgebiet naturgemäß zahlreicher und mannigfaltiger sind als in denen der tierärmeren Savanne." Er sah in einem Taulipáng-Indianerdorf Sonnensittiche *(Aratinga solstitialis)*: „Ganze Scharen kleiner, gelber Papageien, Keilschwanzsittiche ... flogen frei im Dorf umher und mischten sich tagsüber unter ihre wilden Genossen, die sie mit ihrem durchdringenden Geschrei herbeilockten" (Koch-Grünberg, 1923).

Ähnliche Beobachtungen finden wir bereits in den früheren Berichten (vgl. S. 39).

Als der Ethnologe Schmidt im Jahre 1901 ein Dorf im Xingú-Quellgebiet besuchte, fielen ihm die „vielen auf den Dächern der Häuser herumkriechenden zahmen Vögel" auf, darunter ein blauer Arara (Schmidt, 1905). – Papageien benutzen beim Herumklettern ihren Schnabel gewissermaßen als dritten Fuß. Ornithologische Laien beschrieben diese Fortbewegungsweise darum oft mit dem Wort „kriechen". – Schmidt besuchte auch abgelegene Hütten der Guató-Indianer und fand dort wieder zahme Vögel, nun auf einem Baum. Er schildert diese Idylle: „Dichter Wald umgibt die beiden kleinen Hütten. Im Vordergrund steht ein großer Feigenbaum, fast alles weithin überschattend. Viele Vögel zwitschern in seinem Schatten, teils wilde, teils auch gezähmte, die von Zeit zu Zeit herabkommen, um ihre Mahlzeit in Empfang zu nehmen" (Schmidt, 1905). Die zahmen Papageien hielten sich gerne auf den Dächern und natürlich den Bäumen der Siedlung auf.

Der Brasilienreisende Krause überlieferte 1911 von einem Kayapó-Dorf: Auf dem Dorfplatz standen hohe Bäume, in denen zahme

Araras saßen; auf denselben Bäumen kletterten morgens die Kinder herum (Krause, 1911).

Die Indianer hielten ihre Papageien frei. Wie hätten sie diese Vögel mit den zerstörerischen Schnäbeln auch einsperren können! Ihre Hütten waren nicht geschlossen, wie unsere Häuser oder Wohnungen, und Eisen kannten sie nicht, auch keine anderen Metallkäfige. Sie brauchten für ihre zahmen Papageien keine Käfige in unserem Sinne, denn die Vögel kamen zu ihren Besitzern (im allgemeinen) von selbst zurück.

In einer Hütte solch einer Indianersiedlung am Rio Negro ließ sich Wallace 1851 mit seinen Begleitern für etwa 10 Tage nieder. Es war eine Hütte ohne Türen. Auch eine große Sammlung zahmer Papageien der verschiedensten Größen war dabei, die ständig krächzten und schrien, was Wallace nicht immer angenehm fand. Diese Vögel flogen tagsüber ums Dorf herum, kamen aber im allgemeinen zurück, um sich füttern zu lassen. Darunter

Zeichnung eines 30jährigen Indianers aus Xingú, die Bedeutung dieser Ararahaltung demonstrierend. Aus Hartmann, 1986.

waren neun hübsche kleine schwarzköpfige Papageien, vermutlich Grünzügelpapageien *(Pionites melanocephalus)*, die sich jeden Abend aus eigenem Antrieb in einen Korb begaben, der eigens für sie zum Schlafen hergerichtet war (Wallace, 1889).

Der Südamerikareisende Bitsch lernte um die Mitte des 20. Jahrhunderts das Innere einer Jivarohütte kennen, die durch eine Sprossenwand in zwei Räume geteilt wurde. Im abgetrennten Teil hielten sich die Frauen und Kinder auf, zugleich auch eine Menge Hühner, Enten, Papageien und Hunde usw. Dort standen auch geflochtene Körbe mit Maniok unter dem ganzen Hausrat (Bitsch, o. J.).

Die Teilnehmer der Xingú-Expedition des Jahres 1983 erfuhren bei den Xingú-Indianern, daß sie immer noch gerne Papageien als Heimtiere hielten. Die Mehináku-Indianer bauten für ihre Araras im Haus eigens einen Ständer (Hartmann, 1986).

Karl von den Steinen überlieferte 1887 aus einem Bakairí-Dorf in Zentralbrasilien: „Die beiden Araras, die von den Dachstangen tagsüber zu krächzen pflegten, schliefen auf einer halbverdorrten Palme" (v. d. Steinen, 1972). Lange schrieb in seinem Reisebericht 1914, daß in einem Indianer-Dorf am Unteren Amazonas zahme Araras nachts auf einem großen Paranußbaum zu schlafen pflegten, der am Ende des Dorfes stand (Lange, 1914).

Bei anderen Indianern schliefen die Papageien nachts in den Hütten. Der Abenteurer Peter Fleming, der in den 30er Jahren mit einer Expedition das Geheimnis um das Verschwinden von Oberst Fawcett im zentralbrasilianischen Hochland lüften wollte (freilich ohne Erfolg), besuchte die Carajá-Indianer am Araguaya. Sein Bericht gibt uns weitere Einzelheiten über die Unterbringung der Papageien: „Bei Einbruch der Nacht bekriegten sich die Papageien und das magere Federvieh um die Schlafplätze bei den Dachbalken" (Fleming, o. J.). Aus einem Tapirapé-Dorf überlieferte der gebürtige Südamerikaner v. Dessauer, in der Mitte des 20. Jahrhunderts, daß ein zahmer, großer roter Arara jeden Morgen durch das Loch im Dach der Eingeborenen-

181

hütte hinauskletterte, „um sein morgendliches ‚Parèa' der Sonne entgegenzuschreien" (v. Dessauer, 1960).

Aus späteren Zeiten haben wir daneben Berichte über weit weniger freie Papageienhaltung.

Der Ornithologe van Rossem berichtete 1938, daß die Gelbscheitelamazone (*Amazona ochrocephala* subsp. *auropalliata*) in Salvador bei den meisten Hütten der Eingeborenen gefunden werden könne. Er hielt diese Amazone für weniger anhänglich als die kleineren Papageienarten, weshalb ihr gewöhnlich die Flügel beschnitten seien, und ihr als freie Haltung nur der Aufenthalt auf einem kleinen Baum im Hausgarten erlaubt sei, statt daß sie auf den Schultern ihres Besitzers herumgetragen würde (Dickey/van Rossem, 1938).

Van Rossem sah auf seinen ornithologischen Reisen in El Salvador in den Jahren 1912–27 häufig Elfenbeinsittiche *(Eupsittula canicularis)* zahm auf Korbrändern sitzen. Oder aber die Marktfrauen trugen einen solchen Papagei auf ihrem Kopf oder ihrer Schulter herum (Dickey/van Rossem, 1938).

Dienst sah in Bolivien Indianer mit strohgeflochtenen Tragekörben auf dem Rücken zur Messe wandern. Auf jedem Korb, schreibt er, saßen „ein paar muntere kleine Papageien" (Dienst, 1926).

Daß die Indianer ihre Heimtiere bei ihren Wanderungen mitnahmen, wurde bereits mehrfach erwähnt. Wie ein solcher Zug aussah, schilderte der reisende Naturkundler Poeppig aus dem Missionsdorfe Yurimaguas der 30er Jahre des 19. Jahrhunderts: „Die Frau und ihre Kinder, den gesamten Haushalt bis auf die gezähmten Tiere hinab, nimmt der Wanderer mit sich fort, und Totenstille herrscht in dem verlassenen Dorfe, bis spät Abends die Bewohner vereinzelt zurückkehren. Der Papagei flattert lärmend voraus, die unansehnlichen aber brauchbaren Hunde spüren nach dem Wilde umher, die Affen begleiten den Zug, und hüpfen auf luftiger Bahn, doch stets dem lockenden Rufe gehorsam ... durch die Äste ..." (Poeppig, 1960).

Ein Taulipang-Träger Koch-Grünbergs trägt mit der linken Hand auf einem Stab zwei junge Papageien, die er gekauft hat, um sie in seine Heimat mitzunehmen (Koch-Grünberg, 1917).

Zähmung

Der Völkerkundler Fritz Krause traf auf der Araguaya-Expedition 1908 bei den Karajá-Indianern als Heimtiere häufig „kleine grüne Papageien" an, „meist als Eigentum junger Mädchen, die sie auf dem Kopfe sitzend umhertrugen und sie von der Hand aus Muschelschalen trinken ließen" (Krause, 1911).

Der Dunkelrote Arara *(Ara chloroptera)* war der bevorzugte Vogel der Makuschi-Indianer in Guayana. Kein Makuschi-Dorf war, nach der Schilderung Lloyds Ende des 19. Jahrhunderts, ohne 1–2 zahme „Couarries", wie sie bei den Indianern hießen, „komplett". Diese Indianer hätten nur ausgewachsene Vögel gefangen und diese mit dem Blasrohr betäubt. In ihrer Hütte sei es ihnen dann innerhalb weniger Tage gelungen, die Araras zu zähmen (Lloyd, 1895).

Der Ethnologe Crocker machte während seines Aufenthalts bei Bororo-Indianern in der jüngsten Zeit Beobachtungen, die an solche Berichte über andere Stämme erinnern, wie sie aus früheren Zeiten überliefert worden waren: Die Bororos behandelten die zahmen Papageien sehr gut. Rote Araras spielten eine besonders große Rolle. Mindestens einmal täglich wurden die Papageien gefüttert. Bei unfreundlichem Wetter bekamen sie einen Unterschlupf. Ihre Schwungfedern wurden ihnen regelmäßig beschnitten. Frauen und vor allem Kinder spielten mit ihnen stundenweise. Auf die Frage, ob zahme Papageien auch gegessen würden, reagierten sie mit Ausdrücken heftigen Widerwillens, während sie, wenn sich die gleiche Frage auf zahme Hunde bezog, diese Möglichkeit nur grotesk fanden. Viele zahme Araras erhielten menschliche Eigennamen oder Kosenamen. In einem Dorf, wo Crocker arbeitete, waren in jeder dritten Hütte zahme Araras, kleinere Papageien oder Sittiche als Mitbewohner (Urton, 1985).

Von den Umutima-Indianern wurde überliefert, daß sie ihre Hunde streng bestraften, wenn diese den Boden mit Kot beschmutzten, daß sie aber die Verschmutzung durch den Kot ihrer zahmen Wildfänge, besonders der Gefiederten, hinnahmen (Schultz, in Latocha, 1982).

Die Timbira-Indianer behandelten ihre Papageien gut. Nimuendajú betonte ausdrücklich, daß er sich an keinen Fall erinnere, wo Heimtiere launenhaft oder brutal behandelt worden wären (Nimuendajú, 1946).

In der Piro (Arawak)-Sprache (Südamerika) gibt es einen eigenen Warnruf, mit dem ein Kind davor gewarnt wird, ein junges Tier zu verletzen: "pischischi" (Matteson, 1965).

Der Forschungsreisende Harrer beobachtete Waura-Indianerkinder beim Spiel mit Tieren: Ein paar Buben und Mädchen balgten sich fröhlich mit einem jungen Affen und tollten mit ihm herum. "Eine andere Gruppe", schreibt er, "hatte eine ganze Papageienfamilie in einem Korb untergebracht, den sie mit sich herumschleppten. Die Kinder machten sich ... ein Vergnügen daraus, etwas Maniok in den Mund zu nehmen, ihn zu zerkauen und sich den Brei von den immer hungrigen Vögeln

aus dem Mund picken zu lassen" (Harrer, 1968). – Selbstverständlich bestand diese "Papageienfamilie" aus lauter Jungvögeln.

Nach einem Totenfest der Xingú-Indianer waren viele Nahrungsmittel übriggeblieben, welche von den Frauen aufgesammelt wurden. Harrer beobachtete die (zahmen) Papageien, die über dem Maniokhaufen krächzend flatterten und hin und wieder niederstießen, um ein paar Brösel zu ergattern (Harrer, 1968). Diese Vögel wurden nicht mit Leckerbissen verwöhnt, wie es bei vielen Papageienhaltern hierzulande üblich ist.

Während eines zeremoniellen Tanzes von Tapirapé-Indianern in einem ihrer Häuser erblickte V. Dessauer, Mitte des 20. Jahrhunderts, unter den Tanzenden plötzlich einen Papagei: "Ein kleiner, aus dem Schlaf aufgescheuchter grüner Periquito, ein Erdpapagei, verliert sich zwischen den Füßen der Tanzenden. Ängstlich läuft er hin und her und wird sanft-unsanft ins Dunkel zur Wand geschubst" (v. Dessauer, 1960). V. Dessauer nannte den Papagei merkwürdigerweise "Erdpapagei", vielleicht hatte er ihn immer nur am Boden gesehen.

Zu einem eher negativen Bild der indianischen Heimtierhaltung haben solche Erzählungen geführt wie die des Brasilienreisenden Felix Speiser über die Aparai-Indianer: "Die Kinder spielen ... dieses Mal haben sie einen Papagei erwischt, den sie beinahe zu Tode liebkosen" (Speiser, 1926).

Zum einen stammt dieser Reisebericht bereits aus dem 20. Jahrhundert, zum anderen ist die Schilderung alles andere als genau – was auch für den anderen Bericht Speisers zutrifft, der zudem von Abneigung und mangelnder Fachkenntnis geprägt ist: "Gelegentlich schoß man einen Vogel mit einem stumpfen Pfeil bewußtlos und band ihn dann mit einem Beine an eine Schnur, um ihn, wenn er wieder zu sich gekommen war, im Hause herumflattern zu lassen, bis Angst und Hunger ihn zur großen Betrübnis der Indianer töteten. Zäher waren die kleinen Papageien, die fast in keinem Hause fehlten und eine Art von Amulett zu sein schienen. Sie wurden sehr sorgsam gehegt und hatten ihr lose geflochtenes Bauer, aus dem sie manchmal ausbrachen. Sie kletterten dann den Bananen nach oder spazierten auf der Erde herum, wobei sie aber oft von den boshaften Hühnern feige überfallen und beinahe zu Tode gepickt wurden, wenn man sie nicht rettete; sich wieder in ihr Bauer in Sicherheit zu bringen, fiel den dummen Tierlein gar nicht ein" (Speiser, 1926).

Natürlich sind die Hühner nicht boshaft oder feige und die Papageien nicht dumm. Angesichts der zerstörerischen Kraft von Papageienschnäbeln, auch der kleinen südamerikanischen Arten, ist es von besonderem Interesse, daß diese Vögel nur „manchmal" aus ihren Bauern ausbrachen, die aus natürlichem Flechtmaterial gefertigt waren. Sie fühlten sich also die meiste Zeit in ihren Bauern wohl.

Ein besonders hübsches Beispiel für den Umgang von Indianern mit ihren Papageien gibt Vareschi aus der neueren Zeit. Er beobachtete auf seiner Expedition auf den Spuren Humboldts am Orinoko folgende Szene in einem Indianerdorf: „Hinter einem Ingabaum hockt eine Frau. Ich beobachte sie, wie sie, eine Spiegelscherbe in der Hand, ihr Gesicht bemalt ... Mit eigentümlich schiefem Gang nähert sich ihr von hinten ein einäugiger zahmer Papagei und kneift sie ins Sitzfleisch. Kinder haben den Streich beobachtet und lachen. Die Frau beginnt mit hoher, dünner Stimme zu schelten, die Kinder, nicht den Papagei, der offenbar Narrenfreiheit hat" (Vareschi, 1959).

Verhalten zahmer Papageien

Im Gebiet des Rio Paraguay begleitete der Jäger Burkart Indianer, Cadiveos, zu ihrem in einem Hochwald gelegenen Dorf. Die von der Jagd heimkehrenden Indianer wurden im Dorf mit Jubel empfangen. Aber übertönt wurde er vom Lärm der Tiere, welche im Dorf gehalten wurden. Burkart behauptete, in diesem abgelegenen Dorf Hunderte von zahmen Papageien neben anderen Heimtieren, darunter auch vielen anderen Vögeln des Waldes, angetroffen zu haben. Auch wenn man einiges an Jägern stets unterstellten Übertreibungen abzieht, muß es sich um eine beträchtliche Anzahl Papageien gehandelt haben (Burkart, 1933). Fremde dagegen wurden mit Alarmgeschrei empfangen (vgl. S. 166f).

Über die Unterbringung und das Verhalten zahmer Papageien während des Tages im Expeditionslager am Xingú (gegen Mitte des 20. Jahrhunderts) gibt uns der damals teilnehmende Ornithologe Helmut Sick einen anschaulichen Bericht: „In der Chefia gab es auch eine Menge zahmer Tiere. Mehrere junge und alte Papageien und kleine langschwänzige Periquito kletterten umher oder watschelten O-beinig über den festgetretenen Lehmboden, nach Futter gackernd. Zwei Bemteví - drosselgroße, gelbbäuchige Vögel, die hier auch aufgezogen waren - jagten sich unter wütendem Geschrei von einer Hängematte zur anderen, bis sie einem dicken Amazonenpapagei zu nahe kamen, der mit hartem Schnabelhieb die Krakeeler auseinandertrieb ... Friedlich durchschritt ein Pärchen Mutum den Raum, bei den jungen Papageien Futterreste aufpikkend oder unter zärtlichem Pfeifen die Liebkosungen einiger Indianerfrauen heischend."

Weniger leicht behaupteten sich die Papageien einem zahmen Tukan, „Tukaní", gegenüber, obwohl der noch jung war. Sick erzählt: „Das Mißtrauen, das unsere zahmen Tiere Tukaní entgegenbrachten, beruhte zweifellos auf seinem durch den Schnabel ungewöhnlichen Äußeren. Tatsächlich tat Tukaní niemandem etwas zuleide - freilich war er ja auch jung und leistete sich wohl deswegen noch nicht alles. Der Schrecken eines unserer Amazonenpapageien über den neuangekommenen Tukaní war die reinste Pantomime. Tukaní setzte sich unvermittelt in seine Nähe. Der Papagei richtete sich hoch und steil auf, mit dem Oberkörper zurückweichend, so daß er wie ein schlecht ausgestopftes Präparat aussah. Dann sträubte er alle Federn und verließ schleunigst seinen angestammten Platz, indem er Tukaní unentwegt anstarrte - selbst noch, als er sich über eine Hängematte abseilte" (Sick, 1957).

184

Selten wird erzählt, daß diese zahmen Papageien „sprechende" Papageien waren. Nimuendajú, der deutsche Ethnologe, der einen indianischen Namen angenommen hatte und 40 Jahre unter brasilianischen Indianern lebte, schrieb über die Timbira des östlichen Brasiliens: Ihre bevorzugten Heimtiere seien junge Papageien, die sie frei um die Siedlung herumfliegen ließen. Nach Sonnenuntergang sei noch lebhaftes Papageiengeplauder von den Dächern zu hören, auch ahmten die Papageien Lachen und Tanzgesänge nach (Nimuendajú, 1946).

Der Ethnologe Oberg wurde mit der indianischen Heimtierhaltung konfrontiert, als er sich Mitte dieses Jahrhunderts bei den Kamayurá (einem Tupi-Stamm) im Oberen Xingú-Becken (Mato Grosso, Brasilien) zu völkerkundlichen Studien aufhielt. Er sah, wie die jungen Vögel aus dem Mund gefüttert wurden (vgl. S. 179). Wenn sie einmal daran gewöhnt seien, meinte Oberg, gefüttert zu werden, bestünden sie ihr ganzes Leben darauf. Sogar ein ausgewachsener Vogel fliege einem vors Gesicht, kreische, um die Aufmerksamkeit auf sich zu ziehen, schlage dann heftig mit den Flügeln und reiße den Schnabel auf. Wenn man am Essen sei, kämen sie einem auf die Schulter, auf den Kopf oder auf den Tellerrand geflogen. Oberg fand sie aufdringlich. Eine Plage gar seien sie für Weiße, so meinte er. Die Papageien (nicht Araras) und besonders Webervögel würden mit Vorliebe Schreibstifte und Papier davontragen oder Zigaretten aus der Brusttasche ziehen. An einem Tag sei ein Webervogel mit einer Ampulle des kostbaren Penicillins im Schnabel ums Camp geflogen (Oberg, 1953).

Papageien als Federlieferanten

Im Mato-Grosso-Gebiet wurde der Reisende Miller Anfang des 20. Jahrhunderts Zeuge, wie ein zahmer Arara als Federlieferant benutzt wurde. Der Gelbbrust-Arara (Ara ararauna) schien der erklärte Liebling aller zu sein. Später, während eines zeremoniellen Tanzes, fiel ihm auf, daß der Vogel „trostlos" (disconsola-tely) ganz oben auf dem Dach einer Hütte saß; die Schwanzfedern waren ihm herausgerissen worden (Miller, 1919).

Verschüchtert war der Vogel ganz gewiß, denn das Ausreißen der Schwanzfedern ist für den Vogel natürlich eine unangenehme Prozedur. Freilich ist sie nicht so nachwirkend schmerzhaft, wie ein unerfahrener Betrachter annehmen möchte. Bei der Käfighaltung kann man oft beobachten, wie ein Papagei dem anderen während des Kraulens eine Feder ausreißt. Meistens reagiert der so Gerupfte mit einem Aufschrei, hackt nach dem Rupfer und verfolgt ihn vielleicht kurze Zeit. Oft genug sieht man den Gerupften, wie er bald darauf dem anderen wieder bereitwillig den Kopf zum Kraulen hinhält. Kurzum: Gerupft zu werden, lieben die Papageien keineswegs; aber sie vergessen es schnell. Stellt es derjenige, der gerupft hat, geschickt genug an, kann er sich bald wieder einschmeicheln.

Der Ethnologe Lévi-Strauss, der in den 30er Jahren das Bororo-Dorf Kejara am Rio Vermelho besuchte, erzählt: „Bei Tagesanbruch stehe ich auf, um mir das Dorf anzusehen; an der Tür stolpere ich über jammervolles Geflügel: es sind zahme Aras... Völlig nackt und unfähig zu fliegen, ähneln diese Vögel bratfertigen Hühnern, ausgestattet mit einem Schnabel, der umso riesiger wirkt, als sich der Umfang des Körpers um die Hälfte verringert hat. Auf den Dächern hocken gravitätisch andere Aras, deren Federschmuck wieder nachgewachsen ist" (Lévi-Strauss, 1978).

Der Reisende Blomberg sah Mitte dieses Jahrhunderts die Carajá-Indianer im Mato-Grosso-Gebiet, die doch ansonsten so freundlich und gutartig seien, als Tierquäler an. Einen schrecklichen Anblick böten immer die zahmen Papageien, die, ihrer Federn beraubt, herumstolzierten oder oben auf den Dächern säßen. Sie sähen aus wie riesige Jungvögel, deren Federn noch nicht ausgewachsen seien (Blomberg, 1960). Ein solcher Vergleich verrät jedoch eine schlechte Beobachtungsgabe oder schlechte ornithologische Kenntnisse, denn bereits am Schnabel erkennt man den ausgewachsenen Vogel.

185

Der Ethnologe Oberg, der Mitte dieses Jahrhunderts im Oberen Xingú-Becken (Mato Grosso, Brasilien) den Tupi-Stamm der Kamayurá besucht hatte, berichtete: Diese Indianer hielten viele Vögel als Federlieferanten, besonders Papageien, darunter Araras und Webervögel. Männer rupften ihnen Schwungfedern und Schwanzfedern aus, wenn für den kulturellen Federschmuck einige Federn benötigt wurden. Kleine Papageien wurden, wie andere kleine Vögel, nur als Heimtiere gehalten, sie dienten nicht daneben auch noch als Federlieferanten (Oberg, 1953).

Jede Yuracaré-Frau von Todos Santos (Bolivien) hielt nach Miller eine Anzahl von Amazonen-Papageien, die sie sorgfältig pflegte. Die Frauen weigerten sich, diese Vögel zu verkaufen, selbst wenn ihnen ein guter Preis geboten wurde. Statt dessen verkauften sie die Schwanzfedern an die Aymará-Indianer aus der Gegend von La Paz (Miller, 1919).

Das Verhältnis der Indianer zu den zahmen Papageien

Koenigswald, der die Corôado-Indianer Südbrasiliens auf seinen Reisen oft besuchte, schrieb über sie Anfang des 20. Jahrhunderts: „Sie sind stets heiter und vergnügt, wenn auch nie sehr laut, arbeiten möglichst wenig und spielen oder unterhalten sich, wenn sie daheim sind, um so mehr mit ihren Kindern und den verschiedenen Haustieren, besonders den Papageien, die in allen Hütten oft in bedeutender Zahl gehalten werden. Die Wilden schätzen die anhänglichen und gelehrigen Papageien sehr, deren Fang sie deshalb auch mit Eifer betreiben" (Koenigswald, 1908).

Der französische Ethnologe Lévi-Strauss erzählt in seinen „Traurigen Tropen" von den Heimtieren der Nambikwara-Indianer, mit denen diese in engstem Kontakt lebten und die wie Kinder behandelt wurden: „Sie nehmen an den Mahlzeiten teil, erhalten dieselben Beweise von Zärtlichkeit und Interesse – Entlausung, Spiele, Gespräche, Liebkosungen – wie die Menschen. Die Nambikwara haben viele Haustiere: in erster Linie Hunde, dann

186

Warrau-Indianerin (ca. 1840) mit zahmem Papagei. Ihre gerupften Augenbrauen sowie die Mundwinkel sind mit gekrümmten Linien tätowiert. Aus Schomburgk, 1847–48.

Hühner ... Affen, Papageien, die verschiedenartigsten Vögel und gelegentlich Wildschweine und Wildkatzen oder Coatis. Einzig der Hund scheint bei den Frauen eine nützliche Rolle zu spielen, nämlich bei der Jagd mit dem Grabstock ... Die anderen Tiere werden nur zum Vergnügen aufgezogen. Man ißt sie nicht und verzehrt auch nicht die Eier, welche die Hühner mit Vorliebe im Busch legen. Dagegen zögert man nicht, einen jungen Vogel zu verspeisen, der nach einem Akklimatisierungsversuch stirbt. Auf den Wanderungen wird die gesamte Menagerie, mit Ausnahme der Tiere, die laufen können, zusammen mit dem anderen Gepäck mitgeschleppt. Die Affen klam-

mern sich an den Haaren der Frauen fest ...
Die Papageien und Hühner hocken auf dem
oberen Rand der Kiepen, andere Tiere werden
auf den Armen getragen. Kein Tier erhält
reichliche Nahrung, aber selbst in Zeiten der
Not bekommt es seinen Anteil. Dafür sorgen
sie in der Gruppe für Zerstreuung und Erheiterung" (Levi-Strauss, 1955).

Peter Fleming schrieb 1933 über die Beziehung der Carajá-Indianer zu ihren Heimtieren:
„Die Carajas lieben ihre Kinder und Haustiere
zärtlich." Sie hielten in den Dörfern an Vögeln
nicht nur Papageien, sondern auch einen Reiher,
eine Nachtschwalbe, einen Specht, einen Falken, Kormorane, Wildenten, Hühner u. a. Fleming sagte: „Die Indianer liebten alle diese
Geschöpfe sehr und behandelten sie gut. Sie
verlangten verboten hohe Preise für ihre Papageien, und die großen roten wollten sie überhaupt nicht verkaufen" (Fleming, o. J.).

Auch andere Reisende erlebten, daß manchem Indianer sein Heimtier ans Herz
gewachsen war, so erging es Appun im
19. Jahrhundert, als er durch Guayana reiste
und sich in einer Niederlassung in Sichtweite
des Roraima aufhielt. Appun schrieb: „Die
Bewohner der einen Hütte besaßen einen
interessanten grünen, lebenden Arara, den
Macrocercus militaris Lath." *(Ara militaris)*
„ ... So gern ich den Vogel von den Bewohnern
der Niederlassung erhandelt hätte und einen
ziemlich hohen Preis dafür bot, war er ihnen
nicht verkäuflich; eine große Seltenheit bei
Indianern, die sonst alles für irgend einen
ihnen wünschenswerten Tauschartikel verhandeln" (Appun, 1871).

Nach Grünberg, der im Jahre 1966 als
Ethnologe bei den Kayabi-Indianern Zentralbrasiliens lebte, besaß dort „beinahe jeder
Haushalt" einen zahmen Arara. Die Beschäftigung mit Kleinkindern und Pets war der
beliebteste Zeitvertreib dieser Indianer, und
zwar traf das auf Frauen und Männer gleichermaßen zu (Grünberg, 1970).

Die Berichte über das Verhalten und die
Einstellung männlicher Indianer den Heimtieren gegenüber fallen je nach Stamm und Einfluß der Zivilisation unterschiedlich aus. Tat-

sächlich gibt es unter Indianern auch eine
spöttische oder gar verächtliche Haltung den
zahmen Papageien gegenüber.

Crocker stellt fest, daß die Bororo-Indianer,
die sich relativ leicht von kultischen Gegenständen trennten, wenn sie sie verkaufen
konnten, jedoch niemals bereit waren, erwachsene Araras, Papageien oder auch nur kleinere
Sittiche zu verkaufen. Bei den Bororos sind es
die Frauen, welche die zahmen Papageien
besitzen. Crocker berichtet, die Bororo-Männer betrachteten die Gefühlsausbrüche, welche die Frauen gelegentlich ihren zahmen
Papageien gegenüber äußerten, mit „toleran-
tem Amusement". Crocker vermutet einen
Zusammenhang zwischen der reservierten
Haltung der Bororo-Männer gegenüber den
zahmen Papageien und ihrem eigenen gesell-
schaftlichen Status: Jeder Bororo-Mann verläßt bei seiner Heirat sein Heim und bleibt
dennoch für seine Mutter und deren Nachkommen verantwortlich, hängt also gewissermaßen am Zügel der Frauen, so sicher wie
diese Araras und andere Papageien zähmen
(Urton, 1985). – Sicher spielt noch etwas
anderes eine wichtige Rolle: Bei den Bororo
ist der Federschmuck, besonders aus Arara-
federn, von großer Bedeutung. Man kann annehmen, daß es die Männer sind, welche die
zahmen Vögel rupfen. Und so dürfte die reser-
vierte Beziehung zwischen Bororo-Mann und
zahmen Papageien eine gegenseitige sein! Die
gerupften Araras fielen Reisenden nämlich
besonders bei den Bororo-Indianern ins Auge,
wo das Federrupfen offenbar extrem praktiziert wurde.

Nach Nimuendajú, dem Ethnologen, begru-
ben die Apinayé-Indianer ein Heimtier nach
seinem Tod wie einen Menschen. Auch wenn
die Besitzerin nicht wirklich die Zeichen einer
Trauer anlegte, so trauerte sie oftmals ernsthaft um ihr verlorenes Heimtier. Zu ihren
bevorzugten Heimtieren gehörten Papageien,
besonders rote Araras, die gelegentlich auch
als Federlieferanten dienten (Nimuendajú,
1939).

Manche Indianerstämme hielten für Heimtiere sogar eine Trauerzeit ein; bei den Remo

187

dauerte sie für Hunde 8 Tage, für Papageien dagegen nur einen Tag (Latocha, 1982).

Papageienhaltung bei Pueblo-Indianern Nordamerikas

Seit 1897 sind in Arizona und New Mexico (USA) bei archäologischen Ausgrabungen in Pueblos immer wieder Überreste von Araras und Kiefernsittichen oder Arasittichen *(Rhynchopsitta pachyrhyncha)* gefunden worden. Der Kiefernsittich kommt zwar von Natur aus, wenn auch nur sporadisch, in den Bergen des südöstlichen Arizona und südwestlichen New Mexico vor, wurde jedoch dort im Jahre 1935

Archäologische Fundstellen von Arara-Überresten in Neu-Mexiko und Arizona (USA). Die Zahlenangaben beziehen sich auf die Anzahl der am jeweiligen Ausgrabungsort gefundenen Exemplare (nach Hargrave, 1970).

zum letztenmal gesehen. Sein Verbreitungsgebiet liegt heute in Mexiko. Man nimmt an, daß es zu den Zeiten, als die frühen Pueblos bewohnt waren, weiter nach Norden reichte. Ähnliches kann man zu den Verbreitungsgebieten der Araras vermuten, die heute weniger weit in den Norden hinaufreichen (Olsen, 1967). Merkwürdigerweise waren sich Ornithologen im 19. Jahrhundert zeitweise nicht sicher, ob *Ara macao* in Mexiko überhaupt vorkomme.

Einer der Fundorte von Araraknochen liegt nördlich von Santa Fé (New Mexico), also sehr weit vom heutigen Verbreitungsgebiet entfernt. Vermutlich gab es in diesen prähistorischen Zeiten einen gut organisierten Handel. Jedenfalls wurden die Papageien von den Pueblo-Bewohnern als Heimtiere gehalten. Bei den Untersuchungen der Knochenfunde hat man keinen Anhaltspunkt dafür entdeckt, daß die Pueblo-Bewohner die Papageien auch

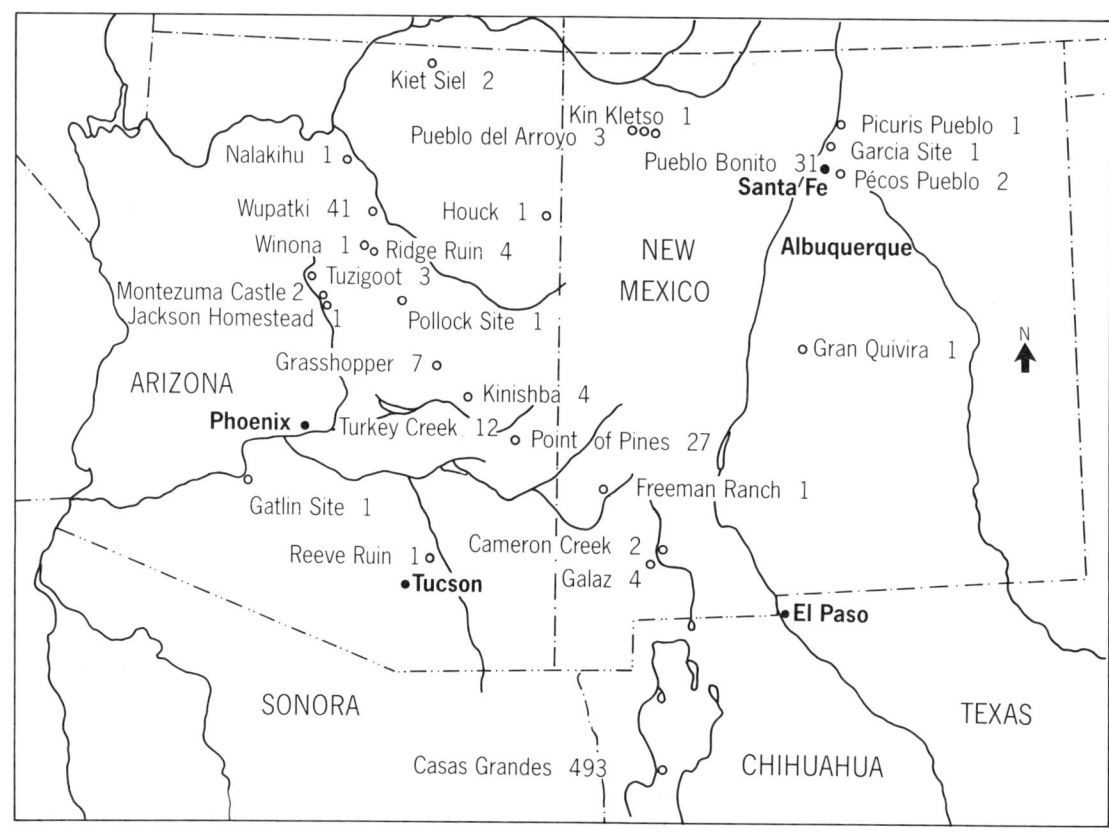

Wupatki Ruinen. Hier wurden zahlreiche Arara-Überreste gefunden. Foto H. Müller-Bierl.

gegessen hätten. Bei mehreren Funden handelte es sich eindeutig um die Reste eines Arara-Begräbnisses. In einigen Fällen konnte man sogar feststellen, daß der Arara in eine Binsenmatte eingewickelt worden war. Man fand Araraüberreste auch als Grabbeigabe für Verstorbene: In einem Fall war ein Arara einem männlichen Erwachsenen in den Arm gelegt, in einem anderen Fall einer älteren Frau auf die Schulter gesetzt worden.

Bei den Araras handelte es sich, soweit man sie identifizieren konnte, um die Arten *Ara macao* und *Ara militaris*, wobei die rote Art bei weitem überwog. Vielfach waren Knochen deformiert: Zu erkennen waren Brüche, die wieder verheilt, aber nicht richtig zusammengewachsen waren, sowie Schwellungen (lump) an Brustbein (Sternum), Oberarmbein (Humerus), Oberschenkelbein (Femur), Unterschenkelbein (Tibiotarsus) und Schädelverletzungen. Es gab auffallend viele Knochenab-

normitäten, besonders gerauhte (roughened) Ellen. Die letzteren Knochenschädigungen werden auf eine falsche Ernährung und die Haltung in dunklen, muffigen Räumen zurückgeführt. Die typische Pueblobauweise mit ihren zahllosen übereinandergeschachtelten dunklen Kammern stand in krassem Gegensatz zu den luftigen Hütten der südlichen Tieflandindianer. Aufgrund der Untersuchungen an den Araraknochen stellte man fest, daß die meisten Vögel im Alter von knapp einem Jahr gestorben waren. Die zahlreichen Knochenbrüche rührten von Unfällen her. Nach den Untersuchungen konnte ausgeschlossen werden, daß es sich um absichtliche Verstümmelungen (um den Vogel flugunfähig zu machen) handelte (Hargrave, 1970).

Wir können davon ausgehen, daß auch diese Papageien als Federlieferanten benutzt wurden. Bei gesunden Ernährungs- und Haltungsbedingungen führt das Federausreißen jedoch nicht zum frühen Tod eines Vogels. Der Ethnologe M. Judd gab 1924 einem Zuni-Indianer (USA) einen Soldaten-Arara *(Ara*

189

militaris), der vom Indianer als Federlieferant benutzt wurde und dennoch 22 Jahre lang bei ihm lebte (Hargrave, 1970). Zweifellos waren die Lebensbedingungen der frühen Pueblo-Indianer härter.

Haltung bei Einheimischen und Reisenden

Haltungsformen

Verschiedene Siedler lebten mit indianischen Frauen zusammen, welche weiterhin, wenn möglich, die indianische Heimtierhaltung pflegten. Therese, Prinzessin von Bayern, fielen Ende des 19. Jahrhunderts auf dem Hof eines portugiesischen Tabakpflanzers, der mit Indianerinnen zusammenlebte, „zahme, blaustirnige Kurzflügel-Papageien (Chrysotis)", wohl Blaustirnamazonen, auf, „denen gegenüber die frechen Haushühner das Feld behaupteten" (v. Bayern, 1897).

Manches Landhaus besaß einen regelrechten Kleinzoo. Schomburgk traf auf einem einsam gelegenen Landhaus am Pomeroon (Britisch-Guayana) eine der reichsten „Menagerien von Vögeln": „Der Hof, das Dach war förmlich von herrlichen roten Ibissen in allen Übergängen der Farbe, von Kranichen, Sonnenvögeln . . . und Papageien bedeckt, die ihr schönes Gefieder in den Morgenstrahlen der Sonne putzten, sich unter die Scharen der wilden, über den Hof fliegenden Genossen mischten, und nach kurzer Zeit wieder zurückkehrten. Einer ihrer Papageien, ein Psittacus pulverulentus" *(Amazona farinosa)*, gewann mein ganzes Herz, da er nicht nur deutlich sprach, sondern sogar einige englische Lieder sang und meisterhaft ‚Rule Brittania' pfiff" (Schomburgk, 1847/48).

Brown und Lidstone besuchten im vergangenen Jahrhundert am Tapajos, bei Itaituba, ein typisches Wohnhaus, auf dessen geräumiger, schattiger Veranda, mit Blick auf den Fluß, die Mahlzeiten der Familie stattfanden und auch die Heimtiere, darunter viele Papa-geien, ihren Platz hatten (Brown/Lidstone, 1878).

Auch hier kam es gelegentlich vor, daß sich ein zahmes Exemplar Wildvögeln anschloß.

Dalgleish erzählte gegen Ende des 19. Jahrhunderts von der Haltung zahmer Braunohrsittiche (Dalgleish: *Conurus vittatus*, Shaw; Wolters: *Pyrrhura frontalis*) in Paraguay: Der Sohn seines Sammlers besaß ein besonders zahmes Exemplar. Einmal ließ sich der zahme Vogel jedoch von einem vorbeifliegenden Schwarm von Artgenossen mitreißen. Die Familie hatte ihn schon aufgegeben, aber er kehrte bei Dämmerung pünktlich zu seiner Abendmahlzeit zurück (Dalgleish, 1888–90).

Wetmore stellte bei seinem ornithologischen Besuch in Costa Rica fest, daß die Gelbscheitelamazone (*Amazona ochrocephala* subsp. *auropalliata*) häufig als Heimtier gehalten wurde, indem ihr die Flügel beschnitten wurden. Manchmal saß ein solcher Vogel auf einer Stange, manchmal auf einem kleinen Baum neben der Türe. Obwohl diese Amazonen oft schrien, wenn wilde Artgenossen kreischend über sie hinwegflogen, schienen sie ansonsten kein Interesse an den wilden Artgenossen zu haben, so berichtet Wetmore (Wetmore, 1944).

Als der Reisende Miller das Kautschuksammler-Camp São João am Gy-Paraná-Fluß besuchte, wunderte er sich darüber, wie zwei zahme Araras *(Ara macao)* untergebracht waren. Die beiden Vögel hockten den ganzen Tag über in einem dunklen Loch unter dem Fußboden der Hütte ihres Besitzers und kamen nur heraus, wenn sie hungrig waren. Nachts kletterten sie zum Schlafen auf eine Stange, die oberhalb der Tür angebracht war. Die beiden Araras waren ein Jahr zuvor an den nahegelegenen Stromschnellen gefangen worden, wo sich jedes Jahr während der Trockenzeit viele Papageien verschiedener Arten einfanden, um von den freigelegten salzhaltigen Ablagerungen der Felsen zu fressen. Die Kautschuksammler erschlugen dann viele, um sie in den Kochtopf zu stecken (Miller, 1919). Die zahmen Araras benutzten das Loch unter der Hütte im bewohnten Ort als Ersatzhöhle.

Nachts freilich mußten sie es verlassen, denn am Boden wären sie nachts vor Räubern nicht sicher gewesen. Die natürliche Bruthöhle der Araras liegt meistens im oberen Teil eines hohen Baumstammes.

Die Reisenden staunten besonders, wenn sie zahme Araras am Boden herumlaufen sahen, so erging es Tschudi im 19. Jahrhundert und Baumann & Patzelt im 20. Jahrhundert. Letztere fanden im Osten von Ecuador auf einem Armeeposten „freundlich knarrende Aras, die zwischen den Hühnern ihr Futter suchten" (Tschudi, 1866–69; Baumann/Patzelt, 1983).

Nach Jouy, der 1891/92 zwölf Monate lang in Zentralmexiko reiste, wurden die Elfenbeinsittiche (Jouy: *Conurus petzii*, Wagl.; Wolters: *Eupsittula canicularis*) von den Einheimischen dort selten in Käfigen gehalten, außer bei Nacht zu ihrem Schutz (Jouy, 1893).

In Südamerika wurden kaum einmal Papageien angekettet gesehen.

Der Reisende Müller berichtete von seinem Besuch auf der Insel Buton im 19. Jahrhundert: „Fast vor jedem Hause sahen wir zahme Kakatus (C. sulphurea)" – Gelbwangenkakadus (Wolters: *Cacatua sulphurea*) – „die auf Stöcken oder Krücken saßen und mit einem doppelten Ringe von Büffelhorn am Tarsus befestigt waren." Ein anderer Berichterstatter sah den Gelbwangenkakadu auf der Buton nahe gelegenen Insel Celebes „fast vor jeder Wohnung gezähmt", wieder ein anderer auf Macassar (zitiert nach Finsch, 1867/68). Auch Edelsittiche wurden angekettet gehalten (vgl. S. 31f).

Der Ornithologe Gould, der 1838 bis 1841 Australien besuchte, sah „halbgezähmte" Rosakakadus *(Eolophus roseicapillus)* in den „Meierhöfen". Die Vögel lasen zusammen mit Tauben am Boden vor den Scheunen Körner auf (Finsch, 1867/68).

Ganz ähnlich wie ihre Namensvettern, die echten Araras, wurden auch die Ararakakadus (Finsch: *Microglossus*; Wolters: *Probosciger aterrimus*) von den Eingeborenen ihrer Herkunftsgebiete (z. B. Neuguinea) als Jungvögel aus dem Nest geholt, aufgezogen und später verkauft. Und genauso ließ man gelegentlich zahme Ararakakadus tagsüber frei fliegen. Ein Exemplar flog auf der Molukkeninsel Amboina den Tag über frei in der Stadt umher und kehrte abends stets zu seinem Besitzer zurück (Finsch, 1867/68).

Aus Afrika stammt der folgende Bericht: Die Gebrüder Woodward, die Ende des 19. Jahrhunderts das Zululand bereisten und dort sammelten, berichteten, daß ein Farmer des Landes eine Zeitlang ein Pärchen Kappapageien *(Poicephalus robustus)* im Käfig gehalten habe. Als er sie freiließ, suchten sie nicht das Weite, sondern besetzten einen alten Taubenschlag, wo sie brüteten und Junge aufzogen. Sie blieben für zwei Brutzeiten und hatten die Angewohnheit, zum Wohnzimmerfenster hereinzufliegen, um sich füttern zu lassen. Die Jungen flogen dagegen in die Wälder, sobald sie selbständig waren (Sharpe, 1897).

Auch andere *Poicephalus*-Arten, z. B. Meyers Papageien *(Poicephalus meyeri)*, konnten an freies Ein- und Ausfliegen gewöhnt werden (Rowan, 1983).

Martin Meißner bestätigte aufgrund eigener Reiseerfahrungen, daß die zahmen Papageien in Mittel- und Südamerika ihren Wortschatz schon aus dem Alltagsleben entnahmen. „So ruft meine Gelbscheitelamazone", schreibt er: „Pastore, Pastore – moment' oder ‚momento!' Man sieht den katholischen Pfarrer durchs Dorf eilen, der von den Bewohnern gern zu einer Frage oder einem Gespräch angerufen wurde, und die Gelbscheitelamazone schnappte diesen Ausruf auf. Ebenso ‚betet' sie das ‚Ave Maria'." Inzwischen ist sie, laut Meißner, 9 Jahre alt.

Ja, berichtet Meißner, sie könne das ‚Ave Maria' sogar singen, so deutlich und klar, „daß man sich nur wundern kann, woher diese Amazone diese schöne menschliche Stimme hat". Und sie spreche „mit menschlicher dunkler Stimme: ‚Ich heiße Loredo, von der großen Stadt Loredo'" (Meißner, 1991) – Das letztere ist ihr offensichtlich beigebracht worden. Mit ihrem „Gesang" ahmt die Amazone wohl den einer Lateinamerikanerin nach.

Enges Zusammenleben mit Papageien

Im 19. Jahrhundert gab es am Amazonas kaum ein Haus, das nicht wenigstens einen zahmen Vogel, öfters aber einen ganzen Kleinzoo von Araras, kleineren und größeren Papageien und vielen anderen Tieren aufzuweisen gehabt hätte (Keller-Leuzinger, 1874).

Lord Brabourne berichtete im Jahre 1914 über Heimtierhaltung von Papageien in Paraguay: Dort lebten die Menschen außerhalb der Städte in offenen Hütten mit Strohdächern. – Zuerst besaßen sie nur einen roten Arara *(Ara macao)*. Seine Flügel waren beschnitten, ansonsten konnte er sich frei bewegen. Regelmäßig zu den Mahlzeiten kam er von seinem üblichen Sitzplatz herunter, um auf die nächste Stuhllehne zu klettern. Wurde er nicht augenblicklich bedient, dann zog er die Aufmerksamkeit auf sich, indem er zart in den Nacken oder die Schulter desjenigen biß, der auf dem Stuhl saß. Er merkte sehr wohl den Unterschied, mit welchem Unterton sein Name gesagt wurde, mit Tadel oder Zärtlichkeit. War das erstere der Fall, ging er schnell vom Stuhl runter, hielt aber immer wieder bei seinem Watschelgang inne, schaute hoch und gab auf das kleinste Anzeichen für eine Nachgiebigkeit acht, um, sobald er dieses bemerkt hatte, frech auf die Lehne zurückzuklettern und weiterzubetteln.

Gelegentlich flogen wilde Araras über die Hütte; der zahme Vogel reagierte darauf mit Rufen. Einmal kam ein Schwarm von 6 Araras tiefer herab und flog mehrere Runden um das Haus, so daß der zahme Vogel wie toll mit seinen beschnittenen Flügeln schlug.

Eines Tages bekam er einen Kumpan, einen Gelbbrust-Arara *(Ara ararauna)*, der vor 6 Monaten zusammen mit 50 anderen mit Hilfe eines Lockvogels gefangen worden war. Als der Neue gebracht wurde und von weitem den zahmen Roten schreien hörte, gab der Neue, nach den Aussagen von Lord Brabourne, laute „Freudenschreie" (the most piercing shrieks of joy) von sich, woraufhin der zahme Vogel antwortete. Diese Schreie gingen hin und her, bis die beiden Vögel beisammen

waren. Dann freilich hielt der zahme Vogel den Neuen mit abweisend erhobenem Fuß auf Distanz. Jedoch nach wenigen Tagen schon waren die beiden unzertrennlich und kraulten sich, wenn man sie sah. Und schon nach einem Monat war der zuvor unbändige Wildfang durch das Beispiel des anderen völlig zahm. Darüber staunte Brabourne, weil dieser Arara als ausgewachsener Vogel, und mehr oder weniger gewaltsam, gefangen worden war. Er meinte, diese Araras seien sehr anpassungsfähig (Brabourne, 1914).

Am Rand der Stadt Pará (Belém) begegnete Freiherr A. v. Dungern auf seiner „biologischen Filmexpedition" Mulatten. „Die kleine Tochter des Alten", schrieb er, „ . . . war mit der Verpflegung der Tiere betraut, und ich schaute ihr gern zu, wenn sie mit ruhigen, weichen Bewegungen den vielfarbigen Papageien, Affen, . . . ihr Futter reichte und mit leiser Stimme zu ihnen sprach." Und so entstand auch in seinem Haus eine kleine Menagerie, ausgezeichnet verpflegt von seiner schwarzen Köchin und untergebracht nach einheimischem Vorbild: „In der Küche und im Vorraum hausten die Papageien. Sie liefen am Tage frei umher nach Belieben und Gefallen, hielten sich gern an das Haus und an die Menschen und verwechselten niemals den ihnen zugewiesenen Schlafplatz, auf dem Küchenbord, auf dem Tisch oder den Lehnen der Stühle, auf Kochtöpfen und Gardinenstangen. Ihre gellenden Stimmen weckten mich am Morgen längst nicht mehr, man gewöhnte sich . . ." Mit Erstaunen erlebte er, daß fast alle Tiere nach ganz kurzer Zeit zahm wurden, „oft schon gleich nach dem Fang". Er erzählte: „Meine großen Waldhühner, die prächtigen Trompetervögel und Papageien liefen uns dauernd zwischen den Beinen herum und verlangten wie Hunde danach, geliebkost zu werden." V. Dungern verstand sich allerdings auf den richtigen Umgang mit den Tieren. Auch wenn seine Behauptung, die „Tierseele" sei der menschlichen Seele auf magische Art verbunden, nur bei Glaubensgenossen Zustimmung finden wird, hatte er zweifellos damit recht, daß „alles Gelingen im Umgang in erster Linie

Tafel 5
Links oben: Männlicher
Wellensittich *(Melopsittacus
undulatus)* mit geöffnetem
Schnabel; die Zunge ist gut
zu sehen.
Rechts oben: Feuerflügel-
sittich *(Brotogeris
pyrrhoptera)*.
Unten: Hellroter Arara *(Ara
macao)* und Dunkelrote
Araras *(Ara chloroptera)*.

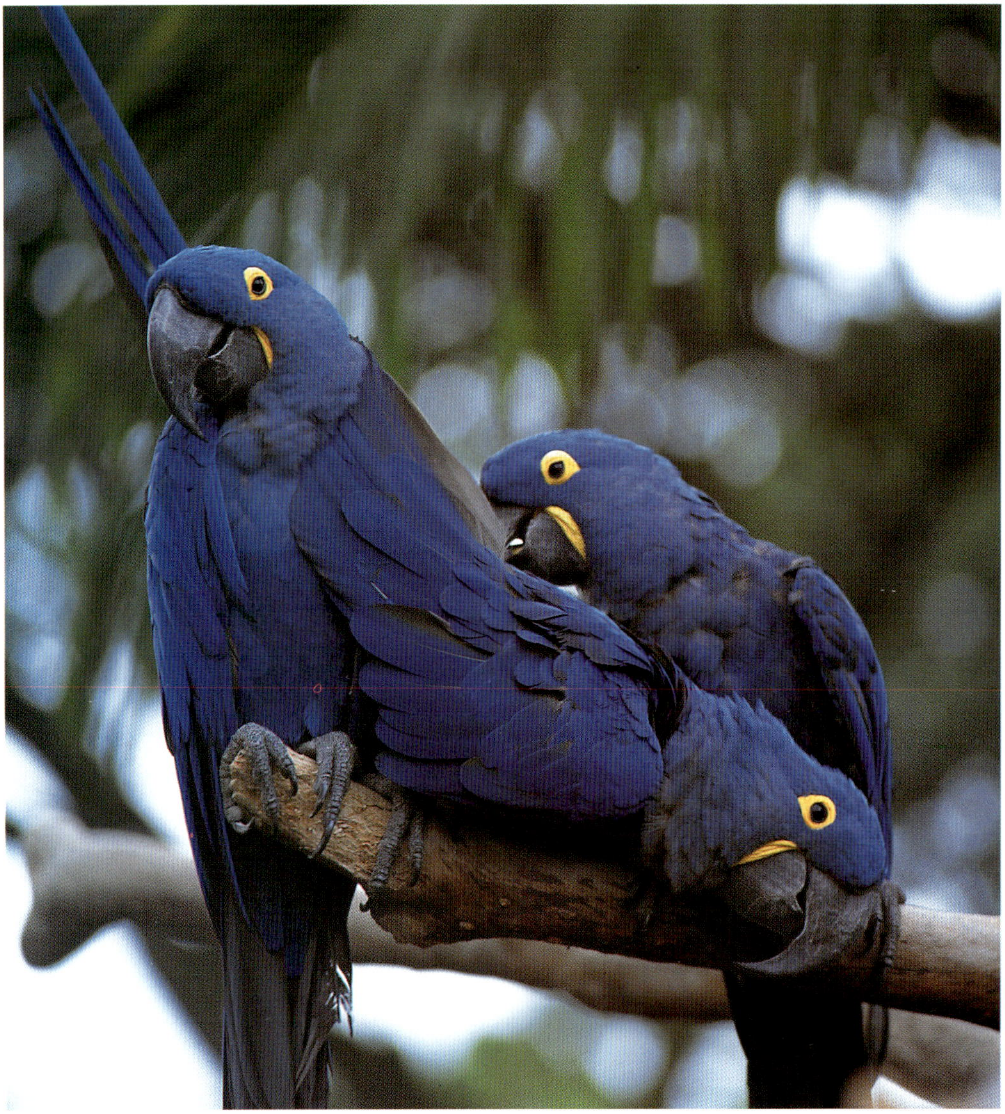

Tafel 6
Oben: Hyazinthararas *(Anodorhynchus hyacinthinus)*.
Links unten: Verschiedene Araras in einem Vogelpark, einige auf der Schulter und im Arm von Besuchern.
Rechts unten: Halsbandsittich *(Psittacula krameri)* in Indien.

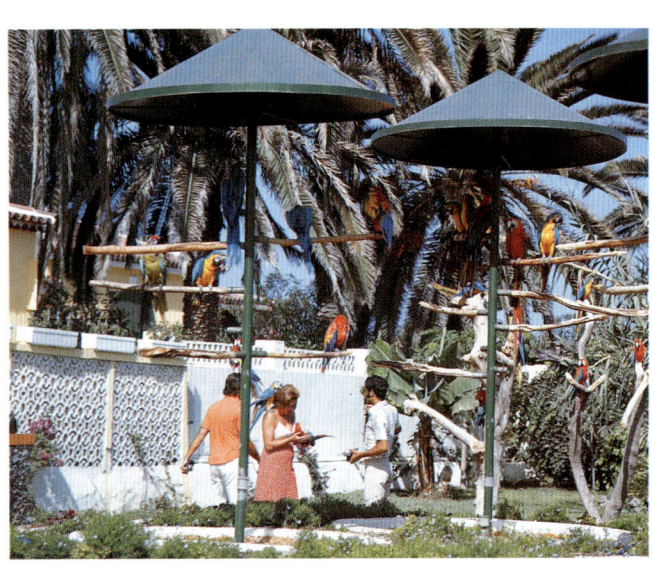

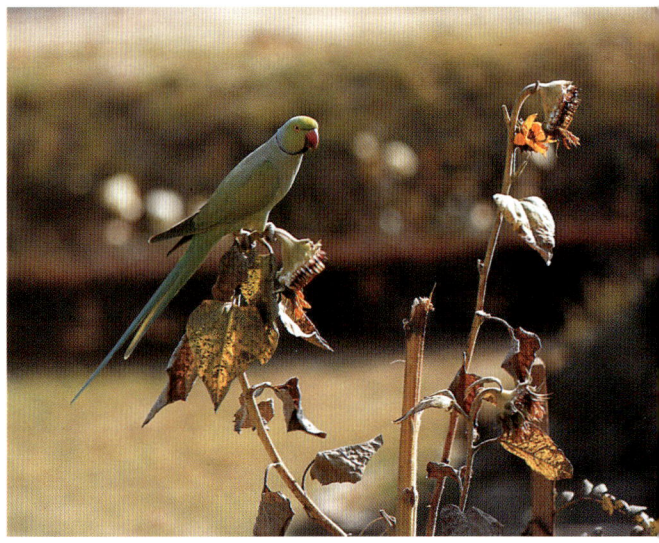

eine Frage genauer Beobachtung der Art" ist (Bonsels/v. Dungern, 1931).

Die naturkundlichen Filmemacher Bittner und Heye besuchten in Pará einen dort lebenden deutschstämmigen Insektenkenner. Als sie zum Hauseingang gingen, lief ein Kleinkind der Familie auf Heyes Frau zu und griff unbefangen nach der glitzernden Uhr an ihrem Arm. „Darauf", erzählt Heye, „flog ihr ein Papagei mit dem schallenden Rufe: ‚Arabá, Cajás!' auf die Schulter, und was dann droben auf der Veranda an Affen, jungen Wildkatzen, verschiedenen prachtvoll gefiederten Stelzvögeln, einer Schildkröte, einem kleinen Krokodil und immer mehr Papageien durcheinanderhüpfte, kroch und flatterte", das setzte die Ankömmlinge in Erstaunen.

Der Papagei, der einer fremden Person so ohne weiteres auf die Schulter flog, als gehöre sie zur Familie – zweifellos deshalb, weil das Kind keinerlei Berührungsängste zeigte –, sprach den Ruf nach, den er offenbar vom Hausherrn häufig hörte, denn Cajás war eine Art Zuckerrohrschnaps, dem der Herr des Hauses gerne und ausgiebig zusprach.

Das Zusammentreffen so verschiedener zahmer Wildtiere, wie sie die Einheimischen oftmals mit sich führten, konnte mitunter übel ausgehen. Heye erlebte in Pará einmal im Friseursalon einen Zusammenstoß zwischen einem Papagei und einem jungen Ozelot. Der Besitzer des Ozelots, ein junger Mann, nahm im Friseursalon Platz, weil er zu Heye wollte, der zahme Ozelot „mit einem zufriedenen tiefen Mauzlaut" auf dem Schoß seines Besitzers. Dann aber trat ein alter Herr ein mit seinem Papagei auf der Schulter, den er auf seinen Ausgängen stets mitnahm, und der Ozelot schnellte hoch. Ein wildes Geschrei und Getümmel war die Folge. Heye erzählt: „Die unterste Lage bestand aus einem entsetzlich kreischenden Bündel bunter Federn, darauf lag das Büsi, und das gab jetzt plötzlich Töne von sich, die gar nicht mehr zahm und harmlos klangen, auf dem Katzentier sein brüllender Herr und Meister, der gleichzeitig wild nach oben und unten drosch, und zuoberst eine schwarzgekleidete Gestalt ... die

... auf den Kater und seinen Besitzer einhämmerte ..." Der Ozelot fraß den Papagei auf. Der alte Herr war kaum zu beruhigen, er hatte den Papagei 18 Jahre lang gehabt (Heye, 1944).

Skepsis gegenüber Papageienhaltung

Der kurze Bericht des Zoologen H. Krieg, der in den 20er und 30er Jahren mehrere Expeditionen in Südamerika unternommen hatte, über die einheimische Heimtierhaltung klingt nicht gerade begeistert: „Im Inneren des Landes ... sieht man auch heute noch zahme Amazonen an allen Ecken und Enden. Sie langweilen sich auf prächtigen Gestellen in den Patios der Städte, in rostigen Faßreifen hockend krakeehlen sie auf den Veranden der dürftigen Häuser in den Dörfern, und auf den Zäunen und Dachfirsten der Mischlingshütten führen sie ein flügelgestutztes Dasein" (Krieg, 1948).

Der Biologe Dietrich Heinemann erzählt in seinen „Reiseeindrücken" aus dem Jahre 1977, der Zeit, als er wissenschaftlicher Reiseleiter an Bord des Amazonas-Kreuzschiffes „World Discoverer" war: „Der deutsche Chefsteward ... hat einen Papagei. Ein Passagier hat ihn unterwegs in einem Indianer- oder Caboclodorf billig gekauft und dann ‚kalte Füße' bekommen, als ich in einem meiner Vorträge von Naturschutz, Artenschutz und Einfuhrverboten gesprochen habe. Er hat den Papagei daraufhin dem Chefsteward geschenkt; den Namen des Papageienkäufers habe ich nie erfahren. Der Steward hat den Papagei nun in seiner Kabine. Der hat dort zunächst die Fenstervorhänge in kleine Schnipsel zerlegt und auch sonst allerlei Schaden angerichtet. Der Kapitän verlangte deshalb kategorisch: Der Papagei muß in einen Käfig! Jemand hat in Manaus einen Käfig besorgt, mit Holzrahmen, in den die Drahtstäbe eingelassen sind. Stolz stellt der Steward den Papagei samt Käfig im Speisesaal zur Schau; es ist auch ein Prachtkerl, eine Gelbscheitelamazone ... Vom Vorhandensein dieses Papageis an Bord ... erfahre ich zum erstenmal hier in Recife. Es hat keinen Sinn, den Vogel hier, wo er keine Artgenossen finden wird, etwa freizulassen. Er

193

kann auch gar nicht fliegen, weil die Indianer oder Caboclos ihm, wie das hier so Sitte oder vielmehr Unsitte ist, die Schwingen ausgerissen haben. Einmal an Bord . . ., muß er hier so gut wie nur möglich gepflegt werden. Aber der holzgerahmte Käfig macht mir Sorge. Darum sage ich dem Chefsteward: ‚Wenn der Vogel merkt, daß das Gerüst seines Käfigs hölzern ist, wird er es in wenigen Minuten durchgenagt haben. Und dann fliegt oder klettert er wieder frei in Ihrer Kabine und benagt die neuen Vorhänge.' – ‚Ach nein', meint er, ‚das macht Lora nicht, die ist ja so brav!' Warten wir's ab. Am Abend nach unserer Abfahrt von Recife liegt beim Dinner diskret eine Visitenkarte des Stewards auf meinem Platz mit der handschriftlichen Mitteilung: ‚Leider haben Sie recht gehabt, der Papagei hat seinen Käfig zerlegt. Könnten Sie mir wohl in Bahia einen besseren Käfig besorgen?'" Heinemann besorgte den Käfig. Er erzählt weiter: „Abends beim Dinner im Speisesaal der World Discoverer sitzt der Papagei in seinem neuen, ausbruchsicheren Käfig. Eine der hölzernen Sitzstangen hat er schon zu zwei Dritteln durchgenagt" (Heinemann, 1982).

So wichtig es ist, die Naturentnahme von Papageien zu kontrollieren, notfalls zu unterbinden: Den Menschen ein schlechtes Gewissen einzureden, wenn sie sich einen Papagei als Heimtier wünschen, hat den bedrohten Vögeln nicht helfen, die weitere Zerstörung der Urwälder nicht aufhalten können.

Papageien als Reisebegleiter

Wie viele Reisende ließ sich der Ethnologe Schmidt um die Jahrhundertwende durch den Anblick der zahmen Papageien in den Indianerdörfern dazu verleiten, selbst einen zahmen Papagei, einen großen roten Arara, mitzunehmen. Auf der Bootsreise war das kein Problem: Der zahme Arara saß neben ihm im Boot und ließ sich von ihm den Kopf kraulen (Schmidt, 1905).

194 Th. Koch-Grünberg nahm seinen Arara „Bolaka" auf einer Bootsreise mit (vgl. S. 145). Und dies sind nur zwei Beispiele unter vielen.

Als Schmidt seinen Arara „Arita" später im Hotel dabei hatte, traten die ersten Probleme auf. Eines Abends, während seiner Abwesenheit, schaffte es der Vogel, sich aus seinem Käfig zu befreien. Bei seiner Rückkehr erlebte Schmidt eine unangenehme Überraschung, denn der Arara hatte schon die ersten Holzgegenstände zu zerstören begonnen (Schmidt, 1905).

Im Urwald von Kamerun stieß der Jäger Zwilling auf Graupapageien. Er erzählt: „Graupapageien nisteten auf hohen Bäumen. Ich hegte großen Wunsch, wieder einmal solche Graupapageien zu besitzen und ließ einen Urwaldriesen, auf dem ich längere Zeit ein Nest mit fast flüggen Jungen beobachtet hatte, von Eingeborenen umhauen. Mit furchtbarer Wucht stürzte der Urwaldbaum um, im Fallen unter entsetzlichem Getöse die nebenstehenden Bäume und Lianen mitreißend. Im Astloch befanden sich zwei Graupapageien unversehrt, der dritte schien durch den Fall erschlagen worden zu sein. Diese Graupapageien standen knapp vor ihrer Flugreife, und ich mußte sehr aufpassen, daß sie mir nicht entkamen. ‚Jako' und ‚Jakobozy', wie ich die gelehrigen Dinger nannte, wurden bald recht zutraulich und begleiteten mich weit hinauf ins Adamauahochland. Während des Marsches thronten die Papageien auf Tropenkoffern, die auf Negerköpfen ruhten. Frei und herrisch saßen sie da in luftiger Höhe und nur Lianengewirr oder herabhängende Äste vermochten sie hier und da von ihrem Sitzplatz herunterzustreifen. Im Lager vergnügten sich ‚Jako' und ‚Jakobozy' damit, mich im Feldstuhl beim Schreiben oder Lesen zu belästigen. Von beiden Seiten krochen sie den Feldstuhl zu mir herauf und zupften mich so lange, bis ich mit ihnen zu spielen begann. Streicheln liebten sie über alles. Bei den Mahlzeiten fehlten die Papageien niemals, sie bekamen ihren Anteil wie die anderen Tiere. Angenagte Hühnerknochen wurden feinsäuberlich zerlegt und zerbissen. Eigenartigerweise hatten sie eine gewisse Abneigung gegen das Fliegen. Einmal, als ich bei einer Arbeit von ‚Jako' gar zu arg geneckt wurde, packte ich den Graupapagei und warf ihn in die Luft, und siehe da, er flog und flog immer weiter und verschwand plötzlich in den Bäumen eines Galeriewaldes. Ich . . . nahm an, daß der Ausreißer rasch wieder heimkehren würde. Es kam der Abend, und ‚Jako' war noch nicht zurück. Auch am nächsten Tag hatte unser Warten keinen Erfolg. So alarmierte ich das ganze Negerdorf und versprach den Leuten eine hohe Belohnung, wenn sie mir den Graupapagei lebend zurückbrachten. Glücklicherweise heimateten in diesem Landstrich keine anderen Graupapageien. Es war im Hochland und da kommt diese an den Urwald oder dessen Ausläufer gebundene Art nicht vor. Am dritten Tag brachten mir Negerjungen den eingefangenen ‚Jako', der sich durch seine Rufe auf einem Baum bemerkbar gemacht hatte, unverletzt zurück. Mit den Hunden vertrugen sich die Papageien gut, nur die Affen liebten sie weniger, da letztere sie stets zu erschrecken versuchten und es arg auf die schönen roten Steißfedern abgesehen hatten" (Zwilling, 1939).

Auch Zwilling, wie so viele, hatte keinerlei Skrupel, den Nistbaum der Graupapageien umzuhauen, und nahm in Kauf, daß eines der Jungen dabei getötet wurde. Überhaupt wies sein naturkundliches Wissen deutliche Lücken auf, im Gegensatz zu den mit der Natur in Einklang lebenden Naturmenschen, deren Zahl freilich immer geringer wurde – überall, wo die Zivilisation sie erfaßte. Der Ausreißer – besser gesagt, der verschreckte Vogel – konnte in einem für ihn so völlig fremden Gebiet gar nicht zurückfinden, höchstens per Zufall.

Emin Pascha, der auf seinen Reisen in Zentralafrika im späten 19. Jahrhundert unter anderem Vögel sammelte, führte auch lebende Exemplare mit sich. Einmal schrieb er in sein Tagebuch: „Meine Papageien machen sich mit ihrem Geschrei sehr widerwärtig und wollen dabei absolut nirgends bleiben als in meiner Hütte unter dem Arbeitstische oder auf dem Stuhle selbst." Dann aber wieder machte es ihm Freude zuzuschauen, wie seine Graupapageien sich mit Knabbern an frischen Maiskolben „vergnügten" (Emin Pascha, 1983).

Mangelndes Verständnis

Nicht jeder Reisende, der sich einen Arara als zahmen Vogel wünschte, war dann einem schreienden, nicht gezähmten Exemplar gewachsen. Das erlebte Myers mit seinen Reisebegleitern während ihrer Bootsreise auf dem Rio Napo, wo sie eine Zeitlang einen Arara mitführten, dem sie die Flügel beschnitten hatten. Sie fanden ihn zwar schön, aber nicht sehr liebenswert. Als es ihm gelang, aufs Dach zu klettern, biß er Löcher ins Strohdach. Und wie sie dann auf ihn zugingen, fiel er auch noch über Bord. Da entledigten sie sich seiner und sahen den Balg für ein Museum vor (Myers, 1871).

Nicht alle Reisenden hatten Papageien, besonders Araras, gegenüber eine positive Einstellung, so z. B. der Amazonas-Reisende Lange Anfang dieses Jahrhunderts: In einem Haus, wo er zum Essen eingeladen war, sah er in der Küche auf einem Balken einen sehr großen Arara, den er für ausgestopft hielt. Als er bewundernd seine langen Schwanzfedern berührte, mußte er feststellen, daß dieser Arara lebendig genug war, um ihn in den Finger zu beißen. Er meinte, speziell diese Papageienart sei schwierig zu halten, weil ihre Dummheit und Bösartigkeit genauso groß wie ihre Schönheit sei. Sie erinnerten ihn immer an Dandies, die mit ihrer feinen Schale, nicht aber mit geistigen Fähigkeiten Staat machten (Lange, 1912).

Der Amazonien-Reisende Leginger schilderte die nach seinem Eindruck wetterabhängigen Stimmungen eines zahmen Papageis in saloppem Ton: „Erneut regnet ein Schauer herab, der Papagei der Pensionsinhaberin veranstaltet ein jämmerliches Spektakel und ist sichtlich verärgert über das unruhige Wetter. Gen Abend nimmt ihn die Dame zu sich in ihr Gemach." Am anderen Tag: „Ein trüber Morgen, das Töchterlein irrt weinend im Hofe zwischen den pickenden Hühnern umher, der Papagei leidet mit und jammert herzerweichend. Als die Sonne hervorbricht, kreischt er fröhlich frech vor sich hin: ‚HaHaHaHa'" (Leginger, 1981). So ist es immer wieder: Die

195

meisten Reisenden nehmen die Heimtierhaltung von Papageien in den Ursprungsländern nicht ernst. Darum gibt es, in Anbetracht der großen Zahl von Reisen, so wenige konkrete Berichte über diese Papageienhaltung.

Papageien als Heimtiere

Allzumenschliche Erwartungen

Das passende oder unpassende „Sprechrepertoire" beschäftigte viele Vogelhalter des späten 19. Jahrhunderts so sehr, daß Ruß dieses Thema in seine Zeitschrift „Die Gefiederte Welt" aufnahm. Er ließ die Baronin von Jena zu Wort kommen: „Oft findet man die Anzeige, daß ein sprechender Papagei verkäuflich sei, welcher auch ‚Lott' ist tot' oder ‚Eins, zwei, drei, an der Bank vorbei' oder irgend einen noch viel schlimmern Gassenhauer singen kann. Unter fünfzig derartigen Anzeigen haben wir kaum eine einzige vor uns, die ein andres Lied, als ein solches gemeines und unschönes, als Leistung des Vogels angibt. Da darf ich nun aber wohl mit einer gewissen Berechtigung fragen, warum die Abrichter unserer gefiederten Lieblinge sich denn keine anderen, schöneren Aufgaben für diese Vögel stellen ... Sollten Weisen, wie ‚Ännchen von Tharau', ‚Ach, wie ist's möglich dann', ‚Ich hatt' einen Kameraden' u. a. m. nicht ebenso leicht dem Vogel zu lehren sein, wie der erwähnte gemeine und meistens zugleich unschöne Singsang? Wieviel lieber würde man einen solchen Vogel kaufen und auch gern teurer bezahlen, als jenen erstern! ..." (Ruß, 1888).

Wir mögen darüber lächeln. Die Vogelliebhaber des 19. Jahrhunderts hatten allerdings recht, wenn sie vor fluchenden (u. a.) Papageien warnten. Manch einem Vogelpfleger macht es heutzutage Spaß, seinem Vogel ein derartiges Repertoire beizubringen; viele Leute reagieren darauf mit Gelächter. Aber eines Tages geht es dem Vogelhalter selbst auf die Nerven. Darum bewährt es sich, wenn man den Vogel möglichst unverfängliche Reden nachahmen läßt und darauf achtet, daß er nichts zu hören bekommt, was ein künftiger Besucher niemals hören dürfte.

Im späten 19. Jahrhundert konnte solch ein „verdorbener" Vogel Grund genug geben, vor Gericht zu ziehen. Ruß berichtete: „Vor einigen Jahren wurde mir, zur Beurteilung als Sachverständiger in einem Prozeß, ein Papagei zugesandt, welcher eine staunenswert reiche Begabung zeigte; aber alles, was der Vogel sagte, war verdorben durch die häßliche, breite, gemeine Aussprache der Worte; noch schlimmer war es jedoch, daß er zeitweise sich räusperte, dann keuchte, schwer hustete und auf das täuschendste das Geräusch des ... Ausspuckens nachahmte ..."

In den Augen jener Zeit war ein solcher Vogel „völlig wertlos" geworden (Ruß, 1888). Vergleichbare Probleme gibt es gelegentlich heute noch.

Immer wieder war der eine oder andere Besitzer eines Großpapageis aufgrund seiner mangelnden Kenntnisse und Erfahrungen für die Papageienhaltung ungeeignet.

Ruß zitierte den Kaufmann Ernst Dulitz aus Berlin: „Der Papagei in seinem hübschen Bauer gilt bekanntlich vielen lediglich als ein Zimmerschmuck, seine Begabung, einige Worte sprechen zu lernen, erfreut in der ersten Zeit und dient später, nachdem der Reiz der Neuheit sich verloren hat, nur noch dazu, Freunde und Bekannte, die man zum Besuch empfängt, damit zu unterhalten. Hiermit ist aber auch alles erreicht, was man von dem Vogel erwartet und verlangt – er wird dem Besitzer immer mehr gleichgültig, wenn nicht gar überdrüssig; man überläßt seine Verpflegung den Dienstboten ..." (Ruß, 1881). Der Papagei braucht aber die Zuwendung seines Pflegers. Ruß meinte: „Wer diese Hauptbedingung seines Wohlergehens nicht erfüllen kann, tut ein großes Unrecht daran, einen solchen Vogel überhaupt anzuschaffen" (Ruß, 1888). Dieser Satz gilt heute noch.

Lloyd kannte Ende des 19. Jahrhunderts in Georgetown, Britisch-Guayana, eine Dame, die einen „sprechenden" Arara besaß. Dieser Vogel habe seinen Namen „Robert" wie ein

Mensch ausgesprochen. Er sei ein äußerst reizender Bursche gewesen und habe die Frühstücks- und Essenszeit auf die Minute genau gekannt. Aber Roberts Hang zur Zerstörung hielt seinen angenehmen Seiten die Waage, hieß es. So sei seine Herrin „gezwungen" gewesen, ihn fortzugeben (Lloyd, 1895).

Dies ist ein typisches Beispiel für solche Papageienhalter, die dem Vogel die Schuld geben, sich selbst bedauern und in Wahrheit falsche Erwartungen hegen. Hinzu kommt, daß die Vögel individuell verschieden sind.

Auch handaufgezogene Papageien werden unterschiedlich zahm. Das galt besonders auffällig für zwei junge Molukkenkakadus *(Cacatua moluccensis)* dreier Bruten des Züchters A. Koch. Er berichtete: „Geduckt und mit angelegter Haube bettelten sie piepsend darum, in den Arm genommen zu werden, und blieben im Arm des Pflegers liegen, während sich die Geschwister zwar auch gerne im Arm streicheln ließen, aber bald wieder weg wollten. Vermutlich wegen ihres besonders zahmen Verhaltens sind diese beiden Jungen ... die einzigen Sprecher der drei Bruten" (Müller-Bierl, 1987a).

Probleme zwischen Vogel und Pfleger

Die Vogelpflegerin Mathilde Reuleaux aus dem 19. Jahrhundert erzählte über ihren zahmen Rosakakadu *(Eolophus roseicapillus)*, genannt „Rosa": „Er lebte ... gleichsam wie ein Mensch mit uns. Ließ man ihn allein im Zimmer, so war er meist still und niedergeschlagen. Sobald sich jemand der Tür näherte, fing er an zu schreien, um sich bemerkbar zu machen, und zwar ließ er manchmal seine Stimme in solcher Weise erschallen, daß die Nachbarn erzürnt die geöffneten Fenster zuschlugen" (Ruß, 1890?).

Besonders große Probleme ergaben sich bei der Haltung von Molukkenkakadus *(Cacatua moluccensis)* in Freivolieren: „Voraussetzung für ihre Haltung in einer Freivoliere ist eine verständnisvolle Nachbarschaft. Voraussetzung ist im allgemeinen darüber hinaus ein Innenabteil ... auch, damit sie bei großer

Lärmbelästigung mit Rücksicht auf die Nachbarn zeitweise eingesperrt werden können. Der Züchter Adolf Koch schließt sein Paar, das bekanntermaßen hauptsächlich früh und abends ein längeres Geschrei anstimmt, die Nacht über bis etwa 8 Uhr früh in das Innenabteil seiner Voliere ein. Sein weiblicher Molukkenkakadu macht weitaus mehr Geschrei als sein männlicher. Tagsüber sind die beiden Vögel relativ ruhig. Anders ist das bei einem Wetterumschlag, Absinken des Luftdrucks: Dann verursachen sie einen solchen Lärm, daß der Züchter sie wegen der Lärmbelästigung in den Innenraum einsperren muß" (Müller-Bierl, 1985).

Brehm wies 1872 die Vogelpfleger nachdrücklich darauf hin, daß Kakadus besonders nachtragend seien. Er zitierte folgende Mitteilung des Professors Bock: „Ich lebte mit meinem Kakadu, welcher übrigens auch gegen Fremde sehr zutunlich war, in so inniger Freundschaft, daß derselbe in meiner Studierstube, während ich arbeitete, frei umherflog und sich in der Regel auf meiner Schulter aufhielt. Als er einst allein in der Stube war, zog er nicht nur alle Knöpfe aus dem Sofa, sondern trennte auch den Überzug desselben ab. Ich bestrafte den Missetäter dafür mit einigen sanften Rutenhieben, und von diesem Augenblicke an zeigte der Kakadu einen solchen Haß gegen mich, daß er niemals wieder auf meine Schulter kam, sich von mir nicht einmal ergreifen ließ und, sobald ich in das Zimmer trat, zu meiner Tochter flog. Über ein volles Jahr lebten wir in dieser Uneinigkeit, bis der Kakadu ... starb." Brehm war überzeugt, daß dieser Kakadu seinem Pfleger den Rutenhieb immer nachgetragen hätte, auch wenn er länger am Leben geblieben wäre.

Brehm fügte ein weiteres Beispiel hinzu: „Bei Fiedler sah ich einen Inka-Kakadu, welcher seit mehreren Jahren von ihm gepflegt wird, gegenwärtig jedoch nur mit Fiedlers Gattin in Freundschaft lebt, seiner Gebieterin mit der größten Zärtlichkeit anhängt und von ihr alles gern sich gefallen läßt. ‚Unser Inka-Kakadu', schreibt mir mein Freund, ‚benahm sich früher gegen mich ebenso liebenswürdig und zärtlich wie gegenwärtig gegen meine Frau: er nahm mir das Futter aus dem Munde, küßte mich, kam auf meine Hand, ließ sich streicheln . . . Freund Kakadu hatte die Unart, jede Kette, welche ihn an seinen Stand fesselte, zu zerbrechen, jeden Stand zu vernichten und, wenn er glücklich freigekommen war, im Zimmer nach seinem Ermessen, aber zu meinem Schaden zu wirtschaften. Um all diesem vorzubeugen, ließ ich eine stärkere Fußfessel und Kette anfertigen und beschloß, beides ihm anzulegen. Nun kannte ich aber Ihre Mitteilung im Tierleben, und nahm deshalb einen Bekannten zur Hilfe, welcher mich in den Augen des Kakadu rechtfertigen, bezüglich allen Verdacht auf sich lenken sollte. Der Freund hatte den Auftrag, meinem Vogel ein Tuch überzuwerfen und ihn während der Fesselung in und unter demselben festzuhalten. Leider erfüllte der Mann seinen Auftrag nur höchst mangelhaft. Gerade als ich in der besten Arbeit war, ließ er zu, daß der Vogel seinen Kopf frei und mich zu sehen bekam. Von Stund an war es vorbei mit aller Freundschaft, und auch jetzt noch, nach vier Jahren, darf ich mich ihm nicht nähern, ohne daß er in den heftigsten Zorn gerät" (Brehm, 1872).

Wie kompliziert ein enges Verhältnis zwischen einem Großpapagei und den Menschen, mit denen er zusammenlebt, ist, deutet der Bericht des römischen Tiergartendirektors, Th. Knottnerus-Meyer, über seinen Gelbbrust-Arara, „das Schöne", an. Er schreibt: „Dreizehn Jahre war das Schöne in meinem Besitze. Oft hatte es mit mir ein Stündchen auf dem Divan in heißer Mittagstunde geschlafen, nie aber war ich auf den Gedanken gekommen, es nachts mit mir zu nehmen. Da fand ich eines Morgens das Schöne am ganzen Körper zitternd, die Kette zweimal um den Hals geschlungen, auf dem Teller seines Papageienständers. Wahrscheinlich hatten nachts vom Balkon her eingedrungene Mäuse das Schöne erschreckt. Die Wirkung war so nachhaltig, daß das kleine Vieh abends noch nicht sich beruhigt hatte und sich in seiner Angst fest an mich klammerte." Fortan ließ er „das Schöne", das „stubenrein" war, auch nachts

bei sich schlafen. Er erzählt weiter: „Die Untugend, das Bettzeug zu zernagen, beseitigten ein paar kräftige Ohrfeigen schnell, und heute weiß das Schöne, daß das nicht erlaubt ist. Versucht es das doch einmal, so genügt mein Anruf, um es mit hochrotem Gesicht und ängstlich knurrend fortlaufen zu lassen. Es zeigt also volles Schuldbewußtsein . . . Gehe ich abends aus, und diese Absicht versteht das Schöne sofort, so ist es sehr aufgeregt, und komme ich dann nach Haus, so weigert es sich meistens mitzukommen, dreht mir den Rücken zu und zeigt mir deutlich seinen Unwillen. Tagsüber darf ich weggehen, abends nicht. Gegen meine Haushälterin ist das Schöne nur gut, wenn ich nicht da bin! Bin ich zu Hause, dann darf und gilt sie nichts mehr. Bisweilen darf sie nicht einmal den Tisch decken. Dann läuft das Schöne wie ein Wiesel von einer Tischecke zur anderen, um sie fortzujagen . . . Bei diesen Kämpfen gegen meine Haushälterin kommt der Vogel alle Augenblicke triumphierend zu mir zurück, und dabei beißt er mich meistens herzhaft, aber nicht fest, in die Hand. Bisweilen schwingt er sich dann auch zu Lachen auf, was er sehr schön kann, oder stößt kurze knarrende Töne aus. Nach diesen, im Grunde genommen, Scheinkämpfen mit meiner Haushälterin bleibt das Schöne oft noch tagelang böse gegen sie. Das alles geschieht, wie auch das Gefecht, nur mir zu Ehren. Futter nimmt es zwar von meiner Haushälterin an, aber nie unter Triumph, was bei mir stets der Fall ist, wenn es auch bisweilen den eben noch antriumphierten Bissen ganz still hinter meinem Rücken zu Boden fallen läßt. Beobachte ich den Ara aber dabei und sage ihm: ‚Mußt schön essen', dann wird der Bissen pflichtschuldigst verspeist" (Knottnerus-Meyer, 1925).

Das Lachen erfolgt in der Erregung (vgl. S. 239). Natürlich kennt der Vogel weder Pflicht („pflichtschuldigst") noch Ehre („mir zu Ehren"); diese Worte gebrauchte der Zoodirektor wohl mehr im Sinne eines unterhaltsamen Erzählstils. Auch ein „Schuldbewußtsein" hatte der Arara nicht, allenfalls „wußte" er, daß bestimmte Aktivitäten vom Pfleger, der Überlegener und Partnerersatz zugleich war, nicht geduldet wurden. Knottnerus-Meyer erzählt außerdem: „Gegen fremde Personen ist das Schöne sehr verschieden, bevorzugt aber Herren ohne oder mit wenig Bart, haßt Herren mit langen Bärten und Professorenperücken. So war einmal bei mir ein bekannter holländischer Gelehrter zu Besuche, dem das Tier wie rasend seines langen Haares und Bartes wegen zu Leibe gehen wollte, so daß es entfernt werden mußte. Einem Freunde von mir wollte es sehr wohl; da ließ sich dieser während einer mehrwöchigen Abwesenheit einen allerdings scheußlichen Vollbart wachsen, und der Vogel versetzte ihm nun einen Biß. Er konnte den Herrn nicht mehr leiden" (Knottnerus-Meyer, 1925).

Wenn Lantermann darauf hinweist, daß „Großpapageien – darunter besonders Amazonenpapageien – mit Eintritt der Geschlechtsreife (ab dem vierten Lebensjahr) Verhaltensänderungen an den Tag legen", muß man natürlich bedenken, daß dieser Einschnitt nicht plötzlich erfolgt. Spielerisch werden alle Verhaltensweisen – auch Tretversuche – schon in sehr frühem Alter geübt. Lantermann sagt: „Sie werden dann zunehmend aggressiv ihrem Pfleger und anderen Hausbewohnern gegenüber ... schreien vermehrt ..." (Lantermann, 1990). Sehr wahrscheinlich hat sich in diesen Fällen der Mensch in seinem Verhalten dem Vogel gegenüber verändert, vielleicht ohne sich dessen bewußt zu sein: Gewohnheit und Bequemlichkeit oder falsche Erwartungen haben das anfängliche Einfühlungsvermögen zurückgedrängt. Im übrigen wurden schon die Papageienpfleger im vorigen Jahrhundert davor gewarnt, ihren zahmen Hauspapagei allzusehr zu verziehen, so daß der Papagei am Ende womöglich die ganze Familie tyrannisiere.

Gelegentlich kommt es vor, daß die Papageienhaltung auf geradezu kuriose Weise in der Öffentlichkeit in ein schiefes Licht gerät. Nach einer dpa-Meldung aus Oslo (im Jahre 1991) wurde der Besitzer eines 50jährigen Papageis namens „Jokko" von seinem Nach-

barn angezeigt, weil er seinen Vogel nicht daran gehindert habe, die Nachbarn durch schrilles Geschrei und unzüchtige Beschimpfungen zu terrorisieren. „Bei einem Besuch des Gerichts hielt der Vogel seinen Schnabel jedoch fest verschlossen. Während der halbstündigen Visite brachte er als einzigen Kommentar zwei kleinlaute ‚Hallos' hervor." Der Nachbar verglich das Papageiengeschrei mit den Geräuschen einer Kreissäge, die in Betrieb ist. Er äußerte schwerwiegende Vorwürfe: Seine Frau sei wegen dieses Vogels mit Herzschwäche ins Krankenhaus eingeliefert worden, und der Wert seines Hauses sei gemindert. Zwanzig Zeugen sollen in dem Verfahren aufgerufen worden sein (GW 5, 1991).

Aufsehen erregte 1991 eine weitere dpa-Meldung, diesmal aus La Paz (Bolivien): Wieder war ein Papagei Streitobjekt zwischen Menschen. Wie die bolivianische Presse berichtete, erhoben zwei Frauen Anspruch auf denselben Arara. Dieser hatte sich bei der einen Dame davongemacht und erfreute die andere mit seiner Gesellschaft. Von der einen wurde er „Arturo", von der anderen „Doktor Tito" gerufen; beide Namen sagte er vor den örtlichen Polizisten zu deren Erstaunen. Der Vogel wurde beschlagnahmt, bis geklärt werde, welche Dame die rechtmäßige Besitzerin sei.

Bevorzugung von Personen

Baronin Schlechta, eine leidenschaftliche Vogelhalterin aus dem 19. Jahrhundert, besaß einen „Zwergara", mit dem sie nicht zurechtkam, sie erzählte: „Er befindet sich heute noch in meinem Besitz, leider, denn ein weniger erziehbares Geschöpf ist mir nie vorgekommen. Auch er ist ein widerlicher Schreier und trotz Zahmheit und Zutraulichkeit eigenwillig im höchsten Grade ... Der Vogel war nicht, wie ich ihn mir gewünscht, trotzdem er sich vom ersten Augenblick an meinem lieben Vater zugeneigt hatte und sein Liebling geworden. Er jubelte laut, sobald er Papas Stimme hörte, lief ihm drei Zimmer weit entgegen oder nach, kletterte an ihm hinauf, küßte ihn und war wie außer sich vor Freude, wenn er auf der

199

Schulter bleiben durfte. Mir war er zu aufdringlich in seinem Wesen, daher beschäftigte ich mich wenig mit ihm außer meinen Reinigungs- und Fütterungspflichten; denn ich liebe es, wenn Tiere gehorchen, und Ara war in keiner Weise dazu zu bringen, immer unruhig und nur kurz zufrieden ... Er war, als wir ihn erhielten, ziemlich gut befiedert, doch seit dem Verlust seines geliebten Herrn, etwa zwei Jahre nach seinem Einzug, beißt er sich die Federn ab, wogegen bisher kein Mittel half ..." (Ruß, 1890?). Wie dieses Beispiel zeigt, ist Begeisterung nicht immer mit Verständnis und Anpassungsfähigkeit seitens des Menschen gepaart.

Brehm schrieb: „Ein Amazonenpapagei, welchen mein Vater sah, hing mit großer Liebe an der Tochter des Hauses, während er nicht nur gegen fremde, sondern selbst gegen die andern Glieder der Familie sich bösartig zeigte. Diese mochten noch so freundlich mit ihm reden; er antwortete ihnen nicht und bekümmerte sich nicht um sie. Ganz anders aber benahm er sich, wenn seine Gönnerin erschien. Er kannte ihren Schritt und gebärdete sich höchst erfreut, wenn er sie auf der Treppe kommen hörte. Sobald sie in das Zimmer trat, eilte er ihr entgegen, setzte sich auf ihre Schultern und gab durch verschiedene Bewegungen und Töne seine Zufriedenheit zu erkennen oder schwatzte, als ob er sich mit seiner Herrin unterhalten wolle. Liebkosungen, welche ihm gespendet wurden, erwiderte er, indem er seine Wangen sanft an die seiner Gebieterin drückte, und immer ließ er dabei zärtliche Laute vernehmen. Das Fräulein durfte unbesorgt mit ihm spielen; er nahm seine Finger in den Schnabel, ergriff selbst die Oberlippe, ohne solches Vertrauen jemals zu mißbrauchen. Wenn seine Herrin abwesend war, gebärdete er sich traurig: er saß ruhig auf ein und derselben Stelle, fraß gewöhnlich nicht und war mit einem Worte ein ganz anderes Tier geworden, als sonst" (Brehm, 1866).

200 „Etwas Gefährliches bleibt es immer, Araras um sich zu haben", behauptete Brehm, und er verwies auf ihren starken, großen Schnabel, mit dem verschiedene Exemplare tatsächlich schon Menschen nennenswert verletzt hatten. Brehm fuhr fort: „Doch gibt es einzelne, welche sehr zahm werden. Mein Vater sah einen dieser Vögel in dem Arbeitszimmer des Prinzen von Wied. Die Arara hatte volle Freiheit, in den Gemächern umherzufliegen, hielt sich aber gern in der Nähe ihres Gebieters auf, ließ sich von diesem ruhig ergreifen, auf der Hand im Zimmer umhertragen und streichelte ihm mit ihrem gefährlichen Schnabel die Wangen in zärtlicher Weise. Fremde Besucher sah sie mit den kleinen lebhaften Augen so scharf an, daß es den Anschein hatte, als wolle sie sich deren Gesichtsbildung merken und die Züge tief einprägen. Im Hamburger Tiergarten besitzen wir mehrere Araras, welche ebenso zahm sind; sie beweisen jedoch nur ihrem Wärter Zuneigung und Anhänglichkeit; gegen alle übrigen Leute zeigen sie sich launisch, wie die Affen, und selbst tückisch. Der Wärter wird freudig begrüßt und darf sich alles mit ihnen erlauben; uns gegenüber nehmen sie gewöhnlich eine sehr zornige Miene an, indem sie die Kopffedern sträuben und den Schnabel in verdächtiger Weise bewegen" (Brehm, 1866).

In der überarbeiteten 2. Auflage seines „Tierlebens" fügte Brehm hinzu, er habe keinen Arara kennengelernt, der sich, wie Kakadus, gegen alle gleich freundlich benommen hätte, immer hätten sie scharf zwischen Bekannten und Fremden unterschieden (Brehm, 1878).

Der Universitätsbuchhändler Fiedler aus Agram teilte Ruß mit: „Ich habe z. B. einen hellroten Arara, welcher gut spricht, niemals kreischt und schreit, ganz zahm ist, nach dem Hofe hinausfliegt und auf einen Ruf zu mir zurückgeflogen kommt, während er sonst allerdings mit niemand Freundschaft schließt. Ein blaugelber Arara mit gleichen Eigenschaften hingegen läßt sich von jedem Kinde hätscheln und herumtragen, ohne daß er jemals Miene zum Beißen macht" (zitiert nach Ruß, 1881).

Als der Graupapagei „Lotte" gestorben war (vgl. S. 246), besorgte Knottnerus-Meyer einen Ersatz, einen Käfigvogel, der seiner bisherigen

Besitzerin gegenüber bissig gewesen war, aber sehr gut ihre plattdeutschen Redensarten nachahmte. Er schreibt: „Als ich ihn nach etwa vierzehn Tagen zum ersten Male aus dem Käfig ließ, war er ganz gut, nur etwas ängstlich, da diese Freiheit ja für ihn etwas ganz Neues war. Er richtete sich dann hoch auf ... und wollte sich anfangs nur den Kopf kraulen, aber sonst nicht berühren lassen, was ja auch natürlich durch das Gitter hindurch bis jetzt nie geschehen war. Er biß dann auch gelegentlich ganz unversehens in die Hand, die ihn hielt, als wolle er sehen, was das sei. Ein Federhalter in meiner Linken und einmal eine recht kräftige Ohrfeige ließen ihn auf weitere Scherze in dieser Richtung verzichten. Als er in die Hand meiner damals elfjährigen Schwester kam, konnte diese gleich alles mit ihm aufstellen, ja sogar ihn wie die Lotte anziehen, ins Bett legen und ihn auf ihren beiden Zeigefingern Rad fahren lassen. Er unterwarf sich bedingungslos dem Kinde, mir erst nach einigen kleinen Auseinandersetzungen, da das Tier eben falsch gehalten worden war. Meine Mutter aber haßte er tödlich. Ob da Erinnerungen an seine alte Besitzerin aufstiegen? Schließlich brachte er ihr einmal, während ich ihn auf der Hand hielt, eine so bösartige Verwundung bei, daß auch meine Schwester sich entschloß, sich von ihm zu trennen" (Knottnerus-Meyer, 1925).

Bernhard Grzimek besaß einen Graupapagei, der Agathe hieß und sehr an ihm hing. Er erzählt: „Daß Agathe nur mich liebt und alle anderen Leute bedingungslos beißt und zwickt, scheint sie mit so manchen Krummschnäbeln von anderen Tierfreunden gemein zu haben. Auch der Seppel, eine Blaustirn-Amazone, die vor Jahren von Hanna Reitsch aus Südamerika mitgebracht worden ist und heute bei ihr lebt, macht das genauso. Aber dort ist es Frauchen, das sie auf die Hand nehmen darf, während dem Hausherrn nur das Köpfchenkraulen gnädigst gewährt wird. In Stuttgart muß sich eine Großmutter von der ganzen Familie ‚Miu' nennen lassen, weil der Hauspapagei sie so getauft hat. Die Tochter wird von Koko ingrimmig gehaßt und ver-

folgt. Ist Miu verreist, dann allerdings wird Koko zur Tochter sehr zärtlich, aber wehe, wenn diese die freundschaftlichen Beziehungen noch nach Mius Rückkehr fortsetzen will – dann ist Koko auf einmal wieder in einen beißenden und zwickenden Unhold verwandelt! Auch wenn ich verreist bin, läßt sich Agathe herab, auf einen Kochlöffel zu steigen, den ihr Frauchen hinhält" (Grzimek, 1969).

Über einen anderen Graupapagei berichtet Grzimek nach zweijähriger Erfahrung: „Ich kann alles mit ihm tun, nur mir kommt er stets sogleich auf die Hand; die Hausangestellte darf ihn nur am Schnabel kraulen, geht sie weiter, so beißt er; meine Frau beißt er stets, sowie sie ihm nahe genug kommt." Er ließ sich im Gegensatz zu seinem Graupapagei „Agathe" nicht durch Verkleidungen täuschen. „Agathe" dagegen orientierte sich an Gestalt und Kleidung. In Frauenkleidung lehnte „Agathe" ihn ab, anfangs sogar auch dann, wenn er sich dem Vogel durch Stimme und Benehmen zu erkennen gab (Grzimek, 1943).

Weinberger schrieb 1988 in der „Gefiederten Welt": „Mein Graupapagei (Psittacus erithacus), den ich seit 1962 habe, heißt Jaco, so wie die Art gemeinhin genannt wird, und ist ein Weibchen, weil er schon Eier legte. Jaco spricht fast hundert Wörter und Sätze deutlich und klar, sowohl in Männer- als auch in Frauenstimme, meistens aber in Männerstimme. Obwohl er seit 25 Jahren fast immer von meinen Frauen gefüttert wird, mag er nur mich. Frau und Tochter dürfen ihm nur äußerst selten den Kopf kraulen, und selbst dann sind ihre Finger immer wieder einmal Attacken ausgesetzt" (Weinberger, 1988).

Vergesellschaftete Papageien

Es kommt vor, daß ein zahmer Papagei engen Anschluß an einen anderen Papagei des Pflegers findet und dem Pfleger gegenüber dennoch zahm bleibt. Besonders anpassungsfähig sind Halsbandsittiche (Kleine Alexandersittiche; Psittacula krameri). Der von Brehm häufig zitierte Vogelhalter Linden besaß ein Pärchen Kappapageien (Brehm: Pionias fusci-

collis; Wolters: *Poicephalus robustus fusci-collis*), der damals „Großer Mohrenkopf" genannt wurde, von dem das Weibchen starb. Linden erzählte: „Das überlebende Männchen gesellte sich hierauf zu einem weiblichen Alexandersittich, welcher sich alle Liebenswürdigkeiten des Fremdlings gefallen ließ ... Kein anderer Sittich, welcher den großen Raum mit dem ungleichen Pärchen teilte, durfte es wagen, in die Nähe des Alexandersittichs zu kommen; denn sein Gespons bewachte ihn mit lebhaftester Eifersucht, benahm sich selbst mir gegenüber feindlich, wenn jener, ein vollkommen zahmer und zutraulicher Vogel, nach seiner Gewohnheit, während ich fütterte, auf meine Schulter flog und, wie üblich, um ein Stückchen Milchbrot bettelte, welches er dann mit seinem Gemahle zu teilen pflegte. Wenn ich ihn länger als gewöhnlich auf der Achsel sitzen ließ und liebkoste, wurde der Mohrenkopf sehr unwillig und kam mit gesträubten Federn und eigenartigen Lauten auf die untersten Sitzstangen herab" (zitiert nach Brehm, 1878).

Der von Ruß häufig zitierte Regierungsrat v. Schlechtendal berichtete über die Annäherungsversuche seines zahmen Rosenbrustsittichs *(Psittacula alexandri)* einem artfremden Käfignachbarn gegenüber: „Anstatt sein ‚Papagei' zu üben, ein Wort, das er schon hübsch deutlich aussprach, begann er, es anderen Genossen nachzutun, namentlich seinem Nachbar, einem Langflügelpapagei. Er schrie mit diesem um die Wette und ließ sein ‚Papagei' niemals mehr hören ... Ich erachtete ihn für ein Männchen, den andern dagegen für ein Weibchen, und obschon Edelsittiche und Langflügelpapageien außerordentlich verschiedene Vögel sind, so machte ich doch den Versuch, beide zusammen in einen Käfig zu bringen, um dadurch zu erzielen, daß meine Morgenstunden etwas weniger geräuschvoll seien. Mein Plan glückte anscheinend auch. Zwei Tage lang war des Morgens alles still; die Anwesenheit eines Fremden nahm die Aufmerksamkeit eines jeden der beiden Vögel so sehr in Anspruch, daß er darüber das Schreien vergaß." Dann begann

der Rosenbrustsittich den anderen zu umwerben. Seine Fütterungsversuche endeten aber damit, daß der andere nach ihm biß, obwohl er anfangs nicht abgeneigt schien. V. Schlechtendal meinte, die Ausführung entsprach wohl nicht seinen Wünschen. Nun schrien beide wieder. V. Schlechtendal erzählte: „Der Langflügel ließ ... zwischen vier und fünf Uhr sein Gekreisch erschallen, während der rosenbrüstige sich mit seinem Lärm an keine Tagesstunde bindet. Trotz dieser Unart ist er aber so unverschämt zahm und so drollig, daß ich mich nicht entschließen konnte, ihn fortzugeben. Reicht man ihm die Hand in den Käfig, so ist er ganz still und sucht derselben dann alle Zärtlichkeiten zu erweisen, welche er dem langgeflügelten Genossen mit so wenig Erfolg zuzuwenden sich bemühte ... Es war im Juni, als ich die obigen Zeilen niederschrieb und jetzt, zuende Septembers, gibt er zwar noch allerlei seltsame Tonstücke zum besten, doch ist er keinesfalls mehr lästig" (zitiert nach Ruß, 1881). Im Juni hatte der Rosenbrustsittich seine Kontaktperson, ein Dienstmädchen, verloren (vgl. S. 224).

Linden berichtete Brehm von seinem Molukkenkakadu *(Cacatua moluccensis)*, einem „sprechbegabten" Vogel, der ihm gegenüber sehr zahm war: „Gegen andere Kakadus ist er niemals abstoßend, aber auch nicht zu freundlich. Dagegen sitzt er auf seiner geöffneten Käfigtüre gern einige Zeit neben einem blaustirnigen Amazonenpapagei, welchen er zwar oft liebkost und schnäbelt, aber noch öfter in verschiedenster Weise zu necken sucht, ohne jemals seine Überlegenheit geltend zu machen ... Gern würde ich ihm besagten Amazonenpapagei als immerwährenden Spielgenossen lassen. Aber die Amazone lebt in einem sehr innigen Verhältnisse mit einer kleinen Arara, welche so eifersüchtig ist, daß ich beide unmöglich trennen kann" (zitiert nach Brehm, 1878).

Die begeisterte Vogelpflegerin v. Proschek aus Wien, die von Ruß mehrmals zitiert wurde, schrieb über ihre Zwergaras *(Diopsittaca nobilis)*: „Das Pärchen dieser kleinen blaustirnigen Araras übertrifft viele andere

Vögel, und während das Weibchen an Zahmheit und Liebenswürdigkeit gar nicht seinesgleichen hat, nimmt es das Männchen inhinsicht des Sprechens mit dem begabtesten Graupapagei auf... Mit seiner Lieblings-Amazone spielt er genau so, als wenn sich zwei junge Hunde balgen. Er hat im ganzen wohl fünfzig Worte gelernt" (zitiert nach Ruß, 1881).

Der Hofschauspieler Engelhardt aus Hannover erzählte im Jahre 1901 über seinen Guayaquilsittich (Neunzig: *Conurus rubrolarvatus*, Mass.; Wolters: *Psittacara erythrogenys*): „Er sitzt den ganzen Tag und noch abends bei brennender Lampe ‚frei' auf seinem Käfig, er beißt nie, schreit selten und kommt mir sofort auf den Arm geflogen, wenn ich ihn rufe. Er ist ungemein gesellig und hat zuerst mit meinem Zwergarara, später mit meinem Petzsittich" (Wolters: Elfenbeinsittich; *Eupsittula canicularis*) „und neuerdings mit meinem Schwarzohrpapagei" *(Pionus menstruus)* „innigste Freundschaft geschlossen. Seine Sprachkünste dankt er dem kleinen Petzsittich; ihm hat er die Worte: Lora, Papa und Emma abgelauscht und bringt sie mit komischer Baßstimme oft 10mal hintereinander zum Vortrag. Obwohl der Guayaquil mich und meine Familie ganz genau kennt, regt ihn doch jede neue Erscheinung im Zimmer auf, er streckt sich dann ganz lang, sträubt das Gefieder, verdreht die Augen und sagt ängstlich: ‚Ara!'" (zitiert nach Neunzig, 1921). Er „sprach" in der Erregung.

Verpaarte Papageien

Schon im Jahre 1872 schrieb Brehm: „Da man den Jako und alle größeren Papageien überhaupt in der Regel einzeln hält, darf man sich nicht wundern, daß er sich bei uns zu Lande so selten fortpflanzt" (Brehm, 1872). Die Liebhaber zahmer Papageien fürchteten, ihre Zahmen ganz zu verlieren, sobald sie ihnen einen Partner gäben. Tatsächlich kommt das auch vor.

Knottnerus-Meyer erzählte: „Ein alter Grünflügelara, den ich zuerst, da er sehr schwach von der Reise war, in meiner Wohnung hielt, vermählte sich mit einem augenscheinlich weiblichen roten Ara, der ebenfalls bis zu seiner völligen Erholung von weiter Reise in meiner Wohnung war. Beide waren sehr zahm. Nachdem sie aber in einem Flugkäfige des Vogelhauses sich zusammengefunden, waren sie so eifersüchtig, besonders das kugelrunde, schwanzlose Männchen des Grünflügelaras, daß man nur mit einem Stock den Käfig betreten konnte. Denn der Dicke fuhr jedem sofort gegen die Stiefel. Sein Weibchen ‚Jakob' sah dabei zu, ließ sich aber augenscheinlich gern von dem starken Manne verteidigen" (Knottnerus-Meyer, 1925).

Nicht immer werden zahme Papageien nach der Verpaarung scheu. Das Zuchtweibchen des Edelpapageienpaares *(Eclectus roratus)* der Züchter Meister blieb, im Gegensatz zu einem früheren, zahm: Von Anfang an ließ es sich streicheln, sogar wenn es im Nistkasten auf Eiern oder einem Jungen saß. Eine Kontrolle war leicht möglich, weil der Züchter sogar eine Hand unter sie schieben durfte, um Eier bzw. ein Junges herauszunehmen und zurückzulegen (Müller-Bierl, 1984c). Fast so gut zu kontrollieren waren die Edelpapageienweibchen des Züchters A. Koch: „Saß das Weibchen auf einem Ei oder Jungen, dann hob der Züchter dessen Hinterteil leicht mit einem Hölzchen an, um nachzuschauen; das ließen sich die Weibchen gefallen" (Müller-Bierl, 1985b).

Der Züchter A. Koch kaufte seinen Graupapagei *(Psittacus erithacus)* bei einem Importeur als scheuen Vogel. Anfangs war er auf dem Balkon untergebracht, wurde schnell mit der Familie vertraut und lernte Wörter nachzuahmen. Bald schon bekam er einen anderen Graupapagei als Sozialpartner, und später wurde er verpaart. Mit seinem Weibchen zusammen sollte er das beste und zuverlässigste Zuchtpaar des Züchters abgeben. Das „Sprechen" ließ er nicht sein, auch nicht während der Brutzeiten. Aber: „Während der Brutzeit war das Verhalten Cocos dem Züchter gegenüber generell verändert, wie das von vielen Großpapageien bekannt ist: Solange A. Koch im Flur blieb, fraß Coco ihm durchs Gitter aus der Hand. Öffnete er aber die Türe

203

zum Innenabteil, reagierte Coco aggressiv gegen den Züchter" (Müller-Bierl, 1988a).

Die Züchter Meister besaßen ihr Arara-Paar (Ara macao) etwa seit 4 Jahren, als es erfolgreich zu brüten begann und ein zuverlässiges Zuchtpaar wurde. Beide Vögel nahmen ihren Pflegern Leckerbissen aus der Hand, ließen sich aber weder anfassen noch kraulen. Den Araras waren ihre Pfleger so sehr vertraut, daß diese sich immer wieder energisch gegen die Vögel behaupten mußten. Ein Beispiel hierfür gibt ein weiterer Bericht aus der „Gefiederten Welt": „Während der Reinigungsarbeiten in der Voliere, welche Hilde Meister durchführt, kommt es immer wieder zu folgenden typischen Verhaltensweisen": Das Männchen „neigt zu besonders neugierigem Verhalten und stört deshalb oft beim Saubermachen, etwa dem Reinigen einer Sitzstange; die Züchterin zieht ihn, der hartnäckig sitzenbleiben will, dann am Schwanz zur Seite, was" das Weibchen „mit einem Angriff auf die Pflegerin quittiert, indem sie diese mit dem Schnabel am Haar reißt. Hilde Meister reagiert stets maßvoll, doch energisch mit lautem Schimpfen, woraufhin beide Araras in ihren Nistkasten flüchten, wo sie dann während der ganzen Reinigungsarbeiten bleiben. Das tun sie auch, wenn nach der Brutzeit ein Jungtier mit ihnen im Familienverband lebt und sie wegen ihres mörderischen Geschreis, das stets" vom Weibchen „ausgelöst wird – sobald ihr irgendeine Handlung der Pflegerin mißfällt – ausgeschimpft werden. Wohl müssen die Pfleger einen Angriff dieser großen Tiere gelegentlich durch einen leichten Hieb gegen den kräftigen Schnabel abwehren, aber solche Reaktion ist den Vögeln als arteigenes Abwehrverhalten vertraut. Vermutlich ebenso das Anschreien (Ausschimpfen), das schon Karl Ruß als eine Form der Bedrohung – aus Papageiensicht – erkannt hat."

Während das Weibchen brütete, saß das Männchen meistens vor dem Kastenloch und „schwätzte" dabei oft vor sich hin. Im selben Bericht in der „Gefiederten Welt" heißt es: „Er ahmte die Worte nach, die er immer wieder von seinen Pflegern hörte, hauptsächlich im Tonfall der Züchterin. Er sagte seinen Namen ‚Pedi' oder ‚Lora', den Namen seines Weibchens, und ‚komm her': das alles hörte er, wenn er oder das Weibchen von den Pflegern aufgefordert wurde, einen Leckerbissen von der Hand zu nehmen. Auch sagte er ‚hau ab', was er häufig zu hören bekam, und zwar in freundlichem Ton, wenn er der Züchterin beim Napffüllen oder Saubermachen in die Quere kam. Dieses Sprechen hatte" das Arara-Männchen „erst im Besitz von Berthold und Hilde Meister in solcher Deutlichkeit gelernt." Die Züchter vermuteten, daß er die nachgeahmten Worte mit der angenehmen Anwesenheit der Pflegerin verband (Müller-Bierl, 1983).

Ein anderer Bericht in der Zeitschrift „Gefiederte Welt" handelt von einem Paar Gelbbrust-Araras (Ara ararauna), das in einem Jahr vier Junge hervorbrachte, wobei freilich die drei Jungen der ersten Brut von Hand aufgezogen werden mußten. Zu dem Zeitpunkt war das Araraweibchen seit ungefähr zehn Jahren im Besitz des Züchters H. Gommeringer. Weiter wird berichtet: „Er hielt es zuerst als zahmen Sprecher mit Familienanschluß, bis er ihr im Jahre 1981", also vier Jahre vor der erfolgreichen Brut, „ein Männchen gab, das beim Vorbesitzer handzahm gewesen war. Als H. Gommeringer das neuerworbene Männchen zu seinem zahmen Weibchen in die Voliere setzte, schienen die beiden auf Anhieb zu harmonieren. Darum ließ der Züchter die beiden Vögel erst einmal in Ruhe und alleine. Als er zurückkehrte, um nachzuschauen, legte das Weibchen, d. h. sein bisher so zahmer Hausvogel, den Flügel um den frisch erworbenen Partner. Von nun an war das Verhalten des Weibchens dem Pfleger gegenüber verändert. Schon eine Woche später durfte H. Gommeringer das Weibchen nicht mehr anfassen. Nach der zweiten erfolgreichen Brut wurde sie wieder zahmer, und als die völlig zahmen Jungvögel neben ihr untergebracht waren, begann sie wieder etwas zu sprechen. Auch das Männchen wurde durch das Beispiel der Jungen zutraulicher; es hatte sich zuvor beim Züchter stets zurückhaltend verhalten" (Müller-Bierl, 1987b). Scheue Papageien lernen durch zahmere.

Alter und Geschlecht

Schon Salerne widersprach der Meinung, daß nur die Männchen unter den Papageien „sprechen" und pfeifen lernen könnten, so wie das bei den einheimischen Vögeln der Fall sei, und entgegnete, man treffe in Frankreich, um 1767, oft genug Papageienweibchen an, die „schwatzten" und pfiffen und – auch das fiel ihm auf – Eier legten, ohne daß Männchen dabei seien (Salerne, 1767).

Etwas vereinfacht ausgedrückt, kann man sagen: Bei den kleineren Papageienarten (z. B. Wellensittich, Nymphensittich) „sprechen" eher die Männchen, und das nur bei Einzelhaltung, im allgemeinen jedenfalls. Bei den Großpapageien können Weibchen genausogute „Sprecher", manchmal gar die besseren „Sprecher" sein, wie im Falle meines Edelpapageienweibchens, auch dann, wenn sie paarweise gehalten werden, was auf mein Edelpapageienweibchen zutrifft, das jedoch kein Zuchtvogel ist. Immer wieder handelt es sich bei den „sprechenden" Papageien der vergangenen wie der folgenden Beispiele um weibliche Papageien.

Seit jeher werden Großpapageien als ideale Hausgenossen gerühmt, weil sie ein hohes Alter erreichen können. Selbst die Lebenserwartung des kleinen Wellensittichs kann, wenn er aus einer gesunden Zucht stammt, ungefähr der des Hundes entsprechen.

In Florenz soll ein Papagei von 1633 bis 1743 über mehrere Generationen im Besitz einer Familie gewesen sein, also mehr als 110 Jahre gelebt haben. Vieillot sah einen in La Bastide nahe Bordeaux, der 80 Jahre alt war. Aber er zeigte alle Anzeichen von Altersschwäche und trug nur noch einen leidlich dichten Flaum (Larousse, 1874).

Levaillant berichtete vom hohen Alter eines Graupapageis *(Psittacus erithacus)*: Er soll sein Gedächtnis ab dem Alter von 60 Jahren allmählich verloren haben, ab 65 Jahren nur noch unregelmäßig gemausert haben, er sei mit 90 Jahren blind geworden und im Alter von 93 Jahren gestorben (Hudson, 1923).

Als Mr. White im Jahre 1836 Freunde besuchte, wurde er nicht mit lächelnden und freundlichen Mienen empfangen, wie das üblich ist. Er wagte kaum nach der Ursache für die offensichtlich traurige Stimmung im Hause zu fragen: Der alte „Jokko" war gestorben, der seit 82 Jahren im Besitz der Familie gewesen war. Freilich hatte man ihm am Ende seines Lebens das Alter angesehen: Sein Gefieder hatte den Glanz der Farben verloren und war dünn und lückenhaft (ragged). Der Vogel hatte am Ende sehr schwach gewirkt (White, 1836).

Dieser Bericht wurde sogleich in Wiegmanns Archiv für Naturgeschichte 1837 aufgegriffen, wo zu lesen ist, „daß ein 1836 verstorbener Papagei sich 82 Jahre im Besitze derselben Familie befunden, und daß noch jetzt einer in London lebe, der gegen 100 Jahre Eigentum einer Familie sei, aber bereits" (!) „einen hohen Grad von Schwäche zeige". Zwei Jahre später finden wir bei Wiegmann einen weiteren Bericht über hohes Lebensalter von Papageien: „Ein grauer Papagei wurde von zwei Besitzern 73 Jahre hindurch gehalten; befand sich aber in vollständigem Marasmus. Gesichtssinn und Gedächtnis hatten ihn verlassen, letzteres fing schon im 60sten Jahre an schwach zu werden; er lernte nichts Neues und vermengte die gelernten Phrasen oft in lächerlicher Weise. Bis zum 60sten Jahre mauserte er regelmäßig einmal jährlich; die roten Federn in seinem Schwanze wurden zuletzt mit gelben vertauscht" (Wiegmanns Archiv, 1837/39). Der letzte Besitzer war ein Kaufmann in Amsterdam (Weissenborn, 1938).

Gräfin v. Montgelas erzählte nach ihrem Besuch des „Papageien-Kabaretts" von E. Perzina: „Einer der Papageien dieser Künstlergruppe war bereits seit dem Jahre 1840 im Besitz der Familie Perzina und zur Zeit, wie ich ihn sah, 81 Jahre alt. Er war noch sehr mobil, nur sein Gefieder war schon ziemlich ramponiert. Künstlerisch leistete er weniger als die anderen, aber er wirkte eben schon durch sein ehrwürdiges Alter" (v. Montgelas, 1925).

Ruß berichtete um 1881: „Bei Herrn Vogelhändler F. Schmidt in Berlin habe ich einen

205

Moluckenkakadu gesehen, der einen Beweis dafür gab, welch' staunenswert hohes Alter derselbe bei sorgsamer Verpflegung erreichen kann. Er ist nachweislich nahezu 100 Jahre alt geworden, denn nachdem er in einer Familie vom Vater auf den Sohn übergegangen, wurde er von den Hinterbliebenen des letztern Herrn Schmidt gegen eine bestimmte jährlich gezahlte Summe zur Verpflegung übergeben, und hier lebte er noch 19 Jahre." Ruß wunderte sich darüber, daß der Vogel noch im hohen Alter lebhaft war und „vortrefflich sprach" (Ruß, 1881).

Gurney stellte um die Jahrhunderwende zusammen, wie alt Käfigvögel nach den Erfahrungen, die man bisher gesammelt hatte, werden konnten. Er meinte, Graupapageien würden 25–30 Jahre alt. Allerdings waren die meisten Importe seiner Zeit so wenig widerstandsfähig, daß sie innerhalb von 2 Jahren starben.

Im Jahre 1869 war nach einer Veröffentlichung ein Kakadu 70 Jahre alt und noch am Leben. Kakadus sagte man eine hohe Lebenserwartung nach, besonders dem Gelbhaubenkakadu (Cacatu galerita). Sie – damals wurden sie an der Kette gehalten – schienen, so meinte Gurney, Jahr für Jahr nicht älter zu werden, und er berichtete, daß er zwei glaubwürdige Altersangaben zu dieser Vogelart habe: 81 und 50 Jahre. Eine Familie von Leckhampton in Gloucestershire behauptete, ein Kakadu sei gar 120 Jahre alt geworden, was im Jahre 1870 veröffentlicht wurde. Der alte Küster von Leckhampton, dessen Glaubwürdigkeit man für unangreifbar hielt, erzählte Layard, habe den Vogel fast 80 Jahre gekannt. Gurney meinte, Layard habe nicht zu den Menschen gezählt, die eine solche Geschichte ohne Prüfung akzeptierten.

Der Ornithologe Sclater berichtete 1884 von einem Rabenpapagei (Coracopsis nigra), der im Zoologischen Garten 54 Jahre lebte (Gurney, 1899).

Finsch schrieb 1868 über den Balg eines Edelpapageienmännchens: „Ein sehr interessantes Exemplar im Museum Heine stammt aus der Gefangenschaft, und wurde 81 Jahre

lang in der von Spiegel'schen Familie zu Halberstadt gehalten" (Finsch, 1867/68).

Nach Azara lebte ein roter Arara mehr als vierzig Jahre in einem Haus in Paraguay (Azara, 1809). Es handelte sich um einen Ara chloroptera.

Ein Mitglied der „Societé d'acclimatation" namens Grassi besaß im 19. Jahrhundert einen roten Arara, dessen Lebensgeschichte er kannte: Ein Korse, mit Namen Falcucci, Einwohner der spanischen Antillen, brachte den Vogel im Jahre 1799 oder 1800 seiner Frau mit. Sie behielt ihn bis 1824 und verkaufte ihn dann an Grassis Onkel, den Grafen von Casabianca. Im Jahre 1848 verließ dieser, inzwischen Minister und Senator, Korsika und gab den Papagei an seinen Vetter, den Rat Suzzoni weiter, welcher ihn 1849 der Mutter Grassis schenkte. In ihrem Besitz blieb er. Im Jahre 1858 begann der Vogel zu erblinden, 1863 war er völlig erblindet (Grassi, 1864).

In Indien soll ein roter Arara in einer einheimischen Familie im Besitz von nicht weniger als drei Generationen gewesen sein (Finn, 1901).

Hudson berichtete von einer alten Gelbscheitelamazone (Hudson: Chrysotis levaillanti; Wolters: Amazona ochrocephala), die er selbst kennengelernt hatte. Man konnte deutlich sehen, schreibt er, daß es sich um einen sehr alten Vogel handelte. Der Zustand seines Gefieders war mangelhaft. Aber seine Augen glänzten immer noch, und seine Stimme war nach wie vor durchdringend laut. Die Besitzerin erzählte Hudson, sie besitze den Vogel schon seit 50 Jahren. Ihr Mann hatte ihn als junger Seemann in Vera Cruz, Mexiko, gekauft. Wenige Monate nach Hudsons Besuch starb der Papagei, das war im Jahre 1909 (Hudson, 1923).

Freilich ist das hohe Alter, das Papageien erreichen können, in der Vogelwelt nicht einzigartig. Beispielsweise wurden Raben, Störche und Adler ebenso alt (Finsch, 1867/68).

In Listen des Zoologischen Gartens von London ist das hohe Alter des Rabenpapageis bezeugt. Sonst sind die Zahlen in den überprüfbaren Fällen meist weniger hoch (Mitchell, 1911).

Aus der Haltungspraxis

Die „Freiheit des Fliegens"

Die verbreitete Abneigung gegen die Vogelhaltung in Form der Käfighaltung geht vermutlich auf Buffon zurück. Buffon behauptete, die gezähmten Tiere, welche in menschlichen Augen besonders liebenswert erschienen, würden von den wilden Artgenossen abgelehnt. Wenn ein zahmer Vogel in den Wald entfliege, dann werde er von seinen Artgenossen zuerst bestaunt, aber bald verfolgt und erst akzeptiert, wenn er alle Verhaltensweisen abgelegt habe, die ihn von seinen wilden Artgenossen unterschieden. Buffon stützte seine Behauptung auf Beobachtungen eines Monsieur Fontaine im Jahre 1763 an einem Bussard sowie auf eigenen Beobachtungen an einer Elster und einem Eichelhäher. Dies bestärkte ihn in seinem Glauben, daß die Vögel unter den Lebewesen die unabhängigsten seien und am meisten Wert auf ihre Freiheit legten. Mit den Flügeln hätten sie die Attribute der Unabhängigkeit und die Instrumente der großen Freiheit erhalten. Und die oberste Freiheit sowie die absolute Unabhängigkeit sprach Buffon den Greifvögeln zu. In der Rangordnung der Lebewesen standen darum die Vögel für Buffon auf dem 2. Platz, gleich hinter dem Menschen. Diese teilweise leidenschaftlich formulierten Gedanken über die Freiheit (la liberté) finden sich im einführenden Kapitel über die Papageien. Geschrieben wurden sie, historisch gesehen, zur Zeit des amerikanischen Unabhängigkeitskampfes und am Vorabend der französischen Revolution. Daß hier auch menschliche Vorstellungen von Freiheit und Unabhängigkeit Pate standen, ist naheliegend. Daneben kommt auch der alte menschliche Traum vom Fliegen durch, wenn Buffon die Vögel auf die erdbewohnenden Tiere herunterblicken läßt, und aus dem angenommenen Blickwinkel fliegender Vögel die Bodentiere schwerfällige, an die Erde gebundene Kriechtiere nennt (Buffon, 1800–08).

Sehr viele Papageienarten bewegen sich am Boden unbeholfen. Andere können sogar schnell rennen. Recht anschaulich schilderte Brehm, wie der Halsbandsittich (*Psittacula krameri*) am Boden läuft; er hatte die Vögel oft in ihrer Heimat in Nordost-Afrika, Mitte des 19. Jahrhunderts, beobachten können: „Der Gang auf dem Boden ist kaum noch Gang zu nennen, sondern eher als ein Dahinwackeln zu bezeichnen: die Kletterfüße wollen zum Laufen keine rechten Dienste tun. Der Leib wird gleichsam fortgeschleppt, und der lange Schwanz muß beträchtlich erhoben werden, damit er nicht auf dem Boden nachschleift. Eine gehende Papageiengesellschaft reizt unwillkürlich zum Lachen, weil sie scheinbar einen überaus komischen Ernst an den Tag legt" (Brehm, 1866).

Viele Papageienarten halten sich auch in ihrer natürlichen Heimat viel mehr am Boden auf, als so mancher Feldbeobachter denkt, denn wenn Gefahr droht oder zu drohen scheint, sind sie nur auf den höchsten Gewächsen oder gar in der Luft zu sehen.

Ernährung

Hudson berichtete über die Gelbscheitelamazone (Hudson: *Chrysotis levaillanti*; Wolters: *Amazona ochrocephala*), die er im Jahre 1909 in Wiltshire gesehen hatte: Diese Amazone war es gewohnt zu fressen, was sie wollte und wann sie wollte. Und weil sie Gesellschaft liebte, zog sie es vor, an den Mahlzeiten der Familie teilzuhaben. Zum Frühstück nahm sie Schinken und gekochte Eier, auch Toast und Butter sowie Marmelade, zum Mittagessen ein Stück Braten mit zwei Gemüsearten, dann Pudding oder Apfeltorte und zum Schluß Käse. Zwischen den Mahlzeiten vergnügte sie sich mit Vogelsaaten, zog aber einen fleischigen Hammelknochen vor. Hudson schreibt selbstironisch, seine Versuche, ihr Leckerbissen anzubieten, habe sie wohl als „Beleidigung" angesehen. So jedenfalls sei sie nicht zu gewinnen gewesen (Hudson, 1923b).

Schon Buffon warnte 1780 davor, Papageien mit Fleisch zu füttern, weil sie so zu Rupfern werden könnten (Buffon, 1780). Nur relativ wenige Papageien ernähren sich in der Natur regelmäßig und in nennenswerten Mengen – ein paar süß schmeckende Blattläuse fallen nicht darunter – von tierischem Fett und Eiweiß. In Südamerika gelten die Papageien als reine Früchtefresser. Zu den wichtigsten Fruchtbäumen zählen die Palmen. Palmfrüchte enthalten nicht nur ungesättigte Fettsäuren, sondern auch gesättigte Fettsäuren; der Anteil der letzteren ist im Kern noch höher als im Fruchtfleisch. So kann Butter oder Fleisch für diese natürliche Nahrungsquelle einen gewissen Ersatz bilden. Auch Graupapageien fressen gerne Palmfrüchte.

Nach seinen Erfahrungen auf seiner Westafrika-Reise wies Reichenow jedoch darauf hin, daß Graupapageien in ihrer natürlichen Heimat vorzugsweise mehlige Sämereien fressen (Brehm, 1878). Die Ernährung im Freiland ist stets abhängig vom Nahrungsangebot.

Wenn Papageien viel Fett ansetzen, ist das nicht grundsätzlich unnatürlich. Prinz v. Wied berichtete 1830, daß die „Strichzeit der Vögel" während der Fruchtreife in bestimmten Gegenden Brasiliens für die Bewohner die hochgeschätzte Jagdzeit war. Wied sagte ausdrücklich, gerade die Papageien würden besonders fett (u. a.). – Zu anderen Zeiten freilich können die Papageien auch recht mager sein (Wied, 1830).

Das Problem bei der Haltung von Vögeln in Menschenhand besteht darin, den Vogel so zu ernähren, daß er alle Stoffe zugeführt bekommt, die sein Organismus benötigt, aber nicht zuviel. Für den Heimvogel gilt im besonderen, daß nicht etwa durch reichliche „treibende" Gaben (z. B. Vitamin E) der Bruttrieb angeregt wird. Berücksichtigt werden muß auch, wieviel der Vogel sich körperlich betätigt und wie hoch die Temperatur seines Raumes ist. Viele Papageienhalter ernährten ihre Vögel gefühlsmäßig richtig. Heute ist unser Wissensstand zu den Fragen der Ernährung besser; es gibt eigene Fachbücher darüber. Zu berücksichtigen ist auch, daß die Ernährung bei den verschiedenen Papageiengattungen unterschiedlich ist.

Wasser benötigen Papageien nicht unbedingt, wenn sie viele saftige Früchte fressen.

Dennoch bekommen sie Trinkwasser ganztägig geboten. Großen Arten, die Trinkgefäße mit ihren starken Schnäbeln zerstören, wird der Trinknapf täglich, u. U. mehrmals, von Hand gereicht.

Der Trinknapf sollte nicht zu hoch über der Sitzstange angebracht werden. Denn das war schon bei Gesner zu lesen: „Wann er trinckt, richtet er den Kopff unter sich und das Hindertheil hoch über sich" (Gesner, 1669).

Wenn der Papagei etwas nicht mag, zeigt er es, das gilt in besonderem Maße für die größeren Arten. Ihr Verhalten ist häufig ganz ähnlich wie das „Tukanís", über den der Ornithologe Helmut Sick erzählt: „Unfehlbarer Hinweis auf Tukanís Abneigung gegen Essen und Trinken war Kopfschütteln, handle es sich um etwas Schlechtschmeckendes, zu Heißes oder darum, daß er satt war. Diese Art Schütteln ist in der Vogelwelt weit verbreitet – und nicht nur da. Auch der Mensch hat eine ganz ähnliche Ausdrucksform, auch wir ‚schütteln uns vor Ekel'. Offensichtlich sind die Stimmungen – wie Freude und Leid, Wut, Schmerz, Ekel – und die daraus hervorgehenden Effekte der Vögel und anderer Wirbeltiere unseren menschlichen Gefühlsregungen direkt vergleichbar. Sattsein tat Tukaní auch anders kund, nämlich durch Schnabelreiben. Es handelt sich eigentlich um ein Schnabel-Abreiben oder Reinigen, wurde aber automatisch nach jeder vollständigen Mahlzeit ausgeführt, also auch dann, wenn der Schnabel gar nicht beschmutzt war. Dasselbe, eine angeborene Handlungsweise, beobachtet man bei vielen anderen Vogelarten, ja, schon bei kleinen Nestvögeln" (Sick, 1958).

Rupfer-Probleme

Prinz von Wied beobachtete auf seinen Reisen in Brasilien, daß Papageien sich im heftigsten Gewitterregen auf freistehende Baumzweige setzten und sich völlig naß regnen ließen. Finsch empfahl darum, an warmen Sommertagen Papageien mit einer Blumenspritze ein „Sturzbad" zu verabreichen und das Wasser zuvor einige Zeit in der Sonne stehen zu lassen

Tafel 7
Links oben: Graupapagei *(Psittacus erithacus)*.
Rechts oben: Weißstirnamazonen *(Amazona albifrons)*.
Unten: Inkakadus *(Cacatua leadbeateri)*.

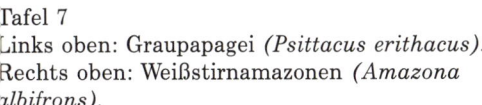

Tafel 8
Links oben: Nymphensittich *(Nymphicus hollandicus)*, Männchen mit gestellter Haube.
Rechts oben: Großer Gelbhaubenkakadu *(Cacatua galerita)* mit gestellter Haube.
Unten: Männlicher Halsbandsittich *(Psittacula krameri)*.

(Finsch, 1867/68). Mit dem „Sturzbad" meinte er das Gegenteil von einem Sprühnebel, der so oft den Papageienpflegern angeraten wird.

Papageien, die in ihrer natürlichen Heimat tropische Regengüsse gewohnt sind, benötigen die Dusche kräftiger und öfter am Tage. Manche Papageienarten reagieren, wenn sie in Freivolieren gehalten werden, auf Gewittervorzeichen mit Geschrei und Aufplustern, sogar Flügelschlagen. Der Vogelhalter, der sie im Haus hält, kann solches Verhalten – Aufplustern und Flügelschlagen unter Geschrei – beobachten, wenn er selbst Lärm erzeugt, z. B. mit dem Staubsauger. Besonders typisch ist solches Verhalten z. B. für Nymphensittiche, Edelpapageien, Amazonen und Araras. Kommt der Pfleger diesem Bedürfnis nicht bald bzw. oft genug nach, fängt mancher Papagei an, unruhig in seinem Gefieder zu nesteln, woraus sich die Manie des Selbstrupfens entwickeln kann.

Lange Zeit war man der Meinung, das Selbstrupfen sei eine Folge der Ernährung mit Fleisch. Dann wurde die Theorie aufgestellt, das Selbstrupfen sei speziell ein abnormes Verhalten haltungsgeschädigter Käfigvögel, wobei Langeweile und unbefriedigtes „Nage"-Bedürfnis als Hauptursachen bezeichnet wurden; man überzog im 19. Jahrhundert die Sitzstangen der Papageien oftmals mit Blech.

Finsch schrieb: „In der Tat scheint es den Papageien Bedürfnis, ihren Schnabel zu beschäftigen, und wenn sie dies eben durch Benagen der Sitzstange nicht vermögen, fangen sie mit ihren eigenen Federn an. Solche Exemplare gewähren dann einen abschreckend häßlichen Anblick, überdies befinden sie sich in kontinueller Mauser, welche sie angreift. Man muß daher den Papageien Sitzstangen von weichem Holz geben oder sonst ein Stück Holz im Käfig anbringen. Bei dem von mir gehaltenen Ps. erithacus, der bis zum Kopfe nur mit Dunen bedeckt war, schlug dies Mittel indes nicht an; er zerbiß sich nach wie vor die Federn. Um ihn zum Holznagen zu gewöhnen, hätte man vielleicht dasselbe etwas in Zuckerwasser legen sollen. Daß die Papageien übrigens das Federnagen deshalb

tun, um die Flüssigkeit, welche in den Kielen sitzt, auszusaugen, bezweifle ich, da mein Papagei nur die Federn abbiß, überhaupt kein Gelüste nach Fleisch hatte, sondern dasselbe verschmähte." In den Zoologischen Gärten kannte man dasselbe Problem. Finsch berichtete: „Im Zoologischen Garten zu Rotterdam hatte man Araras, die sich die Federn abbissen, Halskragen von Blech angelegt, wie chinesischen Verbrechern. Jedenfalls waren dieselben den Vögeln sehr lästig und brachten auch keineswegs eine Radikalheilung der Untugend zuwege" (Finsch, 1867/68).

Brehm erzählte in der überarbeiteten Fassung seines „Tierlebens": „Auch der sehr erfahrene Vekemans, Vorsteher des Tiergartens zu Antwerpen, durch dessen Hände alljährlich tausende von lebenden Papageien gehen..., wußte auf Befragen, wie federnagenden Sittichen ihre Unart abzugewöhnen sei, nur ein einziges allerdings durchschlagendes Mittel anzugeben: ihnen den Hals umzudrehen" (Brehm, 1878).

Schmidt, ein „Berufsgenosse" Brehms, berichtete diesem über seine Erfahrungen in der Haltung eines Helmkakadus (Callocephalon fimbriatum): „Mittels seines kurzen, steilgewölbten Schnabels pflegt er, wenn er sich unbeobachtet wähnt, die in seinem Käfige angebrachten Sitzstangen in Splitter zu beißen. Anfänglich glaubte ich diesem Übelstande am wirksamsten dadurch abzuhelfen, daß ich die Stangen von hartem Eichenholze fertigen ließ. Die Zerstörung ging nun allerdings langsamer vor sich, aber sie war dem Vogel auch zu mühsam. Er sah sich also nach einem weicheren Stoffe um und hatte diesen alsbald in seinem Gefieder gefunden. Eines Tages biß er sich in kurzer Zeit sämtliche Federn ab, welche er erreichen konnte, so daß er hie und da nur noch mit gräulichem Flaume bedeckt war; an manchen Stellen hatte er auch diesen nicht geschont. Sofort wurden nun die harten Stangen wieder entfernt und durch solche aus weichem Tannenholze ersetzt, über welche er mit wahrem Eifer herfiel. Jedesmal im Verlaufe von vierundzwanzig Stunden wurde eine Stange von 1 m Länge

209

und 4 cm Dicke in kleine Splitter zernagt, und das Gefieder bekam Zeit zu wachsen, so daß es verhältnismäßig rasch wieder seine frühere Vollständigkeit erreicht hatte. Seitdem wird dafür Sorge getragen, daß der Vogel jederzeit Stangen zum Zernagen habe, und wenn es ihm einmal daran fehlt, rächt er dies sofort durch Zerstörung seines Gefieders. Merkwürdigerweise hat er nie die Absicht bekundet, seinen Käfig, welcher zum größten Teile aus Holz besteht, zu zerstören" (Brehm, 1872).

Für das Selbstrupfen kommen viele Ursachen in Frage, und sie sind nicht immer leicht zu erkennen. So können auch Krankheiten oder Ernährungsmängel vorliegen.

Unbeabsichtigter Freiflug

Unbeabsichtigter Freiflug war schon immer eine der größten Gefahrenquellen für den zahmen oder auch nur eingewöhnten Papagei. Andererseits sind bei solchen Gelegenheiten interessante Beobachtungen gemacht worden.

Brehm besaß selbst ein gut harmonierendes Wellensittichpärchen, das er in einem großen Käfig untergebracht hatte. Brehm erzählt: „Eines Tages hatte sich das Weibchen geschickt einen Ausgang zu verschaffen gewußt, und ehe wir es uns versahen, war es durch das Fenster hinaus ins Freie entflohen . . . Nach einigen Minuten war er wieder im Garten erschienen, wahrscheinlich in Folge des eifrigen Rufens seines Gatten; denn diesen hatte ich selbstverständlich sofort ans Fenster gebracht. Jetzt antwortete er dem Genossen im Käfig und ließ sich dicht unter dem Fenster auf einem Baume nieder, eifrig rufend, lockend und zwitschernd. Dies hatte noch etwas anderes zur Folge, woran ich nicht gedacht. Der Liebhaber, welcher Wellenpapageien gehalten hat, wird erfahren haben, daß deren Lockton zuweilen täuschend dem unserer Sperlinge gleicht . . . Es war gerade Hochsommer und alle Dächer umher bedeckt mit jungen Spatzen. Unter ihnen nun zeigte sich sofort, nachdem der schöne Fremdling erschienen war, große Bewegung. Der Wellensittich hatte sich auf einem Pflaumenbaum unter dem Fenster nie-

dergelassen und unterhielt sich von dort aus mit seinem Gatten. Die jungen Spatzen aber mochten meinen, daß sein lockendes ‚Tschilp' wohl ihnen gelten möge und kamen in Scharen herbei, ungeachtet des warnenden und bedenklichen ‚Zerrr' der älteren Weisen ihres Geschlechts. Diese schienen allerdings auch verwundert zu sein, ließen sich jedoch als erfahrene Vögel durchaus nicht täuschen, sondern sahen sich zunächst den grünen Australier vor sich an; die jungen Sperlinge hingegen umringten ihn bald in Menge. Er beachtete sie nicht im geringsten; sie aber ließen sich deshalb nicht zurückhalten. Sie wurden förmlich zudringlich, hüpften dicht an ihn heran, beschauten ihn scheinbar höchst erfreut und erwiderten sein ‚Tschilp' nach Kräften. Wenn er sich ärgerlich hierüber erhob und einem anderen Baume zuflog, folgte die ganze Rotte, und nur, wenn er einige seiner prächtigen Flugbewegungen ausführte, blieben die schwerfälligen Spatzen verdutzt unten sitzen. Dieses Schauspiel mochte wohl eine halbe Stunde währen, und der Garten war schließlich förmlich erfüllt von allen Sperlingen weit und breit, bis die Sehnsucht nach dem Gatten den Wellensittich bewog, ins Zimmer zurückzufliegen. Hier wurde er eingefangen, wieder in den Käfig gesperrt, höchst zärtlich von seinem Männchen begrüßt, und damit löste sich von selbst die Volksversammlung draußen im Garten" (Brehm, 1866).

Um die Mitte des 19. Jahrhunderts sah die Umwelt, in die ein solcher Vogel flog, jedoch ganz anders aus als heute. Die Gefahr, daß ihn etwas erschrecken, zu einem Panikflug veranlassen könnte, ist heute viel größer.

Nicht nur der davonstürmende „Nomade" Wellensittich oder Nymphensittich findet bestenfalls per Zufall zurück, das gilt sogar für Papageien, die in ihrer Heimat auch außerhalb der Brutzeit ortsgebunden leben, wie man durch Versuche mit Mönchsittichen *(Myiopsitta monachus)* weiß, welche in Schreckmomenten blindlings davonstürmen und sich verfliegen. Dieselben Mönchsittiche, die im Berliner Zoologischen Garten freifliegend lebten, waren zwar nicht zahm, aber an den

Menschen so sehr gewöhnt, daß sie sich beim Fressen nicht stören ließen, wenn Menschen bis zu 2 m an ihre Futterstelle herankamen (Steinmetz, 1950).

Zusammen gesehen wurden Wellensittiche mit Schwärmen von Spatzen (Thorpe: House Sparrows; Wolters: *Passer domesticus*), ein grauer Sittich (Grey Parakeet), vermutlich Nymphensittich, mit Ringeltauben (Thorpe: Wood Pigeon; Wolters: *Palumbus palumbus*), ein Graupapagei und ein Weißhaubenkakadu (White Cockatoo) mit Krähen (Thorpe, 1969). Besonders bemerkenswert nannte Thorpe, daß der Graupapagei jahrelang die Krähen begleitete, welche die Krähenkolonie im Park des Lewisham Krankenhauses bildeten; seine Anwesenheit sei den Krähen offenbar willkommen gewesen. Der Weißhaubenkakadu war ein Bewohner des Gemeindegebiets von Wimbledon, wo er eine „Leibwache" von drei Krähen zu haben schien, die ihn überallhin begleiteten. Der erste Bericht stammte aus dem Jahre 1922, der zweite aus dem Jahre 1930 (Thorpe 1951 und 1969).

Der Zoodirektor Th. Knottnerus-Meyer erzählte: „Übrigens sind die Kakadus ausgezeichnete Flieger. Einmal war ein solcher in einem Zoologischen Garten entkommen... Der Entflohene kehrte aber gegen Abend in seinen Käfig zurück, durch dessen morsches Drahtgeflecht er sich durchgenagt hatte. Zahm war das Tier übrigens gar nicht; wohl nur der knurrende Magen trieb es zurück. Ein Inkakakadu trieb sich dagegen in Hannover in einem Sommer wochenlang mit Spatzen auf einem großen Platze beim nahen alten Kirchhofe herum. Er war aus Privatbesitz entflohen und konnte nun einfach die Wohnungsfenster unter der Unzahl, die er bei seiner Flucht zum ersten Male sah, nicht wiederfinden. Der Gelbhaubenkakadu aber kannte Haus und Umgebung, wie seinen Außenkäfig, weil er sich darin tagsüber aufzuhalten pflegte, gut. Außerdem leiteten ihn auch die verschiedenartigen Stimmen der Mitbewohner des Vogelhauses" (Knottnerus-Meyer, 1925).

Unbeabsichtigter Freiflug findet nicht immer ein so glückliches Ende, wie es Linden erlebte. Er erzählte Brehm: „Daß selbst lange Zeit in Gefangenschaft gehaltene Papageien, welche anscheinend nur klettern oder hüpfen können, im ersten Augenblicke ihres Freiwerdens aus dem Käfige von ihrer ungeschwächten Flugkraft den umfassendsten Gebrauch zu machen wissen, sollte ich an einem Gelbwangenkakadu erfahren... Eines Morgens beim Füttern entkam mir besagter Kakadu unbemerkt unter dem Arme weg. Im nächsten Augenblicke schon saß er auf dem höchsten Baume des Gartens, entfaltete seine Flügel, richtete seine gelbe Haube empor und nahm sich in der frühen Morgenstunde prachtvoll aus. Ich rief ihn mit den besten Worten, streckte ihm sein Lieblingsfutter empor; er aber hatte keinen Sinn mehr für alles, und nachdem er kurze Zeit in den schwankenden Zweigen geklettert, schwang er sich plötzlich mit Geräusch und Geschrei in die Höhe, flog höher und immer höher, so daß ich ihn kaum mehr mit den Augen verfolgen konnte und nahm dann die Richtung nicht über den nahen Bodensee, wie ich befürchtete, sondern nach der Landzunge, welche sich von hier aus eine Wegstunde lang in den See erstreckt. Mein sofortiges Suchen nach ihm war umsonst... Doch ging ich am nächsten Morgen noch vor Tagesanbruch nochmals zum Suchen aus und glaubte wirklich nach kaum einer Viertelstunde Weges seine Stimme zu hören, folgte derselben und entdeckte ihn in einem Obstgarten, wo er sich belustigte, Zweige in ganz bedeutender Menge von den Bäumen abzureißen. Mein Rufen beantwortete er; als ich jedoch Hilfe und eine Leiter geholt hatte, auf welcher einer den Baum erkletterte, flog er auf den nächsten, beschrieb plötzlich wieder eine weite Schraubenlinie, stieg höher und höher auf und ließ sich endlich ganz oben auf der höchsten Pappel, hart am Ufer nieder. Ihn aus solcher Höhe herabzulocken, schien mir unmöglich. Doch hatte ich seinen geliebten Genossen in einem kleinen Käfige mitgenommen und setzte letzteren auf den Boden, einen anderen leeren aber nebenan. Beide riefen sich, gaben sich gegenseitig Antwort, und endlich kam der Flüchtling aus seiner Höhe,

211

zuletzt auch auf den Boden herab. Ein zufällig vorübergehender Mann verscheuchte ihn zum zweiten Male, und im Nu saß er wieder auf dem alten Standpunkte. Mir war die Geduld ausgegangen. Ich stellte daher eine Wache ganz in die Nähe und kehrte ohne Hoffnung nach Hause zurück. Allein kaum eine Viertelstunde später wurde mir der Flüchtling überbracht. Seine Genossin hatte ihn an sich gelockt" (zitiert nach Brehm, 1878).

Dagegen fand der Freiflug eines zahmen weiblichen Alexandersittichs desselben Vogelhalters ein unglückliches Ende: An einem kalten Winternachmittag entkam ihm der Vogel, weil er nicht daran gedacht hatte, daß er auf seiner Schulter saß, als er ins Freie ging, und flog auf einen unersteigbaren Baum. Er kam nicht einmal herab, als er die Lockrufe seines Partners hörte. Erst die Kälte des Abends trieb ihn herunter. Aber der Vogel hatte sich eine Lungenentzündung zugezogen und starb (Brehm, 1878).

Gelegentlich lesen wir von merkwürdigen Methoden, mit denen es gelang, einen Entflogenen zurückzulocken. Ruß zitierte die Erfahrungen eines Kakaduhalters aus der Mitte des 19. Jahrhunderts, der über seinen Rosakakadu *(Eolophus roseicapillus)* sagte: „In seiner Jugend war er ein guter Flieger, und von meinem Finger aus machte er gern Flüge um das Haus und zurück. Nur selten flog er bei solcher Gelegenheit auf einen hohen Baum, von welchem er dann nur dadurch zurückgelockt werden konnte, daß in der Nähe ein Eßtisch gedeckt wurde" (Ruß, 1881).

Haltung freifliegender Papageien

Rechtzeitig, bevor der Carolinasittich *(Conuropsis carolinensis)* Anfang dieses Jahrhunderts ausstarb, konnte festgestellt werden, daß diese Papageienart sich für den Freiflug eignete. Rey berichtete: „Was mir jedoch vor allem anderen diese Papageien lieb und wert macht, ist der Umstand, daß es mir geglückt ist, sie ohne Schwierigkeit an Aus- und Einfliegen zu gewöhnen. Sie treiben sich manchmal von morgens neun Uhr bis gegen Abend, wenn es anfängt zu dunkeln, im Freien umher und kommen nur dann und wann, um auszuruhen oder um Nahrung zu sich zu nehmen, in ein Fenster meines Arbeitszimmers, in welchem ich ihnen eine Sitzstange angebracht habe. An einzelnen Tagen fliegen sie wenig und halten besonders um die Mittagszeit einige Stunden Ruhe. Früh morgens unternehmen sie die weitesten Ausflüge, und des Abends, wenn sie schlafen wollen, kommen sie an ein anderes Fenster am entgegengesetzten Ende meiner Wohnung, in dessen Nähe ihr Käfig seit längerer Zeit steht. Finden sie dieses Fenster verschlossen, so erheben sie ein wahrhaft fürchterliches Geschrei oder suchen sich durch Klopfen an die Scheiben Einlaß zu verschaffen. Ist jedoch zufällig niemand in jenem Zimmer anwesend, so nehmen sie auch wohl ihren Weg durch das ersterwähnte Zimmer und durch mehrere andere, um an ihren Schlafplatz zu gelangen" (Brehm, 1878).

Auch Graf v. Berlepsch machte in Seebach überraschend gute Erfahrungen mit einem Paar Carolinasittiche: „Ihre allbekannten üblen Eigenschaften ließen sie in den bewohnten Zimmern bald unleidlich erscheinen und ihr Käfig wurde in eine Kammer gebracht. Eines Tages hatten sie sich, vermöge ihrer kräftigen Schnäbel, einen Ausweg zu verschaffen gewußt, waren zum offenen Fenster hinausgeflogen und kreisten laut schreiend hoch in der Luft umher. Durch ihren raschen, behenden Flug und ihre Schlauheit boten sie jeder Verfolgung Trotz; wie groß war aber unser Erstaunen, als sie bei einbrechender Dunkelheit von selbst in die Kammer und in ihr Bauer zurückkamen. Infolgedessen ließ ich sie nun ungehindert ein- und ausfliegen und an jedem Abend kehrten sie wieder zurück. Einer starb und da der andere noch viel ärger schrie als früher beide zusammen, so wurde er völlig in Freiheit gesetzt, doch konnte er immer in sein Bauer zurück, wo er auch Futter fand. Bald mied er aber Kammer und Bauer und schloß sich den Tauben an, mit denen er wohl drei Jahre lang die Lebensweise geteilt hat ... Da ich nun darüber belehrt war, daß diese Papageien unser Klima durchaus ertragen können, so beschloß ich, mir einen besonderen Papageienschlag anzulegen. Ich fing den alten Herumstreicher ein, verschaffte mir noch zwei Paar dieser Vögel ... Als ich nach mehreren Wochen glaubte, daß sie hinlänglich eingewöhnt seien, ließ ich in den ersten Tagen des Oktobers vier dieser Vögel herausfliegen, während ich den jüngsten in einen kleinen Käfig steckte und als Lockvogel zurückbehielt. Jene vier durchflogen den ganzen Tag laut schreiend alle Gärten, kehrten aber am Abend, von dem jüngsten unaufhörlich gelockt, in ihren Behälter zurück. Nicht lange, da zeigten sie sich auf dem Hofe ohne Scheu, gingen zum Flugloch aus und ein und nun setzte ich auch den fünften in Freiheit. Seit dieser Zeit fliegen sie völlig frei überall herum und die einzige Pflege, derer sie noch teilhaftig werden, besteht darin, daß sie in jenem Käfige oder wenn man will Papageienschlag, stets Futter finden, sonst sind sie durchweg sich selbst überlassen" (zitiert nach Ruß, 1881).

Freiflugversuche mit Papageien wurden im 19. Jahrhundert vor allem von dem englischen Gutsbesitzer Buxton durchgeführt. Auf die Idee brachte ihn eine Amazone, die bereits 20 Jahre in Menschenhand gelebt hatte und als „Redner" ersten Ranges galt. Der Vogel blieb fast 3 Monate auf benachbarten Buchen und Eichen und kam zu Beginn des Winters, mit prachtvollem Gefieder, ins Haus zurück. Also ließ Buxton weitere Amazonen, Graupapageien, vier Kakaduarten, Edelsittiche, Plattschweifsittiche und 2 Loriarten frei fliegen. Diese Vögel, so bemerkte er, versteckten sich auch in England so gut, daß nur ein geübtes Auge sie im Schatten des Laubes in den mächtigen Bäumen ausfindig machen könnte. Einzelne Exemplare verflogen sich oder wurden abgeschossen. Die übrigen hielten sich mehr in der Nähe des Hauses, von wo aus sie in den Park geflogen waren, und erschienen morgens und abends, um ihr Futter zu holen. Im Winter begaben sich nur die Graupapageien in ein Schutzhaus. Der Gärtner Buxtons behauptete, die Graupapageien merkten ein Unwetter im voraus und nähmen,

bevor es hereinbräche, oft ihre Zuflucht in den Glashäusern. Buxton meinte, die freifliegenden Papageien seien auffallend lebhaft im Gegensatz zu den flugunfähigen oder denen, „die es vorziehen, im Hause zu träumen". Er schrieb: „Den Untergärtner, welcher sie füttert, lieben sie außerordentlich, und man kann ihn im Garten selten an der Arbeit anders sehen als mit einem oder zwei Kakadus auf Kopf und Schulter." Buxton hatte sogar Bruterfolge, wobei sich freilich auch artfremde Vögel verpaarten und Bastarde aufwuchsen.

Der Tagesablauf dieser Papageien erinnert an den ihrer im Herkunftsland lebenden Artgenossen. Buxton berichtete: „Sie haben eine bestimmte Stundeneinteilung. Bald nach der Dämmerung können ihre Stimmen von einem entfernten Walde" her „gehört werden, in welchem die meisten von ihnen schlafen; sie kommen dann und warten auf ihr Frühstück; über Mittag wird geschlafen, dann Futter gesucht, schließlich zum Abendbrot herbeigeflogen. Bevor sie zur Ruhe gehen, geben sie sich wie Rabenvögel einer ausgelassenen Lustigkeit hin. Die Papageien steigen dann oft in der Runde in bedeutender Höhe, vor Entzücken kreischend, während die Kakadus mit aufgerichtetem Kamme von Baum zu Baum flattern und dabei ihre Stimme insbesondere dann, wenn sie Menschen im Garten sehen, nach Lust ertönen lassen. Ich muß zugestehen, daß einige von ihnen, wenn nicht alle, namentlich durch Abpflücken von Obst, unnütze Streiche verüben ..." (zitiert nach Brehm, 1878).

In seiner Begeisterung beim Anblick dieser fliegenden Tropenvögel deutete Buxton manches aus einer Sicht menschlicher Maßstäbe und Wünsche. Statt um „Lust", „Lustigkeit" und „Entzücken" handelt es sich wohl eher um Erregung. Die Bezeichnung „Streiche", gar „unnütze Streiche" stellt ohnehin eine Vermenschlichung dar.

Freiflugerfahrungen, wie sie Kolar im Jahre 1953 mit zwei Araras machte, trugen entscheidend dazu bei, das Bild des käfiggeschädigten Papageis zu manifestieren. Kolar versuchte, auf der Biologischen Station Wilhelminenberg

(Wien) zwei Gelbbrust-Araras *(Ara ararauna)*, die bloß an Käfighaltung gewöhnt waren, allmählich an Freiflug zu gewöhnen, wobei Kolar die enge Bindung der beiden Vögel aneinander ausnutzte und zuerst nur jeweils einen das neue Territorium erkunden ließ. Kolar berichtet: „Nachdem die beiden Aras vier Wochen lang Gelegenheit gehabt hatten, von einem im Freien stehenden Käfig aus die Gegend kennenzulernen, wurde zunächst Majo freigelassen. Er flog nicht, sondern kletterte nur am Käfig herum. Nach zwei Tagen wurde Majo eingesperrt und Zuma ausgelassen, die ebenfalls vom Käfig nicht wegging. Darauf ließen wir Majo auch heraus. Nun begannen sie zu zweit die Gegend zu erkunden und flogen auch – allerdings anfangs nur unfreiwillig. Beim Klettern brachen oft morsche Äste unter ihrem Gewicht ab, die Vögel nagten auch oft Äste, auf denen sie saßen, stammseitig ab und fielen natürlich mitsamt dem Ast zu Boden. Sie breiteten erst wenige Meter über dem Boden die Flügel aus, flogen hinauf und landeten ziemlich ungerichtet in einer Baumkrone, wo sie, ohne zum Futter zu kommen, bis zu zwei Tage sitzen blieben. Sie getrauten sich nicht zu fliegen und waren sichtlich froh, wieder auf einem Baum zu sitzen. Bei ihren späteren besseren Flugversuchen kreisten sie oft sehr lange und wagten nicht zu landen. Nach wenigen Tagen unternahmen die beiden Aras Ausflüge in den Park des benachbarten Wilhelminenschlosses und ließen sich beim Futterplatz in der Station überhaupt nicht mehr sehen. Zuma wurde daraufhin eingefangen. Nun saß Majo wieder dauernd am Käfig. Nach 10 Tagen ließen wir Zuma erneut frei. Beide Papageien hielten sich wenige Tage im weiteren Umkreis der Station auf, wobei Majo allerdings allabendlich zum Futterplatz kam. Die deutlich schlechter und sehr unsicher fliegende Zuma wagte sich trotz Majos Lockrufen, wenn sie einen Ruheplatz gefunden hatte, nicht mehr davon. Auch das Landen fiel ihr schwer. So überflog sie an einem Abend mehrmals die Station, kam aber nicht auf den Baum, auf dem Majo saß, sondern fiel weitab im Wald in einen hohen Baum ein. Am kommenden Tag überflog sie nochmals die Station und landete, vom Flug ermüdet, in einem talseitigen Garten. Majo verlor bald die Stimmfühlung mit ihr, flog in immer weiteren Kreisen ebenfalls talwärts und wurde von uns vorerst nicht gefunden. Zuma holten wir unter großen Schwierigkeiten von einem hohen Obstbaum herunter und brachten sie in die Station zurück. Majo wurde uns zwei Tage später nach Radioaufruf aus dem etwas über 7 km Luftlinie entfernten Nußdorf gemeldet, wo man ihn in einem Garten gefangen hatte. Da Zuma durch ihre Flugungeschicklichkeit sichtlich zu gefährdet war, brachen wir die Freiflugversuche ab" (Kolar, 1960).

Die Frage, warum der Vogel schlecht fliegt, ist in solchen Fällen nicht eindeutig zu beantworten, solange nicht weitere Beobachtungen und Untersuchungen vorliegen. Araras sind nicht ohne weiteres „standorttreu". Sie sind es nur, wenn sie sich sicher fühlen, wenn sie nicht durch irgendetwas in Panik geraten, wenn ihnen das Futterangebot zusagt und wenn möglichst noch weitere Bindungen (z. B. an Menschen) bestehen. Immerhin war auch Kolar, trotz seiner fehlgeschlagenen Versuche, überzeugt, daß Araras an Freiflug gewöhnt werden könnten.

Tatsächlich war dies, wenn man Salerne Glauben schenken darf, den Herrschaften in Paris im 18. Jahrhundert gelungen, denn Salerne berichtete 1767, man lasse dort den Hellroten Arara *(Ara macao)* gewöhnlich frei fliegen, weil er von selbst zurückkehre (Salerne, 1767).

Freifliegende Araras erlebte Bernhard Grzimek im „Parrot Jungle" (Papageien-Dschungel) in Florida. Voller Begeisterung berichtete er im Jahre 1957 darüber: „Hier hat man ein Stück des ursprünglichen Sumpfwaldes erhalten oder wieder angepflanzt. Auf wohlgepflegten Wegen kann man darin spazierengehen. Mitten im Walde leben auf Inseln prächtige Arapapageien aller Arten, denen die Flügel gestutzt sind. Sehr viele fliegen aber ganz frei umher, wahrscheinlich weil auf dem flachen Lande ringsum keine Bäume zu finden sind und die Tiere hier gefüttert werden. Herrlich, diese bunten Großvögel überall in den Baumwipfeln sitzen und zwischen ihnen durchstreichen zu sehen! So stellt man sich meist den Tropenurwald vor, obwohl dieser in Wirklichkeit ganz anders, scheinbar tier- und blütenarm ist. Die Papageien kommen heruntergeflogen, setzen sich den Besuchern auf die Schulter und lassen sich liebkosen und streicheln" (Grzimek, 1957).

Inzwischen gibt es mehrere Vogelparks dieser Art. Dort lassen sich namentlich Araras nicht bloß auf den Arm nehmen, sondern legen sich im Arm oder auf dem Schoß eines jeden Besuchers auf den Rücken, lassen sich streicheln und beißen nicht. Dies beeindruckt viele Parkbesucher, steht aber im Widerspruch zum Verhalten der zahmen Araras bei den Indianern.

J. Höpker erwarb im August 1988 seinen Graupapagei „Cora" als eine Nachzüchtung im Alter von einem Vierteljahr. Er ließ den Vogel, der von Anfang an ein enges Verhältnis zu ihm hatte, beliebig im Freien herumfliegen und berichtete nach einem Jahr über seine Freiflugerfahrungen. „Mit dem ‚Sprechen'", schreibt er, „ist es aufgrund des vielen Herumfliegens nicht weit her. Natürlich macht sie die Geräusche vom Dorf und dem See, von Hundebellen bis zum Möwenschrei nach. Sonst sagt sie nur ‚Cora' in vielen Tonlagen und ‚Cora komm' oder ‚komm schon'... Das Wort ‚Kuckuck' ist in ihren Sprachschatz eingegangen. Sie flüstert es mir liebevoll ins Ohr oder ruft es zärtlich, wenn sie gerade nach Hause gekommen ist. Auch wenn wir uns gestritten haben, senkt sie ihr Köpfchen und sagt leise ‚Kuckuck'" (Höpker, 1990).

Methoden der Zähmung

Die „Zahmheit"

„Die Ausdrücke zahm und domestiziert dürfen nicht mehr verwechselt werden", schrieb Hediger schon im Jahre 1939: „Zahmheit ist eine Erwerbung einzelner Wildtierindividuen, Domestiziertheit dagegen eine Erwerbung ... von Generationsreihen" (Hediger, 1939).

So häufig gezüchtete Papageienarten wie Wellensittiche, Nymphensittiche, Halsbandsittiche usw. gelten als domestiziert. Zahm werden sie aber nur durch Zähmung oder durch Handaufzucht im Nestlingsalter. Die Handaufzucht eines unselbständigen Jungvogels ist mühselig und setzt die dazu erforderlichen Aufzuchtkenntnisse voraus. Als Bettellaute gebrauchen die abhängigen Jungen ihre angeborenen Laute, auch wenn sie von Menschenhand aufgezogen werden. Das gilt für die Verhältnisse, wie sie bei Vogelpflegern üblicherweise bestehen.

Nach den Erfahrungen von Berta Ragotzi lernen Wellensittiche etwa von der 7. Lebenswoche an zu „sprechen" (Ragotzi, 1956).

Der Begriff „Zahmheit" umfaßt sehr viele Möglichkeiten. Der Ausburger Tiergartendirektor Georg Steinbacher schrieb über die Futterzahmheit; den Begriff übernahm er von Heinroth: „Tiere, die alt gefangen werden... sind zunächst meist sehr scheu. Allmählich gewöhnen sie sich an die Nähe des Menschen, ohne jedoch eigentlich zahm zu werden. Die Fluchttendenz, die Entfernung, auf die sie einen Menschen an sich heranlassen, bevor sie flüchtig werden, wird lediglich immer geringer. Schließlich kann eine ausgesprochene Futterzahmheit eintreten, d. h. die Tiere werden so vertraut, daß sie den Menschen aufsuchen, um von ihm Futter abzunehmen." Das gilt genauso für den Käfigvogel und kann um so besser beobachtet werden, je größer der Käfig ist. – Dazuhin führte Steinbacher den Begriff der „Streichelzahmheit" ein: „ ... das Verhalten nämlich, bei dem das Tier den Menschen aufsucht, um von ihm gestreichelt und liebkost zu werden" (Steinbacher, 1939).

„Bosheit" und „tückisches Wesen"

Finsch war nicht nur ein anerkannter Papageienfachmann, sondern auch außergewöhnlich kritisch und skeptisch, im Ton manchmal sogar spöttisch. Kein Wunder also, daß gerade seine kritischen Bemerkungen bis in die heutige Zeit hinein das Denken beeinflußten, gelegentlich auf fatale Weise. Zu den natürlichen Eigenschaften der Papageien sagte er: „Alle diese Eigenschaften werden durch Gefangenschaft und Zähmung mannigfach modifiziert, ja zuweilen so total umgeändert, daß wir gar keine Papageien mehr vor uns zu haben glauben." Finsch bezeichnete die Papageien als von Natur aus „hervorragend friedliche Vögel". Viele Beobachtungen aus der Natur waren ihm nicht bekannt, z. B. daß ein Arara mitunter einen Menschen angreift, sogar am Boden.

Seine Ausführungen über „eine gewisse Bosheit im Naturell der Papageien" andererseits waren geeignet, Gefühle der Abneigung gegen Papageien zu fördern. „Diese Bosheit", schrieb Finsch, „offenbart sich an gefangengehaltenen Exemplaren, zum Beispiel dadurch, daß dieselben sich gegen fremde Personen, welche ihnen nie etwas in den Weg legten, oft sehr feindselig beweisen. Überhaupt ist Papageien nie recht zu trauen; im Augenblick, wo man es am wenigsten erwartet, hacken sie plötzlich nach der Hand, und die größeren Arten vermögen, oft nicht unerhebliche, Wunden beizubringen. Namentlich ist es anzuraten, Kinder Papageien nicht zu nahe kommen zu lassen. – Ein solches tückisches Wesen ist ohne Zweifel auch nur eine Frage der ersten Erziehung. Papageien, welche in ihrer Jugend viel geneckt und dadurch genötigt wurden, von ihren Verteidigungsmitteln Gebrauch zu machen, werden diese Gewohnheit beibehalten oder sie doch nur schwer und nie gänzlich verlieren" (Finsch, 1867/68).

Selbstverständlich kann man aus heutiger Sicht nicht von „Bosheit" sprechen: Der Vogel hat Angst, er verteidigt sich. Wenn der Mensch den Schnabelhieb nicht erwartet hat, liegt das nur daran, daß er den Vogel nicht versteht, daß er kleine Warnzeichen nicht bemerkt oder falsch deutet. Es kann auch sein, daß der Vogel in Brutstimmung und aggressiv ist, daß sein Pfleger und Ersatzpartner sich nicht so verhält, wie sich ein natürlicher Partner verhalten würde. Und sogar der wird mitunter angegriffen. Wir wissen heute, daß Papageienpaare sich auch in der Natur gelegentlich heftig streiten. Freilich reagiert der angegriffene Papagei schneller als der Mensch, kann den Schnabelhieb mit seinem eigenen Schnabel abfangen oder sich durch Flucht entziehen. Der Mensch dagegen reagiert relativ langsam, erschrickt und zuckt vielleicht; der Vogel faßt diese für ihn nicht artgemäße Reaktion als eine Bedrohung auf und beißt dann vielleicht kräftig zu. Daß besonders solche Papageien zum Beißen neigen, die schlechte Erfahrungen mit Menschen gemacht haben, hat Finsch bereits erkannt.

Was das „tückische Wesen" betrifft, war Finsch also einer Meinung mit Brehm. Ruß aber, der Finsch bewunderte und Finschs Werk als Grundlage für sein eigenes Papageienwerk benutzte, nahm hierzu eine andere Stellung ein. Im allgemeinen Teil seines Papageienbandes aus seinem Werk „Die fremdländischen Stubenvögel" äußerte er sich positiv und vorsichtig: „Die Papageien zeigen sich im Betragen wenigstens im allgemeinen liebenswürdig" (Ruß, 1881).

Zähmung mit Gewalt

Ruß beschrieb die Methode, die von den Händlern seiner Zeit angewandt wurde, um Papageien in möglichst kurzer Zeit zu zähmen: „Die Händler machen in der Zähmung der Papageien meistens wenig Umstände. Da packt man den wildesten Vogel ohne weiteres an den Beinen, achtet nicht auf seine Bisse, sondern zieht ihn aus dem Käfige hervor, haut ihn mit dem Zeigefinger auf den Schnabel und während er sich wehrlos fühlt, streichelt man ihn so lange, bis er einsieht, daß ihm nichts Böses geschieht oder bis sein Trotz gebrochen ist, kurz und gut, bis er sich beruhigt hat, sich in sein Schicksal fügt und zahm wird. Es gehören aber Entschlossenheit, Übung, Selbstbeherrschung, d. h. Nichtbeachtung des Schmerzes und ein Paar starke lederne Handschuhe dazu. Dann erreicht man den Zweck der Zähmung und Abrichtung regelmäßig mit gutem Erfolg. Herr Haushofmeister Meyer in Berlin erzählt, daß er sich mehrmals mit einem ganz wilden unbändigen Papagei in eine Stube eingeschlossen, in der angegebnen Weise von früh bis spät und wenn nötig ohne Unterbrechung Tag und Nacht den Vogel behandelt und dann regelmäßig den Erfolg völliger Zähmung erreicht habe". Ruß vermutete, daß die wunderbaren Zähmungserfolge von Indianerinnen, wie sie berichtet worden seien, in derselben Methode begründet lägen (Ruß, 1881).

Krieg schreibt: „Wenn man gesehen hat, mit welcher unbekümmerten, unsentimentalen Rücksichtslosigkeit Indianer und Mischlinge mit Tieren aller Art umzugehen pflegen und welche erstaunlichen Zähmungserfolge sie meist damit haben, so erkennt man, daß unsere Methode, Tiere durch Geduld und Mitgefühl vertraut zu machen, zwar entschieden schöner aber doch weniger nachdrücklich ist" (Krieg, 1950).

Als Bates im Jahre 1852 gegen Abend den Unteren Tapajos (Amazonien) überquerte, fiel in der Nähe des Bootes ein kleiner Papagei aus großer Höhe kopfüber ins Wasser; er stammte aus einer Gruppe von Artgenossen, die in der Luft zu streiten schienen, möglicherweise, so meinte Bates, um Partner. Ein Indianer fischte den unverletzten Vogel heraus. Es war ein Pavuasittich (Bates: *Conurus guianensis*; Wolters: *Psittacara leucophthalma*). Bates wollte ihn gerne behalten und zähmen, aber er wurde mit ihm nicht fertig. Der Vogel gebärdete sich äußerst wild und bissig und verweigerte jegliche Nahrungsannahme. Freunde in Aveyros sagten ihm, daß diese Papageienart niemals gezähmt werden könne. Nach fast einer Woche gab Bates seinen Versuch auf und brachte den Vogel einer alten Indianerin, die im Ruf stand, sehr geschickt im Zähmen von Vögeln zu sein. Zwei Tage später gab sie ihm den Pavuasittich zu seinem Erstaunen zahm zurück. Ein Brasilianer erklärte ihm, die Indianerin bewirke eine so rasche Zähmung mit ihrem Speichel. Bates glaubte jedoch eher, der große Erfolg der Indianer im Zähmen rühre daher, daß sie die Tiere gleichmäßig und liebevoll behandelten und sie frei in den Räumen herumlaufen ließen. Sein zahmer Pavua-

sittich lernte nach seinen Aussagen „ziemlich gut" sprechen und wurde bestaunt, weil diese Art doch gewöhnlich so schwer zu zähmen sei (Bates, 1864). Auch Finsch äußerte Zweifel, daß der Speichel diese „wunderbare Umwandlung" verursacht habe (Finsch, 1867/68).

Möglich ist natürlich, daß die Indianerinnen dazuhin ihre Tricks hatten. Manche späteren Papageienhalter, die es nicht erwarten konnten, ihre frisch erworbenen Pfleglinge zahm zu sehen, schworen auf absonderlich klingende Methoden. Ruß zitierte einen Papageienliebhaber namens J. Hagmann (aus Lichtensteig, Schweiz): „Man nehme den Papagei auf den Arm, so daß er weder beißen, noch mit den Flügeln um sich schlagen kann, und streiche ihm vorsichtig und geschickt mit der andern in Wasser getauchten Hand über den Rücken vom Kopf gegen den Schwanz hin ... Im Winter darf es nur mit lauwarmem Wasser und in einem geheizten Zimmer geschehen, damit der Vogel sich nicht erkälte. Je nasser der Papagei, desto eher wird er zahm, doch darf das Verfahren nicht übertrieben, dagegen muß es an mehreren Tagen hintereinander täglich einmal wiederholt werden. In der Zwischenzeit, und besonders jedesmal nach der derartigen Behandlung muß man versuchen, auch durch freundliches Benehmen und Spenden von Leckerbissen den Papagei zutraulich zu machen" (Ruß, 1888).

Wenn überhaupt zur Anwendung von Gewalt geraten wurde, dann meistens zu sanfter Gewalt.

Brehm gab 1872 folgende Anleitung für das Zähmen von Graupapageien: „Mit der Erziehung und dem Unterrichte beginnt man so bald als möglich. Zunächst gilt es, sich das Vertrauen des Zöglings zu erwerben. Durch Ruhe, Geduld, Sanftmut und Beharrlichkeit erreicht man alles, durch zornige Strenge gar nichts. Eine rechtzeitig gespendete Leckerei vermag viel, gleichmäßig freundliche Behandlung noch mehr. Anfänglich versucht der Graupapagei freilich, sich jeder Berührung zu erwehren und knarrt ärgerlich, sobald man versucht, ihn zu fassen; bleibt man aber kaltblütig, wenn er droht, straft man ihn vielleicht auch einige Male, indem man ihm mit einem

217

dünnen Stäbchen einen leichten Schlag auf die Schnabelwurzel versetzt, so läßt er das Beißen oder Drohen schon nach einigen Tagen. Fiedler hat gefunden, daß die von ihm erworbenen, meist noch sehr scheuen und mißtrauischen Papageien am ersten zahm wurden, wenn er sie nicht in ein Gebauer sperrte, sondern auf eine freistehende Stange setzte, auf welcher sie keinen Rückhalt hatten und nicht ausweichen konnten, wenn der Gebieter ihnen sich nahete" (Brehm, 1872).

Der Papageienliebhaber Schwend erwarb 1871 einen jungen Graupapagei *(Psittacus erithacus)*. Er erzählte: „Mein Jako war äußerst wild, zernagte alles, biß sogar die Drähte seines Käfigs durch, kreischte bei der geringsten Annäherung ganz jämmerlich..." Er gewöhnte ihn an artgemäßes Futter, hatte aber mit seiner Zähmung, obwohl es ein ganz junger („schwarzäugiger") Vogel war, Schwierigkeiten. Er erzählte: „Das mark- und ohrenzerreißende Kreischen wollte er eben trotz alles Schmeichelns gar nicht ablegen, bis ich ihn endlich auf das Geländer eines Gartensessels setzte. Hier hatte er keinen Rückhalt, konnte nicht vor- und nicht rückwärts und war schon nach wenigen Tagen soweit, daß er auf die vorgehaltne Hand kam und sich bald auf diese Weise herumtragen, streicheln und am Kopf krauen ließ. Das Schreien hörte nun auch auf." Der Vogel hatte keine Angst mehr vor seinem Pfleger. Auch dieser Pfleger, der die Zähmung mit sanfter Gewalt beschleunigt hatte, mahnte zur Geduld: „Ein Beweis dafür, wie wenig man die Geduld verlieren darf, ist gerade mein Jako. Volle acht Monate mußte ich zusehen, bis er nur das eine Wort ‚Jako' sprechen konnte... heute, nach 4 Jahren, weiß er soviel, daß es mir zur Unmöglichkeit wird, Alles das anzuführen, was er tagsüber spricht. Es gibt fast keinen Ausdruck der täglichen Unterhaltung in der Familie, den er nicht nachspricht" (Ruß, 1890?).

Die Teilnehmer der österreichischen Costa-Rica-Expedition des Jahres 1930 nahmen sich eines versehentlich flügellahm geschossenen Hellroten Araras *(Ara macao)* an; Sassi berichtete darüber: „Merkwürdig rasch gelang uns einmal die Zähmung eines Ara. Bei Bebedero wurde einer dieser Vögel geflügelt; unter maßlosem Geschrei und wütendem Herumbeißen konnten wir ihn mit Mühe in einen Leinensack bringen; zu Hause setzten wir ihn, mit einem gewöhnlichen Spagat an einem Fuß angebunden, auf das Geländer unserer Veranda, und nicht nur, daß er nie versuchte, diesen Spagat durchzubeißen, wir konnten ihn auch am nächsten Tag schon berühren, und am dritten Tag ließ er sich schon auf Kopf und Rücken streicheln" (Sassi, 1938).

Die Pflege eines verletzten Papageis führte häufig auch zu dessen Zähmung. Ruß zitierte den Erfahrungsbericht des Wiener Vogelpflegers Ministerialsekretär Schmalz, der über seine Spitzschwanzsittiche (Ruß: *Psittacus haemorrhous*, Wolters: *Thectocercus acuticaudatus* subsp. *haemorrhous*) schrieb: „Der eine von beiden zeigte an der rechten Nasenhöhle eine eiternde, wahrscheinlich von einem Biß herrührende Wunde und ich sah mich dazu gezwungen, ihn in die Hand zu nehmen, um ihm dieselbe auszuwaschen. Dabei gebärdete er sich in den ersten Tagen ganz sinnlos, doch schon am vierten Tage hatte er sich meinem Willen völlig ergeben. Nach etwa vierzehn Tagen brauchte ich ihn nicht einmal mehr in die Hand zu nehmen; denn sobald er mich mit dem Schwamm kommen sah, hielt er freiwillig den Kopf ganz ruhig nach vorn geneigt und ließ sich die Wunde auswaschen... Als er gänzlich hergestellt war, machte er von seinen kaum erhaltenen Schwingen den ausgiebigsten Gebrauch, flog wie toll im Zimmer umher... Dabei war er jedoch mit mir so vertraut, daß er auf meinen Ruf ‚Ara!' sofort mit dem Fliegen innehielt, und wenn ich ihn einfangen wollte, so brauchte ich ihm nur den Schwamm zu zeigen, mit welchem ich ihm früher die Wunde ausgewaschen; er flog dann sofort auf den Platz, wo dies immer geschehen war und ließ sich ruhig von mir in die Hand nehmen. Gegenwärtig ist er so zahm, daß er auf meinen Ruf: ‚Ara, Ara, auf deinen Platz!' sogleich auf seinen Ständer eilt und mich... ansieht. Er läßt sich auch auf den Rücken legen und so umhertragen; ich nehme ihn

218

manchmal beim Kopf, so daß der Körper frei herabhängt, und auch dies läßt er sich gefallen. Anfangs war er ein großer Schreier und beunruhigte mich namentlich frühmorgens nicht wenig, aber einige, natürlich sehr leichte, Hiebe auf den Schnabel und einige barsche Worte genügten, ihm das Geschrei völlig abzugewöhnen. Überhaupt kennt er nur meinen Willen und ist dabei von einer Liebenswürdigkeit, welche jeden Vogelfreund entzücken müßte. Ich selbst befasse mich garnicht damit, meinen Papageien das Sprechen beizubringen, und trotzdem spricht dieser blaustirnige Sittich mehrere Worte, welche er eben oft hört, so deutlich aus, daß dies jedem Jako Ehre machen würde; er sagt: ‚Ara', ‚guter Ara' und ‚Kakadu'... Der zweite Sittich dieser Art wurde von mir, trotz seiner ganz gleichen Färbung von vornherein für ein Weibchen gehalten, und als solches hat er sich dann auch ergeben. Er ist genau so zahm geworden, spricht dieselben Worte und benimmt sich auch so wie das Männchen, nur etwas schüchterner." Der zweite Vogel wurde wohl durch das Beispiel des ersten zahm.

Dieser Vogelpfleger wünschte Zucht und Ordnung, er erzählte: „Bei allenfallsigen Streitigkeiten und Kämpfen sowie beim Schreien und Kreischen meiner vielen Papageien genügt der Namensaufruf oder schlimmstenfalls das Handaufheben, daß die ersteren sofort beigelegt werden und sogleich Ruhe eintritt" (zitiert nach Ruß, 1881). Natürlich wurden die Vögel durch sein Rufen abgelenkt.

Zähmung ohne Gewalt

Es geht auch ohne Gewalt. Und solche Berichte lesen sich am schönsten.

Ruß schrieb: „Sehr viel trägt es zur Zähmung bei, wenn man neben einen wilden, störrischen Vogel einen bereits gezähmten, gesitteten und sprechenden bringt; der erstre merkt es sich bald, daß dem andern nichts böses geschieht; er wird allmählich ruhiger und dann auch selber zahm" (Ruß, 1881). Ein andermal berichtete Ruß unter dem Kapitel „Die Macht des Beispiels" von einem solchen

Fall aus seiner eigenen Erfahrung: „Seit mehreren Monaten hatte ich einen ganz rohen Graupapagei in der Vogelstube, der sich durch besondre Wildheit und Unbändigkeit auszeichnete und zwar in solcher Weise, daß er, sobald nur Jemand den Raum betrat, ein wahrhaft höllisches Geschrei erschallen ließ. Dann erhielt ich zufällig einen überaus ruhigen, zahmen Vogel, der in seiner Zutraulichkeit an Schreien garnicht mehr denkt, und zu ihm in einen geräumigen Käfig brachte ich den Wildfang, nachdem ich ihn vorher nur einige Tage neben ihn gestellt hatte. Die Begrüßung war eine sehr liebevolle, denn beide Vögel schnäbelten sich sogleich auf das innigste. Nun aber sind vom Augenblick an Wildheit und Trotz bei dem erstern gebrochen. Er hat eingesehen, daß dem andern nichts böses geschieht und er folgt seinem Beispiel, indem er, zwar noch sehr ängstlich, doch mäuschenstill inmitten der Vogelstube sich verhält und selbst ohne einen Angstlaut die Futtergefäße herausnehmen und hineinstellen läßt" (Ruß, 1890?).

Von Landkammerrat Vogt aus Blankenhain bekam Ruß folgenden Bericht über dessen Graupapagei „Poly": „Ich kaufte ihn i. J. 1853 in Leipzig in einer Wandermenagerie... Der Vogel war nicht wild, aber außerordentlich scheu und ängstlich... Ich gab ihm seinen Platz dicht neben meinem Arbeitsstuhl am Fenster, wo ich einen reichlichen Teil des Tags zubringen mußte. Ich tat seiner Scheu keine Gewalt an, wendete mich aber häufig zu ihm mit Schmeicheltönen und freundlicher Zusprache. An jedem Morgen brachte ich ihm eine Leckerei mit, eine Rosine, Kirsche oder andere Früchte... und schon nach zwei Wochen nahm er den Leckerbissen unmittelbar aus meiner Hand. Nun ging ich weiter, öffnete die Tür des Käfigs, und er mußte herauskommen, um sich die Leckerei selbst zu holen. Er zögerte mehrere Tage, dann aber kam er... Nun hatte ich gewonnenes Spiel. Sobald ich morgens in das Zimmer trat, begrüßte er mich mit einem vertraulichen ‚mui' und kletterte sogleich aus dem Bauer hervor. Jetzt wagte ich es, ihn sanft zu berüh-

219

ren. Erschrocken trat er einen Schritt zurück und rief ängstlich ‚äh!' Ich ließ sogleich ab; aber es dauerte nur einige Tage, da durfte ich ihn schon am Kopfe krauen. Das beängstigendste war ihm, wenn ich seine Füße berührte, bald aber überwand er auch diese Abneigung, doch konnte ich noch immer wahrnehmen, daß es ihm unangenehm sei. Nun wurde unser Verhältnis ein sehr inniges. Sobald ich mich morgens auf meinen Arbeitsstuhl niedergelassen hatte, kletterte er aus dem Käfige heraus auf meine Achsel, von da aus wisperte er mir stets die Ohren voll, in einer Sprache, deren Worte ich freilich nicht verstehen... konnte. Ein liebenswürdiges, neckisches Spiel trieb er dabei mit meinem Ohr. Er zauselte daran herum, pfauchte hinein, kraute mir am Kopfe und trieb allerhand Unsinn, während ich ruhig fortschrieb. Zuweilen kam es aber auch wohl vor, daß er zu fest anpackte und mich am Ohr empfindlich zwickte; dann schrie ich ihn an: ‚du!' und gab ihm auch wohl einen gelinden Schlag. Soweit war unser Freundschaftsverhältnis gediehen, daß wir uns gegenseitig mit vermeintlich gut gemeinten Bissen und gelinden Hieben traktierten... Eines Tags, als er mich wieder empfindlich gezwickt, schlug er seine Krallen fest in meine Joppe, bog sich mit ausgebreiteten Flügeln nach hinten über und schrie aus Leibeskräften ‚du!'. Dies war also das erste deutsche Wort aus ‚Polys' Schnabel, welches mich auf den Gedanken brachte, Sprechstudien mit ihm zu beginnen" (Ruß, 1881).

Dieses „Sprechen" war eine Vorwegnahme und mit Imponierverhalten verbunden.

Knottnerus-Meyer hatte selbst im Zoo auf Ständern sitzende, allerdings angekettete, Araras gezähmt und empfahl seine Methode zur Nachahmung: „Je mehr man die Papageien auf den Handrücken der geballten Faust beißen läßt, desto eher läßt die Wut nach. Denn den können sie nur mit dem Oberschnabel kratzen, nicht beißen. Dazu langt die Schnabelweite nicht. Wehe aber, wenn man etwa aus Versehen einmal einzelne Finger oder die offene Hand dem Tiere hinhält. Sie ließen sich zuerst die Brust, dann den Kopf und

endlich den Rücken mit der geballten Faust berühren, und ganz allmählich durfte man auch mit den Fingern herauskommen."

Er gab auch einen Rat, wie man einen zahmen Vogel wieder von der Schulter herunterbekommen könne: „Sonderbar schwer ist es dann immer, den Vogel wieder von der Schulter herunter zu bekommen. Ich habe das mit allen meinen Papageien erfahren. Sie schieben den Finger fort oder beißen sogar! Ich glaube, das liegt daran, daß die Vögel erst vor der Hand zurückweichen, nun dadurch hinten an der Schulter hängen und nicht mehr imstande sind, einen Fuß auf die Hand zu setzen. Mit meinem Ara habe ich mich daher dahin geeinigt, daß er mit seinem Schnabel meine Hand erfaßt und sich so herabheben läßt. Aber auch dann noch gibt es oft erst einen kleinen Streit, denn der Finger wird zwar erfaßt, der Vogel hält sich aber nicht fest, da ihm der Platz noch behagt. Ein Machtwort läßt ihn dann nachgeben" (Knottnerus-Meyer, 1925).

Das hört sich freilich leichter an, als es in der Praxis ist. Auch Knottnerus-Meyer wurde von Papageien immer wieder gebissen.

Selbstwahl eines Ersatzpartners

Es kommt vor, daß ein Papagei sich seine Lieblingsperson, und nicht unbedingt nach durchschaubaren Kriterien, selbst wählt. Kappler erzählte 1881: „Wir hatten in späteren Jahren auf Albina einen äußerst zahmen Papagei (Psittacus menstruus)" (Schwarzohrpapagei; Wolters: *Pionus mentruus*), „den wir selbst aufgezogen hatten und der frei umhergehen und -fliegen konnte. Er war gegen jedermann zutraulich, kam aber ein kleines Mädchen von zwei Jahren... ans Haus, so war der Vogel ganz ausgelassen vor Freude, er lief um das Kind herum, sang, sprach und pfiff was er konnte und suchte auf alle Art seine Freude auszudrücken und dem Kinde zu schmeicheln, das aber den närrischen Vogel fürchtete und manchmal weinend weglief" (Kappler, 1881).

Knottnerus-Meyer erzählte, wie er zu seinem Gelbbrust-Arara *(Ara ararauna)* kam: „Unter den Papageien in Hagenbecks Tierpark war nun eine Ararauna, ein blauer Ara, der von Anfang an mir Komplimente machte... Wenn ich zu ihm kam, wurde sein Gesicht ganz rot und er richtete sich hoch auf, wobei die Flügel geöffnet und die Ellenbogen hochgenommen wurden, so daß der Vogel wie ein heraldischer Adler aussah. Die Pupillen wechselten in der Größe, wurden zuletzt ein kleines Sternchen. Das Gefieder sträubte sich. Bisweilen wurde dann der Kopf bis auf die Brust heruntergebracht und ruckartig wieder hochgenommen. Das stellt höchsten Triumph dar und feierlichste Begrüßungsform. Gemütlicher und weniger zeremoniell ist folgende Begrüßungsart: Der Vogel öffnet einen Flügel und streckt unter diesem sein geballtes Füßchen aus. Ging ich in Eile an ihm vorbei, ohne ihn zu beachten, dann beugte er sich vornüber und öffnete die Flügel ein wenig, nahm also eine Stellung an, als ob er mir nachfliegen wollte. Wenn ich dagegen an ihn herantrat, kam er gern auf meinen Arm oder ließ sich an der Kette in meinen Arm fallen und dann, mit den Beinen nach oben, liebkosen. So stand ich mit ihm im Arme eines Tages im Stellinger Vogelhause. Es regnete Hamburger Bindfäden, und daher war keine Menschenseele zu sehen. Da ertönte hinter mir eine Stimme: ,Na, der hat sich ja schön mit Ihnen angefreundet.' Es war der alte Herr Hagenbeck, der, wie so oft, einmal wieder im strömenden Regen, einen Rundgang durch den Park machte. ,Dann nehmen Sie sich den nur mit nach Rom', sagte er noch, als ich ihm von der sonderbaren Zuneigung des Tieres zu mir erzählt hatte. So blieb die ,Lora', wie sie anfangs hieß, seitdem bei mir, zugleich eine Erinnerung an den lieben ,alten Herrn', wie Herr Hagenbeck in seinem Tierparke genannt wurde" (Knottnerus-Meyer, 1925).

Sprechen und Spiel der Papageien

Nachahmung mit oder ohne Sprechtraining

Anleitungen zum Sprechenlernen und Erfahrungsberichte

Im Großen Vollständigen Universal-Lexikon Zedlers aus der 1. Hälfte des 18. Jahrhunderts wurde, entsprechend der damals üblichen Praxis, folgende Anweisung für das „Sprechtraining" gegeben: „Wenn einer lernen soll, muß sein Kefig bis auf ein weniges bedecket, vor die Blösse ein Spiegel gehangen und sonderlich des Morgens und Abends ihm seine Lection vorgesaget werden, so bildet er sich ein, daß die Stimme von dem, den er im Spiegel sieht, herkomme, und stimmet ihm nach" (Zedler, 1740).

Ähnlich klang es noch im großen französischen Lexikon Larousse von 1874, wo Prévost zitiert wurde: Um den Papageien das „Sprechen" beizubringen, seien viel Geduld und regelmäßige Wiederholungen in den Übungsstunden notwendig, die man am besten auf den Abend lege. Zu Beginn solle man ihnen in Wein geweichtes Weißbrot geben, dann wiederhole man mehrmals die Rede, die man ihnen beibringen wolle. Empfohlen wurde, währenddessen den Käfig, bei schwacher Beleuchtung, etwas abzudecken. Man könne das Licht auch lassen, müsse dann aber, wenn man zu den Papageien spreche, einen Spiegel vor sie stellen, damit sie glaubten, ein Papagei spreche sie an (Larousse, 1874). Diese etwas naive Vorstellung berücksichtigte noch nicht die Möglichkeit, daß der Papagei im Pfleger einen Kumpan oder gar den Ersatzpartner sieht.

Ruß gab folgende Anleitung für das Sprechtraining: „Man stelle den Vogel stets niedriger als das menschliche Auge, ferner immer so, daß man zwischen ihm und dem Licht sich befindet, sodann soll ihn nur ein und dieselbe Person füttern, verpflegen und sich möglichst viel mit ihm beschäftigen... Zu beachten ist aber noch, daß der Ton der Stimme, auch der Ausdruck und die Modulation stets durchaus gleichmäßig sein und daß man sich namentlich von vornherein bemühen muß, jedes Wort so klar und scharf wie möglich auszusprechen... Beim Vorpfeifen, sei es mit dem Munde oder mit einer Flöte, ist es ebenfalls notwendig, stets dieselbe Tonart innezuhalten. Bei der Abrichtung zum Sprechen wie zum Pfeifen beachte man noch, daß die Dämmerstunde, sowohl frühmorgens als auch abends, entschieden die günstigste Zeit für den Unterricht ist. Man weckt den schlummernden Vogel durch ruhiges, nicht hastiges Herantreten und ein paar freundliche Worte und spricht ihm nun die Redensart, welche er lernen soll, etwa fünfzehn- bis zwanzigmal vor. Wenn er zu üben beginnt, so vermeide man es, ihm inmitten des Wortes oder Satzes nachzuhelfen, denn das gibt leicht zu falscher Aussprache Veranlassung. Man spreche ihm vielmehr, sobald er eine Pause macht, das Betreffende nochmals besonders klar und scharf betont vor..." Für den Fall, daß der Vogel unerwünschte Ausdrücke oder Laute (z. B. vom vorigen Besitzer) gelernt hatte, gibt Ruß einen einfachen Rat: „Die häßlichen Worte... Nachahmung von allerlei unangenehmen Lauten, darf er niemals mehr hören und wenn er sie trotzdem übt, so unterbricht man ihn stets mit den neuen Aufgaben, welche er lernen soll" (Ruß, 1881).

Brehm sagte über das Trainieren des Graupapageis: „Auch lehre man ihm die Worte ‚guten Morgen' nur des Morgens, die Worte ‚guten Abend' nur des Abends, damit er, welcher den Unterschied der Zeit sehr wohl kennt, sie unwillkürlich oder unwissentlich in eine bestimmte Verbindung mit der Zeit selbst bringen möge. Ebenso verfahre man mit dem Grüßen beim Kommen und Gehen, bei Anbietung von Nahrung, Leckerbissen und Wasser usw. Reden im menschlichen Sinne lernt kein Vogel; aber er lernt bestimmte Worte zur rechten Zeit und unter bestimmten Umständen anwenden, sie mit bestimmten Handlungen oder Tätigkeiten verknüpfen, wodurch es den Anschein gewinnt, als wisse er genau, was er sagt. So lernt er grüßen, bitten, schmeicheln, schelten, drohen an rechter Stelle, so sprechen, wie man zu sagen pflegt" (Brehm, 1872).

Brehms Vater bekam von einem Arara-Besitzer (Siedhof) einen Brief, in dem dieser mitteilte, auf welche Weise sein Arara das „Sprechen" gelernt hatte. Brehm zitierte die entscheidende Stelle des Briefes in seinem „Tierleben": „Meine Arara hat eine große Befähigung zum Sprechen entwickelt und zwar unter der alleinigen Leitung meiner zahmen Elster, welche sehr gut spricht. Mehr als vier Monate nach Empfang war die Arara bis auf das entsetzliche Schreien vollständig stumm. Da mußte ich sie einst an eine andere Stelle bringen, wo sie meiner unaufhörlich schwatzenden Elster gegenüber hing. Sie hatte dort gerade zehn Tage gehangen, als sie begann, der Elster alles nachzusprechen. Jetzt ruft sie alle meine Kinder mit Namen und lernt sogleich, was man ihr noch vorsagt; nur hat sie das Eigene" (die Eigenheit), „daß sie regelmäßig bloß dann spricht, wenn sie allein ist" (Brehm, 1866).

Die Vogelpflegerin Reuleaux aus dem 19. Jahrhundert erzählte, wie ihr zahmer Rosakakadu *(Eolophus roseicapillus)*, genannt „Rosa", „sprechen" gelernt hatte: „Also die ‚Rosa' saß stumm in ihrem Käfig und blickte mit ruhigen, schwarzen Augen umher. Wenn man sie berührte, rückte sie einen Schritt seitwärts auf ihrer Stange, ohne jedoch gerade große Scheu zu zeigen ... Sie ließ sich zwar krauen, blieb aber gleichgültig und ließ alles an sich herankommen. Wir erklärten sie vorschnell für dumm. Eigentlich ohne Vertrauen auf ihre Fähigkeiten, fing ich an, ihr ihren Namen vorzusprechen mit sehr scharfer Aussprache des R. Einen Tag darauf, als wir bei Tisch in lebhaftem Gespräch sind, tönt es plötzlich aus dem Nebenzimmer: ‚Rrrrosa!' Nun war unsre ‚Rosa' natürlich nicht mehr dumm. Jeder sprach ihr von jetzt ab etwas vor. Sehr bald lernte sie ‚Herrrein' sagen, wenn an die Tür geklopft wurde. Um ihr das Klopfen recht verständlich zu machen, klopfte ich oft mit dem Finger an ihren Futternapf, worüber sie anfangs gewaltig erschrak, was sie dadurch kundgab, daß sie mit hochaufgerichteter Tolle einige Schritte zurückwich ... Bald klopfte sie selbst mit dem Schnabel und antwortete sich ‚Herrrein'. Ihre nächste Errungenschaft war: ‚Quatschkopf!' Wenn das Mädchen morgens das Zimmer reinigte, forderte sie den Vogel zum Sprechen auf, und wenn er schwieg, sagte sie: ‚Ach, Du bist ein Quatschkopf!' Bald kam es zurück: ‚Quatschkopf' oder auch nur: ‚quatsche, quatsche, quatsche', was höchst komisch klang" (Ruß, 1890?).

Eine Große Gelbkopfamazone *(Amazona ochrocephala* subsp. *oratrix),* die sich im späten 19. Jahrhundert im Besitz einer Berliner Familie (Saß) befand, soll stets „Na, mein Lorchen" gesagt haben, wenn sie etwas wollte. Aber auch bei anderer Gelegenheit habe sie das gesagt: wenn sie allein im Zimmer war und jemand eintrat oder auch, wenn sie sich, nach Aussage der Besitzer, langweilte. Diese Amazone galt als außerordentlich „sprechbegabt". Ganz jung kam sie in die Familie Saß. Ein Sohn hatte den Vogel in Veracruz gekauft. Die Schwester erzählte: „Er sprach ununterbrochen, aber nur spanisch. Schon am dritten Tage jedoch rief er den andern Papagei, ohne daß sich jemand mit ihm beschäftigt hatte, also nur vom Hören: ‚Komm Jako, komm!' Dies erregte Staunen und Verwunderung, und natürlich fing nun das Studium mit ihm sogleich an" (zitiert nach Ruß, 1881). – So

223

erstaunlich war es freilich nicht; der Vogel hatte den Ruf natürlich von Familienmitgliedern gehört. Die Erzählung geht weiter: „In den ersten anderthalb Jahren lernte er sehr rasch, dann dauerte es länger, bis er ein neues Wort oder einen Satz... nachsprechen konnte." Nach drei Jahren lernte er nichts mehr dazu. Sobald man morgens die Decke von seinem Käfig nahm, gab er sein ganzes Repertoire an Worten und Sätzen von sich. Die Erzählerin schränkte ein: „Im Winter aber, wenn am Morgen Licht brennt, sagt er es nicht, sondern erst später am Tage." Dieser Vogel ließ angeblich nie sein natürliches Geschrei hören. Er konnte Gedichte aufsagen und Lieder singen. Die Erzählerin fügte hinzu: „Musik und namentlich Gesang regen ihn stets zum sprechen oder singen an", gleich anregend wirkten auf ihn auch manche Stimmen, männliche wie weibliche. „Vormittags und gleich nach Tisch spricht er am meisten, abends ist er still; findet er jedoch Anregung, so kann er auch noch spät sehr lebhaft sein" (zitiert nach Ruß, 1881).

Der von Ruß häufig zitierte Papageienliebhaber v. Schlechtendal erzählte über einen seiner Rosenbrustsittiche *(Psittacula alexandri)*: „Für ein Dienstmädchen, welches die Vögel morgens und mittags mit Trinkwasser zu versehen hatte, äußerte er bald eine besondre Vorliebe; legte dasselbe seine Hand auf den Käfigboden, so ging der Sittich in einem Bogen um diese herum, den Schnabel dabei fest auf den Boden drückend. Bald kletterte er auf die Hand und erwies derselben seine Zärtlichkeit durch Berühren mit Schnabel und Zunge und Auf- und Niederbeugen des Kopfes. Sehr bald lernte er das Wort ‚Papagei' recht hübsch und deutlich aussprechen. Es kamen indeß Zeiten, in denen sich niemand eingehend mit ihm beschäftigte." Als dieses Dienstmädchen das Haus verlassen hatte, wurde der Vogel zum Schreier (vgl. S. 202). Der Versuch, ihn mit einem artfremden Papagei zu vergesellschaften, mißlang. V. Schlechtendal wollte ihn schon abgeben, aber dann, erzählte er weiter: „Ging an Winterabenden das" neue „Mädchen noch in die Vogelstube, um den

Ofen zu schüren, so mußte sie an dem Käfig des Sittichs vorbei, und dies veranlaßte ihn regelmäßig zu einer leisen Äußerung, indem er, sehr gemütlich und behaglich pfeifend, das Geräusch der geöffneten Stubentür nachahmte, ebenso wiederholte er das Niesen und Husten regelmäßig, wenn er es hörte. Für beide verschieden klingende Laute hat er aber nur eine Wiedergabe, die weder dem einen, noch dem andern vollkommen entspricht. Als er mir eines Tags wieder durch sein Schreien lästig wurde, klopfte ich mit dem Finger an seinen Käfig. Er hatte aber die Bedeutung des Klopfens ganz anders aufgefaßt, denn plötzlich erhob er den Kopf, um ihn sogleich wieder sinken zu lassen und auch seinerseits mit dem Schnabel an die Sitzstange zu klopfen. Seitdem hat er das Klopfen mehr geübt, fast immer geht er auf dasselbe ein und hilft, sobald man klopft, wacker mit. Manchmal klopft er auch, wenn er allein ist. Einmal sah ich sogar, daß er ein im Sande gefundnes Steinchen im Schnabel hielt und damit gegen den Rand des metallnen Futternapfs klopfte; ein andermal kam ich dazu, als er mit dem Fuß ein solches gefaßt hatte und damit an seine Sitzstange klopfte." V. Schlechtendal behielt den Vogel, und er sagte bald wieder das Wort „Papagei" (Ruß, 1881).

Auch dieses Beispiel zeigt, wie wichtig für den zahmen Vogel die Zuwendung des Pflegers (oder einer anderen Kontaktperson) ist.

Repertoire

Schon Gesner wußte: „Der Rab und der Papagey reden nichts anders als was sie gelernet haben. Lehrest du ihn Schmewort, so wird er Tag und Nacht mit bösen Worten schmehen."

Das große französische Lexikon Larousse von 1874 nannte den Papagei lernbegierig und aufmerksam. Das gelte vor allem für seine ersten Lebensjahre (Larousse, 1874).

Bei der Auswahl der Reden, die man seinem Papagei beibringt, sollte man bedenken, daß diese unerwünschte Konsequenzen haben könnten. Hierfür finden wir im Larousse von 1874 ein Beispiel: Ein Einwohner von Angers

224

hatte in der Zeit der Republik seinem Papagei beigebracht zu rufen: „Es lebe die Republik." Als Napoleon I. Kaiser wurde, war es nötig geworden, die Rubrik zu wechseln, und der Papagei sollte rufen: „Es lebe der Kaiser." Nach dessen Rückzug auf die Insel Elba mußte der Papagei wiederum umlernen; nun sollte er rufen: „Es lebe der König." Aber der Meister hatte die Rechnung ohne seinen Schüler gemacht. Diesem fehlte natürlich solch politisches Feingespür. Bei der Durchreise der Herzogin von Angoulême rief der Papagei: „Es lebe die Republik", und sein Herr wurde wegen aufrührerischer Reden eingesperrt (Larousse, 1874). Ähnlich könnte es einem Papageienbesitzer im Jahre 1945 ergangen sein, wenn er seinem Papagei den Hitlergruß beigebracht hatte – falls der Vogel die Kriegszeiten überlebte.

In Gesners berühmtem Vogelbuch von 1669 lesen wir über den Papagei außerdem: „Dieser Vogel hat auch einen sondern Lust mit den Kindern zu schwätzen, von welchen auch andere Vögel ehe lernen reden, wie Albertus schreibet" (Gesner, 1669).

Schon Finsch meinte: „Für Kinder und Frauen sollen die Papageien eine besondere Anhänglichkeit zeigen und die von letzteren erzogenen auch weit schneller sprechen lernen." Finsch zitierte Rengger: „ . . . entweder, weil ihnen die Weiber mehr vorschwatzen oder weil sie wirklich die weibliche Stimme besser nachahmen können". Finsch sagte aus eigener Erfahrung: „Ich glaube bestimmt, daß das Letztere der Hauptgrund ist, denn der Psittacus erithacus, welchen ich besaß und welcher an weibliche Aussprache gewöhnt war, lernte nur mühsam etwas von mir, obschon es ein besonders anstelliger Vogel war" (Finsch, 1867/68).

Die Erfahrungen, die Finsch mit einem Papagei machte, lassen sich natürlich nicht auf alle Papageien übertragen.

Der Ornithologe van Rossem berichtete nach seinen langen Erfahrungen in El Salvador, daß die dortigen zahmen Gelbscheitelamazonen (*Amazona ochrocephala* subsp. *auropalliata*), die Gelbnackenamazonen, eine Deutlichkeit der Aussprache zu erreichen schienen, wie man das in kälteren Klimazonen von dieser Papageienart nicht kenne. Van Rossem vermutete, das liege daran, daß die Amazonen die spanische Sprache leichter nachahmen könnten als (z. B.) das Englische, oder aber daran, daß der Wortschatz der Eingeborenen sehr beschränkt, um nicht zu sagen marktschreierisch sei. Er meinte, wenn ein Tourist, dem es gelungen sei, einen solchen „sprechenden" Vogel zu erwerben, die spanischen Aussprüche nur annähernd verstehen könnte, dann würde sein Stolz auf dessen umfangreiches spanisches Vokabular in den meisten Fällen beträchtlich sinken (Dickey/van Rossem, 1938).

Der Feldornithologe Underwood teilte nach seinem Aufenthalt 1895 in Costa Rica mit, daß die dort als besonders begabten „Sprecher" begehrten Gelbscheitelamazonen des Landes (*Amazona ochrocephala* subsp. *auropalliata*) ungefähr im Alter von einem Jahr „sprechen" lernten (Underwood, 1896).

Der Papageienhalter Petermann aus Rostock erzählte über seine Kubaamazone *(Amazona leucocephala)*, die er für ein Männchen hielt: Es „gelangte i. J. 1858 als junger Vogel schon zahm und etwas spanisch sprechend in meine Hände. Nach und nach lernte es ziemlich gut und deutlich sprechen, obwohl es hierin hinter dem Graupapagei und den hervorragenderen Amazonen beträchtlich zurückbleibt. Übrigens scheint ihm das Plappern ein ganz besonderes Vergnügen zu gewähren, indem es ein unverständliches Gewälsche laut und anhaltend vorträgt, so daß es sich von weitem fast wie eine Zänkerei zwischen zwei Stimmen anhört. Im Pfeifen hat der Vogel es nicht weit gebracht, sondern nur einen kurzen Hundepfiff mit schnalzendem Nachlaut gelernt, womit er und ein Lori meinen Hühnerhund, namentlich des Abends, vielfach irreführen und necken" (zitiert nach Ruß, 1881).

Linden besaß einen Amazonenpapagei, der ein typisches Beispiel für bloßes Nachahmen, ohne Training, gibt; er erzählte Brehm: „Einige Tage, nachdem mein Helmkakadu gestorben war, sprach er, vollständig mit dessen Betonung, aber mit auffallend sanfter Stimme: ‚Kakadu, Kakadu, lieber Kakadu‘, äffte gleichzeitig aber auch dessen Bewegungen nach, als wolle er keinen Zweifel aufkommen lassen, wen er meine. Jetzt steht er neben einem Molukkenkakadu und ahmt dessen Worte und Gebärden aufs getreueste nach. Wenn angeklopft wird, ruft er: ‚Herein!‘, tut dies aber niemals, wenn auf Eisen oder Blech geklopft wurde" (zitiert nach Brehm, 1878).

Brehm führte ein weiteres Beispiel an: „Ein Amazonenpapagei, welcher Buxton entflogen war und sich drei Monate lang im Garten umhertrieb, bis der herannahende Winter ihn veranlaßte, das gastliche Dach des Hauses wieder aufzusuchen, ergötzte nach seiner Rückkehr allgemein durch genaueste Wiederholung der von verschiedenen Stubenmädchen in ängstlichem Tone an ihn ergangenen Einladungen, doch zurückkehren zu wollen, schien also offenbar zu wissen, daß jene Einladungen ihm gegolten hatten" (Brehm, 1878).

Lloyd lernte gegen Ende des 19. Jahrhunderts in Britisch-Guayana eine Gelbscheitelamazone *(Amazona ochrocephala)* kennen, die wunderbar „sprechen" konnte; aber ihre „Sprache" war meistens nicht gesellschaftsfähig und gipfelte in Flüchen; die Amazone konnte fluchen wie ein Landsknecht (Lloyd, 1895).

Der Ornithologe Dr. Stölker aus St. Fiden berichtete im 19. Jahrhundert über seinen Goldstirnsittich *(Eupsittula aurea)*: „Es zeigte sich bald, daß er Sprachbegabung besaß, und zuerst lernte er den bettelnden Zuruf: ‚bitti, bitti!‘. Man kann kaum bei einem andern Papagei so auffallend wie bei diesem ersehen, daß er angewandt spricht; natürlich ohne zu wissen, was er sagt, bringt er doch die Worte in Zusammenhang mit äußeren Erscheinungen. So z. B. ruft er ‚bitti!‘ hauptsächlich und sehr beharrlich während der allgemeinen Vogelfütterung, bis er befriedigt worden; so auch wenn man ihm etwas verlockendes vorhält, z. B. Käsequark, Obst u. drgl. ... Schmeckt ihm etwas, so bekräftigt er dies mit den Worten: ‚Das ist guet, recht guet!‘

Ferner spricht er ‚guetetag! wie gehts? guet, recht guet!‘ Stelle ich selbst die erste Frage, so antwortet er das letzte ..." (vgl. S. 253ff) „Selbstverständlich wird immer den Umständen passend mit ihm gesprochen. Er kann auch lachen und niesen und wünscht sich selbst bei letzterm ganz höflich ‚Gsondheit!‘ Da er in meinem Arbeitszimmer sich befindet, hat er sich so sehr an meine Gesellschaft gewöhnt, daß er nach Abwesenheit von einem halben oder ganzen Tage bei meinem Wiedererscheinen schon außerordentliche Freude zeigt und vor Aufregung nicht weiß, was er zuerst rufen soll, wodurch ein komisches Kauderwelsch entsteht. Ich darf nicht verhehlen, daß er mitunter auch ein recht abscheuliches Geschrei hartnäckig erschallen läßt, welches trotz aller Drohungen kaum zu beschwichtigen ist; doch unterbricht er es manchmal selbst mit dem Zuruf ‚bist still!‘ womit er mich auch manchmal mahnt, wenn ich durch Pfeifen oder sonstwie Lärm verursache." Das „Mahnen" war natürlich vom Erzähler nicht ernst gemeint.

Nicht alle „Sprecher" sind handzahm. Stölker schrieb: „Ich ... habe ihn nicht auf den Finger gewöhnt, was jedoch leicht ginge, wenn er nicht so bissig wäre; als er einst entkam und zu Boden fiel, nahm er die dargebotne Hand sehr gern an. Im Käfige ist er ... nicht nur ganz zahm, sondern frech und bösartig." Freunde und Bekannte konnte er sehr wohl unterscheiden, sowohl Tiere als auch Menschen: „Eine fremde Katze im Zimmer wird mit fürchterlichem Geschrei begrüßt, während er meine eigene kennt. Leider weiß er auch fremde Personen von den bekannten zu unterscheiden, was ihn veranlaßt, sich vor ersteren so spröde zu benehmen, daß ich ihn solchen als Künstler nicht vorführen kann. Diese Untugend teilt er übrigens mit anderen sprechenden Papageien, welche sich bekanntlich, gleich den Singvögeln, nicht gern vor Unbekannten hören und ebensowenig sich dazu aufmuntern lassen" (zitiert nach Ruß, 1881).

Ruß gab den interessanten Bericht eines nicht genannten Halters über einen 1847

226

erworbenen Rosakakadu (*Eolophus roseicapillus*) wieder: „Während einer längern Reise übergaben wir ihn einem verheirateten Diener zur Pflege, und nach der Rückkehr hatten wir Ursache, über seine Fortschritte zu staunen, wenn auch nicht gerade sehr erfreut zu sein. Es wurden uns durch ihn über das häusliche Leben der Familie ganz unerwartete Aufschlüsse. Wir erfuhren, daß der Mann oft der Flasche zusprach, indem der Kakadu, sobald man eine solche ergriff, den gurgelnden Ton nachahmte. Die eine Tochter wurde oft mit herrischem Ton gerufen oder angefahren, indem der Vogel das Wort ‚Jette‘ unverkennbar in solcher Weise aussprach. Ebenso hatte er andere in der Familie genannte Namen sprechen gelernt und behielt dieselben lange im Gedächtnis. Wir hatten damals einen Diener, Theodor geheißen, welchen Namen er sich so gemerkt hatte, daß er noch nach langen Jahren jeden andern im Dienerrock Erscheinenden mit diesem Ruf begrüßte. Unsern Hund ‚Mecko‘ hat er jetzt, nach 28 Jahren, noch so lebhaft in der Erinnerung, daß er jedesmal, sobald er einen Hund oder auch ein Pferd erblickt, seinen Namen ruft; ebenso, wenn er Hundegebell hört, welches er dann auch nachahmt. In Paris, wohin wir den Kakadu einigemale mitgenommen hatten, werden morgens mit Glöckchen versehene Eselinnen durch die Straßen getrieben, um frische Milch ... zu liefern. Die Glöckchentöne ahmte er täuschend nach und tut es noch jetzt, wenn man ihn durch Klopfen an ein Glas daran erinnert. Er verbindet offenbar mit Worten und Lauten die entsprechenden Empfindungen. So läßt er auf die Frage: ‚willst du trinken?‘ oder bei Sonnenhitze das gurgelnde Geräusch des Wassers hören. Begabung und Neigung, alles Gehörte nachzuahmen, zeigten sich in früheren Jahren staunenswert; ein Verzeichnis seines Sprachschatzes ergibt etwa vierzig verschiedene Worte und Sätze, vier Worte sagt er auf Befehl stets, wie er auch ebenso pfeift" (Ruß, 1881).

Der Vogelhalter Scheuba berichtete über seinen zahmen Rotlori (Ruß: *Psittacus ruber*; Wolters: *Eos bornea*), damals auch Scharlach-

lori genannt: „Er spricht mit hoher Frauenstimme, rasch und schnell, oft eine Viertelstunde lang und darüber, manchmal mit plötzlich wechselnder Stimme, als redeten zwei Personen. Dann erklingt es aber, als hörte man es aus der Ferne und man versteht nur einzelne Worte. Außerdem spricht er ... außerordentlich deutlich und klar viele Worte und ganze Sätze. Was er plaudert, lernt er nur von anderen sprechenden Papageien oder dadurch, daß mit ihm und den anderen Vögeln während des Fütterns und der Reinigung der Käfige gesprochen wird. Fast täglich plappert er etwas Neues nach, das er in dieser Weise aufgeschnappt hat, ..." (zitiert nach Ruß, 1882). Ergänzend erzählte Scheuba: „Am liebsten tut er es jedoch, wenn ich mit ihm allein in meinem Arbeitszimmer bin oder abends, wenn alles umher ruhig ist. So hörte er von der Bedienung: ‚gib dein Pratzele (Füßchen) weg‘, und überraschte mich plötzlich mit dieser Redensart. Er spricht ganz deutlich und drückt selbst jede Erregung richtig aus, indem er sein ‚Lori‘ überaus verschieden ruft, ganz anders, wenn er etwas zu erlangen wünscht, als wenn er ungehalten ist usw. Am merkwürdigsten erklingt es, wenn er, oft noch in später Nacht, ein förmliches Zwiegespräch hält, mit wechselnder hoher Frauen- und tiefer Männerstimme und zwar so rasch und wechselvoll, daß man kaum glauben kann, nur ein Vogel allein leiste dies. Dazu ahmt er Kichern oder Gelächter, Husten u. drgl. täuschend nach ... Wenn ich manchmal spät nachts noch in das Vogelzimmer komme, um hinsichtlich der Heizung nachzusehen, erwachen fast immer der gelbmantelige und der schwarzkäppige Lori, und letzterer namentlich begrüßt mich dann gewöhnlich mit seinem gellenden Pfeifen. Wird dadurch auch mein Scharlachlori geweckt, so läßt er nicht gleichfalls Geschrei erschallen, sondern er ruft in das Gezeter: ‚Na! was ist? Du! Du! Spitzbub, pfui, still sein!‘ usw.; wie er das tagsüber oft denselben zurufen hört. Und meist wirkt das in der Tat und beruhigt die Schreier" (Ruß, 1890?).

Christa Ginsberg untersuchte den Wortschatz dreier Wellensittiche, bei denen der

„Grundwortschatz" 80–100 Wörter betrug. Die Vögel erlernten die Wörter teilweise, indem sie ihnen vorgesprochen wurden. Aber auch aus Gesprächen, dem Radio- oder Fernsehgerät nahmen sie Wörter auf. Ginsberg gibt ein Beispiel hintereinanderweg „gesprochener" Wörter wieder, die Wellensittich „Lucky" in 16 Sekunden schaffte: „Ach! Gehst du ma her! Bin fertig. De Kreisler. Ja, wolltest du wehtun, nein? Gehst dann Frühstück. Sekunde. Gleich, mein Herr. Ja. Sehr guter Schatz. Was der Flug, Kleiner. Bandscheibe. Da beide. Klare Scheibe. Was der tut, der tut." – Gehörte Wörter wurden abgekürzt und zusammengezogen: „Du kleines Morgentag", „ganz schlaulieb", „mach Vorwitzlein", „wie mein Papila", „guten Montarzan" . . . (Ginsberg, 1991). – Die Ergebnisse sind denen ähnlich, welche schon Ragotzis Untersuchungen ergeben hatten (s. S. 86).

Weitere Beispiele für Vorwegnahme

Grzimek faßte einige auffallende Beispiele für Erwartungssprechen bei Papageien, wie er sie von vielen Berichterstattern erhalten hatte, zusammen: „Wenn er jemanden beißt, macht er auch gleich den Schmerzensschrei des Gebissenen dazu. Ein Lorchen in Wien fliegt gern auf die Lampe und macht sich da unnütz. Schon vorher gibt sie den zischenden Ton von sich, mit dem die Sicherung durchzubrennen pflegt. Jacko in Ketzin ‚knallt' schon, wenn man eine Flasche und einen Korkenzieher in die Hand nimmt. Wird der Fernsprechhörer abgehoben, so ruft er ‚Hallo'. Meine eigene Lore sagt dann ‚Grzimek', ehe ich mich melden kann . . . Ein anderes Lorchen ruft schon am Ende eines überlangen Ferngespräches gerne ‚Auf Wiedersehen' dazwischen, und zwar so klar und deutlich, daß der Mann am anderen Leitungsende oft verstimmt ist . . . Auch ein großer, blaugelber Ara einer Hamburger Gärtnerei ruft am Telefon, ehe es der Besitzer tun kann: ‚Hier Gartenbau!'" (Grzimek, 1951).

228 Der Biologe K. H. Lüling besaß eine sprechbegabte, zahme Mülleramazone (Amazona farinosa) namens „Catalina"; er erzählte:

„Wenn es gegen Mittag schellte, sagte meine Frau oft laut zu sich ‚Der Deti kommt', weil dann mein Sohn, aus der Schule gekommen, vor der Haustür stand. Bald hatte sich Catalina das gemerkt und rief bei jedem mittäglichen Schellen ‚Der Deti kommt'. Als nicht denkendes Tier sagte sie das auch, wenn mein Sohn gelegentlich schon einmal zu Hause war und ein anderer zur Mittagszeit schellte" (Lüling, 1986).

Meißners Gelbscheitelamazone (Amazona ochrocephala) schreit, wenn das Telefon klingelt, unüberhörbar: „Telefon, Telefon!" Und wenn es an der Tür klingelt: „Ja – ja – komme gleich!" (Meißner, 1991).

In den Sommerferien 1989 pflegte und beobachtete Bettina Wildschrei die Blaustirnamazone (Amazona aestiva) „Bruno", die verschiedene Geräusche nachahmen, „sprechen", singen, pfeifen, lachen und bellen konnte. Wildschrei fiel auf, daß der Vogel manche Worte situationsgemäß gebrauchte, sie schreibt: „So sagte er zum Beispiel stets ‚hallo', wenn ich den Raum betrat und nie, wenn ich mich im Raum befand oder hinausging. Auch rief er oft ‚Ruhe!', wenn es besonders laut im Zimmer war." Wildschrei stellte fest: „Der Vogel sprach grundsätzlich nicht, wenn man ihn dazu aufforderte" (Wildschrei, 1990). – Eine Dressur hatte in diesen wenigen Wochen wohl nicht stattgefunden.

Gräfin von Montgelas war eine der erfahrendsten Tierpflegerinnen, auch Vogelhalterinnen, vor dem 2. Weltkrieg. Leider sind bei ihr nur wenige Textstellen zitierfähig, weil sie ständig zwischen nüchterner Beobachtung und Fanatismus pendelte. Sie erzählte: „Wenn . . . mein Graupapagei Jackl ein häßliches Schimpfwort sagt, zanke ich ihn mit den Worten ‚Pfui, das sagt man nicht' aus. Dies hatte aber keineswegs den gewünschten Erfolg. Jackl hörte aufmerksam zu und fügt jetzt den verpönten Ausdruck ‚Pfui, das sagt man nicht' an. Er tut dies in strengem, zürnendem Tonfall, was sehr komisch wirkt."

Die Gräfin besaß einen Graupapagei, der ungefähr 10 Jahre alt war, als sie ihren Erfahrungsbericht niederschrieb. Sie berichtete:

„Er merkte sich, daß ich, wenn mein Airedaleterrier Hasso bellte, zum Fenster hinausrief: ‚Hasso, ruhig!' oder ‚Hasso, Platz!' und den gleichen Befehl, verbunden mit den Namen ‚Rex' oder ‚Wespe' gab, wenn mein Collie oder meine Schäferhündin überflüssigerweise Spektakel machte. Nun wendet er, je nachdem welcher Hund bellt, den Befehl zur Ruhe, verbunden mit dem richtigen Namen an, auch ohne daß ich ihn selbst ausspreche. Er unterscheidet also den Klang der drei Hundestimmen. Das Ertönen derselben löst bei ihm die Erinnerung an die gehörten Worte aus, die er dann richtig wiederholt. Genau so wie er seinerzeit in München beim Ertönen der Telephonklingel sofort ‚Hallo' rief und andere bei Telephongesprächen oft gehörte Namen und Redensarten wiederholte. Er hielt oft ganze Gespräche, mit eingelegten Pausen, als höre er auf den anderen Sprechenden, lachte zwischendurch ... Da ich hier keinen Fernsprecher habe, hat auch Jackl seine Telephongespräche fast ganz aufgegeben" (v. Montgelas, 1925).

Koehler erzählte von seinem Jako: „Alle Nachmittage sah er mich hinausgehen, nachdem wir Kaffee getrunken hatten. Dabei hat er ... seinen Spruch immer weiter vorverlegt: anfangs sagte er ihn erst, wenn ich die Tür öffnete, später schon wenn ich zur Tür ging, dann bereits wenn ich mich von meiner Frau verabschiedete, und endlich schon, wenn ich aufstand, um zu ihr zu gehen, nicht aber wenn ich zu einem anderen Zwecke aufstand" (Koehler, 1954).

Weinberger berichtete von seinem Graupapagei: „Wenn ich die Haustüre öffne, um meinem Hund zu pfeifen, so läßt Jaco unverzüglich meinen ‚Hundepfiff' ertönen und schreit – in meiner Stimmlage – ‚Stupsi, komm!' Wenn ich aber die Garagenschlüssel nehme oder gar meinen Hut aufsetze und so zur Haustüre gehe, so sagt er mir ‚Auf Wiedersehen!' – keinerlei ‚Hundepfiff'. Er sagt aber auch keinen Abschiedsgruß, wenn ich mit den Garagenschlüsseln in den Garten gehe (obwohl ich auch da manchmal einen Mantel anziehe). Woran er so treffsicher meine Absicht erkennt,

weiß ich nicht. Es ist in all den vielen Jahren fast nie vorgekommen, daß er sich geirrt hat. Wenn er sich je einmal irrt, ruft er ‚Auf Wieder ...', hört aber dann mitten im Wort auf, als wolle er ausdrücken, daß er sich geirrt habe. Fast könnte man sagen: ‚Ihm blieb das Wort im Munde stecken.' Jeden Morgen, wenn wir aus dem Schlafzimmer kommen und an seinem Käfig vorbeigehen, ruft er mit ‚männlicher' Stimme ein lautes ‚Guten Morgen'. Auch im Laufe des Vormittags wiederholt er dies gelegentlich. Eines Morgens aber ließ er ein fröhliches ‚Gute Nacht!' ertönen. Kaum war dieser Gruß heraus, da schien der Vogel seinen Irrtum gewahr zu werden und rief ein dreifaches ‚Guten Morgen!', was er sonst nie tat. Tatsächlich verabschiedet er uns abends, wenn wir zu Bett gehen, mit einem freundlichen ‚Gute Nacht!' Gelegentlich setzt er noch ein ‚lieber Jaco' hinzu. Diese Worte gebraucht er nur, wenn wir zu Bett gehen, nicht etwa, wenn wir aufs WC, das auf dem selben Flur neben dem Schlafzimmer liegt, gehen. Er kann übrigens beide Türen von seinem Platz aus nicht sehen und sie liegen etwa 5–6 m von ihm entfernt. Gehen wir aufs WC, dann läßt er gelegentlich einen Furz-Laut ertönen – was natürlich für uns sehr peinlich werden kann, weil er das auch tut, wenn Gäste unsere Toilette aufsuchen müssen..." (Weinberger, 1988).

Koehler schrieb: „Keiner von uns konnte trotz stärkster Bemühung je unterscheiden, ob unsere Eßzimmertür quietschte oder ob es der Jako gewesen war" (Koehler, 1969).

Otto zur Strassen erzählte: „Wenn wir spät abends nach Hause kamen, geschah es zuweilen, daß meine Frau einem Schränkchen, dessen Tür früher einmal gequietscht hatte, eine Likörflasche entnahm und zwei Gläschen einschenkte. Hierbei beschrieb Jako den ganzen Vorgang durch eine Folge passender Tonsignale, nur eben im voraus. Ehe noch meine Frau an das Schränkchen ging, quietschte er, dann gab er den klirrenden Glaston zum besten, hierauf das schleifende Geräusch des herausgezogenen Stöpsels und endlich das aufsteigende ‚gluck gluck gluck gluck gluck', womit

229

er allgemein das Ausgießen einer Flüssigkeit aus einer Flasche zu annoncieren pflegte. Es sah genau so aus, als lüde er uns ein, danach zu verfahren, als wünschte er, daß die vorweg signalisierte Handlung von uns vollzogen werden sollte, und bediente sich seiner Sprache, um dies herbeizuführen." – „Allein", sagte zur Strassen, „zu einer solchen Deutung hatten wir kein Recht. Was hätte denn Jako davon gehabt, daß wir ein Schnäpschen tranken, wovon er nichts ab bekam. Oder was lag der Lora daran, daß v. Lucanus das Zimmer verließ? Im Gegenteil: das war ihr vermutlich sehr unerwünscht" (zur Strassen, 1953).

Von einem seiner Graupapageien erzählte Knottnerus-Meyer: „Das Tier war in kleinem Bauer gehalten worden, sprach viel und gut, auch in echt schleswig-holsteinischem Platt, war aber nie (!) aus dem Bauer gelassen worden ... Ich setzte es sofort in einen bedeutend größeren Käfig und gewöhnte es an mich. Es biß nie. Auch war es ziemlich ruhig. Nur gelegentlich zirpte es einmal, und, wenn man dann drohte oder schalt, dann antwortete es prompt von der anderen Seite auf gut Schleswig-Holsteinisch: ‚Paß up!' Oder es ertönte auch ein ‚Du!'. Dieses langgezogen und warnend ausgesprochen. Drohte man aber mit einem Stock, so hieß es: ‚Paß up, wo is der Stock!' Dieses letzte Wort mit schön langgezogenem schleswig-holsteinischen und hannoverschen ‚Sst'. Nie, nicht ein einziges Mal wandte der Papagei diese Worte sinnlos an, sondern immer in der entsprechenden Lage, z. B. auch dann, wenn irgend jemand in seiner Gegenwart gescholten wurde. Dann drohte er mit. Wie ja auch Affen sofort gegen jeden schelten, der von ihren Besitzern oder Besitzerinnen getadelt wird. Affe wie Papagei wollen ihren Herrn verteidigen" (Knottnerus-Meyer, 1925). Darum brauchten aber die Vorwegnahme (Erwartung) und das Verteidigungsverhalten nichts miteinander zu tun gehabt zu haben, beides vom Papagei nicht verbunden worden zu sein.

Über einen Graupapagei, der in Wien von einem Direktor Kastner gehalten wurde, schrieb Ruß: „Auf Anklopfen ruft er ‚herein', doch läßt er sich nicht täuschen, wenn es Jemand im Zimmer tut. Sieht er, daß eine Flasche entkorkt werden soll, so ahmt er, lange bevor der Pfropf herauskommt, genau den Laut nach. Mit sich selber spricht er in sanftem zärtlichen Ton ‚du gutes, gutes Jakerl' ... Wenn der neben ihm stehende grüne Papagei schreit, so sucht er ihn erst durch den Zuruf ‚pstt' zu beschwichtigen und wenn dieser nicht hilft, so schilt er mit erhobner Stimme ‚wart', wart', du!'" (Ruß, 1882).

Berta Ragotzi, die vor einem halben Jahrhundert eine bekannte Spezialistin für das Zähmen und Trainieren von Wellensittichen war, erzählte von ihrem eigenen Lieblingswellensittich: „Was Putzi uns tun sah, wurde ihm mit der Zeit so vertraut, daß er schon zu mahlen begann, wenn ich nur die Hand nach der Kaffeemühle ausstreckte, und näherte ich mich dem Büfett, schon quietschte er, als wenn ich die Tür öffnete. Ging einer sich waschen, seifte er, nahm einer das Glas mit der Zahnbürste, begann er zu gurgeln. Wurde dagegen bei Tisch ein Glas genommen, so dachte er nicht an das Gurgeln, sondern flog auf die Schulter des Durstigen, hob den Schnabel hoch, ahmte das Schlucken nach, variierte es, als wäre es die prächtigste Melodie ..." (Ragotzi, 1956).

Wachen und Verraten

Durch die Vorwegnahme „verrät" der Papagei gelegentlich eine Person oder Handlung.

Der Jäger Zwilling hatte sich im Urwald zwei beinahe flügge Graupapageien aus dem Nest geholt (vgl. S. 194). Sie lernten ganz von selbst „sprechen", „verrieten" ihm, wenn seine Gehilfen etwas taten, was sie nicht sollten. Zwilling schreibt: „Ich versuchte gar nicht, den beiden Graupapageien etwas beizubringen. Ganz von selbst plapperten sie mit der Zeit ... Wenn zum Beispiel der ... Koch auf dem Bauch die Knödel schön rund rollen wollte oder der Boy in der Gummibadewanne im schmutzigen Badewaser das Geschirr rasch, bevor es der ... Herr sah, zu reinigen begann, dann riefen die Papageien ‚Schwein' usw ..." (Zwilling, 1939).

230

Eine Blaustirnamazone *(Amazona aestiva)* des Züchters H. G. Liede „verriet" die Ankunft ihres Herrn, und zwar schon bevor er die Klingel betätigte, ohne daß sie ihn hätte sehen können, indem sie die Geräusche seines Blutdruckmeßgerätes nachahmte, anfangs sehr zum Schrecken ihres Besitzers, der erst meinte, sein Vogel sei schwer krank (nach mündl. Mitteilung).

Vor allem aber „verrät" der Papagei durch seine Nachahmung, was andere gesagt haben.

Die Papageienhalterin Dr. Wening schrieb an Bernhard Grzimek: „Der Händler, der uns den Graupapagei verkaufte, sagte, er könne nur pfeifen und etwas Holländisch reden. Über seinen früheren Aufenthaltsort wußte er nichts. Aber der Mann sollte sich geirrt haben. Kaum war er aus der Wohnung, so fing der Vogel an, uns auf das köstlichste zu unterhalten. Bald konnten wir uns gut vorstellen, wie er früher gewohnt hatte. Es war wohl ein Landgut, es gab da Pferde, Kühe, Geflügel, Hund und Katze. Der Besitzer hatte einen gut ausgebildeten Raucherhusten und eine ziemlich weit fortgeschrittene Bronchitis. Dieser Herr sang, wenn er nicht mehr ganz nüchtern war. Sein Hund hieß Igor, folgte schlecht und bekam manchmal Prügel. Es muß seiner Stimme nach ein Zwergspitz oder was Ähnliches gewesen sein. Die Katze hieß Palmira und hatte öfters mit dem Hunde Streit. In dem Hause quietschten die meisten Türen, Fenster und Schranktüren. Der Papagei wurde Jacko gerufen. Zur Familie gehörten noch eine Frau und ein Kind, die mit dem Papagei in den zärtlichsten Tönen sprachen, und zwar deutsch" (Grzimek, 1951).

Der Papageienliebhaber Weinberger gab während seines Urlaubs seinen nachahmungsbegabten Graupapagei einer Bekannten. Er erzählte: „Neben Jaco saß, ebenfalls in einem Einzelkäfig, unser Staksi, ein Weißhaubenkakadu. Er hat die Angewohnheit, mit seinen Krallen voll in den Futternapf zu greifen und dann 90% des erwischten Futters mit einer lässigen Bewegung auf den Käfigboden und zum Teil auf den Fußboden zu verteilen, so daß schon nach wenigen Minuten sein Napf leer ist. Als wir vom Urlaub zurückkehrten, erfuhren wir von Jaco sofort, wie unsere Bekannte darauf reagiert hatte, denn er hatte neue Ausdrücke gelernt: ‚Du Schwein', ja sogar ‚du Sau'. Und auch Staksi, der bis dahin nicht gesprochen hatte, konnte sein erstes Wort" (Weinberger, 1988).

Im großen französischen Lexikon Larousse von 1874 wird folgende Geschichte erzählt: In einer Stadt in der Normandie schlug eine Metzgersfrau jeden Tag unbarmherzig ihr Kind, das knapp 5 Jahre alt war. Niemand kümmerte sich darum. Im Haus gegenüber lebte ein Schuhmacher, der einen Graupapagei hatte. Bald ahmte der Vogel den Ruf des Kindes nach, den es jedesmal, wenn die Mutter mit dem Stock auf es zuging, hören ließ, und zwar im selben schmerzbewegten, flehenden Ton: „Weshalb, weshalb!" Er wiederholte dies ständig, bis entrüstete Passanten in den Laden des Schuhmachers eintraten, um ihm empört seine vermeintliche Barbarei vorzuwerfen. Der Schuhmacher rechtfertigte sich, indem er auf seinen Papagei wies und die Geschichte erzählte. Nach wenigen Monaten konnte sich die Metzgersfrau in der Stadt nicht mehr halten und zog weg (Larousse, 1874).

Der Graupapagei eines holländischen Kaufmanns war, wie Lavaillant berichtete, im Laden nützlich: Er schrie nämlich, wenn ein Fremder hereintrat und sein Besitzer nicht da war, so lange, bis jemand herbeikam. Derselbe Papagei war ein sehr guter „Sprecher" (Brehm, 1866).

Viele Papageien „verraten" durch lautes Geschrei fremde Personen. Manche greifen Fremde sogar an, ähnlich wie es Besucher in Indianerdörfern erleben konnten.

Der Papageienliebhaber Blaauw besaß im späten 19. Jahrhundert einen gut „sprechenden" Gelbmantellori *(Lorius garrulus)*, über den er sagte: „Er liebte mich leidenschaftlich und wenn er auf meiner Schulter saß, geriet er in die größte Wut, sobald eine fremde Person mich berührte, stürzte auf diese los und biß und schrie, so daß ich Mühe hatte, ihn zu beruhigen. Ganz genau wußte er zu unterscheiden, ob der Betreffende mich persönlich, meinen Stuhl oder sonst etwas in meiner Nähe anfaßte, in den letzteren Fällen blieb er ruhig. Immer war er sehr erregbar und heftig und wer ihm zu nahe kam und sich etwas gegen ihn erlaubte, wurde mit Schnabelhieben bestraft" (zitiert nach Ruß, 1882). Auch dieser Vogel verteidigte seinen menschlichen Ersatzpartner.

Gräfin v. Montgelas schrieb 1923 über ihren zahmen Arara: „Er hatte die bei einem Vogel sicher selten vorkommende Eigenheit, mich gegen Scheinangriffe anderer Personen zu verteidigen. Kam ihm ein derartiger Experimentator dabei zu nahe, wurde er empfindlich gebissen. Auch Hunde oder Katzen, die sich auf meinen Schoß setzten, biß er ..." (v. Montgelas, 1925). Die Gräfin irrte freilich, wenn sie glaubte, dieses Verhalten komme bei Araras selten vor. Im Gegenteil: Gerade bei Araras handelt es sich um ein typisches, natürliches Verhalten.

Knottnerus-Meyer berichtete über seinen „stubenreinen" Gelbbrust-Arara *(Ara ararauna)*: „So verbringt das treue Tier oft ganze Tage, wenn ich krank bin, auf dem Bette und hockt meist auf meiner Schulter. Wehe dann jedem Besuch, der mir zu nahe kommt, oder gar dem Arzt, der mich anfassen will! Wiederholt ging es vom Bette herunter, dem Arzte in die Stiefel, der sich hinter einem Korbstuhle verschanzte. Dann mußte meine Haushälterin den Wüterich an seinen Platz bringen und sich nur vorsehen, daß sie bis dahin nicht noch einen Biß abbekam, während ich ihn mit einem bereitliegenden Fliegenwedel, vor dem er Angst hatte, wegzuscheuchen suchte" (Knottnerus-Meyer, 1925).

Auch ein anderer Gelbbrust-Arara, der seit 26 Jahren in enger Gemeinschaft mit seinen Menschen ein Haus bewohnt, greift fremde Besucher an. Sein Besitzer, W. Brennecke, erzählt: „Fremden gegenüber benimmt er sich wie ein Wachhund. Läutet die Türglocke und eilt meine Frau die Treppe zur Wohnungstür hinunter, folgt ihr Agha laut krähend. Hält meine Frau den Vogel nicht zurück, greift er den Besucher sofort an, beißt ihn in die

Schuhe, wenn die Tür geöffnet wird. Hat sich der Besucher bei uns niedergelassen, beäugt ihn Agha eine Zeitlang von der Couchlehne aus ...", will dann aber wieder an seinen gewohnten Platz zurück (Brennecke, 1988).

Bernhard Grzimek schrieb 1951: „Vor fünfundvierzig Jahren kam ein Amazonenpapagei in eine Stuttgarter Familie. Zwanzig Jahre lang war er ein Herz und eine Seele mit der Hausfrau. Die Tochter, die den Vogel erbte, durfte ihn jedoch nie streicheln oder gar baden. Als nach wieder fünf Jahren Ferdi auf die Welt kam, schloß sich Großmutters Familienpapagei an ihn an. Er fuhr frei mit ihm auf dem Gepäckständer des Fahrrades in der ganzen Stadt umher. Je mehr Jungen riefen und schrien, um so besser gefiel es dem Vogel, er krakeelte mit. Tagsüber saß er meistens frei auf dem Gartenzaun. Glaubte er, einer der Jungen wolle Ferdi etwas tun, dann sprang der Papagei herab und biß ihn in die Beine. Ferdi durfte alles mit ihm machen, ihm den Finger in den Schnabel tun, ihn auf den Rücken legen, ja, ihn an einem Bein aufhängen – das beißlustige Tier tat ihm nichts. Als sein Herr älter geworden war, kletterte der Papagei nachmittags zu ihm auf die Couch und hockte stundenlang bei ihm wie ein Wächter. Ganz vorsichtig zog er die langen Haare durch den Schnabel, so wie er seine eigenen Federn zu putzen pflegte" (Grzimek, 1951).

Der Papagei, der seinen menschlichen Ersatzpartner verteidigt, verhält sich wie der Artgenosse, der seinen natürlichen Partner verteidigt.

Täuschend echte Nachahmung

Landkammerrat Vogt aus Blankenhain berichtete Ruß, auf dessen Bitte hin, über seinen zahmen, „sprechenden" Graupapagei: „Von meiner Stube gehen zwei Fenster in den Garten, eins in den Hof, und auf dem letztern lagen damals zwei Schweißhunde an der Kette. Wenn diese durch unnützes Bellen unangenehmen Lärm machten, so wurden sie durch das offene Fenster mit einem schrillen Pfiff zur Ruhe verwiesen und da sie wußten, daß demselben die Peitsche folge, so gehorchten sie stets willig. Jene Mühe nahm mir der Papagei bald ab. Es war komisch anzusehen, wie die bellenden Köter mit ihren Ketten in die Hütten hineinrasselten, wenn der Papagei mit meinem täuschend nachgeahmten Pfiff Ruhe gebot . . . Mein Hühnerhund, der sich in der Stube aufhalten durfte, schlich sich gern nach dem heißen Ofen und da dies schädlich ist, so trieb ich ihn stets fort; bald übernahm dies der Papagei und der Hund war stets gehorsam, weil er in den Worten ‚will er wohl weg vom Ofen!' meine Stimme zu hören vermeinte . . . Ein andermal rufe vermeintlich ich aus der Stube in den Hof hinab ‚Hesse, spann einmal an!' und der alte Kutscher antwortet, ‚gleich Herr!' Geduldig hält er dann mit seinem Gespann eine gute halbe Stunde vor der Tür, aber nicht daran gewöhnt, daß ich ihn warten lasse, fragt er endlich ein Dienstmädchen, was es nur für ein Bewenden habe, daß ich nicht komme, obwohl ich das Anspannen befohlen. Das Mädchen lacht ihn aus und sagt, der Herr sei gleich nach Tische fortgegangen . . . Dies hatte aber auch zur Folge, daß, als ich wirklich in den Hof hinab rief, Hesse von unten herauf antwortete, ‚Ja warte, ich will dir helfen' . . . In derselben Weise machte ‚Poly' mehrmals den gleichen Spaß mit dem Gärtner. Dieser hieß Grundmann und gerade sein Name bereitete dem Vogel außerordentliche Schwierigkeiten. Ich habe die Ursache nicht finden können, aber es gereichte uns zur höchsten Belustigung, wie er sich abquälte, um dies Wort herauszubringen. Es schien, als wären ihm die drei Buchstaben ndm hintereinander unmöglich. Rief man ihm, um seine Bemühungen zu unterstützen, das Wort zu, so wurde er desto eifriger in seinen Studien, und wenn es dennoch nicht gehen wollte, geriet er in förmliche Wut, tobte im Käfige und sagte sich dann nach der Reihe alles vor, was er wußte. Ausdauer half ihm denn auch endlich dazu, daß er den Namen tadellos rein aussprechen konnte" (zitiert nach Ruß, 1881).

Auch die beiden Graupapageien, die Zwilling auf seinen Wanderungen in Afrika mitführte, pfiffen die Hunde heran (Zwilling, 1939).

Der Uruguay-Reisende Christison lernte vor 1880 einen zahmen Mönchsittich (*Myiopsitta monachus*) kennen, welcher der Ehefrau eines Tagelöhners gehörte. Dem Vogel habe es Spaß gemacht, die Hunde mit dem Ruf „fuera, fuera" (fort, hinaus!) wegzujagen. Er habe jedesmal ihren Namen hinzugefügt und merkwürdigerweise die Hunde nie verwechselt (Dalgleish, 1880–81).

Menschen ließen sich nicht nur durch nachahmungsbegabte Graupapageien täuschen. Dies erlebte der Südamerika-Reisende Bitsch, als er den weißen Siedler Baron von Brandenstein und seine Familie mitten unter Jivaro-Indianern besuchte. Eines Abends wurde ihre Unterhaltung durch Kinderweinen unterbrochen. Bitsch erzählte, zur Zeit der 50er oder 60er Jahre: „Frau von Brandenstein stürzt zu dem Bettchen, um festzustellen, was geschehen ist. Es ist nicht nur das Weinen, das sie zu dieser Eile veranlaßt – in dieser leichten Holzhütte im Dschungel kann das Kindergeschrei manche überraschende und böse Ursachen haben. Sie kommt indessen beruhigt zurück. Beide Kinder schlafen gut. Aber oben auf seinem Pflock sitzt der Papagei Zowa. Den ganzen lieben Tag über plappert er auf spanisch oder auch in der Jivarosprache, aber zwischendurch ahmt er, wenn es ihm in den Sinn kommt, das Weinen der Kinder so naturgetreu nach, daß die Familie sich jedesmal wieder täuschen läßt" (Bitsch, o. J.).

Eine Amazone der Züchter Liede ahmte Babyweinen einen oder zwei Tage, nachdem sie es zum ersten und einzigen Mal gehört und gesehen hatte, getreu nach (nach einer mündlichen Mitteilung).

Der Ornithologe Helmut Sick hatte auf der bereits genannten Expedition in Brasilien auch eine zahme Amazone. Er erzählt: „Wie die meisten großen Papageien war dieser Loro ein guter Spötter. Als sich der Koch Hühner anschaffte und seine Schar täglich mit hohem ‚Prr' zur Fütterung versammelte, lernte der Papagei diesen Ruf und scharte nun das törichte Federvieh beliebig oft um sich, ohne mehr als bestenfalls etwas Abfall vom Papageienfutter zu bieten. Alsbald beherrschte der

233

Loro auch das Hennengackern nach dem Eier-
legen – besser als die Hühner selbst, wie es
hieß – und nun waren *wir* die Angeführten!"
Außerdem erzählte Sick, daß es die Spezialität
dieser Amazone war, sämtliche Knöpfe an
Hemden und Hosen abzuzwicken (Sick, 1958).

Lernen und Vergessen

Finsch bestritt 1867, daß Kakadus imstande
seien, „empfangene Eindrücke jahrelang treulich zu bewahren", wie Brehm in der 1. Ausgabe
seines „Tierlebens 1866 behauptet hatte. Finsch
hatte Gelegenheit, einen Kakadu mehrere
Monate lang zu beobachten. Dieser, so erzählte
er, „hatte es schon in einer Stunde vergessen,
wie sehr ich ihn durch Anblasen von Tabakrauch
zum Zorn gereizt hatte. Dagegen zeigte er sich
gegen ein Mädchen, welches ihn nie beleidigte,
stets bösartig" (Finsch, 1867/68).

Brehm konterte: „Ich will es dahin gestellt
sein lassen, ob das Mädchen, trotz der Versi-
cherung meines Freundes, gedachtem Kakadu
doch nicht irgendwie zu nahe getreten ist."
Und er bekräftigte seine Aussage über
Kakadus noch einmal: „Ihnen angetane Beleidigungen vergessen sie selten, solche, welche
einen besonderen Eindruck auf sie machten,
manchmal in Jahren nicht" (Brehm, 1872).

Da der Kakadu das Mädchen nicht mochte,
hatte er vermutlich ein anderes Erlebnis nicht
vergessen, von dem Finsch nichts wußte.
Papageien streiten gelegentlich auch mit dem
Partner. Das Ärgern mit dem Tabakrauch
bedeutete für den Kakadu nichts weiter als
eine gewöhnliche Streiterei.

Gibson, der im späten 19. Jahrhundert in
der Umgebung von Buenos Aires häufig Vögel
beobachtete, erzählte von einem Mönchsittich
(Myiopsitta monachus), der seinem Besitzer
entflogen war: Der Vogel behielt lange Zeit
sein rauhes „Pretty Poll" bei, das er sich in
Gefangenschaft angeeignet hatte, und ver-
wirrte damit des öfteren Gibson, wenn dieser
durch die Wälder streifte, die der Vogel häufig
aufsuchte (Gibson, 1880).

234

Während seiner Expedition zur Erforschung
des Xingú (Zentralbrasilien) im Jahre 1884

erstand der vielseitige Forscher Karl v. d. Steinen von den Yuruna-Indianern einen Fächerpapagei *(Deroptyus accipitrinus)*, „Anaká oder
auch Anakú genannt". V. d. Steinen schrieb
über seinen Fächerpapagei: „Der Anakú ist
ungemein zahm und spricht sein ‚Anakú' mit
dem medolischen Schmeichelton eines jungen
zärtlichen Mädchens." Diesen Ton behielt der
Vogel, den der Forscher mit nach Deutschland
nahm, auch später bei. Zwei Jahre nach seiner
Reise schrieb K. v. d. Steinen: „Der Fächerpapagei befindet sich noch wohl und erobert sich
mit seinem zarten ‚Anakú' alle Frauenherzen;
von der Yurunasprache hat er vieles vergess-
en" (v. d. Steinen, 1886).

Die Gelbscheitelamazone (Hudson: *Chrysotis levaillanti*; Wolters: *Amazona ochrocephala*), die Hudson im Jahre 1909, wenige
Monate vor dem Tod des alten Vogels, kennenlernte, war vom verstorbenen Ehemann der
Besitzerin in Vera Cruz, Mexiko, erworben
worden, als er ein junger Seemann gewesen
war, um 1859. Dort hatte er auf dem Markt-
platz ein Mädchen mit diesem Papagei auf der
Schulter gesehen: Das Mädchen sprach und
sang den Vogel an, und der Vogel sprach, pfiff
und sang zurück – er sang Bruchstücke von
Liedern in spanischer Sprache. Der Seemann
war begeistert und kaufte den Vogel; das war
auch der Zweck der Vorführung gewesen. Ihm
wurde gesagt, der Vogel sei 5 Jahre alt. Aber
Hudson meinte, das werde von allen Papageien behauptet, die auf solchen Märkten zum
Kauf angeboten würden. In seiner neuen Heimat in Wiltshire, England, sprach und sang
dieser Papagei weiterhin in spanischer Sprache. Zwei Lieder brachte er bevorzugt, die
jedermann gefielen, obwohl keiner die Worte
verstehen konnte. Nach und nach übernahm
er auch Worte und Sätze in englischer Sprache. Mit jedem Jahr sprach er weniger spanisch, und nach ungefähr 10–12 Jahren hatte
er das Spanische völlig vergessen. Sein
Gedächtnis sei wohl nicht so gut gewesen,
meinte Hudson, wie das des berühmten Hum-
boldtschen Papageis von Maypures.

Diese Geschichte beschäftigte Hudson, und
er beschloß, einen Versuch zu machen, ob der

alte „Polly" (so hieß der Papagei) vielleicht doch noch eine Erinnerung an das Spanische habe. Erst einmal mußte er sich mit dem Vogel anfreunden. Mit Leckerbissen erreichte er nichts (vgl. S. 207); solche Angebote, so meinte er, betrachtete diese Amazone als Beleidigung. Selbstironisch erzählte er weiter: Er änderte also seine Taktik und bot ihr an, ihren Kopf zu kraulen, worauf sie vollends in Wut geriet. Als er auch noch auf seinen Annäherungsversuchen bestand, wurde sie zunehmend gefährlich und biß ihm den Finger blutig. – Es wäre falsch, Hudson wegen seiner Wortwahl (z. B. „Beleidigung") Vermenschlichung vorzuwerfen. Vielmehr ging der Erzähler auf Distanz zu sich selbst und schilderte die Reaktion der Amazone als Umkehrung seiner eigenen menschlichen Hoffnung. Hudson hatte die Situation falsch, zu sehr aus dem Blickpunkt des Menschen, eingeschätzt und machte sich selbst darüber lustig. Er erzählte weiter: Als nun seine schönsten Schmeicheleien erschöpft waren und sich die Beziehungen zwischen ihm und dem Vogel auf dem Tiefpunkt befanden, begann er in spanischer Sprache zu der Amazone zu sprechen, und zwar in einer Art einschmeichelndem Falsett, ähnlich einer jungen Eingeborenen; er sagte zu dem Vogel „Lorito" statt Polly, sowie alle Kosenamen, wie sie die einheimischen Frauen ihren zahmen Papageien gegenüber gebrauchten. Und Polly hörte sofort aufmerksam zu, ja, er kam sogar näher heran. Der Vogel gab kein Wort von sich, höchstens von Zeit zu Zeit einige undeutliche Laute. Hudson war überzeugt, daß er mit diesen spanischen Reden bei dem Vogel eine vage Erinnerung (vielleicht besser: Assoziation) wachgerufen hatte. Jedenfalls war die Amazone von nun an ihm gegenüber zahm. Sie stieg auf seine Hand, kletterte auf seine Schulter, und er durfte mit ihr umherlaufen. Als er wenige Monate später von ihrem Tod erfuhr, stimmte ihn – der an anderer Stelle sinngemäß gesagt hatte, er sei kein Freund von Stubenpapageien – diese Nachricht, nach eigener Aussage, traurig (Hudson, 1923b).

Der Zoologe Otto Koehler sprach von „teils erstaunlich langen Latenzzeiten des akustischen Lernens von Papageien". Er gab hierfür zwei Beispiele: „Meinem Jako sprach ich vom ersten Tage seiner Übersiedlung zu uns an täglich oftmals ‚eins, zwei, drei' vor, gab aber nach wenigen Wochen auf, da ich keine Spur von Anteilnahme entdecken konnte. Mehr als zwei Jahre später sagte er, gewiß ohne die Phrase zwischendurch je wieder gehört zu haben, plötzlich genau in meiner Sprechweise vollkommen klar eins, zwei, drei, und weiterhin noch oft. Der vorige Besitzer entschuldigte sich bei der Übergabe des Vogels an mich, daß dieser nicht ‚Heil Hitler!' sage; sie hätten sich alle Mühe gegeben, aber er wolle halt nicht. Bei uns hat er es gewiß nicht gehört, aber im dritten Jahre mit voller Deutlichkeit im Baß des Vorbesitzers gesagt, einmal und nicht wieder" (Koehler, 1951).

Linden schrieb an Brehm: „Einer meiner Amazonenpapageien singt anmutende, melodienreiche Lieder ohne Worte und geht dazu im Takte und mit halbgeöffneten Flügeln auf seiner Stange hin und her. Erfahrene Leute, welche ihn singen hörten, sagten mir, daß er Negerlieder vorträgt, wie man sie in Brasilien hört. Über ein halbes Jahr hatte der Vogel gänzlich geschwiegen, und erst nach Ablauf dieser Frist trat er mit seiner Kunstfertigkeit hervor" (zitiert nach Brehm, 1878).

Lucanus berichtete: „Ein Graupapagei verband mit dem Wort ‚Höpfchen' einen Wiedehopf, der sein Zimmergenosse war. Nach dem Tode des Wiedehopfs hörte der Papagei das Wort nicht mehr von mir und schien es aus seinem Sprachschatz verloren zu haben. Als ich nach 2 Jahren wieder einen Wiedehopf erhielt, rief der Papagei sofort beim Anblick des Vogels ‚Höpfchen' und bewies damit, daß er nach so langer Zeit den Wiedehopf wiedererkannt und auch die Bedeutung des Wortes ‚Höpfchen' nicht vergessen hatte." Wenig später berichtete v. Lucanus seinen Gebrauch des Wortes „Bedeutung": „Die Bedeutung des Wortes kennt der Vogel natürlich nicht, sondern das Wort ist für ihn weiter nichts als ein Ton oder Geräusch, mit dem er ein Ereignis, das sich gleichzeitig hiermit abspielt, assoziiert. Von einem Sprachverständnis kann keine Rede sein, was ich, um Mißverständnisse zu vermeiden, besonders betonen möchte" (v. Lucanus, 1923).

Bernhard Grzimek erzählte: Ein Papagei „der dreißig Jahre lang bei einer deutschen Familie in Straßburg lebte, wurde 1912 während einer Ferienreise in Pflege gegeben und sang nachher ausgerechnet die französische Nationalhymne. Weil er bei seinen Familienmitgliedern wenig Lob dafür erntete, vergaß er sie langsam wieder. Bis 1919 die Franzosen einrückten und er sie auf einmal wieder konnte. Natürlich lag das nur daran, daß sie wieder in seinem Gedächtnis auftauchte, weil er sie jetzt öfters hörte" (Grzimek, 1951).

Berta Ragotzi schrieb über ihren Wellensittich „Putzi": „Einmal verbannte ich einen schreienden Kanarienvogel aus dem Zimmer, den Putzi besonders schätzte. Gern und lange hing er zum Ärger des Gelbrocks an dessen Käfig ... und störte ihn im Singen. Dann vertrugen sie sich, und wir hatten statt eines Schreiers deren zwei. Unser Putzi rollte, schmetterte, trillerte und ‚schappte' wie sein Meister, so daß wir im Nebenzimmer nicht unterscheiden konnten, wer von beiden sich produzierte. Als der schlechte Kanariensänger unser Haus verließ, verstummte auch Putzis Imitierung seiner mißratenen Kunstfertigkeit." – „Erstaunlich gut ist das Erinnerungsvermögen", sagte Ragotzi. „Einmal hatte ich winters einen kranken Grünhänfling auf der Straße aufgelesen. Der Patient kam in ein kleines Bauer, das sonst unbenutzt auf dem Boden stand. Nur zwei Tage pflegte ich das grüne Bürschlein, das ab und zu sein ‚Tjacktjack' ertönen ließ. Das Bauer wurde wieder weggeräumt und kam erst nach 1 1/2 Jahren wieder in die Wohnung, da es als Reisekäfig verliehen werden sollte. ‚Tjack tjack' machte Putzi freudig und schnell enttäuscht, weil das Bauer leer war. Er hatte den Ruf bisher nie wieder gebracht" (Ragotzi, 1956).

Erregung und Zufallstreffer

236 Die Ornithologin Mitchell, die Mitte dieses Jahrhunderts das südöstliche Brasilien bereist hatte, berichtete von einem Dunkelroten Arara *(Ara chloroptera)*, den sie dort kennengelernt hatte, einem Käfigvogel. Dieser Arara hatte die Angewohnheit, in der Ecke seines Käfigs mit gespreizten Beinen zu hängen, wobei er sich mit den Füßen am Drahtgitter der angrenzenden Käfigseiten festhielt; dann beugte er sich immer wieder vor, Richtung Käfigecke – das wirkte jedesmal wie eine feierliche Verbeugung – und murmelte dabei „Arara, arara" vor sich hin. Mitchell fand dieses Verhalten amüsant, was um so bemerkenswerter ist, als ihre Einstellung gekäfigten Araras gegenüber nicht gerade positiv war: Sie glaubte offenbar, daß ein schlechter Gefiederzustand das typische Erscheinungsbild von Araras in Menschenhand ausmache (Mitchell, 1957).

Lange Zeit konnte ich mir nicht erklären, warum mein Graupapagei „Rocco", auch bei meiner Anwesenheit, imponierend, mit aufgeplustertem Gefieder, am Käfigboden umherging und dabei einen Teil seines „Sprechrepertoires" von sich gab. Wiederholt „verbeugte" er sich in der Käfigecke, den Kopf zur Ecke gerichtet. Schließlich bemerkte ich die Licht- und Schattenflecken am Käfigboden. Dann fiel mir auf, daß Rocco dieses Verhalten nur zeigte, wenn die Lichtverhältnisse zu solchen Flecken führten.

Der zahme Gelbbrust-Arara von Knottnerus-Meyer hackte sogar nach seinem Schattenbild (Knottnerus-Meyer, 1925).

Ruß zitierte einen Papageienliebhaber, der einen „sprechenden" Tovisittich (Ruß: *Psittacus tovi*, Gmel.; Wolters: *Brotogeris jugularis*) besaß: „Ein Pärchen, welches dessen Bruder, ein Schiffsarzt, bei der Rückkehr von Westindien mitgebracht, lernte, ... von einer Amazone, neben deren Käfig es sich befand, sprechen, d. h., nur der eine, wahrscheinlich das Männchen. ‚Es begann mit leisem Nachahmen des Rufs ‚Kickerick', welcher sich nach und nach in ‚Kickericki' vervollkommnete. Bald lernte er dann auch das Wort ‚Papa' und beides hörte sich, von dem feinen Stimmchen ausgesprochen, sehr drollig an. Merkwürdig ist es, daß der kleine Sprachkünstler beim Rufen seines ‚Kickericki' auf der Sitzstange herumhüpft und mit den Flügeln schlägt, wodurch der komische Eindruck wesentlich erhöht wird" (Ruß, 1882). Auch hier handelt es sich um ein Imponierverhalten.

Konrad Lorenz schrieb: „So zähe das Gedächtnis dieser langlebigen Vögel festhält, was sie einmal erlernt haben, so langsam lernen sie im allgemeinen auch. Jeder, der einem Star oder einem Papagei ein neues Wort beibringen will, weiß, mit welcher Geduld man sich dazu wappnen, wie unermüdlich man ihm das Wort wieder und wieder vorsprechen muß. Und dennoch können solche Vögel ausnahmsweise ein Wort nachahmen lernen, das sie nur selten, ja vielleicht nur ein einziges Mal gehört haben. Das scheint aber nur in ‚Ausnahmezuständen' höchster Erregung zu gelingen; ich selbst kenne nur zwei verbürgte Beobachtungen. Mein Bruder besaß jahrelang einen reizenden, zahmen, lebhaften und außerordentlich sprachbegabten Amazonenpapagei, namens ‚Papagallo'. Papagallo flog, solange er bei uns in Altenberg lebte, ebenso frei umher wie alle anderen Vögel. Ein gut sprechender Papagei, der frei von Baum zu Baum fliegt und dabei menschliche Worte sagt, wirkt noch viel komischer als einer, der im Käfig sitzt und das gleiche tut. Wenn Papagallo mit lauten Rufen ‚Wo ist denn der Herr Doktor' durch die Gegend flog, manchmal auch wirklich auf der Suche nach seinem Herrn, so war das einfach unwiderstehlich."

Der erste Fall, an den Lorenz dachte, hing mit einem Kaminkehrer zusammen. Als Papagallo den schwarzen Mann auf dem Schornstein stehen sah, geriet er in panischen Schrecken und ergriff „laut kreischend" die Flucht. Lorenz erzählte weiter: „Monate später, als der Rauchfangkehrer zum andern Male kam, saß Papagallo auf der Wetterfahne und ärgerte sich über Dohlen, die sich ebenfalls dorthin setzen wollten. Auf einmal sah ich ihn schlank werden und ängstlich nach unten äugend sichern, dann flog er auf und davon und schrie ununterbrochen in gellenden Tönen: ‚Der Rauchfangkehrer kommt, der Rauchfangkehrer kommt.' Im nächsten Augenblick trat der Schwarze durch das Hof-

tor. Leider gelang es mir nicht mehr, klar festzustellen, wie oft Papagallo den Rauchfangkehrer vorher gesehen hatte und wie oft er den aufgeregten Ruf unserer Köchin gehört hatte, der sein Kommen anzeigte. Es war nämlich eindeutig die Stimme dieser Dame, die aus seinen Worten klang. Öfter als zwei, höchstens drei Mal ist es aber sicher nicht gewesen, und zwar jeweils nur einmal und in Abständen von Monaten."

Der zweite Fall betraf die Nebelkrähe „Hansl", die Lorenz eine Zeitlang pflegte und als „Sprechkünstler" kennenlernte. Er erzählte: „Was bekam ich da nicht alles zu hören! Vor allem natürlich, was so eine zahme Nebelkrähe, die auf einem Baum unmittelbar an der Dorfstraße sitzt, selbst zu hören bekommt, nämlich, was die Dorfbuben zu ihr sagen. In unverfälschtem Niederösterreichisch deklamierte Hansl: ‚Geh hörst, kumm her, geh schau, da sitzt er, geh hörst, geh Ferdl, geh schau, da sitzt er!' usw... Einmal war er mehrere Wochen hindurch verschwunden. Und als er wiederkehrte, bemerkte ich an einem Fuß eine gebrochene Hinterzehe, die schief zusammengewachsen war. Und diese gebrochene Zehe ist die Pointe der ganzen Geschichte von Hansl, der sprechenden Nebelkrähe. Wir wissen nämlich, woher er den kleinen Schönheitsfehler hatte. Und von wem wissen wir das? Man mag es glauben oder nicht: Hansl hat es uns erzählt! Als er nämlich nach der erwähnten längeren Abwesenheit plötzlich wieder da war, konnte er einen neuen Satz. Mit Lausbubenstimme sagte er die inhaltsschweren Worte: ‚Mit 'm Schlageisen ham's ihn g'fangt!' An der Wahrheit dieser Mitteilung war nicht zu zweifeln. Genau wie dem Papagallo hat sich unserm Hansl der Satz, den er gewiß nicht oft gehört hatte, deshalb eingeprägt, weil ihn das Tier in großer Erregung, also offenbar unmittelbar nachdem es gefangen worden war, gehört hatte" (Lorenz, 1964).

Gemeinsam war also, laut Lorenz, beiden Fällen spontanen „Sprechenlernens", daß die Vögel sich selbst in großer Erregung befanden, als sie die Worte, von Menschen gesprochen, hörten. Die Fälle sind aber auch noch in anderer Weise miteinander verwandt: Wir finden beide Vögel in der bereits bekannten Funktion des „Wächters" und (bzw.) „Verräters". – Lorenz meinte: „In solchen Fällen schwört ein vermenschlichender Tierfreund Stein und Bein, daß der Vogel versteht, was er sagt. Davon ist natürlich keine Rede." Lorenz wies darauf hin, daß die am besten „sprechenden" Vögel wohl imstande seien, ihre Lautäußerungen „durch sehr bestimmte Gedankenverbindungen an gewisse Geschehnisse zu knüpfen", aber sie lernten „es merkwürdigerweise niemals, mit ihrem Können auch nur den einfachsten Zweck zu verknüpfen". Er schrieb: „Otto Koehler, der die größten Erfolge in der wissenschaftlichen Dressur von Vögeln zu verzeichnen hat . . . hat auch versucht, seinen . . . hochbegabten Graupapagei ‚Geier' darauf zu dressieren, daß er ‚Futter' sagt, wenn er hungrig, und ‚Wasser' wenn er durstig ist. Das gelang nicht und ist bisher auch keinem anderen gelungen" (Lorenz, 1964).

Diese Abstrahierung kann man, so meine ich, von einem Vogel, der in der Natur häufig genug „Futter" und „Wasser" in *einer* Form, nämlich einer Frucht, zu sich nimmt, auch nicht erwarten. Überhaupt beruht meiner Meinung nach die Trennung in feste und flüssige Nahrungsmittel auf rein menschlicher Denkweise.

Gerade, wenn der Papagei sich in der „höchsten Erregung" befindet, kommen Zufallstreffer zustande.

Folgendes Beispiel eines sprechenden Papageis aus England wurde in mehreren alten Encyclopädien ausführlich angeführt, so im (französischen) Larousse von 1874 und im alten deutschen Universal-Lexikon Zedlers von 1740, wobei sich die beiden auf verschiedene Quellen beziehen und der eine Heinrich II., der andere Heinrich VIII. angibt. Bei Zedler liest sich die Geschichte über den Papagei, der öfters in einem Fenster, das über der Themse lag, auf seiner Stange turnte, folgendermaßen: „Ein merckwürdiges Exempel erzählet Sperling . . . von einem Papagey des Königes Heinrich VIII. in Engelland, die-

ser fiel aus dem Königlichen Palaste in die vorbeiflüssende Thems, und weil er öfters gehöret hatte, daß diejenigen, welche sich hatten über den Fluß wollen setzen lassen, den Schiffern gerufen hatten: a boot, a boot, fort vventy pount, das ist: Ein Schiff, ein Schiff, und solte es auch zwantzig Pfund Sterlings kosten, so erinnerte er sich dieser Worte, gleich noch in der größten Todesgefahr, da er einen Schiffer an dem Ufer gegen über erblickte, und schrie mit heftiger Stimme: a boot, a boot, fort vventy pount, welches den Schiffer herzulockte, daß er den Vogel errettete, und selbigen dem Könige wieder gab, mit Begehrung des versprochenen Lohnes: Der König sagte, er solle ihn haben, wenn es der Papagey noch einmal sagen würde; Aber dieser machte ihm alle Hoffnung zu schanden, indem er sprach: Gibe de Knahe a groat: Gebt dem Schelme zweene Groschen" (Zedler, 1740).

Denkbar ist, daß diese Geschichte einen wahren Kern hatte: Ein flugunfähiger Papagei (mit beschnittenen Flügeln) hört regelmäßig denselben Satz, hat ihn sicherlich schon oft nachgeahmt und sagt ihn, vielleicht nur teilweise und vielleicht bevor er ins Wasser fällt. So wird der Schiffer aufmerksam auf ihn. Glaubwürdig sind die Zweifel des Königs. Frei erfunden ist wohl der Schluß: als passende Pointe; auch wenn es sich vermutlich wiederum um einen Satz handelte, den der Papagei von Passagieren wiederholt hören konnte. Auf alle Fälle beeindruckte diese Geschichte jahrhundertelang die Menschen.

Koehler schrieb: „Oft werden Zufallstreffer überbewertet. Mein Grauer konnte im Tonfall seines ersten Herrn ‚Du du Spatz' sagen und tat es einmal, als sein Bauer auf der Loggienbrüstung stand und ein Haussperling sich durch die Gitterstäbe gezwängt hatte, wo er unter dem beobachtenden Papageienauge Körner vom Boden auflas. Einem ausgewachsenen Philosophen, der dieses als unser Tischgast miterlebte, konnten wir nicht ausreden, daß der kluge Vogel Spatzen beim Namen nenne" (Koehler, 1969).

Zum handaufgezogenen Edelpapageimännchen *(Eclectus roratus)* „Mäxle" sagt seine Züchterin Hilde Meister, wenn er ungeduldig bettelt: „Du wirst es erwarten." Eines Tages hatten die Züchter Meister Besuch, und ein junger Mann wollte unbedingt „Mäxle" „sprechen" hören. „Mäxle, sag' doch was", redete er unentwegt eindringlich auf den Vogel ein. Schließlich sagte „Mäxle": „Du wirst es erwarten." Obwohl die Runde annahm, daß dies nur ein Zufallstreffer sein konnte, war natürlich das Gelächter groß (nach mündlicher Mitteilung).

Wenn Meisters Hund „Alf" bellt, ruft ihr handaufgezogenes Araramännchen *(Ara macao)* stets „Alf", und es kommt vor, daß das Weibchen „Was ist los?" hinterherruft. Jeder der beiden Vögel „sagt" also einen Teil des Ausrufs, den sie von der Züchterin hören, wenn der Hund bellt, jeder immer denselben Teil, das Männchen den seinen regelmäßig, das Weibchen nur manchmal. Allerdings ruft die Züchterin „Was ist los?" auch dann, wenn die beiden Araras ein Geschrei machen. Verbindend wäre also vielleicht auch die Lärmerzeugung (zitiert nach mündlicher Mitteilung).

Der von Ruß zitierte Major Freiherr von Siegroth besaß eine Blaustirnamazone *(Amazona aestiva)*, die teilweise von einem Graupapagei „sprechen" lernte. Als später beide Vögel „sprachen", klang es manchmal, als unterhielten sie sich. So konnte es vorkommen, daß der Graue sagte: „Wo bist du her?" und die Amazone zum besten gab: „Rosa ist aus Amerika", Sätze, die ihnen natürlich vorgesprochen worden waren. „Es klingt zu komisch", erzählte Siegroth weiterhin, „wenn ... wir lachen, wie dann beide Vögel schallend einstimmen" (zitiert nach Ruß, 1881).

Verschiedene Berichterstatter schrieben an Bernhard Grzimek über ihre Papageien: „Hauskatzen beißt unser Papagei und bricht dann bei ihrem Schrecken in ein höllisches Gelächter aus', schreibt einer ... Ein anderer: ,Läuft er auf dem Boden herum und erwischt er einen von uns Großen, so lacht er ganz toll.'" Grzimek selbst erzählte: „Meine eigene Agathe lacht gern im Nebenzimmer, wenn ich mich mit Besuchern unterhalte. Der eine oder andere Gast sah mich dann peinlich berührt an, bis ich ihn aufklärte, daß es ein Papagei war." Von einer „Lora" aus Karlsruhe wurde berichtet: „Vor zehn Jahren flog sie einmal aus dem Fenster in den Schloßgarten gegenüber. Sie schwang sich von Baum zu Baum. Glücklicherweise kam ich jedoch gerade aus der Schule. Meine Mutter stellte sich, als wollte sie mich schlagen. Sofort flog Flora von einem sehr hohen Baum in Spiralen zu uns herunter; es war ein herrlicher Anblick. Als sie gelandet war, ging sie sofort auf meine Mutter los, doch deckte diese rasch den Käfig über sie. Das Tierchen lachte laut und schallend wie aus Freude über seinen Streich." Grzimek meinte: „Sie ahmen das menschliche Lachen nach, wenn sie irgendwie aufgeregt sind" (Grzimek, 1951).

Knottnerus-Meyer erzählte von „Franz", seinem zahmen Rotstirnsittich: „Meiner Haushälterin gegenüber war er anfangs sehr nett und ließ sich gern auf deren Schulter spazieren tragen oder saß dort ruhig, bis eines Abends ein Radau aus der Küche ertönte. Meine Haushälterin weinte, und Franz – lachte. Er hatte sie in den Hals gebissen, und seine Bisse schmerzten des großen Unterschnabels wegen sehr. Seitdem blieben beide Feinde. Komisch war es, daß Franz entweder lachte, wenn er lachen hörte oder sehr vergnügt war, aber auch, wenn er etwas ausgefressen hatte, sich also scheinbar über seine Missetat freute!" (Knottnerus-Meyer, 1925).

Theorien und Deutungen

„Sprechen" als bloßes Nachahmen

Finsch sagte zu den übertriebenen Geschichten über „sprechende" Papageien, von denen zu seiner Zeit viele im Umlauf waren, ironisch, die Papageien seien am Ende nicht mehr als Vögel, sondern als „befiederte verzauberte menschliche Wesen" geschildert worden.

„Es mag wahr sein", schrieb Finsch, „daß einzelne, besonders sorgfältig abgerichtete Vögel durch das öftere, aber mehr zufällig Treffende ihrer eingelernten Redensarten

239

wahrhaft in Erstaunen setzen müssen, wie z. B. der bekannte graue Papagei, der zuletzt im Besitz des Präsidenten Kleinmayrn zu Wien war, aber niemand wird doch in dem Sprechen der Papageien mehr als ein bloßes Nachsprechen finden können. Die Worte, mit welchen es von Dr. Jäger" – in seinem Aufsatz über die Sprache der Tiere – „charakterisiert wird, sind daher vollkommen richtig: ‚das Sprechen der Papageien ist von dem Sprechen ihres Lehrmeisters, des Menschen, sehr weit verschieden, weniger der Form nach, denn in dieser Beziehung ist es eine vollkommene Kopie des vorgesprochenen Wortes in Höhe, Klang und Akzentuierung, aber das Tier faßt das Wort bloß als Laut auf, es ahmt das Wort gerade so nach, wie es ausgesprochen wurde.'" Finsch fügte hinzu: Und der Papagei kennt die Bedeutung des Wortes nicht.

Eigens um dieses „Sprechen", die „geistigen Anlagen", wie Finsch sagte, zu beobachten, zu studieren, lieh sich Finsch einen zahmen sprechenden Graupapagei für einige Wochen von einer Dame aus, die ihn, wie zuvor schon andere, direkt aus Westafrika bekommen und aufgezogen hatte. Finsch berichtete: „Es war ein besonders gelehrtes Tier und machte durch seine drolligen Fragen und Antworten viel Spaß. Ich könnte daher ebenfalls ganze Seiten über ihn schreiben, will mich aber nur damit begnügen, einiges anzuführen, zum Beweise, daß die Papageien nicht von einem Denkvermögen geleitet werden. So rief Polly sehr oft ‚Bitte! eine Kartoffel!', warf dieselbe aber verächtlich weg, sobald ich sie ihm reichte. Die Drohung ‚Warte Polly! Du unartiger Junge! Du kriegst gleich was mit dem Stock!' richtete er täglich vielmal an sich, ohne daß dieselbe nötig gewesen wäre. Zuweilen empfing er mich früh beim Hereintreten anstatt mit dem sonst üblichen ‚Guten Morgen! Hast du gut geschlafen!' mit ‚Du Unart!' Den Satz ‚Afrika heißt mein Vaterland' kürzte er öfters ab, weil er ihm zu lang war, dagegen rief er das geläufige ‚Guten Tag' wohl zwanzigmal hintereinander, ebenso ‚Bist du krank, Polly?' Der Vogel verstand auch, bis auf acht zu zählen, ließ aber meist einige Ziffern weg,

ebenso beim Alphabet, von welchem er die ersten 8 Buchstaben nachplauderte. Er versuchte auch die Weise ‚Komm lieber Mai und mache die Bäume wieder grün!' zu singen, allein dies gelang meist sehr unvollständig und klang äußerst komisch. Im Nachahmen von anderen Lauten war Polly ein wahrer Meister; er verstand täuschend zu husten, sich zu räuspern, ahmte das Hahnengekrähe nach und nieste wie ein Mensch. Nach dem Niesen sagte er auch meistens ‚Gesundheit!' Verschweigen will ich übrigens nicht, daß Pollys Antworten sehr oft treffend waren, allein in Folge des sorgfältigen Unterrichts. Da ihm stets früh ‚Guten Morgen' vorgesagt worden war, so wendete er diesen Gruß auch meisten früh an" (Finsch, 1867/68).

Immer wieder kommt die für Finsch so typische Ironie durch. Dennoch spricht auch er von der Freude, die dieser „sprechende" Graupapagei ihm gemacht habe, und sie spiegelt sich deutlich in seinem lebhaften Bericht wider: Auch als Leser hat man seine Freude daran. Wir wissen bereits: Finsch ging streng mit denjenigen um, die seiner Meinung nach – man würde heute sagen – vermenschlichende Darstellungen und Deutungen des „Sprechens" gaben. Er selbst gebrauchte aus heutiger Sicht aber auch Bezeichnungen, die nun ihm den Vorwurf der „Vermenschlichung" einbringen könnten. Freilich: Nicht alle für heutige Begriffe falschen Ausdrucksweisen sind wirklich falsch, manchmal sind sie bloß veraltet. „Gelehrt" bedeutet in diesem Zusammenhang, daß man diesem Vogel viel beibringen konnte. Genauso ist „verächtlich" möglicherweise in einer veralteten Bedeutung, etwa im Sinne von achtlos (nicht beachten), gebraucht.

Auch bei Texten, die weniger alt sind, sollte man nicht zu voreiligen Deutungen und Beurteilungen des Sprachgebrauchs greifen. Schon vor wenigen Jahrzehnten war so mancher Begriff mit anderen Vorstellungen verbunden als heute. Dies zu berücksichtigen ist wichtig, denn bei der Thematik „Sprechende, nachahmende Vögel" ist gerade der Sprachgebrauch, mit dem all die Beobachtungen und Begleitumstände ausgedrückt werden, von besonderer Bedeutung.

Wie die „sprechenden" Papageien in Verruf kamen

Gegen 1880 entbrannten in aller Heftigkeit die Angriffe gegen wirkliche und vermeintliche Vermenschlichungen in Brehms „Tierleben". Besonders scharf äußerte sich Ruß, der mit Brehm wohl in einer mehr persönlichen Fehde lag.

Brehm zitierte eine „hochstehende" Dame, die voller Begeisterung von ihrem Graupapagei erzählte: „Er sprach... Holländisch. Bald... lernte er Deutsch und Französisch. In diesen drei Sprachen schwatzte er so deutlich wie ein Mensch. Dabei war er so aufmerksam, daß er oft Redewendungen auffaßte, welche ihm niemals vorgesagt worden waren; sie wandte er dann zu aller Erstaunen gelegentlich passend an... Er grüßte des Morgens mit ,bon jour', des Abends mit ,bon soir'; er verlangte nach Ruhe und nahm Abschied. ,Papchen" – so wurde der Vogel genannt – „will schlafen gehen.' Wurde er weggetragen, so empfahl er sich durch wiederholtes ,bon soir, bon soir'... Fremde liebte er nicht... Doch konnte man sich seine Zuneigung erwerben, und mit solchen Leuten, welche oft zu uns kamen, sprach er gern, machte wohl auch, sie betreffend, einen seiner Witze. Ein dicker Major, welchen er gut kannte, machte eines Tages Versuche, ihm Kunststücke zu lehren. ,Geh auf den Stock, Papchen, auf den Stock!' befahl der Krieger. Papchen war entschieden verdrossen. Da plötzlich lacht er laut und sagt: ,Major auf den Stock, Major!' – Ein anderer seiner Freunde war längere Zeit nicht im Hause zu Besuch gewesen. Es wurde darüber gesprochen und erwartet, daß Roth, so hieß der ersehnte, heute sich einstellen werde. ,Da kommt Roth', sagte plötzlich Papchen: er hatte zum Fenster hinaus gesehen und den Erwarteten von fern erkannt. – Ein Sohn des Hauses, George, wurde nach längerer Abwesenheit erwartet und darüber natürlich in der Familie gesprochen. George kam erst spät abends an, als Papchen bereits im Dunkel seines verdeckten Käfigs schlief. Nach der ersten Begrüßung wandte sich der heimgekehrte zu aller Liebling und lüftete die Decke: ,Ah, George, bist du da? Das ist schön, sehr schön', sagte der Vogel. – Er hatte bemerkt, daß sein Herr, wenn er ans Fenster ging, oft den Verwalter oder Vogt aus dem Hofe heraufrief. Sah er nun, daß sein Gebieter wiederum dem Fenster rasch zuging, so rief er jedesmal die Namen, aber die beider, weil er ja doch nicht wissen konnte, welchen der Herr rufen wollte... Er war ein halber Mensch.'" (Brehm, 1866, 1878).

Was Ruß für sich selbst geltend machte, nämlich das Recht, Berichte über „sprechende" Papageien unkommentiert wiederzugeben, wollte er Brehm nicht zugestehen. Vielmehr legte er kurzerhand die Deutungen, die er aus den von Brehm zitierten Berichten entnahm, Brehm selbst in den Mund.

Ruß schrieb: „Freilich finden wir in älterer und neuerer Zeit Mitteilungen auch vonseiten glaubwürdiger Personen, welche dem gerade hier eingerissenen leidigen Wundertum nur zu sehr nahekommen. Wenn ich dieselben aber der Vollständigkeit halber ebenfalls anführe, so will ich mich doch sehr hüten, sie in gleicher Weise, wie jener Naturhistoriker als unumstößliche Wahrheit zu betrachten" (Ruß, 1881).

Brehm hatte, bevor er die Zitate von Vogelhaltern wiedergab, ganz klar festgestellt: Die Papageien „leisten bewunderungswürdiges, unglaubliches; sie plappern nicht, sondern sie sprechen. Man verstehe mich recht: ich meine damit selbstverständlich nicht, daß sie die Bedeutung der von ihnen nachgeahmten Worte verständen oder im Stande wären, Sätze zu erfinden und zu gliedern, sondern behaupte nur, daß sie die ihnen gelehrten Worte bei passender Gelegenheit richtig anwenden, beispielsweise, wenn sie sachgemäß unterrichtet wurden, morgens bei Begrüßung von Bekannten auch geziemend ,guten Morgen', nicht aber ,guten Abend' sagen. Sie verbinden also insofern Begriffe mit den von ihnen erlernten Worten und Satzbruchstükken, als sie im Gedächtnisse behalten, bei welcher Gelegenheit oder zu welcher Tageszeit ihnen dieselben gelehrt wurden, und sie bei einer ähnlichen Gelegenheit oder Zeit die betreffenden Worte, für sie offenbar nur Lautgliederungen, wieder gebrauchen. Genau ebenso verfährt ein Kind, welches sprechen lernt; ihm aber kommt mit der Zeit das volle Verständnis der Worte, während dieses dem Papagei wohl für immer versagt bleibt" (Brehm, 1878).

Bildet man die Ausdrucksweise der „hochstehenden Dame" allein nach der Brehmschen Deutung des „Sprechens" von Papageien um – auch Ruß wagte es nicht, die Berichte, die ihm persönlich zur Verfügung gestellt wurden, mit Korrekturen zu versehen –, dann hört sich der verkürzte Bericht über Graupapagei „Papchen" etwa folgendermaßen an: Dieser Graupapagei lernte im Laufe der Zeit, Worte aus drei Sprachen nachzuahmen. In jeder ahmte er die Aussprache getreu nach. Manchmal fügte er die Worte so aneinander, daß ein richtiger Satz entstand, der ihm noch nie vorgesprochen worden war. Es kam vor, daß er einen solchen Satz sagte, wenn er gerade paßte. „Bon jour" sagte er morgens, „bon soir" abends, so wie er es von den Menschen hörte. Wenn er schlafen wollte, sagte er den Satz, den die Menschen sagten, wenn sie merkten, daß er müde war: Papchen „will schlafen gehen". Und dann natürlich „bon soir", wie er es in dieser Situation zu hören gewohnt war. Waren gute Bekannte zu Besuch, wirkte ein scheinbar passender Satz besonders komisch. Beim Anblick guter Freunde oder von Familienmitgliedern rief er ihren Namen, vor allem dann, wenn er diesen Namen kurz zuvor gehört hatte. Trat sein Besitzer rasch ans Fenster, um einen seiner beiden Mitarbeiter zu rufen, so kam der Vogel ihm, in Erwartung dessen, zuvor und sagte beide Namen, denn – und das hatte sogar die „hochstehende Dame" richtig erkannt – er konnte ja nicht wissen, welchen Namen sein Besitzer rufen würde.

Gar so wunderbar waren die Fähigkeiten dieses Vogels also doch nicht. Natürlich ließ sich die Gesellschaft gerne von einem Vogel unterhalten, der manchmal in einer bestimmten Situation richtige Sätze sagte, die – natürlich zufällig – auch noch paßten, vielleicht sogar auf komische Weise paßten. Die Wirkung, die der Vogel mit seinen „Sprechkünsten" hervorbrachte, erinnert an ein Gesellschaftsspiel, bei dem jeder Teilnehmer verdeckt einen Satzteil zu scheiben hat. Solche gemeinschaftlich, nach dem Prinzip der Zufälligkeit, gebildeten Sätze haben mit ihrer harmlosen Komik vielen Generationen Spaß gemacht und viel Gelächter hervorgerufen. So ist es nicht verwunderlich, wenn Menschen an scheinbar passenden Redewendungen eines Vogels ihre Freude haben.

Freilich verschwieg die „hochstehende Dame" eben diese Zufälligkeiten, welche die Hauptrolle spielten, wenn der Vogel mit seinem „Sprechen" Familie und Freunde in Erstaunen versetzte. Durchaus nicht erstaunlich ist es, wenn es sich um ein situationsbedingtes „Sprechen" („guten Morgen") oder ein Erwartungssprechen handelte. Mancher Ausspruch des Papageis, wie z. B. „Major, auf den Stock, Major" mag in der Erinnerung zurechtgerückt worden sein, wobei es durchaus möglich ist, daß er all das „gesagt" hat, nur vielleicht in anderer Reihenfolge.

Ruß zitierte einen Zeitgenossen, der sich über so manche subjektive, vermenschlichende Berichterstattung Gedanken machte: „Nur zu oft hat man den Versuch gemacht, dem Vogel das volle, klare Verständnis der gesprochenen Worte beizumessen, ohne jedoch zu bedenken, daß die Parteilichkeit des Besitzers nur zu leicht sich selbst täuscht – denn der Wunsch ist oft der Schöpfer der Vorstellungen" (Ruß, 1881).

Polemik durch unzulässige Unterstellungen und falsche Zitierweise ist auch im 20. Jahrhundert verbreitet. Durch die polemisierenden Rivalen Brehm und Ruß war der Boden bereitet, auf dem sich die Polemik, nun auch generell gegen „sprechende" Papageien und deren Haltung gerichtet, ausbreiten konnte, was sich bis in unsere Tage hinein negativ auswirkt. Weil Ruß genauso wie Brehm seine Liebhaberberichte ohne kritischen Kommentar abdruckte, konnte er auf die gleiche Weise Opfer von Polemik werden wie sein einstiger

Widersacher Brehm durch ihn. Hinzu kam, daß bei den Freunden „sprechender" Papageien zu seiner (und auch der folgenden) Zeit große Unsicherheit darüber herrschte, wie denn das „Sprechen" richtig zu deuten sei. Ruß war nicht einverstanden mit der ironischen Haltung, die Finsch den „sprechenden" Papageien gegenüber einnahm. Ruß meinte, „daß die Wahrheit wie fast immer auch hier in der Mitte liegt. Ein hervorragend begabter Papagei darf wirklich nicht als ein verständnislos das eingelernte Wort bloß mechanisch nachplapperndes Tier, ohne jede Ahnung von der Bedeutung dessen, was er spricht, angesehen werden ... Die sprechenden Papageien und unter allen hochobenanstehend der Jako (neben ihm nur wenige andere), zeigen, je nach der individuellen Begabung des einzelnen, außerordentlich verschiedenartige Leistungen; während uns der eine Vogel ziemlich kühl läßt, dünkt uns die Leistung des andern in der Tat erstaunlich, ja wohl gar wunderbar. Trotz aller zahllosen Schilderungen ... ergibt sich dennoch die leidige Tatsache, daß unsere Beobachtungen ... noch keineswegs auf so festem Boden stehen, um völlige Klarheit inbetreff seines Seelenlebens zu gewähren ... Mögen wir also unsere Erfahrungen aufzeichnen, dabei aber treu auf dem Boden der Tatsächlichkeit stehen bleiben ..." (Ruß, 1881).

Mit dieser unklaren Ausdrucksweise, außerdem mit seiner Zustimmung zur Behauptung, der Papagei habe zwar keine Vernunft, aber doch Verstand, machte auch Ruß sich zur möglichen Zielscheibe heftiger Angriffe.

Darüber hinaus verscherzte sich Ruß zweifellos die Sympathien wichtiger Ornithologen, indem er dem künftigen Generalsekretär der Deutschen Ornithologischen Gesellschaft und Herausgeber des „Journals für Ornithologie" (1894–1921) Anton Reichenow wiederholt „Unkenntnis" vorwarf und ihn mit Überheblichkeit und kleinlicher Kritik behandelte, wohingegen Brehm den afrikanischen Reisebericht des jungen Reichenow voller Begeisterung und Bewunderung in seinem weitverbreiteten „Tierleben" zitierte. Mit seiner Polemik gegen Brehm wies Ruß gleichzeitig seinen eigenen Gegnern den Weg, wie man mit Polemik Zitate aus laienhaft bzw. populär geschriebenen Berichten ins Lächerliche ziehen kann.

Jedenfalls wurde die Wirkung solcher Polemik bald sichtbar: In der stark überarbeiteten 4. Auflage von „Brehms Tierleben" (1911) waren alle anschaulichen Berichte über das „Sprechen" von Papageien nicht etwa inhaltlich berichtigt und sprachlich modernisiert, sondern ganz gestrichen. Statt dessen findet man folgenden Satz eingefügt: „Über die Sprechbegabung dieser Vögel gibt es eine Unmasse von Anekdoten seit alter Zeit, bessere und schlechtere, mehr oder weniger gut beglaubigte, aber auch die besten haben wissenschaftlich nur sehr bedingten Wert" (Brehm, 1911). Die Aufgabe der Textstreichungen wurde F. Hempelmann übertragen. Er schrieb in seinem Vorwort: „Professor zur Strassen selbst unterzog sich der mühevollen Arbeit, den vielfach noch in sich widerspruchsvollen und mit den Ergebnissen neuerer Forschung, besonders in Fragen der ‚Tierpsychologie', nicht zu vereinbarenden Text zu redigieren ... und machte an vielen Stellen sachliche und erläuternde Zusätze" (Brehm, 1911).

Nicht alle Zoologen waren damit einverstanden. Adolf Meyer gab die Volksausgabe von 1927 „nach der zweiten Originalausgabe bearbeitet" heraus und strich die populären Berichte von „sprechenden" Papageien nicht. Meyer schrieb in seinem Vorwort: „Freuen wir uns ... unseres Brehm, wie er ist, und hüten wir uns vor jeder Ballhornisierung. In vielen Punkten hat er ... ohne Frage unbefangener und richtiger gesehen als manche moderne Vertreter ..." (Brehm, 1927).

Ruß gab in seinen „Fremdländischen Stubenvögeln" als Beispiel für eine „sprechende" Gelbscheitelamazone (Ruß: *Psittacus auripalliatus*; Wolters: *Amazona ochrocephala*) einen Bericht der Frau v. Proschek aus Wien wieder, ohne ihn zu kommentieren: „Wenn Jemand läutet oder die Hunde laut bellen, so sagt die Amazone: ‚es ist jemand da!' Hört sie mich sprechen, so fliegt sie mir entgegen und fragt mit allerliebster Stimme: ‚wer war da?' Sieht

243

sie, daß ich fortgehen will, so fliegt sie mir auf die Achsel und ruft mit weinerlicher Stimme: ‚geh nicht fort, bleib' da'. Nehme ich sie dann und setze sie, nachdem ich sie geküßt, auf einen Ast und gehe fort, so fängt sie bitterlich an zu weinen wie ein verzognes Kind. Komme ich nach Hause und gehe zu ihr, so fliegt sie singend auf meine Achsel und sagt: ‚bleib' da'. Sie lacht, weint und singt, so oft ich es verlange, spielt in meinem Schoß wie ein Kätzchen, legt sich auf den Rücken, beißt nie, läßt alles mit sich machen, ohne böse zu werden." Ruß nannte ihren Bericht eine „liebevolle Schilderung" (Ruß, 1881). Liebevoll ist sie in der Tat. Die Dame hatte den Vogel unter viel Mühen gesundgepflegt und hing nun sehr an ihm. Offenbar behielt sie nur solches „Sprechen" in Erinnerung, das im menschlichen Sinne paßte. Ruß hielt die Dame für glaubwürdig, und tatsächlich ist wohl alles Erzählte „wahr", im Sinne von „wirklich vorgekommen". Aber der Informationswert ist gering, denn Beschreibungen der Zusammenhänge, der genauen Umstände fehlen. Im allgemeinen ist es nicht die vermenschlichende Sprache, die einen alten (oder neuen) Bericht unbrauchbar macht, sondern die ungenaue Erzählweise.

Der Zoologe Otto Koehler wies auf den Unterschied zwischen dem „Sprechen" eines Wellensittichs und dem eines Graupapageien hin: „Ein Unvorbereiteter faßt die Menschenworte, die ein Wellensittich in sein Artgezwitscher einstreut, erst auf, nachdem man ihn eigens auf sie hinweist; beim Jako, der sie isoliert vorträgt, könnte er sie nie überhören, ja, er kann sie recht wohl für Menschenrede nehmen, wenn er den Urheber nicht sieht" (Koehler, 1951).

Otto zur Strassen begrüßte es dann auch ausdrücklich, daß „die wunderbaren Geschichten, die früher im Brehm zu lesen waren, in dessen vierter Auflage beseitigt worden sind", ohne zu erwähnen, daß sie nicht aus der Feder Brehms stammten und so „wunderbar", wie manche sie verstanden, gar nicht waren (zur Strassen, 1953).

244

Ein Verfechter der Theorie von den „denkenden Tieren" war Professor Jäger. Er schrieb: „Sollte es einstmals gelingen eine der sprachlich begabteren Papageienarten so zu züchten, wie die Hühner, und würde sich dann jemand die Mühe nehmen, durch mehrere Generationen diesen Papageien sorgfältigen methodischen Sprachunterricht zu erteilen – wobei man freilich nicht mit dem Buchstabieren anfangen dürfte –, so könnte man es vielleicht dahin bringen, eine Papageienfamilie zu erzeugen, die sich der erlernten Wortsprache nicht, wie es die jetzigen tun, nur als Verständigungsmittel zwischen sich und dem Menschen, sondern auch zur Verständigung unter ihresgleichen bedienen würden" (zitiert nach v. Montgelas, 1925). – Eine amüsante Vorstellung!

Der Sprachpsychologe G. Révész schrieb: „Bezeichnend ist, daß Tierliebhaber, selbst wenn sie über die seltsamsten ‚Sprachhandlungen' der Papageien berichten, niemals behaupten, daß ihre Lieblinge jemals an sie Fragen gestellt haben. Wenn die letzteren dies täten, so müßten sie bei ihnen ein menschliches Bewußtsein annehmen, aber so weit geht denn doch selbst ihre Bewunderung nicht" (zitiert nach Mynarek, 1967).

Maurits, Prinz von Oranien, erzählte John Locke, dem englischen Philosophen, von einem brasilianischen Papagei, der auf seine Fragen „sinnvolle" Antworten gegeben habe: Der Prinz fragte in französischer Sprache z. B. „Wem gehörst du?" Der Papagei habe geantwortet: „Einem Portugiesen". Und: „Was machst du da?" – „Ich bewache die Hühner." – Locke fragte den Prinzen, in welcher Sprache der Papagei geredet habe. Es sei Brasilianisch gewesen, antwortete der Prinz. Ob er denn Brasilianisch verstehe, wollte Locke wissen. Der Prinz verneinte und gab an, ein Brasilianer habe ihm alles verdolmetscht ... (Révész, 1946).

Tonvorstellung oder zweckverbundenes „Sprechen"

Der Verhaltensforscher Heinroth schreibt: „Geistig höherstehende Formen verbinden sicher mit Tönen, die sie selbst nachahmen, Zeit, Ort und Person. Dazu gehören Stare, manche Rabenvögel und vor allen Dingen Papageien, besonders die klügeren unter ihnen. Dies macht dann geradezu den Eindruck menschlichen ‚Sprechens‘, ist aber nicht ganz dasselbe. Wenn z. B. mein jung aufgezogener Wellensittich die gurgelnden Töne des Eingießens aus einer Flasche nachahmt, sobald ich eine solche zur Hand nehme, oder den lauten Ton des Bienenfressers ‚Pitt pitt‘ ertönen läßt, sobald ein solcher ins Zimmer fliegt, so will das Tier ja zu diesen Ereignissen keine Meinung äußern, sondern der Anblick des Gegenstandes löst eine Tonvorstellung aus. Es wirkt verblüffend, wenn ein Papagei ‚herein‘ ruft, wenn es draußen klopft, und man schiebt ihm unwillkürlich die Meinung unter, daß er den klopfenden Gast zum Eintreten ermuntern wolle. Bald kommt man aber dahinter, daß schon das In-die-Hand-Nehmen der knackenden Türklinke genügt, um bei dem Vogel das ‚Herein‘ auszulösen, ja, selbst nahende Schritte veranlassen ihn zu dem Zuruf" (Heinroth, 1977).

Grzimek sagt: „Das eben ergibt ja so verblüffende Vorfälle: daß die Papageien die gelernten Sätze, Wörter und Pfiffe häufig bei genau derselben Gelegenheit anwenden, bei der sie sie von den menschlichen Familienangehörigen hören. An sich tut ja ein Hund, der seinem Herrn die Hausschuhe bringt oder der auf einen bestimmten Befehl Pfote gibt, auch nicht viel anderes. Aber dadurch, daß der Papagei redet und die Sätze immer recht gut zu der Handlung passen, bei der er sie gehört hat und wieder anbringt, dadurch glaubt man so leicht, er verstünde und überschaue alles ebensogut wie wir selbst. Ruft da der Koko, wenn es klingelt, genau wie sein Frauchen: ‚Wer ist da? Briefträger?‘ Außerdem pfeift er noch einige Male hinterher, und an diesen Pfiffen kann das Frauchen dann auch im Garten hören, daß es geklingelt hat. Wenn der Pudel jaulte, wurde er vom Onkel in die Ecke geschickt. Bald sagt dann auch Koko genau mit der Stimme des Onkels: ‚Ruhig, Othello, marsch in die Ecke!‘ Öfters fiel der Pudel Othello auch darauf herein und zog auf Kokos Befehl in die Ecke ... Es ist nur bewiesen, daß er einen Satz bei der gleichen Gelegenheit wiederholt, nicht

daß er Othello in die Ecke jagen will!" (Grzimek, 1951). – Wenn meine Blaustirnamazone „Lora" schrie, vor allem morgens, hörten wir oft Graupapagei Rocco „Lora" oder auch „Ja, Lora" sagen, mehrmals in Abständen hintereinander, so wie ich es sagte, wenn ich im Papageienzimmer war und Lora ihr Geschrei hören ließ. Komisch wirkte, daß Rocco den ermahnend-beruhigenden Ton, mit dem ich diese Worte zu sagen pflegte, nachahmte. Freilich konnte Rocco offenbar nicht unterscheiden, ob Lora ein unleidliches oder freudig erregtes Geschrei machte, er „beruhigte" bzw. „ermahnte" sie in beiden Fällen – so wirkte es auf den menschlichen Zuhörer. Natürlich handelte es sich um eine bloße Vorwegnahme.

Rocco gewöhnte es sich an, bevor er mir sein Apfelstück aus der Hand nahm, erst „so" zu sagen. Solange mußte ich, das Apfelstück in der Hand, warten. Auf diese Weise wurde ich erst darauf aufmerksam, daß ich gewöhnlich „so" sagte, wenn Rocco sein Apfelstück mir aus der Hand genommen hatte.

Nie lernte er „Guten Morgen" sinngemäß zu „sprechen". Eine Zeitlang sagte er es, wenn ich das Trinkwasser erneuerte, abends wie morgens. Das Trinkwasser zu erneuern, war stets meine erste Handlung morgens im Vogelzimmer.

Der Zoologe Bastian Schmid schrieb 1935: „Wie unsere Sprache, so ist auch die tierische zum Mitteilen bestimmt ... Nicht alle unserer Lautgebungen bestehen aus Worten, und nicht alle sind gewollt. Manche entgleiten uns rein unwillkürlich. Wenn wir uns brennen, schneiden oder, wenn wir ins Wasser fallen, stoßen wir irgendeinen unartikulierten Schrei aus, und erst dann finden wir passende Worte ... Ob das Tier eine gewollte oder eine ungewollte Mitteilung macht, ist für den Enderfolg fast dasselbe. Ja, ein von einem Räuber überfallenes Tierkind erhält durch plötzliches Hinausschreien sogar rascher Hilfe von seinen Eltern, als wenn es zögerte oder gar sich erst überlegen müßte, was für einen Ruf es zu wählen habe ... Auch der Papagei kann gewollte Mitteilungen machen, womit durchaus nicht gesagt sein soll, daß alle von ihm gesprochenen Worte einen Sinn hätten. Lau-

245

fen doch diese mitunter wie eine Walze ab. Wenn er z. B. das Wort Kuchen sinngemäß anwendet, es also so ausspricht, um sich Kuchen zu betteln und sein Verlangen nach diesem andeutet, dann hat er uns eine richtige Mitteilung gemacht" (Schmidt, 1941).

Der Zoologe Otto Koehler schrieb: „Der Vorbesitzer meines Graupapageis meldete sich auf Telefonanruf mit ‚Halloh!' und verabschiedete seine Gäste mit ‚Nu auf Wiedersehn!' Dies erfuhr ich durch seine Befragung, nachdem wir daheim beobachtet hatten, daß der Jako ‚Halloh' sagte, so oft man den Hörer abhob, und ‚Nu auf Wiedersehn', wenn einer das Zimmer verließ. ‚Das hat er sich selbst gelernt', erklärte mir der Vorbesitzer. Wir selbst erlebten mit, wie das Tier solch eine Zuordnung neu entwickelte. Es gewöhnte sich mit der Zeit an, wenn wir abends vergaßen, das Bauer zuzudecken, so lange ‚Kuducks' zu rufen, bis es seinen Willen hatte. Dies unwiderstehliche Befehlswort hatte er mit der Zeit aus den zwei vordem getrennt erlernten Wörtern Kuckuck und Kuhks kontaminiert... Daneben blieben ihm jedoch die beiden Ausgangswörter geläufig. So wäre das Kuducks, wenn man so will, ein Zwei-Wort-Satz, dem freilich der unseren Sätzen selbstevidente Sinn durchaus fehlte; dafür gab er ihm jedoch einen neuen, und das ist immerhin schon ein sehr wichtiger Schritt" (Koehler, 1951).

Genau genommen handelte es sich auch hier um ein Erwartungssprechen, das mit der Zeit die Funktion eines Signals bekam. Koehler erzählte: „Früher hatte er ohne Zeitbindung ‚kuducks' gesagt, dann immer häufiger, wenn wir ihn abends zudeckten. Daraufhin lösten wir es eine Zeitlang situationsgebunden aus, indem wir mit dem erhobenen Tuch in den Händen vor dem Käfig stehend solange riefen: ‚...Jetzt machen wir..., jetzt machen wir...', bis er ‚kuducks' ‚antwortete'. Sehr bald konnte diese Auslösung unterbleiben. Von selbst rief er fortan, sobald ihm die Zeit gekommen schien, ununterbrochen in größter Lautstärke sein ‚kuducks', auch wenn er allein in der Wohnung war, also niemand gehört haben konnte, der zu ihm hätte kommen können, so daß die ganze Nachbarschaft rebellisch wurde. Immer schrie er so lange, bis er glücklich zugedeckt war... Der einzige, ‚wenn auch noch so fern zugehörige Außenreiz', der ihn an seinen Wunsch erinnern konnte, war die abendliche Stunde, die er, gleich ob in natürlicher Dämmerung oder bei Lampenlicht, einigermaßen genau einhielt" (Koehler, 1954).

Knottnerus-Meyer erzählte von seinem Graupapagei „Lotte": „Nachts schlief Lotte in ihrem mit einer Schlafdecke zugehängten Käfig und dann beim Zudecken sagte sie jedesmal zum Abschied ‚huch', ganz leise und gedämpft" (Knottnerus-Meyer, 1925).

Auch für meinen Graupapagei Rocco schien der Vokal „u" eine besondere Rolle zu spielen. Nachdem Rocco, den wir nie bewußt dressierten, gelernt hatte, seinen Namen zu „sprechen", „erfand" er dazu eine Variation „Rucco", die er besonders melodiös wiedergab.

In der ersten Zeit versuchte Rocco seinen neuen Käfiggenossen Brummi durch Klettern an der Käfigdecke zu bedrängen. Zwischendurch plusterte er sich zu einer Kugel auf und machte „u-u", was ich für einen (selbsterfundenen) Drohlaut hielt. Bei seinen ersten Balzversuchen Brummi gegenüber äußerte Rocco ganz ähnlich „huuu". Eine Zeitlang, anfangs, wenn er mit Brummi schnäbelte, gab Rocco gedehnt und mehrtonig „ou, ou" von sich. Als er später von Brummi verfolgt wurde, ließ er wiederum ungewohnte Laute hören: „uää". Als er sich wieder später von Brummi füttern ließ, bettelte er ihn an mit „o-hu".

Sinngemäß – Funktionell: Theorien

v. Lucanus besaß einen Graupapagei (*Psittacus erithacus*), „Jako", der nur wenig und „den Umständen gemäß" „sprach". v. Lucanus erzählte: „So sagte er nur morgens ‚guten Morgen', und zwar begrüßte er hiermit jedes Familienmitglied, das in das Frühstückszimmer trat, und auch nur einmal. Verließ jemand das Zimmer und kam später von neuem herein, so blieb er stumm, sagte dagegen sogleich sein ‚guten Morgen', sobald eine Person, die bisher noch nicht anwesend war, erschien. Er paßte also auf das Erscheinen der einzelnen Personen scharf auf und wußte genau, wer bereits im Zimmer gewesen war und wer nicht … Zu anderen Tageszeiten ließ er sein ‚guten Morgen' niemals hören."

Weiterhin schrieb v. Lucanus: „Erstaunlich war der richtige Gebrauch der Wörtchen ‚na' und ‚so', die er sich selbst angeeignet hatte. ‚So' sagte er stets, wenn eine Handlung vollendet war, z. B. wenn er wieder in den Käfig gebracht war und die Tür geschlossen wurde, wenn sein Käfig an einen anderen Platz gestellt wurde oder der neu gefüllte Futternapf eingeschoben war. Dagegen sagte er das Wort ‚na' immer in Erwartung eines Ereignisses, z. B. wenn man seinen Käfig öffnete, um ihn herauszulassen, ihm einen Leckerbissen zeigte oder sonst eine Handlung ausführen wollte. Sogar Begebenheiten, die ihn selbst nichts angingen, begleitete er mit diesen Ausdrücken. Wurde ein Gegenstand, eine Lampe oder eine Kiste auf den Tisch gestellt, so bestätigte er die vollbrachte Handlung mit ‚so'. Hatte ich eine Zigarre angezündet und das Streichholz ausgeblasen, so erfolgte sein ‚so'. Alles dies sind freilich nur Reaktionen auf äußere Reize."

Sah der Graupapagei „Jako", so erzählte v. Lucanus, daß gegessen wurde, so bettelte er um einen Bissen mit den Worten „schmeckt schön", die er sonst niemals sagte. Ein anderer Graupapagei, „Lora", gebrauchte zum Betteln das Wort „bitte". v. Lucanus schrieb: „Durch Vorzeigen von Kirschen, die seine Lieblingsspeise bildeten, hatte ich ihm beigebracht, das Wort ‚bitte' zu gebrauchen, um in den Besitz dieses Leckerbissens zu gelangen. Anfangs sagte Lora das ‚bitte' nur beim Anblick von Kirschen, jedoch nicht bei anderen vorgehaltenen Leckerbissen. Mit der Zeit erlernte sie jedoch auch dies, ohne daß ich sie hierzu besonders abrichtete."

v. Lucanus meinte, eine „Verständigungsabsicht" dürfe man nicht annehmen – er meinte eine Verständigungsabsicht im menschlichen Sinne – dagegen spreche, daß „Lora ihr ‚bitte' auch dann sagte, wenn sie allein im Zimmer war und eine Verständigung mit ihr gar nicht

möglich war. So rief sie z. B. stundenlang dem geleerten Futternapf das ‚bitte' zu, oder betrachtete unter sehnsüchtigen Bitterufen irgend einen unerreichbaren Gegenstand, an dem sie ihre Zerstörungslust auslassen wollte, obwohl niemand im Zimmer war, der den Wunsch erfüllen konnte" (v. Lucanus, 1923).

Dagegen läßt sich einwenden, daß Bettellaute bei den Papageien keineswegs einen Sichtkontakt voraussetzen. Jener Bericht v. Lucanus' setzt seinerseits voraus, daß, während „Lora" ‚bitte' rief, jemand in Hörweite war; das kann der Vogel durchaus gemerkt haben. Junge Papageien geben in der Höhle auch Bettellaute von sich, wenn sie die Elternvögel nicht sehen.

v. Lucanus brachte seinem Graupapagei „Lora" bei, ‚adieu' zu sagen, wenn er, v. Lucanus, das Zimmer verließ. Er berichtete: „Nun wurde aber das Adieusagen nicht nur durch mein Fortgehen ausgelöst, sondern auch durch andere Erscheinungen, die hiermit in Verbindung standen. Der Vogel rief sein ‚adieu' bereits, wenn ich mir den Mantel anzog, den Hut aufsetzte oder mit der Hand den Griff eines Schreibtischfaches anfaßte, um vor meinem Fortgang mich zu vergewissern, daß dieses verschlossen war." v. Lucanus versuchte zu erklären, was „sich hierbei in der Vogelseele abspielte", wie er sich ausdrückte. Recht hatte er m. E., wenn er feststellte: „Für den Vogel gehören … diese nebensächlichen Begleiterscheinungen ebenso gut zum Fortgehen, wie das Verlassen des Zimmers selbst, und haben … dieselbe Wichtigkeit wie die Haupthandlung."

Wenn er daraus folgert, das Tier sei nicht imstande, die wesentlichen Merkmale von den unwesentlichen zu unterscheiden, also zu „abstrahieren", folge ich seiner Argumentation nicht. Die Beurteilung, was wesentlich sei, erfolgt hier allein aus menschlicher Sicht. Seine Schlußfolgerung ist nur ein logisches Weiterdenken: „Das Adieusagen scheint nichts anderes zu sein, als die mechanisch reflektierende Antwort auf einen äußeren Reiz … Es scheint … lediglich eine assoziative Funktion vorzuliegen, die im Laufe der Zeit automatisiert ist."

247

Aber v. Lucanus war sich seiner Sache gar nicht sicher. Sein Graupapagei „Jako" hatte nämlich ebenfalls gelernt, ‚adieu' zu rufen, wenn jemand das Zimmer verließ; er sagte es aber nicht nur auf die bekannte Weise. v. Lucanus erzählte: „Wie den meisten Graupapageien war ihm die Anwesenheit fremder Personen sehr unangehm. In ihrer Gegenwart verhielt sich Jako völlig still und saß mürrisch mit gesträubtem Kopfgefieder in seinem Käfig. Blieb der Besuch längere Zeit, dann begann Jako plötzlich ‚adieu' zu rufen und setzte dies solange fort, bis der Fremde das Zimmer verließ." v. Lucanus meinte: „In diesem Falle wurde das Adieusagen nicht durch das Fortgehen selbst oder durch eine hiermit in Verbindung stehende Handlung ausgelöst, sondern es erfolgte bereits in Erwartung eines Geschehnisses, das der Vogel herbeisehnte." v. Lucanus stellte irritiert die Frage: „Sagte nun Jako das Wort ‚adieu' in der Absicht, hierdurch den ihm unangenehmen fremden Besuch zum Fortgehen zu veranlassen, oder war das Adieusagen nur eine rein äußerliche Begleiterscheinung des Affekts ohne objektive Tendenz?" v. Lucanus mochte sich nicht festlegen. Er stellte am Ende fest: „Diese Erscheinung ... zeigt uns, daß die psychische Tätigkeit des Tieres nicht ausschließlich auf Geschehnisse der Gegenwart beschränkt ist, sondern sich auch auf die Zukunft erstrecken kann, denn in diesem Falle bezieht sich die von dem Vogel ersehnte Entfernung des Fremden auf eine in der Zukunft sich vollziehende Handlung" (v. Lucanus, 1923).

Das ist sie jedoch nur in unseren Augen!

Otto zur Strassen sah in der Fähigkeit, die menschliche Sprache nachzuahmen, mehrere Stufen. Mit der 1. meinte er wohl **Nachahmung als Spiel**. Die 2. Stufe nannte er **Assoziation**. Er schrieb: „Die Ton-Nachahmung wird mit optischen oder akustischen Eindrükken der Situation, in welcher die betreffenden Laute gehört worden waren, derartig verknüpft, daß die Wiederholung der Situation fortan zum ‚Auslöser' wird für die Erzeugung der eingeprägten Laute. Die Nachahmung signalisiert dann den Wiedereintritt der Situa-

tion. – Jeder anständige Graupapagei hat gelernt, wenn an die Tür geklopft wird, ‚Herein!' zu rufen."

Die 3. Stufe, sagte er, sei die „Gabe der **Abstraktion**, d. h. die Fähigkeit, das für eine ‚Klasse' ähnlicher Dinge oder Vorgänge Gemeinsame, Wesentliche festzustellen, gleichsam den ‚Begriff' der Klasse zu bilden, diesen sich einzuprägen und assoziativ zu verwenden. Und häufig erscheint nun ein solcher begriffsartig verallgemeinerter Klasseneindruck auch in der Sprache der Papageien, indem ihm ein Tonsignal, das bei früherer Begegnung mit Situationen der betreffenden Klasse zu hören gewesen war, zugeordnet wird. So nannte ein Amazonenpapagei, von dem Grzimek (1951) nach offenbar zuverlässiger Privatmitteilung berichtet, alle Kinder, kleine wie größere, Buben und Mädel, obwohl er sie individuell genau unterschied, ‚Gregor', wie das erste Kind hieß, das er kennen gelernt hatte. – Mein Jako hatte den ‚Begriff' der Flüssigkeit gebildet und verkündete oft das Vorhandensein einer solchen, sei es nun Wasser, Tee, Suppe oder sonst etwas, mit einem Plätschergeräusch, das er vermutlich vom Waschtisch her kannte. – Der gleiche Graupapagei (und unabhängig von ihm ein zweiter, der meiner Schwester gehörte) bezeichnete alles, was aus Glas bestand, auch eine Tintenflasche, mit dem scharf klirrenden Ton, der entsteht, wenn man mit einem harten Gegenstand an ein Glasgefäß schlägt. – Sogar noch feinerer Abstraktionen und ihrer sprachlichen Bezeichnung sind Papageien fähig. Ein Jako, den Fr. v. Lucanus (1923) besaß, sagte oftmal, wenn in seinem Gesichtskreis irgendeine Handlung vollendet, z. B. die Käftigtür geschlossen, die Lampe auf den Tisch gestellt, eine Zigarre angezündet worden war, nach Menschenweise kurz: ‚So'" (zur Strassen, 1953).

Im Großen Brockhaus von 1966 wird die Abstraktion folgendermaßen definiert:

„in der Philosphie, Psychologie: das Heraussondern bestimmter Merkmale in der Absicht, das Gleichbleibende und Wesentliche verschiedener Gegenstände zu erkennen, um so zu allgemeinen Begriffen und Gesetzen zu kommen ... Man kann die Abstraktion immer weiterführen und bis zu allgemeinsten Begriffen gelangen: z. B. Hund, Tier, Lebewesen, Seiendes, Etwas ..."

„in der mathematischen Logik wird Abstraktion als eine logische Operation aufgefaßt, die Aussagen über konkrete Gegenstände auf gewisse Eigenschaften einschränkt. Sieht man z. B. beim Zählen von der individuellen Beschaffenheit der Ziffern ab, betrachtet also den Unterschied von ›2‹, ›II‹ oder ›oo‹ als unbedeutend, so spricht man von Zahlen statt von Ziffern."

Die Schwierigkeit, bestimmte „Sprech"-Vorgänge der Papageien begrifflich zuzuordnen, liegt m. E. darin, daß diese Begriffe aus der menschlichen Denkweise stammen. Vermutlich sehen die Papageien die „konkreten Gegenstände auf gewisse Eigenschaften eingeschränkt".

Nach „vollendeter Handlung" setzte Fr. v. Lucanus möglicherweise unabsichtlich ein bestimmtes Zeichen.

Zur Strassen fuhr fort: „Die für uns weitaus bedeutungsvollste Stufe aber ist die vierte, die Stufe der **Antizipation**. In den bisher genannten Fällen waren die Dinge oder Vorgänge, die mit ihrem individuellen oder begrifflich verallgemeinerten Tonsignal angesprochen wurden: ein Glas, ein Kind, ein gesprochenes Wort usw., als solche vorhanden. Sie wirkten unmittelbar auf die Sinne des Vogels. Ihr optischer oder akustischer Reiz löste das assoziierte Sprachsignal aus. Jetzt aber steigert sich der Inhalt der Papageiensprache vom Wahrgenommenen zum bloß ‚Gedachten‘, vom Gegenwärtigen zum Künftigen" (zur Strassen, 1953).

Dieser weiteren Einteilung wird man nicht folgen wollen, wenn man davon ausgeht, daß für den Papagei nur die Gegenwart existiert, daß Vergangenes wie Zukünftiges (worauf er wartet) für ihn genauso „gegenwärtig" ist. Die Antizipation findet nur in der Sicht des Menschen statt. Ich selbst möchte die Antizipation (Vorwegnahme, Erwartung), das Erwartungssprechen im Sinne von Vorwegnahme-

sprechen, lieber zur Stufe der Assoziaton rechnen.

zur Strassen ging noch weiter. Er sah sogar den „Grenzübergang zur **zweckdienlichen Papageiensprache** wirklich getan." zur Strassen schreibt: „Zweckdienliches Sprechen liegt meines Erachtens z. B. vor, wenn Jako, der frühzeitig gelernt hatte, beim Empfang eines Stückes Zwieback (notabene mit Butter auf beiden Seiten) ‚Zwieback‘ zu sagen, in späteren Jahren unfehlbar sein ‚Zwieback!!‘ schmetterte und immer wiederholte, sobald er nur den geliebten Leckerbissen von weitem zu sehen bekam, wobei er aufgeregt von einem Fuß auf den andern trat und an das Käfiggitter drängte. – Stand Obst auf dem Tisch, dann bettelte er niemals mit ‚Zwieback‘, sondern mit ‚Bitte Orange!‘. Immerhin, in den genannten Fällen war wenigstens der Gegenstand, an dem sich der erwünschte Vorgang abspielen sollte (der Zwieback, das Obst) sichtbar vorhanden. Zuweilen aber fehlte diese Vereinfachung. Wenn unser Jako allein im Zimmer war und sich langweilte oder fand, es sei an der Zeit, den Tisch zu decken, rief er solange schallend ‚Herein!‘, bis jemand kam; ohne daß doch geklopft worden wäre. Oft aber klopfte er vorher selber; was er sogar auf zweierlei Weise fertigbrachte: mit seinen Stimmwerkzeugen oder indem er mit dem Schnabel auf seine Sitzstange klopfte. – Bevor sich Jako die Sonderbitten um Obst und Zwieback angeeignet hatte, war er gelehrt worden, bei jedem empfangenen Leckerbissen ‚Bitte, bitte‘ zu sagen, und tat dies auch späterhin, wenn zwar der Tisch gedeckt, aber weder Zwieback noch Obst darauf zu sehen war. Einmal aber verwandte er dieses unbestimmte Bedarfssignal mit sehr bestimmtem Ziel. Ich zitiere aus dem von meiner Frau geführten Protokollbuch über Jako: ‚23. 3. 1928. Heute abend, lange nach dem Abendessen, antwortete er auf alles, was ich ihm sagte, nur hartnäckig ‚Bitte, bitte‘. Als ich endlich hinging, sah ich, daß sein Teenäpfchen leer war und er offenbar großen Durst hatte. Als ich ihm Tee gab, trank er gierig. Nachher redete er alles mögliche‘" (zur Strassen, 1953).

M. E. kann man diese Beispiele auch so deuten, daß der Papagei die gelernten menschlichen Worte einfach zum Betteln benutzte.

Auf der 66. Jahresversammlung der Deutschen Ornithologischen Gesellschaft, die im Jahre 1952 in Freiburg i. Br. stattfand, hielt der schon lange emeritierte Prof. zur Strassen einen Vortrag über „zweckdienliches Sprechen beim Graupapagei". Im Tagungsbericht heißt es: „Seine Mitteilungen ... gipfelten in der Auffassung, daß man den Papageien nicht die Fähigkeit absprechen könne, mit erlernten Worten auch die entsprechenden Begriffe zu verbinden und sich darüber hinaus der erlernten Sprache zweckdienlich zu bedienen. zur Strassens Jako rief ,Herein', wenn er alleine war und gerne Gesellschaft gehabt hätte. Er sagte ,Bitte, bitte', wenn er Durst hatte, und rief ,Zucker' oder ,Bitte Orange', wenn er von der Kaffeetafel etwas zu essen haben wollte. Prof. zur Strassen meinte, daß dieserFähigkeit der Papageien auch eine biologische Bedeutung zugrunde liegen müsse, über die allerdings noch nichts bekannt sei, weil das Zusammenleben dieser Tiere in freier Wildbahn noch gar nicht genügend beobachtet worden sei. Er hoffe, daß die Schule Lorenz sich auch noch recht intensiv mit den Papageien befassen werde" (J. Orn., 1953).

zur Strassen widersprach Konrad Lorenz, der bemerkt hatte, daß selbst die großen „sprechenden" Papageien „es merkwürdigerweise niemals lernen, mit ihrem Können auch nur den einfachsten Zweck zu verknüpfen". Sein Graupapagei hatte nämlich gelernt, wie wir schon oben sahen, „Bitte" zu sagen, wenn man ihm etwas zu essen anbot, und so sagte er „bitte, bitte", als sein Teenäpfchen leer war und er großen Durst hatte. zur Strassen analysierte diese „Leistung" und benannte vier Vorstufen:

1. das Nachahmen von Gehörtem
2. situationsgebundenes Äußern eines bestimmten Lautes
3. dasselbe auf vergleichbare Situationen übertragen (Abstraktionsvermögen)
4. dies vorwegnehmend
(Gwinner/Kneutgen, 1962).

250

Ersetzt man die Nachahmung (Punkt 1) durch eine angeborene oder erlernte Lautäußerung, dann ist mit diesen Punkten ebenso das Bettelverhalten durch Bettelrufe beschrieben. Das Abstraktionsvermögen darf nicht vermenschlicht gesehen werden: Daß Trinken und Essen etwas Verschiedenes sei, entspricht unserem menschlichen Denken, womit verdrängt wird, daß der Säugling seine Nahrung trinkt. Viele Vögel benötigen kein zusätzliches Trinkwasser, wenn sie saftige Früchte fressen. Für den Graupapagei zur Strassens gehörte Futter und Wasser grundsätzlich in dieselbe Kategorie „Nahrung", obwohl es in der Natur eigene Vogeltränken gibt, wobei dann auch das Baden eine Rolle spielt.

Die Biologin Pepperberg dressierte einen Graupapagei, den sie im vermutlichen Alter von ca. 13 Monaten aus einer Zoohandlung erhalten hatte, bis zu 40 verschiedene Dinge in englischer Sprache deutlich artikuliert zu „benennen". „Alex" lernte sogar, bestimmte Dinge selbst zu verlangen. Gab man ihm etwas anderes als das Gewünschte (und richtig Benannte), protestierte er mit lautem ,No' (Nein) (Pepperberg, 1981).

Pepperberg brachte ihrem Graupapagei unter anderem bei, einfache Fragen nach Farbe, Form und Material eines Gegenstandes richtig zu beantworten (Pepperberg 1987).

Griffin schrieb drei Jahre später: „Diese Entdeckungen sind für die Verhaltenswissenschaftler anscheinend so überraschend gekommen, daß sie sie noch nicht durch Wiederholungen nachgeprüft oder sich sonstwie ernstlich damit abgegeben haben. Jedoch stellen diese Ergebnisse sicher die Einschränkungen infrage, die wir gewohnheitsmäßig den Mitteilungs- und Erkenntnismöglichkeiten bei Vögeln auferlegt haben" (Griffin, 1984).

Der Ausdruck des Protests (bei Alex: ,no'), der Ablehnung, kommt freilich nicht ganz so überraschend. Sick berichtete über das Kopfschütteln als Ausdruck der Ablehnung, nicht nur in der Vogelwelt (vgl. S. 208) (Sick, 1958).

Auch bei meiner Blaustirnamazone (Amazona aestiva) beobachtete ich schon, daß sie sich schüttelte, wenn sie einen angebotenen

Leckerbissen ablehnte. Solches oder ähnliches Schütteln kommt bei Papageien aber auch in Erwartung einer Dusche vor, die sie gerne mögen. Mein Goldnackenara *(Ara auricollis)*, der vom Vorbesitzer sehr verwöhnt wurde, bettelt geradezu aufdringlich, meistens um einen bestimmten Leckerbissen. Biete ich ihm dann einen anderen als den gewünschten an, protestiert er laut oder leise, was er akustisch sehr verschieden ausdrückt und mit unterschiedlichen Abwehrhaltungen begleitet.

Assoziation, Denken, Intelligenz

Was die Fähigkeit zur „Assoziation" betrifft, traute Konrad Lorenz Papageien einiges zu, er schrieb: „Man kann sich ... an ... Vögeln, die man im Zimmer regelmäßig von bestimmten Örtlichkeiten verjagt, davon überzeugen, daß sie meist nur den Ort und das unangenehme Ereignis assoziieren, ohne aber die An- oder Abwesenheit des Menschen miteinzubeziehen. Kolkraben und große Papageien tun letzteres allerdings sofort sinngemäß, das heißt, sie sind sofort ‚nun gerade erst recht' auf dem verbotenen Platz, sowie der Pfleger den Rücken kehrt" (Lorenz, 1931).

Friedrich v. Lucanus drückte in den 20er Jahren das aus, was viele seiner Zeit dachten: „Die moderne Tierpsychologie hat nachgewiesen, daß die geistigen Fähigkeiten der Tiere, die der Laie so gern überschätzt, kaum über die Funktion der Assoziation hinausgehen, die die Elementarstufe der höheren Geistestätigkeit darstellt. Die Assoziation beruht nicht auf Urteilskraft und logischem Denken, sondern sie ist nur die rein mechanische Verknüpfung zweier Ereignisse in der Weise, daß bei Wiederholung des einen das andere, auch wenn es nicht in Erscheinung tritt, unwillkürlich mitempfunden wird ... Das Zustandebringen von Assoziationen setzt ein gutes Gedächtnis voraus ... Die Erinnerung der Tierseele an vergangene Geschehnisse braucht nicht auf Verstandesleistung zu beruhen, sondern läßt sich auch durch die einfache seelische Funktion der Assoziation erklären. Die Wiederkehr eines Ereignisses, das mit einem anderen in Verbindung steht, löst die Erinnerung an dieses aus. Das Tier empfindet dann das, woran es sich erinnert, nicht als etwas Vergangenes, sondern als etwas Gegenwärtiges ... Es kennt nur die Gegenwart, aber nicht die Begriffe der Vergangenheit und Zukunft ..." (v. Lucanus, 1926).

Man merkt, wie sehr er sich bemühte, Vermenschlichungen zu vermeiden. Der Sprachgebrauch bleibt aber unklar.

Koehler sprach vom „unbenannten Denken". Bei Thorpe sucht man diesen Begriff („thinking") vergebens. Er führte statt dessen den Begriff „Einsicht" („insight") ein, worunter er das Auffassungsvermögen (apprehension) von den Beziehungen (relations) verstand. Unter „Einsicht-Lernen" („insight-learning") verstand er die Ausbildung (production) einer neuen anpassungsfähigen (adaptiven) Antwort auf der Grundlage der „Einsicht", nicht also nach dem Prinzip „Versuch – Irrtum" (Kruschinski und Mitarbeiter, 1963). Thorpe warnte vor allem vor dem Gebrauch des Wortes „Intelligenz", weil ihm der präzise Begriffsinhalt fehle, den man für das Studium des Tierverhaltens brauche (Thorpe, 1964b).

Die russischen Physiologen Kruschinski und Mitarbeiter mochten auf das Wort „Denken" nicht verzichten. Sie sagten: „Unserer Auffassung nach besteht die Hauptbesonderheit des Verhaltens, welches auf Grund jenes physiologischen Vorgangs erfolgt, den man als elementares Denken bezeichnen kann, im Erfassen jenes Zusammenhanges zwischen Ursachen und Folgen, der zwischen den Erscheinungen der Umwelt im Verlauf von deren ständiger zeitlicher und räumlicher Veränderung zustandekommt." Die Physiologen fanden bei ihren Untersuchungen heraus, welcher Bereich des Vogelhirns wohl „für die elementare Überlegungstätigkeit der Vögel eine besondere Bedeutung hat" (Kruschinski und Mitarbeiter, 1963).

Der Begriff „Künstliche Intelligenz" (KI) wurde von John McCarthy geprägt als Thema für eine Konferenz, die 1956 im Dartmouth College, New Hampshire stattfand. Diese „Dartmouth Conference" gilt heute gemeinhin als die Geburtsstunde der Künstlichen Intelligenz. „Dabei beschreibt der Begriff Künstliche Intelligenz auch die Simulation bestimmter Formen menschlichen Denkens und die Reproduktion und Weiterentwicklung von Erfahrungswissen mit Hilfe oder durch den Computer." Die Zielrichtung ist, menschliches Denken maschinell „nachzuahmen". An der „Reduktion menschlicher Intelligenz auf materielle mechanistische Erklärungsversuche setzt die Kritik an der Künstlichen Intelligenz an. Diese Kritik basiert im wesentlichen auf den Argumenten, mit denen auch die grundsätzliche Kritik an der Intelligenzforschung geübt wird (‚Intelligenz ist nicht das, was der Intelligenztest mißt'): Menschen sind als denkende Subjekte nicht allein durch ihre abstrakten intellektuellen Fähigkeiten geprägt, sondern durch den sozialen Bezug dieser Fähigkeiten. Das bedeutet, daß das menschliche Denken geprägt wird ... durch sein Ausgesetztsein in unzähligen sozialen Situationen, die dazu noch nach sozialer Schicht und regionalen oder lokalen Besonderheiten verschieden sind und erfahren werden." Teilweise können diese Erfahrungen nutzbar gemacht und programmiert werden (Schubert/Krebsbach-Gnath, 1987).

In der Verhaltenslehre wird der Begriff „Lernen" auch definiert als „adaptive Modifikation des Verhaltens". Adaption bedeutet Anpassung. Die modifikatorische Adaption ist die Anpassung über die individuelle Erfahrung. Die Anpassung setzt entsprechende Informationen über die Umwelt voraus. Dies erfolgt auf zwei Wegen: über das Erbgut und über die Sinnesorgane. Die Gesamtheit aller Informationen wird als Verhaltens-Programm bezeichnet. Immelmann schreibt: „Trotz der Übereinstimmungen, die zur Übernahme des Begriffs geführt haben, bestehen jedoch in zweierlei Hinsicht entscheidende Unterschiede: Zum einen entwickeln sich auch die über die Erbanlagen gesteuerten ... Verhaltensweisen stets nur in engem Zusammenspiel mit der Umwelt und können deshalb in durchaus unterschiedlicher Weise realisiert werden, so daß es absolute Hardware im Sinne der Computersprache

bei lebenden Organismen nicht gibt. Zum anderen gibt es bei Tieren sehr wohl Programme, die zwar vom Erbgut her ‚offen' sind, die aber durch individuelle Erfahrung in früher Jugend so stark festgelegt werden, daß sie später nicht mehr verändert werden können und daher geschlossenen Programmen gleichen oder sehr ähnlich sind. Dies gilt vor allem für viele durch Prägung festgelegte Verhaltensmerkmale" (Immelmann, 1982).

Man beobachtete, daß die Papageien am besten „sprechen" lernten, wenn sie in enger Gemeinschaft mit dem Menschen lebten, am besten ohne Artgenossen. Thorpe sprach die Vermutung aus, das sei vielleicht so, weil die Vögel lernten, daß ihre Pfleger ihnen mehr Aufmerksamkeit schenkten, wenn sie die menschlichen Worte gut nachsprechen konnten. Thorpe meinte, damit lasse sich gut die Tatsache erklären, warum ein Papagei, der gerade das „Sprechen" lerne, dazu neige, mehr zu „sprechen", wenn sein Besitzer außerhalb des Zimmers sei oder dieses gerade verlassen habe – als ob er versuchte, ihn durch sein Sprechen zurückzuholen. Vorausgesetzt diese Theorie stimme, dann habe der Lernprozeß beim Papageien große Ähnlichkeit mit dem des Menschenkindes in seinen ersten Anfängen, das Sprechen zu lernen (Thorpe, 1964a).

Man kann auch als Deutung eine Art „Selbsttröstung" oder „-anregung" in Betracht ziehen. Dann muß man nicht bis zur frühen Kindheit zurückgehen; auch bei älteren Kindern und sogar bei Erwachsenen kommt es vor, daß sie, wenn sie viel allein sind, „mit sich selbst sprechen". Das tun Kinder bekanntlich auch, wenn sie in der Dunkelheit Angst haben. – Der „sprechende" Papagei ist aus dem Nestlingsalter heraus und darum auf keinen Fall mit dem menschlichen Kleinkind zu vergleichen.

Todt und seine Mitarbeiter stellten bei ihren wissenschaftlichen Arbeiten mit Graupapageien fest, daß die Papageien während der Abwesenheit ihres Sozialpartners oft lange Folgen von Redeweisen, die ihnen beigebracht worden waren, von sich gaben. Solche „Sprechzeiten" konnten 50 Minuten dauern und mehr als 1000 Silben enthalten (Todt, 1975b).

Duettieren

Der Zoologe Dietmar Todt und seine Mitarbeiter benutzten eine ganz bestimmte Methode, um vier Graupapageien das „Sprechen" beizubringen; es waren Importvögel aus Westafrika.

1. Schritt: Der frisch angekommene Papagei wurde von zwei Menschen gepflegt. Sie fütterten und kraulten ihn und sprachen freundlich auf ihn ein. Als er mit seiner Umgebung und den Menschen vertraut war, setzte nur mehr eine Person die „Kooperation" mit dem Papagei fort, die andere spielte den Rivalen. Dies sei leicht zu erreichen, so berichtete Todt, indem man den prospektiven Rivalen Sprech-Muster (Sätze) äußern lasse, welche die besondere Aufmerksamkeit der anderen Person, die nach wie vor mit dem Vogel „kooperiert", auf sich ziehen. Am besten benutze man dazu Muster, die deutlich aus zwei Teilen bestehen.

2. Schritt: Die Dauer der Verzögerung, bis die Exemplare nachzuahmen begannen, war sehr unterschiedlich, sie ging von drei Tagen bis zu einem Monat. Jedenfalls, sobald der Papagei mit dem „Nachsprechen" begann, antwortete der „kooperative" menschliche Partner ihm, indem er ihm seine ganze Aufmerksamkeit zuwandte. Setzte der Vogel während der Nachahmung mitten im Sprechmuster ab, dann wurde dieses vom Menschen vervollständigt; andernfalls scheine beim Vogel eine Frustration einzutreten.

3. Schritt: Ist soviel erreicht, dann begrüßt der „kooperative" Partner den Vogel bei jeder Situation, die für diesen in sozialer Hinsicht wichtig ist: z. B. nach Trennungen, wenn andere Personen ankommen und allgemein, wenn ein „überraschendes" Ereignis eintrifft. Die Begrüßung besteht darin, daß der Mensch den ersten Teil des Sprechmusters, das der Papagei gelernt hat, sagt und es dem Vogel überläßt, das Muster zu vollenden.

Todt und seine Mitarbeiter machten die Beobachtung, daß ihre Papageien leicht (readily) von Rivalen lernten bzw. von Personen, die die Rolle des Rivalen spielten, aber vorwiegend mit ihrem „kooperativen" Partner kommunizierten. Besonders gute Erfolge wurden beobachtet, wenn ein Rivale dem Vogel Sprechmuster kurz vor Einbruch der Nacht vorsprach und der „kooperative" Partner den Vogel am nächsten Morgen mit demselben Sprechmuster (Satz) begrüßte.

Alle diese Sprechmuster, die der Papagei in der beschriebenen Prozedur gelernt hatte, spielten bei seinen sozialen Kontakten eine bedeutende Rolle. Sie wurden als Teil von „Wechselgesängen" (antiphonalen Duetten) zwischen dem Papagei und seinem „kooperativen" Partner wiedergegeben.

Der Graupapagei „Lora Eston", der von vielen Zirkusaufführungen und Fernsehsendungen her bekannt ist, gab jeweils den zweiten Teil solcher Sprechmuster wieder. Ein paar Beispiele seien herausgegriffen, die entweder besonders typisch sind oder bei den Zuhörern besonders gut ankamen:

Teil I (gesprochen von Frau Eston)	Teil II („gesprochen" vom Papagei)
Wie heißt Du –	Lora Eston
Zähl schön –	eins, zwei, drei
Was hast du –	Schwein
Wie bellt der Hund –	Nachahmen des Bellens
Lora lach! –	Nachahmen menschlichen Lachens

Frau Eston spielte die Rolle des „kooperativen" Partners. Der Papagei gab den 2. Teil, wie das Sonogramm beweist, mit einer Stimme wieder, die der Stimme Herrn Estons ähnelte; Herr Eston spielte den Rivalen.

Todt faßte zusammen: Ein Papagei beantwortete den 1. Teil eines Musters innerhalb von 0,1 bis 0,8 sec mit dem dazugehörigen 2. Teil. „Verwechslungen wurden in keinem Fall beobachtet." Wurde der 1. Teil unklar oder leicht abgewandelt vorgesprochen, berücksichtigte der Vogel vor allem dessen Ende. Bei fehlendem Sichtkontakt zwischen Papagei und Partner verringerte sich die Wahrscheinlichkeit, daß der Vogel antwortete. Dasselbe galt, wenn er ruhte oder durch eine Tätigkeit, wie Fressen oder Baden usw., abgelenkt war. Wenn Sichtkontakt bestand, konnte in den allermeisten Fällen erreicht werden, daß der Papagei auf wiederholte Darbietung eines 1. Teils antwortete, vor allem wenn ein kurzes Sprechmuster gewählt wurde, bei dem der Vogel z. B. bloß mit „ja" zu antworten hatte. Dies alles galt sogar, nachdem ein Sprechmuster mehrere Monate lang nicht mehr benutzt worden war. Todt stellte fest: „Nachgeahmt wurden durchweg nur Wort- oder Pfeiftonfolgen, die der Rivale vorgetragen hatte." Er schrieb: „Papageien, mit denen nicht duettiert wurde, ahmten u. a. Lautmuster nach, die von ihnen nicht vertrauten Personen stammten. Demgegenüber brachten 2 Papageien, mit denen antiphon „duettiert" wurde, nahezu keine von anderen als den sozialen Partnern (Rivale und kooperativer Partner) geäußerten Muster mehr. Dieser Befund könnte erklären, warum freilebende Graupapageien offenbar keine anderen Vogelarten lautlich imitieren" (Todt, 1975a).

Viele Ethologen (z. B. Todt, 1975) sind der Meinung, daß lange Zeit zufällige Berichte über oftmals eigenartige Beobachtungen seriöse Untersuchungen verhindert hätten. Sie setzen ganz auf experimentelle Untersuchungen, wie sie hauptsächlich ab den 50er Jahren, seit Koehler, begannen und lassen nichts anderes als „systematische" Arbeitsweise gelten.

Ich selbst schätze den Aussagewert von persönlich geprägten Laienberichten weit höher ein, besonders wenn sie den Vorzug der naiven Erzählweise haben, also nicht mit Intellektuell-Hineingedachtem befrachtet sind.

Ein Nachteil der systematisch vorgehenden Experimente liegt darin, daß sie (bisher) keine Aussagen von erheblichem statistischem Wert ermöglichen. Dagegen ergeben Vergleiche von solchen Berichten, die zeitlich und räumlich gestreut sind, Erfahrungswerte, die um so besser sind, je mehr Berichte seriöser Art vorliegen. Ohne systematische Arbeitsweise kommen wir auch hier nicht aus; die Systematik liegt hier aber in der Textkritik und Textanalyse sowie in der Methode des Vergleichs und

der Zuordnung. Damit können wir viel über die Situationsbezogenheit des „Sprechens" erfahren.

Durch die Gegenüberstellung von Papagei einerseits und zwei Partnern andererseits, davon der eine kooperativ und der andere rivalisierend, wird eine künstliche Konstellation geschaffen. Papageien leben in der Natur gesellig. Sogar die großen Araras leben in Gruppen bis zu etwa 20 Individuen zusammen. Lora Eston ist ein dressierter Papagei.

Daß der Graupapagei in den Experimenten von Todt und seinen Mitarbeitern immer die Stimme des „Rivalen" nachahmte, kann daran liegen, daß dessen Aussprache besonders auffallend war. Seit langem ist durch Erfahrung bekannt, daß Papageien bevorzugt das nachahmen, was ihnen besonders auffällt. Zum (oft unerwünschten) Nachahmen von Schimpfwörtern kommt es, gerade weil diese in heftigem Ton und mit auffallenden Gebärden oder Körperbewegungen ausgesprochen werden.

Zum Duettieren gehören zwei: Die Verhaltens-, Reaktionsweisen des „duettierenden" Menschen müssen genauso studiert werden wie die des Vogels. Und es ist nicht auszuschließen, daß der Mensch unbewußt, vielleicht auch vom anderen menschlichen Partner unbemerkt, Zeichen gibt, vielleicht solche, auf die nur der Vogel achtet.

Mein Graupapagei „Rocco" provoziert mich zum „Duettieren", indem er den 1. Teil einer Melodie pfeift, mehrmals, bis ich mit dem 2. Teil oder der ganzen Melodie (etwa einer Korrektur) antworte. Dabei fehlt der Sichtkontakt grundsätzlich.

Gräfin v. Montgelas erzählte 1923: „In einem Münchner Varieté sah ich vor ein paar Jahren eine Papageien-Kollektion... Die Nummer hieß: ‚Ernst Perzinas Papageiencabaret, 10 Papageien als Kommandosprecher, Lieder- und Coupletsänger, Kunstpfeifer, Tierstimmen-Imitatoren, Baß- und Sopransänger.' Die Papageien sangen tatsächlich auf Kommando die gewünschten Lieder... Besonders komisch war der eine Amazonenpapagei, der das Lied ‚Drunten im Böhmerwald' wiederholt und unter erschwerten Umständen singen mußte. Schließlich setzte ihn sein Dresseur in einen ledernen Handkoffer, verschloß diesen und befahl dem Vogel das Lied zu singen. Und sofort ertönte aus der Tiefe des Koffers ‚Drunten im Böhmerwald'!... Sobald ein Befehl befolgt war, bekam der Papagei jedesmal einen Leckerbissen" (v. Montgelas, 1925).

Auch Koehler kannte Perzina. Er schrieb: „Vor Jahrzehnten führte der berühmte ‚Papageienvater' Perzina in Varietés mit seinen Großpapageien in regelrecht verteilten Rollen die Lautfolge einer Abschiedsszene auf dem Bahnhof vor: ‚Einsteigen und Türen schließen!', ‚Zurücktreten!', Pfiff, Anfahrgeräusch, ‚Auf Wiedersehn, Mama!'. Vermutlich kommen solche außerordentlich seltenen Leistungen dadurch zustande, daß ein allen Beteiligten geläufiger Satz auf zwei oder mehrere Partner verteilt wird. Das ist dem Antiphonieren freilebender Vögel vergleichbar. Beide Male ist der Antrieb und der Nutzen der gleiche: Im Freien festigt dieses Verhalten das Eheband, beim menschengeprägten Vogel die Bindung an den Pfleger, der ja die Stelle des fehlenden Partners einnimmt" (Koehler, 1969).

Meinem Graupapagei Rocco, der nie dressiert wurde, gefielen manche Melodien so gut, daß er sie unbedingt lernen wollte. Wenn wir dann seiner Aufforderung nachkamen und ihm das Lied vorpfiffen, fing er gleich an zu üben. Erst machte er noch Fehler: Er ließ Töne aus oder setzte bei der falschen Höhe an. Er schien es selbst zu merken und gab nach einem Fehler klägliche Laute von sich – vergleichbar dem Menschen, der hinter einen Mißton ein verlegenes „oh" setzt.

Eine Aufzeichnung im Tagebuch lautete: „Rocco sagt ein neues Wort: ‚Oh Kerle'. Vor einigen Wochen habe ich damit begonnen, es ihm vorzusagen. Seit einer guten Woche bemüht er sich deutlich es nachzuahmen. Auffallend war, daß er es regelrecht übte, auch nachsagte, wenn man es ihm vorgesagt hatte, während er andere Wörter, die er kann, nie bringt, wenn wir sie ihm vorsagen, statt dessen antwortet er dann mit einem anderen Wort oder Ausspruch."

Das Letztere kann man wohl Duettieren nennen. Interessanterweise antwortet Rocco mit einem von uns gelernten menschlichen Ausdruck, bei dem es sich offenbar bloß um einen anderen als den vorgesagten handeln muß; dabei zeigt er ein mehr oder weniger stark ausgeprägtes Imponierverhalten.

Überhaupt neigt Rocco zum Variieren. Vorgesagt bekam er die Worte „Du Lieber", „Oh Gauner" und „Du Gauner". Er brachte schließlich bevorzugt als eigene Variation: „Oh Lieber, Du Gauner."

Begünstigt wird die Dressur und auch das Sprechenlernen durch die Neigung der Papageien (wie anderer Vögel) zur ständigen, gleichförmigen Wiederholung von Lautäußerungen, d. h. zur Stereotypie, denn auch erlernte Verhaltensweisen können ein großes Ausmaß an Stereotypie erreichen. Früher hätte man gesagt: Papageien sind „Pedanten".

Weitere Beobachtungen zur Nachahmung im Sozialleben

Der Zoologe Günter Tembrock meinte: Die „Fähigkeit zum ‚Spotten' ist bei Papageien vielfach wohl deshalb so besonders stark entwickelt, weil ihre normalen Lautäußerungen relativ wenig funktionell sind, vielmehr stellen sie ein lockeres ‚Plaudern' dar, vergleichbar den ‚Jugendgesängen' vieler Singvögel, die ebenfalls variabel, anpassungsfähig und wenig an Außenfaktoren gebunden sind. Je weniger funktionell ein Verhalten oder eine Lautäußerung ist, desto eher ist die Möglichkeit gegeben, neues hinzuzulernen" (Tembrock, 1959).

Die Zoologen Gwinner und Kneutgen untersuchten die Frage, ob die Fähigkeit von Vögeln, erlernte Laute „zweckdienlich" anzuwenden, im Sozialleben eine Rolle spielt. Sie faßten die Ergebnisse ihrer Untersuchungen zusammen: „Die Individuen von zwei in Gefangenschaft gehaltenen Kolkraben und drei Schamapaaren äußerten häufig dann, wenn sie ihren Partner vermißten, Laute und Gesangsmotive, die sonst hauptsächlich oder ausschließlich von diesem hervorgebracht wurden. Der so ‚benannte‘ Vogel kehrte, wenn ihm das möglich war, umgehend zurück, sobald er diese Laute hörte. Grundsätzlich unterscheidet sich dieses ‚Benennen‘ erwünschter Objekte offenbar in nichts vom ‚zweckdienlichen‘ Sprechen von Papageien, weshalb vermutet wird, daß diese Fähigkeit auch bei ihnen ihre primäre, arterhaltende Funktion im Sozialleben erfüllt" (Gwinner/Kneutgen, 1962).

Aufgrund meiner im folgenden aufgeführten Beobachtungen an meinen beiden Graupapageien, die ich nie bewußt dressiert habe, kann ich zwei Möglichkeiten festhalten:

- Derselbe Laut, der als Stimmfühlungslaut dient, wird auch zum Anbahnen oder zur Sicherung einer sozialen Bindung gewählt.
- Derselbe Laut, der zur Vergewisserung einer sozialen Bindung gebraucht wird, wird auch zum Betteln benutzt.

Zu der Zeit, als mein Graupapagei „Rocco" noch sehr ängstlich war, hatte ich oft den Eindruck, daß seine Nachahmungen Angst abbauen sollten. Lange Zeit empfing mich dieser ängstliche Vogel grundsätzlich mit Angstgeschrei. Dann bekam ich den Einfall, mit ihm zu pfeifen. Er antwortete und ahmte meine Pfiffe nach. Zehn Monate nach seinem Einzug schrieb ich ins Tagebuch: „Heute morgen hat er mich anders als sonst empfangen: abwechselnd mit kurzen Angstschreien und schleifenden Pfeiftönen nach meinem Muster." Rocco verlor seine Angst vor seinen ihm längst vertrauten Pflegern nur sehr langsam. Nach zwei Jahren brummelte er immer noch ängstlich, wenn ich in seiner Nähe hantierte. Ich sagte in beruhigendem Tone ‚Jaa‘. Bald darauf sagte er selbst dieses ‚Jaa‘, sobald ich ihm „gefährlich" nahe kam.

Dies bewirkte bei ihm offensichtlich einen Abbau von Angst. Menschliche Worte benutzte Rocco vielfach als Stimmfühlungslaute. Nach 1 1/2 Jahren begrüßte er uns mit ‚Au-a‘, wenn wir unten zur Haustüre hereinkamen, bald auch mit anderen erlernten Worten oder Melodien.

Nach drei Jahren bekam Rocco einen Artge-

nossen: „Brummi". In der ersten Zeit verfolgte er diesen oft, mit Imponierbewegungen und menschlichen Lauten: „Ja, ja – Ja, ja, Lora – Ja, ja, Roc – So, so." Wenn er es zu arg trieb, schimpfte ich ihn, drohte ihm, bis er ängstlich wurde. Er bettelte mich nun mehr an als zuvor, z. B. mit ‚Ja, ja‘. Eine Zeitlang benutzte er als Stimmfühlungslaut den erlernten „Kuckuckspfiff". Den gab er auch wieder, wenn ich ihn ausschimpfte.

Ich hängte den beiden Grauen je einen Futter- und Wassernapf, auf Abstand, ein. Rocco zog es immer wieder an Brummis Futternapf. Eine Tagebucheintragung lautet: „Beide fraßen. Erst jeder an seinem Napf. Dann, als Rocco nichts „Gutes" in seinem mehr fand, machte er sich an Brummis Napf. Brummi weicht immer schnell. Und oft sagt Rocco dabei in beruhigendem Ton (wie er es von mir kennt) ‚Ja, ja, Rocco‘." Später sagte er statt dessen ‚Ja Lora‘, wenn er Brummi ein Stück Kolbenhirse wegnehmen wollte, während seines am Boden lag. Dieses ‚Ja Lora‘ sagte ich vor allem, wenn die Amazone Lora mich anbettelte, auf den Leckerbissen noch warten mußte, ihn aber bald bekommen sollte. Schließlich benutzte Rocco dieses ‚Ja Lora‘ mir gegenüber als Bettelsignal.

Eine Zeitlang empfing mich Rocco morgens mit ‚du Lieber, du Gauner‘. Auch wenn er sich am Käfigboden aufhielt und ich vorbeiging, sagte er in Imponierhaltung vor allem Verbindungen mit ‚lieber‘ und ‚Gauner‘. Eine Tagebuchaufzeichnung lautete: „Heute morgen waren Rocco und Brummi am Käfigboden. Rocco biß auf einer Feder herum. Ich drohte ihm mit dem Finger und rief mahnend seinen Namen. Er ließ die Feder fallen, pfiff und schnalzte kurz. Dann jedoch machte er eine leichte Verbeugung, Imponierbewegung und sagte ‚du Gauner‘." Sowohl ‚du lieber‘ als auch ‚du Gauner‘ sagten wir stets freundlich zu ihm.

Während meiner langjährigen Beobachtungen an Graupapageien beobachtete ich häufig „Sprechen" im Zusammenhang mit Imponierverhalten, und zwar nicht nur beim Duettieren (vgl. S. 253ff). Es kam vor, daß mein Graupapagei Rocco

- mit seinem eigenen, abgekürzten Angstgeschrei drohte und es beim Imponieren benutzte,
- das Angstgeschrei des Partners beim Imponieren gebrauchte
- ein und denselben menschlichen Ausdruck benutzte: beim Imponieren, zum Betteln und zur Stimmfühlung,
- einen Rivalen unter Äußerung desselben Ausdrucks bedrohte, mit dem er einen Partner begrüßte.

Lange Zeit hängte ich den Grauen einen Nistkasten an den Käfig. Beide Grauen, vermutlich Männchen, zeigten Imponierverhalten gegenüber dem Kasten. War Brummi im Kasten, schaute Rocco von außen zu, pfiff, gluckste und „sprach": ,So', ,au'. Roccos Imponierverhalten mir gegenüber war gleich wie Brummi gegenüber. Dann „erfand" Rocco ein neues Geschrei: Er brachte sein lautes Angstgeschrei, aber nur kurz abgebrochen, als Warnung, Drohung, manchmal scheinbar ohne Grund. Dieses abgebrochene Angstgeschrei gewöhnte sich Rocco zum Imponieren regelrecht an. Er gab es auch am Kasten wieder, aufgeplustert, oder in das Kastenloch hinein. Oder aber er ahmte das Angstgeschrei Brummis nach, während er gegen den Nistkasten Imponierverhalten zeigte.

Wiederum später sagte er unter Imponierbewegungen zum Nistkasten ,Oh ja'. Dieses ,Oh ja', sagte er damals auch zu mir, wenn ich Leckerbissen auf sein Futter streute. Und er sagte es auch, wenn er Brummi nachstieg, verfolgte. Dann gebrauchte er ,Oh ja' oftmals als Bettellaut mir gegenüber.

Als ich ein Paar Edelpapageien *(Eclectus roratus)* in einen Käfig neben ihn setzte, reagierte Rocco, nach anfänglichem Angstgeschrei, bald eifersüchtig. Er drohte den beiden Neuen mit geplustertem Gefieder und mit Flügelschlägen, ja er fuhr sogar mit voller Wucht mit seinem Schnabel gegen das, den Edelpapageien zugewandte, Gitter; die Edelpapageien schienen jedoch das alles nicht zu beachten. Sprach ich mit ihnen, dann kam er gleich vor, aufgeplustert, oftmals mit seinem ,Oh ja'. Auch auf das morgendliche Rolladen-

hochziehen reagierte Rocco mit diesem ,Oh ja'. Als ich nach einer mehrtägigen Abwesenheit ins Vogelzimmer trat, begrüßte Rocco mich mit ,Oh ja'. Das bekam ich auch zu hören, wenn ich unten zur Haustüre eintrat, nachdem ich Stunden weggewesen war, aber auch, wenn ich Leckerbissen verteilte.

Rocco gelang es natürlich damit, meine Aufmerksamkeit auf sich zu lenken.

Auch im Zusammenhang mit deutlichem Drohverhalten beobachtete ich bei Rocco „Sprechen". Wenn ich den zahmen Mohrenkopfpapagei im Käfig nebenan streichelte, hing Rocco oft am Gitter daneben, flügelschlagend und schnalzend. Dann sagte er meistens ,Roc au', was vermutlich eine Abkürzung von ,Rocco auch', wie ich bei solcher Gelegenheit zu ihm sagte, sein sollte. Während er ,Roc au' sagte, schaute er eindeutig den Mohrenkopfpapagei an, nicht mich; öfters gelang es ihm tatsächlich, diesen zu erschrecken. Zu der Zeit empfing Rocco mich morgens mit eben diesem ,Roc au'.

Als ich einen zahmen Goldnackenara *(Ara auricollis)* im Vogelzimmer unterbrachte, gab Rocco öfters, wenn die Stimme des Neuen zu hören war, sein ganzes Repertoire wieder, freilich nur in der ersten Zeit.

Hier sei noch einmal daran erinnert, daß „spottende" Singvögel durch ihr „Spotten" ihr Repertoire vergrößern und damit ihre Chancen bei der Partnersuche verbessern können (vgl. S. 131). Jedoch zählen Papageien nicht zu den Singvögeln, so daß diese Erkenntnis nicht ohne weiteres auf das sogenannte „Spotten" der Papageien übertragen werden kann, das ohnehin im Freiland nicht beobachtet worden ist, jedenfalls nicht vergleichbar den Rabenvögeln u. a. Auf alle Fälle aber werden Papageien leicht dazu angeregt, sich in vorhandene Stimmen oder Geräusche stimmlich einzuschalten.

Das Imponierverhalten ist „ein mit Balzbewegungen verschränktes Drohverhalten", „das auf gleichgeschlechtliche Rivalen abweisend oder einschüchternd und auf das andere Geschlecht anziehend wirkt" (Immelmann, 1982).

Es gibt Anhaltspunkte dafür, daß die Verhältnisse bei den gesellig lebenden Papageien

257

viel komplizierter sind, als dies in Versuchen mit jeweils einem Papagei, der mit einem kooperativen und einem rivalisierenden Partner konfrontiert wird, nachgestellt werden könnte, auch wenn die Ergebnisse solcher Versuche bereits wichtige Teilaussagen bringen können.

Mein Graupapagei Rocco hat eine enge positive Beziehung zu seinem Käfiggenossen, Graupapagei Brummi, aber auch zu mir und zum anderen (männlichen) Pfleger. Brummi orientierte sich im allgemeinen grundsätzlich an Rocco.

Leckerbissen mußten wir stets Rocco zuerst reichen; gaben wir einen versehentlich erst Brummi, dann nahm er ihn zwar, ließ ihn jedoch sofort fallen. Er behielt ihn nur, wenn Rocco seinen schon hatte.

Meistens war Rocco der Aktivere und Aggressivere meiner beiden Graupapageien. Eine Zeitlang drehte sich der Spieß herum: In dieser Zeit ahmte Brummi, der bisher nicht „gesprochen" hatte, das Repertoire Roccos nach. Brummi war zu der Zeit in der besseren Kondition. Er, der bisher immer wieder von Rocco verfolgt und auf den Käfigboden geschickt worden war, verfolgte nun seinerseits Rocco, der keine langen Schwung- und Schwanzfedern mehr hatte. Ich mußte die beiden Grauen trennen, nun „sprachen" eine Zeitlang beide. Roccos Federn wuchsen nach. Als ich sie wieder zusammenließ, war Rocco wieder der Stärkere und der „Sprecher", während Brummi sich zurückhielt.

Wenn einer von uns Pflegern sich vor die beiden Graupapageien stellte und ihr Imponierverhalten nachahmte, regte das die beiden sehr an: Der Pfleger „wedelte" mit den Oberarmen, ahmte so ihr Imponiergehabe und dazu Roccos „Blasen" nach, das dem Geräusch ähnelte, welches man mit einem Blasebalg hervorrufen kann. Daraufhin „wedelten" beide Grauen ebenfalls mit den Flügeln und pfiffen einen hohen Heulton. Brummi hatte die lautere Stimme. Rocco saß dabei meistens auf der (vom Pfleger aus gesehen) vorderen Sitzstange, Brummi hinter ihm auf der hinteren Sitzstange. Saß Brummi jedoch währenddes-

sen neben Rocco auf der vorderen Sitzstange und schaute Rocco ihn an, verstummte Brummi sofort.

Zu anderen Zeiten begleiteten die beiden Grauen ihr gemeinsames Imponierverhalten uns gegenüber mit eigenen „Duettgesängen", aufeinander abgestimmten Tonfolgen. Mehr oder weniger stark ausgeprägtes Imponierverhalten zeigte Rocco auch, wenn er mit mir vorwiegend mit Menschenworten duettierte (vgl. S. 255).

Auch bei anderen Großpapageien lassen sich verzweigte soziale Beziehungen, „Freundschaften" beobachten. Mein verwitwetes Mohrenkopfpapageienmännchen verpaarte sich mit seiner Tochter und pflegte daneben enge Kontakte zu seinem Sohn. Er achtet stets darauf, daß sein Sohn keine Kontakte zur Tochter knüpft; der Sohn respektiert seinen alleinigen Besitzanspruch. Diese drei Papageien leben (im allgemeinen) friedlich in einem Abteil, meistens sieht man die beiden Männchen zusammensitzen, oft einander krauen, füttern usw., während das Weibchen abseits sitzt.

Bei einer anderen Dreiergruppe von Mohrenkopfpapageien, drei Nestgeschwistern, verhielt es sich ähnlich: Die beiden Weibchen hielten eng zusammen, während später nur eines vom Männchen als Partner akzeptiert wurde. Das Männchen mochte das andere Weibchen nicht leiden, duldete aber, daß sein Weibchen enge Kontakte mit dem anderen pflegte, sofern das andere Weibchen ihm, dem Männchen, nur nicht zu nahe kam.

Auszüge aus dem Spielverhalten

Bewegungsspiele

In den „Illustrierten Londoner Nachrichten" (Illustrated London News) vom Oktober des Jahres 1958 wurde über die „Intelligenz von Papageien" berichtet: Ein Graupapagei lernte den knallenden Laut nachzuahmen, den man erzeugen kann, wenn man den Finger in den

Mund steckt und ihn schnell herauszieht, während man die Wangen kräftig einzieht. Nach etwa einer Woche hatte der Papagei die Nachahmung perfekt gelernt. In den Wochen danach ahmte er dazuhin das Herausziehen des Fingers nach, indem er seinen Fuß an den Schnabel führte und mit einer heftigen Bewegung wegnahm, als er den knallenden Laut hören ließ. Das war nicht der einzige Bericht über die Nachahmung menschlicher Gesten durch Papageien. Ein anderer Papagei ahmte die Bewegungen nach, mit denen ein Mann seinen Mantel an- und auszog (Thorpe, 1969).

Berühmt wurde ein Graupapagei, der in der 1. Hälfte des 19. Jahrhunderts lebte und mehrmals den Besitzer wechselte. Dieser Graupapagei galt als regelrechtes „Wundertier". Im Jahre 1827 wurde er in Triest einem Schiffskapitän abgekauft: für 25 Gulden. Im Jahre 1830 übernahm ihn der „Domceremonarius" Hanikl. Dieser gab ihm jeden Tag eine Stunde lang regelrechten Unterricht, entweder vormittags von 9–10 Uhr oder abends von 22–23 Uhr, und beschäftigte sich viel mit ihm. Entsprechend stieg der Verkaufspreis bei Hanikls Tod auf 150 Gulden, im Jahre 1842 sogar auf 370 Gulden. Sein letzter Besitzer war Präsident von Kleimayrn, der 1853 starb. Ein Jahr später starb der Graupapagei. Außer zahlreichen Sprechbeispielen wurde von diesem Graupapagei berichtet: „In Wien lernte er eine Arie aus der Oper Martha pfeifen, und da ihm dabei von seinem Lehrmeister auch nach dem Takte vorgetanzt wurde, so ahmte er den Tanz wenigstens dadurch nach, daß er einen Fuß nach dem andern hob und dabei den Körper possierlich hin und her bewegte" (Brehm, 1866).

D. Roenspies berichtet über das Spiel ihres zahmen Kongo-Papageien (*Poicephalus guilielmi*): „Zwei bis drei Stürze von der Stange oder einer hängenden Schlüsselkette sind an der Tagesordnung. Er hängt sich gern mit dem Schnabel an die Kette und paddelt mit den Füßen in der Luft." Außerdem schlage er Metallspiegel und einen Metallring gegeneinander, was einen ziemlichen Krach mache. Der Höhepunkt seines Spielens bestehe darin,

daß er sich im Sand seines Käfigs auf den Rücken werfe, ein Stöckchen in die Füße nehme, damit balanciere und laute Schreie ausstoße. Roenspies schreibt: „Er hält sich auch am Käfiggitter fest, legt sich mit dem Rücken (mit geschlossenen Flügeln) auf die höchste Stange, hat dann allerdings nur einen Fuß zum Spielen frei und untermalt sein Tun wiederum mit lauten Schreien." Meistens ende das letztere mit einem Sturz in den Sand, wo er geschickt auf beiden Füßen lande (Roenspies, 1977).

Als besonders unterhaltsam galten seit jeher die Kakadus. Gerade für sie wurde das Wort „tanzen" gebraucht. Linden erzählte Brehm, daß Kakadus besonders stark zu Nachahmung und Spiel neigten, er sagte: „Was in einem Nachbarkäfige geschieht, erregt ihre Aufmerksamkeit, und wenn sie es vermögen, tun sie es nach, ungewöhnliche Bewegungen und Gebärden oder Stimmlaute ebensowohl wie uns angenehme oder unangenehme Handlungen. Einer meiner Gelbwangenkakadus läuft in gewissem, gleichmäßigem Takte auf seiner Sitzstange hin und her, tanzt, turnt und treibt allerlei Künste. Alles dies wird von den anderen nachgeahmt, zuerst vielleicht stümperhaft, später besser, zuletzt so ausgezeichnet, daß der ursprüngliche Lehrmeister sich übertroffen sehen muß. Wie erheiternd dieses Gebaren auf den Beschauer wirkt, läßt sich nicht schildern . . ." (zitiert nach Brehm, 1878).

Der Kakadupfleger Kaforke schilderte im Jahre 1911 das Spielverhalten seines Molukkenkakadus *(Cacatua moluccensis)* folgendermaßen: „Mein Liebling wird zum Federball, macht eine Welle um den Stab, spielt mit der Haube, pfeift und spricht und lärmt und tobt in jugendlichem Übermut, daß jeder Tierfreund Tränen lachen muß. Ist das Tollen vorüber, Koko im Käfig, dann sehen wir ein sanftmütiges Wesen, welches seinen Kopf in die Hand des Pflegers, seines Freundes legt, um Liebkosungen zu empfangen" (zitiert nach Neunzig, 1921).

Der von Ruß zitierte Papageienhalter Dr. Frenzel besaß ein Pärchen Edelpapageien. Das Männchen hielt er für ein junges Tier, denn es schlug eine Welle um die Sitzstange und „zankte sich mit den hölzernen Knöpfen der Schubkästen herum" (zitiert nach Ruß, 1881).

Die „Welle" erinnert an das Bewegungsspiel des Kakadus, das „Zanken" ist wohl ein Balzspiel. Die verschiedenen Spielformen lassen sich selten klar trennen. Spielende Papageien können nicht nur eine Welle um die Sitzstange machen, sondern diese Körperdrehung am Boden vollführen, wo sie also einen Purzelbaum schlagen.

Knottnerus-Meyer schilderte, wie er mit seinem zahmen Gelbbrustarara *(Ara ararauna)* spielte: „Rote Teppiche sind bevorzugte Spielplätze. Auf ihnen oder auf einer ebenfalls roten Steppdecke spielen wir oft zusammen, wobei ich natürlich mich hinlege. Dann kann ich den Ara hin- und herrollen, besonders gern im Kreise um den Kopf als Mittelpunkt. Dabei geht es, wie es mit spielenden Hunden geht. Diese werden immer gröber, und so wird es auch das Schöne, während das Gesicht rot wie eine Rose ist und glüht. Diesen Spieltrieb habe ich bei keinem Graupapagei gefunden, während der Ara dazu herausfordert, indem er mir beispielsweise, wenn ich lese oder schreibe, die Pantoffel abzieht und sie fortschleppt und hochwirft, dann wieder zu mir kommt und mich in die Füße beißt und so fort. Auch auf dem Tische spielt er gern, wälzt sich auch auf ihm herum, am liebsten aber auf dem Bette oder Divan. Im Eifer des Spieles springt er oft nach kurzem Anlaufe, mit beiden Füßen zugleich sich abstoßend, aber ohne die Flügel zu öffnen, 15–20 cm weit, was unsagbar komisch aussieht, und schlägt regelrecht Purzelbaum" (Knottnerus-Meyer, 1925).

Die Keas *(Nestor notabilis)* stehen nach den Beobachtungen Kellers erst auf dem Kopf, bevor sie ihren Purzelbaum schlagen. Keller schreibt: „Dieses Kopfstehen geht in fast allen Fällen in einen Purzelbaum über, doch gelingt es einem Jungen zuweilen, bis zu /1/2/ min auf dem Kopf zu stehen ohne umzufallen. Das Purzelbaumschlagen beginnt mit einem Kopfstand, und dann kommt es zu einem Überrollen nach vorne, wobei der Kea auf dem Rücken landet und einige Sek. liegen bleibt, bevor er sich wieder aufrichtet. Oft werden auch mehrere Purzelbäume nacheinander geschlagen, so daß es zu einer Fortbewegung kommt" (Keller, 1975).

G. und K. Deckert berichteten: „Den Keas ähnlich zeigten auch unsere Grünflügelaras Bewegungsspiele. Sie hängten sich mit dem Schnabel an einen Zweig und strampelten mit den Beinen oder drehten sich mehrmals kopfüber um einen Ast" (Deckert/Deckert, 1982).

Ein weiteres Bewegungsspiel kann leicht zum Andressieren von „Kunststücken" benutzt werden. Keller schreibt: „Im Zusammenhang mit der montierten Schaukel haben die jungen Keas . . . ein . . . Spiel erfunden, das bei uns Menschen schon lange bekannt ist, nämlich das Schaukeln. Der Kea steht auf der Schaukel und bringt sie durch Anfliegen oder durch Schwerpunktsverlagerung des Körpers zum Schwingen. Diese Spielart ist bei den Keas äußerst beliebt, meist befinden sich zwei oder drei Vögel zur gleichen Zeit auf der Schaukel und versuchen, sie gemeinsam zum Schwingen zu bringen. Sie erreichen dabei eine erstaunliche Koordination . . . Weitere Möglichkeiten für Kraftspiele bringen eine Kette und eine Türe. An der Kette wird aus allen möglichen Körperhaltungen heraus gezogen und gerüttelt. Da es sich beim Versuch um eine aufgehängte Kette handelte, geriet sie bei diesen Bemühungen ins Schwingen, was von den Keas sofort erfaßt wurde und ein neues Spiel ergab: das Schaukeln an der Kette. Dabei beobachtete ich wiederum zwei Möglichkeiten: entweder wurde die Kette allein zum Schwingen gebracht, oder aber der Kea hängte sich selber an die Kette und begann zu schwingen. Das Zerren und Rütteln an der Kette blieb jedoch nach wie vor das beliebteste Spiel, das Schaukeln wurde an der eigens dafür montierten Schaukel vorgezogen. In Jersey hatten die Keas noch die Möglichkeit, mit einer offenen Türe, der Verbindungstüre zwischen der kleinen und der großen Volière, zu spielen. Diese wurde vor allem zum Objekt des Zerrspieles. Die Jungen versuchten mit aller Kraft, die Türe wegzuziehen. Aus einer solchen Situation entstand wahrscheinlich das Hin- und Herschwingen der Türe. Dieses Spiel wurde in Jersey für zwei Tage zu einer richtigen Mode, verschwand dann aber wieder, und ich konnte es bis zu meiner Abreise nicht mehr beobachten" (Keller, 1975).

Während des Spielens wird gerne die Rückenlage eingenommen. Beim Hyazinth-Arara (*Anodorhynchus hyacinthinus*) im Kölner Zoo war das, laut seiner Kontaktperson, davon abhängig, ob er dazu eine weiche Unterlage vorfand. Entweder ließ er sich von sich aus auf den Rücken fallen, oder erst nachdem er einen kleinen Stoß erhalten hatte. Hick erzählt: „Nach einigen Sekunden in dieser Lage richte ich ihn auf und stoße ihn weit von mir. Sogleich kommt er, manchmal aber auch nach einem Flug durch das Vogelhaus, wieder herangehüpft, und das Spiel beginnt von neuem" (Hick, 1962).

Der Wiener Vogelpfleger Schmalz, aus dem 19. Jahrhundert, trat einen seiner Spitzschwanzsittiche (Ruß: *Psittacus haemorrhous*; Wolters: *Thectocercus acuticaudatus* subsp. *haemorrhous*) an die Papageienliebhaberin v. Proschek ab und sagte über ihn: „Er spricht viele Worte deutlich aus, läßt sich auf den Rücken legen, wobei er mit ihrer Hand spielt und fortwährend plaudert. Mit ihren Hunden verträgt er sich sehr gut und ahmt deren Gebell nach" (zitiert nach Ruß, 1881).

Die Arara-Züchter Meister erzählten, als ihre beiden Hellroten Araras (*Ara macao*), die sie vom Ei an aufgepäppelt hatten, längst ausgewachsen waren und selbständig fressen konnten: „Heute noch verbringen die handaufgezogenen Araras viel Zeit mit Spielen, sehr gerne rollen sie sich auf der Couch oder ihrem Käfigboden, bleiben auf dem Rücken liegen und strampeln. Ganz besonders gerne tut dies das ältere der beiden" (Müller-Bierl, 1984a). Später stellte sich heraus, daß es sich um ein Pärchen handelte; der ältere Vogel war ein Weibchen (Müller-Bierl, 1987b). In welchem Zusammenhang dieses Rückenlage-Spiel zu sehen ist, zeigt die Fortsetzung des Berichts: „Sie bekommen täglich genügend Freiflug. Wichtig ist ihnen dabei die soziale Kontakt-

pflege mit den Züchtern. Mit Vorliebe legen sie sich auf den Rücken und lassen sich von ihrem Pfleger oder ihrer Pflegerin kraulen. Fremden Personen gegenüber verhalten sie sich reserviert" (Müller-Bierl, 1984).

In der Rückenlage kommt es häufig zu Kampfspielen. Ein Zwergara (*Diopsittaca nobilis*), der im 19. Jahrhundert im Besitz der Papageienliebhaberin v. Proschek war, spielte nach ihren Aussagen mit einer Amazone, „als wenn zwei junge Hunde sich balgten" (Ruß, 1882).

G. und K. Deckert berichteten von ihren Grünflügel-Araras (Dunkelrote Araras; *Ara chloroptera*): „Da das Männchen viel aktiver und damit auch spielfreudiger war als das Weibchen, versuchte es oft, die dösende Partnerin zum Kampfspiel aufzufordern. Es flog auf sie zu, flatterte über ihr, trat sie kurz mit beiden Füßen auf den Rücken und flog wie ein Hubschrauber senkrecht ein Stück höher auf den Nistkasten, hier sich auf den Rücken werfend. Ging das Weibchen darauf nicht ein, versuchte er es in derselben Weise noch einmal, oder er machte auf dem Kasten allerlei Verrenkungen, stand minutenlang Kopf und strampelte mit den Beinen in der Luft, ähnlich wie Keller (1975) bei den Keas beschrieb, und äußerte hohe Quietschlaute. Ja, er rollte um seine Längsachse, und mehrmals sahen wir ihn Purzelbaum machen, wie es die Keas ebenfalls tun. Auch streckte er ihr auf dem Rücken liegend beide Füße gleichzeitig oder alternierend entgegen, wie ein Unterlegener bei der Verteidigung, nur etwas übertrieben. Gelegentlich forderte auch das Weibchen zum Spielen auf, indem es dem Männchen die Beine wegzog oder ihm mit der Schnabeloberseite vor die Brust stieß, worauf es sogleich spielbereit umfiel. Einmal zog sie ihn am Flügel von der Wand herunter, an der er gerade kletterte, oder sie zog ihn am Schwanz. Öfter hatte das Weibchen als erste genug vom Spiel und wollte sich zur Ruhe zurückziehen, worauf es vom Männchen am Schwanz festgehalten wurde" (Deckert/Deckert, 1982).

Der Hofschauspieler Engelhardt aus Hannover erzählte von seinem „sprechenden"

Columbiasittich *(Psittacara wagleri)*, den er im Jahre 1910 erworben hatte: „Er läuft mir am Boden wie ein Hündchen nach, klettert an meinen Beinkleidern in die Höhe, spielt sehr gern, läßt sich auf den Rücken legen und kämpft eifrig mit meinen Fingern" (zitiert nach Neunzig, 1921).

Loris waren schon früh bekannt für ihre Verspieltheit. Ein Papageienhalter, namens Scheuba, erzählte im 19. Jahrhundert von seinem Pärchen Gebirgsloros *(Trichoglossus haematodus* subsp. *moluccanus)*: „Wenn sie ihren komischen Tanz am Boden des Käfigs aufführten, so hopste der eine unter fortwährendem possierlichen Ducken und Neigen des Oberkörpers langsam im Kreise voran und der andre in geringer Entfernung hinter ihm her, genau mit denselben Mienen und Bewegungen und alles mit gebührendem Ernst. So gings zwei- bis dreimal im Käfige herum, auf einmal wandte sich dann rückwärts springend der erste gegen den andern, beide warfen sich auf den Rücken und wälzten sich unter gewaltigem Geschrei hin und her, wobei sie sich spielend, wie ich es nur bei Eichhörnchen, aber nie bei Papageien gesehen, gegenseitig mit den Füßen anfaßten und wie jene sich hin und her kugelten. Das einzig unangenehme war das ... schmetternde Geschrei, welches sie in der Erregung ausstießen ..." (Ruß, 1890?).

Über seinen Rotlori (Ruß: *Psittacus ruber*, Gml.; Wolters: *Eos bornea)* erzählte Scheuba: „Ganz besondre Freude macht es ihm, wenn er mir morgens ins Bett gebracht wird, wo er sich mit Entzücken herumwälzt und allerlei Possen treibt ... es duldet ihn nicht lange auf einem Fleck; so klettert er mir am ganzen Körper herum, springt dann auf den Tisch, zerreißt ein Stückchen Papier oder läuft am Beinkleid herab auf den Boden rasch hüpfend ein Endchen fort, um ebenso schnell zurückzukehren und wieder emporzusteigen. Im Käfig legt er sich oft rücklings auf den Boden und spielt mit Füßen und Schnabel mit Holzspänen, die er fein zerfasert" (zitiert nach Ruß, 1882).

262 K. W. Werner besaß einen Forstenlori (Werner: *Trichoglossus forsteni;* Wolters: *Trichoglossus haematodus forsteni)* und einen Rot-

lori (Werner: *Eos rubra;* Wolters: *Eos bornea)*, die alles gemeinsam unternahmen: „Sie führten ... auf dem Fußboden unter mittellautem Geplauder eine Balgerei miteinander durch, die sehr dem Spiel junger Katzen glich. Einer der Vögel, meist sogar der stärkere Rotlori, lag dabei auf dem Rücken und versuchte, mit zarten Schnabelkniffen die Beine seines Partners zu zwicken. Dieses Spiel spielten sie ... häufig, wobei es niemals auch nur zu der geringsten Verletzung kam ..." (Werner, 1977).

Eine ganz ähnliche Beobachtung machte Keller bei Keas, er schreibt: „In Jersey beobachtete ich weiter ein Spiel, das man als Abwandlung des Kampfspieles ansehen kann. Nur ist dabei nicht ein anderer Kea der Partner, sondern ein kleiner Ast oder ein ähnlich geformter Gegenstand. ... Dabei liegt der Kea auf dem Rücken und jongliert einen Gegenstand mit seinen Füßen über der Brust. Die Bewegungen ähneln den Kampfbewegungen, die vom Unterliegenden gemacht werden, wenn es zwischen zwei Keas zum Kampfspiel kommt. Der Ast dient wahrscheinlich dabei als imaginärer Kampfpartner" (Keller, 1975).

Keller beschreibt, wie ein Kea einen anderen zum Kampfspiel auffordert: Er legt sich auf den Rücken. „Diese Aufforderung bewirkt, daß der Gegner dem Auffordernden auf den Bauch springt und so das Spiel auslöst. Aus dieser Situation entsteht sofort ein unübersehbarer Knäuel, in dem bald der eine, bald der andere obenauf ist. Zwischendurch löst sich der Knäuel wieder, und der eine springt dem andern wieder auf den Bauch oder auch auf den Rücken. Das offensichtliche Ziel dieses Spieles ist das Bauchspringen ..." – Eine weitere „Möglichkeit der Aufforderung zum Spiel", schreibt Keller, „ist das Abwehren, d. h. das Hochheben eines Fußes in Duckstellung mit Berühren des Partners. Dieses Element beobachtete ich ebenfalls nur als Einleitung zum Kampfspiel, wobei es nicht immer nur als Initialspiel auftrat, sondern auch als Abwehr gegen zu heftiges Angreifen" (Keller, 1975).

G. und K. Deckert teilten mit: „Im Gegensatz zu Keas ..., die stets stumm Kampfspiele ausführen, waren die Balgereien bei den Aras, ähnlich wie bei Hunden, von an- und abschwellenden Knurr- und Knarrlauten begleitet, die grollend brummend und recht aggressiv klangen. Sie gingen oft auch in ziemlich laute Protestrufe über, wahrscheinlich dann, wenn einer allzu stark gekniffen hatte. Nach Hick (1962) äußerte ein zahmer, mit dem Menschen spielender Hyazinthara ebenfalls knarrende Laute" (Deckert/Deckert, 1982).

Bei Brehm lesen wir über das Spielverhalten zahmer Eulenpapageien, Kakapos *(Strigops habroptilus)*: „Der Kakapo', sagt" Lyall, „ist ein gutmütiger und kluger Vogel und faßt warme Zuneigung zu denjenigen, welche ihm gutes erweisen. Er bekundet dieselbe, indem er an seinen Freunden umherklettert und sich an ihnen reibt, ist auch in hohem Grade gesellig und spiellustig. In der Tat würde er, wenn er nicht so viel Schmutz verursachte, einen besseren Gesellschafter abgeben als irgend ein anderer der mir bekannten Vögel; denn die Art, seine Zuneigung durch Spielen und Liebkosen zu zeigen, ist mehr die eines Hundes als eines Vogels.' Sale, welcher im Jahre 1870 den ersten lebenden Kakapo nach England brachte, schließt sich vorstehenden Bemerkungen im wesentlichen an. ‚Während der ganzen Zeit, in welcher ich den Vogel besaß', sagt er, ‚ließ er nicht das geringste Zeichen von Unmut bemerken, war vielmehr unverändert heiter oder gut aufgelegt und geneigt, jede ihm gespendete Aufmerksamkeit dankbar entgegenzunehmen. Bemerkenswert ist seine Spiellust. Er kommt aus einer Ecke des Zimmers herbei, ergreift meine Hand mit Klauen und Schnabel, wälzt sich, die Hand festhaltend, wie ein Kätzchen auf dem Boden und eilt zurück, um sich zu einem neuen Angriffe einladen zu lassen. Sein Spiel wird zuweilen ein wenig derb; aber die geringste Zurechtweisung besänftigt ihn wieder... Die höchste Gunst, welche er mir erweisen kann, ist die, in meine Hand sich zu kauern, seine Federn aufzublähen und mit den herabhängenden Flügeln die Hand abwechselnd zu schlagen..."' (Brehm, 1878). Zweifellos handelte es sich um ein Paarungs- oder Balzverhalten, und der Mensch war Partnerersatz.

Engesser beobachtete bei Wellensittichen folgende Kampfspiele: „Ein Vogel kommt zum andern und versucht, ihn irgendwo am Körper, in Federn oder Füße zu beißen, der andere pariert mit seinem Schnabel z. T. unter leisem Krächzen; dann kann der erste angreifen, und es folgt ein Schnabelduell, immer wieder hin und her. Im Unterschied zum Ernstverhalten geht hier alles viel langsamer vor sich, es folgt nicht Schlag auf Schlag, sondern mit ,spielerisch' gewundenen Bewegungen wird der Partner zu erhaschen gesucht." Außerdem beobachtete Engesser u. a. „Kopfunterhängen", „Körperverrenken" und „Flugspiele" (Engesser, 1977).

Zum vielseitigen Spielverhalten der Keas zählen auch Jagd-, Verfolgungsspiele. Keller schreibt: „In die Verfolgungsspiele wird oft noch ein Gegenstand des Käfigs miteinbezogen. Die Jagd wird dann zum Beispiel um einen großen Wurzelstock herum ausgeführt, so daß sich die Beteiligten zeitweise nicht sehen können. Dies führt dann zum Verstecken, das ausschließlich im Zusammenhang mit Jagdspielen auftritt. Beim Verstecken zieht sich ein Individuum an einen Platz zurück, wo es von keinem anderen Individuum gesehen werden kann. Schon nach kurzer Zeit schaut der Versteckte jedoch wieder um die Ecke. Hie und da beobachtete ich, wie zwei sich gleichzeitig hinter die Mauer zwischen der Innen- und der Außenvolière zurückzogen, jeder auf eine Seite. Dann schlichen beide langsam zur Verbindungstüre, um auf die andere Seite zu spähen, dabei trafen sie gleichzeitig bei der Türe ein und schauten sich direkt ins Gesicht. Sofort gab dies Anlaß zu einem heftigen Jagdspiel. Manchmal zogen sich beide aber auch wieder zurück, so daß das Spiel von neuem beginnen konnte" (Keller, 1975).

Spielverhalten mit deutlicher Partnerbezogenheit

In vielen Bewegungsspielen erkennen wir Vorbilder aus dem Bereich des Balzverhaltens (Balztanz, übertriebene Körperhaltung u. a.).

Auch der menschliche Partner wird zum Spiel aufgefordert, wie bereits Beispiele im letzten Kapitel gezeigt haben.

Der zahme Gelbbrust-Arara *(Ara ararauna)* von Knottnerus-Meyer forderte ihn oft zum Spiel auf (vgl. auch S. 260): „Ist er ... recht vergnügt, so versteht er es meisterhaft, sich an meine Brust zu hängen und dann recht die Flügel auszubreiten oder mit dem Schwanze mir vor dem Gesichte herumzufahren, damit ich im Lesen gestört werde und mich ihm widme. Beim Schreiben steigt er oft von meiner Schulter herab und sucht, wenn ich nicht aufpasse, mir den Federhalter zu entreißen, um, wenn es nicht glückt, eiligst auf die Schulter zurückzuklettern. Ein Zerstörer ist er sonst nicht, wenn er nur weiches Holz, Papier oder Pappe zum Zerreißen hat. Dagegen beißt er gerne Knöpfe ab und gerade immer dann, wenn er so ganz hingebend sich anschmiegt und sich streicheln läßt." Knottnerus-Meyer meinte: „Den Spielereien liegen ... unzweifelhaft erotische Beweggründe mit zugrunde. Auch würgt er Futter aus dem Kropfe hervor, um mich damit zu füttern" (Knottnerus-Meyer, 1925).

Interessanterweise berichtete auch Hick, ähnlich wie Knottnerus-Meyer von seinem Gelbbrust-Arara, daß ihr Hyazinth-Arara eine gewisse Grobheit im Spiel liebe: Er ließ sich gern von ihr an den Federn zupfen oder an den Füßen ziehen (Hick, 1962).

Hick machte beim Hyazinth-Arara des Kölner Zoos folgende Beobachtungen zur Spielaufforderung: „Das Spiel beginnt mit einer Spielaufforderungsgeste des Hyazinth-Ara. Hüpfend springt er auf den Partner zu, wobei eine schräge Lage des Kopfes bezeichnend ist. Zu Lautäußerungen, gurrenden Tönen, kann es vor und während des Spiels kommen. Reagiert der Partner nicht auf diese Aufforderung, so wird er einmal ganz kurz in die Hand oder in das Bein gebissen. Dieses Beißen ist nur ein leichtes Kneifen und soll lediglich die Aufmerksamkeit des Spielgefährten erregen. Wenn ich Zeitung lese oder ein Buch vor mir habe, erzwingt der Hyazinth-Ara meine Aufmerksamkeit durch einen heftigen Angriff auf diese Objekte. Die Aufforderung zum Spiel kann aber auch von dem Partner ausgehen. Ich kann den Hyazinth-Ara z. B. sehr leicht in Spielstimmung bringen, indem ich verschiedene Bewegungen mit der Hand mache, auf den Boden klopfe oder irgendwelche Gegenstände herbeihole" (Hick, 1962).

Der Vogelliebhaber Dr. Jung, aus dem 19. Jahrhundert, erzählte von seiner zahmen, sprechenden Kleinen Gelbkopfamazone *(Amazona barbadensis)*: „Oft spielt er mit meiner Tochter in der Weise, daß er ihr rund um den Käfig herum, auf welchem er sitzt, nachläuft, und dabei ist er so gescheit, daß er, sobald er merkt, er könne sie nicht einholen, plötzlich umkehrt und sie durch entgegenlaufen zu erhaschen sucht. Gelingt ihm dies, so drückt er seine Freude durch lautes Lachen aus. Eine Zeitlang hatte ich einen Kanarienvogel im Zimmer, den er regelmäßig besuchte, um ihm sämtliche Springhölzer aus dem Käfige zu ziehen und sich mit dem letzten lachend davon zu machen. Der Kanarienvogel hatte sich bald an diese Besuche gewöhnt und zeigte keinerlei Furcht oder Aufregung und ebensowenig war der Papagei bösartig gegen ihn ..." (zitiert nach Ruß, 1881). Daß „lautes Lachen" des Vogels Freude ausdrücke, ist eine Fehlinterpretation, aus einer menschlichen Vorstellung heraus. „Freude "machte dem Vogel nämlich das ganze Spiel. Die Nachahmung des menschlichen Lachens gab er in der gesteigerten Erregung von sich. (Vgl. S. 239).

Major Fiedler aus Kiel schilderte im späten 19. Jahrhundert das Spielverhalten seines zahmen Rosakakadus *(Eolophus roseicapillus)* folgendermaßen: „Er muß immer etwas zum Spielen und Knabbern haben, und unablässig wirtschaftet er in seinem Käfige umher, besonders auf dem Fußboden. Oft springt er in großen Sätzen mit beiden Füßen zugleich wie ein Spatz und ruft jedesmal: ‚Hoppla!' Dies ist so drollig, daß man darüber lachen muß. Überaus große Zuneigung und Zärtlichkeit zeigt er für meine Frau; wenn aber ein Dienstmädchen in die Nähe kommt, knurrt er leise. Sein Lieblingsplatz ist auf einer Schulter der erstern; da treibt er mit

Vorliebe seine Possen, nickt und verneigt sich unermüdlich, kneift sie sanft in Ohr und Nase, ohne ihr jedoch wehe zu tun, spielt und zupft an ihren Ohrringen, Bändern u. drgl., läßt sich im Purzelbaum auf den Schoß herabfallen, wälzt sich auf dem Rücken, wird wie ein Ball mit der Hand in die Höhe geworfen und fliegt wieder zurück auf die Schulter, um alle diese Tändeleien von neuem zu beginnen. Gern geht er auf dem Fußboden umher, wirft sich dann auf den Rücken und spielt in dieser Lage gern mit einem Stückchen Holz oder drgl. in den Klauen. Dies Wälzen und Liegen auf dem Rücken in der Weise spielender junger Hunde ist überaus komisch. Wenn meine Frau ihren Platz verläßt, läuft er ihr wie ein Hund nach. Versteckt sie sich vor ihm, so sucht er sie rasch trippelnd in allen Winkeln; selten fliegt er, obwohl er darin sehr geschickt ist. Sein Sprechen ist allerdings nicht bedeutend, aber einige Worte, wie ‚Kakadu‘, ‚Jako‘, ‚Hoppla‘, ‚was machst du denn?‘ spricht er mit heller Stimme in hoher Tonart hübsch und deutlich. Überaus reizend ist das Spiel seiner Haube, sicherlich der Ausdruck seines Empfindens ... Seine einzige unangenehme Gewohnheit ist das Geschrei, wenn er allein sein muß und keinen Zeitvertreib im Käfige hat" (zitiert nach Ruß, 1881).

Der Kaufmann Ernst Dulitz berichtete Ruß über seinen zahmen Gelbhaubenkakadu *(Cacatua galerita)*: „Außerhalb des Käfigs dürfen wir ihn ... keinen Augenblick außer Aufsicht lassen, denn im Naschen und Stehlen übertrifft er jede Katze und fürs Leben gern treibt er allerlei ... Possen und Schabernack, indem er meiner Frau, wenn sie mit Stricken beschäftigt ist, die Nadeln durch die Maschen zieht, den Faden durchbeißt u. s. w." (Ruß, 1881).

Konrad Lorenz erzählte von seinem Kakadu „Koka", einem Gelbhaubenkakadu (vgl. S. 144f), der sich in der späteren Zeit seiner Mutter angeschlossen hatte: „Eines der schönsten Kakaduspiele, das an schöpferischer Erfindungsgabe und Sachbezogenheit geradezu an Affen und Menschenkinder erinnert, entstand aus der heißen Liebe des Vogels

zu meiner Mutter, die, solange sie sich im sommerlichen Garten aufhielt, ununterbrochen strickte. Der Kakadu schien völlige Einsicht in die Mechanik des Knäuels und in die Verwendbarkeit der Wolle zu besitzen. Immer faßte er das freie Ende des Wollfadens mit dem Schnabel und flog dann kraftvoll in den Luftraum hinaus, hinter sich den Knäuel entrollend. Wie ein Papierdrache mit langem Schwanz stieg der Vogel hoch und flog dann regelmäßig in Kreisen um eine große Linde, die damals vor unserem Hause stand. Einmal, als er bei diesem Geschäft nicht gestört wurde, umspann er den Baum bis zum Wipfel hinauf mit bunten Wollfäden, die aus der sperrigen, weit ausladenden Krone einfach nicht wieder herunterzukriegen waren. Besucher standen dann staunend vor dieser Linde und verstanden weder, wozu sie so geschmückt war, noch, wie wir das angestellt hatten." Derselbe Kakadu biß einmal, während Lorenz' Vater ein Mittagsschläfchen machte, sämtliche Knöpfe von dessen gesamter Kleidung ab (Lorenz, 1964).

Andere Arten von Spielverhalten hängen damit zusammen, daß Papageien Höhlenbrüter sind. Knottnerus-Meyer schrieb über seinen zahmen Gelbbrustarara „das Schöne": „Sonderbar ist ... daß kleine Körbe wie Briefkörbe auf Schreibtischen und dergleichen auf das Schöne außerordentlich anziehend wirken. Dann ist es nicht wieder fortzubringen, ebensowenig wie von kleineren Kisten, Geldkassetten und dergleichen. Eine besondere Freude ist es für das Schöne, Pakete mitzuöffnen und in dem Inhalt herumzuwühlen oder ihn herauszuwerfen, und so geht es auch, wenn ich einen Koffer, eine Kommodenschublade oder einen Schrank öffne. Sofort ist das Schöne drin, und wenn ich ihm einen Gefallen tun will, so öffne ich eine Schublade nach der anderen. Dann schafft es darin Ordnung, in seiner Weise." Knottnerus-Meyer vermutete, daß „das Schöne" ein Weibchen war (Knottnerus-Meyer, 1925).

Über einen „Koko" aus Stuttgart berichtete Grzimek: „Auf seinen Wanderungen durch die Wohnung erklimmt er mit Vorliebe den Koh-

herum, bis er als Mohrenköpfchen oder Schornsteinfeger wieder zum Vorschein kommt. Dafür läßt er sich dann brav mit dem nassen Lappen regelrecht abseifen und wieder in einen richtigen Papageien verwandeln" (Grzimek, 1969).

Spiele mit Objekten

Kein Wunder, daß in das Programm vieler Papageienvorführungen so viele Fahr-Kunststücke aufgenommen werden. Hick erzählt: „Fahrbare Gegenstände üben einen besonderen Reiz auf unseren Hyazinth-Ara aus: z. B. Roller, Dreiräder, Kinderwagen und Karren. Mit Vorliebe läßt er sich darauf herumfahren, und ich habe ihn mit Hilfe dieser Lockmittel schon manches Mal abends vom Baum herunterholen können, wenn er nicht in seinen Käfig zurückwollte" (Hick, 1962).

Andere Spiele bestehen darin, Gegenstände in Bewegung zu versetzen. Und wieder kommt in den Berichten auch das Garnknäuel vor. Der „sprechende" Wellensittich, der im Jahre 1880 auf die Berliner Ausstellung des Vereins „Ornis" kam, spielte gerne mit einem Garnknäuel oder einem Stückchen Semmel, wie die Dame, die ihn abgerichtet hatte, erzählte (Ruß, 1881).

„Besonders beliebt", so berichtete Engesser von seinen Versuchen mit Wellensittichen, „sind ausgefallene Federn, Zeitungsstücke und in den Käfig gelegte Deckel von Konservendosen. Diese Gegenstände werden von den Jungen häufig aufgehoben und wieder fallen gelassen . . ., manchmal fassen auch mehrere Junge gemeinsam an . . . Junge können auch einzelne Gegenstände im Schnabel herumtragen; oft kommt es dabei zu Verfolgungsjagden" (Engesser, 1977).

Der Regierungsrat v. Schlechtendal erzählte vom Spielverhalten seines im Jahre 1871 erworbenen Mohrenkopfpapageis *(Poicephalus senegalus)*: „Hing ich ihm Kirschen in den Käfig, so stieß er manchmal, ehe er sie zu verzehren begann, nur mit dem Schnabel daran, so daß die Kirschen in Bewegung gerieten, und seinem Vergnügen über diese Spiele-

rei gab er durch leise Töne des Behagens Ausdruck. Das letztere tat er auch, wenn man einen Bindfaden oben am Käfig befestigte, so daß er dessen herabhängende, mit Knoten versehene Enden als Turngerät gebrauchen und sich, den Kopf nach unten hängen lassend und flügelschlagend, an denselben schaukeln konnte. Später erhielt er einen Ring, den er ebenfalls gern benutzte und vortrefflich in Bewegung zu setzen verstand" (Ruß, 1881).

Verschiedene Berichterstatter schildern das Ballspiel. Hick schrieb über den Hyazinth-Arara, den sie beobachtete: „Leicht bewegliche Objekte stößt er gerne vor sich her, wobei er Bälle bevorzugt. Er springt hoch, sobald ich ihm den Ball zurolle und verfolgt ihn eine kurze Strecke. Wird die Entfernung jedoch größer, so muß ich mitlaufen. Während des Ballspielens muß ich sehr aufpassen, daß kein Vorübergehender den Ball aufnimmt. In solchem Falle wird der Hyazinth-Ara sehr böse und läßt auch nicht von der Verfolgung des Betreffenden ab, wenn dieser längst den Ball fallengelassen hat" (Hick, 1962).

Der zahme Gelbbrust-Arara *(Ara ararauna)* „Agha", der seit 26 Jahren mit seinen Besitzern in enger Gemeinschaft lebt, spielt gerne. Brennecke erzählt: „Setze ich ihn auf den Fußboden, läuft er in eine Ecke des Badezimmers, holt einen normalen Tennisball und schiebt ihn auf mich zu. Ich gebe dem Ball einen Stoß, daß er zurückrollt. Agha rennt ihm kreischend nach und das Spiel beginnt erneut. Seit einigen Monaten benutzt er hierfür eine große Plastikkugel, einen Seifenbehälter, die er nicht rollt, sondern mir zuwirft. Er trifft mich zwar selten, aber immerhin fliegt die Kugel in meine Richtung" (Brennecke, 1988).

Auch andere Objekte werden als Ball benutzt. G. und K. Deckert berichten von ihren Grünflügel-Araras *(Ara chloroptera)*: „Sehr beliebt als Spielzeug war eine Holzhantel, wie sie für Hunde in Gebrauch ist. Sie wurde nicht nur beknabbert, sondern vom Männchen auch mit dem Fuß nach hinten weit von sich gestreckt oder nach vorn weggeworfen und wiedergeholt. Die halbe Schale einer Kokosnuß rollte das Männchen mit Fuß und Schnabel auf dem waagerechten Dach des Brutkastens hin und her. Offenbar viel Spaß hatten sie an Flaschenöffnern oder an einem Schlüsselbund. Mit einer 10 cm langen und aus 9 Gliedern zusammengesetzten Kette beschäftigten sie sich, und wieder bevorzugt das Männchen, ununterbrochen bis zu einer halben Stunde. Die Kette wurde in den Blechnapf, in dem sich das Trinkwasser befand, geworfen, geschüttelt und hin und her geschwenkt" (Deckert/Deckert, 1982).

Wir finden oft mehrere Spielarten untrennbar verknüpft, vor allem auch, daß Objekte „umfunktioniert" werden, wie in diesem Fall die Kette.

Keller erzählt, daß die Keas, die er beobachtete, jeden neuen Gegenstand erst mit der Zunge untersuchten, ob er freßbar sei. Er berichtet: „Ergibt es sich, daß er nicht freßbar ist, wird der Gegenstand einem neuen Funktionsfeld zugeführt: er wird zum Spielzeug. Als erstes wird er im Gehege herumgetragen, wieder fallen gelassen, dann wieder getragen usw. Dieses Spiel wird in den verschiedensten Gangarten ausgeführt; vorwiegend beobachtete ich dabei das Rennen. Während dieses Herumtragens kommt es zu einer neuen Spielform, dem Fortwerfen. Bevorzugt werden Salat, Äste und Erde."

Keller schreibt, daß die Keas sich nicht nur gegenseitig im Spiel verfolgten, sondern dasselbe Verhalten gegen Objekte richteten. „Wirft man einen Stein oder einen Schneeball ins Gehege, so rennen die Keas diesem nach und versuchen, ihn zu fangen. Der Gegenstand wird dann mit der Zunge untersucht. Nimmt man während dieser Untersuchung nochmals einen Gegenstand in die Hand, kommen sie sofort in die Nähe und warten darauf, daß er geworfen werde. Das Jagen von geworfenen Gegenständen wird auch ohne Partner gespielt. Der Kea nimmt dazu einen Gegenstand in den Schnabel, wirft ihn weg und jagt ihm sogleich nach. Dieses Spiel wiederholt sich viele Male, der Kea jagt dabei durch den ganzen Käfig. Wird ein Gegenstand vom Wind aufgewirbelt, so versuchen die Keas ebenfalls, ihn zu fangen."

Keas haben viel Kraft. Sie können schwere Gegenstände ziehen, was für ihre natürliche Lebensweise von Vorteil ist. Keller sagt: „Ich beobachtete bei diesem Spiel ganz enorme Leistungen: riesige Wurzelstücke (7 kg) und Ketten (3 kg) wurden von den Keas ohne große Mühe herumgezogen. Auch andere Autoren berichten von unwahrscheinlichen Kraftkunststücken der Keas... Auch bei einem anderen Spiel zeigen die Keas ihre Kraft. Sie versuchen, mit der Kopfoberseite Steine im Käfig herumzustoßen. Beim Stoßen wird der Kopf so tief wie möglich gehalten, der Schnabel gegen die Brust gerichtet und die Stirne gegen den Gegenstand (fast immer ein Stein) gepreßt. Durch Hochheben des Kopfes wird der Gegenstand um einige cm verschoben, dann wird wieder neu angesetzt. Auf diese Art kann ein Stein durch die ganze Voliere gestoßen werden. Dieses Spiel zeichnet sich durch einen saisonalen Höhepunkt im Winter aus. Die Keas lieben es besonders, die Steine im Schnee herumzustoßen.

Der Schnee gibt auch Anlaß zu einem weiteren Spiel des Herumstoßens: mit Hilfe des Schnabels und des Kopfes bilden sie Schneekugeln oder Walzen. Zuerst wird der Schnee (nur Naß-Schnee eignet sich dazu) mit der Stirn an den Boden gedrückt, so daß eine feste Stelle entsteht. Diese Stelle wird nun mit Hilfe des Schnabels ausgegraben und an eine noch unberührte Stelle getragen. Nun wird das gleiche Verhalten angewendet wie beim Stoßen der Steine, und durch das Wenden des festgepreßten Schnees bildet sich je nach Beschaffenheit des Schnees eine Kugel oder eine Walze, die durch die Voliere gestoßen wird. Wärter Züst beobachtete einmal eine Walze mit der stattlichen Länge von 35 cm. Die größte Kugel, die ich beobachten konnte, hatte einen Durchmesser von etwas mehr als 15 cm. Das Formen einer solchen Schneekugel ist das Werk eines einzelnen Individuums, später gesellen sich meistens noch ein oder zwei weitere Keas zum Spielenden und stoßen ebenfalls an der Kugel herum. Es kommt auch hier oft zu koordinierten Bewegungen der einzelnen Individuen. Neben dieser Art, eine

267

Schneekugel zu bilden, existiert noch eine andere, die jedoch nur bei ganz kaltem Wetter angewendet werden kann. Die Keas lieben es, Eis aus dem Teich oder dem Trinkgefäß herauszubrechen. Dieses Eis wird entweder gefressen oder in den Schnee gelegt und herumgestoßen. Auf diese Weise bildet sich auch eine Schneekugel" (Keller, 1975).

Wenn die Keas die Gegenstände sehr auffällig vor dem Partner aufhoben und ungerichtet wegwarfen, war dies kein Spiel mit dem Ball oder Ballersatz, sondern eine Spielaufforderung. Keller schreibt: „Beim Spiel finden wir keine eigentliche Rangordnung. Der Besitzer eines Spielzeuges ist dominant über jeden Angreifer, der ihm das Spielzeug wegnehmen will. Diese eindeutige Dominanz gilt in fast allen Fällen nur für die erste Viertelstunde, in der ein Kea ein neues Spielzeug besitzt. Je länger die Spielzeit mit dem Objekt wird, desto mehr verliert er das Interesse daran und erlaubt auch den andern, mit seinem Spielzeug zu spielen. Diese Regel wurde nur durch das ranghöchste Männchen durchbrochen, das einem Weibchen in sieben von elf Versuchen das Spielzeug wegnehmen konnte" (Keller, 1975).

Ähnliches berichten G. und K. Deckert von ihren Grünflügel-Araras: „Einfach dem anderen das Spielzeug wegreißen, gab es bei den Aras so wenig wie bei den Keas (Keller, 1975). Durch die aufdringliche Hartnäckigkeit gelangte er aber meistens sehr schnell zum Ziel. Von Kokosnußschalen trennte sich das Weibchen nicht so leicht. Nach vielen vergeblichen Annäherungsversuchen zeigte das Männchen eine Serie von Imponierbewegungen und äußerte dazugehörige Rufe, auf die seine Partnerin überhaupt nicht reagierte. Sie wehrte ihn mit Fußtritten oder Schnabelschlägen ab, und schließlich schlug sie ihm mit der Kokosnußschale über den Schnabel. Wenn dann das Männchen dieses Spielzeug endlich erwischt hatte, wurde es ihm nach einiger Zeit über, und nun versuchte er das Weibchen anzuregen, sich von neuem dafür zu interessieren. Er rückte dicht an seine Partnerin heran und schwenkte den Gegenstand (die Kokosnuß-

schale, einen Tannenzapfen, eine Hantel) im Fuß haltend vor ihrem Schnabel hin und her. Wollte sie nun zufassen, zog er rasch den Gegenstand weg. Mit einem Flaschenöffner im Fuß rollte er vor ihr auf dem Dach des Nistkastens auf dem Rücken liegend hin und her. Als sie darauf nicht reagierte, stand er auf und warf ihr das Spielzeug auf den Rücken. Jetzt ergriff sie es doch und flog damit hinaus in die Voliere. Das Weibchen verhielt sich nicht anders, wenn es einen Gegenstand vom Männchen begehrte, und vollführte ebenfalls eine Serie von Imponierbewegungen" (Deckert/Deckert, 1982).

Weniger begeistert sind die Vogelpfleger, wenn ihre Papageien ihr Spielinteresse ausgerechnet auf angenähte Knöpfe richten, wovon auch schon mehrfach die Rede gewesen ist. G. & K. Deckert erzählen: „Wie bei anderen neugierigen Tieren wird auch bei den Aras das Interesse an einem Objekt erheblich gesteigert, wenn es nicht widerstandslos zu erlangen ist. Wenn das zahme Weibchen bei uns auf der Schulter saß, trachtete es danach, die Knöpfe unserer Kleidung abzubeißen, was ihm meist schneller gelang, als man es verhindern konnte. Bei Knöpfen außerhalb der Reichweite des Schnabels wurde die Jacke mit dem Schnabel herangezogen, dann mit dem Fuß festgehalten und der Vorgang solange wiederholt, bis der Knopf gefaßt werden konnte" (Deckert/Deckert, 1982).

Papageien zerreißen und zerkleinern gerne. Diese Fähigkeit benötigen sie zum Nahrungserwerb und für den Ausbau der Bruthöhle.

Der Zoologe Wünschmann untersuchte das „Neugierverhalten höherer Tiere, d. h. die Neigung, neue Reize gewohnten vorzuziehen". Seine Beobachtungen von Dohlen (Coloeus monedula) ergaben: „Die Beschäftigung mit kleineren, ungenießbaren Objekten endete fast immer mit deren Zerstörung." Es handelte sich um ein „echtes Freßspiel" (Wünschmann, 1963).

Über den Kaka (Nestor meridionalis) schrieb Brehm: „Junge lassen sich leicht zum Ein- und Ausfliegen gewöhnen... Für den Europäer ist es nicht ratsam, ihnen solche zu gewähren; denn aus dem Schoßtiere im Käfige wird regelmäßig ein Tunichtgut, dessen lose, oft mit ersichtlicher Bedachtsamkeit ausgeführten Streiche jeder Nachsicht spotten. Für einen zahmen Nestor, welcher aus- und einfliegen kann, gibt es weder im Hause noch im Garten irgend einen Gegenstand, an welchem er nicht seine Kräfte und seine Lust am Zerstören betätigen sollte. Buller versichert, einen Kaka gekannt zu haben, welcher in einem einzigen Tage tausende von Birnenblüten abpflückte und ebenso über Reben und andere Pflanzen herfiel. Läßt man solchen zerstörungslustigen Gesellen aber im Zimmer frei, so verfallen alle Einrichtungsgegenstände unrettbar seinem gewaltigen Schnabel" (Brehm, 1878).

Wenn sich ein Papagei mit seinem kräftigen Schnabel spielerisch betätigt, sieht das oft nach bloßer Zerstörung aus. Brehm schrieb über die Kakadus: „Ihre Zerstörungslust und Vernichtungsfertigkeit übersteigt alle Vorstellungen. Sie zernagen, wie ich aus eigener Erfahrung verbürgen kann, nicht allein Bretter, sondern auch dicke Balken, nicht bloß Holz, sondern sogar Eisenblech von 1 mm Dicke . . . sie versuchen selbst das Mauerwerk zu durchhöhlen. Seine liebe Not hat man, um sie auf einem Ständer so zu fesseln, daß sie sich nicht befreien können. Sie machen, um frei zu werden, das unmöglich Scheinende möglich" (Brehm, 1872).

Brehm deutete anscheinend die Fähigkeiten von Kakadus, sich ihrer Fußketten zu entledigen, als absichtliche Befreiungsbemühungen. Er zitierte einen erfahrenen Papageienhalter: „„Man muß es', bemerkt Fiedler, ,selbst gesehen haben, um es zu glauben, mit welcher Leichtigkeit Kakadus Ketten zerbrechen, Haken öffnen, Schrauben aufdrehen und andere Fesseln lösen, welche man ihnen anlegte. Mein Inka-Kakadu kannte die Bewegung der Schraube so genau, daß er nicht bloß einfache, sondern sogar doppelte, d. h. gegeneinander wirkende, mit größter Ruhe und Sicherheit abschraubte und dadurch regelmäßig sich befreite. Selbst das ebenfalls angeschraubte Futtergeschirr wußte er zu entfer-

nen, weil es ihn hinderte, den Endring seiner Fußkette vom Ständer abzustreifen.' Wer Kakadus halten will, mag sich auf solche und ähnliche Kunstfertigkeiten gefaßt machen" (Brehm, 1872).

Ein anderer Kakaduhalter, den Brehm zitierte, sprach dagegen von „Spiel". Dieser, namens Schmidt, berichtete über seinen „Kasmalos", Ararakakadu (Probosciger aterrimus): „Nicht wenig verwundert habe ich mich über die Härte und Kraft, welche der Schnabel dieses Vogels besitzt. Unser Gefangener hatte sich die Vernichtung seiner Futtergeschirre zur Lieblingsaufgabe erkoren und leistete darin fast Unglaubliches. An zwei Schüsseln von gebranntem und glasiertem Ton biß er eines Tages den etwa 6 cm hohen und 15 mm dicken Rand vollständig weg. Am folgenden Tage wurden ihm zwei Porzellangefäße von gleicher Stärke vorgesetzt; doch auch ihre Ränder waren in kürzester Frist bis auf den Boden abgenagt. Nunmehr ließ ich gußeiserne Schmelzpfännchen als Futtergeschirre verwenden; aber schon nach zwei Stunden hatte der Vogel in den Rand des einen Gefäßes eine bis zum Boden herabreichende Scharte gebrochen. Das Spiel fand erst dadurch ein Ende, daß ich schwere Geschirre aus Schmiedeeisen anfertigen ließ, welche der Kasmalos weder zu zerbeißen, noch umzustürzen vermochte" (zitiert nach Brehm, 1872).

Bernhard Grzimek erzählte vom „Koko" einer Familie Bergmann: „In dreiundzwanzig Jahren hat er schon den dritten schweren, guten Metallkäfig kleingekriegt. Erst werkt er an den vier Eckpfosten, bis er fühlt, daß sie nachgeben. Dann sitzt er aber auch in jeder freien Minute, wenn er sich unbeobachtet glaubt, bei seiner mühsamen und fleißigen Zerstörungsarbeit. Nur verrät er sich dadurch, daß er zwischendurch einmal ruft: ,Koko, was machst du denn da? Jetzt kommt der Stock, paß mal auf!'" (Grzimek, 1951).

Papageien können so manchen Besitzer fast zur Verzweiflung treiben, wenn sie ihre Näpfe als Spielobjekte wählen. Linden erzählte von seinen Kakadus: „Wird von einem ein Futtergeschirr losgebrochen und als Spielball im

Käfige umhergeworfen, so ruht der Nachbar nicht, bis auch er dasselbe getan hat. Er bekundet dabei eine Kraft und Beweglichkeit des Schnabels ohnegleichen; denn dieses eine Werkzeug wird als Hammer, Zange, Schraubenzieher benutzt und leistet erstaunliches. Mit aller List habe ich Futtergeschirre befestigt, sie mit Draht um die Eisenstäbe gewunden, von außen mit Mutterschrauben fest angezogen etc.; aber meine Kakadus wissen den Schraubenwindungen ganz gut entgegenzuarbeiten und bringen früher oder später alles los. Meine Käfige bestanden vormals aus Drahtgeflecht; allein es war immer nur eine Frage der Zeit, bis wieder ein enggeflochtener Teil losgetrennt und dann die Öffnung rasch genug erweitert wurde, um das Durchschlüpfen, behufs Verübung von allerlei Unfug, zu ermöglichen" (zitiert nach Brehm, 1878).

Ähnliches berichteten G. und K. Deckert über ihre Grünflügel-Araras (Ara chloroptera): „Um das Abmontieren der Näpfe einzuschränken, verwendeten wir ... m-8-Maschinenschrauben, deren Muttern mit einem Schlüssel festgezogen werden mußten. Trotzdem gelang es dem Männchen noch oft genug, sie abzudrehen. Dies geschah in der folgenden Weise: Die Ober- und Unterschnabelenden erfaßten kraftvoll die Mutter und lockerten sie. Mit der Spitze des Oberschnabels und der Zunge im Wechsel, stets in der seiner Absicht entsprechenden Richtung, drehte der Vogel die Mutter ab. Nicht immer gelang es sogleich, die Verschraubung zu öffnen. In diesem Fall nahm der Ara ein Stück Rinde, einen Zweig, ein Blatt oder manchmal ein Steinchen und klemmte es zwischen den Unterschnabel und die zu lockernde Mutter, ähnlich wie man selbst, um die Reibung zu erhöhen, ein Tuch zu Hilfe nimmt, wenn sich ein Gefäß schwer öffnen läßt. Diese Methode wandten beide Aras auch bei sehr hartschaligen Nüssen an ... Wiederholt war das Männchen dabei zu beobachten, wie es, eine solche Schraube aufrecht mit dem Fuß haltend, versuchte, die soeben abgedrehte Mutter wieder heraufzudrehen, dabei fiel sie meist auf den Boden. Als wir dem Vogel jedoch eine nur wenig größere Mutter anboten, gelang es ihm sogleich, sie auf das Gewinde zu bringen ..." (Deckert/ Deckert, 1982).

Keller schreibt über die von ihm beobachteten Keas: „Zu erwähnen ist ... das Umwerfen des Futtertroges, kurz nachdem der Wärter ihn gefüllt hat. Beim Spiel mit dem Futtertrog kommt es zu einer bemerkenswerten Zusammenarbeit von mehreren Individuen. Einige Male konnte ich beobachten, wie zwei Keas gleichzeitig und koordiniert den Futtertrog anhoben und versuchten, ihn umzustoßen. Schmidt ... beobachtete sogar, wie einmal vier Keas in völliger Koordination den schweren Futtertrog anhoben und umzuwerfen versuchten. Dieses Koordinationsspiel ist recht selten ..."

Keller sah außerdem, „wie sie Steine immer wieder in ein leeres tönernes Futtergeschirr fallen ließen. Jedesmal gab es einen lauten Ton, der die Keas offensichtlich dazu anstachelte, es noch einmal zu versuchen" (Keller, 1975).

In verschiedenen Spielen erzeugte auch der Hyazinth-Arara des Kölner Zoos Lärm. Hick berichtete: „Er liebt den Klang, den Tassen, Schüsseln und Löffel beim Aufprall auf den Steinboden erzeugen. Ist er allein in der Futterküche des Vogelhauses, so ist nichts vor ihm sicher. Mit Vorliebe läßt er Gegenstände, die ein lautes Geräusch hervorrufen, auf den Boden fallen, nimmt sie auf, um sie dann wieder fallen zu lassen in unermüdlicher Wiederholung. Ein unbeabsichtigtes Aufschlagen eines harten Gegenstandes ruft seine Aufmerksamkeit wach und bringt ihn dazu, den Vorgang nachzuvollziehen" (Hick, 1962).

Als Brehm die 2. Auflage seines „Tierlebens" (1878) herausbrachte, waren auf dem Tiermarkt billig die Carolinasittiche (Conuropsis carolinensis) zu haben, die wenige Jahrzehnte später aussterben sollten. Sie waren nur bei einigen Vogelhaltern beliebt, wegen ihres zurückhaltenden Wesens, ihres unangenehmen Geschreis und ihrer zerstörerischen Schnäbel. Rey dagegen hatte eine besondere Vorliebe für sie; er erzählte: „Eine ihrer gewöhnlichsten Untugenden bestand darin, das Wassergefäß, nachdem ihr Durst gestillt war, sofort um- oder zur Türe

270

des Bauers hinaus auf die Erde zu werfen, wobei sie auf die unzweideutigste Weise ihre Freude an den Tag legten, wenn ihre Schelmerei den gewünschten Erfolg hatte, d. h. wenn das Wassergefäß dabei zerbrach. Alle Versuche, letzteres zu befestigen oder die Türe des Käfigs zuzuhalten, scheiterten an dem Scharfsinne der Vögel ... Es gewährte einen unbeschreiblich komischen Anblick, wenn sie sich verstohlener Weise über die vorzunehmende Untat zu verständigen suchten und gemeinschaftlich vorsichtig die Schiebetüre des Käfigs öffneten, indem der eine unten den Schnabel als Hebebaum einsetzt und der andere an der Decke des Käfigs hängt und die Türe mit aller Anstrengung festhält, bis sein Gefährte dieselbe von unten wiederum ein neues Stück gehoben hat. Ist dann nach kurzer Zeit die entstandene Öffnung groß genug, um den unten beschäftigten herauszulassen, so lugt er erst mit weit vorgestrecktem Halse hervor, bis er mich an meinem Schreibtische sitzen sieht. Hat er sich nun überzeugt, daß ich nichts bemerkte, so holt er ganz vorsichtig den Wassernapf herbei und dieser geht dann, wenn ich nicht schnell einschreite, demselben Schicksale entgegen wie so mancher seiner Vorgänger. Habe ich sie ruhig gewähren lassen, oder war ich während der Ausführung nicht zugegen, so bekunden sie durch ihr ganzes Wesen das deutliche Bewußtsein ihres begangenen Unrechtes, sobald ich mich zeige" (zitiert nach Brehm, 1878).

Ein Unrechtsbewußtsein hatten die Vögel natürlich nicht. Vermutlich wollte Rey damit nur sagen: Die Vögel „wußten" sehr wohl, daß ihr Pfleger ein solches Verhalten nicht duldete. Das hinderte die Papageien, und das gilt auch für andere Arten, freilich nicht, ihr Vorhaben durchzuführen. Die Papageien verhalten sich untereinander nicht anders: Nur der Stärkere kann Aktivitäten eines anderen stoppen (etwa am Nest).

Ebenfalls in seinem „Tierleben" von 1878 berichtete Brehm über eine erfolgreiche Revierverteidigung: Im Zoologischen Garten von Berlin hatten Mönchsittiche *(Myiopsitta monachus)* ein Nest gebaut – Mönchsittiche brüten im Gegensatz zu den anderen Papa-

geien nicht in Baum-, Erd- oder Felsenhöhlen – es ging um das Nestrevier. Der Beobachter Mützel erzählte: „Jeden Augenblick mußten die fleißigen" Vögel „den Bau unterbrechen, um ihn gegen die Käfiggenossen zu verteidigen. Fortwährend störten die Kameraden das Werk. Die Neugier aller übrigen Papageien war mächtig erregt worden. Sie ... näherten sich ... jedoch ... in Besorgnis erregender Weise der Baustätte. Sofort ließ das Weibchen seine Arbeit liegen, wandte sich den dreisten und zudringlichen Gesellen zu und kreischte sie laut und heftig an. Augenblicklich ließ auf solches Zeichen hin das Männchen ein Reis, welches es bereits im Schnabel hatte, fallen, flog den Feind an, und dicht neben ihm am Gitter Fuß fassend, bearbeitete es denselben mit Schnabelhieben und Flügelschlägen derart, daß man das äußerste befürchten konnte." Dabei schrie es laut. Schließlich trauten sich die anderen Käfiggenossen nicht mehr in die Nähe, bzw. sie berührten die Nähe des Nestes nur noch zufällig (zitiert nach Brehm, 1878).

Da konnte das Revier klar abgetrennt werden. Dagegen verhielt es sich bei den Näpfen anders: Ihr Inhalt gehörte den Carolinasittichen, ihre Unversehrtheit wurde vom Pfleger beansprucht. Gerade weil der Pfleger es nicht gerne sieht: Wenn der Napf zerbricht, ist der Papagei der „Reviersieger" – solange das Spiel mit dem Napf ihn reizt. Mit diesem Problem werden auch heute noch Papageienhalter häufig konfrontiert. Plastik statt Glas oder Porzellan ist zwar weit weniger zerbrechlich, hält aber den kräftigsten Schnäbeln auch nicht dauerhaft stand. Der Pfleger hat nur eine Möglichkeit: Er muß seinen Papageien reizvollere Beschäftigungs- bzw. Spielmöglichkeiten anbieten, die auch er akzeptieren kann.

Spontanes Verhalten und Stereotypie

Die Fähigkeit, sich selbst im Spiegel zu erkennen, stellt eine „hohe assoziative Leistung" dar. Wie Versuche „zum Selbsterkennen im Spiegel" bei einigen Affenarten ergaben, sind dazu offenbar nur die großen Menschenaffen befähigt (Lethmate/Dücker, 1973).

271

Knottnerus-Meyer erzählte von seinem zahmen Gelbbrustarara, dem „Schönen": „Wie alle Papageien ist auch natürlich mein blauer Ara eifersüchtig. Als ich ihn bekam, kannte er den Spiegel noch nicht. Ich legte also eines Abends einen Spiegel flach auf einen Tisch und ließ ihn hineinsehen. Die Backen wurden rot, die Federn sträubten sich, und der Kopf wurde gesenkt, um triumphierend ruckartig wieder hochzuschnellen. Dann fing ich an, den Vogel im Spiegel zu liebkosen, da änderte sich das Bild. Wütend hackte er gegen den Spiegel, um mir dann wieder Hände oder Gesicht mit der Zunge abzutippen. Das Tier wurde derart erbost und aufgeregt, und die roten Backen glühten, daß ich den Spiegel fortbrachte. Ich versuchte dann dasselbe mit einem aufrecht-stehenden Spiegel, und nun begann er sofort den Spiegel seitlich zu packen, um hinter ihm zu suchen, und dann war bald des Spiegels Trug erkannt. Heute beachtet er den ‚anderen' im Spiegel nicht mehr, mag ich diesem auch noch soviel schmeicheln. Er hat den Schwindel erkannt" (Knottnerus-Meyer, 1925). Knottnerus-Meyer schildert einen Lernvorgang. Die jeweils erste Phase eines jeden Appetenzverhaltens (vgl. unten) muß nach Immelmann den spontanen Verhaltensweisen zugerechnet werden (Immelmann, 1982).

Todt und seine Mitarbeiter führten eine wissenschaftliche Untersuchung durch, um ihre selbstgestellte Frage beantworten zu können: Ob die Graupapageien, mit denen sie arbeiteten, die Sprechmuster wohl immer genauso äußerten, wie es ihnen beigebracht worden war? Sie taten es nicht, sondern variierten. Todt deutete dies als spontane Wiederverknüpfungen (Recombinations) (Todt, 1975). – Das trifft besonders auf meinen Graupapagei „Rocco" zu: Wenn er eine Melodie richtig wiedergeben kann, bringt er sie bald nur noch in Variationen.

Spontanes Verhalten finden wir vor allem auch beim Spiel und bei der Wahl des Spiel-Partners.

Als der Papageienliebhaber Brennecke aus beruflichen Gründen tagsüber keine Zeit mehr für seinen zahmen Gelbbrust-Arara *(Ara ararauna)* hatte, wandte der Vogel sich von ihm

ab. Brennecke erzählt: „Sein neuer Lebensgefährte wurde meine Frau. Mir gegenüber ist er bei Anwesenheit meiner Frau sehr aggressiv geworden. Ist er frei in der Wohnung, und das ist er meistens, greift er mich sofort an, wenn ich in seine Nähe gerate. Er läuft auf dem Fußboden auf mich zu und beißt mich wütend in die Füße. Es gibt manchmal blutige Verletzungen. Merkwürdigerweise attackiert er nur, wenn sich meine Frau in der Wohnung aufhält, selbst, wenn er sie gar nicht sieht, weil sie sich in einer anderen Etage der Wohnung befindet. Hingegen ist der Ararauna wie umgewandelt, wenn meine Frau die Wohnung verlassen hat. Aber woher will er das wissen? Er sitzt im verschlossenen Vogelzimmer und kann nicht wissen, daß er allein mit mir ist. Betrete ich dann das Vogelzimmer, ist er sehr freundlich. Er besteigt meinen Arm, läßt sich kraulen und in der Wohnung umhertragen." Brennecke durfte dann sogar mit ihm spielen. Kehrte aber während dieses Spielens seine Frau in die Wohnung zurück, griff der Vogel ihn sofort beißend an (Brennecke, 1988).

Ein junger, handaufgezogener Orangehaubenkakadu *(Cacatua sulphurea)* der Großpapageienzüchter Meister spielte gerne mit einer jungen Hauskatze. Im Bericht in der „Gefiederten Welt" steht darüber: „Anfangs ließ er sich von der Katze etwas beeindrucken, dann aber gewann der Kakadu immer mehr die Oberhand. Die Katze ist anhänglich: Sie legt sich gerne auf seinen Käfig und verteidigt ihn, den Vogel" (Müller-Bierl, 1984b).

Das Spielverhalten unterscheidet sich vom Verhalten im „Ernstfall" in mehrfacher Hinsicht: Die Verhaltensweisen sind frei kombinierbar, oftmals werden sie „übertrieben" ausgeführt. Das Spielverhalten enthält viel Spontaneität. Die biologische Bedeutung des Spiels liegt vor allem im Einüben bzw. Verbessern der Muskelfunktionen, Wahrnehmung und der sozialen Rollen sowie Kommunikation (Immelmann, 1982).

In auffälligem Gegensatz zum spontanen Verhalten, den Spielappetenzen (Appetenzverhalten = Suchverhalten) steht die Neigung der Papageien zu stereotypen Verhaltensweisen.

272

Von einem merkwürdigen Verhalten zahmer Araras, das ihm während seiner Reisen durch Südamerika im 19. Jahrhundert mitgeteilt wurde, berichtet Tschudi: „Zwei gezähmte Araras wurden nebeneinander gehalten und täglich zusammen mit Mais gefüttert. Der eine starb und von dem Augenblicke an fraß der hinterbliebene nie mehr ein Korn Mais; er mußte mit Bananen und anderm Futter ernährt werden" (Tschudi, 1866).

Meine Edelpapageien liebten es, wenn der Pfleger ihnen mit seinem Finger Wassertropfen in den Schnabel träufelt, abwechselnd dem Weibchen und dem Männchen. Aber die Sitzordnung mußte „stimmen". Saß das Männchen auf der „falschen" Seite, dann kletterte es umständlich übers Deckengitter zur anderen Seite hinüber.

Ein Wiener Vogelpfleger berichtete im 19. Jahrhundert über seine Spitzschwanzsittiche (Ruß: *Psittacus haemorrhous*; Wolters: *Thectocercus acuticaudatus* subsp. *haemorrhous*) (vgl. S. 218f): „Wie alle meine Papageien, frühstücken auch diese Vögel mit mir, und es ist komisch zu sehen, wie genau sie alle die Hausordnung beim Frühstück kennen und welche Unruhe bei ihnen eintritt, sobald ich mir bei der Verteilung der Semmelbrocken einen Fehler zuschuldenkommen lasse. Zumal das Weibchen dieser Art zeigt sich dann so ungehalten, daß es mich sogar mit Schnabelhieben zu bestrafen sucht, und ich sehe mich also genötigt, die von mir eingeführte Frühstücksordnung sehr gewissenhaft einzuhalten" (zitiert nach Ruß, 1881).

v. Lucanus beschrieb, wie er seinem zahmen Wellensittichmännchen das „Sprechen" beibrachte: „Der Unterricht erfolgt in der Weise, daß ich dem Vogel die zu erlernende Redensart morgens und abends etwa 20mal vorsage. Auf diese Weise lernte er den Satz ‚ich kann schön sprechen' innerhalb 3 Tagen. Das Lernen erfolgt im allgemeinen derart, daß der Vogel die Worte und Silben eines einheitlich vorgesprochenen Satzes der Reihe nach auffaßt und wiedergibt. So lernte er zunächst von 1 bis 6 zählen. Nachdem er dies konnte, fügte ich die Zahlen 7 und 8 hinzu, die er in einem Tage erlernte und später die Zahlen 9 und 10, die er gleichfalls an einem Tage sich zu eigen machte." v. Lucanus behauptete, daß der Vogel „zielbewußt lernte": „Beim Unterricht sitzt er still mit etwas schief gehaltenem Kopf da, und man hat deutlich den Eindruck, daß der Vogel auf das Gehörte scharf aufpaßt, um es sich einzuprägen, daß er also lernen will. Nach Beendigung des Unterrichts beginnt er sehr bald die vorgesprochenen Worte zu üben und man kann bei aufmerksamem Hinhören bereits einige Silben und Laute des Lehrstoffes vernehmen. Die erfaßten Worte werden anfangs undeutlich und leise, gewissermaßen schüchtern hervorgebracht, bis dann bei eifriger Übung die einzelnen Silben klar und deutlich ertönen. Beim Lernen einer Redensart konzentriert sich der Vogel ganz auf den neuen Lehrstoff, indem er seinen übrigen Wortschatz fast gar nicht hören läßt und sich ausschließlich mit dem Einüben der neuen Worte befaßt. Der Sittich scheint geradezu Freude am Lernen zu haben. Häufig spricht der Vogel alle erlernten Sätze hintereinander, ohne einen anderen Laut dazwischen hören zu lassen, und hält dabei gewöhnlich die Reihenfolge inne, in der er sie erlernt hat ... Läßt er beim Sprechen versehentlich ein Wort aus, so bemerkt er dies in der Regel sogleich. Er hält dann inne und wiederholt den Satz solange, bis er das ausgelassene Wort wiedergefunden hat. Zählt er z. B. 1, 2, 3, 5, dann bricht er das Weiterzählen ab, beginnt von neuem zu zählen, hält bei 3 inne, macht eine Gedächtnispause, wiederholt auch die Zahl 3 solange, bis ihm die ausgelassene Zahl 4 einfällt, und fährt erst dann mit dem Zählen fort (v. Lucanus, 1923).

Im allgemeinen werden die Begriffe „Stereotypie" oder „Bewegungsstereotypie" in der Ethologie vorzugsweise auf das Auftreten starrer Verhaltensweisen in unnatürlichen Situationen angewandt, also auf Zwangsbewegungen. Außerdem können auffallende und mitunter stundenlang anhaltende Bewegungsstereotypien ganz allgemein bei Tieren auftreten, die in Menschenobhut leben. Sie sind dann die Folge einer falschen Haltung (kleiner Käfig usw.) oder ganz einfach einer allgemeinen „Beschäftigungslosigkeit" (Immelmann, 1982).

Zählvermögen und „Intelligenz"

Zum Spielverhalten gehört Neugier und ist eine gewisse Geschicklichkeit nötig.

Über seinen zahmen Gelbbrust-Arara „das Schöne" schrieb Knottnerus-Meyer: „Groß ist die Geschicklichkeit, mit der der Ara Kakaodosen, Zuckerdosen, Käseglocken u. a. öffnet, um dann zu naschen. Gläserne Käseglocken hebt er am Teller soweit hoch, bis die Glocke rückwärts abfällt, und läßt dann den Teller los, um nun zu schmausen. Diesen Trick hat sich der Vogel selbständig ausgedacht, nie von Menschen gesehen..." (Knottnerus-Meyer, 1925).

Gräfin v. Montgelas erzählte: „Ein Alexandersittich, den ich einmal besaß ... hatte in seinem Käfig eine Schaukel, die er bei Tage fleißig benützte. Zum Schlafen war ihm diese wacklige Sitzgelegenheit offenbar unsympathisch, und er sann deshalb auf Abhilfe. Die anderen Sitzstangen waren alle in geringerer Höhe angebracht als die Schaukel, deshalb benützte sie der Sittich nicht gern zum Schlafen ... Der Sittich klemmte nun jeden Abend die Schaukel, nachdem er sie mit dem Schnabel nach unten gezogen hatte, in den Gitterstäben des Käfigs fest und übernachtete dann auf ihr. Jeden Morgen löste er die Schaukel wieder, indem er sie mit dem Schnabel aus den Stäben herauszog, und benützte sie tagsüber fleißig zum Schaukeln. Ich besaß diesen Vogel fünf Jahre, und er wiederholte dies Experiment täglich in der gleichen Weise" (v. Montgelas, 1925).

Nicht nur Papageien sind besonders neugierige Vögel. Krieg fiel in Südamerika besonders bei den Blauraben (Cyanocorax) und Verwandten eine „fast unersättliche Neugier" auf, „welche den pirschenden Jäger zur Verzweiflung bringen kann" (Krieg, 1950).

Finn, der um die Jahrhundertwende über die Vogelhaltung in Kalkutta berichtete, war begeistert von Molukkenkakadus *(Cacatua moluccensis),* die er ganz zahm kennenlernte und sehr „intelligent" nannte: Sie seien alle erpicht gewesen, auf sich aufmerksam zu machen und hätten ihn zum Kraulen aufgefordert, indem sie mit einem Fuß begonnen hätten, ihre Federn aufzurichten – damit hätten sie tatsächlich ihre Wünsche angezeigt. Das habe er zwar auch einmal bei einem Roten Arara gesehen, aber er war der Meinung, dieses Verhalten sei für die Molukkenkakadus geradezu typisch und ein Zeichen ihrer „Intelligenz" (Finn, 1901).

Meine zahmen Mohrenkopfpapageien haben es aber genauso verstanden, mich durch Kopfsenken und Aufplustern der Nakkenfedern zum Kraulen aufzufordern. Man kennt dies auch vom Wellensittich und von vielen anderen Papageienarten. Die Kraulaufforderungshaltung ist bei Kakadus nur auffälliger.

Viele Varietéaufführungen, „Tierdressuren", arbeiten mit Zeichengebung. Der Zoologe Otto Koehler schrieb: „Ein Zirkuselefant schien Rechenaufgaben richtig zu lösen, indem er so oft mit dem Rüssel klopft, wie es das Ergebnis der Aufgabe gerade wollte. Nur die kritischen Zuschauer, die statt des Elefanten vielmehr den Herrn nicht aus den Augen ließen, sahen des Rätsels Lösung: sobald das Tier mit Kopfen aufhören sollte, hob der Herr das blinkende Metallstäbchen mit dem Widerhaken, das Zeichen seiner Führung und Macht über den mächtigen Dickhäuter, eine winzige Spur." Dagegen handelt es sich bei Dressur ohne Zeichengebung um wissenschaftlich interessante Lernversuche. Laut Koehler ist das nicht so einfach: „Wer immer mit höheren Tieren Lernversuche anstellt, kann sich gar nicht selbstkritisch genug auf unwillkürliche Zeichengebung beobachten, um nicht unversehens derselben Selbsttäuschung zu verfallen wie jene Herren der sog. ‚zahlensprechenden' Hunde und Pferde, die das lächerliche Schauspiel gaben, selbst zu rechnen, zu reimen ..." (Koehler, 1941). Natürlich wissen die guten Dressurleiter über ihren Trick genauso gut Bescheid, wie ein Zauberkünstler die Funktion seiner Zaubertricks kennt.

Damals wurde tatsächlich den Tieren allzuviel Menschliches angedichtet, teils naiv, teils in bewußtem Widerspruch zu den „gefühllosen" Forschern: „Besonderers Aufsehen erregten die sogenannten klugen Tiere: Die Elberfelder Pferde, sowie Rolf, Lumpi, Fips, Kurwenal, Isolde und – bis 1938 – weitere rund 80 Hunde, die scheinbar jedes Menschenwort verstanden, rechneten, Wurzeln zogen und buchstabierten. Auf die Frage eines Theologieprofessors: Welche ist deine Weltanschauung? antwortete der Dackel Kurwenal: Meine ist die Eure! – Daß diese Wundertiere nur solange klopften oder bellten, bis ihnen ihre Besitzer, meistens unbewußt, ein Zeichen gaben, aufzuhören, ihnen also ihre eigenen Antworten diktierten, war mehrfach erwiesen. Um so entschiedener setzten sich die Gekränkten für ihre Lieblinge ein, und selbst ein Professor der Zoologie diskutierte mit Überzeugung ,Die zahlensprechenden Hunde als Domestikationserscheinung'..." (Hassenstein, 1974).

Koehler erklärte: „Viele höheren Tiere bemerken und befolgen kleinste Mitbewegungen, wie wir alle sie unweigerlich machen, wenn wir einem Handelnden innerlich mithandelnd zusehen, viel besser als der der Sprache vertrauende Mensch." Der Versuchsleiter war deshalb in Koehlers Versuchen unsichtbar und unhörbar (Koehler, 1941).

Nach Koehler ist die Möglichkeit, Gefahr, der unwissentlichen Zeichengebung um so mehr gegeben, „je höher das Tier, je besser es beobachtet, je enger es sich Menschen anschließt... Gibt der Hund seiner Freude über den anzutretenden gemeinsamen Spaziergang bereits Ausdruck, als der Herr noch innerlich schwankte, ob er gehen solle oder nicht, so sagt der wohl: Der Hund kennt mich besser als ich selbst. Die Erscheinung wird auf noch so geringen Intentionsbewegungen des Menschen beruhen, die ihm völlig unbewußt sind und die ganz zu unterdrücken den meisten unmöglich sein dürfte. Wir kennen sie in durchaus vergleichbarer Form auch bei unseren Vögeln" (Koehler, 1949).

Koehlers Versuche führten zu interessanten Ergebnissen: Der Mensch ist einigen Vogelarten nicht überlegen, wenn er beim „Erlernen von Anzahlen" die Zahlworte nicht benutzen darf, also unbenannt „zählen" soll. Koehler schreibt: „Vögel zählen nicht, denn sie haben ja keine Zahlworte gelernt... Aber jetzt schon haben wir zwei vorsprachliche Vermögen bei Vögeln entdeckt, die zweifellos auch uns selbst eignen, und zwar, sofern wir nicht in Worten zählen, bis genau zu derselben Grenze, die auch den Vögeln gesetzt ist... Daß nun beide Vermögen, das simultane wie das successive, bei einer Tierart die gleiche Grenze finden, nämlich bei knapp 6 für Tauben, bei sicher 6 für Sittiche und Dohlen, bei 7 für Kolkraben und wohl auch Graupapagei, das kann unmöglich Zufall sein, und ebensowenig, daß der nicht in Worten mitzählende Mensch bei vergleichbarer Grenzbestimmung dieselbe Größenordnung einhält" (Koehler, 1949). Spätere Untersuchungen ergaben die 7 als obere Grenze: außer für den Graupapagei auch für eine Amazonenart (Kruschinski u. Mitarbeiter, 1963).

Über eine erfolgreiche Dressur eines Graupapageis erzählte Koehler: „In einer nicht ganz zu Ende geführten" (Versuchs-)„Reihe gelang es ziemlich gut, einen etwa 15jährigen Graupapagei etwas pfeifen zu lassen, was der Melodie von ,Was blasen die Trompeten' durchaus ähnlich klang. Die ersten 5 Silben vor der hohen Quint sind darin ja durch ebensoviele gleichhohe und gleichkurze Noten vertreten. Wenn er sich vertat und zuwenig oder zuviele Vornoten gab, im Extrem 2 bis viele, so strafte ich ihn, für die richtigen 5 erhielt er einen Leckerbissen. So kam er dem ,Pfeifen auf 5' ziemlich nahe; wie weit solches sich ausbauen läßt, bleibt an akustisch noch lernfähigeren Jungtieren zu untersuchen" (Koehler, 1949).

Der Zoologe E. Marold begann im Jahre 1937 bei Professor Koehler mit „Versuchen an Wellensittichen zur Frage des ,Zähl'-vermögens." Dabei war von echtem Zählen im menschlichen Sinne keine Rede. „Der Vogel lernt lediglich ,unbenannte Anzahlen' handelnd oder anschaulich vergleichend zu erfassen." Marold berichtete: „Nicht gerechnet habe ich allerdings mit ihrer großen Ablenkbarkeit; nahezu jeder nicht zur Sache gehörige Reiz hielt sie von der Aufgabe ab, die man ihnen stellte. Dafür entschädigten sie durch größte Beharrlichkeit... Als ich den Vögeln einzeln erstmals ein offenes Futterkästchen in den Sand des Wohnkäfigs drückte, fraßen sie daraus und hielten nach plötzlichem Auflegen des Deckels sämtlich ein; manche flogen weg und kümmerten sich nicht mehr um ihn, andere hackten auf die Deckelmitte oder öffneten ihn zufällig beim Darüberlaufen... Das Beibehalten zufällig erzielten Erfolges ging... sehr rasch. Und auch beim allerersten Bedecken kann man kaum, wenigstens gewiß nicht allgemein von ‚Aus den Augen, aus dem Sinn‘ sprechen; daß an diesem Orte Futter war, das kann ein Sittich aus einmaliger Erfahrung lernen und wird zu diesem Ort, wo es verschwand, sichtlich wieder hingezogen" (Marold, 1939).

Als man das Zählvermögen bei Tieren wissenschaftlich zu untersuchen begann, benutzte man zuerst Platznummern: Futter fand das Tier z. B. im 4. Schälchen von rechts. Fraglich ist freilich, ob das Tier das belohnende Schälchen wirklich durch Abzählen oder an ganz anderen Zeichen erkennt. Spätere Untersuchungen arbeiteten mit Mengenvergleichen: z. B. sollte das Tier einen Deckel mit 5 Flecken, nicht aber die mit 4 oder 3 wählen. Seibt schrieb: „Dennoch fehlt auch hier ein klarer Hinweis auf ein allgemeines Zählvermögen. Bislang haben Tiere nur bestimmte Anzahlen wiedererkannt oder abgehandelt, die sie vorher andressiert bekamen; ein verallgemeinertes Anzahlen-Erfassen ließ sich nirgends erkennen... In allen bisher bekannten Fällen mußte jede Anzahl neu andressiert werden, was schon Koehler anmerkt... Unbestritten bleiben die von O. Koehler betonten Fähigkeiten vieler Tiere, (1.) gesehene oder gehörte Mengen nach der Anzahl ihrer Elemente zu unterscheiden, und (2.) bestimmte Handlungen mit einer genauen Häufigkeit zu wiederholen... Selbst Tiere, die auf Anzahlen-Erkennen dressiert sind, können mit einer neuen, ihnen gebotenen Anzahl ohne neuerliche Dressur nichts anfangen... Wurde durch Dressur ein (unbenannter) Zahlbegriff in der Wahrnehmung gebildet, so blieb er auf den Bereich der Wahrnehmung beschränkt und

wurde nicht in den Bereich des Handelns übertragen. Dasselbe gilt umgekehrt. Das sogenannte ‚Abhandeln wahrgenommener Anzahlen‘ beruhte bisher in jedem Fall auf der willkürlichen Zusammenstellung zweier anzudressierender Anzahlen (eine in der Wahrnehmung, eine im Handeln) durch den Versuchsleiter. So lassen sich auch zwei verschiedene Anzahlen miteinander verknüpfen. Das Mißverständnis beginnt, wenn man nicht ‚verknüpfen‘, sondern ‚übertragen‘ (oder ‚transferieren‘) sagt" (Seibt, 1982).

Ein anschauliches Beispiel finden wir im wissenschaftlichen Dressur-Aufbau von Dükker für das straffreie „Erlernen von drei verschiedenen Positionen durch Vögel". Dücker berichtet: „Als erstes sollten die Vögel lernen, mit der Farbe Rot die Wahl der mittleren Position zu verbinden. Alle Schalen wurden mit roten Deckeln versehen, beködert aber war nur die mittlere Schale. Dressiert wurde bis zur sicheren Beherrschung dieser Aufgabe. Dann mußten die Vögel lernen, bei gelben Deckeln nur die linke beköderte Schale zu öffnen. Damit nun nicht die Aufeinanderfolge der erlernten Farbmuster die Dressur beeinflußte, sondern die Vögel frühzeitig die verschiedenen Farbplatten mit der Position der positiven Futterschale zu assoziieren lernten, wurden während dieser Dressur zwischendurch auch immer wieder die roten Deckel geboten." Danach wurde Grün als Anweiser für die Wahl der rechten Position aufgenommen. Dann wollte Dücker auf Figuren überleiten: Nun wiesen die Deckel der Futterschalen statt einheitlicher Färbung farbige Figuren auf; bei den roten Kreisflächen sollte die mittlere, bei den gelben Dreiecken die linke und bei den grünen Quadraten die rechte Position gewählt werden. Wie zusätzliche Versuche ergaben, hatten aber die Vögel – in diesem Fall eine Dohle und ein Indischer Star – nicht gelernt, die Figuren zu beachten, sondern sich bei der Wahl stets nur nach der Farbe gerichtet. Also kamen als weitere Anweiser drei Schwarzweiß-Muster hinzu. Auch Wellensittiche lernten, auf 6 verschiedene Anweiser die richtige Position zu wählen (Dücker, 1976).

Populäre Dressur

Nach dem französischen Lexikon Larousse von 1874 waren zu dieser Zeit schon folgende Dressurleistungen bekannt: Die Papageien legten sich auf den Rücken, wenn ihr Meister das Signal dazu gab und erhoben sich erst wieder beim entsprechenden Kommando. Sie exerzierten mit einem kleinen Stab, und sie tanzten. Dazuhin imitierten sie das Miauen der Katze, das Bellen von Hunden, Singvogelstimmen, weinende Kinder, Trommelschläge, Gelächter und Schnalzen mit der Zunge (Larousse, 1874).

Eine Dressur, die schon im 19. Jahrhundert beschrieben wurde, bestand darin, daß ein Arara eine Nuß unter seiner Zunge versteckte und auf Befehl wieder vorzeigte. Ein anderer konnte mit seinem Fuß zur Musik den Takt schlagen (Lloyd, 1895).

Bernhard Grzimek besuchte in den 50er Jahren den amerikanischen Papageienpark „Parrot Jungle", wo bereits Dressuren üblich waren. Grzimek berichtete: „Die Papageien machen vor einer schattigen Arena allerlei Kunststücke. Die ‚Artisten' kommen, sobald der Tierlehrer ihren Namen ruft, im Gleitflug von den umstehenden Bäumen zu ihm herab. Besonders beliebt ist es bei den Besuchern, sich an einem eigens dafür hergerichteten Photographierplatz mit ausgebreiteten Armen hinzustellen – auf jedem Arm 3 bis 5 der bunten Großpapageien – und sich so zum Andenken knipsen zu lassen." Grzimek fiel auf, daß niemand gebissen wurde (Grzimek, 1957).

Dressierte Papageien sind in der jüngsten Zeit in ähnlichen Parks und Vergnügungsparks regelrecht in Mode gekommen.

Amazone, unselbständiger Jungvogel, Zeichnung des Zoologen und Forschungsreisenden Hans Krieg in seinem Buch Urwald und Kamp (Stuttgart 1925).

Die siebenjährige Schwester des Zoodirektors Knottnerus-Meyer konnte ihren Graupapagei in ihre Puppenspiele einbeziehen; er erzählte: „Oft auch wurde er von meiner Schwester mit Puppenzeug angekleidet, meist mit Umhang und Hut, oder er wurde als krank in den Puppenwagen gelegt. Alles ließ er sich treulich gefallen" (Knottnerus-Meyer, 1925).

Zu allen Zeiten gab es Menschen, die ein besonderes Geschick im Umgang mit Tieren, so auch Papageien, hatten. Erinnert sei an den „Dompteur" Martin (vgl. S. 66).

Natürlich waren Papageien schon von den Naturvölkern ihrer Herkunftsländer dressiert worden. Léry erzählte im 16. Jahrhundert, wie ein Papagei auf den Befehl seiner indianischen Besitzerin, tanzte (vgl. S. 39). Solche Papageien wurden meistens schon als Nestlinge an den Menschen gewöhnt und von Hand (bzw. aus dem Mund) augepäppelt.

Eine bewußte erfolgreiche Dressur ist nur dann möglich, wenn der Vogelpfleger das Verhalten seines Vogels gut beobachtet. Indianer haben uns immer wieder mit ganz einfachen Zeichnungen ihre gute Naturbeobachtung und -kenntnisse bewiesen.

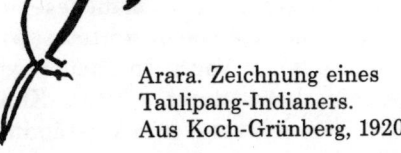

Arara. Zeichnung eines Taulipang-Indianers. Aus Koch-Grünberg, 1920.

Der Mensch und die Papageien

In einem eigenen Abschnitt über den Nutzen der verschiedenen Vogelarten für den Menschen meinte Belon: Die Papageien seien nur wegen der Schönheit ihrer Federn zu gebrauchen und um im Käfig Sprecher abzugeben. An ihrem Fleisch war offenbar schon damals in Europa niemand interessiert – ganz im Gegensatz zu den Heimatländern (Belon, 1555).

Sprechende Papageien haben für Naturvölker selbstverständlich eine noch größere Bedeutung als für Menschen aus der Zivilisation.

Cuna-Männer (Cuna-Indianer) von Darien, die traditionelle Gesänge lernen wollten, aßen einen bestimmten Singvogel, damit dessen Seele ihnen beim Erlernen des Gesangs helfen sollte. Genauso glaubten sie, daß die Seelen von Papageien beim Erlernen fremder Sprachen helfen könnten, weil Papageien jede Sprache leicht „sprechen" lernen (Wafer, 1699/1704).

Schomburgk, der wie seine Zeitgenossen nicht zimperlich war im Davontragen von Kultur- und Naturgütern, wies das Geschenk, das ihm der letzte Bewohner eines verlassenen Dorfes in Guayana mit einem zahmen Vogel machen wollte, zurück und sagte: „Es würde ein Verbrechen gewesen sein, ihn seines einzigen Gefährten zu berauben" (Schomburgk, 1841).

Niethammer sprach davon, daß die Ornithologie eine gemütvolle Seite habe: „Sie vereinigte Bettler und Millionäre, Proletarier und Könige, Atheisten und Bischöfe, sie ist in allen Ländern zu Hause und der Grund, weshalb die ornithologische Wissenschaft überall ‚Scientia amabilis' genannt wird."

Niethammer nannte die Beziehung des Menschen zum Vogel innig und sagte: „Wir sind nicht nur von der Pracht seines Gefieders fasziniert, sondern auch vom Wohllaut seines Gesanges entzückt, von der Anmut und Kraft seines Fluges begeistert und von der Lieblichkeit seines Verhaltens bezaubert. Unsere Gefühle fanden ihren Niederschlag und Ausdruck in der Kunst, in Malerei und Musik, in Sage und Dichtung."

Und er äußerte sich auch zur Heimtierhaltung: „Das Lied der Amsel dünkt uns voll süßen Wohllautes, und wir verbinden so sehr mit ihm die Vorstellung der reinen und schönen Natur, daß wir die gefiederten Sänger ins Haus nehmen, als Stubenvögel mit ihnen unsere Wohnung teilen, um dieses Stück Natur nicht einen Tag zu entbehren." – „Es war das Fernweh", sagt er, „das selbst wenig bemittelte Menschen immer wieder bewogen hat, fremdländische Vögel als Stubengenossen in ihrem Heim aufzunehmen; sie begnügten sich nicht damit, die Vögel im Zoologischen Garten zu bewundern. Um 1920 waren es schon an die 1500 Arten, heute" (1964) „ist es sicherlich die doppelte Anzahl und damit rund 1/3 aller Vögel der Erde, das Eingang in die Volieren und Käfige europäischer Vogelliebhaber gefunden hat, wo viele von ihnen gezüchtet und liebevoll in ihrem Verhalten beobachtet wurden."

Niethammer stellte fest, die moderne Verhaltenskunde habe ihre Wurzeln in der Vogelbeobachtung. Er stellte eine naheliegende Frage, die er auch sogleich beantwortete: „Wie kommt es, daß uns die Vögel, von denen wir stammesgeschichtlich durch eine Kluft getrennt sind, den Schlüssel zum Verständnis so vieler Verhaltensweisen geliefert haben und nicht Angehörige unserer Verwandtschaft, nämlich die Säugetiere? Das liegt ganz gewiß an der Lust und Freude, die uns die Beobachtung der Vögel beschert. Lust und Freude empfinden wir aber, weil die Vögel ... für unseren Geschmack so schön gefärbt und gezeichnet sind, so lieblich singen, so mühelos fliegen, sich so anmutig bewegen ... besonders aber, weil sie allgegenwärtig und so zutraulich sind. Dazu kommt, worauf Konrad Lorenz hingewiesen hat ... daß wir eine angeborene Reaktion auf das Niedliche, das Süße, das Kindliche besitzen, deren Schlüsselreize sich bei vielen Vögeln finden. Lorenz führt als Beispiel die stark gewölbte Stirn und das übergroße Auge des Rotkehlchens an, beides Merkmale, die auch für das Kindchen bezeichnend sind" (Niethammer, 1968).

In ähnlicher Weise, d. h. Betreuungs-Reaktionen, auslösend, wirkt auf viele Menschen der Anblick von Papageien, vor allem von solchen Arten mit großem Kopf, großen Augen – durch Augenringe, wo vorhanden, optisch noch vergrößert. Typische Beispiele sind domestizierte Wellensittiche, Unzertrennliche und Amazonenpapageien.

Niethammer wies darauf hin, daß die Beschäftigung mit der Vogelkunde, „sei es rein zur eigenen Erbauung oder unter streng wissenschaftlicher Fragestellung", schon immer den Menschen von den Sorgen des Alltags habe ablenken können. Englische Kriegsgefangene seien beispielsweise durch pausenlose Vogelbeobachtungen der Lagerpsychose entgangen.

Zum Schluß zitierte Niethammer Ernst Mayr, der als Präsident des Internationalen Ornithologen-Kongresses 1962 in Ithaca/USA in seiner Festansprache über die Scientia amabilis gesagt hatte: „Sie beschert uns nicht nur das reizvollste Studium und trägt entscheidend zum Verständnis der Naturgesetze bei, sondern sie hilft durch ihre ästhetischen Aspekte die Kluft zu überbrücken, die sich zwischen den Naturwissenschaften und Geisteswissenschaften aufgetan hat" (Niethammer, 1968).

Literatur

Aldenburgk (1627): Reise nach Brasilien 1623–26. Koburg; repr. Haag 1930–32.

Alewyn, R. & K. Sälzle (1959): Das große Welttheater, Hamburg.

Allen, J. A. (1889): List of the Birds collected in Bolivia ... by Rusby, with Field Notes by the Collector. Bulletin American Museum of Natural History, Vol. II.

Allen, R. P. (1961): Birds of the Caribbean. New York.

d'Anghiera, Peter Martyr (1536): Acht Dekaden über die Neue Welt, übers. von H. Klingelhöfer. Darmstadt 1972.

Aplin, O. V. (1894): On the Birds of Uruguay, with an Introduction and Notes by P. L. Sclater. Ibis.

Appun, C. F. (1871): Unter den Tropen. Jena.

Azara, F. de (1809): Voyages dans l'Amérique méridionale par Don Felix de Azara depuis 1781 jusqu'en 1801. T. IV. Paris.

Baldus, H. (1958): Die Jaguarzwillinge. Kassel.

Bangs, O. & Th. Barbour (1922): Birds from Darien. Bulletin Museum of Comparative Zoology, 65.

Bangs, O. & W. R. Zappey (1905): Birds of the Isle of Pines. The American Naturalist, Vol. XXXIX.

Barrows, W. B. (1883): Birds of the Lower Uruguay. Bulletin Nuttall Ornithological Club, Vol. 8.

Bates, H. W. (1864): The Naturalist on the River Amazons. London, repr. Berkeley & Los Angeles 1962.

Bauer, W. (Hrsg.) (1987): Rabengeschrei. Berlin.

Baumann, P. & E. Patzelt (1983): Menschen im Regenwald. Frankfurt a. M./Berlin/Wien

Baumgarten, P. M. (1905): Curiosa aus dem Vatikanischen Archiv. Historisches Jahrbuch der Görresgesellschaft, Bd. 26.

v. Bayern, Therese Prinzessin (1897): Meine Reise in den Brasilianischen Tropen. Berlin.

Beebe, W. (1927a): Dschungelleben. Leipzig.

– (1927b): Studies of a Tropical Jungle; one Quarter of a Square Mile of Jungle at Kartabo, British Guiana. Zoologica, Vol. VI (1925).

– (1951): Rancho Grande. Wien.

Beebe, W. & G. I. Hartley & P. G. Howes (1917): Tropical Wild Life in British Guiana. New York.

Belcher, Ch. & G. D. Smooker (1936): Birds of the Colony of Trinidad and Tobago, Part. III. Ibis.

Belon, P. (1555): L'Histoire de la Nature des Oiseaux. Paris.

Belt, Th. (1874): The Naturalist in Nicaragua. repr. Chicago 1985.

Bergmann, H. H. (1987): Die Biologie des Vogels. Wiesbaden.

Berlepsch, H. v. (1887): System. Verzeichnis der von Herrn Ricardo Rohde in Paraguay gesammelten Vögel. J. Orn. 35.

Berlepsch, H. & H. v. Ihering (1885): Die Vögel der Umgebung von Taquara do Mundo Novo, Prov. Rio Grande do Sul. Zeitschr. f. d. Gesamte Ornithologie II.

Berndt, R. & W. Meise (1959): Naturgeschichte der Vögel, Stuttgart.

Bezzel, E. (1977): Ornithologie. Stuttgart.

Bezzel, E. & R. Prinzinger (1990): Ornithologie. Stuttgart,

Bitsch, J. (o. J.): Jivaro. Gütersloh.

Blake, E. R. (1965): Birds of Mexico. Chicago/London.

Blomberg, R. (1960): Chavante, An expedition to the tribes to the Mato Grosso. London.

Bolle, C. (1856): Verzeichnis lebender Vögel der zoologischen Gärten in London. J. Orn.

Bonsels, W. & A. v. Dungern (1931): Brasilianische Tage und Nächte. Berlin.

Boucard, A. (1883): On a collection of Birds from Yucatan, with Notes by O. Salvin. Proc. Zool. Soc. Lond. 51.

Brabourne, Lord (1914): Aviculture in Paraguay. Avic. Mag. Ser. 3, Vol. 5.

Brehm, A. E. (1866): Tierleben Bd. III, Hildburghausen. repr. Stuttgart 1985.

– (1872): Gefangene Vögel. Leipzig/Heidelberg.

– (1878): Tierleben, 2. Auflage. Leipzig.

– (1911): Tierleben, 4. Auflage. Leipzig/Wien.

– (1926/27): Brehms Tierleben, nach der 2. Originalausgabe bearbeitet von Dr. A. Meyer, Hamburg.

– (1975): Reisen im Sudan 1847 bis 1852. Stuttgart.

Brehm, H. W. (1967): Tiere unter sich. Berlin.

Brennecke, W. (1988): Ein Ararauna – seit über 26 Jahren unser Hausgenosse. GW 9.

Brockhaus (1966–74): Enzyklopädie in 20 Bänden. Wiesbaden.

Brockway, B. F. (1969): Roles of Budgerigar Vocalization in the Integration of Breeding Behaviour, Bird Vocalizations. Cambridge.

Brown, E. D. (1985): The Role of Song and Vocal Imitation among common Crows. Z. Tierpsychol. 68.

Brown & Lidstone (1878): Fifteen thousand Miles on the Amazon and its tributaries. London.

Buffon, G. L. L. Comte de (1780): Histoire Naturelle des Oiseaux, T. XI. Paris.

Buffon-Sonnini (1800–08): Histoire Naturelle des Oiseaux, redigé par C. S. Sonnini. Paris.

Burchard, P. (1976): Unter Indianern Kolumbiens. Leipzig.

Bürger, O. (1919): Reisen eines Naturforschers im tropischen Südamerika. Leipzig.

Burkart, W. (1933): Der Reiherjäger vom Gran Chaco. Leipzig.

Burmeister, H. (1856): Systematische Übersicht der Thiere Brasiliens, II. Teil, Vögel. Berlin.

– (1861): Reise durch die La Plata-Staaten, ausgeführt in den Jahren 1857, 1858, 1859 und 1860. Halle.

– (1878): Notes on Conurus hilaris and other Parrots of the Argentine Republic. Proc. Zool. Soc. London.

Carriker, M. A. (1910): An annotated List of the Birds of Costa Rica, including Cocos Island. Annals of the Carnegie Museum, Vol. VI.

Cherrie, G. K. (1916): A Contribution to the Ornithology of the Orinoco Region. Brooklyn Institute Museum. Science Bulletin 2.

Christy, C. (1897): Field Notes on the Birds of the Island of San Domingo. Ibis.

Chubb, Ch. (1916/1921): The Birds of British Guiana. Vol. I/II. London.

Dalgleish, J. J. (1880–81): Notes on a Collection of Birds and Eggs from Central Uruguay. Proceedings of the Royal Physical Society of Edinburgh, Vol. VI.

– (1888–90): Notes on a Collection of Birds and Eggs from the Republic of Paraguay. Proceedings of the Royal Physical Society of Edinburgh, Vol. X.

Dampier, G. (1715): Suplement du Voyage autour du monde. T. III. Rouen.

Danforth, S. T. (1928): Birds observed in Jamaica during the summer of 1926. Auk, Vol. 45.

Deckert, G. & K. Deckert (1982): Spielverhalten und Komfortbewegungen beim Grünflügelara (Ara chloroptera G. R. Gray). Bonn. zool. Beitr. 33.

Décsy, G. (1977): Sprachherkunftsforschung. Wiesbaden.

Delacour, J. (1923): Notes on the Birds of the States of Guárico and Apure in Venezuela. Ibis.

Denis, F. (1850): Une fête Brésilienne célébrée à Rouen en 1550. Paris.

v. Dessauer, E. (1960): Vanini, Tage im Urwald. München.

Dickey, D. R. & A. J. van Rossem (1938): The Birds of El Salvador. Field Museum of Natural History, Zoology, Vol. XXIII.

Dictionnaire Hachette (1980).

Dienst, R. (1926): Im dunkelsten Bolivien. Stuttgart.

Dobkin, D. S. (1979): Functional and Evolutionary Relationships of Vocal Copying Phenomena in Birds. Z. Tierpsychol. 50.

Dorst, J. (1957): Contribution a l'étude écologique des Oiseaux du Haut Marañón (Pérou septentrional). Oiseau 27.

Dücker, G. (1976): Erlernen von drei verschiedenen Positionen durch Vögel. Z. Tierpsychol. 42.

DuTertre, R. P. J. B. (1667–71): Histoire Generale des Antilles habitées par les Francois. repr. Martinique 1973.

Ebert, U. (1978): Vogelkrankheiten, Hannover.

Eisenmann, E. (1952): Annotated List of Birds of Barro Colorado Island, Panama, Canal Zone. Smithsonian Miscellaneous Collections, Vol. 117.

Eisenmann, E. (1957): Notes on Birds of the Province of Bocas del Toro, Panama. Condor 59.

Eisentraut, M. (1935): Biologische Studien im bolivianischen Chaco. Mitteilungen aus dem Zoologischen Museum in Berlin 20.

Eisentraut, M. (1982): Im Schatten des Mongo-maloba, Tropisches Tierleben in Kamerun und auf d. Insel Fernando Poo. Bonn.

Eliade, M. (1957): Schamanismus und archaische Ekstasetechnik. Zürich/Stuttgart.

Emin Pascha, M. (1983): Gefahrvolle Entdeckungsreisen in Zentralafrika 1876–92. Stuttgart.

Engesser, U. (1977): Sozialisation junger Wellensittiche. Z. Tierpsychol. 43.

Evans, A. H. (1917): With the British Association in Australia. Ibis.

d'Evreux, Y. (1864): Voyage dans le Nord du Brésil fait durant les Années 1613 et 1614, avec une Introduction et des Notes par Ferdinand Denis. Leipzig/Paris.

Farabee, W. C. (1924): The Central Caribs. University of Pennsylvania, The University Museum Anthropological Publications, Vol. X.

Fehringer, W. (1990): Aus der Gründerzeit der Gefiederten Welt. GW 9.

Fellbaum, K. (1984): Nachrichtentechnik 12, Sprachverarbeitung und -übertragung. Berlin-Heidelberg/New York/Tokio.

Finn, F. (1893): Notes on Birds observed during a Collecting Expedition to Eastern Africa. Ibis.

– (1901): Cage-Birds of Calcutta. Ibis.

Finsch, O. (1867/68): Die Papageien. Leiden.

Fleming, P. (o. J.): Brasilianisches Abenteuer. Berlin.

Floericke, K. (o. J.): Vögel fremder Länder. Stuttgart.

Forbes, W. A. (1881): Eleven Weeks in North-eastern Brazil. Ibis.

Forshaw, J. M. (1978): Parrots of the World. Melbourne.

Friedmann, H. (1927): Notes on some Argentina Birds. Bulletin of the Museum of Comparative Zoology, Cambridge, Mass., Vol. LXVIII.

Fuller, E. (1987): Extinct Birds. London.

Gesner, C. (1669): Vogelbuch. repr. Hannover 1981.

Gibson, E. (1879): Ornithological Notes from the Neighbourhood of Cape Antonio, Buenos Ayres. Ibis.

– (1880): Ornithological Notes from the Neighbourhood of Cape San Antonio, Buenos Ayres. Ibis.

Giebel, C. (1862): C. L. Nitzsch's Anatomie der Papageien, Z. gesamte Naturwiss. 19.

Ginsberg, Ch. (1991): Der sprechende Wellensittich. GW 5.

Glaessel, H. H. (1969): Bericht über einen Feuerflügelsittich. GW 9.

– (1971): Weitere Berichte über meinen Feuerflügelsittich. GW 8.

Goeldi, E. A. (1897): Ornithological Results of a Naturalist's visit to the Coast-region of South Guyana. Ibis.

Goodfellow, W. (1901/02): Results of an Ornithological Journey through Colombia and Ecuador. Ibis.

de Grahl, W. (1985): Papageien. Stuttgart.

Gramza, A. F. (1972): Avian Vocal Mimicry: The Phenomenon and its Analysis. Z. Tierpsychol. 30.

Grassi, A. (1864): Longévité des Perroquets. Revue et Mag. Zool.

Greenway, J. C. (1967): Extinct and vanishing Birds of the World. New York.

Griesohn, T. (1982): Halsbandsittich in Westfalen. Charadrius 18.

Griffin, D. R. (1985): Wie Tiere denken. München/Wien/Zürich.

Grimm, J. & W. (1890?): Deutsches Wörterbuch, Bd. 7. Leipzig.

– (1905): Deutsches Wörterbuch, Bd. 10. Leipzig.

Grünberg, G. (1970): Beiträge zur Ethnographie der Kayabi Zentralbrasiliens. AfV 24.

Grzimek, B. (1943): Zum Erkennen vertrauter Menschen durch Tiere. Z. Tierpsychol.

– (1951): Affen im Haus. Stuttgart.

– (1957): Zoologische Gärten und Tierparks. Kosmos 53.

– (1969): Unsere Brüder mit den Krallen. Frankf./M.

Grzimeks Tierleben (1976): Bd. VIII. Zürich.

Guenther, K. (1931): A Naturalist in Brazil. London.

Gundlach, J. (1856): Beiträge zur Ornithologie Cubas. J. Orn. 4.

– (1874): Neue Beiträge zur Ornithologie Cubas. J. Orn. 22.

Gurney, J. H. (1899): Ages to which Birds live. Ibis.

Güttinger, H. R. (1970): Zur Evolution von Verhaltensweisen und Lautäußerungen bei Prachtfinken (Estrildidae). Z. Tierpsychol.

Güttinger, H. R. & J. Nicolai (1973): Struktur und Funktion der Rufe bei Prachtfinken (Estrildidae): Z. Tierpsychol. 33.

Gwinner, E. & J. Kneutgen (1962): Über die biologische Bedeutung der „zweckdienlichen" Anwendung erlernter Laute bei Vögeln. Z. Tierpsychol.

Hamilton, J. F. (1871): Notes on Birds from the Province of Saô Paulo, Brazil. Ibis.

Hampe, H. (1937): Zur Biologie des Rosellasittichs, Platycercus eximius. J. Orn. 85.

Hargrave, L. L. (1970): Mexican Macaws. Anthropological Papers of the University of Arizona, 20.

Harrer, H. (1968): Huka-Huka. Bei den Xingú-Indianern im Amazonasgebiet. Frankfurt a. M./Berlin/Wien 1979.

Hartert, C. (1893): Allerlei Beobachtungen während einer Reise nach Westindien. GW 22.

Hartmann, G. (1986): Xingú. Unter Indianern in Zentralbrasilien. Berlin.

Hassenstein, B. (1974): Otto Koehler – sein Leben und sein Werk. Z. Tierpsychol. 35.

Hediger, H. (1939): Tierpsychologie und Haustierforschung. Z. Tierpsychol.

– (1980): Tiere verstehen. München.

Heid, P. & H. R. Güttinger & E. Pröve (1985): The Influence of Castration and Testosterone Replacement on the Song Architecture of Canaries (Serinus canaria). Z. Tierpsychol. 69.

Heinemann, D. (1982): Die schwarzen Vögel von Iquitos. Reiseeindrücke eines Biologen in Südamerika. Frankfurt a. M./Berlin/Wien.

Heinroth, O. (1977): Aus dem Leben der Vögel. Berlin/Heidelberg/New York.

Hensel, R. (1869): Die Coroados der brasilianischen Provinz Rio Grande do Sul. ZFE

Herndon, L. (1854): Exploration of the Valley of the Amazon. Washington.

Heusser, J. Ch. & G. Claraz (1860): Thierleben in der Brasilianischen Provinz Rio de Janeiro. Petermanns Mitteilungen 6.

Heye, A. (1944): Amazonasfahrt. Zürich.

Hick. U. (1962): Beobachtungen über das Spielverhalten unseres Hyazinth-Ara. Freunde des Kölner Zoo 5.

Hintermann, H. (o. J.): Unter Indianern und Riesenschlangen. Hamburg.

Hochstetter, F. v. (1863): Neu-Seeland, repr. Time-life 1984.

Holt, E. G. (1928): An Ornithological Survey of the Serra do Itatiaya, Brazil. Bulletin of the American Museum of Natural History, Vol. LVII.

Homberger, D. G. (1980): Funktionell-morphologische Untersuchungen zur Radiation der Ernährungs- und Trinkmethoden der Papageien (Psittaci). Bonn. Zool. Monogr. Nr. 13.

Hooker, T. & B. I. Hooker (1969): Duetting, in: Birds Vocalizations, Cambridge.

Höpker, J. (1990): Erfahrungen nach einem Jahr Freiflug eines Graupapageis. GW 7.

Howell, T. R. (1972): Birds of the Lowland Pine Savannah of northeastern Nicaragua. Condor 74 (3).

Huber, W. (1932). Birds collected in Northeastern Nicaragua in 1922. Proc. Acad. Nat. Sci. Phila., 84.

Hudson, W. H. (1923a): Birds of la Plata. London. repr. New York 1968.

– (1923b): Birds and Man. repr. New York 1968.

Humboldt, A. v. (1849). Ansichten der Natur. Stuttgart/Tübingen. Neudr. Stuttgart 1969.

– (1980): Vom Orinoko zum Amazonas. Wiesbaden.

Huxley, F. (1956): Affable Savages. London.

Immelmann, K. (1976): Die australischen Plattschweifsittiche. Wittenberg-Lutherstadt.

– (1982): Wörterbuch der Verhaltensforschung. Berlin/Hamburg.

Jesse, W. (1903): A List of the Birds of Lucknow. Ibis.

Johnson, A. W. & J. D. Goodall (1965/67): The Birds of Chile and adjacent Regions of Argentina, Bolivia and Peru. Bd. I/II. Buenos Aires.

Jonas, D. F. & A. D. Jonas (1979): Das erste Wort. Wie die Menschen sprechen lernten. Hamburg.

Jouy, P. L. (1893): Notes on Birds of Central Mexico. Proceedings of the United States National Museum, Vol. XVI.

Kappler, A. (1881): Holländisch-Guiana. Stuttgart.

– (1887): Surinam. Stuttgart.

Karlinger, F. (1982): Südamerikanische Märchen. Frankfurt a. M.

Karlinger, F. & E. Zacherl (Hrsg.) (1976): Südamerikanische Indianermärchen. Düsseldorf/Köln.

Kaufmann, A. (1884): Über Thierliebhaberei im Mittelalter. Historisches Jahrbuch der Görres-Gesellschaft, München.

Keller, R. (1975): Das Spielverhalten der Keas (Nestor notabilis Gould) des Züricher Zoos. Z. Tierpsychol. 38.

Keller-Leuzinger, F. (1874): Vom Amazonas und Madeira. Stuttgart.

Kelsall, H. J. (1914): Notes on a Collection of Birds from Sierra Leone. Ibis.

Killermann, S. (1921): Zur Geschichte der Einführung der Papageien. Naturwiss. Wochenschrift 36.

King, A. S. & J. McLelland (1978): Anatomie der Vögel. Stuttgart.

Knottnerus-Meyer, Th. (1925): Tiere im Zoo. Leipzig.

Koch-Grünberg, Th. (1909/10): Zwei Jahre unter den Indianern. Reisen in Nordwest-Brasilien 1903/1905. Berlin. repr. Graz 1967.

– (1916): Vom Roraima zum Orinoco, Bd. II. Berlin.

– (1917): Vom Rorraima zum Orinoko, Bd. I. Berlin.

– (1920): Indianermärchen aus Südamerika, Jena.

– (1923): Vom Roraima zum Orinoco, Ergebnisse einer Reise in Nordostbrasilien und Venezuela in den Jahren 1911–13, Bd. III. Stuttgart.

Koehler, O. (1941): Vom Erlernen unbenannter Anzahlen bei Vögeln. Die Naturwissenschaften, Heft 14/15.

– (1949): Vorsprachliches Denken und „Zählen" der Vögel. Festschrift E. Stresemann. Heidelberg.

– (1951): Der Vogelgesang als Vorstufe der Musik. J. Orn. 93.

– (1954): Vom Erbgut der Sprache. Homo 5.

– (1969): Die Sprachbegabung der Papageien, in: Grzimeks Tierleben Bd. 8. Zürich.

Koenigswald, G. v. (1908): Die Corôados im südlichen Brasilien. Globus 94.

Koepcke, M. (1958): Die Vögel des Waldes von Zárate. Bonn. zool. Beitr. 9.

Kolar, K. (1960): Erfahrungen mit freifliegenden Papageien. GW 84.

Krause, F. (1911). In den Wildnissen Brasiliens. Leipzig.

Kreutzer M. & H. R. Güttinger (1991): Konkurrenzbeziehungen und Verhaltensantworten gegenüber dem Gesang: Artnorm und individuelle Variabilität bei der Zaunammer (Emberiza cirlus), J. Orn. 2.

Krieg, H. (1948): Zwischen Anden und Atlantik. München.

– (1950): Tierpsychologische Beobachtungen in Südamerika. Veröffentlichungen der Zoologischen Staatssammlungen München 1.

Kronberger, H. (1978): Haltung von Vögeln, Krankheiten der Vögel. Stuttgart/New York.

Kruschinski, L. W. und Mitarbeiter (1963): Vergleichende physiologisch-morphologische Erforschung komplizierter Verhaltensformen von Vögeln. Z. Tierpsychol. 20.

Kühlhorn, F. (1954): Ornithologische Studien aus Süd-Mattogrosso. Anz. Ornith. Ges. Bay. IV.

Kühne, H. (1980): Sammelwirtschaft, Fischfang und Tierhaltung der Kaingáng- und Lakranó-Indianer. AfV 34.

283

Labat, R. P. (1742): Nouveau Voyage aux Isles de l'Amerique. Paris, repr. 1972.

Lallemant, R. (1859): Reise durch Süd-Brasilien, Leipzig.

Lamaroux (1823): Mémoire sur les Aras bleus nés en France et acclimates dans le Départ. du Calvados. Mémoire de la Societé Linnéenne de Paris, Vol. II.

Lamprecht, J. & A. Kaiser, A. Peters & C. Kirchgessner (1985): Distance Call Duets in Bar-headed Geese (Anser indicus). Z. Tierpsychol. 69.

Land, H. C. (1970): Birds of Guatemala. Wynnewood.

Lange, A. (1912): In the Amazon Jungle. New York/London.

– (1914): The Lower Amazon. New York.

Lantermann, W. (1990): Sind Amazonenpapageien als Käfig- und Stubenvögel geeignet? GW 1.

Larousse, Pierre (1873): Grand Dictionnaire Universel, T. 9.

– (1874): Grand Dictionnaire Universel, T. 12.

Latocha, H. (1982): Die Rolle des Hundes bei südamerikanischen Indianern. Münchner Beiträge zur Amerikanistik. Hohenschäftlarn.

Leginger, Th. (1981): Urwald. Eine Reise zu den Schamanen des Amazonas. München.

Leichardt, L. (1851): Tagebuch einer Landreise in Australien. Halle.

Lendon, A. H. (1983): Australian Parrots. London/Sydney/Melbourne.

Liede, A. & H. G. Liede (1982): Handaufzucht einer Blaustirn-Amazone (Amazona aestiva xanthopteryx): Die Voliere 1.

Léry, J. (1578): Unter Menschenfressern am Amazonas. Brasilianisches Tagebuch 1556–1558. Tübingen/Basel 1977.

Lethmate, J. & G. Dücker (1973): Untersuchungen zum Selbsterkennen im Spiegel bei Orang-Utans und einigen anderen Affenarten. Z. Tierpsychol. 33.

Lettres édifiantes et curieuses (1732): Tome huitieme, LXXXI.

Levaillant, F. (1801–38): Histoire Naturelle des Perroquets. Paris.

Lévi-Strauss, C. (1968): Das wilde Denken. Frankfurt.

– (1976): Mythologica. Frankfurt.

– (1955, 1978): Traurige Tropen. Frankfurt.

Lewis, F. (1898): Field Notes on the Land-birds of Sabaragamuwa, Province, Ceylon. Ibis.

Lloyd (1895): Some Guiana Parrots. Timehri (2).

Loisel, G. (1912): Histoire des Ménageries. Paris.

Lorenz. K. (1931): Beiträge zur Ethologie sozialer Corviden, J. Orn.

– (1964): Er redete mit dem Vieh, den Vögeln und den Fischen. München (23. Aufl. 1976).

Low, R. (1983): Das Papageienbuch. Stuttgart.

Lowery, G. H. & W. W. Dalquest (1951): Birds from the State of Veracruz, Mexico. University of Kansas Publs., Mus. Nat. Hist. Vol. 3.

v. Lucanus, F. (1923): Über das Sprechen der Papageien und ihre geistigen Fähigkeiten. Ornith. Monatsber. 31.

– (1926): Im Zauber des Tierlebens. Berlin.

Lüling, K. H. (1986): Meine seltenen Papageien aus Südamerika. GW 5.

Luther, D. (1986): Die ausgestorbenen Vögel der Welt. Wittenberg-Lutherstadt.

Magalhâes, C. de (1876): Reise an den Araguaya von Dr. Couto de Magalhâes (Expräsident von Goyaz) im Januar 1865. Petermanns Mitteilungen 21 und 22.

Marler, P. (1956): The voice of the chaffinch and its function as a language. Ibis 98.

Marold, E. (1939): Versuche an Wellensittichen zur Frage des „Zähl"-vermögens, Z. Tierpsychol.

Marquardt, B. (1979): Sprachwissenschaft und Biologie, Integrale Linguistik, Festschrift für Helmut Gipper, Amsterdam.

v. Martius, C. F. Ph. (1823 31): Reise in Brasilien in den Jahren 1817–1820, repr. Stuttgart 1980.

Matteson, E. (1965): The Piro (Arawakan) Language, Berkeley.

Matthäi, H. (1977): Die Rolle der Greifvögel, Münchner Beiträge zur Amerikanistik, Hohenschäftlarn.

Medina, J. T. (ed.) (1935): The Discovery of the Amazon, New York, repr. 1988

Meißner, M. (1991): Sind sprechende Papageien „total kaputte" Vögel? GW 5

Mertens & J. Steinbacher (1955): Die im Senckenberg-Museum vorhandenen Arten ausgestorbener, aussterbender oder seltener Vögel, Senckenbergiana Biol. 36.

Mildenberger, H. (1984): Die Vögel des Rheinlandes, Bd. II, Düsseldorf

Miller, L. E. (1919): In the Wilds of South America, New York

Mitchell, M. H. (1957): Observations on Birds of Southeastern Brazil, Toronto

Mitchell, P. Chalmers (1911): On Longevity and Relative Viability in Mammals and Birds, Proc. Zool. Soc. London

v. Montgelas, E. Gräfin (1925): Exotische Wildtiere in Gefangenschaft, Leipzig

Moritz, C. (1836): Notizen zur Fauna der Insel Puertorico, Wiegmann's Arch. für Naturg., 2

– (1837): Auszüge aus den Schreiben des reisenden Naturforschers C. Moritz in Süd-Amerika, mitgeteilt von v. Bredow, Wiegm. Arch. f. Naturg. Berlin

Müller, L. (1914): Zoologische Ergebnisse einer Reise in das Mündungsgebiet des Amazonas, Abh. d. Kgl. Bayer. Akad. d. Wiss., Math.-Phys. Kl. XXVI

Müller-Bierl, M. (1983): Großartiger Zuchterfolg bei den Hellroten Araras. GW 7.

– (1984a): Gelungene Handaufzucht zweier Hellroter Araras. GW 1.

– (1984b): Gelungene Aufzucht eines Orangehaubenkakadus. GW 12.

– (1984c): Drei Bruten im Jahre 1983 beim Neuguinea-Edelpapageien-Zuchtpaar. Kanarienfreund 19.

– (1985a): Gelungene Nachzucht zweier Molukkenkakadus. GW 7.

– (1985b): Erfolgreiche Halmahera- und Neuguinea-Edelpapageienzucht. Vol. 8.

– (1986): Haltungserfahrungen und Verhaltensbeobachtungen bei Araras. GW 8.

– (1987a): Zwei erfolgreiche Bruten von Molukkenkakadus. GW 3.

– (1987b): Erfolgreiche Ararauna-Zucht. GW 8.

– (1988a): Erfolgreiche Graupapageienzucht. GW 2.

– (1988b): Werkzeuggebrauch bei Papageien. GW 3.

– (1988c): Arara, Kritische Überprüfung und ethologische sowie zoogeographische Ableitungen. Minden.

Munn, Ph. W. (1894): On the Birds of the Calcutta District. Ibis.

Münzel, M. (1973): Erzählungen der Kamayurá, Studien zur Kulturkunde Bd. 30. Frankfurt

Myers (1871): Life and Natur under the Tropics. New York.

Mynarek, H. (1967): Mensch und Sprache. Freiburg.

Naumburg, E. M. B. (1930): The Birds of Matto Grosso, Brazil. Bulletin of the American Museum of Natural History, Vol. LX.

Neues/Wissenswertes (1991): Papagei verweigert die Aussage. GW 5.

Neunteufel, A. (1941): Yasí-yateré. Leipzig.

Neunzig, K. (1921): Die fremdländischen Stubenvögel. Magdeburg. repr. Amsterdam 1965.

Niethammer, G. (1968): Beziehungen des Menschen zur Vogelwelt. Beitr. angew. Vogelkd. 5.

Nilsson, G. & D. Mack (1980): Macaws: Traded to extinction. Status, Trade, and Legislation, TRAFFIC (U. S. A.) Special Report No. 2, Washington, D. C.

Nimuendajú, C. (1919–20): Bruchstücke aus Religion und Überlieferung der Sipáia-Indianer. Beiträge zur Kenntnis der Indianerstämme des Xingú-Gebietes, Zentralbrasilien. Anthropos Bd. XIV-XV.

– (1939: The Apinayé. Washington.

– (1946): The eastern Timbira. Berkeley/Los Angeles.

Nottebohm, F. (1976): Phonation in the Orange-winged Amazon Parrot, Amazona amazonica. J. comp. Physiol. 108.

Nottebohm, F. & M. Nottebohm (1969): The Parrots of Bush Bush. Animal Kingdom 72.

Nutting, C. C. (1882): On a Collection of Birds from the Hacienda „La Palma", Gulf of Nicoya, Costa Rica, with critical Note by R. Ridgway. Proceedings of United States National Museum V.

– (1884): On a Collection of Birds from Nicaragua. Proc. U. S. Nat. Mus., 6 (1883).

Oberg, K. (1953): Indian Tribes of Northern Mato Grosso. Smiths. Inst., Institute of Social Anthropology 15, Washington.

Ogilvie-Grant, W. R. (1913): Notes on the Birds collected by the B. O. U. Expedition to Dutch New Guinea. Ibis.

– (1915): On Birds collected in Dutch New Guinea. Ibis, suppl. 2.

Olsen, S. J. (1967): Osteology of the Macaw and Thick-billed Parrot. Kiva, vol. 32.

O'Neill, J. P. (1969): Distributional Notes on the Birds of Peru, including twelve species previously unreported from the Republik. Occasional Papers of the Museum of Zoology, Louisiana State University 37.

– (1974): The Birds of Balta, a Peruvian Dry Tropical Forest locality with an analysis of their origins and ecological relationships. Ph. D. thesis, Louisiana State University.

d'Orbigny, A. (1835): Voyage dans l'Amérique méridionale. Paris/Strasbourg.

Oswald, F. (1884): Streifzüge in den Urwäldern von Mexiko und Zentral-Amerika. Leipzig.

Oviedo y Valdés, G. F. (1535): Historia general y natural de las Indias, primera parte. Sevilla.

Oxford English Dictionary (1961): Vol. VII.

Paynter, R. (1955): The Ornithogeography of the Yucatán Peninsula. Peabody Museum of Natural History, Yale University Bulletin 9.

Pelzeln, A. v. (1867–71): Zur Ornithologie Brasiliens. Wien.

Pepperberg, I. M. (1981): Functional Vocalizations by an African Grey Parrot. Z. Tierpsych. 55.

– (1987): Evidence for Conceptual Quantitative Abilities in the African Grey Parrot: Labeling of Cardinal Sets. Ethology 75.

Peschel, O. (1858): Geschichte des Zeitalters der Entdeckungen. Stuttgart/Augsburg.

Peters, E. (1892): Verzeichnis der Vögel Curaçaos. J. Orn. 20.

Pierers Konversations-Lexikon (1892): Stuttgart, 7. Aufl. 10. Bd.

Pigafetta, A. (1968): Die erste Reise um die Erde, Ein Augenzeugenbericht von der Weltumseglung Magellans 1519–22. Tübingen/Basel

Poeppig, E. (1960): Reise in Chile, Peru und auf dem Amazonenstrome 1827–32. repr. Stuttgart.

Pögl (Hrsg.) (1986): Die reiche Fracht des Pedro Alvares Cabral 1500–1501. Stuttgart/Wien.

Pons Großwörterbuch (1979): Weis/Mattutat, Französisch–Deutsch

Portmann, A. (1984): Vom Wunder des Vogellebens. München.

Quelch, J. J. (1890): On the Upper Demerara River: About and above the Great Falls. Timehri.

Ragotzi, B. (1956): Freude am Wellensittich. Berlin.

Reichenow, A. (1874): Die grauen Papageien in Freiheit und Gefangenschaft. GW 3.

Reinert, J. & W. Reinert-Reetz (1962): Das Erkennen erlernter Tonfolgen in abgewandelter Form durch einen Wellensittich. Z. Tierpsychol.

Reiser, O. (1926): Vögel. Ergebnisse der Zool. Exped. der Akad. d. Wiss. nach Nordostbrasilien im Jahre 1903. Denkschr. d. Akad. d. Wiss. in Wien, Math.-naturwiss. Kl.

Rendall, P. (1892): Notes on the Ornithology of the Gambia. Ibis.

Rengger, J. (1835): Reise nach Paraguay. Aarau.

Rensch, B. (1985): Die Bedeutung der Sprache für die Sonderstellung des Menschen unter den Lebewesen. Collectanea Philologica, Festschrift für H. Gipper, Baden-Baden.

Révész, G. (1946): Ursprung und Vorgeschichte der Sprache. Bern.

Richter, F. (1982): Die Indios vom verborgenen Fluß. Neuendettelsau.

Ridgway, R. (1921): Some Observations on the Natural History of Costa Rica. Ann. Rept. Smithsonian Inst.

Ridgwell, W. M. (1972): The forgotten Tribes of Guyana. London.

Robiller, F. (1988): Über den Blaubauchpapagei Triclaria malachitacea, Spix 1824. GW 5.

Robinson, Wirt (1895): A flying Trip to the Tropics. A Record of an Ornithological Visit to the U. S. of Colombia, South America, and to the Island of Curaçao, West Indies, in the Year of 1892. Cambridge U. S. A.

Robinson, W. & Ch. W. Richmond (1895): An annotated List of Birds observed on the Island of Margarita, and at Guanta and Laguayra, Venezuela. Proceedings of the National Museum, Vol. XVIII.

Rochefort, C. de (1667): Histoire Morale des Isles Antilles de l'Amerique, Tome second. Lyon.

Roenspies, D. (1977): Der Kongo-Papagei (Poicephalus guilielmi), GW 3.

Rohlfs, G. (1984): Quer durch Afrika. Stuttgart.

Rosenkranz, B. (1971): Der Ursprung der Sprache. Heidelberg.

Roth, P. (1982): Habitat-Aufteilung bei sympatrischen Papageien des südlichen Amazonasgebietes. Diss. Zürich.

Rowan, M. K. (1983): The Doves, Parrots, Louries and Cuckoos of southern Africa. London.

Rowley, I. & G. Chapman (1986): Cross-fostering, imprinting and learning in two sympatric species of cockatoo. Behaviour 96.

Ruß, K. (1881): Die fremdländischen Stubenvögel, Bd. III: Die Papageien. Magdeburg.

– (1882): Die sprechenden Papageien. Berlin.

– (1886): Der Wellensittich. Magdeburg.

– (1888): Die fremdländischen Stubenvögel, Bd. IV. Magdeburg.

– (1890?): Bilder aus der Vogelstube. Magdeburg.

Russell, S. M. (1964): A distributional Study of the Birds of British Honduras. Lawrence/Kansas.

Salerne, M. (1767): L'Histoire Naturelle, l'Ornithologie des Oiseaux de Terre, de Mer et de Riviere. Paris.

Salvin, O. & F. Ducane Godman (1897): Order Psittaci. Biologia Centrali-Americana 1888–1904: Aves II.

Salvin, O. & P. L. Sclater (1860): Contributions to the Ornithology of Guatemala. Ibis.

Sansoni (1970): Dizionario delle Lingue Italiana e Tedesca, Florenz/Rom/Wiesbaden.

Sassi, M. (1938): Die Vögel der österreichischen Costa-Rica-Expedition. Temminckia III.

Sclater, W. L. (1887): A few Notes on British Guiana and its Birds. Ibis

Seibt, U. (1982): Zahlbegriff und Zählvermögen bei Tieren. Neue Versuche und Deutungen. Z. Tierpsychol. 60.

Seibt, U. & W. Wickler (1977): Duettieren als Revier-Anzeige bei Vögeln. Z. Tierpsychol. 43.

Serpell, J. (1981): Duets, Greetings and Triumph Ceremonies: Analogous Displays in the Parrot Genus Trichoglossus. Z. Tierspychol. 55.

Sharpe, R. B. (1890): On the Ornithology of Northern Borneo, with Notes by J. Whitehead. Ibis.

– (1897): On the Birds of Zululand. Ibis.

– (1904): On further Collections of Birds from the Efulen District of Cameroon, West Africa. Ibis.

– (1907): On further Collections of Birds from the Efulen District of Cameroon, West Africa. With Notes by the Collector G. L. Bates.

Sick. H. (1957): Tukani. Hamburg/Berlin.

– (1981): Zur frühen bildlichen Darstellung neotropischer Papageien. J. Orn. 122.

– (1984): Brasilianischer Ara 1502/03 in Europa gemalt. J. Orn. 125.

– (1985): Ornitologia Brasileira. Brasilia

Silva, T. (1991): Zucht der Taubenhalsamazone (Amazona vinacea) im Loro Parque. GW 5.

286

Singer, D. & J. Nicolai (1990): Organisationsprinzipien im Gesang der Heidelerche (Lullula arborea). J. Orn. 131.

Skutch, A. F. (1980): A Naturalist on an Tropical Farm. Berkeley/Los Angeles/London.

Sloane, H. (1707): A Voyage to the Island Madera, Barbados, Nieves, S. Christophers and Jamaica with the Natural History . . . London.

Smithe, F. B. (1966): The Birds of Tikal. New York.

Snethlage, E. H. (1937): Atiko y. Meine Erlebnisse bei den Indianern des Guaporé. Berlin.

Speiser, F. (1926). Im Düster des brasilianischen Urwaldes. Stuttgart.

Suchantke, A. (1982): Der Kontinent der Kolibris. Stuttgart.

Sutton, G. M. & T. D. Burleigh (1940): Birds of Tamazunchale. Wilson Bulletin 52.

Sutton, G. M. & O. S. Pettingill (1942): Birds of the Gomez Farias Region, Southwestern Tamaulipas. Auk 59.

Swinhoe, C. & H. Barnes (1885): On the Birds of Central India. Ibis.

Swynnerton, C. F. M. (1907): On the Birds of Gazaland, Southern Rhodesia. Ibis.

– (1908): Further Notes on the Birds of Gazaland. Ibis.

Schäfer, E. (1952): Ökologischer Querschnitt durch den „Parque Nacional de Aragua". J. Orn. 93.

Schmid, B. (1941): Begegnung mit Tieren. München.

Schmidt, M. (1905): Indianerstudien in Zentralbrasilien. Berlin.

Schnell, D. G. & J. S. Weske & J. J. Hellack (1974): Recent Obervations of Thick-billed Parrots in Jalisco. Wilson Bulletin 86.

Schomburgk, R. H. (1841): Reisen in Guiana und am Orinoco. Leipzig.

Schomburgk, R. (1847/48): Reisen in Britisch-Guiana in den Jahren 1840–1844, I/II. Leipzig.

– (1848): Versuch einer Fauna und Flora von Britisch-Guiana. Leipzig.

Schubert, I. & C. Krebsbach-Gnath (1987): Chancen und Risiken des Einsatzes von Expertensystemen. München.

Schulz-Kampfhenkel, (1957): Rätsel der Urwaldhölle. Berlin.

Schürmann, A. (1981): Ornithologie: Deutsche Papageien? Kosmos 8.

Stager, K. E. (1961): The Machris Brazilian Expedition, Ornithology: Nonpasserines. Contribution in Science, No. 41.

Stanford, J. K. & C. B. Ticehurst (1939): On the Birds of Northern Burma. Ibis.

Steinbacher, G. (1939): Zum Problem der Haustierwerdung. Z. Tierpsychol.

Steinbacher, J. (1962): Beiträge zur Kenntnis der Vögel von Paraguay. Abhandlungen der Senckenbergischen Naturforschenden Gesellschaft, 502 Frankfurt.

v. d. Steinen, K. (1886): Durch Central-Brasilien. Expedition zur Erforschung des Schingú im Jahre 1884. Leipzig.

– (1972): in: Beiderseits des Amazonas. Berlin.

Steinmetz, H. (1950): Verfrachtungsversuche mit Mönchssittichen Myopsitta m. monacha. Zool. Garten NF 17. 1/5.

Stone, W. (1928). On a collection of Birds from the Para Region, Eastern Brazil. Proceedings of the Academy of Natural Sciences of Philadelphia, Vol. LXXX.

Stone, W. & H. R. Roberts (1935): Zoological Results of the Matto Grosso Expedition to Brazil in 1931, II Birds. Proc. Acad. nat. Sci. Philad. 86.

Stork, H.-J. (1971): Zur sozialen Funktion des Gesanges der Amsel Turdus merula L. Z. Tierpsychol. 28.

zur Strassen, O. (1953): Zweckdienliches Sprechen beim Graupapagei. Zool. Anzeiger, Verhandlungen der Deutschen Zoolog. Gesellsch. Leipzig.

Stresemann, E. (1951): Die Entwicklung der Ornithologie. Berlin.

Taylor, G. C. (1860): On Birds collected or observed in the Republic of Honduras, with a short Account of a Journey across that country from the Pacific to the Atlantic Ocean. Ibis.

Tembrock. G. (1959): Tierstimmen. Wittenberg Lutherstadt.

Thielcke, G. (1970): Vogelstimmen. Berlin/Heidelberg/New York.

Thorpe, W. H. (1951): The Learning Abilities of Birds. Ibis.

– (1959): Talking Birds and the Mode of Action of the Vocal Apparatus of Birds. Proc. Zool. Soc. 132. London.

– (1964a): Talking Birds, in: A New Dictionary of Birds. Nelson.

– (1964b): Insight and Insight Learning, in: A New Dictionary of Birds, Nelson.

– (1964c): Mimicry in Wild Birds, in: A New Dictionary of Birds, Nelson.

– (1969): Learning and instinct in animals. London.

Todt, D. (1975a): Social Learning of Vocal Patterns and Modes of their Application in Grey Parrots (Psittacus erithacus). Z. Tierpsychol. 39.

– (1975b): Spontaneous Recombinations of Vocal Patterns in Parrots. Die Naturwissenschaften 62.

Tretzel, E. (1967): Imitation und Transposition menschlicher Pfiffe durch Amseln (Turdus m. mercula L.). Ein weiterer Nachweis relativen Lernens und akustischer Abstraktion bei Vögeln. Z. Tierpsychol. 24.

287

Trillmich, F. (1976): Learning Experiments on Individual Recognition in Budgerigars (Melopsittacus undulatus). Z. Tierpsychol. 41.

v. Tschudi, J. J. (1866–69): Reisen durch Südamerika. Neudruck Stuttgart 1971.

Underwood, C. F. (1896): A List of Birds collected or observed on the Lower, Southern, and Southwestern Slopes of the Volcano of Miravalles and on the Lower Lands extending to Bagaces in Costa Rica, with a few Observations on their Habits. Ibis.

Urton, G. (ed.) (1985): Animal Myths and Metaphors in South America. Salt Lake City.

Vareschi, V. (1959): Geschichtslose Ufer. Auf den Spuren Humboldts am Orinoco. München.

– (1980): Vegetationsökologie der Tropen. Stuttgart.

Villas-Boas, O. & C. (1975): Xingú – The Indians, their Myths. London.

Wafer, L. (1699/1704): A new Voyage & Description of the Isthmus of America. ed. by L. E. Elliott Joyce 1934.

Wagler, J. G. (1832): Monographia Psittacorum. Abh. mathem.-physik. Classe Königl. Bayer. Akad. d. Wiss., Bd. 1. München.

Wallace, A. R. (1889): A Narrative of Travels on the Amazon and Rio Negro. London/New York/Melbourne, 2nd ed.

Webster's Third New International Dictionary of the English Language (1981): Encyclopaedia Britannica Vol. II.

Weinberger, W. (1988): Sprechende Vögel. GW 3.

Weissenborn, W. (1938): Instances of Longevity in Animals. Londons Mag. Nat. Hist. II.

Werner, K.-W. (1977): Zur Frage der Haltung von Loris in Liebhaberhand. GW 1.

Wetmore, A. (1926): Observations on the Birds of Argentina, Paraguay, Uruguay, and Chile. United States National Museum Bulletin 133.

– (1939): Observations on the Birds of Northern Venezuela, Proceedings of the United States National Museum, Vol. 87.

– (1943): The Birds of Southern Veracruz, Mexico, Proceedings of the United States National Museum, Vol. 93.

– (1944): A Collection of Birds from Guanacaste, Costa Rica, Proceedings of the United States National Museum, Vol. 95.

– (1946): The Birds of San José and Pedro González Islands, Republic of Panama, Smithsonian Miscellaneous Collections, Vol. 106.

– (1957): The Birds of Isla Coiba, Panamá, Smithsonian Miscellaneous Collections, Vol. 134.

– (1968): The Birds of the Republic of Panama, Smithsonian Miscellaneous Collections, Washington, Vol. 150, Part. 2.

White, H. (1836): Facts of the Measure of the Lenght of Life of a Parrot, Lond. Mag. Nat. Hist. Vol. IX.

– (1837): in: Wiegmann's Archiv für Naturgeschichte, Berlin.

Whitehead, C. H. T. (1909): On the Birds of Kohat and Kurram, Northern India, with an Introduction by Major H. A. F. Magrath, Indian Army, Ibis.

Whitehead, J. (1890): Notes on the Birds of Palawan, Ibis.

Wickler, W. (1961): Über die Stammesgeschichte und den taxonomischen Wert einiger Verhaltensweisen der Vögel, Z. Tierpsychol. 18.

– (1980): Vocal Dueting and the Pair Bond I, Z. Tierpsychol. 52.

Wickler, W. & U. Seibt (1977): Das Prinzip Eigennutz, Ursachen und Konsequenzen sozialen Verhaltens, Hamburg.

– (1980): Vocal Dueting and the Pair Bond II, Z. Tierpsychol. 52.

v. Wied, Maximilian, Prinz zu Wied-Neuwied (1820/21): Reise nach Brasilien in den Jahren 1815 bis 1817. Frankfurt a. M.

– (1830/32): Beiträge zur Naturgeschichte von Brasilien. Bd. III/IV. Weimar.

Wildhagen, K. (1962): Englisch-deutsches, deutsch-englisches Wörterbuch

Wildschrei, B. (1990): Verhaltensbeobachtungen an einer einzeln gehaltenen Blaustirnamazone (Amazona aestiva L.), GW 8.

v. Wissmann, H. (1890): Meine zweite Durchquerung Äquatorial-Afrikas vom Congo zum Zambesi während der Jahre 1886 und 1887, Frankfurt a. O., repr. Amsterdam 1983.

Wolters, H. E. (1982): Die Vogelarten der Erde. Berlin.

Wörterbuch der deutschen Gegenwartssprache (1974): Berlin (DDR).

Wünschmann, A. (1963): Quantitative Untersuchungen zum Neugierverhalten von Wirbeltieren. Z. Tierpsychol. 20.

Young, C. G. (1929): A Contribution to the Ornithology of the Coastland of British Guiana. Ibis.

Zahn, R. (1975): Inter- and Intraspecific Variation in the Calls of three Species of Grassfinches of the Subgenus Poephila (Gould) (Estrildidae). Z. Tierpsychol. 39.

Zedler, J. H. (1740): Großes Vollständiges Universal-Lexikon, Bd. 26. Leipzig/Halle, repr. Graz 1961.

Zerries, O. (1954): Wild- und Buschgeister in Südamerika. Wiesbaden.

– (1977): Die Bedeutung des Federschmuckes des südamerikanischen Schamanen und dessen Beziehung zur Vogelwelt. Paideuma 23.

Zwilling, A. (1939): Unvergessenes Kamerun, Zehn Jahre Wanderungen und Jagden 1928–38. Berlin.

288

Register

289

291

292

293

Bildquellen

Bielfeld, H., Jameln: Tafel 3 rechts unten, Tafel 4 rechts unten, Tafel 7 links oben.
de Grahl, W., Hamburg: Tafel 1 unten, Tafel 3 links, rechts oben, Tafel 6 links unten, rechts unten.

Hoppe, D., Esslingen: Tafel 1 links oben, Tafel 7 unten.
Reinhard, H., Heiligkreuzsteinach: Tafel 4 oben, Tafel 5 links oben, rechts oben, unten, Tafel 6 oben, Tafel 7 rechts oben,

Tafel 8 links oben, rechts oben, unten.
Thiele, Prof. Dr. P., Stuttgart: Tafel 2 links und rechts oben, unten, Tafel 4 links unten.
Zoo São Paulo: Tafel 1 rechts oben.

Aras

Die Arten und Rassen, ihre Haltung und Zucht. Von Dieter Hoppe. 2. neubearbeitete Auflage. 176 Seiten mit 61 Farbfotos, 3 Zeichnungen und 20 Verbreitungskarten. Ln. m. SU DM 68,-.

Großsittiche

Haltung, Verhalten und Zucht. Von Kurt Kolar und Karl H. Spitzer. 3. verbesserte Auflage. 246 Seiten mit 62 Farbfotos und 1 Zeichnung. Pp. DM 42,-.

Nymphensittiche

Haltung, Zucht und Farbmutationen. Von Georg Radtke. 2. verbesserte und erweiterte Auflage. 118 Seiten mit 41 Farbfotos und 9 Sw-Fotos. Kt. DM 32,-.

Langflügelpapageien

Von Dieter Hoppe und Peter Welcke. 135 Seiten mit 25 Farbfotos und 10 Verbreitungskarten. Kt. DM 44,-.

Sittiche und Papageien

Von Dieter Hoppe. 2. verbesserte Auflage. 127 Seiten mit 49 Farbfotos und 21 Zeichnungen (Ulmer Tb, 25) Kt. 16,80.

Kakadus

Lebensweise, Haltung und Zucht. Von Dieter Hoppe. 204 Seiten mit 60 Farbfotos, 20 Verbreitungskarten und 5 Zeichnungen. Ln. m. SU DM 78,-.

Papageien

Lebensweise, Arten, Zucht. Von Wolfgang de Grahl. 9. erweiterte und neubearbeitete Auflage. 293 Seiten mit 141 Farbfotos, 63 Sw-Fotos und Zeichnungen sowie 4 Übersichtskarten. Kst. DM 54,-.

Loris

Freileben, Haltung und Zucht der Pinselzungenloris. Von Theo Pagel. 208 Seiten, mit 47 Farbfotos, 9 Zeichnungen und 1 Verbreitungskarte. Kst. DM 48,-.

Erhältlich in Ihrer Buch(Fach)handlung oder beim **Verlag Eugen Ulmer,** Postfach 70 05 61, 7000 Stuttgart 70

E.U.

VERLAG EUGEN ULMER